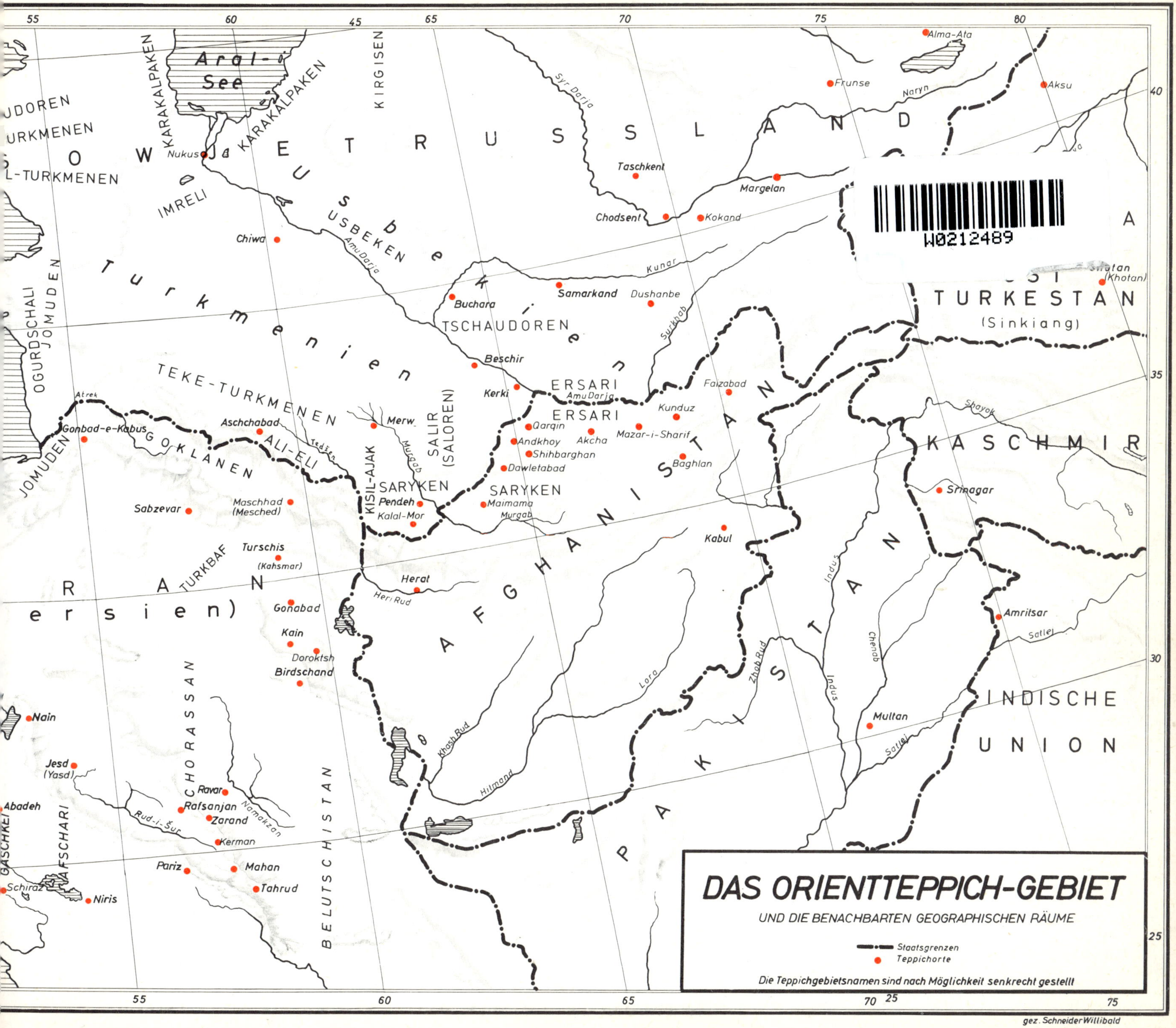

gez. Schneider Willibald

DAS GROSSE
ORIENTTEPPICH BUCH

DAS GROSSE

ORIENTTEPPICH BUCH

von Josef Günther Lettenmair

Verlag Welsermühl Wels/München

6., vollständig neu bearbeitete und erweiterte Auflage 1977

Schutzumschlag: Werbeagentur Lorenz, München
Einbandgestaltung: J. Jungwirth, Welsermühl
Zeichnungen: Leo Hladky, Steeg am Hallstätter See
Buchgestaltung: Dago Mayr
Gesetzt aus der Times-Antiqua
Gesamtherstellung: Druck- und Verlagsanstalt Welsermühl, Wels

ISBN 3 85339 079 X

INHALTSVERZEICHNIS

Bis zum Wege und zur Fahrt geht die Lehre;

das Schauen aber

ist Sache dessen, der sehen will.

PLOTINUS

(* 204 in Alexandria † 270 bei Rom)

ZAUBER DES ORIENTTEPPICHS – URSACHEN UND WIRKUNGEN

Unter den Textilerzeugnissen der Welt befindet sich eines, das – nachweisbar schon mehr als zweitausend Jahre alt! – nicht nur das Grundsätzliche seiner Art in dieser langen Zeit beibehalten hat, sondern das auch, seit es bei uns bekannt ist, allen Zeitströmungen, allen Wandlungen zum Trotz, sich als immer geschätzt und als immer wie auf den Tag, auf die Gegenwart abgestimmt erweist.
Weite und breite Abschnitte unserer Gebrauchsartikel-Wirtschaft stehen unter dem Druck schnellen Modewandels. Nicht nur die Kleidermode ist unablässig raschem Wechsel unterworfen, es gibt zunehmend auch »Moden« anderer Gebrauchsdinge, wie etwa die Auto-Mode. Diese wartet jährlich mit neuer »Aufmachung« der gleichen Marke auf. Schon das Vorjahrsmodell ist »unmodern« und kaum noch marktgängig – ganz abgesehen von älteren Jahrgängen des gleichen Fabrikates.
Nur der, zwar nicht richtig, aber ziemlich allgemein »Perser« genannte Orientteppich bleibt beständig und unverändert »modern«. Er überdauert alle Wandlungen, nicht allein im Sektor der Textilienmode, sondern er überdauert alle Mode- und Stil-Wandlungen unserer Möbel, unseres Hausrates, ja sogar alle Änderungen unserer Bau- und Raumgestaltungsgesinnung: Gleichgültig, ob wir hohe Räume mit hohen, schmalen Fenstern bauen und benützen, ob wir niedere Räume mit niederen, breiten Fenstern bevorzugen, ob wir strenglinige oder Chippendale- oder Rokokomöbel oder solche aus Stahlrohr gebrauchen, ob wir in den Räumen diese oder jene Tapeten verwenden, ob diese oder jene Malerei, gleichgültig auch, wie wir uns kleiden, ob altväterisch oder nach dem jeweils »letzten Schrei«: immer und immer wieder fügt sich der mit Verständnis gewählte Orientteppich gut ein. Er paßt zum Raum, er paßt zur Einrichtung, er paßt zu unserer Kleidung, er paßt unumgänglich und unwandelbar zu uns, gleichgültig auch, welcher Nationalität wir angehören. Er macht das Kalte warm, das Farblose farbig, er schenkt Stimmung, er schenkt Atmosphäre. Immer wieder erfreut, entzückt er uns – man versuche nur, ihn einmal zu entfernen und ihn durch einen anderen Bodenbelag zu ersetzen. Man wird es dann schnell inne: Für den Orientteppich gibt es keinen vollwertigen Ersatz.
Woher mag diese einzigartige Wirkung des Orientteppichs kommen, worin mag sie wurzeln? Wie gerät es, daß dieser Teppich, der den Orientalen seit eh und je unentbehrlich ist, auch bei uns, seit breitere Kreise ihn kennenlernten (und das ist nun seit etwa hundert Jahren so), zunehmend beliebt wurde?
Seit hundert Jahren bei uns »in Mode« und niemand wird seiner satt – im Gegenteil: der echte Orientteppich ist in sei-

nen Gegenwartserzeugnissen sozusagen »jedermann« zugänglich geworden und gewinnt immer mehr Freunde; er wird sie auch kaum jemals wieder verlieren.

An dieser grundsätzlichen Feststellung ändert sich auch nichts dadurch, daß die heutige jüngere Generation andere Typen des Orientteppichs bevorzugt; nicht mehr so sehr den preziösen, sehr feinen »Salon«-Teppich, sondern mehr den urwüchsigen, ursprünglichen Nomadenteppich, der lange Zeit hindurch nicht als »gesellschaftsfähig« galt. Ja sogar den richtig rustikalen Exemplaren, wie z. B. den hochflorigen, einfachen Berberteppichen, wird gegenwärtig willig auch ein Platz in modernen Wohnungen eingeräumt.

Allerdings: seinen Charakter als seltenes und kostbares Prunkstück hat er sich nur in antiken Exemplaren erhalten, die in ihrer Mehrzahl in den Schauräumen der Schlösser, Klöster und Museen liegen. Der jetzt erzeugte Orientteppich ist – im großen gesehen – ein Gebrauchsgegenstand geworden; ein praktischer Gebrauchsgegenstand, der zugleich das Heim schmückt, und zwar unterstreichend und bestimmend schmückt, der sozusagen eine Insel der Freundlichkeit bildet. Obendrein wohnt ihm neben seinem kunsthandwerklichen Wert auch ein nicht zu unterschätzender materieller Wert inne.

Nichts konnte und kann ihm diesen Charakter und diesen Wert nehmen. Es scheiterten bisher auch alle Versuche, ihn maschinell vollwertig nachzuahmen. Was zustande gebracht wurde, war (auch bei bester Leistung) eben doch nur Imitation. Aus Imitationen, aus Nachahmungen, können aber nicht jene Imponderabilien, jene unwägbaren Wirkungen lebendig werden, wie sie uns der echte Orientteppich beglückend beschert. Der maschinengewebte oder maschinengeknüpfte Pseudo-Perser kann wohl als eine bis in die breiten Volksmassen dringende und solcherart willkommene Verallgemeinerung der Teppich- und Heimkultur gelten, niemals aber kann er Originalität ersetzen. Für Originalität gibt es keinen Ersatz. Sie ist entweder vorhanden oder sie ist nicht vorhanden. Hier gilt das Wort, das Generalkonsul Carl Meyer-Pünter in seinem Buche »Meisterwerke altpersischer Teppichknüpferei« ausgesprochen hat: »In der Kunst ist das Original unersetzlich, weil es bis ins letzte hinein des Meisters Willen und Können ausdrückt.«

Wir spüren dies, ja wir wissen es – aber die Frage, woher es kommt, worin diese Kraft und Macht wurzelt, die der Orientteppich auf uns ausübt, ist deshalb noch nicht beantwortet. Wir wollen nun versuchen, eine Antwort zu finden: Ohne Zweifel setzt sich diese Kraft und Macht aus mehreren Komponenten zusammen, es müssen mehrere Teilwirkungen vorliegen, die einander ergänzen und mithin so stark werden, daß der Orientteppich derart nachhaltige Wirkung auf uns auszuüben vermag.

Aber: Übt er sie auf »uns«, auf die Einzelperson, auf das Einzelgemüt *unmittelbar* aus? Oder aber übt er sie, um vieles stärker, nicht vorerst auf den Raum selbst aus, worin er liegt? Ist es nicht so, daß der gut gewählte Orientteppich den Raum vollendend »füllt« und »schließt«? Ja, er tut es!

In früherer Zeit war der Wohnraum durch die Decke, durch den Plafond »geschlossen«: die meist reich verzierte Holzdecke oder die architektonisch durchgebildete Stuckdecke schloß nach obenhin den Raum. Bestand die Decke aus Holz, dann trug sie (schon in ältesten Zeiten) ihre Deckenbalken mit den Fugen als anfänglich unbeabsichtigte, später (im Erwachen des Kunstsinnes) willkommene Musterung. Diese wurde alsbald bewußt gepflegt und erweitert. Dazu kamen die Tragbalken, die fast immer Schnitzverzierung, oft bemalt, aufwiesen. In neuerer Zeit wurde der Plafond geschmackvoll (bisweilen auch geschmacklos) holzvertäfelt. Der Mauerwerkplafond trug Verzierungen in Stuck oder in einer anderen Technik, auch Plafondmalereien waren beliebt. Seit einigen Jahrzehnten aber ist die Raumdecke in den meisten Fällen nackt, dabei weiß oder einfärbig durchgemalt. Die Schönheit dieser »fünften Wand« und auch ihre den Raum schließende Wirkung gingen stark verloren. Es wurde statt ihr nun der Teppich zur »fünften Wand«. Zugleich wurde er aber auch zur festen Basis des freundlichen Wohnens (diese Basis schafft die Voraussetzung zum festen Halt!), indes die einfarbige Decke sinngemäß den Blick zum Himmel (gewollt oder ungewollt) freigeben soll. Den irgendwie im Unterbewußtsein vorhandenen Wunsch, die Wohnung möge *mehr* sein und *mehr* bieten als »bloß vier Wände«, sie solle ein »Heim« sein, erfüllt nun in erster Linie der Teppich, besonders aber tut dies in vorbildlicher Weise die Originalität des Orientteppichs. (Siehe hierzu auch die Ausführungen im 10. Hauptabschnitt *Praktischer Umgang mit Orientteppichen.*)

Das mag die eine Komponente sein, aus der Wirkungen kommen, die uns erfreuen und beglücken. Der Orientale selbst wird solches aber in diesem Zusammenhang kaum fühlen. Denn in seinem Heim steigt seit eh und je alle Dekoration, alle Wirkung vom Boden auf, eben vom Teppich. Die Zelt- oder Raumwände werden, wenn überhaupt, auch wieder mit Teppichen und geknüpften Taschen behängt. Etwa vorhandene Schränkchen und die Haushaltsgegenstände treten gegen die Bedeutung der vorhandenen Textilien zurück. Bei den Turkmenen sind sogar schon die Eingangs-Zeltstangen mit schön gemusterten Bändern geschmückt. (In jüngster Zeit füllen sich aber auch die Nomadenzelte mit allerlei Dingen, beginnend vom Stuhl bis zum Propangaskocher und zum Rundfunkgerät.)

An sich ist auch heute noch der Estrich im orientalischen Heim (Haus oder Zelt) mit Teppichen nicht allein bedeckt, sondern beladen, und jedem von ihnen entströmt eine starke Welle von Farbe, von Leben, von Sinnenfreudigkeit. Bei uns war und ist es gegensätzlich: die Wände trugen – schon in alten Zeiten – Schnitz-, Bild- oder sonstigen Behangschmuck (Waffen, Geräte, Jagdtrophäen etc.), und die Decken hatten zumindest die sichtbar vorhandenen Tragbalken als kraftweisenden Schmuck, dem zugleich unwillkürlich auch die Aufgabe zugefallen war, den Raum von oben her zu teilen, einzuteilen, zu gliedern, zu ordnen. Just diese Decken und Deckenbalken wurden, wie erwähnt, schon von allem Anfang an mit Schnitzwerk und Farbe versehen, und sie erhöhten dadurch ihre Wirkung auf den darunterliegenden Raum. Dazu kam die Wirkung von Fenstern und Türen, von Nischen und Erkern – alles durch Notwendigkeit und Gewohnheit besonders geformt, mit Zeichen versehen und in irgendeiner Weise richtig »in Gebrauch« stehend – völlig anders als beim Orientalen, vor allem bei dem, der im Zelte hauste. Und ebenso anders der Fußboden: bis spät herein ins Mittelalter gab es in unseren Breiten den nackten, festgestampften Erdboden als Estrich und im Stockwerk den einfachen Bretterboden. Auch in den Palästen und Burgen war es nicht anders. Dann und wann ein hingeworfenes Fell – das änderte kaum etwas an der allgemeinen Erscheinung des damals nackten Fußbodens. Warum auch viel für diesen Fußboden aufwenden, der mit meist sehr derb beschuhten Füßen betreten wurde? Man besaß doch Sitzmöbel, besaß Stuhl und Bett, Tisch und Schrank. Man »lebte« nicht auf dem Fußboden, der Blick sammelte sich nicht auf diesem, sondern man sah »hoch«, man sah auf die Wände, durch die Fenster, man sah eher zur Decke als auf das, was zu Füßen war.

Zwar wurden auch in Europa (wenngleich noch sehr spärlich) schon seit dem 12. Jahrhundert Teppiche hergestellt. Dies geschah vor allem in Frauenklöstern, wo man sie mit vieler Hingabe webte und bestickte. Sie dienten jedoch nie

Istanbul, Sultan-Ahmed-Moschee

als Bodenteppiche, sondern nur als kostbarer Wandbehang. Aber selbst dann, als ab dem 14. Jahrhundert da und dort Teppiche als Bodenbelag verwendet wurden, setzte sich dies lange Zeit nicht in bemerkenswertem Umfang durch, es wurde eher als Verweichlichung abgelehnt. Die wenigen vorhandenen Teppiche wurden mehr als Besonderheit, als Kuriosa, gezeigt, aber kaum sinngemäß benützt, wiewohl man in gebildeten Kreisen über die Sitte der Orientalen, Teppiche zu gebrauchen, schon genugsam unterrichtet war. Erst seit dem Ende des 17. Jahrhunderts trifft man in unseren Landen, und auch das nur gelegentlich, in Bürgerhäusern die ersten richtig in Gebrauch stehenden Fußteppiche an. Sie waren aber aus – Schilfrohr oder aus Stroh geflochten. In manchen Gegenden (z. B. in Frankreich) war es üblich, auf dem Fußboden der Wohnräume Heu oder Stroh auszubreiten. Unter dem Worte »Teppich« verstand man seinerzeit auch nichts anderes als »Wand- oder Deckenbehang«. Erst ab dem 18. Jahrhundert bürgerte sich dieses Wort für den Fußbodenbelag ein.
Noch 1852 sagt das »Wigand'sche Lexikon« über den Teppich: »Teppiche sind Decken (über verschiedene Meubles, theils zum Schutze, besonders aber zur Verzierung) von gewebten Stoffen, gestrickt, mit Stickerei, von Leder usw., werden über Stühle, Tische, Sophas, Toiletten, Fortepianos, auf den Boden usw. gebreitet.« Also: damals stand der Verwendungszweck des Teppichs als Fußbodenbelag an letzter Stelle.
Vielleicht ist es doch ein rudimentärer Atavismus, ein unbewußtes Rückerinnern, ein »Rückfühlen« in die Daseinsverhältnisse unserer Vorfahren, aus dem heraus wir noch heute spüren, daß wir – die wir über Sitzmöbel verfügen – im Grunde genommen keinen Teppich zu haben brauchen und daß er uns, da wir ihn nun doch besitzen, als ein freundliches Geschenk dünkt, als ein Stück Überflüssigkeit, dessen Besitz uns froh macht.
Für den Orientalen, der gewohnt ist, auf dem Boden oder auf sehr bodennahen, teppichbedeckten Bänken zu sitzen, dort zu essen, zu trinken, die Gespräche zu führen und auch auf dem Boden oder den eben erwähnten Bänken zu schlafen – für ihn war und ist der Teppich vor allem ein Gegenstand des Gebrauches; dem Nomaden insbesondere ist er auch eine notwendige Unterlage, ein Schutz gegen Kälte, ein Ausgleich der Unebenheiten des Erdbodens.
Daß dieser Gebrauchsgegenstand bei ihm auch »schön« wurde, entspringt dem eingeborenen Kunstgefühl und dem ursprünglichen Schmucktrieb des Menschen; der Orientale hat sich dazu im Teppich das eingefangen, was er sich wünscht und erträumt: für immer die Freundlichkeit und Behaglichkeit eines blühenden Gartens zu genießen. Den blühenden Garten zu erleben, ist ihm – der überwiegend in Steppengegenden wohnt – in Wirklichkeit nur in den kurzen Wochen des Frühlings beschieden, der auch die Steppe verschönt. Der Orientale möchte aber diese glückliche, farbenfrohe, doch allzu kurze Zeit des Blühens länger um sich haben, er möchte sie nicht missen, und so versucht er, sie in der Buntheit seiner Teppiche festzuhalten. Solcherart wird dem Orientalen der Teppich zum Gleichnis des Blühens und der Fruchtbarkeit, er ist ihm ebenso ein Gegenstand der Schaulust wie einer, der zum Versinken in Meditation lockt, der den Garten des Paradieses und darüber hinaus die Erhabenheit Allahs in Erinnerung hält.
Nachgerade war es aber auch notwendig, daß der Teppich »schön« wurde: Als wichtiges Möbel im Hause oder im Zelte des Orientalen »mußte« er es sein: es mußte etwas vorhanden sein, das den Raum füllte und beherrschte, das ihm Würde und Ansehen gab – etwas, das auf den Besitzer dieses Raumes überstrahlte. Und der Teppich erfüllte diese Bedingungen vortrefflich. Er erfüllte und erfüllt sie derart vortrefflich, daß der Orientteppich bei uns, in unseren Räumen, dann, wenn er nicht mit Sorgfalt und Einfühlungsvermögen gewählt wurde, zu kräftig, zu schwer und zu prunkhaft wirken kann; er »erschlägt« in solchen Fällen die anderen Dinge im Raum, und er läßt dann sogar die Menschen, die diesen Raum bewohnen, irgendwie verblassen, anstatt ihre Persönlichkeit zu unterstreichen.
Insbesondere bei zentralpersischen Exemplaren mit schwerem Mittelstück (Medaillon) und stärkerem, man möchte fast sagen »wollüstigem« Blumen- und Rankenmuster kann dies bedrückend heftig bemerkbar werden; etwa, wenn ein solcher Isfahan, Kaschan, Täbriz, Kerman etc. in verhältnismäßig zu kleinem und (Neubauten!) zu niederem Raum liegt. Es wird doppelt unangenehm bemerkbar, wenn dann das Mittelstück unter den Beleuchtungskörper (der an sich meist schon die Mitte des Raumes markiert) zu liegen kommt. Das »fesselt« den Raum. Diese festlichen, geradezu üppig wirkenden Teppiche verlangen, mehr als jede andere Teppichart, freien Raum. Sie dürfen nicht käfigartig eingezwängt und damit ihrer Möglichkeiten, Pracht und Glanz zu entfalten, weitgehend beraubt werden. Es paßt also nicht jeder Orientteppich in jeden Raum.

Der Orientale, der seine Teppiche als wesentliche Einrichtungsstücke schätzt und unmittelbar »auf dem Teppich lebt«, kennt solche Probleme nicht. Er freut sich des Teppichs, er empfindet das Mittelstück als das den Raum wohltuend und gemäßigt beherrschende Zentrum, er läßt seine Augen wohlgefällig über den Teppich schweifen, und er empfindet den Fond seines Teppichs als den Begriff »Raum« überhaupt. Und die Zeichnung im Fond, die nicht selten als unendlicher Rapport innerhalb der Teppichbordüren eingefangen ist, empfindet er als einen Teil der Zeit, der Weltenzeit, die da vorüberzieht.

Im Orientteppich ist die Raumvorstellung, also die dritte Dimension, ebenso auf die Fläche verlegt wie die vierte Dimension »Zeit«. Das ist eine überaus reizvolle Besonderheit. Bewußt oder unbewußt wird sie von uns aufgenommen und zweifellos mitverursacht sie jenen Zauber, den der Orientteppich auf uns ausübt.

Der Orientale ist mit seinem Teppich, der ihm nicht nur als Bodenbelag, sondern auch als Wiege, Bett und Sarg, als Zeltwand, -tür und -dach und zugleich als schmückendes Möbel dient, eng verbunden; es ist so, daß er sich mächtiger fühlt, daß sein Autoritätsbewußtsein wächst, sobald er sich stehend oder sitzend auf »seinem« Teppich befindet: er hat dann sozusagen den für ihn persönlich festgelegten Mittelpunkt der Welt im Mittelstück des Teppichs (Medaillon) unter sich – es ist ein Herren-Standpunkt – von hier aus breitet sich der Fond im unendlichen Rapport, er wächst – geistig gesehen – über die Bordüre hinaus und wächst und wächst über die ganze Welt. Das aber ist etwas, das die asiatische Einstellung, der Phantasie weitesten Raum zu geben, tief befriedigt.

Im 16. Jahrhundert hatte es in der persischen Teppichkunst den Anschein, als sollten zwei traditionell gewordene Grundsätze für immer aufgegeben werden, nämlich der unendliche Rapport und die Flächenfüllung mit einer Vielzahl gleichwertiger Motive. Ein Hauptmotiv trat dominierend hervor, es entwickelte sich (von der persischen Bucheinbandkunst übernommen) zum Großmedaillon, und es sah so aus, als sei es der tatsächlich herrschende Mittelpunkt, dem sich alles andere unterzuordnen habe. Aber – es *schien* nur so zu sein! Denn das Mittelstück des Teppichs, das Medaillon, hatte in den Ecken des Feldes entweder je einen Viertelausschnitt seiner eigenen Gestalt oder doch die Andeutung davon. Das hieß also, daß zwar eine dominierende Mitte vorhanden war, daß sie aber dieses Dominie-

Moschee in Isfahan

rende, dieses Herrschende und Beherrschende, lediglich vortäuschte: die Viertel in den Ecken (oder auch nur die Andeutung solcher Viertel) wiesen doch darauf hin, daß sie sich zwar in der Begrenzung durch die Bordüren befinden, daß sich aber (imaginär) das Muster nach allen Seiten hin rapportmäßig verbreitet. Es war also durch das Großmedaillon fast immer lediglich eine allgemeine Vergrößerung des Hauptmotivs aufgetreten, eine Betonung und Beherrschung der Feldmitte, ein Umstand, der auch seine realen und ebenso seine metaphysischen Hintergründe hatte: die größer gewordene Macht des Schahs, die zunehmende Macht des Reiches wurde damit betont und sinnbildlich manifestiert.
In extremen Fällen wurde das Medaillon so sehr betont und so sehr vergrößert, daß für die Unterbringung von Viertelstücken oder wenigstens für die Andeutung von solchen im noch restlichen Feld kein Platz mehr blieb. In der Regel ist dann eine solche Mittelfeld-Zeichnung nach *einer* Längsseite hin geschrägt oder oval gerundet, nähert sich also (ungeachtet der Größe des Teppichs) dem Mihrab-(Gebetnischen-) Muster. Es betont somit die Mitte zwar ganz außerordentlich und ebenso außerordentlich stark auch das eigene Ich, nimmt aber mit der geschrägten oder oval gerundeten Zeichnungsseite »Richtung« – und zwar Richtung zu dem einzigen, dem dieses Ich (das selber herrscht) untertan ist und sich von ihm beherrschen läßt: zu Allah.
Selbst in den wenigen Teppichmustern jener Zeit, deren Medaillonzeichnung tatsächlich wie alleinherrschend im Mittelfeld steht und so für den Besitzer eines solchen Stükkes sehr bewußt die Mitte der Welt und den absoluten Herren-Standpunkt darstellt, fehlt fast nie die Bindung an den noch Mächtigeren: Die Medaillons weisen in der Längsrichtung nach beiden Seiten hin verlängernde Ansätze auf, Blumengewinde etc., die nichts anderes zu sagen scheinen als: »Von Dir bin ich gekommen, Allah, ich verharre jetzt durch Deine Gnade hier einen Lebens-Augenblick lang in dieser Welten-Mitte, die meine Mitte ist, aber ich gehe weiter und ich gehe ein zu Dir, Allah, Du Allmächtiger!« Es gibt nur sehr wenige Teppiche aus jener hohen Zeit der persischen Knüpfkunst – also aus dem 16. und 17. Jahrhundert –, deren Musterung völlig unabhängig ist sowohl vom unendlichen Rapport als auch von der Bindung an eine übersinnliche Macht. Es sind dies erstarrte individuelle Formen, übernommen aus der damals in Hochblüte stehenden Bucheinband-Malerei, die in sich geschlossene Darstellungen liebte. Sie wurden lediglich in den Teppich-Manufakturen des Hofes und höherer Würdenträger gepflegt; im Teppich des Volkes waren und sind solche Formen nicht nachweisbar.
Von dieser Sinnfälligkeit der Teppichmusterung aus ist es nur ein Schritt zum eigentlichen Gebetteppich. Für ihn, der kleinformatig ist, gibt es nie einen unendlichen Rapport, sondern in ihm ist durch eine Gebetnische (Mihrab) die Fondzeichnung in einer Richtung hin unterbrochen und beendet – ein für allemal beendet! –, es ist ein Oben und ein Unten geschaffen und eindeutig bestimmt. Die Gebetnische soll dem Gläubigen, falls er die Andacht unter freiem Himmel hält, auch die Gebetnische der Moschee versinnbildlichen: dort, in dieser Richtung hin, ist Allah und in keiner sonst – dort, in dieser Richtung, bei Allah dem Einzigen, ist die Grenze aller Grenzen!
Natürlich war dies ein »langer« Schritt, er hat seine Zeit gebraucht, und es war nicht so, daß sich aus dem Vorhandensein eines Mittelmedaillons und aus den Entwürfen der Miniaturenkunst »der« Gebetteppich entwickelte. Wiewohl der sakral-religiöse Bezug des Gebetteppichs unbestritten bleibt: er war zunächst nicht ornamental ausgerichtet. Erst sehr viel später hat sich durch Säkularisierung und Urbanisierung aus dem rituellen Gebetteppich sein letztlich reich ornamental gedachter Typus entwickelt.
Im Gebetteppich gibt es also keine beherrschende Mitte. Und in noch einer zweiten Art von Teppichen wird man vergeblich nach einer solchen ausschauen: im thematischen Teppich. (Siehe darüber im Hauptabschnitt *Teppichnamen, Teppichorte, Teppichbegriffe* unter *Thematische Teppiche.*) Diese Teppichart, seinerzeit ebenfalls von den persischen Hofmalern angeregt, behandelt darstellerisch ein bestimmtes Thema, eine bestimmte Situation, ein Ereignis: Ein solcher Teppich stellt also ein »Bild« dar, er »hält ein Geschehnis fest« – er bewahrt einen scharf umgrenzten Ausschnitt der vorüberfließenden ewigen Zeit gewissermaßen zum Andenken auf: eine Jagdszene, einen Garten, ein Porträt usw. Hier ging es also nicht darum, einen persönlichen Mittelpunkt zu schaffen.
Doch weiter! Mag uns Europäern das Gefühl, daß erst der Teppich unseren Wohnraum harmonisch schließt, daß er die Seele des Heimes ist, daß er es vermag, selbst einen an sich dürftig eingerichteten Raum vorteilhaft zu heben und ihm Ansehen und Würde zu geben, schon *eine* Komponente sein, aus der die besondere Freude an dem Orientteppich wächst, so kommen dazu doch auch noch weitere Kompo-

Straße in Schiras

nenten. Etwa jene im Unterbewußtsein wirkenden Kräfte, die aus Farbe, Fläche und Form lebendig werden. Im Orientteppich aller Gattungen und Provenienzen spielen Farbe und Form und Fläche sehr wesentliche Rollen. Abgesehen davon, daß der Orientale die Farbenharmonie in außerordentlichem Maße beherrscht, was allein schon unser Auge als besonders reizvoll empfindet, gesellen sich dazu noch die Wirkungen der Fläche und jene der Form, also des Teppich-Musters.

Die alten Orientalen der vor-islamischen Zeit, insoweit sie indogermanischer Abstammung waren, kannten überraschend weitgehend die Tierverehrung (so bei allen skythischen und mit ihnen verwandten Völkern, indes die Völker des »fruchtbaren Halbmondes« – so nannte man jahrhundertelang die sichelförmig um die arabische Wüste gelegenen fruchtbaren Regionen Syriens, Palästinas, Mesopota-

miens – im wesentlichen doch mehr Götter- und Göttinnen-Symbole verehrten).
Diese tierverehrenden Völker sahen in den Tieren nicht allein Wesen von besonderer Gewandtheit, Kraft und Ausdauer, sondern sie maßen ihnen göttliche Gaben bei. Viele Tier-Arten galten als »heilig« und stellvertretend für bestimmte Gottheiten bzw. sie waren der Gottheit enge zugeeignet. Die Sternbilder bekamen Tiernamen, und Tierabbildungen waren (abgesehen von den einfachen ornamentalen Linien) die ersten Äußerungen des Kunstwillens. Bei solchen Darstellungen wurde oft genug die Bedeutung einzelner Gliedmaßen kraß hervorgehoben, sie wurden also »über«-zeichnet, »über«-steigert.
Es sprach hier somit nicht nur das Verlangen nach Äußerung des Kunstbestrebens mit, es herrschte nicht allein die Freude an der Darstellung, sondern der Künstler wollte (oder er war dazu beauftragt) das, was ihm bedeutsam schien, besonders herausheben, um durch diese Überzeichnung dem Betrachter des Werkes außergewöhnliche Kraft und Macht vorzuführen. (Solcherart sollen wir Heutigen dies verstehen.)
Später (um die Zeitenwende) sah sich der Tierkult durch den Herrscherkult verdrängt, die menschliche Figur wurde in allen Kunstäußerungen häufiger verwendet – die Herrscher ließen sich nur zu gern schmeicheln und sogar zur Gottheit erklären. Da immerhin von einem Herrscher auch Taten verlangt wurden, da ihn solche Taten dem Volke näherbrachten und ihn verehrungswürdiger erscheinen ließen, wurde er gern bei der Bekämpfung wilder Tiere oder zumindest als Jagdherr (und hier fast immer in sehr schneller Bewegung, im Galopp reitend) dargestellt. Zugleich mit der Darstellung der menschlichen Figur kam man auch zur Landschaftsdarstellung, anfangs freilich noch ohne jedes perspektivische Geschick.
Zu dieser alt-orientalischen Tier-, Menschen- und Naturdarstellung (Blume, Strauch und Baum) gesellte sich bald nach der Zeitenwende die griechische Ranke und, aus ihr entstehend, ihr nachfolgend und sich mit ihr verquickend, die Arabeske.
Als dann als Neues der Islam aufkam (zu Anfang des 7. Jahrhunderts) und mit ihm das Verbot der bildlichen Darstellung aller Dinge, die ein »Ruh« oder »Nafs« (ein Selbst, einen Hauch, eine Seele) haben, verschaffte dies der griechischen Ranke und der Arabeske weite Anwendungsbereiche. Es führte im islamischen Raum zu einer Ausbildung und Beherrschung der Ornamentik, wie dies kaum in einem anderen Kulturkreis erreicht wurde. Unscheinbare Bestandteile floralen oder undefinierbaren Charakters trug der Moslem zu Zeichnungen zusammen, für die er mit üppiger Phantasie immer weitere Abwandlungen schuf – schier unerschöpflich, besonders in den Arabesken.
Damit fand der Moslem aber auch zur Organisation der Fläche, zur Raumteilung, Raumeinteilung, Raumverteilung und Raumbeherrschung – im Teppich etwa mit Hilfe des Medaillons, das die Mitte betreut. Darüber hinaus gab er dem Medaillon symbolhafte Anhängsel und schuf so eine Art Mittelachse. Die Bordürenmuster wurden mannigfaltig, aber sie bildeten trotz aller Mannigfaltigkeit eindeutig die Grenze, den Abschluß.
Diese Organisation der Flächen ist derart durchgebildet, daß das, was sie zeigen, nicht wie starr und tot, sondern wie lebendig wirkt. Zwischen den Formen bestehen Beziehungen, die diese Formen sozusagen in Atem halten und »leben« lassen. Das wieder ruft in uns die Vorstellung von waltender Kraft und Wirkung hervor, und das sagt uns zu – es sagt vor allem unserem Intellekt zu.
Obzwar in vielen orientalischen Gebieten durch das Verbot der Menschen- und Tierdarstellung, wie eben vorhin erwähnt, die Ranke, die Arabeske und damit das Ornament außerordentlichen Anwendungsgebrauch erreichten, konnten vor allem im iranischen (persischen) Raum die Menschen- und Tierdarstellungen doch nicht ganz unterdrückt werden, denn die alte, vor-islamische Tradition wirkte zu stark nach. Zumal sich bald nach dem Tode Mohammeds (im Jahre 632 n. Chr.) der Islam in die beiden Hauptgruppen der Sunniten und Schiiten teilte und die in Iran von allem Anfang an in der Überzahl befindlichen Schiiten das Verbot der bildlichen Darstellung von Mensch und Tier nicht so sehr beachteten, erhielten sich im persischen Teppich eben doch solche Figurationen durch alle Jahrhunderte bis in die heutige Zeit.
Also weiter zum asiatischen Osten hin, nach Iran zu, findet man demnach zunehmend Menschen- und Tierbilder sowie naturalistisch gehaltene Blumen- und Pflanzendarstellungen in den Teppichen. Auch die Tierbilder dieser Periode haben (soweit sie nicht stilisiert und damit unlebendig und gewissermaßen ein Bestandteil des Ornamentes geworden sind) in der Regel etwas außerordentlich Lebendiges, Schnelles, Unwiderstehliches an sich (die Pferde sieht man fast immer in jagendem Galopp dargestellt), sie vermitteln

also ebenfalls, und zwar in besonderem Maße, die Vorstellung von wollender Kraft und zielhafter Wirkung – etwas, das uns fasziniert.
Selbst als durch die verschiedenen Kriegszüge Perser gefangengenommen und in die sunnitischen Gegenden Kleinasiens verschleppt wurden, wo sie ihre Kunst des Teppichknüpfens unter den sunnitischen Herren zwangsweise fortübten, dabei aber auf ihre gewohnten Knüpfmuster mit Menschen- und Tiergestalten weitgehend verzichten mußten, versuchten sie, ihrer Tradition treu zu bleiben: sie fertigten Blumen- und Arabesken-Muster an, die nichts anderes als maskierte Tiergestalten waren. Man begegnet solchen Darstellungen, die inzwischen neue Tradition geworden waren, auch heute noch in manchen kleinasiatischen Teppichen. (Es beschert richtige Entdeckerfreude, findet man bei einem Teppichkauf ein solches Exemplar.)
Alte Textilien, vor allem Kostüme und Teppiche, verströmen eigenen Reiz. Sie sind gewissermaßen Speicher von Erlebnissen, von Schicksalen oft sonderlichster Art, von »Vergangenem«, das einmal blutvolle Wirklichkeit war und wovon sie noch letzte Mit-Erleber und Tatzeugen sind – in ihnen ist die Vergangenheit noch unmittelbar »zu greifen«. Das Alte und Abgenützte mindert kaum ihren Wert. Diese »Patina«, diese »Alterswürde«, ist bei Orientteppichen gesucht, denn sie gibt ihnen eine gewisse »unruhige Lebendigkeit«, ein Vibrieren: der Teppich wird »sprechend«, er bekommt »Persönlichkeit«, und wir ziehen ein solches Stück einem Teppich »ohne Vergangenheit« und mit völlig ruhigen und unberührten Farben vor.
Aber selbst damit sind die Komponenten, aus denen uns die Freude am Orientteppich erwächst, noch nicht völlig aufgezählt, denn eine weitere Komponente ist zweifellos auch das Wissen um den praktischen Wert eines solchen Stückes, um seine Fähigkeit, nicht nur zu schmücken, sondern auch regelrecht »benützt« und sogar strapaziert werden zu können – man hat also einen Gebrauchsgegenstand von langer Lebensdauer vor sich, was den in jedem Menschen mehr oder weniger vorhandenen wirtschaftlichen Sinn befriedigt. Und just dies führt zur nächsten Komponente: Das Wissen um den Fleiß, um den Arbeitsaufwand, um die viele Mühe, die notwendig waren, diesen handgearbeiteten Teppich herzustellen – eine Art Achtung und Hochachtung vor fremder Arbeit ist dies, wobei es uns zweifelvoll bleibt, ob solche unter sehr viel Zeitaufwand entstandene Leistung jemals wirklich ausreichend belohnt wurde.

Eingang zum alten Kaiserpalast in Persepolis

Wir werden hier, ob wir es nun zugeben oder nicht, ein Schuldgefühl nicht los, weil wir, aus den Erfahrungen unseres Lebens schöpfend, annehmen müssen, daß sich der von uns ausgelegte Betrag auf dem Wege bis zum Hersteller des uns nun zu eigen gewordenen Teppichs sehr, sehr verringert.
Und noch etwas: Wie geschieht es nur, daß aus dem Teppich, in den (unserer Ansicht nach) Armut, Hunger, Sorge und Kummer hineingeknüpft wurden, soviel Freundlichkeit und Wohlsein für uns strömen, daß es auf Freude für ein ganzes Leben reicht? (Nur am Rande sei vermerkt: Unsere Ansicht von Armut und Kummer usw. ist »rein von uns aus gesehen und mit unseren Maßstäben berechnet« so kraß. Die orientalischen ländlich-dörflichen Knüpferfamilien fühlen sich keineswegs – in unserem Sinne! – bedrückt von »Armut, Hunger, Sorgen und Kummer«. Sie leben ihr Leben in der ihnen gewohnten Art, aber diese ist oftmals heiler als unsere, und sie empfinden diese – ihre Art – nicht als unerträglich. Teile unserer Großstadtbevölkerung leiden viel stärker unter einem Armuts-, Hunger-, Sorgen- und Kummergefühl als jene Orientalen.) Also: Dürfen wir das annehmen? Und wenn ja: Müssen wir es nicht in einer Art Zärtlichkeit tun, um nicht der Gefahr ausgesetzt zu sein, den Unmut, ja den Zorn fremder jenseitiger Mächte herauszufordern? In kaum uns selbst eingestandenem Verbundensein mit jenem Unbekannten, der den Teppich knüpfte, fühlen wir gewissermaßen brüderlich und schwesterlich sein Schicksal mit. Da es sich um eine Verbindung über die halbe Welt, aus dem Okzident in den Orient hin, handelt – in den für uns noch immer wunder- und geheimnisvollen Orient! –, wirkt auf uns auch der Reiz des Fremden, aus dessen Fülle man mit dem Teppich ein Stück »Dasein von dort« in Händen hält. Und so gesellen sich noch viele Unwägbarkeiten als weitere Quellen der Besitzesfreude hinzu. Unwägbarkeiten, die aus der bis in unsere Jugendzeit zurückreichenden Aufspeicherung von Gefühlswerten kommen, beginnend mit frühesten Kindheitserinnerungen, etwa an die Sagen von Harun al Raschid und an das Märchen »Ali Baba und die vierzig Räuber«.
Solcherart empfinden wir die Wirkungen eines Orientteppichs auf uns, als vermittle er uns ein Hinwegbegeben aus der mechanischen Perfektion unseres Lebens in andere Gefilde – als befähige er uns zu einem Hürdensprung, der uns aus der zwingenden Funktion des Verstandes in den wohltuenden Bereich der Seele und des Gemütes bringt. Er beschert uns gewissermaßen immer wieder einen Urlaub vom Alltag. Der Orientteppich wird uns zu einer Oase der Freundlichkeit, des guten Seins, er wird zu einer Insel der Schönheit und der Behaglichkeit. Der Anblick eines Orientteppichs schenkt Ruhe und Sammlung, Wärme und Stimmung.
Schließlich darf zu guter Letzt auch dies nicht unerwähnt bleiben: Die große Kunst des Teppichknüpfens ist seit drei Jahrhunderten (im 16. und 17. Jahrhundert wurden Orientteppiche so schön und von so vollendeter Kunstfertigkeit geknüpft, wie es seither nur selten wieder geschieht) im Abklingen. Bis zum Beginn des 20. Jahrhunderts war dieses Abklingen zwar schon deutlich spürbar, es wurde mit Bedauern zur Kenntnis genommen, aber es erschreckte noch nicht. Als dann aber immer rascher die kommerziellen Belange über die Freude an der edlen Handwerkskunst die Oberhand bekamen, als der Orientteppich ein »Wirtschaftsfaktor« wurde, als es immer mehr zu einer Teppich-Industrie kam, die in den Manufakturen den handgeknüpften Teppich serienweise, sozusagen »an der laufenden Kette« herstellt, setzte das Abklingen schärfer und schneller ein.
Als dann auch noch Indien und Pakistan immer mehr den Orientteppich als hochwillkommene Erwerbsquelle erkannten und auch die Balkanländer die gleichen Ziele verfolgten, begann man in Europa, sich um die Zukunft des »echten« Orientteppichs ernstlich Sorge zu machen.
Daran ändert einstweilen auch nur wenig, daß es in letzter Zeit zunehmend Manufakturen gibt, die besonders schöne und qualitativ hervorragende Teppiche anfertigen. Solch erfreuliche Leistungen finden dann auch die ihnen gebührende Anerkennung, aber um so schmerzlicher wird dabei deutlich, daß sie zahlenmäßig gegen die Flut der heutzutage üblich gewordenen Handelsware weit zurückbleiben. Etwas Hoffnung geben zwar die ernsthaften Bemühungen verschiedener orientalischer amtlicher, halbamtlicher und privater Stellen, die sich bemühen, durch Lehrvorträge und Kurse, durch Vergabe von präzise vorgeschriebenen Knüpfaufträgen usw. die Knüpfkunst in ihrem Lande zu heben. Solche Bestrebungen machen sich sowohl in der Türkei als auch in Persien, nicht minder aber auch in den sowjetischen Orientteppichgebieten bemerkbar. Es gesellt sich dazu auch noch die Initiative einzelner kunstsinniger europäischer Orientteppich-Kaufleute: Diese reisen in den Orient und schließen dort mit Manufakturen und mit Knüpferfamilien Verträge ab, wonach bestimmte Teppiche in bester Wollqualität sowie in dichter und zeichnungs-einwand-

Im Palast Golistan, Teheran

 Armenischer Drachen-Teppich, frühes 19. Jahrhundert

freier Knüpfung nach traditionellen Mustern hergestellt werden. Solche Abmachungen führen dann zur Herstellung noch vorzüglich gearbeiteter Gegenwartsteppiche, an denen jeder Teppichfreund seine helle Freude haben kann. Im ganzen gesehen sind aber, wie vorhin gesagt, solch erfreuliche Fälle im Vergleich zur Menge des laufenden Bedarfes nur in bescheidener Anzahl vorhanden. Hingegen steigt ständig die Zahl jener europäischen und amerikanischen Aufkäufer, die bestrebt sind, den in ihren Heimatländern herrschenden Massenbedarf an orientalischen Handknüpfern durch Massenbestellungen einer billigen und ohne Akkuratesse gearbeiteten Massenware zu decken.

Und jetzt, da seit gut zwanzig Jahren in nicht wenigen Orten des Orients Teppichfabriken mit der Herstellung von maschinengewebten Teppichen begonnen haben (überall von den Europäern und von den USA geplant, aufgebaut und oft auch von Europäern betrieblich geleitet), ist die kunsthandwerkliche Teppichknüpferei auch dadurch bedroht.

Hier setzt nun seitens aller, die kunstsinnig oder auch nur kunstfreudig sind, und ebenso auch seitens aller, in denen das Wort »Orient« noch heimlich vorhandene Saiten des Herzens zum Erklingen bringt, eine Art Torschlußpanik ein: Retten wir aus dem jetzt noch vorhandenen Schatz an Schönem und Eigenartigem soviel wie möglich, denn bald wird es zu spät sein, und wir müßten dann dem endgültig Verlorenen nachtrauern! Auch hierin scheint (ohne daß es den meisten Menschen bewußt wird) einer der Gründe zu liegen, daß just in der Gegenwart Orientteppiche so sehr gesucht sind. Diese Torschlußpanik hat eine freundliche Eigenschaft: sie wird das Absterben dieses Kunsthandwerkes noch hinausschieben – denn solange der Käufer darauf beharrt, *handgeknüpfte* Ware zu bekommen, solange wird man sie herstellen. Allerdings: Löhne und Preise steigen mit zunehmender »Erschließung« auch im Orient. Es arbeitet keine Knüpferin mehr »für eine Handvoll Reis«, weder in Iran noch in der Türkei oder sonstwo. Der Orientteppich wird teuer, sehr teuer werden! (Davon, daß ein Orientteppich oft auch ohne Liebe und ohne Verständnis, rein als Wertstück, nur als Kapitalanlage erworben wird, wollen wir hier besser nicht reden.)

Unsere Liebe und Vorliebe für den Orientteppich erwuchs, wie dargelegt, aus vielen Gründen und Unwägbarkeiten. Neben solcher Liebe und Freude auch das Verständnis für die Art und für die Arten des Orientteppichs zu wecken und zu mehren: das ist das Ziel dieses Buches.

2. Hauptabschnitt

HERKUNFT – GESCHICHTE – GEGENWART

Orient: Das war für uns Europäer seit je die Weltrichtung, aus der her die Sonne zu uns kommt, das Morgenland also: geheimnisvoll, rätselhaft und Wunder über Wunder ahnen lassend. Aus dem lateinischen »oriens«, was da verheißend »aufgehend« bedeutet, haben wir das Wort »Orient« gewonnen.
Teppich: Auch dieses Wort holten wir uns aus der Fremde, aus dem griechischen »tapes« und aus dem lateinischen »tapetum«. In beiden Fällen bedeutet es »Decke« und damit auch »Behang«, »Belag«.
Im farbenfreudigen Orient, wo man weit früher als bei uns die Kunst des Webens erfand und übte, kam man auch sehr früh zum Einweben, Einsticken und Einknüpfen von farbiger Wolle in das Gewebe. Schrittweise vervollkommnete man diese Künste, insbesondere die des Knüpfens, so daß man schließlich Teppiche mit den verschiedensten Muster- und Bildwirkungen schuf, die als »Orientteppiche« ein fester Begriff für uns wurden.

DIE WEBEKUNST

Die Ägypter schrieben der Göttin Isis zu, sie habe den Menschen das Weben beigebracht; die Griechen sahen in ihrer Göttin Athene die Ahnherrin dieser Kunst; die Araber nennen Lokman den Weisen als Erfinder des Webens. Jenen Lokman, dem Gott als einzigem frommen Sprößling des Stammes Ad das Leben beließ, indes alle seine Brüder zugrunde gingen. Gott schenkte ihm das Lebensalter von sieben hintereinander lebenden Geiern, und dies war eine sehr, sehr lange Flucht von Jahrzehnten. Der letzte von Lokman aufgezogene Geier führte bezeichnend den Namen »Lubad«, was »Dauer« heißt. Und Lokman der Weise sah, wie eine Spinne ihr Netz spann, und so fand er, wie man Fäden

Pasyryk-Knüpfteppich, ca. 2500 Jahre alt, der älteste Knüpfteppich der Welt (Teilaufnahme in Farbe: siehe im 11. Hauptabschnitt)

Pasyryk-Filzteppich, ca. 500 v. Chr. (Detail daraus: siehe im 11. Hauptabschnitt)

Der Ardebil-Teppich, 1539 entstanden, einer der berühmtesten Teppiche der Welt (Detailbild: siehe im 11. Hauptabschnitt)

zu einem Gewebe verbindet. Er schenkte dieses Wissen seinem Volke.
Persiens großer Dichter Firdusi (939–1020 n. Chr.) aber erzählt im vierten Gesang seines Königsbuches, daß König Dschamschid das Weben erfunden habe. Das war ein weiser König, der um das Jahr 800 vor der Zeitenwende lebte und wirkte.

ALT – SEHR ALT!

Selbst wenn Firdusi nicht recht haben sollte mit seinem Gesang über die Erfindungsgabe König Dschamschids: die Welt besitzt Beweise dafür, daß die Kunst des Teppichwebens und -knüpfens sehr, sehr alt ist. Auf einem in Assyrien gefundenen, aus dem achten vorchristlichen Jahrhundert stammenden Fries ist mit Sicherheit die Darstellung eines Teppichs zu erkennen.
In den Jahren von 1929 bis 1949 nahmen die sowjetischen Archäologen S. J. Rudenko und M. Grjasnow in dem 1650 m hoch gelegenen Gebirgstal Pasyryk im Altai-Gebirge Ausgrabungen von fünf steinernen Kurganen (Hügelgräbern) vor, die im 5. oder 4. Jahrhundert v. Chr. errichtet worden waren. Das größte dieser Hügelgräber hatte 47 m Durchmesser. In den eisstarrenden Grabstätten (es waren dies Fürstengräber der altaiischen Skythen) hatten sich die Leichname und ihre Gewänder aus Stoff und Pelzen (Zobel, Hermelin, sibirisches Eichhörnchen) und alle Grabbeigaben ungemein gut erhalten. Rund um die toten Menschen lagen die Leichen ihrer Pferde in vollem Geschirr. Im letzten Jahr der Ausgrabungen (1949) wurden als Kostbarstes zwei Teppiche gefunden. Der eine ist 650 × 450 cm groß und besteht aus Filz. In den Filz (siehe später unter *Filzteppiche*) sind in Gestalt bunter Filzapplikationen sich ständig wiederholende Figuren verteilt: eine auf einem Thron sitzende Göttin und ein Reiter (Bild Seite 22). Der andere Teppich, ein Knüpfteppich von hoher Schönheit und Ausgewogenheit, mißt 183 × 200 cm und weist 3600 türkische Knoten je 1 dm² im nur 2,5 mm hohen Flor auf. Er lag in diesem Grabe auf dem Rücken eines Pferdes, dürfte ursprünglich aber keine Satteldecke gewesen sein. (Bilder: Seite 21 und Farbausschnitt im 11. Hauptabschnitt.)
In diesem ganz aus Wolle gefertigten Teppich ist das nicht sehr große Mittelfeld kassettenartig mit sechs Reihen zu je vier Quadraten gefüllt. Jedes dieser Quadrate hat einen Punktreihensaum, und im Quadratfeld befindet sich ein

Seldschuken-Teppich, 13. Jahrhundert

Detail aus einem Ranken-Tierteppich, Ostpersien, Mitte des 16. Jahrhunderts

»Wiener Jagdteppich«, Seidenteppich aus Kaschan, 2. Hälfte des 16. Jahrhunderts

achtendiger Blütenblattstern. Das Innenfeld ist von fünf Bordüren umgeben, von denen die drei schmäleren mit Blütensternen und der Reihendarstellung eines Fabeltieres gefüllt sind. Die innere Hauptbordüre zeigt auf jeder Seite sechs äsende Elche, in der äußeren Hauptborte findet man auf jeder der vier Seiten sieben Reiter zu Pferde. Der Teppich, in Rot, Blau, Gelbgrün und Orange gehalten, ist schon so kunstvoll ausgeführt und von solch harmonischer Komposition, daß dem damaligen Zustand der Teppichknüpfkunst bereits eine sehr lange Entwicklungsperiode vorangegangen sein muß.

Ab der Zeitenwende mehren sich die Nachrichten über das Vorkommen von Teppichen. Sie dienten nicht allein als Wandverkleidung und als Bodenbelag, sondern auch als Trennwände.

Im übrigen finden wir Hinweise auf Teppiche (allerdings sind offensichtlich nicht Fußteppiche, sondern Wand- und Säulenbehänge damit gemeint) im Buche der Bücher – in der Bibel! So, um ein Beispiel anzuführen, im 2. Buch Mose, 26, 1–14, wo es heißt: »Die Wohnung sollst du machen von zehn Teppichen von gezwirnter weißer Leinwand, von blauem und rotem Purpur und von Scharlach. Cherubim sollst du daran machen von kunstreicher Arbeit. – Die Länge eines Teppichs soll achtundzwanzig Ellen sein, die Breite vier Ellen, und sollen alle zehn gleich sein.« Die Bibel gibt dann noch weitere Vorschriften an (siehe dort), wie die Teppiche sein sollen. Auch im 2. Buch Mose 36, 8–19, dann 35, 36 sowie bei Hesekiel 27, 16 (»Die Syrer haben bei dir geholt deine Arbeit, was du gemacht hast, und Rubine, Purpur, Teppiche, feine Leinwand und Korallen und Kristalle auf deine Märkte gebracht.«) finden Teppiche Erwähnung. Von gestickten Tüchern und von den Farben ist im Alten Testament wiederholt die Rede. Aber auch im Neuen Testament finden sich Hinweise auf Teppiche und Farben, der deutlichste in der Apostelgeschichte, 18. Kapitel, Reise des Apostels Paulus von Athen nach Korinth, wo es im 2. und 3. Vers heißt: »Danach schied Paulus von Athen und kam gen Korinth. Und fand einen Juden mit Namen Aquila samt seinem Weibe Priscilla. Zu denen ging er ein; und dieweil er gleichen Handwerks war, blieb er bei ihnen und arbeitete; sie aber waren des Handwerks Teppichmacher.« Apostel Paulus war also ein Teppichmacher.

Venezianische, florentinische, genuesische und ragusäische Kaufleute haben Orientteppiche vereinzelt schon im 11. Jahrhundert aus der Levante nach Europa gebracht.

Detail aus dem Wiener Jagdteppich

Medaillon-Teppich, Wirktechnik, Persien, ca. 1600

Dazu kamen dann auch die Auswirkungen der Kreuzzüge, die von 1096 bis 1270 darauf angelegt waren, das »Heilige Land« (Palästina) den »Heiden« zu entreißen und es für die Christenheit zurückzugewinnen. All diese sieben Kreuzzüge erreichten nicht (oder nur vorübergehend) das gesteckte Ziel, obgleich die christlichen Völker Europas in diesen Kreuzzugszeiten ungeheure Opfer auf sich genommen hatten. Sie brachten aber eines zuwege: es kam unter den europäischen Völkern eine engere Verbindung zustande, der Gesichtskreis aller wurde durch die Bekanntschaft mit dem Orient unglaublich erweitert, der Handelsverkehr und die Entwicklung der Handwerke nahmen ungemein zu. Der Zuwachs an neuen Erkenntnissen und Fähigkeiten, die man aus der Begegnung mit dem Orient gewonnen hatte, war enorm.

Hier ist auch Gelegenheit, daran zu erinnern, daß der Normannenfürst Roger II. schon um das Jahr 1130 in Palermo die Seidenwerkstätte »Hotel de Tiraz« gründete, in der außer Stickereibändern auch bestickte Seidengewebe und kostbare Teppiche (vermutlich ebenfalls aus Seide), welch letztere allerdings nur als Vorhänge und als dekorative Wandbehänge dienten, hergestellt wurden. In dieser Werkstatt entstand damals auch der gestickte Kaiserornat des Heiligen Römischen Reiches Deutscher Nation. Er wurde bis zum Jahre 1794 von den Inhabern der Kaiserwürde benützt (Bild: Seite 126).

Dadurch, daß italienische Seefahrer schon frühzeitig engen Kontakt mit dem Nahen Orient hatten, sammelte sich im italienischen Raum bereits ab dem 14. Jahrhundert ein immer größer werdender Schatz an Orientteppichen an. Als das übrige Europa dann im vergangenen Jahrhundert plötzlich sein Herz für Orientteppiche entdeckte, wurde Italien in bedeutendem Maße zum Exporteur antiker und alter Teppiche. Es hat sich nach und nach seiner Schätze gegen gutes Geld weitgehend entledigt und ist heute »teppicharm«. So hat das große und an interessanten und seltenen Kunstgegenständen aus dem Orient so reiche »Orientalische Museum« in Venedig keinen einzigen Orientteppich ausgestellt.

Das heißt aber nicht, daß in einzelnen Städten Italiens keine antiken Teppiche vorhanden seien. So besitzen z. B. die Museen del Bargello (Florenz), Poldi Pezzoli (Mailand), Bardini (Florenz), degli Argenti (Florenz), Museo di Capodimonte (Neapel), die Uffizien (Florenz) mehr oder minder reichhaltige Sammlungen antiker Teppiche. Desgleichen

Sogenannter »Damaskus«-Teppich, ca. 1600
(auch Mameluckenteppich genannt)

 Uschak, Kleinasien, 16. Jahrhundert

befinden sich in Kirchen und Klöstern wie auch in Privatbesitz alte, wertvolle Teppiche; in den vielen Südtiroler Schlössern gab es vormals viele solcher Kostbarkeiten, durch die Kriegsereignisse sind sie dort nur noch vereinzelt zu sehen. Insgesamt betrachtet ist Italien jedoch wirklich »teppicharm« geworden, insoweit man exklusive Exemplare meint. Erst seit wenigen Jahren steigt das Interesse Italiens an Orientteppichen wieder an.

Ab dem 11. Jahrhundert also fanden sich Orientteppiche als kuriose Stücke von Seltenheit in europäischen Klöstern, in Fürstenschlössern und fallweise auch in den Häusern reicher Kaufherren. Auf Gemälden europäischer Maler des 15. bis 17. Jahrhunderts sieht man Orientteppiche als Bildbeiwerk. Eine gewisse Gattung Teppiche (mit Uschak-Charakter) nennt man überhaupt »Holbein-Teppiche«, weil man solche auf Bildern des jüngeren Holbein (1497–1543) findet. Die Bezeichnung hinkt, denn ähnliche Teppiche gibt es auch auf Bildern anderer Maler, z. B. Lotto, ja sogar auf Bildern von Malern, die lange vor Holbein gelebt hatten (Bilder: Seiten 44, 45 und 48). Siehe hierzu auch die Ausführungen im 6. und im 9. Hauptabschnitt.

Die Überlieferung spricht von einem Teppich (vermutlich war es ein Wirkteppich), den die Araber bei der Eroberung von Ktesiphon (637 n. Chr.) erbeuteten. Dieser Teppich, in der ganzen orientalischen Welt ob seiner Pracht unter dem Namen »bahar-e-kisra«, das heißt »Frühling des Chosrau«, bekannt (Chosrau I., 531–579, hatte Ktesiphon gegründet), bestand aus Seide mit eingewebten Gold- und Silberfäden, er war reich mit Edelsteinen besetzt. Der Teppich stellte einen blühenden Garten dar, mit Bächen, worin man Fische sah, er soll (vermutlich übertrieben) 1150 m² Fläche bedeckt haben, müßte also etwa 32 × 36 m groß gewesen sein; das ist eine Breite, die man auch heute nicht an einem einzigen Knüpfstuhl erzielen kann. Der Teppich war, wenn die Angaben über seine Größe stimmen, auf alle Fälle aus einer Reihe von Einzelstücken zusammengenäht. Sein Wert wurde zu seiner Zeit mit 3 600 000 Drachmen angegeben, was heute einem Wert von etwa acht Millionen DM entspricht. Siehe hierzu auch im 11. Hauptabschnitt weitere Einzelheiten über das Schicksal dieses Teppichs.

Auf diesen »Frühling des Chosrau« scheint das Wort gepaßt zu haben, das Ibn Adhari (allerdings in einem anderen Zusammenhang) prägte: »Kein kommendes Geschlecht, nacheifernd, wird erreichen, zu sehen ein neues Werk, das diesem würde gleichen!«

Man erzählt, daß Sultan Soliman der Große (den man auch »Soliman der Prächtige« nannte), als er im Jahre 1534 Täbriz eroberte, viele Teppichknüpferfamilien gefangennehmen und nach Kleinasien abschieben ließ, um dort die Teppichknüpfkunst zu verbessern. Denn an sich war diese Kunst in Kleinasien damals schon längst bekannt. Marco Polo, der im 13. Jahrhundert Anatolien bereiste, spricht in seinen Berichten über eine ausgedehnte Teppichherstellung im Raume von Konya.

Im 16. Jahrhundert scheint das Wissen über orientalische Teppiche und die Art ihres Gebrauches in den Kreisen gebildeter europäischer Menschen doch schon ziemlich verbreitet gewesen zu sein (wenngleich man selbst fast noch nirgends Fußteppiche benützte), denn Ogier Ghiselin von Busbeck, der als kaiserlicher Botschafter von 1555 bis 1562 am Hofe des Türkensultans Suleiman II. weilte, erwähnte in seinen Briefen und Reiseberichten zwar Teppiche und ist fallweise auch von ihrer Schönheit und Kostbarkeit beeindruckt, doch führt er sie nicht als etwas absolut Neues, sondern eher als schon etwas mehr Bekanntes an. So schreibt er in einem Brief über seine Reise in die Türkei, die in Wien 1555 ihren Anfang genommen hatte, bezüglich seiner Ankunft in Gran: »Ich wurde ganz nach Soldatenart untergebracht: statt der Betten breitete man über Bretter dicke, zottige Teppiche ohne Kopfkissen, ohne Leintücher.« Über seinen Empfang bei Sultan Suleiman II. am 7. April 1556 berichtete er u. a.: »Er saß auf einem ganz niedrigen Thron, nicht höher als einen Fuß über der Erde. Darüber waren die kostbarsten Teppiche gebreitet, dazu Kissen von ausgesuchter Arbeit, daneben lagen Bogen und Pfeile.« In einem Bericht Busbecks über die Ankunft des persischen Gesandten bei Suleiman steht zu lesen: »Am 10. Mai (1556) war der persische Botschafter gekommen und hatte viele prächtige Geschenke mitgebracht, Teppiche der feinsten Sorte, babylonische Zelte, mit vielerlei Farben bestickt, Geschirr und Sattelzeug von erlesener Arbeit.«

In einem aus dem Jahre 1582 stammenden Fugger-Bericht aus Konstantinopel werden die wochenlangen Feierlichkeiten geschildert, die anläßlich der Beschneidung eines Sultansohnes abgehalten wurden. In dem Bericht heißt es u. a.: »Am siebenten Tag wurden im Hippodrom fünftausend Janitscharen nebst ihrem Aga tractiert. Sie speisten auf Teppichen.«

Jedenfalls muß ab etwa 1500 der »türkische« Teppich in Europa verschiedentlich schon stärker bekannt gewesen

Medaillon-Teppich Uschak, 16. Jahrhundert, Kleinasien

Ladik, Kleinasien,
16. Jahrhundert

sein, ohne daß man ihn deshalb viel als Fußteppich, sondern wahrscheinlich mehr zur Schmückung von Wänden und als Tischdecke benützte, denn Frankreichs König Ludwig XIII. (1601–1643) erließ ein striktes Einfuhrverbot für Orientteppiche. Er tat es, damit die in Frankreich inzwischen hochgezüchtete Gobelin-Wirkerei (Jean Gobelin lebte um die Mitte des 15. Jahrhunderts) nicht beeinträchtigt werde. In Wien war den »Bürgern« ab 1671 »erlaubt, gewöhnliche türkische Teppiche« zu haben.
Als der Osmanensultan Selim I. im Jahre 1517 Kairo erobert hatte, ließ er von dort (wo eine mameluckische Hofmanufaktur bestand) einen Teil der Knüpferfamilien zwangsweise nach Konstantinopel bringen, das nach der Eroberung durch die Osmanen seit 1453 stolz den Namen »Der-i-se'adet« = »Tor der Glückseligkeit« trug. Er errichtete mit diesem geschulten Personal eine osmanische Hofmanufaktur. In Kairo blieben damals noch reichlich viel Knüpfkundige zurück, die ihr Handwerk ungehindert weiter ausüben konnten und sehr schöne Teppiche herstellten. Obgleich der nachfolgende Sultan, Soliman der Große, auch aus (wie weiter oben geschildert), dem 1534 eroberten Täbriz die tüchtigsten Täbrizer Knüpffamilien für seine Hofmanufaktur »gekapert« hatte, war dies dem nun übernächsten osmanischen Sultan, Murad III., noch zuwenig. Er holte sich ebenfalls aus Kairo noch freiwillig-unfreiwilligen Zuzug. Murad III. legte Wert darauf, daß das neue Personal auch die Wolle mitbringen solle. Zeitgenössische Berichte sagen, es seien dies »30 Cantar Wolle« gewesen. Das würde einem Gewicht von ungefähr 1700 kg dann gleichkommen, sollte es sich um den türkischen Cantar gehandelt haben. Ein türkischer Cantar war 56,7 kg. Es gab aber damals viele Cantar-Gewichtsbezeichnungen, von 32 kg bis zu 81 kg per Cantar (auch Kantar oder Kussh geschrieben). Durch solche Zuwanderungen, die aber vornehmlich aus den persischen Gebieten wiederholt nach Kleinasien erfolgten, wurden fremde Muster in den kleinasiatischen Raum verpflanzt und dort heimisch.
Seine Hochblüte erlebte der persische Teppich im 16. und 17. Jahrhundert. Was zu jener Zeit in den persischen Hofmanufakturen an Knüpfkunst erreicht wurde, ist einzigartig (Bilder: Seiten 23, 25–29). Von dort an sank diese Kunst zwar langsam, aber stetig ab. Schon Jean Chardin (1643–1713), der als einer der ersten Europäer Ostindien und Persien bereiste (er lebte sechs Jahre lang in Isfahan), klagte über den sehr stark bemerkbaren Niedergang der

persischen Teppichknüpfkunst. Das heißt aber nicht, daß es nun überhaupt keine hervorragenden Leistungen mehr gab oder gibt. Selbst jetzt im 20. Jahrhundert werden, wie früher erwähnt, ausgezeichnet gearbeitete Teppiche hergestellt, die weder an Sorgfalt in der Motivwahl noch an Feinheit der Zeichnung oder an Genauigkeit der Knüpfung etwas zu wünschen übriglassen. Leider ist das Angebot an solchen Prachtstücken gering, das an Massenware dagegen enorm. Auch im Orient selbst war der gute Orientteppich natürlich hoch geschätzt. Mit zunehmendem Niedergang der Knüpfkunst suchten die orientalischen Kenner schon im 17. und 18. Jahrhundert in den Besitz von Stücken aus der Hochblütezeit, also zu den damals »alten« Exemplaren, zu kommen. Obgleich es verpönt war, Teppiche für Geld zu verkaufen, geschah es dennoch. Karabacek sagt in seinem Werk (siehe *Literaturverzeichnis*): »Berühmte Ware war ebenso gesucht wie teuer bezahlt. Glücklich aber schätzte sich derjenige, welcher ein altes Exemplar für sich zu erwerben wußte.« (Aus der Zeit vor dem Jahre 1500 ist heutzutage kein einziger persischer Teppich erhalten; man weiß aber, wie sie aussahen, denn auf persischen Miniaturen, die vor 1500 geschaffen wurden, sind zeitgenössische Teppiche abgebildet.) Teppiche aus den Zeiten der Hochblüte, also aus dem 16. und 17. Jahrhundert, finden sich, als kostbarer Besitz natürlich, auch heute noch in europäischen Museen, Klöstern und Schlössern. Es handelt sich dabei aber fast immer um Stücke aus Persien, aus Kleinasien oder Indien, indes wirklich »alte« (oder genauer, wie der Sammler sagt: »antike«) Teppiche aus dem kaukasischen oder etwa gar aus dem turkmenischen Raum nicht bekannt sind. Die Handelsbeziehungen zu jenen Gegenden waren damals so gut wie nicht vorhanden, und auch sonst gab es kaum irgendwelchen Kontakt zu jenen Völkern.

Als 1683 das Türkenheer, das Wien belagerte, vernichtet wurde, fielen den Siegern 15 000 Zelte als Beute in die Hände, und damit eine Unzahl Teppiche aller Art. Siehe hierzu auch im 11. Hauptabschnitt weitere Angaben.

Die Teppichsammlung des Österreichischen Museums für angewandte Kunst in Wien dürfte die bedeutendste des Kontinents sein. Sie besitzt edelste, einzigartige Stücke, die meisten stammen aus der Sammlung des ehemaligen Kaiserhauses (Bilder: Seiten 27–30, 33–36). In den Vereinigten Staaten gibt es in verschiedenen Museen beachtenswerte, da und dort sogar bedeutende antike Teppichbestände. Die meisten und schönsten Stücke befinden sich im Metropoli-

Sogenannter »Polen«-Teppich, Persien, 17. Jahrhundert

34 Gebetteppich, Indien, frühes 17. Jahrhundert

tan-Museum in New York. Der Teppichbesitz der Museen im Orient ist – mit einer einzigen Ausnahme – verhältnismäßig bescheiden. Diese eine Ausnahme betrifft das »Türk ve Islam Eserli Müzesı« (Türkisches und Islamisches Museum für handwerkliche Kunst) in Istanbul, das mehr als tausend Teppiche verwahrt, von denen viele allerdings teils schwer, teils weniger schwer beschädigt, seit Jahren unter unvorstellbar schlechten Bedingungen magaziniert sind. (Bilder: Seiten 24, 30, 31, 32, 37, 40, 42). Überdies können sie des Platzmangels wegen der öffentlichen Zurschaustellung nur teilweise zugänglich gemacht werden. Hoffentlich wird dieses Ärgernis in absehbarer Zeit behoben werden.

WARUM TEPPICHE?

Die Natur zwingt die Menschen, sich mit ihr auseinanderzusetzen, sich – um leben zu können – ihr anzupassen oder sie zu überlisten. In einem breiten Gürtel, der (allerdings mit Ein- und Ausbuchtungen) ungefähr zwischen dem 30. und dem 45. Grad nördlicher Breite liegt, zeigt sich Asien mit versteppten Tiefebenen, so gut wie vegetationslosen Hochflächen, mit weiten Wüsteneien und Salzsümpfen durchsetzt. Wasser ist oft und oft Mangelware. Die Menschen konnten in diesen Gebieten zum Großteil nicht seßhaft werden, sie mußten beweglich bleiben, mußten (und müssen es noch heute) weiterwandern, wenn ihre Herden (die ihr Lebensunterhalt sind) alles Freßbare aufgezehrt hatten – entweder dem Wasser nach oder im aufsteigenden Jahr in die Berge, im absteigenden Jahr zurück in die Ebene.
Diese Hirten- und Reitervölker hatten als Heim nur ihr Zelt – ein Zelt ohne Tisch, ohne Stuhl, ohne Schrank. Aber das Zelt bestand schon aus Filzen und Geweben. Was lag näher, als die Unebenheiten des Bodens im Zeltinnern ebenfalls durch Filze und Gewebe auszugleichen? Dies um so mehr, als dadurch auch Schutz gegen die Bodenkälte gewonnen war. Was lag auch näher, als die wenigen Habseligkeiten, die man besaß, beim Weiterwandern in Gewebe einzuschlagen, sie darin zu verpacken? (Filze eignen sich weniger dafür.)
Und es war kein sehr weiter Schritt, diese Gewebe zum Teil so zu gestalten, daß man in ihnen allerlei Gegenstände bergen konnte: also Taschen und Behälter anzufertigen, die solcherart Schrank und Lade ersetzten.
Und noch etwas drängte sich dann dem Nomaden auf: Konnte er das mühsam verfertigte, einfache und noch dünne Gewebe nicht irgendwie verstärken, es dichter und dicker,

weicher und kälteabhaltender machen? Er (oder seine Gefährtin) fand den Weg dazu: Er zog – das Material hatte er überreichlich von seinen Ziegen und Schafen – Wollfäden durch das Gewebe. Faden um Faden zog man durch, und man freute sich zu sehen und zu spüren, daß sich das, was eben noch eine Art dünner Matte war, nun zu anderem veredelte: zur Nachbildung eines Tierfelles, zu einem Vlies, zum Teppich. Noch war das keine Knüpfung, wohl aber der Anfang der Wirktechnik.
Wird es lange gedauert haben, daß Schmuck- und Kunstsinn des Menschen wach wurden, daß die Nomadenfrauen schon bewußt neben den braunen oder grauen Ziegenhaarfaden einen weißen Schafwollfaden setzten und daß, wo man dies in einer Art Regel tat, ein »Muster« erzielt wurde? Ohne Zweifel hat dann ein solches Muster die Menschen erfreut, sie hatten Gefallen daran gefunden, und sie übten sich in dieser naiven, aus dem ursprünglichen und urtümlichen Spieltrieb geborenen Kunst und wurden darin immer geübter.
So oder so ähnlich mögen die Anfänge gewesen sein. Eines Tages hat man dann vom eingewirkten zum eingeknüpften Faden gefunden, den Schritt vom Wirkteppich zum Knüpfteppich getan.

WIESO IN PERSIEN?

Unwillkürlich wirft sich hier die Frage auf: Gut, es gab und gibt reichlich viele Nomadenvölker in diesen weiten Räumen. Aber war nicht just der Perser (nach welchem Volksnamen man die Gesamtheit der orientalischen Teppiche üblicher- und fälschlicherweise »Perser« benennt) mit vielen Volksteilen in den einigermaßen fruchtbaren Gebieten zwischen jenen Steppen und Hochländern und Salzwüsten längst seßhaft geworden? Besaß er nicht dort, wo er seßhaft war – schon aus grauen Vorzeiten her –, eine ausgebreitete und vertiefte Stadt- und Dorfkultur, feste Häuser, stabilen Besitz; besaß er nicht Schreine, Tische, Stühle? Wie kann man just ihn mit dem Nomaden vergleichen?
Das mit den festen Häusern, mit Tisch und Stuhl und Schrank, war nicht allein in Persien so, sondern auch überall in den fruchtbaren Gegenden Westasiens! Aber: Ungefähr 250 Jahre v. Chr. brach das wilde Reitervolk der Parther in Persien und in die benachbarten Gebiete ein und wurde beherrschend. Es blieb fast 500 Jahre lang an der Macht (bis 225 n. Chr.). Diese 500 Jahre der Parther-Herrschaft reich-

Bildteppich (Baumlandschaft mit Vögeln),
Indien, frühes 17. Jahrhundert

Sogenannter »Portugiesen«-Teppich, spätes 17. Jahrhundert

ten hin, um auch die seßhafte Bevölkerung für den Teppich zu gewinnen – er wurde hof- und gesellschaftsfähig und war bald nicht mehr aus dem Dasein wegzudenken. Das blieb auch so, als die Herrschaft der Parther endete. Ja es verstärkte sich noch, als im Jahre 641 n. Chr. die Araber Persien eroberten und den Islam einführten. Nicht überall, aber doch in weiten Gebieten wurde es dem Moslem zur lieben Pflicht, seine »Salat« (wie er seine Andachtsübungen nennt) auf einem Gebetteppich zu verrichten. Zwar gründete Mohammed seine Religion erst um das Jahr 610 n. Chr., und es dauerte noch sehr lange, ehe das inzwischen zerfallene Perserreich zur Gänze islamisch wurde, aber jedenfalls trug dieser Religionswandel, der über die in diesen Räumen hausenden vielen Völkerschaften kam, auch dazu bei, die Teppichkultur zu pflegen.

Es hatte sich, neben dem Gebrauch des Teppichs als wichtigem Hausratgegenstand, auch ein gewisser Kult des Hausherrenrechtes, der Gastfreundschaft usw. herausgebildet, und zwar war viel davon untrennbar mit dem Teppich verbunden. Das festigte bei den Völkern des Orients außerordentlich die Bedeutung des Teppichs.

Dem Orientalen seinen Teppich zu nehmen, würde von ihm als schwere Störung seines Daseins, als Bedrohung seines Lebensgefühles empfunden werden. Der Orientale ist auch heute noch, trotz seiner Zugeständnisse an die europäisch-amerikanische Lebensauffassung, nicht bereit, in solchen Fragen auf breiter Front nachzugeben und zu kapitulieren.

NATÜRLICHE GRENZEN

Der Ausbreitung der Teppich-Zone sind natürliche Grenzen gesetzt. Wäre in Iran die Voraussetzung für die Einbürgerung des Teppichs nicht vorhanden gewesen: die dort ansässig und herrschend gewordenen Parther hätten seinen Gebrauch der einheimischen Bevölkerung nicht aufzwingen können; ja vermutlich wären sie selbst vom Gebrauch des Teppichs abgekommen. Denn der Teppich bürgerte sich umfassend nur dort ein, wo er sich sozusagen als »lebensfähig« erwies, also wo er 1. zweckmäßig und wohltuend war und 2. mit den in der Gegend vorhandenen Mitteln hergestellt werden konnte.

Nördlich der erwähnten Zone (45. Breitengrad) mehrt sich der Baumwuchs. An die Stelle des Teppichs treten, hervorgerufen durch den beginnenden Pelztierreichtum, das Fell

und der Pelz, an die Stelle des Zeltes die Hütte und das Haus. Dieser Wechsel ist nicht spontan spürbar, sondern es gibt natürlich Misch- und Übergangszonen.
Im tiefen Süden, wo anhaltende Regenperioden die monatelang sengende Sonnenglut ablösen, wäre der Teppich ebenfalls fehl am Platze: er würde sich mit der Nässe des erdreichen, schlammig gewordenen Bodens ansaugen und damit völlig seinen Zweck verlieren, genau so, wie er in der Sommerhitze so gut wie überflüssig wird. Schon der Perser hüllt sommersüber seine Teppiche, um es von ihnen nicht so warm zu haben, in Leinen oder Baumwolle ein. In wohlhabenden Familien besitzt man zwei Teppichgattungen: leichte Teppiche für den Sommer und besonders dicke für den Winter. Der Sommerteppich wird »farsch-e-seif« genannt, der Winterteppich heißt »farsch-e-scheta«. Der Inder liebt mehr die Matten als die Teppiche, weil sie dünner und kühler sind, außerdem aber auch keine Nässe ansaugen.

TEPPICH-GEBIETE

Der schon mehrmals erwähnte breite geographische Raum, der Teppichgürtel, beginnend vom Ostufer des Mittelländischen Meeres und sich hinziehend bis hinüber nach Chinesisch-Turkestan (Sinkiang), ist also das Gebiet der Orientteppiche. Es gliedert sich, rein geographisch und ohne Rücksicht auf die politische Einteilung gesehen, in fünf Hauptgebiete: 1. Kleinasien, 2. das Kaukasusgebiet mit seinen nördlichen und südlichen Ausläufern, 3. Persien (Iran), 4. Zentralasien (Turkmenien, Afghanistan mit dem Belutsch-Nomadenraum) und schließlich 5. Ost-Turkestan (Chinesisch-Turkestan).
Aber auch in Indien, Pakistan, China, Japan, in Syrien, Ägypten, Abessinien und in Nordwestafrika (Berberei) werden Teppiche hergestellt. Von Rechts wegen sollten solche Stücke nur nach ihrem Herstellungsland bezeichnet werden.
Auch bei orientgemusterten Teppichen, die aus Jugoslawien, Bulgarien, Rumänien, Ungarn, Albanien oder Griechenland stammen, sollte es so sein, aber nur zu oft werden solche Balkan-Teppiche als »echte Perser« angeboten. Ein Teil der Händlerschaft wünscht, daß der Balkan-Teppich regelrecht das Prädikat »echter Orientteppich« erhalten soll. Dies könnte leicht »ein Schnitt ins eigene Fleisch« werden, wiewohl man just hier begreifen kann, daß der Balkan ein gewisses Recht hat, die dort erzeugten Tep-

Kleinasiatischer Teppich aus dem Raume Bergama-Yürik, 17. Jahrhundert

Sogenannter »Siebenbürgen«-Teppich, Kleinasien, 18. Jahrhundert

piche (insofern sie orientalisch gemustert sind) als »Orientteppiche« zu bezeichnen: standen doch diese Gebiete jahrhundertelang (zum Teil bis 1912) unter türkischer Herrschaft.

DER NAME »PERSER«

Seinerzeit war der Name »Perser« als Generalbenennung für die Orientteppiche bei uns nicht gebräuchlich, vielmehr nannte man diese Erzeugnisse zumeist »Türkenteppiche«. Insonderheit geschah dies nach der schon erwähnten Erbeutung von 15 000 Türkenzelten vor Wien im Jahre 1683. Da aber die Beziehungen zwischen Europa und Persien schon früh gepflegt wurden, Gesandtschaften zwischen europäischen Höfen und dem Hofe des Schahinschah von Persien alsbald keine ausgesprochenen Seltenheiten mehr waren und der Schah als Gegengeschenk für das, was ihm unsere Fürsten schickten, u. a. auch Teppiche gab, bürgerte sich langsam der Name »Perserteppich« ein. Zumal auch deshalb, weil sich in dem Worte »Persien« gewissermaßen ein Zentralpunkt des Orients sowohl hinsichtlich absoluter Macht als auch hinsichtlich des Reichtums, der Größe und der Merkwürdigkeit usw. manifestierte, den man sozusagen als »die echte Mitte Asiens und des Orients« empfand, verbunden mit der Vorstellung, daß eine solche Mitte seit eh und je entscheidend und befruchtend für die Umgebung ist. Das alles waren Vorstellungen, die zwar nicht stimmten, denn Persien war, im Gegensatz zu früheren Zeiten, längst verarmt und entmachtet, doch der Europäer denkt in Überlieferungen, und solches Denken ließ jene Vorstellungen lebendig werden.
Dazu kam noch die Annahme, daß Persien das Ursprungsland der Teppichknüpferei sei, was allerdings unrichtig war, denn die Ursprünge dieser Kunst stehen selbst heute noch nicht mit Sicherheit fest. (Siehe hierzu die Ausführungen im 5. Hauptabschnitt unter *Glückwunschzeichen.*) Persien als Ursprungsland anzunehmen, lag deshalb im Bereich der Möglichkeit, weil dort alle Vorbedingungen dafür vorhanden waren: die alte Kultur, der ausgeprägte Sinn für Farbe und Farbenharmonie sowie für Ornamentik. Tatsächlich waren auch die in den Hofmanufakturen Persiens hergestellten Teppiche wahre Wunderwerke der Teppichknüpfkunst, die von keinem Volke seither übertroffen wurden.
In Persien gab und gibt es auch alle Rohstoffe, deren man zur Teppichherstellung, zur Färbung und Knüpfung bedarf:

Schafwolle, Baumwolle, Seide, pflanzliche, mineralische und animalische Farbstoffe. Überdies kannte der Durchschnittseuropäer nur den Begriff »Persien« und wußte von den anderen Völkern ringsum vorderhand noch so gut wie nichts.
Dazu gesellte sich noch eine freundliche Fügung: Auf der Wiener Weltausstellung 1873 zeigte Persien eine Kollektion seiner Teppiche und erzielte damit Bewunderung. Als nach Schluß der Ausstellung diese Teppiche (um die hohen Kosten des Heimtransportes zu ersparen) sehr billig abverkauft wurden, griffen der Adel und das wohlhabende Bürgertum Wiens zu. So setzte dann, da es plötzlich »Mode« wurde, einen »Perser«-Teppich zu besitzen, ein »Run« auf solche ein. Jedermann, der einigermaßen zur »guten Gesellschaft« gezählt werden wollte, »mußte« in seiner Wohnung »Perser« liegen haben – Persien konnte den Export dieser Ware von dort an vervielfachen.

RELIGION UND TEPPICH

Die Annahme, beim Orientteppich handle es sich vor allem um einen Gegenstand der Religion bzw. des Kultes (siehe unter *Gebetteppich*), ist zu weit gegriffen. Als mit dem Islam jene Religion aufkam, deren Anhänger in vielen Gegenden als Kultgegenstand einen Gebetteppich benützen, stand der Teppich bei verschiedenen orientalischen Völkern schon seit wesentlich mehr als einem Jahrtausend im praktischen Haus- und Zeltgebrauch. Er war ein unumgänglich notwendiges Einrichtungsstück, er war richtig ein Gebrauchsgegenstand. Seine besseren, sorgfältiger und kunstvoller gearbeiteten Exemplare galten der Hervorhebung des größeren Besitzes und der Macht, wohl aber auch der Freude an solcher im Familienverbande mühsam hergestellter Habe. Für die Nomaden ist noch heute der Besitz an Teppichen – neben ihrem Viehbestand – *die* Sparkasse. Daß außer diesen zwei Bedeutungen als Gebrauchs- und als Luxusgegenstand (Vermögensbestandteil) dem Teppich immerhin auch schon früh kultische Bedeutung zukam oder daß er zur Ausübung des Kultes mit herangezogen wurde, ist wohl naheliegend. Denn Leben und Kult waren innig verbunden, der Kult war kein geringer, nebensächlicher Teil des Lebens, sondern mit ihm eins. Aber eine ausgesprochene, ursprünglich alleinkultische Bedeutung des Teppichs kann man nicht annehmen. Immerhin bleibt bemerkenswert, daß der traditionsverbundene Perser auch heute noch darauf achtet, auf sei-

Sogenannter »Siebenbürgen«-Teppich, Kleinasien, ca. 1760

 Kula, Kleinasien, 18. Jahrhundert

nen Teppich keinen Weintropfen fallen zu lassen. Denn Wein (und jeder Alkohol wie Schnaps, Rum usw.) macht den Teppich »nadschas«, nämlich unrein im Sinne der Religion. Geschieht es dennoch, daß Wein oder anderer Alkohol auf den Teppich tropft, dann muß letzterer sogleich gewaschen werden, sonst brächte das Geschehen Unglück über das Haus. Bemerkenswert ist, daß auch viele Buddhisten zur Verrichtung ihrer Andacht Gebetteppiche benützen.

MOTIV UND SYMBOL

Hier wirft sich – allerdings verfrüht – zugleich auch die Frage auf: Was bedeuten die Figuren und Zeichnungen des Orientteppichs, was bedeuten die dargestellten Motive und Symbole, in welchem Zusammenhang stehen sie a) mit dem Leben und den Schicksalen jener, die den Teppich herstellten, b) mit dem Leben und den Schicksalen jener, für die er hergestellt wurde, und c) was erfährt man aus der Zeichnung eines Orientteppichs über die Landschaft oder über das Volk der Hersteller in bezug auf seine Religion, seine Kultur und seine Lebensgewohnheiten?
Die Antwort ist enttäuschend, und es tröstet auch nicht, wenn man vorweg sagt, daß ursprünglich die Motive nicht grundlos und zufällig entstanden sind und sich, über unzählige Generationen hinweg, bis heute erhalten haben. Man kann wohl mit Fug und Recht behaupten, daß jedes Motiv der Knüpfung ursprünglich seine bestimmte Bedeutung hatte und daß mit tiefer Symbolik gearbeitet wurde. (Ein Symbol ist ein unter den Menschen eines Kulturkreises »verabredetes Zeichen« für einen bestimmten Begriff.) Im gleichen Atemzug muß aber auch daran erinnert werden, daß gewisse Motivformen bis in die Vorzeit der Menschen zurückreichen und nicht Besitz *eines* Volkes oder *eines* Stammes waren, sondern daß sie sozusagen ein Allgemeingut aller darstellen – so z. B. das Kreuz, das Dreieck oder die Wellenlinie, die Zickzacklinie, der Kreis, der Kreisbogen, die Swastika usw. Man findet diese Motiv-Elemente in allen alten Kulturen, und merkwürdigerweise hatten sie, zumindest annähernd, überall die gleich Bedeutung.
Jede Völkerschaft bevorzugte allerdings gewisse Motive, die sie als ihre eigenen ansprach, und jeder Stamm einer solchen Völkerschaft hielt sich Jahrhunderte hindurch an das jeweilige Grundmotiv; das allerdings doch nur insoweit, daß eben dieses Grundmotiv nicht verlorenging, indes die Eigenarten

des eigenen Stammes wieder in kleinen sich stets wiederholenden, dann aber lange Zeit hindurch in ständig mustergetreu bleibenden Abweichungen vom Grundmotiv sich kennzeichneten.
Das alles aber ist ferne Vergangenheit! Das Wissen um die Bedeutung dieser Dinge ist all den vielen Völkern, es sind ihrer etwa dreihundertfünfzig, die diesen ungeheuren Raum (rund 5000 km west-östlich und rund 2000 km nord-südlich) bewohnen, so gut wie verlorengegangen. Denn diese Völker wurden so sehr durcheinandergemischt und durcheinandergeschüttelt, so sehr aufgesplittert, aus der alten Heimat verdrängt oder als Gefangene weit weggeführt (oder sie drangen kämpfend und erobernd in neue Gebiete vor, wo sie seßhaft wurden), sie mischten sich so nachhaltig und taten dies im Laufe der Jahrhunderte immer und immer wieder, daß nicht allein aus ihnen selbst ein Konglomerat entstand, sondern auch aus ihren Sitten, Gebräuchen, Kulten, Anschauungen, aus ihrem Lebensgefühl und ihren Daseinsäußerungen. In diesem Konglomerat mischten sich (in bezug auf Teppiche) chinesische mit indischen oder turkmenischen, turkmenische mit persischen und diese wieder mit kleinasiatischen Mustern, Motiven und Symbolen. Die Mischung und Vermischung ging weiter durch andere Völkerschaften, immer weiter, und es entstand dadurch eine Musterverschleppung sondergleichen. Sie ist so tiefgreifend, daß sie jetzt kaum noch entwirrt und wissenschaftlich geklärt werden kann. Die heutige Bedeutung der Motive hat sich von der Symbolhaftigkeit des »für etwas dastehen« längst weit entfernt, sie liegt der Hauptsache nach wohl nur noch in der Erzielung eines bestimmten dekorativen Effektes, oft genug aber dienen die so ansprechenden Motive nur dazu, die Fläche des Teppichs irgendwie zu füllen.
Die Orientalen selber hatten sich nie damit beschäftigt, die Bedeutung der Muster, Motive und Symbole schriftlich niederzulegen. Die europäische und amerikanische Wissenschaft begann erst vor kaum 80 Jahren tastend mit der Erforschung dieses Gebietes, und sie kommt angesichts des unglaublichen Durcheinanders kaum von der Stelle. Die einheimischen Knüpfer und Knüpferinnen machen die Muster, sie knüpfen die Motive, sie wissen aber kaum jemals, was das eine oder andere ausdrücken soll. Aus der Knüpfung des Orientteppichs also ganze Märchen, Erzählungen, Schicksalsberichte usw. herauslesen zu können (wie es da und dort behauptet wird, vornehmlich in belletristischen Werken), ist völlig absurd. Wie schon erwähnt, ist auch das

Gartenteppich, Persien, 1716

 Kaukasischer Teppich, um 1800

Wissen um die Einzelbedeutung der Motive, der Knüpfmuster längst entweder beinahe oder überhaupt verlorengegangen. Im großen und ganzen haben für den Orientalen, wie gesagt, die Muster heutzutage fast nur den Zweck, die Fläche des Teppichs zu füllen. Die Leistung besteht nicht darin, daß »etwas erzählt wird«, sondern daß die verschiedenen Elemente (Blumen, Blätter, Sträuße, Arabesken, Ranken, Rosetten usw.) in der Fläche des Teppichs so geordnet und in solchen Ausführungen und in jenen Farben gehalten werden, daß daraus eine Harmonie, eine eigene künstlerische Welt entsteht, die den Beschauer entzückt. Ergeben sich darüber hinaus noch Symbolbedeutungen, ist sichtbar noch diese oder jene Tradition gewahrt – dann um so besser, denn das Entzücken wird um so größer sein und nachhaltiger bleiben!
Da der orientalische Teppich längst begehrtes Handelsobjekt geworden ist, wurde von Erzeugung und Handel aus Gewinnrücksichten zur Musterverschleppung reichlich beigetragen. So gibt es (und dies muß jetzt gesagt werden, ungeachtet der Gefahr, daß man damit viele Teppichliebhaber enttäuscht) vor allem in Isparta und in anderen kleinasiatischen Orten, ebenso aber auch in Griechenland, in Rumänien und in Bulgarien, Jugoslawien und vor allem in Indien sowie in Pakistan genug Manufakturen, die Teppiche jeden gewünschten Musters herstellen, ob kaukasische, indische, persische, turkmenische oder sonst welche; ja sogar nach Zeichnungen, die man selbst anfertigt, und seien sie noch so phantasievoll oder geschmacklos gestaltet: alles kann man haben, in jeder gewünschten Größe und bis zu 16 m Breite. Daß das knüpfende Personal einer solchen Firma ohne jede innere Beziehung jene fremden Muster der Vorlage einfach gedankenlos nachknüpft, liegt auf der Hand. Siehe darüber mehr im Hauptabschnitt *Teppichnamen, Teppichorte, Teppichbegriffe* unter *Bulgarien* und *Griechenland* usw. Diese Unsitte, daß europäische Interessenten Teppiche »nach europäischem Geschmack« bestellen und dadurch zur Musterverschlechterung in außergewöhnlichem Maße beitragen, ist nicht neuen Ursprungs. Schon im »Offiziellen Ausstellungsbericht über Persien«, der anläßlich der Wiener Weltausstellung 1873 von der Generaldirektion der Ausstellung herausgegeben wurde, heißt es wörtlich: »Kunstkenner und Physiologen, die sich mit Farbenlehre beschäftigen, erklärten einstimmig, daß die Farbenzusammenstellung und die Muster [der Perserteppiche] das Geschmackvollste und Korrekteste in der Art bieten. Leider

stehen dieser so schönen Fabrikation zwei Klippen entgegen, die wohl im Auge zu behalten sind, weil sie mit der Zeit die eigentümlichste Industrie zu zerstören geeignet wären: 1. Die Anwendung der Anilinfarben, welche die Teppiche wegen ihres zu grellen Tones und wegen der Unbeständigkeit nicht vertragen. 2. Die Aufträge europäischer Kaufleute, ihnen nach gegebenen Mustern Ware zu liefern. Es ist leider eine traurige Erfahrung, daß (ebenso wie die Indianer beim Kontakt mit Europäern nach und nach, selbst bei der humansten Behandlung, zugrunde gehen) der natürliche Geschmack und der Farbensinn der Orientalen verdorben wird, wenn sie europäische Art und Weise nachahmen wollen.«

Der österreichische Arzt Dr. J. E. Polak, der um die Mitte des vorigen Jahrhunderts neun Jahre lang in Persien lebte und auch Leibarzt des Schahs von Persien war, berichtet schon in seinem 1865 bei Brockhaus erschienenen Buche »Persien« u. a.: »Auf Bestellung kann man jede Dimension und alles in beliebigem Muster haben, doch muß man sich alsdann wenigstens acht Monate gedulden.«

Auch der Orientalist Professor Karabacek klagt in seinem 1881 erschienenen Buche »Die persische Nadelmalerei Susandschird« über die zeitgenössische Entwicklung in der Teppichherstellung mit folgenden Worten: »An manchen Orten, wo früher nur Mustergültiges hergestellt wurde, kommt dieser Verfall in der derben Dessinierung zum Ausdruck: diese zügellose Ausschweifung in den oft weit hergeholten, bruchstückweise miteinander vermischten Motiven, dieses verwirrende Gemengsel vielartiger Muster-Anleihen wird die Kunst-Archäologen späterer Zeit gewiß zur Verzweiflung bringen.« (Womit Karabacek schon für unsere Zeit den Nagel auf den Kopf traf!)

Im Katalog des Österreichischen Handelsmuseums zu der im Jahre 1891 in Wien stattgefundenen Ausstellung orientalischer Teppiche heißt es wörtlich über anatolische Teppiche: »Übrigens werden in allen diesen Orten (Erzerum, Erzinghim, Bayazid, Wan, Bitlis, Kharput, Diarbekir) Teppiche auch nach den vom Besteller beigestellten Zeichnungen geliefert.« Und über die Teppichproduktion im Gebiet von Smyrna heißt es im gleichen Katalog ernüchternd: »Auf Bestellung wird aber überall alles gearbeitet.« Man bedenke – das war Anno 1891. Also vor fast 90 Jahren!

(Hinweis: Heute heißen einige dieser vorgenannten türkischen Orte richtig wie folgt: Erzincan, Van, Bayazit, Harput, Diyarbakir.)

Baum- und Gartenteppich, Nordostpersien, frühes 19. Jahrhundert

Hans Holbein der Jüngere (1497 bis 1543): Bild des Danziger Kaufmannes Georg Gisze, mit einem als Tischdecke dienenden Anatolischen Teppich. Teppiche dieser Art wurden dann »Holbein«-Teppiche genannt.

Schon um 1850 gab es in Persien einen umfangreichen Teppichhandel, und in den Basaren wird heute noch der Name des damaligen bedeutendsten Exporteurs von Orientteppichen mit Hochachtung vor seinem Reichtum genannt: Mehmed Ibrahim. Daß ein Verkauf von Teppichen Sünde sei: darüber hatte man sich schon lange hinweggesetzt. Ab 1883 war aber auch schon die Firma Ziegler & Co. aus Manchester in Täbriz bzw. in Sultanabad (jetzt Arak) ansässig, die viele Teppiche ankaufte und nach Bewältigung des schwierigen Karawanenweges nach Europa und in die Vereinigten Staaten von Nordamerika verschiffte. Siehe diesbezüglich im 6. Hauptabschnitt unter *Ardebil* und unter *Hotz-Teppiche* sowie die Ausführungen im 11. Hauptabschnitt unter *Von alten Teppichen.*

Die vorhin erwähnte Nachgiebigkeit der Teppichhersteller gegenüber den Wünschen europäischer und amerikanischer Besteller und Käufer hat sich leider nicht geändert, sondern noch ausgeweitet. (Siehe auch im 6. Hauptabschnitt unter *Meyer-Pünter-Teppiche.*) Eben während der Abfassung dieses Buches kommt dem Autor eine iranische Druckschrift in die Hand, in der das offenherzig mit den Worten eingestanden wird: »Neue Märkte haben unweigerlich zu neuen Zeichnungen und zu neuartigem Geschmack geführt.«

Und eine amtliche türkische Stelle schrieb dem Autor: »Außer der gewöhnlichen Handelsware, die besonders in Isparta erzeugt wird, werden je nach Kundenwunsch auch Teppiche erstklassiger Qualität hergestellt. Es werden sowohl Natur- als auch alle Arten an Kunstfarben zum Färben verwendet. Nach wie vor werden die alten traditionellen Muster nachgeknüpft, doch werden auf Verlangen auch Teppiche in modernen Dessins gearbeitet.«

Selbst in jenen weit entfernten und schwer zugänglichen Turkmenengebieten, wo sich die Naturfarben und die originalen Muster doch erfreulich länger hielten, wurde es nach Eröffnung der Transkaspischen Bahn (1886) langsam anders. Schon um 1905 klagte Generalmajor Gustav Krahmer in seinem Buche »Das transkaspische Gebiet« über den Turkmenenteppich: »Die Anfertigung von Teppichen hat sehr abgenommen. Diese Teppiche, welche von den Tekinzen und Saryken hergestellt werden, waren von jeher in ganz Mittelasien berühmt. Wegen ihrer guten Farben, originellen Muster und der vorzüglichen Herstellung wurden sie bedeutend höher bewertet als andere ähnliche Arbeiten. Nach dem Bau der Eisenbahn und infolge der sich steigernden

Anatolischer Teppich, ca. 1700.
Bis vor kurzer Zeit nannte man diese Form stets »Holbein«-Teppich.
Es hat sich erwiesen, daß hier der Name »Lotto«-Teppich richtiger ist.
Erklärung im 6. Hauptabschnitt unter »Lotto«-Teppich.

Nachfrage nach Teppicharbeiten, die nicht nur nach Rußland, sondern auch in das Ausland ausgeführt wurden, begannen die Eingeborenen, die Teppiche immer nachlässiger anzufertigen, um schnelleren Gewinn zu erzielen. Vor allem wurden die Pflanzenfarben durch Mineralfarben ersetzt, die gar nicht dauerhaft sind und sehr verblassen, endlich kamen die früheren alten Muster in Vergessenheit und wurden durch einfachere ersetzt. Jetzt [1905] ist es so weit gekommen, daß die Tekinzen anfangen, die ordinären Erzeugnisse der Moskauer Fabriken und jener an der Weichsel liegenden zu kopieren, allerdings äußerst ungeschickt.«

Nun, der schnell zurückgehende Absatz (denn die europäischen Käufer wollten die schlechte Ware nicht) zwang die Turkmenen, wieder gute Stücke herzustellen, und sie sind dabei geblieben, wenngleich sie sich aus Verkaufsrücksichten schon sehr den Käuferwünschen angepaßt haben und es – leider! – schon lange nicht mehr so ist, wie Jacoby (siehe *Literaturverzeichnis*) meinte: »Für den Export arbeiten Jomuden noch nicht.«

So berichtet O. A. Jäger im »Monat« (Nr. 128): »Wir lernten einen Stammeshäuptling der Turkmenen kennen und besuchten ihn einmal in seinem Zelt in der Steppe. In der Nähe des Zeltes standen Hütten, in denen die übrigen Nomaden wohnten. Nirgends sah ich einen Teppich. Ich fragte den Häuptling, der ein kluges und schönes Gesicht hatte, das merkwürdig rein und klar gegen die zottige Fellmütze abstach, ob ich nicht einen Teppich kaufen könne. ›Nein‹, sagte er, ›ihr könnt jederzeit einen bestellen, ihr müßt uns die Größe sagen und die Zahl der Knoten, damit wir wissen, wie fein er sein soll. So machen es die Händler auch. Sie wissen, was ihre Kunden in eurer Heimat verlangen und bestellen nach deren Wünschen bei uns die Teppiche.‹ Da wurde mir klar, daß nicht die Knüpfer selbst, sondern die Käufer in Deutschland und Amerika bestimmen, in welchen Größen der ›Buchara‹ angefertigt wird.«

Für den europäischen Orientteppich-Kaufmann war es lange hindurch Sitte und Brauch, die Ware nach kurzer, flüchtiger Besichtigung ballenweise zu kaufen und sich dann beim genauen Durchmustern zu freuen, wenn der Ballen einen oder zwei besonders schöne Teppiche enthielt. Heute braucht der Händler die Kommerzware erst gar nicht zu besichtigen. Man kennt die Standard-Bezeichnungen, weiß um die Standard-Qualitäten und um die Standard-Knotenzahlen – man kann diese Kommerzware telefonisch bestellen, unter Angabe der Quadratmeteranzahl oder des Gewichtes, etwa so: »Sendet 100 kg Kommerz-Schiraz in mittelgroßen Stücken« – auch das gehört zum 20. Jahrhundert und zum »Zug der Zeit«! Immerhin: Es gibt doch noch genug große Teppichimportfirmen, die ihre Einkäufe im Orient an Ort und Stelle nach erfolgter Besichtigung der Ware vornehmen. Und es gibt auch noch manchen verständnisvollen und auf Qualität bedachten europäischen Orientteppich-Kaufmann, der nicht die Mühe scheut, in den Orient reist und dort tüchtige und verläßliche Knüpfer sucht, die er vertraglich an sich bindet, damit sie ihm Teppiche beachtlicher Qualität herstellen. Ein Musterbeispiel dafür ist der ausgezeichnet geknüpfte, schöne Mir im 6. Hauptabschnitt. (Auch auf andere Beispiele wird dort aufmerksam gemacht.) So kommt letztlich doch ein reiches Sortiment zustande, und es können alle Käuferwünsche erfüllt werden.

Und es stimmt (das sei bei dieser Gelegenheit dargebracht) die weitverbreitete Meinung durchaus nicht: daß man heutzutage im Orientteppichhandel »keinen wirklich guten Teppich« bekommen könne. Abgesehen davon, daß, wie im 1. Hauptabschnitt erwähnt, doch in begrenztem Rahmen gute und sauber geknüpfte Gegenwartsware vorhanden ist, wird der Markt auch noch aus alten Lagerbeständen gespeist. So gibt es wohl kaum einen richtigen Orientteppich-Kaufmann, der neben der normalgängigen leichteren und schwereren Kommerzware nicht auch eine erkleckliche Anzahl schöner älterer Stücke, ja zuweilen sogar die eine oder andere Rarität für seine Kunden bereithält. Bei manchen Orientteppich-Kaufleuten ist die Auswahl an älteren Stücken nachgerade überraschend groß. Dieser oft beträchtliche Vorrat an guten Teppichen ist also in der Regel nicht »soeben aus dem Orient gekommen«, sondern er stammt, neben den Lagerbeständen, in vorletzter Hand aus dem eigenen Lande. Hier sind in unzähligen Fällen Teppiche im Familienbesitz vorhanden, oft seit zwei oder drei Generationen. Bei Übersiedlungen, bei Todesfällen oder bei Geldbedarf und aus noch mancherlei Gründen kommen diese von ihren bisherigen Besitzern mehr oder weniger gut behüteten oder mehr oder weniger beachteten Teppiche über den Orientteppichhandel in den Verkauf und finden neue Besitzer. Meist wissen diese Käufer genau, warum sie sich für einen bestimmten Teppich entscheiden, und sie freuen sich des Erworbenen, weil sie dessen Vorzüge kennen und schätzen. Der höhere Preis solcher Teppiche führt dazu, daß sie nicht so spielend leicht abverkauft werden

können; solcherart ist immer noch ein Vorrat vorhanden, aus dem neue Interessenten schöpfen können. In diesen älteren und alten Teppichen findet man natürlich weit mehr echte traditionelle Muster und Symbole als in der vorerwähnten Kommerzware.
Soweit also von Motiven und von Symbolbedeutung noch gesprochen werden kann (es gibt da und dort, vor allem in Nomadengebieten, immerhin noch einige Mustertreue), findet man dies im Hauptabschnitt *Motive, Symbole, Ornamente* verzeichnet.

BEDEUTUNG DER FARBEN

Auch hier gilt ungefähr das, was über die Motive gesagt wurde: der Sinn für die Bedeutung der Farben, der vordem einmal vorhanden war und sehr gepflegt wurde, ist weitgehend verlorengegangen. Im Hauptabschnitt *Die Farben im Orientteppich* wird versucht, an Einzelheiten zu erinnern. Immerhin kann man sagen, daß im allgemeinen treuer an den Farben als an den Knüpfmustern festgehalten wird.

ANTIK – ALT – ÄLTER

In strengdenkenden Sammlerkreisen hat es sich herausgebildet, Teppiche, die vor dem Jahre 1800 entstanden sind, als »antike« Teppiche zu bezeichnen. Teppiche, die zwischen 1800 und etwa 1865 hergestellt wurden, nennt man »alte« Teppiche, jene, die etwa ab 1865 (erste Anwendung der Anilinfarben) bis 1938 entstanden, werden als »ältere« Teppiche bezeichnet, indes alle ab 1938 geknüpften Teppiche als »neue« Teppiche gelten. (Siehe hierzu jedoch auch im 6. Hauptabschnitt unter *Antike Teppiche*!)
Antike und alte Teppiche scheinen in unserer Betrachtung in Wort und Bild auf, unser Hauptaugenmerk gilt aber dem älteren und dem neuen Teppich. Denn nur diese beiden Gattungen sind im breiteren Handel erhältlich und auch preislich so gehalten, daß sie für den Gebrauch erworben werden können. Für antike Stücke kommen (von glücklichen Zufällen abgesehen) wohl nur Museen usw. als Käufer in Betracht.
Der höhere Wert gut erhaltener älterer, alter oder gar antiker Teppiche hat dazu geführt, daß da und dort versucht wurde und auch heute noch versucht wird, Teppiche künstlich »alt« zu machen. Siehe darüber die Ausführungen im Hauptabschnitt *Die Farben im Orientteppich* und auch ein-

Maurisch-spanischer Teppich, ca. 1750

 Uschak (Uşak), Türkei, 18. Jahrhundert

zelne Bemerkungen im Hauptabschnitt *Praktischer Umgang mit Orientteppichen.*
Gegenüber der früheren Einstellung zum Orientteppich – sie war ausschließlich die der naiven oder kunstverständigen Freude an dem eigenartigen Kunsthandwerk – spielt heutzutage der Handelswert eine ausschlaggebende Rolle. Wie schon erwähnt, galt es im alten Orient lange hindurch als völlig ungehörig, einen Teppich zu verkaufen, er durfte nur als Geschenk weitergegeben werden. Heute wird (und es ist ebenso begreiflich wie verzeihlich) die Ausfuhr von Orientteppichen von allen Erzeugungsländern systematisch gefördert, ja z. T. sogar vom Staate selber betrieben.

TEPPICH-NAMEN

In alten Zeiten wurden in Persien einzelne in Werkstätten des Herrscherhofes angefertigte Luxusteppiche mit Eigennamen benannt, unter dem ein solcher Teppich (in Liedern besungen) über weite Landstriche hin bekannt und berühmt wurde. Wir erwähnten in diesem Zusammenhang schon den »Frühling des Chosrau«.
An sich hat sich dann herausgebildet, daß man einen Teppich entweder nach seinen Herstellern (Stammesnamen) oder nach jener Stadt benannte, die für eine bestimmte Gegend der Hauptstapel- und Handelsplatz der Teppiche wurde. Es geben demnach Teppichnamen, wenn es Städtenamen sind, nicht den wirklichen Ort der Herstellung an, sondern der Name (z. B. Samarkand, Hamadan oder Schiraz usw.) bedeutet in der Regel nur den Sammelplatz für Teppiche aus dem Umgebungsgebiet, das unter Umständen Tausende Quadratkilometer groß sein kann.
Es entstand also z. B. ein »Buchara« nicht in der Stadt Buchara, sondern er wurde im weiten Turkmenen-Hinterland irgendwo von Nomaden geknüpft und schließlich nach Buchara, als dem (nur damals!) traditionellen Handelsplatz für diese Teppiche, gebracht, um von dort exportiert zu werden. Das tat dem Wert des Teppichs keinen Abbruch. In jüngster Zeit hat sich das geändert; mehr darüber liest man im 6. und im 11. Hauptabschnitt.
Finster und ärgerlich aber wird es, wenn ein angeblicher »Buchara« nicht in seiner angestammten Heimat, sondern tausend oder mehr Kilometer entfernt, etwa in Nordostpersien, in Pakistan oder – jetzt auch – in Indien entstanden ist; oder wenn ein als »echter Täbriz« angebotener Teppich im kleinasiatischen Isparta oder in Bulgarien hergestellt wurde.

Es tröstet auch dann nicht viel, wenn die Knüpfer Originalvorlagen z. B. aus der Täbrizer Gegend benützen und wenn sie den Teppich nicht mit dem gewohnten türkischen, sondern (um dem Originalteppich möglichst nahezukommen) mit dem persischen Knoten knüpften. Denn in der Regel verwendet der Teppich-Nachahmer für seine Arbeit nicht die Originalwolle, die just für diesen Teppich notwendig ist, sondern eine billigere.
Aber nicht nur, daß in Kleinasien persische, turkmenische, kaukasische und andere Teppiche nachgeknüpft werden: In Rußland knüpft man seinerseits türkische und persische Teppiche nach. Und über Nachknüpfungen orientalischer Teppiche in europäischen Gebieten lese man im 6. Hauptabschnitt, z. B. unter *Bulgarien, Griechenland* und unter *Rumänien* nach.
Solche Nachknüpfungen sind jedoch (auch dies muß man sagen) oft ausgezeichnet gelungen und stellen in ihrer Art gute kunsthandwerkliche Leistungen dar. Insolange sie nicht als sortenechte Stücke ausgegeben werden, sondern schlicht und wahrheitsgetreu als das, was sie eben sind – etwa: »Bulgarischer Handknüpfer nach historischer Täbriz-Vorlage« –, kann man solche Nachknüpfungen ohne weiteres gelten lassen.
Unangenehm wird es nur dann, wenn vom Anbieter ein solches Stück ausdrücklich als sortenecht bezeichnet und zum Preis des sortenechten Exemplares verkauft wird. Das sind dann die Täuschungen und Enttäuschungen, die man nur deshalb nicht so oft erkennt und erlebt, weil man um die Geschichte der Herstellung eines Teppichs und um die seiner Wanderfahrten nichts weiß – er ist stumm!
Noch vor fünfzig Jahren ging man nicht in jene vielfältige, kaum überschaubare Gliederung, die heute gebräuchlich geworden ist. Ein Schirwan von damals konnte ebensogut als »Derbent« oder als »Kuba« bezeichnet werden – es war eben ein Teppich aus dem südöstlichen Kaukasusgebiet. Der Name selbst wurde nicht so sehr lokalisiert, obgleich man damals mehr Recht und mehr Möglichkeit hierfür gehabt hätte. Denn damals hatte die Muster- und Motivvermischung immerhin noch weitaus nicht jenen Umfang angenommen, wie das heutzutage der Fall ist.
Mit »Uschak« bezeichnete man seinerzeit eine ziemlich große Gruppe von kleinasiatischen Teppichen, für die man heute ein Dutzend einzelne Namen hat. Ähnlich hält man es mit den Teppichen aus anderen Teppichgebieten, auch im Kaukasus, in Persien und, ganz arg, in Indien.

Kerman, Bildteppich, Seide, 1820

Inzwischen hat sich die Zahl der Teppichnamen auf gut eintausend und mehr erhöht, und stets stoßen neue dazu, denn der orientalische Händler ist bestrebt, neue Namen für seine Ware zu erfinden, um frischen Anreiz zum Kauf zu geben. Und der europäische Kaufmann, an den der Teppich von seinem orientalischen Partner unter dem neuen Namen fakturiert wird, verkauft ihn begreiflicherweise ebenfalls unter diesem neuen Namen, denn auch das ist psychologisch begründet: Der europäische (und gar erst der amerikanische!) Käufer legt Wert darauf, »etwas Neues, Besonderes« in die Hand zu bekommen. Irgendein Dorfname (oder ein Phantasiewort) muß dann als Bezeichnung für eine angeblich neue Sorte herhalten!
Aber nicht nur der Herstellername (Stammesname) oder der Name des Handelsplatzes dient zur näheren Bezeichnung: manche Namen leiten sich von der Größe des Teppichs oder von seinem Verwendungszweck ab. Näheres siehe in der Einführung zum Kapitel *Teppichnamen, Teppichorte, Teppichbegriffe.*

ECHT ODER UNECHT?

Ist also ein Teppich, sagen wir ein Kaschan, der nicht im Gebiet von Kaschan hergestellt wurde, deshalb eine Fälschung?
Dazu läßt sich von vornherein feststellen: Jeder im Orient in der landesüblichen Art hergestellte Teppich ist ein Orientteppich. Wurde aber z. B. ein Maschhad nicht im Maschhad-Gebiet mit der für diese Sorte traditionellen Wolle (es ist in diesem Falle weiche, seidenartige Wolle aus Chorassan) geknüpft, sondern in Isparta und mit Wolle aus Westanatolien (wo es regenreicher und erdiger ist, wodurch die Wolle andere Qualität erhält), so handelt es sich hier, zumal dann, wenn das Maschhad-Muster getreu nachgeknüpft wurde, nicht um eine »Fälschung«, sondern um eine Nachahmung. Die Nachahmung wertet, obgleich sie echt orientalische Knüpfarbeit ist, durch die erwähnten Umstände freilich wesentlich weniger als ein Original-Maschhad.
Hier kann nur eines helfen: Man studiere, bevor man einen Kauf tätigt, gründlich dieses Buch und sonstige zugängliche Teppichliteratur. Dann versuche man, durch Besichtigung von Teppichauslagen und von Teppichausstellungen das beim Studium erworbene Wissen zu verwerten. Alsbald werden Unsicherheiten verschwinden, man entdeckt, daß man im Urteilen rasch sicherer wird, daß man schnell lernt, gute von minderer Ware zu unterscheiden. Überdies wende man sich beim Kauf an einen ortsansässigen seriösen Orientteppich-Kaufmann, und man kaufe nicht »durch Zufall«, man mache nicht »Gelegenheitsgeschäfte« etwa der Art, daß man von angeblichen »persischen Studenten«, die an der Wohnungstüre vorsprechen und etwas von »bitterer Not« erzählen, die sie zwinge, ihren »unschätzbar wertvollen Gebetteppich um jeden Preis« zu verkaufen, einen Teppich erwirbt. (Mehr darüber im Hauptabschnitt *Praktischer Umgang mit Orientteppichen.*)
In allen Staaten des Orients gibt es heutzutage staatlichen Knüpf- und Webeunterricht, und in diesen Schulen ist man bestrebt, Teppiche nicht nur nach den einheimischen lokalen Mustern zu knüpfen, sondern anhand alter Musterkarten auch solche Teppiche nachzuknüpfen, die einem anderen, entfernteren Gebiet entstammen. Man begnügt sich in der Regel dort nicht mit dem bloßen Nachknüpfen des Musters, man versucht immerhin auch, die just für diesen Teppich angestammte Wolle zu bekommen und in ihm zu verarbeiten. Wird ein Teppich auf solche Art geschaffen, dann mag es sein, daß die Nachahmung gleich oder unter Umständen sogar mehr wertet (bei sauberer Arbeitsweise) als ein zeitgleiches Original jener Gegend.
Bekannt dafür sind etwa die ganz hervorragenden Leistungen mancher Knüpfereien in Hereke (Türkei). Dort werden nach persischen Vorlagen überraschend feine Seidenteppiche hergestellt, oft mit Gold- oder Silberbroschierung.
An sich muß aber immer wieder auf die Tatsache verwiesen werden: Es gibt genug »Buchara«, Täbriz, Kaschan und andere berühmte Sorten, die jene Städte oder Stätten, deren Namen sie tragen, in Wirklichkeit nie gesehen haben.
Das sind natürlich Umstände, die den Liebhaber von Orientteppichen enttäuschen. Unterstrichen wird solche Enttäuschung durch das, was der Inhaber eines führenden Münchner Orientteppichhauses über seine Eindrücke von einer Einkaufsfahrt durch den Orient schrieb – es heißt in diesem Brief u. a.:
»So viele falsche Mercedes einem im Orient begegnen, so wenig gute Orientteppiche sind zu finden. Grellbunte Erzeugnisse beherrschen den Markt und finden Absatz; alte Teppiche sind im ganzen Orient kaum noch zu sehen. Wir erleben in der Tat soeben das Absterben einer traditionsreichen, großartigen Kunstübung mit. Der wirklich gute Orientteppich wird bald zu einer unersetzlichen Kostbarkeit geworden sein.«

3. Hauptabschnitt

SO ENTSTEHT DER ORIENTTEPPICH

DIE HERSTELLER

Im wesentlichen unterscheidet man in soziologischer Hinsicht vier Herstellergruppen:

a) die Nomaden, das waren wandernde Hirten- und Reitervölker der verschiedenen asiatischen Gebiete, die jenen Teppich herstellten, den man mit Recht als »Nomadenteppich« bezeichnen konnte. Diese Gattung besteht jetzt nur noch in Restbeständen, vor allem was die Reiterei betrifft. Jetzt haben die Nomaden nur noch wenige Pferde, es gibt weitaus mehr Fußwandernomaden mit einigen Eseln und Maultieren und mit ihren Schafherden. Überall im Orient wird getrachtet, das Nomadentum zu beseitigen und die Umherziehenden für die Dauer seßhaft zu machen. Immerhin wird es noch einige Jahrzehnte erfordern, bis man dieses Ziel erreicht.

Inzwischen werden nach wie vor noch bestehen

b) die Halb-Nomaden, die feste Wintersitze haben, jedoch von Frühlingsbeginn bis Herbstende von Weideplatz zu Weideplatz ziehen;

c) die seßhaften Familien in Dörfern und sonstigen festen Orten, auch Städter, die das Knüpfen von Teppichen als Heimarbeit, als bescheidene Hausindustrie im Rahmen der Familie entweder selbständig ausführen oder im Heimarbeitauftrag eines Händlers, einer Manufaktur usw. Teppich um Teppich anfertigen, und schließlich

d) die Teppich-Manufakturen. In solchen Manufakturen wird die Teppichherstellung in oft erheblich großen Werkstätten auf kaufmännischer Grundlage betrieben. Nicht selten sind hier Europäer die technischen Leiter. Die Knüpfstühle dieser Manufakturen weisen in der Regel auch schon verschiedene moderne technische Einzelheiten auf.

Knüpfstuhl in Persien

 Aufbäumen der Kette, waagrecht

Der Nomade, an das Wandern und an das Zeltleben gewöhnt, kann keine gewichtige Habe mit sich führen, er vermöchte nicht, sie zu transportieren. Daher kann auch die Web- und Knüpfvorrichtung nur leicht sein und bescheidene Größe haben. Der Halbnomade, der nur sommersüber von Weide zu Weide zieht, in der kalten Jahreszeit aber in festen Quartieren sitzt, ist eher imstande, größerformatige Teppiche zu erzeugen und sie auch in genaueres Maß zu bringen. Während beim Teppich der Nomaden, bedingt durch die primitiven Hilfsmittel und durch das öftere Unterbrechen der Arbeit (Weiterwandern), die Form des Teppichs nicht immer rein rechteckig ist, sondern oft »zipft«, wie der Teppich eventuell auch Hauben oder Blasen bildet, ist dies bei Teppichen der halb oder ganz seßhaften Völker weitgehend nicht der Fall. Ihre Teppiche liegen glatt auf und besitzen zumeist auch – wenigstens annähernd – gleiches Maß der beiden Längsseiten und ebenso gleiches Maß der beiden Querseiten.
Bei den Nomaden und Halbnomaden vollführen fast ausschließlich Frauen und Kinder die Knüpfarbeit. In der Hausindustrie sind auch oft genug Männer mit der Knüpfarbeit beschäftigt. In den Manufakturen werden sowohl Frauen wie Kinder und auch Männer beschäftigt, wobei bemerkt werden kann, daß Mädchen im Alter von acht bis zwanzig Jahren durch ihre geschickten und schnellen Finger die besten, sichersten und ausdauerndsten Knüpferinnen sind.
Auch heute noch werden mit Vorliebe Kinder als Knüpfpersonal verwendet. Ganz offen spricht das die persische Zeitschrift »Iran« in einem Aufsatz über die Teppiche des Landes mit den Worten (übersetzt) aus: »Nur junge Finger können gut knüpfen. Vom zarten Kindesalter an müssen die Kleinen knüpfen, und mit 10 oder 12 Jahren sind sie soweit, daß nur ein geübtes Auge ihren flinken Fingern folgen kann, so geschwinde knüpfen sie die Knoten. Welch mühsame Arbeit für diese Knaben und Mädchen! Die Arbeit des Knüpfens ist für jung und alt anstrengend.«
Es ist aufschlußreich und unterstreicht die eben erwähnte Notiz, was in einer Broschüre über Perserteppiche, herausgegeben vom iranischen Handelsministerium, schonungslos zugestanden wird: »Das Knüpfen ist der schwierigste Teil der Teppichherstellung. Die Menschen, die in finsterer, trüber Atmosphäre arbeiten, verlieren bald ihre Jugend, ihre Lebenskraft und das Sehvermögen. Wie Blumen verwelken die hübschen jungen Mädchen, die hinter dem Webstuhl sit-

zen, halb verborgen in der Dunkelheit. Man würde wohl zögern, sich auf einen Teppich zu setzen, wüßte man um die Mühe und um das Elend, das er verursacht hat.«
Diese erschütternde Notiz bezieht sich vor allem auf die Arbeit in den Manufakturen, da sie oft in unzureichend beleuchteten, primitiv eingerichteten Räumen vollführt werden muß. Bei den Nomaden steht der Knüpfstuhl, solange es das Wetter (Sonnenglut!) nicht unerträglich macht, im Freien, ansonst im vorderen Teil der Kibitka (Zelt). Die Zeltbespannung ist dort breit nach oben aufgeschlagen und bildet so den Schutz gegen die Sonne und allenfalls auch gegen den Regen. Freilich, wenn das Zelt aus irgendwelchen Gründen geschlossen werden muß, es im Zeltinnern wesentlich finsterer wird und sich Rauch ansammelt, aus zwingenden Erwerbsgründen aber weitergeknüpft werden muß, dann wird die Arbeit richtig zur Plage.
Den Export-Ertrag aus der Teppichknüpferei berechnet Iran mit jährlich 200 bis 250 Millionen Dollar. Eine persische Zeitschrift für Volkswirtschaft, der »Teheran Economist«, schrieb aber seinerzeit wortwörtlich: »Unser Land kann nicht hoffen, durch das Teppichknüpfen reich zu werden. Die Opfer, die unsere Frauen und Kinder bringen, sind zu hoch.«
Der Schah hat 1970 verboten, daß Kinder als Knüpfpersonal verwendet werden. Jedoch: das Land ist groß, der Schah ist weit, und Allah ist gnädig!
In den Manufakturen werden die Teppiche sozusagen »am laufenden Band« geknüpft, aber es bleibt auch hier, trotz allerlei technischer Einrichtungen, die den anderen drei Herstellergruppen fremd sind, das Knüpfen selbst vom Anfang bis zum Ende reine Handarbeit. Die von den Manufakturen verwendete Wolle wird allerdings in den seltensten Fällen mit der Hand gesponnen, sondern in der Regel hat sie Bekanntschaft mit den Krempel- und Spinnmaschinen gemacht, die da und dort schon von modernster Bauart sind.
Diese Zustandsschilderung der erwähnten persischen Druckschriften in bezug auf die Kinderarbeit und deren Folgen ist einigermaßen übertrieben. Wer im Orient – nicht in den Großstädten! – die oft in Straßenschmutz und Drecklachen herumspielenden Kinderscharen gesehen hat, ohne echte Aufgaben, ohne Betreuung, ohne Schule (denn das »Schulwesen« funktioniert noch nicht überall), der muß die »Knüpferei durch Kinder« anders sehen. Vor allem nicht durch europäische sozial-human-sentimental »geschulte« Augen, sondern aus der Sicht der wirklichen Umstände, aus

Aufbäumen der Kette, senkrecht

 Waagrechter Nomaden-Knüpfstuhl der Gaschkai-Stämme

der Sicht der wahren lokalen Umgebung, der echten Verhältnisse des Platzes, der sozialen Struktur der Gegend, des Landes. Die Kinder drängen sich oft danach, knüpfen zu »dürfen« – nicht allein um »auch etwas zu verdienen«, um ein paar Münzen zu »erwerben«, sondern entsprechend dem allgemeinen Urphänomen menschlichen Verhaltens, menschlicher Erziehung, Entwicklung und Gemeinschaftsstrebens: das Kind will den Erwachsenen in deren Tätigkeit nachahmen, es will »auch« das tun, »was der Große tut«, es will »auch mal mitmachen«.

Im allgemeinen lieben orientalische Eltern ihre Kinder ebenso wie wir die unseren (zuweilen sogar übermäßig), sie sorgen sich nicht minder wie europäische Eltern um ihren Nachwuchs, doch die Voraussetzungen im Orient, vor allem in rein ländlichen Gegenden und in Nomaden-Halbnomaden-Kreisen, sind anders als bei uns. Der Orient ist wohl härter und anspruchsloser als wir verweichlichte, verzärtelte Europäer. Es gibt zwar keine amtliche Statistik über »Kindesmißhandlungen«, aber wer im Orient war, der weiß, daß solche Fälle vereinzelt bleiben und den europäischen Durchschnitt gewiß nicht übertreffen. Schlimm wird es nur, wenn Kinder gezwungen werden, von früh bis abends am Knüpfrahmen zu arbeiten. Das wird dann und wann einmal vorkommen, es war und ist aber nicht »allgemein« und nicht landesüblich. Es hat sich in den vergangenen Jahren auch vieles zum Guten gewandelt: die Manufakturen haben modernere technische Einrichtungen, hellere und gut beleuchtete Arbeitsräume, erträgliche und geregelte Arbeitszeiten, z. T. auch Kantinen, Waschräume und dergleichen.

Schon vor fünfzig und mehr Jahren war es in den verschiedenen berühmten Teppich-Städten so, daß die Bazarhändler bei den Einzelerzeugern regelrecht Teppiche bestimmter Größen und Arten bestellten und dabei auch einen Vorschuß flüssigmachten oder das Knüpfmaterial lieferten.

Diese Entzauberung (wie wir es empfinden) der Orientteppich-Herstellung setzte sich fort, denn auch der Orientale lernte das Genossenschaftswesen kennen, die planmäßige Erzeugung und den planmäßigen Verkauf. Der Staat begann ebenfalls, unmittelbar Einfluß zu nehmen.

In den drei Hauptherstellungsgebieten (Iran/Persien, Sowjetrußland und Türkei) ist dieser staatliche Einfluß auf die Teppicherzeugung nicht allein durch Web- und Knüpfschulen gegeben, sondern er geht vor allem in Sowjetrußland und in der Türkei exakt weiter (näheres im 6. Hauptabschnitt unter *Russische Teppiche* bzw. unter *Türkei – Anato-*

lien). Auch Persien unternahm nach dem Ende des Zweiten Weltkrieges große Anstrengungen, um der heimatlichen Teppichindustrie wesentliche Exporterlöse zu verschaffen. Schon 1935 war unter Schah Reza (dem Großen) eine staatliche »Iran-Teppich AG.« gegründet worden, die sich nach dem Kriege gut entwickelte. Diese kaiserliche Teppich AG. hat den Hauptsitz in Teheran und verfügt über Knüpfverträge mit mehr als 3700 Arbeitsgemeinschaften (verschiedener Personenzahl). Überall in Persien wird für die kaiserliche Teppich AG. gearbeitet, ihr Anteil am Teppichexport beträgt rund 30 %, die restlichen 70 % sind dem Privathandel zuzurechnen.

Konnten wir in den früheren Auflagen dieses Buches noch davon berichten, daß der Staat Iran daran ist, die Teppich-Hausindustrie durch Errichtung weiterer Genossenschaften zum Blühen zu bringen, so hat sich dies in jüngster Zeit radikal gewendet. Die staatliche Förderung des Teppichknüpfens ist in Iran auf den Nullpunkt gefallen. Der persische Staat ist nicht mehr an einer Steigerung der Teppichproduktion interessiert, da er einen enormen Bedarf an Arbeitskräften für die groß im Entstehen begriffene Industrialisierung (Öl- und Erdgasfunde, Raffinerien, Maschinen- und Konsumgüterfabriken aller Art usw.) hat. Nur die Herstellung der Teppich-Spitzenqualitäten wird wahrscheinlich auch in Zukunft gefördert werden, ihre Preise – die jetzt schon sehr hoch liegen – werden weiter beträchtlich steigen. Man hat das Gefühl, die persische Knüpferei wird durch diese ungemein rasche und weitgreifende Industrialisierung sehr an Bedeutung verlieren – Indien und Pakistan vor allem machen große Anstrengungen, um Persien im Sektor Teppiche zu überrunden.

Im übrigen versteht man es in Iran vortrefflich, die Vorzüge der dort hergestellten Teppiche anzupreisen. So heißt es in einer iranischen Zeitschrift, übersetzt, wie folgt: »Ein Perserteppich mit schönen Zeichnungen ist etwas wirklich Herrliches. Er ist für das Auge eine erfrischende Oase, eine Quelle, die die Reisenden erquickt. Die Zeichnungen ähneln einer wundersüßen Musik, die das Herz mit wohligen Empfindungen füllt.«

Und in einer anderen, in Teheran erscheinenden Zeitschrift (»Iran Today«) heißt es in einem Aufsatz über iranische Teppiche ganz ähnlich: »Ein schön gemusterter Teppich ist ein Gegenstand der Pracht, ist eine Oase, welche die schmerzenden Augen des Wanderers beruhigt, er ist eine Quelle, die den Durst des Wüstenreisenden stillt!«

Der Musterzeichner bei der Arbeit

Kinder knüpfen ... (Isfahan)

Aber schon sind pakistanische und indische amtliche, halbamtliche und private Stellen daran, für ihre Erzeugnisse mit ähnlichen Lobliedern zu werben ...!
Und zwar werben sie mit überraschendem Erfolg: führte die Bundesrepublik Deutschland aus Iran im Jahre 1970 insgesamt 1 954 182 m² Teppiche im Werte von zusammen 284,6 Mio DM ein, so lieferte Pakistan in der gleichen Zeit 110 167 m² im Werte von 13,81 Mio DM, Indien dagegen 240 763 m² im Werte von 8,38 Mio DM.
Die Liefermengen aller drei Staaten an Deutschland steigerten sich Jahr um Jahr: aus Iran kamen 1973 insgesamt 2 106 358 m² im Werte von 481 Mio DM; aus Pakistan 335 113 m² im Werte von 41,7 Mio DM; aus Indien 772 525 m² im Werte von 28,9 Mio DM.
Aber schon 1974 betrugen die iranischen Lieferungen nach Deutschland nur noch 1 303 454 m² im Werte von 322,5 Mio DM; jene Pakistans waren auf 476 118 m² im Werte von 61,3 Mio DM gestiegen; Indien erreichte damals mengenmäßig einen neuen Hochstand: die BRD nahm Indien 767 799 m² ab und bezahlte dafür schon 33,34 Mio DM.
Im Jahre 1975 lieferte Iran nach Deutschland 1 328 479 m² im Werte von 365,2 Mio DM, Pakistan konnte seine Ausfuhr nach der BRD auf 582 679 m² im Werte von 80,66 Mio DM erhöhen, und Indien erreichte einen neuen Ausfuhrrekord, es lieferte an die BRD 928 444 m² im Werte von 52,08 Mio DM.
Man sieht, daß die aus Pakistan und aus Indien nach Deutschland gelieferten Mengen rasch anwuchsen, daß aber die Quadratmeter-Erträge bei beiden Staaten gegenüber der persischen Ware weit zurückblieben.
Im ersten *Halb*jahr 1976 stand das Wettrennen so: die BRD hatte von Iran 623 203 m² im Werte von 223,17 Mio DM bezogen; von Pakistan 296 874 m² im Werte von 44,26 Mio DM; von Indien 706 275 m² im Werte von 42,97 Mio DM.
Indien war (zumindest für das erste Halbjahr 1976) an die erste Stelle der Lieferländer gerückt. Ertragsmäßig aber lag Iran durch die wesentlich bessere Qualität seiner Teppiche noch immer weit voran.
Doch Indien und Pakistan: beide Staaten bleiben bestrebt, Iran auch qualitätsmäßig zu erreichen und womöglich zu überrunden – Iran muß diese Gefahr erkennen!
Von Sowjetrußland ist bekannt, daß in fast allen Gegenden – auch in Weißrußland usw. – Teppiche in der Heimindustrie hergestellt werden. Als Orientteppiche können aber

nur die Erzeugnisse der Sowjetrepubliken Armenien, Dagestan, Azerbeidschan, Kasachstan, Georgien, Turkmenistan, Uzbekistan und Tadschikistan (mit den ihnen zugehörigen autonomen Gebieten) angesehen werden.
Wie alles andere, so ist in Sowjetrußland auch das Teppichknüpfen organisiert und ziemlich zentralisiert. Die Knüpferfamilien sind in Arbeitsgemeinschaften und Innungen zusammengeschlossen, sie werden von Webe-Technikern und auch von Kunsträten beraten. Künstler (siehe auch unter *Azerbeidschan* im Hauptabschnitt *Teppichnamen, Teppichorte, Teppichbegriffe*) schaffen neue Teppichmuster usw. Eine Anzahl von Schulen und Kursen gibt es, die der Teppichknüpfkunst förderlich sind. Auch die großen Kunstschulen zu Kiew und Moskau haben eigene Abteilungen für die Teppichknüpfkunst. Ebenso bestehen Versuchslaboratorien, und als oberste Stelle beaufsichtigt und fördert der in Moskau befindliche »Rat der Gewerbegenossenschaften« mit seinem »Wissenschaftlichen Forschungsinstitut für die Kunstindustrie« alle Vorgänge auf dem Gebiet der Teppichherstellung. Selbstverständlich wird auch in Sowjetrußland dem Teppichexport große Aufmerksamkeit geschenkt. Er befindet sich völlig in staatlicher Hand. Das staatliche Handelsunternehmen »Novoexport« ist dafür verantwortlich und federführend.
Es mag sein, daß diese Darlegungen über all die im Orient nun gebräuchlichen Herstellungsumstände noch weiter zur Entzauberung des Orientteppichs beigetragen haben – aber wenn wir klarsehen wollen, dann müssen wir auch um diese Dinge wissen.
Und nun weiter: Auch im Orient ist die Zeit nicht stehengeblieben, man paßt sich dort immer mehr den wirtschaftlichen Erfordernissen der Neuzeit an, und man beginnt, rationell zu arbeiten. Auch die Teppich-Webstühle für die *mechanische* Erzeugung haben nun im Orient selbst Eingang gefunden! Wenn Jacoby 1949 in seinem »ABC des echten Teppichs« noch sagte: »... daß es sich bei allen orientalischen Teppichen, entgegen der verbreiteten Ansicht, die Maschine sei bereits auch in die Ursprungsländer der Knüpfkunst eingedrungen, bis zum heutigen Tag nur um Handarbeit handelt«, so gilt dies nicht mehr: in der Türkei sowie in Sowjetrußland sind bereits Fabriken für maschinengewebte Teppiche in Betrieb. Allerdings gibt es bis jetzt noch keine Knüpfmaschine, die das Handknüpfen so täuschend nachahmen kann, daß man eine solche Nachahmung nicht sogleich als Maschinenarbeit erkennen würde.

Aufmerksam horchen die Knüpferinnen auf eine Muster-Erklärung

 Die Knüpfarbeit im Anfangsstadium (Isfahan)

TEPPICH-MATERIAL

Schafwolle (persisch »paschm«, türkisch »yün«), Baumwolle, Wolle vom Kamel, Haare der Ziege (feinstes Ziegenhaar wird ebenfalls »Wolle« genannt) und natürlich auch Seide – das sind die Materialien, aus denen der Orientteppich verfertigt wird. (Über Einschränkung des Begriffes »Seide« siehe später).
In manchen Gegenden findet man als Kette oder Schuß allerdings auch Flachs oder Hanf (sehr selten), vor allem gelegentlich in Teppichen aus dem Dagestan. Flachs und Hanf machen die Teppiche schwer, auch nützen sich solche Stücke leicht ab. Ebenso sind (landschaftsgebunden) Haare des Yaks (»Grunzochsen«) oder Jute zu finden, und zwar (ebenfalls nicht oft) in Teppichen Tibets, Ostturkestans und Indiens.
Tierwolle ist sehr wärmehaltend, sie ist auch wasserabstoßend. Ganz besonders trifft dies bei Ziegenhaar zu, weshalb die Zelte der Nomaden meist aus schwarzem Ziegenhaargewebe bestehen. Tierwolle verändert weder ihr Volumen noch ihre Spannung wesentlich, sie besitzt große Zugfestigkeit (wichtig für Kette und Schuß) und große Elastizität (wichtig für die Trittfestigkeit des Flors).
In neuester Zeit findet man der Tierwolle auch schon Kunstfasern beigemischt, die aus Europa oder Amerika importiert wurden. Ob und wie sich das auf die Strapazierfähigkeit des Teppichs auswirkt, wird sich erst nach einigen Jahren herausstellen. Sicher ist eines: die Originalität, der orientalische Zauber des Teppichs wird durch diese »Industrialisierung« und »Technisierung« noch weiter absinken. In Iran ist zur Zeit die Einfuhr von Kunstfasern allerdings nur für die Erzeugung von Poschtis (Kleinstteppichstücke) und zur Verwendung für den Inlandsbedarf gestattet. Aber schon aus dieser Teilgestattung können sich Mißbräuche entwickeln!

SCHAFWOLLE In den europäischen Ländern ist der Schafbestand unausgesetzt im Sinken (Deutschland, das noch im Jahre 1870 etwa 30 Millionen Schafe besaß, zählte 1938 nur noch fünf Millionen Stück, seither hat der Bestand weiter abgenommen), aber auch in den richtigen Teppichländern ist es nicht anders, ausgenommen in der Sowjetunion, wo der Bestand (nach sowjetischen Angaben) ansteigt und derzeit bei 150 Millionen Stück liegt. Nach neuesten Berichten soll dieser Bestand bald auf etwa 200 Millionen Stück gebracht werden. In Iran schätzt man die Zahl der

Schafe auf 37 Millionen, in der Türkei auf 30 Millionen Stück. Schaf hießt türkisch »koyun«, persisch »gusfand«, Lamm heißt türkisch »kuzu«, persisch »barrä«.
Wolle vom lebenden Schaf wird als Schur- oder Naturwolle bezeichnet, solche vom toten Schaf nennt man Hautwolle; jene, die aus den Gerbereien kommt, wird Gerber- oder Raufwolle genannt. Sie ist ebenso minderwertig wie Wolle von verendeten Tieren, die man Sterblingswolle nennt.
Die beste Wolle befindet sich an den Schulterblättern, an den Flanken, dann an den Halsseiten und schließlich an den Keulen (Hinterschenkeln) sowie am Rücken.
In Asien wird vor allem das Fettschwanzschaf gezüchtet. Im Schwanz dieser Rasse sammelt sich Fett an, nicht selten bis zu einem Gewicht von etwa 40 Kilogramm. Die Sowjets sagen, ihre Fettschwanzrasse »Balbas« könne bis zu 100 kg Fett im Schwanz stapeln, so daß der Besitzer eines solchen Tieres »den Fettschwanz seines Schafes außer Atem hinterher schleppt, wenn er nicht einen Karren an das Hinterteil des Tieres gebunden hat, auf dem das Schaf seinen Schwanz selbst befördert«.
Das seinerzeit in russischen Gebieten gezüchtete Hissar-Schaf wurde mit dem feinwolligen Lincoln-Schaf aufgekreuzt. Daraus entstand die neue Fettschwanz-Schafrasse »Lingise« als größtes Schaf der Welt. Das sechs Monate alte Lamm dieser Rasse wiegt bis 45 kg, Masthammel werden, so sagen die Sowjets, bis zu 350 kg schwer. Vor einigen Jahren hat die Türkei in Süddeutschland 1200 Merino-Schafe angekauft, um sie mit Karaman-Schafen zu kreuzen. Die daraus entstandene neue Rasse soll höheres Körper- und Wollgewicht, außerdem aber besonders feine Wolle haben.
Die Schafe Asiens sind noch genügsamer als die europäischen. Ein uzbekisches Sprichwort sagt: »Leg deinen Chalat [Mantel, Kleid] auf den Sand, setz dich darauf, trink einen Teekessel leer und unterhalte dich mit vernünftigen Leuten. Findest du dann beim Aufstehen ein Grashälmchen an deinem Chalat, so wisse, hier ist ein geeigneter Fleck für dein Schaf!«
Die Schafe werden meist im Mai geschoren (manchmal im Herbst ein zweites Mal), und zwar, nachdem man die Tiere (in der Regel) zuerst gewaschen hat. Wolle von Schafen, die etwa acht Monate alt sind, soll die beste sein. Bis zu einem Lebensalter von vierzehn Monaten liefern Schafe noch sehr gute Wolle. Die Wolle noch älterer Schafe ist als Teppichknüpfmaterial nicht sehr beliebt.

Schon nähern sich die Teppiche der Vollendung

Völlig auf ihre Arbeit konzentriert,
schlägt die Zwölfjährige mit dem Kamm den Schuß nieder

Die Schurwolle wird dann (aber nicht immer) noch einmal gewaschen und nach dem Trocknen mit Füßen getreten, um sie locker zu machen. Durch das Waschen verliert die Wolle (da ihr außer Schmutz auch viel Fett entzogen wird) ziemlich an Gewicht. Bei kleinasiatischen, fetten Wollsorten sind das bis zu 40 %. Ungewaschene oder nur wenig gewaschene Wolle soll die Farben besser annehmen und sie auch schöner leuchten lassen.

Da es in dem ungeheuer großen Gebiet zahlreiche Rassen von Schafen gibt (über vierhundert!) und auch die Ernährungsart (Tiefland, Gebirgsland, wasserarme, wasserreiche Gebiete, usw.) außerordentlich mitspielt, zeigen die Wollqualitäten und die bei der Schur gewonnenen Wollmengen große Unterschiede. Die besten russischen Altai-Schafe sollen nach russischen Angaben pro Tier und Jahr 16 kg Wolle geben, türkische Schafe dagegen nur 2,5 kg. (Die Größenunterschiede zwischen einem gewaltigen Altai-Schaf und einem türkischen Schaf sind aber enorm!)

Die Wolle der Schafe in der Landschaft Karamanien (Türkei) soll deshalb so glänzend und fein sein, weil dort eine besondere Sylvium-Art wächst, die von den Schafen mit Vorliebe gefressen wird. In den Turkmenen-Gebieten soll das Khartschi-Schaf die beste Wolle liefern. Diese Schafrasse verträgt aber kein Gebirgsklima und keine Gebirgsweide. Die Wolle der Gebirgsschafe ist besonders hart und widerstandsfähig, aber auch die feinste turkestanische Wolle weist gleichhohe Widerstandsfähigkeit auf. Wolle aus dem Gaschkai-Gebiet (rund um Schiraz) besticht durch ihren hohen Glanz. Die Wolle der in regenreichen Gebieten gezüchteten Schafe ist meist stumpf, fett und erdig. Kurdische Gebetteppiche sind oft aus einer Flaumwolle verfertigt, die weicher als Seide ist.

Sein Leuchten und seinen Glanz erhält der Teppich von der Wolle *und* von den Farben. Ist die Wolle nicht an sich schon glänzend, dann nützt auch die beste Farbe nicht viel. Geübte Augen vermögen zu erkennen, ob z. B. im Teppich aus Pakistan oder aus Indien (wie es leider geschieht) Wolle mitverwendet wurde, die man aus Australien importierte, ebenso wie das geübte Augen erkennt, ob die verwendete Wolle hand- oder maschinengesponnen ist.

BAUMWOLLE Im Jahre 1322 sprach der englische Weltreisende John Maundeville von einem »Pflanzenschaf«, das er mit eigenen Augen im Orient gesehen habe: »... eine Pflanze mit dicken Früchten. Vorsichtig öffnete ich

Blick in eine persische Teppich-Manufaktur

eine. Es war ein richtiges kleines Tier von Fleisch und Blut darinnen, wie ein kleines Lamm mit weißer Wolle bedeckt, eben das Pflanzenschaf, aus dessen Wolle die feinsten Stoffe gewebt werden.« Die Geschichte wurde in Europa so sehr geglaubt, daß noch 1725 der Danziger Philipp Breyn eine Dissertation über das Pflanzenschaf veröffentlichte.

Als dann Baumwolle in Europa richtig bekannt wurde und man vor allem in England begann, sie zu verspinnen (das Baumwollgewebe kam nur auf ein Achtel dessen zu stehen, was Schafwollgespinste kosteten), nannte man sie »Indienne«. Wiederholt versuchte man, die Einfuhr von Baumwolle zu verhindern, um die heimische Schafzucht nicht notleidend werden zu lassen. Frankreich erließ insgesamt 25 Gesetze, die sich gegen die Baumwolleinfuhr wendeten. Der Siegeszug der Baumwolle war aber nicht aufzuhalten.

Baumwolle dient in der Teppichherstellung, im Großen gesehen, in der Regel nur zur Verfertigung des Grundgewebes, also der Kette und des Schusses oder nur eines der beiden. Baumwolle gibt dem Grundgewebe enorme Festigkeit und lange Lebensdauer.

In Persien gedeiht die Baumwollstaude (persisch »pambeh«, »pämboh«) in vielen Gegenden: von der Küste des Persischen Golfes bis zum Kaspischen Meer, und zwar bis in Höhen von 2000 Metern. Die beste persische Baumwolle mit dem Namen »Kaghazi« kommt aus der Gegend von Isfahan. Als zweitbeste gilt jene aus der Gegend von Mazanderan, die drittbeste ist eine »Djarkubäh« genannte geringere Isfahan-Sorte. Als nächstgute Sorte nennt man jene von Kaschan und Ghom, als letzte die von Sämnan und Chorassan. Im Gebiet von Yasd wird eine gelbfaserige Baumwollart gezüchtet.

Man unterscheidet in Iran nach regenbewässerter und künstlich bewässerter Baumwolle. Letztere ist trockener und enthält überwiegend weiße Fasern. Einige zehntausend Menschen finden in den Baumwollkulturen Irans Verdienst.

Kleinasien war im Mittelalter und bis zum Ende des 18. Jahrhunderts eines der wichtigsten Baumwollgebiete, mit Smyrna (Izmir) als Haupthandelsplatz. Derzeit spielt der kleinasiatische Baumwollexport in der Baumwoll-Weltwirtschaft keine wesentliche Rolle. Die Baumwolle heißt türkisch »pamuk«. Sie wird aber auch »koza« genannt, solange sie sich noch in den Hüllen befindet. Wenn sie gepflückt und verkaufsfertig gereinigt ist, nennt man sie »kotlü«. Als beste türkische Baumwollsorte gilt eine, die man »akala« nennt. Im Arabischen heißt Baumwolle »kuton«, woraus wir das Wort »Kattun« ableiteten.

In den südlich gelegenen Sowjetrepubliken wie Armenien, Azerbeidschan, Uzbekistan, Tadschikistan usw. kam der Baumwollanbau von Persien her in Schwung und nahm ab der Jahrhundertwende schnell zu. Nach dem Ersten Weltkrieg aber fielen dort überall die Anbauflächen sehr zurück, in Tadschikistan von 26 700 Hektar auf 770 ha. Ab 1930 nahm jedoch der Baumwollanbau in all diesen Republiken einen vorher nicht für möglich gehaltenen Aufschwung. Heute erzeugt (nach Statistiken, die von der Sowjetunion veröffentlicht werden) allein Uzbekistan zwei Drittel aller Baumwolle der UdSSR und damit doppelt soviel als das Baumwoll-Land Ägypten, um 55 % mehr als Brasilien und nur etwas weniger als Indien und Pakistan zusammen mit ihren rd. 500 Millionen Einwohnern. In Azerbeidschan sind neun Zehntel des vorhandenen Ackerlandes mit Baumwolle bestellt. Die Sowjetrepublik Tadschikistan soll (immer nach sowjetischen Angaben) jetzt so viel Baumwolle ernten wie die ganze Türkei und fünfmal soviel wie Iran.

Die Sowjets hatten sich ab 1927 besten ägyptischen Baumwollsamen (der berühmten Sorten »Puma« und »Maarad«) kommen lassen und mit ihnen samenzüchterisch experimentiert. Sie melden, es sei ihnen gelungen, die guten Eigenschaften der ägyptischen Baumwolle ganz außerordentlich zu steigern. Vor allem soll die Stapellänge (Faserlänge), die bei der besten ägyptischen Baumwolle etwa 40 mm beträgt, wesentlich überboten werden, ebenso sollen die neuen russischen Sorten, die unter den Namen »35-I« und »10964« geführt werden, weitaus früher reifen.

Was die Russen aber über die Hektarerträge ihrer Baumwolle (russisch »chlopok«, turkmenisch-uzbekisch »pachta«) erzählen, klingt phantastisch: Während in den USA im Durchschnitt je Hektar zwei bis zweieinhalb Doppelzentner Baumwollfasern geerntet werden und auch die besten ägyptischen Böden nicht mehr als 5,5 Doppelzentner Ertrag geben, melden die Russen aus Tadschikistan Hektarerträge von 40 Doppelzentnern bei bester feinfaseriger und von 60 bis 70, ja sogar bis 90 dz bei mittelmäßiger Ware.

Immerhin ist es richtig, daß die Sowjetunion in der Welt-Baumwollerzeugung bzw. Welt-Baumwollerntemenge an erster Stelle steht. Sie gewinnt auch Baumwolle verschiedener Faserfarbe (zartrot, grün, braun, dunkelbraun, hellblau). Seit 1951 soll es ihr auch gelungen sein, eine Baumwollsorte zu züchten, die überhaupt keines Wassers bedarf.

(Die *richtige* Bewässerung der Baumwollpflanzen ist in allen Baumwoll-Ländern ein Hauptanliegen! »Wasser ist das Blut der Baumwolle.«)
In Ägypten ist der Generalname der Baumwolle »mako«, angeblich deshalb, weil man die Pflanze erstmals in Gärten des Mako Beys zu Kairo gefunden hat. In Indien heißt sie »karpasi«, in Ostasien und China nennt man sie »mienhwa«. Man kennt sie dort seit etwa 4500 Jahren. Sie war aber damals und bis etwa 700 n. Chr. noch so selten, daß sie den chinesischen Kaisern bei festlichen Anlässen als kostbares Geschenk überreicht wurde. Heute kleidet sich ganz China in Baumwolle. In den Gebieten von Chotan, Yarkend und Turfan, wo auch viele Teppiche hergestellt werden, gibt es große Baumwollpflanzungen.
Seltener wird Baumwolle als Knüpfmaterial verwendet, denn ein Baumwollflor hält keine Belastungen aus, er tritt sich rasch zusammen, verfilzt und wird unansehnlich. Nur Yasd war für gute Teppiche mit Baumwollflor bekannt. Jetzt verwendet man dort Baumwolle als Flor lediglich in Teppichen, die für den eigenen Gebrauch bestimmt sind.
Wiederholt sprechen wir in diesem Buche von »mercerisierter« Baumwolle. Es handelt sich hierbei um Baumwolle, die chemisch behandelt wurde. John Mercer, ein englischer Baumwolldrucker, fand 1844 bei Versuchen, daß Baumwolle, mit Natron- und Kalilauge behandelt, seidenähnlichen Glanz bekommt. Er experimentierte weiter und sah, daß auch Schwefelsäure und Chlorkalk bei Baumwolle ähnliche Erscheinungen hervorriefen. 1850 erhielt er ein englisches Patent »für Verbesserung der Baumwolle«. Da diese chemisch behandelte Baumwolle sogar erhöhte Reißfestigkeit aufwies und da sie auch die Farben besser aufnahm, hatte Mercer schnell das Geschäft seines Lebens gemacht: eine französische Gesellschaft erwarb die Patentrechte um den (für damals horrenden) Betrag von einer Million Goldfranken. Der Begriff »mercerisieren« oder »merzerisieren« war geboren, er ist aus der Textilwirtschaft nicht mehr wegzudenken. Der Teppichfreund sieht sich immer wieder vor die Aufgabe gestellt, bei Teppichen, die »Seideneinknüpfungen« zeigen, festzustellen, ob diese wirklich aus Seide oder aus mercerisierter Baumwolle (oder überhaupt aus einer Kunstfaser) bestehen. Bei dem in solchen Fällen meist vorkommenden kurzen Flor ist ein sicherer Entscheid oft nicht möglich. Bei an sich wertvollen Stücken muß man, um Gewißheit zu haben, eine Untersuchung durch ein Labor wagen.

Knüpferin bei der Arbeit (Persien)

Da die Textilindustrie durch weitere Erfindungen, befähigt wurde, Kunststoff-Fasern (die in der ersten Zeit nach ihrer Erfindung noch immer schwer einfärbbar waren) durch Behandlung mit Eiweiß-Stoffen etc. zu »animalisieren« und ihnen dadurch annähernd die Eigenschaften von tierischen Fasern zu verleihen, gibt es außer »englisch gewaschenen« Teppichen auch (wenngleich noch vereinzelt) solche, die Kett- oder Schußfäden aus Kunstfasern haben oder die sogar im Flor (zumindest stellenweise) solche »mercerisierte« Baumwolle oder seidenglänzende Fasern aufweisen, die (vorgetäuscht) als »Seide« angeboten werden.

ZIEGENHAAR Ziegenhaar (türkisch heißt die Ziege »keçi«, persisch »boz«) wird vornehmlich von Nomaden verwendet, und zwar für die Kette und für den Schuß, sehr selten für die Knüpfung, denn für letzteren Zweck ist sie im allgemeinen zu steif, sie läßt sich schwer knüpfen, und der Knoten geht alsbald wieder auf. Es gibt aber Ausnahmen. So z. B. wird die feine Wolle der Kaschmir-Ziege zum Knüpfen verwendet. Um das Jahr 1900 war ein kleinasiatischer Teppich von kleinem Format sehr gebräuchlich, den man Filik nannte; er war aus feinstem Ziegenhaar geknüpft, hatte ein geradezu seidiges Aussehen und eine bestechend schöne und feine Ausführung der Knüpfung. Auch die sogenannten Damaskus-Teppiche (siehe im 6. Hauptabschnitt) besitzen nicht selten Ziegenhaarflor.
Die Angora-Ziege, bei den alten Sumerern »Mas-bar-tug« (schönhaarige Ziege) genannt (persisch »murgus«), ist ob ihrer feinen Haare, der gut knüpffähigen Angorawolle, auch Mohair (von »mukhygar«) geheißen, sehr geschätzt. Diese Wolle wird bis zu 20 cm lang, pro Jahr und Tier erhält man 2,5 bis 5 kg Wolle. Außer weißer Angorawolle gibt es auch solche von schwarzer, brauner und grauer Naturfarbe. Die vorerwähnte Kaschmirwolle, die es außer in weißer auch in gelblicher, brauner, schwarzer und gescheckter Farbe gibt, wird von der Kaschmir-Ziege durch Auskämmen oder Auszupfen gewonnen, und zwar pro Tier und Jahr etwa 300 bis 500 Gramm. Man schätzt, daß in Iran insgesamt etwa sechzehn Millionen Ziegen vorhanden sind, in der Türkei aber an die siebzehn Millionen Stück, außerdem noch etwa vier Millionen Stück Angora-Ziegen.

KAMELHAAR Da die Zahl der im Teppichgebiet vorhandenen Kamele immer mehr abnimmt und da man sich in vielen Gegenden aus religiösen Gründen scheut, Kamelhaar als Flor zu verwenden, gibt es verschwindend wenige Orientteppiche mit Kamelhaarflor. Wohl aber findet man zuweilen im Grundgewebe grobes Kamelhaar. Es sei hier auf einen verbreiteten Kamelhaar-»Irrtum« aufmerksam gemacht: die Angora-Ziege hieß ob der Feinheit ihres Haares auch »Chämelziege« (Kämelziege, Kämeelziege), abgeleitet aus dem arabischen »chamal« = »fein«. Im Englischen bildete sich daraus »camel hair«, also »Kamelhaar« (für Angoraziegenhaar!). Versponnene Angorawolle verwebte man in Europa zu dem beliebten Stoff »Chamelott« (Kamelott, Kamelottenzeug). In England bürgerte sich für Tuch aus feinstem Ziegenhaar das Wort »Mohair« (übernommen aus dem gleichbedeutenden arabischen »mukhygar«, »mukhaiju«) ein, so daß seither Mohairwolle soviel wie Angorawolle bedeutet, indes uns das »camel hair« irreführend als »Kamelhaar« blieb, wiewohl es keines ist und, wie gesagt, im Teppichflor höchst selten vorkommt.
Der Kamelbestand nimmt rapide ab. In der Türkei gab es 1970 noch 31 000 Kamele, 1971 nur noch 29 000. In Persien wurden 1970 noch 120 000 Kamele gezählt, 1971 dagegen nur noch 115 000, und 1972 sank die Zahl auf 110 000 Stück ab. Lediglich Afghanistan meldete (ob es stimmt?) für 1970 das Vorhandensein von 301 000 Kamelen, und sowohl für 1971 und für 1972 gab es den Stand gleichbleibend mit 300 000 Stück an.

YAK UND KUH Selten wird das Haar des Yaks (»Grunzochse«) als Knüpfmaterial verwendet, man trifft es eigentlich nur in Teppichen aus Tibet an, die im Handel kaum vorkommen, und dann in einzelnen Gebieten Chinas. In Russisch-Turkestan ist aus der Kreuzung von Kuh und Yak eine neue Viehrasse entstanden, die Chainyk genannt wird. In indischen Teppichen letzter Qualität finden sich als Knüpfmaterial sogar Kuhhaare.

SEIDE Seide (persisch »abrischom«, auch »harir«, türkisch »ipek«) besitzt höchste Zugfestigkeit. Sie wurde in antiken und alten Teppichen viel als Kette wie auch als Schuß verwendet, denn sie gilt als sozusagen unverwüstlich. In neueren Teppichen findet man sie sehr selten so verwendet, eher noch als Knüpfung, obgleich der Seidenknoten nicht jene Elastizität hat wie ein Knoten aus guter Schafwolle. In persischen Sorten wie Kaschan, Ghom, Kerman kommt Seidenknüpfung vor, ebenso in Gebetteppichen (Saf). Auch

Waschen
und Trocknen
der Teppiche
(Persien)

Turkmenenteppiche zeigen zuweilen Seideneinknüpfungen. Gebetteppiche sind des öfteren aus Seide, noch öfter aus Halb- bzw. aus Kunstseide.
In Iran ist die Seidengewinnung, nach jahrzehntelangem Darniederliegen, wieder stark im Aufblühen. Man gewinnt derzeit etwa 200 bis 250 Tonnen Rohseide pro Jahr. Es wurden zusätzlich zu den schon vorhanden gewesenen Maulbeerbäumen viele neue gepflanzt, und zwar aus Samen, die man aus Frankreich und Bulgarien bezogen hatte. Auf iranischem Gebiet sollen derzeit an die 200 Millionen Maulbeerbäume stehen. (Die Blätter des Maulbeerbaumes sind die vortrefflichste Nahrung für die Seidenraupen. Die Seidenraupe heißt »dud« bzw. »dud el kan«.) In der Gegend um Gilan werden 87 % aller iranischen Seidenkokons gewonnen, in Mazanderan etwa 5 %, in Chorassan ebenfalls rund 5 %. Der geringe Rest verteilt sich auf einige andere Gebiete. Derzeit wird auch im Ostan Azerbeidschan (»Ostan« = »Provinz«) zunehmend Seide gewonnen.
In der Türkei ist die Seidenindustrie seit alters her vornehmlich in Bursa und rund um Istanbul beheimatet, doch wird Seide auch in anderen kleinasiatischen Gebieten gewonnen und verarbeitet, sogar im ländlichen Nebenerwerb.
Auch die südlichen Sowjetrepubliken entwickeln sich immer mehr zu Seidenraupenzuchtländern. In Tadschikistan wird bereits so viel Seide gewonnen, daß allein die Weberei »Roter Weber« in Leninabad (früher Chodsent) jährlich 40 Millionen m² Seidengewebe herstellt. Es gibt etwa 30 verschiedene russische Seidensorten und -qualitäten. Der Staat ist daran, die Seidenraupenzucht sehr zu fördern.
In heutigen Seidenteppichen wird oft kurzfaserige, stark minderwertige Abfallseide (Schappseide, Chappeseide, Bouretteseide genannt) verwendet. Zuweilen ist der Knüpffaden aus Schappseide, gemischt mit Baumwolle, gedreht. Solcher Flor sieht fürs erste zwar recht ansprechend aus, doch wird er bald unansehnlich, weil die kurzfaserige Seide ausfällt, indes die Baumwolle verschmutzt und verfilzt.
Die Seidenraupen wurden in vielen Gebieten (und teilweise gibt es dies noch heute!) von – Frauen und Kindern ausgebrütet. Man schüttet die Eier in Säckchen, die man den Frauen oder den Kindern auf die Brust legt oder in den Achselhöhlen birgt. Aus den auf der Brust getragenen Eiern schlüpfen die Raupen meist am zwölften Tag aus. Die in den Achselhöhlen liegenden Eier reifen schon am achten Tag. Kinder, die Eier auszubrüten haben, dürfen natürlich während dieser Zeit an kein Herumspringen denken.
Im übrigen sagt die orientalische Dichtung beziehungsreich über den Seidenwurm, daß er »beständig spinnt, um dann betrübt inmitten dessen zu sterben [im Kokon], was er spann …«
Seide ist von Natur aus nicht mottensicher, da sie von Seidenleim (Serizin) umgeben ist. Hat man sie durch seifenartige Lösungen degummiert, d. h. vom Seidenleim befreit und zusätzlich durch Tränken mit Metallsalzlösungen »schwer« gemacht, wird sie von Motten nicht angegangen. Bei Käufen im Orient kann man nie mit Sicherheit sagen, ob die Seide degummiert wurde, man wird also Vorsicht walten lassen müssen.

FLACHS, HANF, JUTE Aus Flachs, der nachweislich seit rund 6000 Jahren genutzt wird, entsteht Leinen. Die mit kostbaren Salben getränkt gewesenen Binden der ägyptischen Mumien bestehen aus Leinen. Das ägyptische Leinen hatte hohen Ruf; für den »gewebten Nebel«, wie feines Linnen hieß, zahlte man Unsummen. Flachs kommt im Orientteppich sehr selten vor, am ehesten findet man ihn in japanischen Teppichen.
Auch Hanf findet man im Orientteppich fast nie, obgleich Mittelasien die Heimat der Hanfpflanze ist und die Sowjetunion die Hälfte der Welterzeugung liefert. (Im Lesgistan und Tabassaran findet man manchmal Hanf mitverwendet.) Hanf macht die Gewebe schwer, er wird nur dann und wann als Kette gebraucht. In manchen Gegenden Nordindiens sieht man in den dort für den Hausgebrauch geknüpften Teppichen Hanf als Flor. In den Handel kommen solche Stücke ob ihrer Minderwertigkeit – der Hanfflor verfilzt sich sehr schnell und wird unansehnlich – praktisch nie.
Häufiger ist in billigen Teppichen Indiens Jute zu finden. Jute wird aus einer in Bengalen (Bangladesch) massenhaft vorkommenden Faserpflanze gewonnen, die indisch Putta heißt, aber auch Pat, Patna, Pant, Jate-Pat, Tosha, Jhut, Johti, Jhuto genannt wird. Seit 1845 wird Jute in Europa verwendet, vornehmlich zur Herstellung von groben Geweben, insbesondere von Säcken. Man hat sie in verschiedene Sorten eingeteilt. Die schlechteste heißt C, die besseren Sorten CS, S, SS und LA werden in der Teppichherstellung als Kette, seltener auch als Schuß verwendet. Jute fasert sehr stark (auch die vorgenannten guten Sorten) und neigt zur Brüchigkeit. Ein Teppich, der Jute als Schuß oder Kette (oder gar für beides) hat, ist nie hochwertig, er kommt aber kaum jemals in den europäischen Handel.

Wie man aus diesen Darlegungen sieht, gibt oft schon ein Blick auf das verwendete Material einen ersten Hinweis darauf, in welchem Gebiet der Teppich hergestellt wurde und welche Grundqualität ihm zu eigen ist.

BESTANDTEILE DES TEPPICHS

Der Orientteppich besteht a) aus den meist gezwirnten Längsfäden, die »Kettfäden« genannt werden, b) aus den (meist ungezwirnten bzw. schwach gezwirnten und dadurch schmiegsamen) Querfäden, deren einzelner »Schuß«, »Einschlag« oder »Eintrag« heißt (Einzelheiten später), und c) aus den Knoten. Das sind 3 bis 5 cm lange Wollfäden, die in das Grundgewebe eingeknotet (und dann auf etwa 0,5 bis 2 cm Länge geschoren) werden. Die beiden nach oben stehenden Enden bilden den sogenannten »Flor«.
Die Bezeichnung »Knoten« in dem Sinne, wie wir sie hierzulande gebrauchen, also für etwas, das fest geknüpft ist, trifft nicht zu. Denn der Wollfaden wird nicht zu einem festhaftenden Knoten geknüpft, sondern (Einzelheiten später) nur um die Kettfäden gelegt. Den Halt bekommt der Wollfaden nicht von seinem »Geknüpft-Werden«, sondern vom nachfolgend eingebrachten Schußfaden, der auf die Knotenreihe niedergeschlagen wird. Im Persischen heißt die Kette »tar«, die Kettfäden heißen »rischt-e-rischman«, den normal großen Knoten nennt der Perser »gereh« und den kleinen, feinen Knoten »gerehdsche«. Der Flor heißt persisch »chaw« oder auch »haw«, der Schußfaden »pud«.
Oft hat der Teppich noch d) die Webborte (Ansatz). Das ist eine manchmal schmale, manchmal breite (bis 30 cm und sogar noch mehr) Borte am Anfang des Teppichs und an seinem Ende, sie kann auch auf nur einer Seite vorhanden sein. Auch an dem Vorhandensein oder Nichtvorhandensein der Webborte, an ihrer Breite oder an ihrem sonstigen Aussehen (einfärbig, gestreift, eingestickte Muster etc.) kann man manche Teppichsorte erkennen.
Die Fransen (nicht jeder Teppich hat solche) kann man nicht als selbständigen Bestandteil des Teppichs ansprechen, denn sie sind nichts anderes als die freiliegenden Kettfäden am Anfang oder am Ende des Teppichs, die nicht mehr durch Schußfäden zu einem Geflecht verbunden wurden. Auch das Vorhandensein (oder Nichtvorhandensein) von Fransen, dann ob sie lang oder kurz, geflochten oder lose sind, gibt ebenfalls Hinweise auf die Herkunft des Teppichs. Angenähte Fransen entwürdigen den Teppich und

Prüfen und Dämpfen des Teppichs (Persien)

sind durchaus nicht üblich, auch nicht als Reparatur und auch keinesfalls, wenn es sich um eine Teppichtype handelt, die von Haus aus fransenlos hergestellt wird. Zugleich machen angenähte Fransen den Teppich verdächtig, nicht sortenecht zu sein. Darum dies doppelt aufmerksam prüfen!

DAS KNÜPFEN

Im wesentlichen ist der Vorgang der Teppich-Herstellung sowohl bei den Nomaden wie bei den Halbnomaden, auch bei den seßhaften Völkern und sogar in den Manufakturen gleich. Die Vorbedingung ist das Vorhandensein eines Knüpfstuhles. Dieser ist bei den Nomaden von primitiver Art: zwei Längshölzer und zwei Querhölzer, die an ihren Enden zu einem Rechteck verbunden werden. Die Längshölzer müssen mindest so lang sein, wie der Teppich lang werden soll, oder sie müssen (darüber später Näheres) eine Einrichtung haben, die es gestattet, den fertigen Teppichteil an der Knüpfseite einzurollen. Natürlich kann beim Vorhandensein langer Längshölzer der Teppich auch kürzer werden, denn die Knüpfung vermag man jederzeit abzubrechen. Der Abstand der Längshölzer voneinander zeigt an, wie breit der Teppich höchstens werden kann. Der guten Vorbereitung kommt wesentliche Bedeutung zu.

Dieser völlig unkomplizierte Knüpfstuhl kann nun, wenn man an ihm knüpft, entweder liegen (bei den Nomaden beliebt), er kann auch schräg oder senkrecht stehen. Von Querholz zu Querholz werden nun die Kettfäden gespannt, und zwar in jener Breite, die man dem Teppich zu geben wünscht. Je dichter und besser man den Teppich haben möchte, um so enger spannt man die Kettfäden nebeneinander. Die Spannung muß so groß sein, daß sie etwa 600 bis 800 Gramm pro Faden entspricht und daß jeder gespannte Faden einen singenden Ton gibt, sobald man mit dem Finger über ihn streicht. Nur gleichmäßige Spannung der Fäden ermöglicht es, die Knüpfung gleichmäßig einzutragen. Das wieder bewirkt, daß der Teppich dann glatt aufliegt, ohne Falten, Hauben oder Blasen zu bilden.

Die Kette muß aus möglichst gutem Material sein, denn in erster Linie ist es sie, die dem Teppich Festigkeit gibt. Das Querholz, bei dem mit der Knüpfarbeit begonnen wird, heißt »Warenbaum« oder »Zeugbaum«, das andere Querholz ist der »Kettenbaum«. Beim schräg oder senkrecht stehenden Knüpfstuhl wird mit dem Knüpfen immer unten begonnen, also heißt der untere Baum »Warenbaum«. Die Kettfäden, gleichgültig aus welchem Material sie bestehen, sind fast immer naturfarben (über Ausnahmen siehe bei den einzelnen Teppichen). Den Vorgang des Spannens der Kettfäden nennt man Aufbäumen oder Aufziehen der Kette. Die Kettfäden, die an sich die meiste Belastung auszuhalten haben, werden (auch um sie beim Knüpfen leichter greifen zu können) gestärkt, indem man, das ist gebietsweise verschieden, mit Hilfe eines Wedels eine dünnflüssige Stärkemehl- oder Leimlösung darüberspritzt.

SCHUSS ODER EINSCHLAG

Sind die Kettfäden gespannt, dann wird durch »Eintragen« die schon vorher erwähnte Ansatzborte gebildet. Diese ist meist aus einem anderen Material als das Schußmaterial, zuweilen aber aus dem gleichen. Das meist farbige Schuß- oder Einschlag- oder Eintragmaterial (Wolle, Baumwolle oder Seide) ist auf einer Webernadel oder einfach auf einem Stab, zu einem länglichen Knäuel gewickelt, aufgetragen. Mit Hilfe dieses Gerätes wird nun der Faden (der weich und wenig gedreht sein soll) von einer Seite zur anderen durch- und wieder zurückgeführt, oft ohne vorerst das »Fach« zu wechseln. Dieses »Fach« hat die Knüpferin oder der Knüpfer mit Hilfe eines Stabes oder Brettchens derart gebildet, daß jeder zweite Kettfaden nach hinten gedrängt wird und so ein Raum (eben »Fach« genannt) entsteht, durch den die Webernadel leicht durchgeführt werden kann. Eine praktisch-einfache Vorrichtung bewirkt, daß »das Fach gewechselt« werden kann, d. h., daß bei Betätigung dieser Vorrichtung abwechselnd einmal die geradzahligen Kettfäden nach vorne (bzw. die anderen nach hinten) gedrückt werden, es beim »Fachwechsel« aber umgekehrt wird: die vorderen Fäden gehen nach hinten, die hinteren kommen nach vorne. Es gibt da einige Möglichkeiten der Führung des Schußfadens, deren wichtigste wir dann später beschreiben.

Beim Hinführen wird normalerweise der Faden straff gehalten, auch um damit die Breite des Teppichs zu fixieren, indes das Zurückholen des Fadens mit gewisser Weichheit vollzogen wird, wodurch sich der Schußfaden wellenlinig an die Kettfäden schmiegt. Das hilft mit, die Knoten, die nun eingeknüpft werden, fester und sicherer einzubetten. Normalerweise werden, wie vorhin gesagt, immer zwei Schüsse durchgezogen, einer von links nach rechts und der zweite von rechts nach links. Es gibt aber einzelne Arten von Teppichen, bei denen drei und mehr Schüsse verwendet werden,

Nun liegen die Teppiche
in langer Reihe auf der Straße
zur »freien Benützung«,
damit sie dann als »gealterte« Teppiche
von den Europäern
lieber gekauft werden

ehe wieder eine Knotenreihe geknüpft wird. Das geschieht seltener darum, um den Teppich rasch zu füllen (dazu würde ein dickerer Faden tauglicher sein), sondern es ist eine Eigenart der betreffenden Volksstämme.
Ist der Schuß aus einem dicken Faden, dann wird der in einem solchen Falle stets ziemlich lange Flor nicht so dicht, und seine Wollbüschel stehen nicht allein mit ihren Querschnitten und Ansätzen zum Licht, sondern sie bieten ihre Fasern noch etwas mehr zum Gewebegrund hin dem Lichte dar. Das gibt dem Teppich schönen Glanz, es darf aber nicht die Ursache dieses Glanzes vergessen machen: eben die schüttere Knüpfung!
Es gibt im Handel für den Teppich mit Einzelschußfäden den (englischen) Ausdruck »single weft«, für jenen mit doppeltem Schuß den Ausdruck »double weft«, wobei eigentlich ein dreifacher Schußfaden gemeint ist, nämlich zuvor 1. ein dünner weicher, sich schlängelnder Schußfaden, gefolgt von 2. einem kräftigen gezwirnten Schuß, der straff eingebracht wird, worauf dann wieder ein weicher Schußfaden wie bei 1. folgt. Dieses Schema ist weit verbreitet, alle wertvolleren Teppiche sind so gebunden. Der zweite (stärkere) Schuß hält die Kettfadenspannung.

DER KNOTEN

Im Orient werden vornehmlich zwei Knotenarten verwendet: der türkische Knoten (nach der Stadt Gördes auch »Gördes-Knoten« genannt) und der persische Knoten (nach der Stadt Senneh auch »Senneh-Knoten« genannt, wobei Schreibarten wie Senne, Shine usw. vorkommen). Der Gördes-Knoten wird oft auch als Smyrna-Knoten bezeichnet. Wer ihn »Gordischer Knoten« nennt, verballhornt die echte Bezeichnung völlig unberechtigt, denn die bekannte Geschichte mit dem unlösbaren gordischen Knoten, den dann Alexander der Große mit dem Schwerte durchschlug (und ihn so auf seine Art »löste«), hat sich in Gordion, dem späteren Juliopolis zugetragen, also zwar auch in Kleinasien, aber weit weg von Gördes.
Der türkische Knoten ist viel häufiger anzutreffen als der persische Knoten, das heißt, daß der türkische Knoten auch sehr oft in persischen Teppichen verwendet wird. Sowohl der türkische als auch der persische Knoten umfaßt normalerweise immer zwei Kettfäden.
Feinst geknüpfte Teppiche haben allerdings meist den persischen (Senneh-)Knoten.

Die folgenden Zeichnungen verdeutlichen die beiden gebräuchlichsten Knotenarten.

Die häufigsten Knoten-Arten: links der »Gördes-Knoten«, auch »Türkischer Knoten« genannt, rechts der »Senneh-Knoten«, auch »Persischer Knoten« genannt.

Außer diesen beiden genannten Knotenarten gibt es auch noch einige andere, so eine, wobei der Knoten auf nur einem Kettfaden sitzt, und eine andere, wo der Knoten vier Kettfäden umschlingt. Alle diese Arten sind aber in den handelsüblichen Teppichen recht selten, so daß hier nicht näher darauf eingegangen werden soll. (Siehe z. B. über Ein-Knoten-Knüpfung unter »Portugiesen-Teppiche«.)
Die Knotenwolle ist, je nach gewohnter Art, entweder schon in der notwendigen Länge von 3 bis 5 cm vorgeschnitten (seltener) und befindet sich, nach Farben geordnet, griffbereit, in Büscheln nächst der Hand der Knüpferin, oder aber sie ist geknäult bzw. gespult und ebenfalls auch griffbereit. Die Knotenwolle (Florwolle) ist in der Regel Schafwolle, bei Seidenflorteppichen natürlich aus Seide.
Nach dem Eintragen der Webborte und der ersten Schüsse knüpft nun die Knüpferin über je ein Kettfadenpaar einen Knoten. Die Nomaden wissen meist aus dem Gedächtnis, welche Farben und wie viele Knotenfäden von jeder Farbe sie zu nehmen haben, und auch, in welcher Reihenfolge sie dies tun müssen, um daraus das überlieferte Muster zu knüpfen. Kleine Abweichungen machen ihnen nicht viel aus. Immerhin aber haben jetzt auch schon die Nomaden Musterzeichnungen und Angaben, wieviel rote, blaue usw. Fäden jeweils eingeknüpft werden müssen. Dort, wo es sich um die Herstellung größerer oder großer Teppiche in der

Hausindustrie oder gar in Manufakturen handelt, knüpft man nach genauen Musterkarten. Es knüpft an solch größeren Teppichen auch nicht eine Person allein, sondern so viele, als nebeneinander im etwa 75-cm-Abstand Platz haben. Diese erwähnten Musterkarten bestehen aus sogenanntem Cadrigat-Papier (»carta rigata«, »Papier für Patronen«, Musterzeichenpapier). Auf ihm wird das Knüpfmuster in grellen Farben eingetragen, damit es der Knüpferin das Ablesen erleichtert. Jedes Feld (Masche) entspricht einem Knoten. Ein verschiebbares Hölzchen (Lineal) läßt sich stets auf jene Reihe der Musterzeichnung einstellen, die eben zu knüpfen ist.

Beim Knüpfen wird der weiter hinten liegende eine Kettfaden von den Fingern der Knüpferin nach vorn zum anderen Kettfaden gezogen, sie knüpft den Knoten und greift schon zum nächsten Kettfadenpaar.

Ist eine Knotenreihe geknüpft, dann wird der Schuß durchgezogen, meist einmal straff, einmal lose, worauf die Knüpferin mit einem kammähnlichen Instrument die Knotenreihe samt den Schüssen fest niederschlägt. Sodann beginnt

Kämme zum Niederschlagen des Schusses

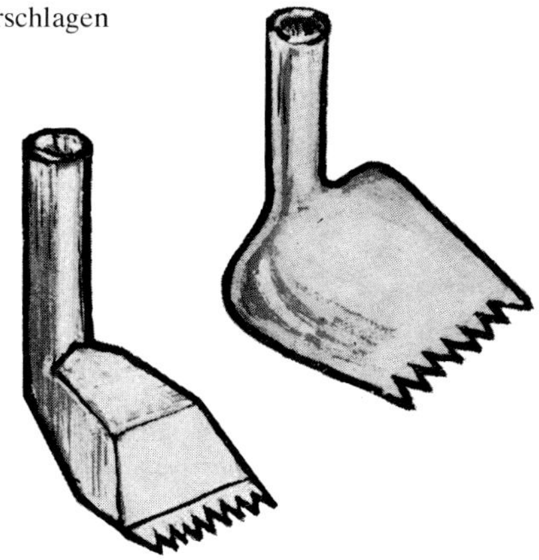

sie mit der Knüpfarbeit an der nächsten Reihe. Mit dem Fortschreiten der Arbeit muß bei den stehenden Knüpfstühlen der Sitz der Knüpferin von Zeit zu Zeit erhöht werden. Das geschieht meist so, daß das Sitzbrett zwischen zwei Stehleitern gelegt wird und daß man nun dieses Brett, wenn notwendig, jeweils um eine Sprossenlage höher einschiebt. In den Manufakturen, in denen man schon einige mechanische Einrichtungen hat, bewegt sich der Teppich je nach Fortschreiten der Knüpfung weiter, so daß dort die Sitze nicht verändert werden müssen. Es sind nämlich die Kettfäden meist nicht allein in der Länge des einen Teppichs angebracht, der eben geknüpft wird, sondern sie sind am drehbaren Kettenbaum in mehrfacher Teppichlänge aufgewickelt. Der Warenbaum aber ist ebenfalls drehbar. Man führt den entstehenden Teppich um ihn herum, und zwar zu einem dritten Baum, an dem der Teppich aufgerollt wird. Da aber auf dem Warenbaum der feste Zug zur Straffung der Kettfäden bestehen bleiben muß, ist er mit Nadeln oder mit reibeisenartigen Blech überzogen. Das verhindert das Gleiten des Teppichs und hält ihn straff. In solchen Fällen ändert der Warenbaum seinen Namen zu »Nadelbaum« oder auch zu »Sandbaum«.

Nach jeder Knüpfreihe wird der entstandene Flor, der ungleichmäßig aussieht, auf gleiche Höhe geschnitten. (Der Flor wird auch Vlies, Fließ, Poil, Pol, Plüsch, Samt usw. genannt.) Es gibt auch Hersteller, die erst nach Fertigstellung des ganzen Teppichs den Flor scheren, die Ergebnisse sind aber meist nicht befriedigend. In manchen Manufakturen wird der Flor mit modernen Schermaschinen geschnitten – auch das befriedigt den Teppichfreund nicht! Der Reihe für Reihe handgeschorene Teppich wird vom Kenner bevorzugt.

Es gibt einige Arten der Kettenführung: die Kettfäden können völlig parallel nebeneinander liegen, es kann aber auch jeder zweite Kettfaden gegenüber seinem Nachbar mehr oder weniger »angehoben« sein. In ersterem Fall sieht man auf der Teppichrückseite den Gördes-Knoten als zwei kleine Höcker, den Senneh-Knoten jedoch als abwechselnd klein-große Höcker (der Unterschied ist allerdings gering). Bei angehobener (»gestaffelter«, »geschichteter«) Kette wird der eine Knotenhöcker um so mehr hochgezogen, je höhergradig die Schichtung ist. Bei starkem Anheben des jeweils zweiten Kettfadens (es kann dies bis 75 Grad und sogar noch mehr betragen), verschwindet der zweite Höcker sozusagen im Grundgewebe. Die Teppichrückseite sieht dann so aus (mehr oder weniger deutlich), als habe man sie mit Längsrillen versehen. Da die angehobene Kette platzsparend wirkt, haben solche Teppiche in der Breite oft wesentlich mehr Knoten als jene Sorten, bei denen die Kettfäden völlig parallel liegen. Bezüglich einiger besonderer Bindungsarten siehe im 6. Hauptabschnitt unter *Dschufti*, *Bidschar*, *Hamadan* und *Täbriz* sowie die einschlägigen Ausführungen im 10. Hauptabschnitt.

Die einfachste Einfadenbindung (sogenannte Hamadan- oder Panama- oder Leinwand-Bindung) auf ungestaffelter Kette sieht im Schema so aus:

Die normale Zweischußbindung bei flachgelagerten, ungestaffelten Kettfäden hat folgendes Schema:

Bei etwa 30 bis 45 Grad gestaffelten Kettfäden und bei einer Bindung durch einen straffen Hauptschuß und einen (oder zwei) umfassenden weichen Schuß zeigt sich dies schematisch so:

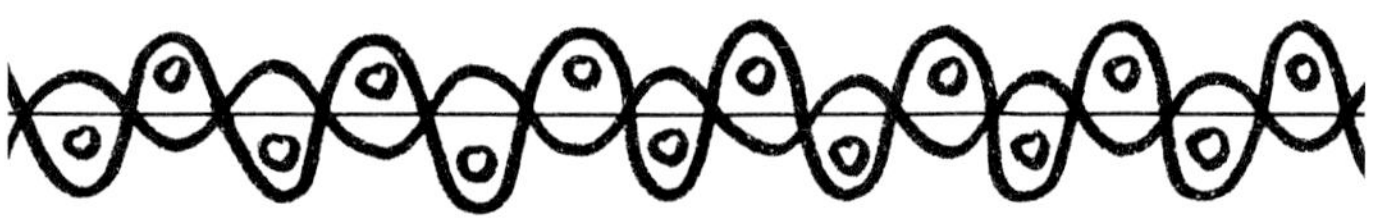

Bei höherer Staffelung (75 bis 85 Grad) ergibt sich die weitverbreitete »persische Bindung«, die man auch in feinen türkischen Teppichen findet. Wird (bei dieser Art) der zweite Schußfaden gestrafft eingetragen, dann erzwingt dies für jeden zweiten Kettfaden eine noch höhere Lage. Es entsteht dadurch ein (fast) doppelter Gewebekörper. Diese starke Staffelung ergibt beim fertigen Teppich ein glattes, feines Rückseitenbild, denn die eine Hälfte der Knoten verschwindet sozusagen zur Gänze. Die ganze Teppichrückseite sieht und fühlt sich dann gleichmäßig geschlossen und feinkörnig an. Ein solches quasi »zweischichtiges« Grundgewebe ist wesentlich fester und dicker. Die Knüpfung wird in der Breite bis doppelt so breit als hoch, und die Knotenzahl je 1 dm² steigt beträchtlich an, theoretisch fast um das Doppelte.

DIE KNOTENZAHL

Der Teppich wird um so fester und (allerdings nur bedingt) um so wertvoller, die Ornamente und sonstigen Muster kommen um so klarer zur Geltung, je dichter und enger die Knotung ist. Da ein Knoten normalerweise immer ein Kettfadenpaar umschließt, müssen so viele Kettfadenpaare vorhanden sein, als der Teppich in der Breite Knoten bekommen soll. Je dichter die Kettfäden beisammen stehen und je feiner sie sind (ohne dadurch an Festigkeit einzubüßen), je feiner die Schußfäden sind und je feiner auch die Knüpfwolle ist, um so mehr Knoten lassen sich auf einer Flächeneinheit unterbringen. Je mehr Knoten ein Quadratdezimeter des Teppichs erfordert, um so länger ist die Anfertigungszeit, aber auch um so fester und qualitativ besser wird der Teppich. Darum: je mehr Knoten also ein Teppich pro Maßeinheit aufweist, um so teurer wird er schon aus diesem Grunde!

Es ist nicht immer so, daß der Quadratdezimeter eines Teppichs horizontal und vertikal gleiche Knotenanzahl hat oder haben muß. Wenn der Schußfaden dick und weich, der Kettfaden dünn und fest ist, dann hat der Teppich der Breite nach mehr Knoten als der Länge nach. In der Regel aber haben die Orientteppiche der Länge nach mehr Knoten als in der Breite.

Von »sehr grober« Knüpfung spricht man, wenn ein Teppich etwa bis 500 Knoten je 1 dm² aufweist. Hat der Teppich mehr als 500 Knoten bis etwa ihrer 900, dann ist er noch »grob geknüpft«, ein »mittelfeines« Stück hat mindest 950 bis etwa 1800 Knoten, das »feine« weist 1800 bis etwa 2500 Knoten auf. Was über 2500 bis etwa 5000 Knoten hat, das gilt als »sehr fein«, Exemplare mit mehr als 5000 Knoten nennt man »äußerst fein«.

Besonders feine Orientteppiche haben aber noch mehr Knoten. Es gibt Einzelstücke, die mehr als eine Million Knoten je Quadratmeter aufweisen, d. h. 10 000 Knoten je 1 dm² (Anweisung zum Knotenzählen: siehe im Hauptabschnitt *Umgang mit Orientteppichen*). So hat (Bilder auf den Seiten 26 und 27) der berühmte »Wiener Jagdteppich« nicht weniger als 12 700 Knoten auf 1 dm².

Wir kennen aus Museen und Sammlungen ungemein feine und kostbare Teppiche, z. B. altindische Prachtteppiche, aber auch andere äußerst raffiniert gestaltete Atelierarbeiten. Es gibt unter ihnen Stücke, die, in feinster Seide geknüpft, bis zu 30 000 Knoten je 1 dm² aufweisen.

Die jetzt übliche, auf dem Markt befindliche Durchschnittsware (die sogenannten »besseren Kommerzstücke«) wird vom angehenden Teppichfreund gern erworben. Sie ist (in fast allen Provenienzen) so angelegt, daß je Quadratdezimeter doch 1000 bis 1200 Knoten enthalten sind.

Man beachte aber, daß von der Knotenzahl allein die Qualität des Teppichs nicht abhängt!

LAUFMETER HORIZONTALREIHE

Im Bereich der »Europäischen Gemeinschaft«, der zur Zeit die Staaten Bundesrepublik Deutschland, Belgien, Dänemark, England, Frankreich, Holland, Italien, Island und Luxemburg angehören, hat man bezüglich der Orientteppich-Einfuhr und deren zollamtlicher Behandlung einen merkwürdigen Modus gefunden: Laut dem für alle genannten Staaten verbindlichen EG-Zollgesetz wird als Qualitätsbezeichnung für Orientteppiche die Anzahl der Knoten genommen, die auf »einem Laufmeter der Horizontalreihe« (des Schusses also) gezählt werden. Wieviel knotentragende Schußreihen in der Senkrechten (also in der Kette) je ein Dezimeter untergebracht sind, kommt für die Berechnung der Zollgebühr nicht in Frage. Ein Heris oder ein Hamadan hat natürlich in der Senkrechten weitaus weniger Schußreihen als etwa ein Isfahan oder ein guter Turkmene.
Manche Orientteppichkaufleute der EG haben diese merkwürdige zollamtliche Maßbezeichnung beim Verkehr mit dem Einzelkunden eingeführt. Sogar in der Teppich-Literatur ist die »Laufende Horizontalreihe« schon eingedrungen – aber sie sagt nichts über die Knotendichte des betreffenden Teppichs aus. Der Teppichfreund möchte aber just darüber mehr wissen, welche Knotenzahl ein ihn interessierender Teppich je einem Quadratdezimeter aufweist. Der gewiegte Teppichliebhaber kann das zumindest annähernd »mit dem Griff der Hand« fühlen. Sicherer geht sowohl dieser wie auch ein angehender Teppichfreund damit, auf 100 Millimeter Breite die Knotenanzahl festzustellen und dann auf 100 Millimeter Höhe die Anzahl der knotentragenden Schußreihen. Aus der Multiplikation beider Zahlen ergibt sich die dm^2-Dichte des betreffenden Teppichs.

KNÜPFLEISTUNGEN

Die Knüpfleistung hängt von drei Umständen ab: a) ob die Knüpferin im Knüpfen geübt ist oder erst am Anfange ihrer Kunst steht und auch b) ob sie das betreffende Muster schon mehrmals (oder sogar schon oft) knüpfte und es sozusagen »in den Fingern« hat oder ob sie das Muster zum erstenmal knüpft, schließlich aber auch c) ob es sich um gröbere, feinere oder feinste Knüpfung handelt.

Bei grober Knüpfung eines schon bekannten Musters wird die geschulte Knüpferin, ohne viel hinzusehen, in einer Minute gut 30 Knoten zustande bringen, also zwei Sekunden je Knoten brauchen. Bei einem Knoten mittlerer Feinheit, von dem etwa 35 auf 100 mm gehen, wird die wenig geübte Knüpferin je Knoten etwa 15 Sekunden, die geübtere 10 Sekunden und die wohlvertraute Arbeiterin etwa 3 Sekunden benötigen. Die Knüpfleistung hängt natürlich auch davon ab, ob große Flächen einfarbig sind oder ob viele Ornamente, Blumen- und sonstige Motive eingearbeitet werden müssen, bei denen unausgesetzt die Farben wechseln usw. Im Handel wird als Wochenpensum einer geschulten Knüpferin für normale Marktware eine Leistung von 70 000 Knoten angenommen.
Wenn mehrere Knüpferinnen nebeneinander an einem Teppich arbeiten, dann bringt das die Gefahr mit sich, daß sich in der Teppichfläche Verzerrungen bilden. Denn jede Knüpferin hat ihren eigenen Griff und ihre eigene Art, zudem zieht jede mit anderer Kraft den Knoten fest. Wenngleich diese Unterschiede im Augenblick und auf den einzelnen Knoten berechnet auch unsäglich geringfügig sind: bei der Vielzahl der geknüpften Knoten wirkt es sich dennoch auf das Spannungsverhältnis im Grundgewebe (zwischen Kette und Schuß) sehr merkbar aus. Um dem zu begegnen, wechseln die Knüpferinnen von Zeit zu Zeit die Plätze und schaffen so im Gewebe den willkommenen Ausgleich.

DER TEPPICHSCHLUSS

Ist die Knüpferin mit dem Knüpfen zu Ende gekommen, so gibt sie entweder mit der gleichen Schußwolle noch einige Schüsse durch, ohne Knoten einzuknüpfen, oder aber sie schießt mit einer anderen Wolle oder mit Baumwolle einige Male durch und läßt so in beiden Fällen eine Abschlußborte entstehen. Die Webborten sind entweder musterlos oder auch gemustert. Es gibt Teppichsorten, bei denen in die Ansatzborte kilimartig ein Muster eingewirkt (also nicht eingeknüpft) wird. Einzelangaben darüber im Hauptabschnitt *Teppichnamen, Teppichorte, Teppichbegriffe.*

RANDLEISTEN

Außerhalb des ersten und des letzten knotentragenden Kettfadenpaares (also am rechten wie am linken Teppichrand) werden schon beim Aufbäumen der Kettfäden noch einige Fäden (zwei bis sechs) gespannt, die oft stärker sind als die eigentlichen Kettfäden und die man auch entgegengesetzt zwirnt als die letzteren. Um diese Fäden wird der Schuß nicht nur herumgeführt, sondern sie werden entweder mit dem Schußfaden mehrmals umwickelt, und zwar ungefähr so hoch, als die Knoten dick sind, oder der Schuß wird nur um den innersten dieser Fäden herumgelegt, und es wird dann dieser innerste Faden zusammen mit den anderen Außenfäden mit einem eigens dafür vorbereiteten Schafwollgarn (zuweilen auch mit Seide) bei Abschluß der jeweiligen Knotenreihe dick umwickelt. Dadurch wird der Längsrand des Teppichs mit einer Art Wulst versehen und widerstandsfähig gemacht. Diese Randumwicklungen (Schirazeh genannt) sind meist einfärbig, und zwar entweder (am meisten) in Braun oder in Rot oder Blau. Beim älteren Schiraz und einigen andern Sorten sind sie aber mehrfärbig.

TEPPICHOBERFLÄCHE

Die Büschel der Knoten (des Flors) stehen meist etwas schräg. Das kommt davon, weil die Schleife des Knotens, von der Knüpferin aus gesehen, *über* den Kettfäden liegt (wodurch auch die Knüpferin leicht die Knoten zählen kann). Kommt nach Vollendung einer Knotenreihe das Niederschlagen der ganzen Reihe mit dem Kamm, so werden durch die Schläge die Knotenschleifen auf die Knotenbüschel gedrückt, die auszuweichen suchen und sich dabei also schräg stellen, der Teppich bekommt dadurch einen »Strich«, nach unten also zu jener Schmalseite des Teppichs, an der mit dem Knüpfen begonnen wurde. Beim türkischen Knoten läuft der Strich senkrecht von oben nach unten, weil die Knotenschleife bei dieser Knotenart gleichmäßig »aufträgt«. Beim persischen Knoten kommt es darauf an, ob er von links her oder von rechts her gearbeitet wurde. Wie die Zeichnung auf Seite 70 zeigt, umschlingt der persische Knoten nur einen Kettfaden vollständig, indes er den anderen bloß halb umfaßt. Wo er den Kettfaden umschlingt, dort verdickt sich die Stelle, indes sie beim zweiten Kettfaden, eben weil sich der Faden dort lediglich umlegt, dünner bleibt. Die Knüpferin kann nun entweder so arbeiten, daß sie die Umschließung immer um den rechten oder immer um den linken Kettfaden herumführt. Der Knoten heißt dann entweder rechts- oder linkshändiger Knoten (oder rechter bzw. linker Knoten). Siehe Zeichnung oben rechts!

Diese vorgenannte Bezeichnung (die sich bei uns eingebürgert hat) ist nicht sehr glücklich gewählt. Man sollte einfacher und klarer sagen: »Persischer Knoten – rechts offen« oder »Persischer Knoten – links offen«, wie dies im amerikanischen Sprachgebrauch üblich geworden ist.

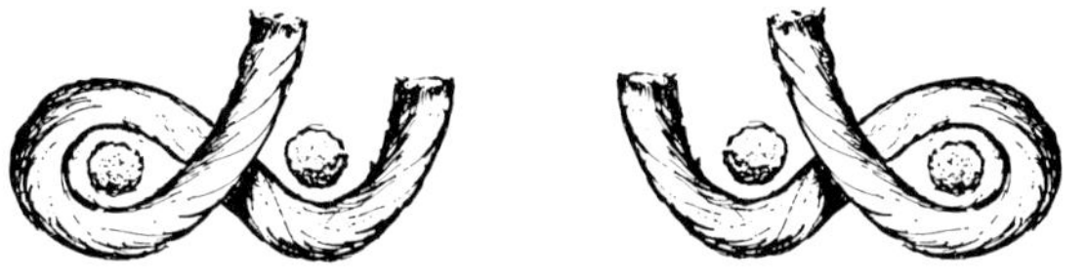

rechts offen   links offen

Aus den beiden Stellungsmöglichkeiten ergibt sich dann auch die Rechts- oder Linksneigung der Florbüschel. Eine solche Büschelneigung kann man aber bestenfalls bis zur »feinen« Knüpfung mit Sicherheit erkennen. Bei sehr, sehr feinen, engen Knüpfungen, z. B. über 5000 Knoten je 1 dm², stehen die Florbüschel derart eng beisammen, daß sie nur senkrecht nach oben ragen können, sich also einfach aus »Platzmangel« nicht etwas nach rechts oder nach links neigen können.

In der Regel wird, wie schon gesagt, jede Knotenreihe sogleich, nachdem sie mit dem Kamm niedergeschlagen wurde, auch geschoren, das heißt, es werden die hochstehenden Knotenbüschel auf jene Länge abgeschnitten, die erwünscht ist, wodurch die gleichmäßige Florhöhe entsteht. Diese ist je nach Stammesgewohnheit verschieden. Sie hat sich vor allem durch die Wollqualität ergeben, die der betreffende Stamm verwendet, und zum Teil auch aus den klimatischen Erfordernissen der dortigen Gegend: ob der Teppich der Wärmehaltung wegen dicker gearbeitet wird oder ob das nicht notwendig ist. Es gibt Teppiche mit nur zwei Millimeter hohem Flor, man hat aber auch Teppiche mit Florhöhen bis zu 20 Millimeter. Im allgemeinen Gebrauch nennt man Florhöhen bis zu etwa fünf Millimeter »kurzen« Flor, solche mit etwa 10 mm und darüber werden als »hoher« Flor bezeichnet. Qualitativ sind hier keine Fixierungen von vornherein möglich, es kann ein kurzer Flor besser als ein langer sein und auch umgekehrt; das hängt von verschiedenen Umständen ab, darunter auch von dem Verwendungszweck des Teppichs. Langflorige sind wärmer, in der Regel lassen sie sich auch gut strapazieren, so daß sie als Bodenbelag für Arbeitszimmer, Vorzimmer usw. sehr brauchbar sind. Aller-

Mekkapilger

dings kommen bei Langflorteppichen die Knüpfmuster nicht so absolut klar und sauber »heraus« wie beim kurzflorigen Teppich, der jedes Knüpfmuster bis in die letzte Einzelheit jederzeit erkennen läßt. Es gibt auch genug kurzflorige Teppiche, die ebenfalls äußerst strapazierfähig sind und in diesem Punkt den langflorigen in nichts nachstehen, ja sie nicht selten noch übertreffen.
Normalerweise hat der Flor über den ganzen Teppich hin gleiche Höhe. Es gibt aber auch Teppichsorten, bei denen gewisse Felder der Teppichoberfläche im Flor absichtlich kürzer gehalten werden als die anderen Stellen, so daß sich durch diese Abstufungen gewollt die sogenannte »Reliefschur« ergibt, die dem Teppich eigenartigen Reiz verleiht (siehe hierzu auch im 7. Hauptabschnitt unter *China*). Vorsicht ist aber dann geboten, wenn Flächen mit schwarzer oder dunkelbrauner Wolle Reliefwirkung zeigen: schwarze und mitunter dunkelbraune (nicht naturfarbene) Wolle, hin und wieder auch grüne Wolle, wird von der Farbe bzw. von den Chemikalien, die man beim Beizen solcher Wolle verwendete, langsam »aufgefressen« und dadurch kürzer. Es handelt sich dann um eine ungewollte Reliefwirkung, und es ist damit zu rechnen, daß solche Stellen des Teppichs nach mehr oder weniger Jahren ausfallen und daß dann das nackte Grundgewebe aufscheint.
Eine leise Reliefwirkung kann sich aber auch dadurch ergeben, daß die Wolle beim Einfärben je nach Farbe strukturmäßig anders anspricht, d. h., daß sie sich beim Färben mit der einen Farbe stärker oder schwächer kräuselt und entweder mehr oder aber auch weniger später »zusammenkriecht«, als beim Färben mit einer anderen Farbe. Kommen dann zwei solcher Gegensätze in größeren Teppichflächen nebeneinander zu stehen, dann wirkt das reliefähnlich.
Des Interesses wegen sei erwähnt, daß es auch Teppiche mit doppelseitigem Flor gibt, doch sind sie außerordentlich selten. Sie werden so hergestellt, daß nach jeder Knotenreihe und nach dem Eintragen eines Zwischenschusses die nächste Knotenreihe von der anderen Seite her geknüpft wird. Es ist einleuchtend, daß dabei das Muster auf der Rückseite anders als auf der Vorderseite sein kann. (Siehe die Bilder auf Seite 197.)
Ist der Fond eines Teppichs sehr licht gehalten, so kommt das Medaillon oder das sonstige Muster nur dann gut zur Wirkung, wenn der Teppich a) sehr dicht geknüpft und wenn b) der Flor kurz gehalten wird. Ist der Flor kurz, so stehen seine Fasern steil und bieten dem Beschauer lediglich die Schnittflächen und nur sehr wenig von ihrer sonstigen Oberfläche dar. Diese Schnittflächen glänzen nicht so sehr wie die Oberflächen der Faser, also wie es bei langem Flor der Fall ist. Ein solch kurzfaseriger Teppich sieht uns daher mit etwas härteren Farben an, er wirkt kühler, bei dichter Knüpfung dafür aber vornehmer, distanzierter als ein Stück mit mittellangem oder gar mit langem Flor.

WASCHEN DES TEPPICHS

Ist der Teppich fertig geknüpft, dann wird er in der Regel noch einmal sorgfältig nachgeschoren. Nach erfolgter Durchsicht wegen eventueller Fehler und nach deren Beseitigung kommt der Teppich in die Wäsche, d. h. er wird in Wasser getaucht, wenn irgendwie möglich in fließendes Wasser, worin er ein bis zwei Tage bleibt (Bild Seite 65). Nach dem Waschen und Trocknen ist der Teppich eigentümlich »hart«. Um ihm die Weiche wiederzugeben und auch um den liegenden Flor wieder aufzurichten, schlägt man ihn regelrecht mit Holzprügeln, dann bürstet man ihn durch, dämpft ihn mittels Bügeleisens auf (Bild Seite 67) und läßt ihn im Hause regelrecht benützen, wenn er dabei auch nur mit nackten Sohlen oder mit pantoffelversehenen Füßen in Berührung kommen darf. Durch diese natürliche Benützung wird der Teppich wieder weich und verkaufsreif. In den Manufakturen erreicht man das gleiche Ziel durch Dämpfen des Teppichs in Dämpfanlagen und (leider!) auch durch chemische Mittel.
Das vorerwähnte Nachscheren des eben fertig gewordenen Teppichs ist sehr heikel, es erfordert auch viel Erfahrung und außerdem viel Kraft. Nomaden warten mit dieser Arbeit, die nur von geübten Männern durchgeführt werden kann, bis sie in eine Siedlung kommen, wo meist überhaupt ein »Perdadschi« (Schermeister) vorhanden ist, der für alle dort Wohnhaften mit einer langen Schere diese Nachschur vornimmt. Manufakturen haben eigene Schermeister angestellt.

TEPPICH-RÜCKSEITE

Normalerweise zeigt jeder Knüpfteppich auf der Rückseite gut erkennbar das Muster der Vorderseite. In der Regel sieht man auf der Rückseite die eingetragenen Schußfäden, und zwar um so deutlicher, je mehr Schußfäden nach einer Knotenreihe eingetragen sind oder je dicker dieser Faden

von vornherein genommen wurde. Die Knoten selbst sieht man als kleine Höcker.
Es kann sein, daß die Zwischenlinien (Querlinien) der Schüsse verschieden deutlich sichtbar sind. Dann sind aus stammesbedingten Gründen einmal mehr, das andere Mal weniger Schüsse eingetragen worden. Bei sehr dicht geknüpften Teppichen, bei denen Schuß um Schuß mit dem Kamm gut niedergeschlagen wurde (z. B. bei Teke-Turkmenen), sieht man die Schußfäden oft überhaupt nicht, und die Rückseite sieht dann so aus, als sei sie gestickt.

RAUMEINTEILUNG

Ist der äußerste Rand des Teppichs einfarbig und ohne Muster, dann nennt man ihn »Fries«. Der Fries kann aber einzelne Figuren eingestreut haben (z. B. im älteren Hamadan). Die meisten Teppiche haben jedoch keinen Fries, sondern ihr Rand wird durch eine Borte gebildet.
Die äußerste Borte, die meist schmal ist und die eigentliche Bordüre umrahmt, nennt man Außensaumborte. Während Nomadenteppiche oft keine Außensaumborte besitzen, findet man bei Hausindustrie- und Manufakturteppichen zuweilen sechs oder mehr (bis zu neun) Umsäumungen, meist zart gemustert. Bei vielen Teppichen kommt daher nach der Außensaumborte (oder nach mehreren Außensaumborten) die »äußere Nebenborte«. Sie ist breiter als der Bortensaum (oder die Bortensäume), jedoch schmäler als die nun anschließende Hauptborte. Nach der Hauptborte kommt, es muß aber nicht sein, die »innere Nebenborte«. (Sie ist in der Regel so beschaffen wie die äußere Nebenborte.) An sie schließt sich die »Innensaumborte« (oder mehrere), die meist genauso gearbeitet ist wie die Außensaumborte bzw. die Außensaumborten. Alle diese Bordüren sind meist durch dünne Trennlinien voneinaner geschieden, die man in der Fachsprache »Nähte« nennt.
Die Bordüren aller Art an der Längsseite des Teppichs nennt man die Längsbordüren, jene der Breitseite werden Querbordüren genannt. Von letzteren gibt es, je nach dem Strich des Teppichs, eine »obere« und eine »untere« Bordüre.
Den Raum innerhalb der Bordüren nennt man den »Fond« oder das »Mittelfeld« oder »Innenfeld«, auch die Bezeichnung »Grund« findet man dafür.
Der Fond kann a) völlig einfarbig und ohne jedes Muster sein. Man nennt einen solchen Teppich dann »Glattfondteppich«. Er kann b) in der Fondmitte eine Zeichnung zeigen, also ein »Mittelstück« oder ein »Medaillon« besitzen, er kann c) mehrere größere Zeichnungen (»Medaillons«) haben, die man dann (je nach Lage) Seitenmedaillons oder obere und untere Medaillons nennt. Finden sich in den Ekken des Fonds ebenfalls größere Muster (meist Viertelausschnitte des in der Fondmitte aufscheinenden Medaillons), dann nennt man diese »Viertel« oder »Zwickel«. Die Räume zwischen den Medaillons können einfarbig oder mit verschiedenfarbigen Mustern gefüllt sein. Der Fond kann d) über seine ganze Fläche hin Blumen, Figuren, Rautenmotive usw. im sogenannten »unendlichen Rapport« haben (also ohne große Medaillons und ohne Zwickel sein). Man nennt einen solchen Fond dann »volldessiniert« oder »allover«-gemustert.
Die Innenfeldmuster wirken in letzterem Fall fast immer wie Ausschnitte aus einer unendlichen Dekoration. Auch die Viertelmedaillons kann man sich oft als ganze Medaillons vorstellen, die nur durch die Bordüre begrenzt und »abgeschnitten« sind, also so, daß das ganze Feld lediglich einen begrenzten Ausschnitt aus einem an sich unbegrenzten, stets gleichbleibend sich entwickelnden »ewigen« Muster darstellt.
Das Mittel-Medaillon ist für den Orientalen der zentrale Punkt der Welt. Von hier aus breitet sich das Muster nach allen Richtungen der Windrose. Dem Orientalen ist der Umstand, daß er sich jederzeit auf diesen Mittelpunkt der Welt stellen kann (auf einen »für ihn« geschaffenen Mittelpunkt!), eine Unterstreichung seines Herren- und Herrschergefühls.

DIE MUSTERUNG

Sowohl die Bordüren als auch die Innenfelder des Orientteppichs zeigen je nach Herkunft und Stammeseigenart bestimmte Muster in bestimmten Farben und in bestimmten Zusammenstellungen. Man kann sagen, daß jede Dorfschaft, jede Nomadenfamilie ihre eigenen kleinen Abweichungen innerhalb des betreffenden Volksstammes hat. Ein Kaufmann, der das kaukasische Gebiet nach 1945 bereiste, berichtete, er habe rund 300 Dörfer besucht und in jedem eine etwas andere Art der Muster angetroffen. Generell kann man aber auch heute noch z. B. vom »kaukasischen« Teppich sprechen und ihn noch immer in die verschiedenen Untergruppen wie Kuba, Schirwan, Kasak usw. einteilen.

Immerhin ist die Herkunftsbestimmung für einen Orientteppich schon wesentlich schwieriger geworden, denn es hat sich, wie schon früher erwähnt, im Laufe der Zeit eine sehr umfangreiche Musterverschleppung dadurch ergeben, daß die Völkerschaften durcheinandergeschoben wurden und die unbedingte Mustertreue des ursprünglichen Volkes darunter litt. Weiters sind solche Unsicherheitsfaktoren in der Herkunftsbeurteilung der Orientteppiche dadurch entstanden, daß man (wie ebenfalls schon erwähnt) auch an anderen als an den angestammten Orten deren berühmte und beliebte (somit vom Handel begehrte) Teppichmuster herstellt (Nachahmungen!).

Ungeachtet dessen also, daß es (selbst weitgehend bei Nomadenstämmen) mit der Mustertreue nicht mehr so ist wie einst, sind Grundelemente der Musterung doch noch wenigstens einigermaßen traditionsbeladen. Auch die von Europäern geleiteten großen Teppichknüpfereien (Manufakturen) in der Türkei und in Persien bemühen sich immer mehr, nach alten Originalvorlagen zu arbeiten, selbst (oder just dann!) wenn sie turkmenische oder sonst irgendwelche Teppiche knüpfen.

Die Musterung des Teppichs kann aus den verschiedenartigsten Zeichnungen bestehen, die sowohl rein geometrische Darstellungen zeigen, ebenso aber auch Blumen-, Tier- oder Menschenbilder sein können. Und all diese können wieder durchaus naturalistisch oder stilisiert gehalten sein. Natürlich gibt es auch Mischformen.

TEPPICH-GRÖSSEN

Der Nomade, mit wenig Hausgeräten stets oder durch lange Monate des Jahres auf Wanderschaft, kann keine Knüpfvorrichtung für großformatige Teppiche mitschleppen. Seine Teppiche haben daher mäßige Größe: in der Breite von etwa 70 bis 100 cm (selten darüber). Im Längenmaß ist der Nomade etwas weniger beschränkt, er kann den Ketten- wie den Warenbaum seiner Knüpfvorrichtung drehbar einrichten und dadurch den festgeknüpften Teil des Teppichs aufrollen. Daher gibt es Nomadenteppiche bis zu drei und sogar mehr Meter Länge.

Die Halbnomaden haben schon reichlicher Möglichkeiten für größere Formate, bei ihnen ist es ähnlich wie bei der Hausindustrie der seßhaften Volksteile: neben kleinen Teppichen verfertigen sie auch größere, also von etwa 70 × 110 cm bis etwa 200 × 300 oder 250 × 350 cm Größe.

Die Manufakturen besitzen unterschiedlich große Knüpfstühle, sie können vom kleinsten bis zum größten Teppich alle Formate – ganz nach Wunsch des Bestellers – anfertigen, und zwar in Einzelfällen bis zu 16 Meter Breite und bis zu sehr bedeutenden Längen.

Ursprünglich, solange es noch keinen ins Gewicht fallenden Teppich-Export nach Europa und in die USA gab und die Teppiche also nur für den eigenen Gebrauch hergestellt wurden, besaßen sie jene Maße, die den Verhältnissen im Zelt (also schmal und höchstens dreimal so lang als breit) und dem Leben im iranischen Hause entsprachen. Mangels Holzes kannte das iranische Haus keine langen Tragbalken, die Räume waren daher durchwegs schmal, um sie leichter decken zu können. Dafür waren sie aber schlauchartig lang. In diesen langen, schmalen Räumen konnte man füglich nur lange und schmale Teppiche brauchen. Lediglich im Raum des Hausherrn, wo er seine Gäste empfing und wo sie mit ihm auf dem teppichbelegten Estrich saßen und sich unterhielten und speisten und tranken, lag ein besonders schöner Teppich, der auch formatmäßig nicht mehr als ein Läufer anzusprechen war. Aber (abgesehen davon, daß der Orientale einen teppichbelegten Raum nie mit Schuhen betrat, selbst der Schah tat dies nicht) auch dieser Teppich genoß besonderen Schutz: seine Ränder waren immer von Läufern (sogenannten »kenare« oder »Galerieteppichen«) bedeckt.

Heutzutage ist, wie schon erwähnt, der Orientteppich ein wichtiger Exportartikel geworden. Man beugt sich den Wünschen der europäischen und der amerikanischen Käufer und verfertigt jede gewünschte Größe, jedes bestellte Format. Und nicht nur dies! Man macht auf Bestellung auch kreuzförmige, ebenso oblonge oder kreisrunde Teppiche (sogar im persischen Nain pflegt man dies). Auf Wunsch knüpft man (nach gegebener Vorlage) auch »fast naturgetreue« Menschenbildnisse in den Teppich ein (siehe Bildbeispiele im 6. Hauptabschnitt unter »Porträt-Teppiche«), oder man schafft auf Verlangen andere Bilddarstellungen – kurz: man ist hierzu allerorten sehr bereitwillig; in der Türkei, in Persien, in Indien, in Pakistan, auch in China und fallweise sogar in turkmenischen Gebieten.

Einige orientalische Größenbezeichnungen für Teppiche sind auch bei uns bekannt. So etwa: Tscharhadd, Tscharpei, Namaz, Dschanamaz, Sadschadeh (Sedschadeh), Puschti (Poschti), Sar-andaz, Sar-o-nim, Dozar, Kenare, Ghali, Ghalitscheh usw. (Nähere Hinweise siehe im *Wort-Suchregister.*)

4. Hauptabschnitt

DIE FARBEN IM ORIENTTEPPICH

Jeder Farbe kommt eine bestimmte Wellenlänge und damit eine bestimmte Schwingungszahl zu.
Noch einfacher gesagt: Lichtstrahlen vermitteln dem Auge Empfindungen, die wir »Farben« nennen; je nach Wellenlänge dieser Lichtstrahlen sind die Empfindungen verschieden. Für jede dieser Verschiedenheiten haben wir eine Bezeichnung, wie z. B. Rot, Grün, Blau usw. Für die noch weitergehenden Abstufungen, Tönungen, Nuancen der einzelnen Farben besitzen wir ebenfalls bestimmte Namen, wie z. B. Purpurrot, Resedagrün, Kobaltblau, Rosenholz usw. Wir können aber den Begriff »Farbe« noch wesentlich kürzer, und zwar so ausdrücken: »Farben sind gebrochene Lichtstrahlen.«
Eine dem Auge wohltuende Zusammenstellung von Farben nennen wir Farbenharmonie. Grün und Violett passen besser zusammen als Blau und Violett; Rot und Grün harmonieren, dagegen bilden Blau und Orange schon einen einigermaßen härteren Gegensatz, wenngleich wir diese Farbenzusammenstellung doch noch nicht als richtig unangenehm empfinden; das Weiß erhöht in den benachbarten Farben den Ton, das Schwarz kontrastiert gut helle Farben usw. Der Orientale versteht es ausgezeichnet, verschiedene Farben gleichen Helligkeitsgrades so nebeneinander anzuordnen, daß die Anordnung zwar überraschend bunt, dennoch aber nicht ungut grell, sondern wohltuend harmonisch wirkt.
Das Färben ist eine alte Kunst, die z. B. in Ägypten seit Jahrtausenden geübt wird. Schon Herodot (480–425 v. Chr.) erzählt, daß sich die kaukasischen Völker darauf verstehen, aus Pflanzen Farben zu gewinnen, »mit welchen sie auf Wolle allerlei Figuren aufzeichnen«. Herodot meint mit »Wolle« offensichtlich schon Wollgewebe. Er rühmt auch die Haltbarkeit der Farben und ihre Waschechtheit. Auch aus diesen Bemerkungen geht hervor, daß die Web- und Knüpfkunst schon sehr alt ist.
Viele Sorten Orientteppiche finden mit vier bis sechs Farben das Auslangen. Man kennt aber Teppiche, in denen bis zu 25 Farben aufscheinen. Das Färben war von allem Anfang an im Orient auch eine »edle Kunst«. Der Stamm der Färber erfreute sich hoher Achtung. Der Beruf war erblich, die Geheimrezepte gingen vom Vater auf den Sohn über und wurden wohlgehütet. Persisch heißt die Farbe »räng«, türkisch jedoch »boya«. In der Regel färbte ein Färber auch nur eine Farbe ein (allerdings mit Tönungsstufen). Im Färben mit dieser einen Farbe brachte er es aber zu großer Meisterschaft.
Die Farbstoffe entnahm und entnimmt man dem Tier-, dem Pflanzen- und dem Mineralreich. Aber nicht allein die Qualität der Farben, sondern auch die Art der Wolle und des Wassers waren und sind mitentscheidend für den erzielbaren Färbeeffekt. Gebirgsbäche, die vulkanischem Boden entstammen, sollen das beste »Farbwasser« geben. Das weiche, duftige Blau der Kula-Teppiche führt man auf solches Wasser zurück. Kalkhaltiges Wasser soll die Farben in kräftigeren Tönen wiedergeben.
Jahrhunderte hindurch arbeiteten die Färber und auch die Nomaden (die sich ihre Farben meist selbst herstellten und die Färberei im kleinen betrieben) unverändert nach überlieferten Methoden. Was die Nomaden auf ihren Zügen durch das Land an geeigneten Materialien zur Hand hatten, das verwendeten sie zur schnell improvisierten Farbbereitung. War dann der Vorrat an gefärbter Wolle verbraucht, färbte man am inzwischen verlagerten Weideplatz wieder eine Partie Wolle, und zwar mit jenen Färbemitteln, die der neue Platz bot. Daraus ergaben sich oft wesentliche Unterschiede in der Tönung der Farben, die dann im fertig ge-

knüpften Teppich auffielen, ihn jedoch keineswegs entwerteten, sondern reizvoller machten. (Bei europäischen, maschingewebten Teppichen mit Pseudo-Orientmuster wendet man absichtlich stellenweise andere Farbtönungen an, um den Teppich interessanter zu machen!)

Wie gesagt: Jahrhunderte hindurch blieb man bei den gleichen Färbemethoden, die in nichts mit wissenschaftlich-chemischen Formeln belastet waren, sondern die aus dem generationenalten, natürlichen Erfahrungsschatz stammten. Schon allein an der Farbtönung und an der Verteilung der Farben über den Teppich konnte man früher die Herkunft vieler Teppiche einwandfrei feststellen.

Dann aber kam in den sechziger Jahren des vergangenen Jahrhunderts plötzlich das Neue auf, und es wurde vom Orient überraschend begierig aufgenommen: die Anilinfarben. Auf der Londoner Weltausstellung 1851 wurden zum ersten Male Anilinpräparate gezeigt, ab 1856 kam die erste Anilinfarbe (Mauvein) in den Handel, 1858 folgte das Anilinrot (Fuchsin) und schnell darauf weitere Farben. Es dauerte nicht lange – und englische wie französische Unternehmer brachten diese Farben in die Türkei sowie nach Indien und Persien. Die Anilinfarben waren leicht anzuwenden, man konnte sie staunenswert vielfältig mischen, sie waren billig und ausgiebig. Mit ihrer Leuchtkraft, mit ihrem brillanten Feuer und ihrer Pracht stürzten sie die Orientalen gleichermaßen in Beglückung und Verwirrung. Innerhalb weniger Jahre verbreitete sich die Anwendung dieser Farben in ganz Kleinasien, Indien und Persien, ja bis Zentral- und Ostasien hin. Es schien, als sollten alle altgewohnten Färbemethoden überflüssig werden, als sollte der hochgeachtete Stand der Färber zugrunde gehen. In der Geschichte der Herstellung von Orientteppichen wurde mit dem Beginn der Verwendung von Anilinfarben ein neues Blatt aufgeschlagen, ein neues Kapitel begonnen ... Da um jene Zeit zugleich auch die Teppichausfuhr nach Europa und zunehmend auch nach Nordamerika unglaublich rasch anstieg, kamen alsbald Massen von mit Anilin gefärbten Teppichen auf den Markt. Aber die ersten Anilinfarben, Fuchsine, Eosine usw. waren weder wasser- noch lichtecht, und sie waren auch nicht dauerbeständig. Überdies machten diese Farben die Wolle hart aussehend.

Zum Teil lag die Ursache auch darin, daß die Orientalen noch keine Ahnung von der Technik des Umganges mit den neuen Farben hatten. Die Farbenexporteure machten sich nur wenig Mühe, die orientalischen Interessenten genügend darüber aufzuklären, wie man diese Farben verwenden bzw. wie man sie zielstrebig einsetzen kann. Zudem: wie viele orientalische Färber konnten damals überhaupt Gebrauchsanweisungen selbst dann lesen, sollten sie in der Landessprache (was übrigens nur selten der Fall war) abgefaßt worden sein? Und außerdem: Diese neuen Farben waren selbst den Herstellern noch gewissermaßen ein Rätsel, das sie von einer gewonnenen Erfahrung in die nächste stürzte und sie selbst überraschte.

Jedenfalls: Die enttäuschten Teppichkäufer merkten alsbald den Verfall der Farbenpracht, sie zögerten mit Neuanschaffungen, denn sie empfanden mit Recht, daß der Orientteppich durch die Verwendung der Anilinfarben nicht wenig von seiner bisherigen, an die Märchen von Tausendundeiner Nacht erinnernden Originalität eingebüßt hatte. Die Rückläufigkeit der für die Orientalen schon lebensnotwendig gewordenen Exportaufträge zwang die Hersteller, wieder halbwegs zu den altgewohnten Färbemethoden zurückzukehren oder doch wenigstens die Anilinfarben mit Pflanzenfarben der alten Art zu mischen. Der Schah von Persien erließ damals ein Gesetz, das die Verwendung von Anilinfarben für Knüpfteppiche überhaupt verbot. Wer das Verbot übertrat, war mit dem Abhauen der rechten Hand bedroht. Es wird dennoch manche Hand riskiert worden sein, denn vollständig ließ sich (weil in den Nachbarländern Persiens kein solches Verbot bestand) die Anilinfarbenanwendung nicht mehr verhindern.

Schon Karabacek klagt in seinem 1881 erschienenen Buche »Die persische Nadelmalerei Susandschird« wie folgt: »Die größte unmittelbare Gefahr für den allgemein noch andauernden Ruf der persischen Teppichfabrikate liegt aber in dem leider bereits teilweise vollzogenen Übergang von den Naturfarben zu den Anilinfarben, unter denen insbesondere neben dem abscheulichen Anilingrün (Emeraldin) das schreiende Anilinviolett zu härtestem Tadel herausfordert. An dem Ruin dieser ehedem so herrlich blühenden Industrie Persiens arbeiten jetzt die dort angesiedelten europäischen Handelshäuser, indem sie die Teppichknüpfer mit ihrem Geld und Geschmack zu beherrschen anfangen.«

In jüngerer Zeit wurden die Anilinfarben verbessert, ihre Lichtbeständigkeit nahm zu. Auch die Verbindung mit dem Färbegut, der Wolle, konnte inniger gestaltet werden, so daß die Farben beim Waschen nicht mehr so stark ausliefen wie in der ersten Zeit (was damals die Teppiche nach Berührung mit Wasser als stark »verwaschen« aussehen ließ).

Auch neue Kunstfarben, für die Färbung von Wolle, Baumwolle und Seide sehr geeignet, kamen auf den Markt und eroberten sich im Orient bald ihren Platz.
Aber selbst bei zunehmender Qualität der Farben erzielte man nicht allerorten gute Färbungen, denn die oft leseunkundigen Orientalen konnten auch trotz einfachster Gebrauchs- und Anwendungsvorschriften mit den Farben nicht richtig umgehen. Das besserte sich erst im Laufe der Jahre.
Der Erste Weltkrieg drosselte die Einfuhr von Kunstfarben in den Orient so sehr, daß man sich dort wieder der alten Färbemethoden besann. Auch im Zweiten Weltkrieg war es so ähnlich.
Da eine Ausfuhr von Teppichen während der Kriege kaum möglich war, wurde im wesentlichen nur für den eigenen Bedarf geknüpft. Aber selbst hier war man oft beschränkt, denn einerseits verkaufte man alles erreichbare Vieh an die Kriegführenden, andererseits traten just zu dieser Zeit verheerende Tierseuchen auf. So verlor allein Iran von seinen damals etwa 15 Millionen Schafen jährlich etwa 1 500 000 Stück durch Krankheiten. Auch nach dem Kriege kam es im überaus strengen Winter 1948/49 zu einer Katastrophe: gut zwanzig Prozent der Tiere erlagen der argen Kälte. Vor allem der Tierbestand in der Moghan-Steppe (Azerbeidschan) litt sehr. (Übrigens gab es auch 1971/72 im gleichen Gebiet ein großes Tiersterben.)
Als nach dem Zweiten Weltkrieg der Bedarf Europas und Amerikas an Orientteppichen (fast sieben Jahre lang hatte es keine nennenswerte Einfuhr solcher Erzeugnisse gegeben) besonders hoch war, ließen sich die Orientalen wieder dazu verleiten, Teppiche aus minderwertigem Material und gefärbt mit schlechten Farben massenweise auf den Markt zu werfen.
Doch alsbald waren weder Europa noch Amerika geneigt, solche Ware abzunehmen. Zwangsläufig besserte sich die Qualität, und es sind nun wieder neben minderen Stücken auch sehr gute erhältlich. Dies um so mehr, da sowohl in Iran als auch in Sowjetrußland und in der Türkei vom Staat aus darauf Einfluß genommen wird, daß Qualitätswaren hergestellt werden. Auch gibt es Hersteller und (wenn auch dünn gesät) orientalische Händler, die bestrebt sind, dem Käufer neben Qualität auch Originalität zu bieten, so also, daß auch auf die Verwendung bester Farben geachtet wird.
Den ausschließlich mit Naturfarben gefärbten neuen Orientteppich findet man immer seltener. Nur in einzelnen

Ein Färber-Kleinbetrieb in Persien

Distrikten bei Schiraz, dann in Zentralpersien (Ghom, Kaschan, Nain), teilweise auch in Afghanistan, zieht man die Naturfarben vor und vermeidet künstliche Farben oft weitgehend. Auch Belutschen-Teppiche sind oft noch aus Wolle verfertigt, die mit Naturfarben gefärbt wurde. Das sowjetrussische wissenschaftliche Forschungsinstitut der Kunstindustrie sagt in einem Brief an den Autor dieses Buches: »Zum Färben werden hauptsächlich die säurehaltigen und chromsauren Farben sowie Anilinfarben verwendet, aber teilweise auch Naturfarben.« Das türkische Ministerium für die Teppichindustrie teilte dem Autor mit: »Es werden sowohl Naturfarben als auch alle Arten von Kunstfarben zum Färben verwendet.« Auch verschiedene iranische Veröffentlichungen sprechen davon, daß in Iran (Persien) neben Naturfarben reichlich Kunstfarben verwendet werden. In den anderen Orientteppich-Gebieten ist es ebenso.

Bei allen Völkern und zu allen Zeiten hatten die Farben und die Farbenzusammenstellungen symbolische Bedeutung. Diese war aber je nach Volk verschieden, wie sie auch je nach Zeitalter innerhalb des jeweiligen Volksbereiches wechselte. Die Überlieferung sagt, in ältester Zeit sei den Farben Weiß, Rot, Schwarz, später auch Blau, größte Bedeutung zugekommen.

Auch im Orientteppich wurden einst die Farben nicht allein um der bunten Wirkung willen verwendet, sondern sie hatten weitgehende Bedeutung. Die Teppiche in den ägyptischen Tempeln mußten auf alle Fälle Weiß, Grün und Hellrot oder Dunkelrot als Hauptfarben zeigen. Später wurde das helle Rot durch Hellblau ersetzt. Diese Hauptfarben waren »heilig«, man durfte sie nicht ohneweiters für profane Gegenstände verwenden. In den pharaonischen Grabkammern waren die Farben Gelb, Orange und Schwarz dominierend.

Bei den alten Völkern hatte die Farbe die Grundbedeutung von »Haut«, von »Bedeckung«. Weiß galt in Ägypten wie in Asien (ähnlich wie bei uns) als Symbol für den Tag, für Reinheit und Sündenlosigkeit. Rot war die Farbe des Blutes, der Sünde – es war die Farbe, die aufreizt, die beunruhigt. Schwarz stand als Zeichen für die Nacht, für das Elend, für die Trauer. Gelb galt als Symbol für hohe Lebenskraft, für Vitalität. Vor Allah aber darf man nicht so lebendig hintreten, man muß demütig und unaufdringlich sein. Deshalb legen die Mohammedaner, wenn sie sich in die Moschee zum Gebet begeben, alles Gold ab, auch weil der Prophet sich wiederholt scharf gegen das Gold ausgesprochen hat.

Dunkelblau war die Farbe der Treue, des langsamen Fließens, des Bewahrens. Der Indigo, schon in alten Zeiten ob seines tiefen, schönen Blau als Kleiderfarbstoff beliebt, hatte den Beinamen »dar-neken«, dies heißt »vor Schaden bewahrend«. Sogar die Kreuzfahrer kauften gern die dunkelblau gefärbten Gewänder und zogen sie über ihre Rüstung an, teils aus Aberglauben, teils um die peinigende Sonnenhitze von dem Rüstungsblech abzuhalten. Hauptort für das Färben, Anfertigen und für den Verkauf solcher Gewänder war Pelusia (nahe Port Said), wovon sich dann der heute noch gebräuchliche Name »Bluse« ableitete.

Grün war und ist bei vielen Völkern die Farbe des Frühlings, der Hoffnung; es ist die Farbe der ruhigen Stabilität, des Gleichmaßes. Eine besondere Nuance von Grün heißt Prophetengrün, dies ist der Überlieferung zufolge die Lieblingsfarbe des Propheten Mohammed und manifestiert sich in bestimmten Gebieten auch heute noch vor allem im Grün der »Fahne des Propheten«. In manchen Gegenden aber ist die Fahne des Propheten (sie heißt Ubad oder auch Alam, »Wegweiser« zu deutsch) allerdings weiß, wieder in anderen schwarz. Die Nachkommen des Propheten, die sogenannten Aliden, tragen als Vorrecht den Turban in grüner Farbe.

Ob die Farben eines Teppichs (mehr als 25 Farben hat man noch in keinem Orientteppich gefunden) leuchten oder ob sie gedämpft oder gar stumpf sind, hängt nicht allein von den verwendeten Farbstoffen ab, sondern auch, wie schon früher erwähnt, von der Art und Beschaffenheit der Wolle und des Wassers, dann von der straffen oder weniger straffen Führung der Schußfäden (wodurch die Florspitze besser oder weniger gut zum Lichte steht). Auch die Art des Trocknens der Wolle spielt für den späteren Farbeffekt eine nicht zu unterschätzende Rolle. Es ist nicht gleichgültig (es kommt auf die Wollsorte an), ob die Wolle im Schatten, halbsonnig oder in der prallen Sonne getrocknet wird. Ob die Farben des Teppichs mehr oder weniger leuchten, hängt natürlich außerdem von der Art der Behandlung ab, die ihm seit dem Tage seiner Herstellung bis jetzt zuteil wurde.

Auf glänzender Wolle wird auch die Farbe glänzen und dem Teppich »Feuer« geben, auf stumpfer Wolle wird auch die beste Farbe einen Teil der ihr an sich innewohnenden Wirkungsmöglichkeit verlieren. Der Orientale hilft sich, indem er in bestimmten Fällen die Wolle nicht oder nicht zuviel wäscht, so daß sie nicht völlig entfettet wird, sondern durch ihren Fettgehalt mehr Glanz behält. Blau und Gelb leuchten z. B. schöner, wenn die Wolle fetter ist, also wenn sie weni-

ger gründlich gewaschen wurde. Jede Wollsorte verlangt die ihr entsprechende Behandlung.
Für die Herstellung von Orientteppichen wird nicht die naturbelassene Wolle (die sogenannte »Wollflocke«) eingefärbt, sondern stets das versponnene Garn, und zwar die benötigte Menge in *einem* Farbgang, um Abtönungen zu vermeiden. Bei Nomadenteppichen ist dies anders: die Nomaden müssen »von Fall zu Fall« einfärben, und mehr oder minder starke Tönungsunterschiede sind unvermeidbar. Das ergibt dann den echten »Abrasch«. Findet man solchen Abrasch in großflächigen Manufakturteppichen, dann wurde (gelinde gesagt) »manipuliert«.
Die Färbung der Wolle kommt nur in einigen wenigen Fällen direkt zustande. Solche »direktziehende Farben« sind etwa Walnußschalen und Wurzeln der Walnuß, Curcuma orientalis und Indigo. Sie können ohne Zuhilfenahme von Beizmitteln zur Wolleinfärbung verwendet werden. Zu fast allen anderen Farbmitteln muß, um eine tiefe Verbindung der Wolle mit dem Farbstoff zu erreichen, ein Bindemittel, eine »Beize«, verwendet werden. Verschiedenartige Beizmittel ergeben unterschiedliche Farbverbindungen. Alaun macht hell und lebhaft. Eisen läßt dunkeln. Im Orient verwendet man als Beizmittel vor allem Alaun, Vitriol oder Eisenoxyd. Die modernen Chromfarben kommen in der Qualität als Wollfärbemittel den guten Naturfarbstoffen am nächsten. Zum Teil sind sie wasser- und lichtechter als Naturfarben. So bleicht das Blau, das man früher zuweilen aus Holunderbeeren gewann, sehr bald aus und wird zu einem unguten Braungrau. Auch Indigoblau kann, wenn älter, zu Blaugrün oder überhaupt grünlich werden. Auch das Gelb, das man u. a. aus der Gelbwurz gewann (arabisch-türkisch »sartatscha«) und mit Krapp oder Indigo zu Mischfarben umfunktionierte, verblaßt alsbald, wenn es zuviel Sonne erhält. Ein sehr haltbares Gelb gewinnt man aus der Kreuzbeere (Rhamnus cathartica), wenn man sie mit Alaun vorbeizt. Beizt man sie mit Eisenoxyd, erhält man ein ansprechendes Bronzegelb, das ebenfalls sehr haltbar ist.
Zum sogenannten »Farbenfraß« oder zur »Ausmoderung« kommt es dann, wenn das Färbegut (also die Wolle) durch die Einwirkung von zu großen Mengen an Bleich-, Ätz- und Beizmitteln vorbehandelt wurde und so späterhin im geknüpften Teppich in zuerst winzigen Mengen aus der Musterung fällt, was sich – leider! – dann alsbald als »ungewollte Reliefwirkung« manifestiert. Vor allem neigen schwarze, braune, moosgrüne, braunrote und beigefarbene Knüpfun-

Auswahl der Knüpfwolle, Persien

gen dazu, auszufallen. Eine Zeitangabe für diese Ausfallerscheinungen läßt sich nicht angeben, denn dies hängt jeweilig von der Konzentration des Beizmittels ab, das verwendet wurde (was dem Teppichbesitzer, aber auch dem Teppichkaufmann praktisch niemals bekannt wird, denn der Teppich geht vom Knüpfbetrieb bis zum Letztbesitzer durch viele Hände).
Mitbestimmend für die Bewertung eines Teppichs ist schließlich nicht seine Knotendichte und sein Name, sondern sein Eindruck, den er auf den Beschauer macht – dieser muß in seiner Gesamtheit harmonisch sein. Der Autor gibt Ratsuchenden immer den gleichen Rat, der auch hier mitgeteilt wird: »Lassen Sie sich einige Teppiche unverbindlich in die Wohnung bringen. Legen Sie einen nach dem anderen auf und prüfen Sie, ob er Ihnen bei Tageslicht ebensogut gefällt wie bei künstlichem Licht. Drehen Sie dann den Teppich um 90 Grad und prüfen Sie erneut und kritisch, dann drehen Sie um weitere 90 Grad und prüfen Sie das Stück abermals kritisch bei Tageslicht *und* bei künstlichem Licht. Und – das ist enorm wichtig!! – ziehen Sie zu jeder solchen Prüfung den Ehepartner (und wenn möglich: erwachsene Kinder) bei. Erst dann, wenn *ein* Teppich 100%ige Zustimmung erhält – und nur dann! – kaufen Sie ihn. Handeln Sie nicht eigensinnig, denn das ästhetische Empfinden ist von Mensch zu Mensch höchst unterschiedlich.«
Aber auch dies spielt eine nicht unwesentliche Rolle für den Zauber der Farbe: der Orientale betritt seinen Teppich nur mit Pantoffeln, und in solchen geht man unwillkürlich »schleifend«. Durch dieses schleifende Gehen werden die Wollfasern poliert, was ihnen ein natürliches Lüster gibt.
Steht im Orient ein Teppich lange in Gebrauch, so überzieht er sich einerseits im Laufe der Zeit mit einer Schmutzschicht, die ihn »grau« macht, andererseits hat die Sonne die dunklen Farben aufgehellt, und zum dritten wurde der Teppich, der nur mit Pantoffeln, in Strümpfen oder barfuß betreten wird, durch die (wir erwähnten es eben) mehr schleifenden als tretenden Schritte richtiggehend poliert. Es entsteht durch dieses Zusammenwirken der einzigartige Gesamt-Farbeneindruck des »alten« Orientteppichs, der uns so bezaubert, weil in unserem Unterbewußtsein die Vorstellung von großer Schicksalsfülle, von Geschehnissen aller Art entsteht, die der Teppich »mitgemacht« hat. Alle seine Farben haben durch die lange Benützungszeit gleichmäßig verteilten Graugehalt bekommen, jede ursprünglich etwa vorhanden gewesene Grelle ist ihnen genommen, der Teppich wirkt auf die Beschauer wie ein altes Gemälde voll Harmonie. (Auch bei alten Gemälden spielt dieser Graugehalt, diese Patina, eine gewichtige Rolle.)
Der Liebhaber von Orientteppichen wird gemeinhin lieber einen »alten« (oder gar antiken) Teppich erwerben als einen erzeugungsneuen. Das weiß auch der orientalische Verkäufer, und er hilft (da alte Teppiche selten sind) mit verschiedenen Mitteln nach, um neue Teppiche künstlich »alt« zu machen, zu »antikisieren«. Dieses Antikisieren erfolgt auf verschiedene Weise: Vom primitiven »Vor-das-Haus-Legen« des neuen Teppichs, wo er dem Wind, dem Wetter und dem allgemeinen Verkehr ausgesetzt ist, wodurch er alsbald als »echt gebraucht« erscheint, bis zu richtigen »Kunstgriffen«. So bricht der Orientale, der die Absicht hat, alt aussehende Teppiche herzustellen, schon beim Färben der Wolle die einzelnen Farben. Zu Grün gibt er etwas Rot, zu Gelb etwas Violett, zu Blau etwas Orange, zu Rot etwas Grün usw. Oder es wird die Teppichoberfläche chemisch behandelt, Wasserstoffsuperoxyd und andere Chemikalien dienen hierzu, sie wird sogar mit Schmutzwasser, Rußwasser usw. besprüht, und meist gesellt sich noch das Dämpfen und Bügeln bei. Auch Waschen in Holzlauge macht die Farben blasser. Beinahe barbarisch mutet das Absengen der Florspitzen an, das mit Hilfe der Stichflamme aus einer Lötlampe erfolgt, nachdem man den Teppich naß gemacht hat. Nicht nur die Orientalen »behandeln« den Teppich, sondern auch bei uns gibt es solche »Verschönerungs«-Künstler. Eine Zeit hindurch war die sogenannte »Englische Wäsche« modern; bei dieser wurden auf chemischem Wege die vollen Farben des Flors zu Pastellfarben »gemildert«.
Man macht dies z. T. auch noch heute, vor allem die Italiener lieben solche Pastelle. Früher waren die Amerikaner davon gepackt, vor allem im »Kerman« wollten sie Pastellfarben sehen. Ganz plötzlich änderte sich in den USA der Geschmack, und in Kerman hatte man viel Kummer mit den vielen pastellfarbigen Teppichen, man brachte sie nur nach und nach an den Verbraucher.
Aber außer diesen genannten gibt es noch andere Kunstgriffe des »Altmachens«. So wird z. B. absichtlich ungleichmäßig gefärbte Wolle verwendet. An der einen Stelle ist sie heller, an der anderen dunkler, oft hat das Rot, Blau, Grün usw. in der dritten oder in sonst einer Knüpfreihe ein ganz anderes Aussehen als jenes in der ersten oder sonst irgendeiner. Man verwendet stellenweise auch melierte Wolle, man untermischt in der vorgeschnittenen Knüpfwolle jeden

Haupt-Farbton durch Wollstückchen in anderen Nuancen der gleichen Farbe, und man trägt besonders darauf an, die Fondfarben, die meist größere Flächen zu decken haben, unterschiedlich zu tönen. Man bringt durch solche Mätzchen tatsächlich überraschende Effekte zustande.
Ist man einem solchen Nachhelfer zum Opfer gefallen, wird man sich mit dem so erworbenen, meist auch überzahlten Stück und mit den Gegebenheiten abfinden müssen. Unverantwortlich aber wäre es, wollte man selber Schritte unternehmen, seinen neuen Orientteppich künstlich zu altern oder gar, ihn aus freien Stücken einer »Anstalt«, einer »Klinik« zu übergeben, die solche Behandlungen gewerbsmäßig durchführt. Abgesehen davon, daß mit solcher Tatsetzung Echtes zu Falschem gemacht und eine Täuschung vollzogen wird (in erster Linie eine Selbsttäuschung): fast immer leiden die Gewebe durch die chemische Behandlung, der sie in solchen Teppichkliniken unterzogen werden. Alle diese Maßnahmen, durch die neue Teppiche in alte verwandelt werden sollen, sind Torturen, die dem Stück schaden, es büßt stark an Lebensdauer ein. (Siehe auch unter *Umgang mit Orientteppichen*.) Selbstverständlich ist mit dieser Warnung nichts gegen solche Anstalten und Kliniken gesagt, die bestrebt sind, beschädigte Teppiche sorgfältig wieder instand zu setzen, die mit gut geschulten Kräften und mit erprobten Mitteln Teppiche waschen oder sie trocken reinigen und die durch ihre Tätigkeit mithelfen, wertvolles Teppichgut zu pflegen und der Nachwelt zu erhalten.
Der künstlich »alt« gemachte Teppich ist in der Regel (aber nicht immer!) ziemlich schnell zu entlarven: Man sehe sich die Rückseite an. Hat sie, im Gegensatz zur verblichen und »alt« aussehenden Vorderseite, leuchtende, frische Farben, dann ist erwiesen, daß »gekünstelt« wurde. Denn ein wirklich alter Teppich verliert auch auf der Hinterseite im Laufe der (echt vergangenen) Zeit einiges von dem ehemaligen Leuchten und von der seinerzeitigen Frische der Farben. Aber: Auch der Orientale weiß das, und er bemüht sich, auch die Rückseite des Teppichs künstlich zu ältern.
Nicht zu vergessen ist auch dies: Der Teppich verändert das Spiel seiner Farben je nach dem Standort des Beschauers, ob man gegen den Strich schaut oder mit dem Strich; auch ist es nicht gleichgültig, welcher Art die Lichtquelle ist und wo sie sich befindet. Gegen den Strich gesehen dünken den Beschauer die Farben dunkler zu sein, mit dem Strich gesehen glaubt man, sie seien heller. (Siehe hierzu Bemerkungen im 10. Hauptabschnitt.)

Nachstehend wird in alphabetischer Reihenfolge all das über Farben gebracht, was den Orientteppich betrifft:

Abrasch Mit diesem Wort bezeichnet der Perser die verschiedenen Tönungen einer Farbe, die (ungewollt) im Teppich dann auftreten, wenn z. B. die Wolle aus der einen Tönung ausging und beim Neueinfärben nicht genau die gleiche Tönung erzielt wurde, mit der neuen Tönung aber weitergeknüpft werden mußte. In Nomadenteppichen kommt dieser Abrasch oft vor. Siehe z. B. das Bild »Pendeh«, Seite 287. Die Ableitung dieses persischen Wortes »abrasch« ist nicht ganz klar. Unter anderem heißt es »aussätzig«, »sommersprossig«, aber auch »rehbraun«. Andere wollen Abrasch ableiten von »abr« = Wolke. In einigen Gegenden wird statt Abrasch das Wort Ragha (»rägh« = Ader) verwendet.
Alizari Saft der Krappwurzel; er gibt das schöne Krapprot, auch Türkischrot genannt. Seit 1869 künstliche Herstellung als »Alizarin« (Anilinfarben-Reihe).
Anil Name der Indigopflanze. Bedeutet »blau«.
Anilin Der Name ist aus Anil geprägt. Anilin ist ein Bestandteil des Steinkohlenteers. Letzterer bildet das Ausgangsprodukt für die Herstellung von Anilinfarben.
Anilinfarben Mit Säuren behandelt, liefert das Anilin Salze, die zur Herstellung der Anilinfarben dienen.
Im übrigen sei eindeutig festgehalten, daß man die Farben, die man heute in der Wollfärberei verwendet, keineswegs mit jenen »Anilinfarben« vergleichen kann, wie sie im vorigen Jahrhundert gebraucht wurden, wenngleich man (bedauerlicherweise) noch immer von Anilinfarben spricht.
Es sind ja in den vergangenen Jahrzehnten auf dem Gebiete der künstlichen Farben unzählige neue Entdeckungen gemacht und neue chemische Verbindungen hergestellt worden. Unter den heutzutage im Orient verwendeten Textilfarben spielen eine besondere Rolle die Metallkomplexfarben, Chromfarben, Azo-Farbstoffe, Anthrachinon-Farbstoffe, Küpen- und Naphtol-Farbstoffe usw.
Für die genaue Bestimmung der Farbenskala sind neuerdings wissenschaftliche Verfahren herangezogen worden, wofür es exakte Tabellen gibt. In der Teppichkunde hat (einstweilen zwar noch in bescheidenem Umfang) die Methode von Kornerup und Wanscher Eingang gefunden.
Bei sehr, sehr feinen Persern (die Perser sind ja die besten Farbkünstler) soll folgendes bisweilen vorkommen: Um bestimmte Feinstnuancen der Florwolle zu erreichen, bringen

berühmte Meister beim Spinn- und Zwirnprozeß in das Florgarn bestimmte Farbgemische ein, z. B. dem roten Florwollgarn einzelne Woll*fasern* anderer Farbtönung beizugeben, so daß in etwa eine Analyse folgendes feststellen kann: 8 bis 9 rote Wollhaarfasern in Rot, beigegeben zwei Fasern in Grau, zwei desgleichen in Violett oder Orange, oder ... das führt schon zur Farbraffinesse!

Auffärben Sehr stark ausgebleichte Teppiche können in gut eingerichteten Färbewerkstätten so aufgefärbt werden, daß man sich solcher Teppiche wieder erfreuen kann. Oft genügt eine Spezialwäsche, doch lasse man wertvolle Stücke in jedem Fall gegen Schäden versichern. Die meisten Werkstätten vermitteln auf kurzem Wege diese Versicherung.

Blau Dem Perser ist Blau die Farbe der Trauer. Bei Todesfällen hoher Würdenträger wurden die Minaretts und die Moscheenkuppeln mit blauen Filzen bekleidet. Außerdem bedeutet Blau die Luft, das Dunkelblau die Ewigkeit. Das Himmelblau ist dem Planeten Merkur zugeeignet. Größere blaue Partien im Perserteppich sollen in der Regel den Teich des Paradieses symbolisieren. In Indien gilt die blaue Farbe als Unglücksfarbe, dem Mongolen dagegen ist sie Sinnbild für Kraft, Gewalt und Macht. In China war Blau den kaiserlichen Prinzen des ersten Grades zugeeignet. Die Nomaden verwenden viel Blau, Gelb und Rot. Tiefstes, aus Indigo gewonnenes Schwarzblau nennt man in Persien »surmey«.

»Bluten« Überfärbte neue Teppiche können »bluten«, d. h. auf den Boden oder auf die Unterlage abfärben. Meist ist dies bei Rot und Blau der Fall. Solange dieses Bluten nicht in die benachbarten andersfärbigen Teppichfelder eindringt, ist es nicht gefährlich und hört (es stammt von einer Überfärbung) bald nach Verwendungsbeginn auf. Dringen Rot und Blau aber auch in andersfärbige Musterungen ein, dann handelt es sich um unzureichende Fixierung des Färbegutes oder um ungenügende Spülung der eingefärbten Wolle. Normalerweise kann dies aber nur bei billigen Sorten vorkommen. Man mache sich beim Kauf die kleine Mühe, mit einem naßgemachten weißen Tüchlein rote und blaue Stellen des Teppichs abzureiben. Wird das Tüchlein (Taschentuch) Farbe nur in Spuren aufnehmen, so ist dies (bei neuen Teppichen) harmlos. Nimmt das Tuch Rot oder Blau stark auf, dann wähle man lieber einen anderen Teppich. Nicht nur Anilin- oder moderne Chromfarben können aus solchen Gründen »bluten«, sondern auch die sogenannten »echten«, also Naturfarben.

Braun Es kommt (abgesehen vom Naturbraun der Kamelwolle und der Wolle brauner Schafe, die es in allen Tönungen von sehr Hell bis fast Schwarz gibt, und abgesehen von naturbraunem Ziegenhaar) verhältnismäßig wenig in Orientteppichen vor, am ehesten noch in kleinasiatischen und armenischen Teppichen. Ähnlich wie bei Schwarz (und zuweilen auch bei Grün) muß die Wolle, damit sie die Farbe annimmt, lange in der Beize liegen. Durch deren chemische Bestandteile wird solche Wolle weniger widerstandsfähig, sie nützt sich merklich rascher ab als jede anders gefärbte Wolle. In älteren Teppichen fallen dann braun- und schwarzgeknüpfte Stellen als erste aus, soweit es sich, wie eben erwähnt, nicht um naturbraune Wolle oder Haare handelt. Zum Braunfärben verwendet man in Iran einen »dschefti« (auch »djaft«) genannten Farbstoff, gewonnen aus der luristanischen Zwergeiche.

Zur Braunfärbung der Muster nahm man früher braune Schafwolle und allenfalls braune Haare des Kamels. Da diese Braunfarben schnell ausbleichen (Kamelwolle ist übrigens sehr mottenanfällig!), half man sich durch Einfärben solcher Wolle mit Hilfe von Eisenvitriol. Dies wieder läßt die Wolle ausmodern. Heute verwendet man zur Braunfärbung meist die modernen Chromfarben, diese sind enorm widerstandsfähig.

Chemiefasern Das ist ein Sammelname für alle auf chemischem Wege hergestellten Fasern. Anfangs nannte man alle diese Faserstoffe »Kunstseide«. Da in jüngster Zeit fast täglich eine »neue« Kunstfaser »geboren« wird, gibt es schon unzählige Namen und als Sammelname eben den Begriff »Chemiefaser«.

Creme Das ist der Farbton der uneingefärbten, naturbelassenen, gewaschenen Wolle, es gibt sie vom fast reinen Weiß bis zur Elfenbeinfarbe. Naturbelassene Wolle ist jedoch mottenanfälliger als gefärbte.

Dughi Im Raume von Arak und Umgebung gibt es Teppiche, meist im Saruk-Muster, die größere Knüpfstellen mit einem rosa Flor von eigentümlich bläulichem Glanz aufweisen. Die Farbe sieht verblassendem Rotblau ähnlich. Gewonnen wird diese reizvolle Nuance dadurch, daß man krapprot gefärbte Wolle in Bottichen voll Molke (persisch »dughi«, »dugh«) gären läßt. Das Krapprot bleicht dadurch zu dem vorerwähnten Rosa mit bläulichem Glanz ab, und dieser Farbton ist dann sogar dauerhaft.

Farbbild Als Hauptfarben werden in allen Teilen des Orients Rot, Blau, Grün, Gelb und Weiß verwendet, und

Safran

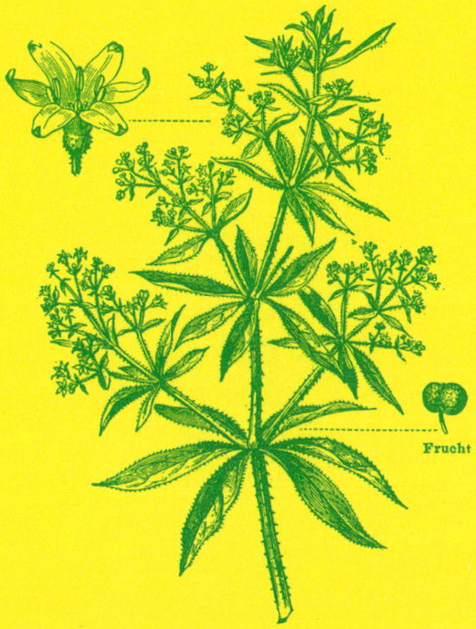

Krapp

Saflor

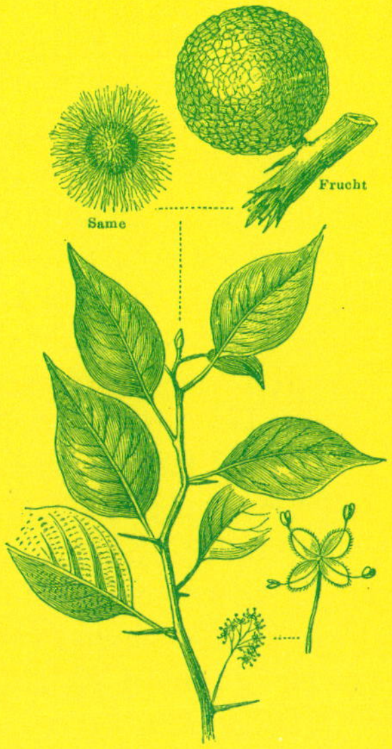

Gelbholz

Gallapfel

Färbereiche

Granatapfel

Kreuzdorn

Hennastrauch

Indigo

zwar in vielen Nuancen (Tönungen). Violett und Grau kommen seltener vor. In manchen älteren Teppichen findet man allerdings ein sehr schönes Violett.

Farbtönung In Kleinasien ist durchwegs die hellere Tönung beliebt. In Persien und Indien zieht man tiefe, satte und volle Töne vor, die Kaukasier halten die Mitte. Die Turkmenen, vor allem in der Gegend von Buchara, lieben ein düster-leuchtend wirkendes Mahagonirot (Kastanienrot), auch in den afghanischen Teppichen und in denen der Belutschen ist es so ähnlich, doch haben die Belutschen ihre eigene Tönung von besonderer Tiefe und Düsterheit.

Gelb In Persien ist Gelb der Sonne, das Rötlichgelb dem Monde zugeeignet. Bei den alten Ägyptern bedeutete Gelb Angst und Sorge, bei den Persern Glanz, bei den Chinesen die Erdmitte (Äquator), auch Erde, Gold, Treue, Ordnung, Ehre, Würde, Glauben. In China war Gelb dem Herrscher zugeeignet. Gelb hilft nach altem chinesischen Volksglauben gegen Darmerkrankungen. Solche Kranke erhalten den Unterleib dick mit gelber Farbe bestrichen, sie werden auf ein Lager gelegt, das aus gelben Tüchern besteht, und auch die Vorhänge des Raumes müssen von gelber Farbe sein. Eine Art Rittersporn, »Isperek« genannt, die vornehmlich in Chorassan gefunden wird, gibt ein schönes Gelb. Als Gelbfärbemittel sehr beliebt sind die Galläpfel der kurdistanischen Eiche sowie die Lohe von Eichenrinde. Auch die Galläpfelsorten Gulgaw, Rusch, Berarmozu und Buzgendsche (letztere von Tamarisken) sind bevorzugte Gelbfärbemittel. Zur Färbung auf Gelb werden auch die Gardenie, die Berberitze, das Gelbholz (Curcuma), junge Triebe von Färberginster, Birkenlaub, Färberkamille, Weinrebenblätter, Absud von wilden Pflaumen, Zwiebelschalen usw. verwendet. Das schönste Gelb würde echter Safran ergeben, die Pflanze ist aber zu teuer geworden (man könnte nur die Blütennarben zur Gelbfärbung verwenden).

Grau Diese Farbe kommt im Orientteppich verhältnismäßig selten vor. An sich weihen die Perser das Grau dem Planeten Jupiter.

Grün Bei den Chinesen bedeutet Grün den Osten, ferner Holz, Blei, Frühling, Herzensgüte. Bei den gläubigen Sunniten, die vornehmlich in Kleinasien zu finden sind, ist Grün die »heilige Farbe«. Ein besonderes Grasgrün ist die Farbe des Propheten Mohammed und die seiner Fahne (jedoch nicht in allen mohammedanischen Gebieten). Die grüne Farbe darf deshalb dort, wo diese Anschauung gilt, nicht mit Füßen getreten werden. Daher findet man in kleinasiatischen Teppichen verhältnismäßig wenig Grün. Weiß mit Grün vereint gilt als Zeichen der Freude. In Turkmenen-Teppichen, die überhaupt Rot bevorzugen, findet man die grüne Farbe sehr selten. Wenn doch, so meist nur in sehr kleinen Flächen, die dann durch ihr Steingrün besonders reizvoll wirken.

Haftkar Ein persischer Begriff, der ungefähr »Siebenwerk« bedeutet, also ein siebenfarbiges Gewebe oder im weiteren Begriff ein buntes Gewebe. »Sieben« ist eine heilige Zahl.

Indanthren Bezeichnung für licht- und luftechte Küpenfarbstoffe der Anthrachinon-Reihe. Ein Küpenfarbstoff zeigt erst auf der Stoff-Faser nach Aufnahme von Sauerstoff aus der Luft seine wahre Farbe. Mit Indanthrenfarben konnten bis vor wenigen Jahren nur pflanzliche oder Chemiefasern auf Zellulosebasis gefärbt werden (z. B. Baumwolle, Zellwolle, Kunstseide usw.). Inzwischen hat man neue Farbstoffe entwickelt, vor allem die Naphtole, so daß auch diese den Indanthrenfarben zugezählt werden. Und mit diesen neuen Indanthrenfarben können nun auch Wollen aller Art eingefärbt werden, doch ist dabei eine Schädigung der Naturwolle nicht ganz ausgeschlossen. Überwiegend sind in der Teppichknüpferei doch noch die Säurefarbstoffe für die Wolleinfärbung eingesetzt.
Der Namen Indanthrenfarben ist heutzutage zum Gütebegriff geworden. Er wird von verschiedenen Herstellern auch für andere Farbstoffe verwendet, die chemisch mit dem ursprünglichen Indanthrenblau nicht verwandt sind. »Indanthren« bezeichnet also heute nicht mehr Farbstoffe einer bestimmten chemischen Gruppe, sondern ist Name einer Güteklasse mit eigenem geschützten Warenzeichen. Bei Teppichkäufen im Orient wird man sich kaum jemals überzeugen können, welche Farbstoff-Grundlagen bei diesem oder jenem Teppich verwendet wurden, es ist also Vorsicht geboten, wenn man einen Teppich »an der Straßenecke« kauft. Zumindest mache man die Farbprobe, indem man mit einem nassen weißen Tuch (Taschentuch) verdächtige Farbstellen kräftig reibt. Gelindes Abfärben ist unverdächtig, stärkeres Abfärben kann auf »Überfärben« zurückzuführen sein, ebenso aber auch auf schlechte Farbstoffwahl.

Indigo Auch Anil oder Nili genannt (als Blaufärbemittel schon seit 5000 Jahren bekannt), steht Indigo ob seiner guten Eigenschaften als Farbpflanze immer noch verhältnismäßig stark in Gebrauch, obgleich schon überwiegend künstliche Farben verwendet werden. Die Indigopflanze wird in Indien, Arabien und Ostasien angebaut. In vielen Teppichgebieten (z. B. im Kaukasus) ist sie nicht heimisch, sondern mußte seit eh und je auf weiten Wegen dorthin gebracht werden.

Als die Holländisch-Ostindische Compagnie damit begann, bedeutende Mengen dieses Farbstoffes nach Europa zu bringen, verboten einige Staaten dessen Verwendung, weil die Waidzüchter (die in Europa gedeihende Pflanze Waid, lat. Isatis, gibt blauen, allgemein verwendbaren Farbstoff) um ihre Existenz fürchteten. In England wurde unter Königin Elisabeth (1533–1603) die Einfuhr von Indigo strikte verboten, außerdem erging der Befehl, alle im Lande befindlichen Indigovorräte zu vernichten. Indigo wurde seitens der Regierung als »Teufelsfutter« bezeichnet. Erst unter Karl II. (1660–1685) wurde das Gesetz aufgehoben.

Die Indigopflanze gibt nicht von sich aus blauen Farbstoff ab, sondern gelben. In einem Gärungsverfahren scheiden sich dann aus der gelben Flüssigkeit blaue Flocken ab. Für ein Kilogramm Indigo benötigt man rund 300 kg frische Pflanzen. Indigo ist nicht absolut reibecht. Man beachte, was unter »Bluten« gesagt wurde.

Lila (fliederfarbig) In der Türkei liebt man Lila bis Violett, diese Farbtöne gelten dort als Ausdruck der Frömmigkeit. Zuweilen findet man Lila oder Violett auch in Teppichen anderer Knüpfgebiete. Der Farbton wird erzielt, wenn man vorher mit Indigo hell einfärbt und anschließend mit Krapp überfärbt.

Lichtechtheit Es gibt keine absolute Lichtechtheit – weder bei Teppichen, deren Wolle man mit Naturfarben eingefärbt hatte, noch bei solchen, deren Wolle nur mit »künstlichen« Farben behandelt wurde. Normalerweise werden die Farben durch Sonneneinstrahlung heller und bleicher (bis regelrecht ausgebleicht). Einige wenige Farben gibt es, die durch Bestrahlung mit Sonnenlicht dunkler werden. Am empfindlichsten sind natürlich die »vorbehandelten« Farben, also jene, bei denen man von vornherein ein Pastellaussehen eingeplant hatte. Orientteppiche sollen daher nicht grellem Sonnenlicht preisgegeben werden.

Naturfarben Vor der Erfindung der Chemiefarben erfolgte das Färben mit Hilfe von Naturfarben. Die Indigopflanze liefert das Blau, die Krappwurzel das Krapprot. Die Krappwurzel (bei der das Alter für die Färbkraft mitbestimmend ist) gedeiht im ganzen Teppichgebiet. Die Sorten aus den Gegenden von Täbriz, Isfahan und Yasd sind besonders geschätzt. Die Kermesschildlaus gibt (zerrieben) ebenfalls ein schönes Rot und so auch die Chochenillelaus, die aus Mexiko samt ihren Nährpflanzen (Kakteen) nach Asien eingeführt wurde. Ein schönes Gelb liefert der Safran, ebenso der wilde Safran, der auch Saflor genannt wird. Beide Farben sind aber nur mit großer Mühe zu gewinnen, und man ist seit langem auf andere Farbstoffe ausgewichen. Aus verschiedenen Pflanzen gewinnt man gelbe Farben unterschiedlichster Tönung, so aus dem unter Gelb schon erwähnten Isperek, auch aus Rebenblättern, aus Blättern des Sumachstrauches und aus Granatapfelschalen, vor allem aber aus der mit dem türkischen Namen Sardatscha bezeichneten Gelbwurz. Aus Kuba kommt Gelbholz. Kreuzdornbeeren geben unreif ein Gelb, reif ein schönes Grün. Grüne (und violette) Farben gewinnt man ansonsten nicht unmittelbar, sondern aus Mischungen von Gelb, Rot und Indigo. Wenn in alten Teppichen das Grün blaustichig ist, dann deshalb, weil das mitverwendete Gelb nicht so sehr lichtecht war wie das mitverwendete Indigoblau. Tönungen im Weiß kommen von dem mehr oder minder nachhaltigen (beabsichtigten oder unbeabsichtigten) Waschen der naturfarbenen Wolle. Schwarz, das kaum noch verwendet wird, gewinnt man aus den Deckblättchen der Früchte levantinischer Eichenarten. Auch hat das zweihöckerige Kamel oft so stark dunkelbraune Wolle, daß sie wie schwarz wirkt. Urin von Mensch und Tier, Galle, Essig, Zitronensaft, grüner Traubensaft, Saft von roten Rüben, Schafblut, Zwiebelschalen, Henna und viele andere Stoffe aus dem Tier-, Pflanzen- und Mineralreich dienen zur Farbherstellung. Vielfach werden künstliche und natürliche Farben gemischt.

Orangegelb Die Kleider der Derwische sind meist in dieser Farbe gehalten, denn sie bedeutet im allgemeinen Frömmigkeit. In Teppichen ist Orangegelb verhältnismäßig selten zu finden. Ältere Beschir zeigen oft ein prächtiges Goldgelb.

Purpur Das Violettrot des Purpurs galt (und gilt) als Zeichen höchster Macht und Würde (Purpur der Kardinäle). In alten Zeiten war der Purpur in der Tönung nichts anderes, als ein ziemlich unscheinbares Violett. Früher wurde die Farbe aus dem Saft der Purpurschnecke gewonnen, heute überwiegen die Kunstfarbstoffe, seitdem es dem Chemiker Friedländer gelang, Purpur synthetisch herzustellen.

Rot Das Rot ist bei den Persern dem Planeten Mars zugeeignet. In China war Rot den kaiserlichen Prinzen zweiten Grades zugeordnet und auch dem Adel zweiten Grades. Dunkles Rot gilt als Blutfarbe und ist bei den Mohammeda-

nern ein Symbol der Sorge und des Unheils, merkwürdigerweise aber auch (vor allem bei den Persern) ein Symbol der Freude und des Glückes. In Indien bedeutet Rot Tugend und Wahrheit, in China gilt Rot als Farbe der Himmelsrichtung Süden, ferner ist es dem Feuer, dem Kupfer und dem Sommer zugeordnet, wie es auch als Zeichen des Auslandes gilt. In China ist Rot auch die Farbe der Höflichkeit, alle Geschenke werden in rotes Papier eingeschlagen, Visitenkarten läßt man aus rotem Papier machen. Rot gilt auch als Abwehrmittel: In den Zopf wird ein rotes Band eingeflochten, um den Träger des Zopfes vor dem »bösen Blick« zu bewahren; Kinder sollen durch das rote Zopfband auch vor Krankheiten geschützt werden. Teppiche aus China zeigen zuweilen ein eigenartiges Violettrot. Man sagt, dieser Ton sei jener des echten altgriechischen Purpurs.
Das Rot gewinnt man verschiedenartig, z. B. aus der Kermesschildlaus. Ursprünglich war das Verfahren in Anatolien angewandt worden. Der assyrische Herrscher Tigletpilesar I. (1115–1077 v. Chr.) machte das Verfahren in seinem Reich heimisch. Die getrockneten Tierchen (150 000 ergeben ein Kilogramm Trockenmasse) werden zerrieben. Da die französische Scharlachschildlaus billiger kommt, wird meist aus ihr ein kräftiger Farbstoff gewonnen, mit dem man alle Rot-Nuancen erreichen kann, von Zinnoberrot bis Scharlachrot. Ihr Rot gilt als nicht so beständig wie jenes von der Kermesschildlaus. Auch aus der Hennawurzel wird ein schönes Rot gewonnen, aus den Hennablättern und -blüten ein dunkles Orangerot. Ein wichtiger Lieferant für Rot ist die Krappwurzel. Sie liefert, sobald sie mindest sieben Jahre alt geworden ist, ein sehr beständiges Rot in (je nach Beize) verschiedenen Tönen. Die Bezeichnung »Runassi« bedeutet, wenn sie einem Teppichnamen voraussteht, daß dieses Stück mit echtem Krapprot gefärbt wurde. (Siehe auch unter *Alizari*.) Zur Rotfärbung wird auch die Rinde des Judasbaumes verwendet. Man kannte früher auch das »Türkischrot«, das aus dem Levantekrapp gewonnen wurde und, da über Adrianopel (dem jetzigen Edirne) gehandelt, »Adrianopelrot« genannt wurde. In alten Zeiten kam aus der armenischen Stadt Ardaschat das »Armenischrot«, das hohen Ruf hatte. Krapp und Kermes werden auch heute noch verhältnismäßig häufig zur Rotfärbung verwendet.

Schwarz In Persien ist Schwarz dem Planeten Saturn zugeeignet. In China gilt Schwarz als die Himmelsrichtung Norden, dann bedeutet es Wasser, Eisen, Winter und Weisheit, aber auch das Laster wird damit gekennzeichnet. Diese Farbe war in China auch den Adeligen dritten Grades zugeeignet. Schwarz wird, wie erwähnt, in Teppichen jetzt kaum noch verwendet. Oft ist das Schwarz eigentlich nur ein sehr tiefes Indigoblau. Auch die dunkle Wolle des Kamels, die »beinahe« schwarz ist, wird (wie unter *Naturfarben* erwähnt) anstelle von richtigem Schwarz verwendet. Wo man Wolle einschwärzt, geschieht das mit Hilfe von Eicheldeckblättern oder verschiedenen anderen pflanzlichen Bestandteilen. Seinerzeit bereiteten die Turkmenen ein sehr schönes und auch lange haltbares Schwarz aus einem »Kara-boja« (was soviel wie »Schwarzfarbe« heißt) genannten Mineral, das sich auf der Insel Tscheleken im Ostteil der Kaspi-See freiliegend in ganzen Hügelzügen fand. Sie mischten es mit Granatapfelschalen und Wasser zu einer Art Tinte. Es war dies das beste und beständigste Schwarz im ganzen Orientteppichgebiet. Siehe hierzu auch die Bemerkungen über das »Ausfallen« unter *Braun*.

Violett In China war Violett die Farbe der kaiserlichen Nebenfrauen. Der violetten Farbe mißt der chinesische Volksglaube hohe Heilkraft zu. Kranke, die an Epilepsie leiden, werden auf einen mit violetten Tüchern bedeckten Tisch gelegt, die Fenster des Raumes bekommen violette Vorhänge, und der Kranke soll dadurch in kurzer Frist gesunden.

Weiß In Persien ist Weiß der Venus geweiht. In China und Indien ist Weiß die Farbe der Trauer bei Todesfällen, ferner bedeutet sie Zerstörung. In China steht sie auch als Bezeichnung für den Westen, dann für Silber, für den Herbst, für Gerechtigkeit; in alten Teppichen ist das Weiß (Creme) oft schlecht erhalten: Motten zehrten daran, da sie naturbelassene Wolle der gefärbten vorziehen. Ist das Weiß in einem Teppich völlig rein und geradezu blendend, dann liegt der Verdacht nahe, daß man es mit chemisch gebleichter Wolle zu tun hat. Diese besitzt an sich keine so lange Lebensdauer wie die – zwar mottengefährdete – naturbelassene Wolle. Allerdings: In den flachen Teilen des Orients wirkt die Sonne als kräftiges, natürliches Bleichmittel vorzüglich. Man legt weiße Wolle oder helle Stoffe naß (und natürlich voll ausgebreitet) in die Sonne – sie vollzieht das Werk der Bleiche in kurzer Zeit. Mit der Zeit vergilbt freilich auch jede Wolle, gleichgültig, ob chemisch oder ob sonnengebleicht.
Man beachte noch dies: Helle weiße Stellen können auch durch der Wolle beigemischte Baumwolle erzielt werden. Solche Florstellen verfilzen allerdings leicht.

5. Hauptabschnitt

MOTIVE, ORNAMENTE, SYMBOLE

Das Ornament, diese schmückende, Flächen deckende und Flächen ordnende künstlerische Zutat, die der Orientteppich sowohl in den Bordüren als auch im Fond zeigt, kann rein geometrischer Art sein, es kann aber in seinen Ursprüngen dem vegetabilischen oder dem animalischen Bereich entstammen und ebenso aus zwei dieser Komponenten oder aus allen dreien kombiniert werden. Auch kann das Ornament naturalistisch oder stilisiert (und hier mehr oder weniger strenge) gehalten werden.

Diese vielen Möglichkeiten der Behandlung und Ausführung wurden vom menschlichen Geist umfangreich ausgenützt. Das im Islam bestehende Verbot, lebendige, mit einem Ruh (Atem) versehene Wesen abzubilden, das von Eiferern auch auf naturalistische Blumendarstellungen erweitert wurde, hat die Orientalen des islamischen Kultbereiches angespornt, ihren künstlerischen Drang auf die Erfindung von Ornamenten zu konzentrieren. Es ging ihnen darum, die Linie zur Kunstform zu gestalten.

Es war und blieb das Ornament immer ein sichtbar gewordenes Spiel des menschlichen Geistes: ein Spiel, das Geheimnis und Verwirrung daherbringt, zugleich aber auch schon auf die Lösung und Entwirrung hinweist. Denn dem Augenblick der Ratlosigkeit, wenn man ein dem Auge bisher ungewohntes Ornament wahrnimmt, folgt sogleich auch schon der Augenblick, in dem man die Regelmäßigkeit und Zielstrebigkeit der Linienführung erkennt: schon weiß man um den Anfang und um das Ende – um Beginn und Ziel, wenn auch beides unendlich ist, wenn es aus der Ewigkeit zu kommen und – an unserem Auge vorbeiwandernd – in die Ewigkeit zu gehen scheint. Aber just dieser Ausschnitt aus dem unendlichen Rapport, den wir wahrnehmen, kann eben nicht nur wahrgenommen, sondern auch erfaßt und gegliedert, er kann »erkannt« werden, er wird für unser Auge zur räumlichen Einheit, zu einer Einheit mit wesentlichem Gehalt und wesentlichem Inhalt.

Dieser Inhalt berührt uns symbolhaft: jede Linie, jeder Winkel, jeder Kreisbogen »steht für etwas da« – er hat (oder wir glauben, daß er es hat) seine Bedeutung. Diese Symbolik gehört nachgerade zwangsläufig zum Ornament, wenngleich es immer schwierig sein wird, die Grenzen zwischen Ornament und Symbol strenge zu trennen.

Es ist auch nicht möglich, eine völlig sichere Aussage und Auslegung der Ornamente und sonstigen Teppich-Motive bzw. eine völlig sichere Aussage über die Bedeutung der darin liegenden Symbole zu geben. Die orientalische Wissenschaft hat auf diesem Gebiet so gut wie nichts gesammelt, unsere Wissenschafter befassen sich mit diesem Thema, soweit es den Orient betrifft, erst seit wenigen Jahrzehnten, und sie sind mit der Aufhellung all der damit in Zusammenhang stehenden Fragen noch nicht weit gekommen.

Eines scheint allerdings sicher zu sein: daß im alten, vorislamischen Orient die Tierzeichnung vorherrschte, und zwar in Zusammenhang mit der Verehrung der Tiere und mit dem Gestirnskult, der den Sternbildern Tiernamen gab. Obgleich die ältesten Rankendarstellungen auf asiatischen Bauwerken zu finden sind, nehmen Fachleute an, daß die Verwendung der Rankenzeichnung aus Griechenland kam und aus dem griechischen Raum in alle Umwelt getragen wurde – vor allem in die kleinasiatische, dann in die arabische und schließlich hinüber nach Persien und noch weiter. Es sind auch genug Anzeichen dafür vorhanden, daß sie ebenso den Weg über Indien nach China nahm, dort nordwärts strebte und wieder nach Westen wanderte, so den Kreis des Einflusses schließend.

Die Tier-Nachgestaltung und -zeichnung war noch nichts anderes als ein Festhalten der realen Umwelt, ein Griff in vorhandene Tatsachen. Bei der Schaffung der Ranke aber ging es nicht mehr darum, diese reale Umwelt in einer Abbildung festzuhalten, sondern es galt nun der Versinnbildlichung des Erlebnisses von Zeit und Raum.

Die Ranke bildete sich dann zur palmettengeschmückten Arabeske aus – in unsäglich vielen Arten und Formen, eben aus dem schon erwähnten Verbot des Islams, Abbildungen herzustellen. Übrigens hat Mohammed selbst ein solches Verbot nie erlassen, sondern erst die überstreng orthodox denkenden islamischen Kirchenväter legten nachträglich einzelne Äußerungen des Propheten als ein solches Verbot aus und drangen darauf, daß sich die Gläubigen daran halten. Als sich dann der Islamismus spaltete, waren es die Sunniten (deren Anhängermassen im kleinasiatischen Raum zu finden sind), die dem Verbot treu blieben, indes die Schiiten (vornehmlich in Persien) freier dachten und die Anfertigung von Menschen- und Tierbildern nicht scheuten. Aber selbst die Schiiten schrecken meist vor einem zurück: Bilder oder Plastiken herzustellen, die Moscheen zeigen.

Im Ornament (und in der Arabeske, die mit dazu gehört) spielt das Konstruktive eine wesentliche Rolle. Jedes Blatt, jeder Zweig, jede Strahlung, jede Raute, jede noch so nach Verwicklung aussehende Linienführung läßt sich, wie schon gesagt, auf die Grund- und Ausgangslinie zurückführen. Nichts »hängt in der Luft«, nichts ist ohne Bezug und ohne Aufgabe, wenngleich diese Aufgabe oftmals lediglich darin besteht, einen freien Platz zu füllen.

Ursprünglich war Symbolik in jedem Punkt, in jeder Linie und jedem Kreisbogen, den der Mensch in Holz oder Stein grub oder in den Lehm, in den Sand zeichnete oder »schrieb«. Machte der Mensch ein solches »Zeichen«, dann hatte es einen Grund, einen Zweck, eine Bedeutung. Und diese Grundbedeutung ist – überraschend genug! – bei allen Völkern aller Kontinente im wesentlichen gleich. »Wir sind Kinder eines Gottes« – in uns allen wirkt die gleiche Keimzelle der Geistigkeit, des Verstandes, des Gefühles, der Ehrfurcht oder Angst vor dem Unbekannten. Allerdings läßt bei jedem Volke jedes Motiv und jedes Symbol die Deutung nach mehrfacher Richtung hin zu.

So gilt, um einiges als Beispiel zu erwähnen, der Punkt als Symbol, als Sinnzeichen, für die Wurzel des Daseins: Er ist der innerste Kern, ein Kraft- und Wirkungsort, er ist Sinn und Inhalt aller Geschehnisse, er ist Symbol des Anfanges und des Endes aller Dinge, er ist Saatkorn und Keim, er ist aber auch das Symbol für den Leichnam.

Der senkrecht stehende Strich ist das Symbol der Kraft und Macht, des geäußerten Willens, des männlichen Prinzips. Der Kreis ist ein viel verwendetes Symbol (Kreis, Kugel, Ball, Apfel, Ring usw.) für das All, für das Ewige, für die Vollendung, für das Vollkommene, für Gott. Trägt der Kreis in seiner Mitte einen Punkt, dann bedeutet dies, daß im Urgrund allen Daseins der Keim des Lebens sitzt, daß Gott sich offenbart.

Viele Motive im Orientteppich sind – oder waren – deswegen eingeknüpft worden, weil man ihnen die Kraft zuschreibt, den Besitzer des Teppichs vor dem »bösen Blick« zu schützen. Diese Furcht vor dem bösen Blick ist im Orient auch heute noch überaus verbreitet, und es gibt dort mannigfache Bräuche und Maßnahmen, um den bösen Blick wirkungslos zu machen. In vielen orientalischen Gegenden gilt schon als böser Blick, wenn jemand mit dem Finger auf einen anderen zeigt. Die Araber bezeichnen den bösen Blick als »ain« (Auge) oder auch als »nazar«, der Türke sagt für »böser Blick« die Worte »fena nazar« oder für »gegen den bösen Blick« heißt es türkisch »nazar degme«. Auch das Wort »bakis« ist türkisch allgemein als »Blick« bekannt. Für »gebannter böser Blick« sagt der Türke »nazar boncugu« oder er nennt den Namen der »Blauen Perle« als die den bösen Blick abwehrende Kraft »nazar boncuk«. Im Persischen ist »Blick« an sich »nazar« oder »tscheschm« genannt, bzw. gegen den »bösen Blick« wird der Ausdruck »tscheschm keschi«, allenfalls »tscheschm zachm« gebraucht, wie »böser Blick« an sich auf persisch »bad tscheschm« heißt. Für das Auge an sich kennt der Perser den Ausdruck »'ayn«, »'eyn«, »'ayan« und »tschäschm« sowie »dida«, »dideh« und noch andere Namen.

Es kann und darf hier nicht näher auf das Allgemeine der Symbole eingegangen werden (es gibt genug Literatur darüber), sondern wir wollen nachstehend in alphabetischer Reihenfolge über jene Motive, Ornamente und Symbole sprechen, die uns im Orientteppich begegnen. Aber auch hier sei wiederholt: Sie werden mit wenig Wissen um ihren Sinn einfach als Muster eingeknüpft, und es gibt nur eine beschränkte Sicherheit der Bedeutungs-Auslegung. Das Wissen um das »Warum« hat sich fast verloren. Und damit müssen auch wir uns zufriedengeben, und wir dürfen in den Orientteppich nicht Märchen hineingeheimnissen und dann als »wahr« herauslesen – wir würden uns selber betrügen. (Siehe hierzu Bemerkungen am Ende dieses Kapitels sowie im 9. und im 11. Hauptabschnitt.)

Acht Verschiedener Eigenschaften wegen galt die Acht bei den Alten als ebenso vollkommene Zahl wie die Drei. Nach der biblischen Erzählung von der Sintflut blieben acht Menschen übrig. Die Griechen bildeten die acht Hauptwinde auf einem Oktogon (Achteck) ab, und in der chaldäischen Astrologie dienten die acht Örter des Himmels zur näheren Bestimmung der Weltgegenden. Die alten Gallier schon wählten die achteckige Gestalt zur Grundform ihrer Tempel, was späterhin auf christliche Kirchen übertragen wurde. Auch den Orientalen sagt die Acht außerordentlich viel. Siehe dazu die Bemerkung unter *Glückwunschzeichen.*

Achteck (Oktogon) Das Achteck findet sich in fast allen Teppichen aus Kaukasien und Turkmenien, ebenso aber auch oft in anderen Orientteppichen. In kaukasischen Teppichen

nimmt das Achteck nicht selten die ganze Mittelzeichnung des Teppichs ein, in turkestanischen Teppichen findet man im Fond viele kleine Achtekke. Das Achteckornament der Turkmenen heißt »Gül«, was »Rose« bedeutet. Die schönsten Güls findet man in Teppichen aus dem Gebiet von »Buchara« bzw. in Teppichen der Teke-Turkmenen (Achal-Teke, Merw-Teke usw.). Die Achtecke mancher Turkmenenstämme sind flach und in die Länge gezogen. Die sich ewig wiederholenden Oktogone werden nicht nur als Glückszeichen angesprochen, sondern sie sollen auch die Monotonie (Einförmigkeit) der Steppe dartun. Siehe die entsprechenden Teppich-Bildtafeln. Die Beispiele in der linken Spalte zeigen zwei der im Beschir vorkommenden Gül-Arten.

Achtecksterne Siehe *Stern* und *Gül.*

Achterkombinationen verschiedener Art können im Orientteppich vorkommen, vor allem der »Achtpaß«: eine achtbogige Rosette, oft überhaupt als zentrales Medaillon gestaltet, oder Achtpaß-Formen in den Hauptbordüren, meist in mittelpersischen Teppichen. Der Teppich aus China kennt wiederum die Komposition aus acht Symbolen, die zusammengenommen den höchsten und stärksten Glückwunsch ausdrücken.

Achtzackenstern Siehe unter *Sterne.*

Adler Er wird sehr selten naturgetreu dargestellt, meist mehr stilisiert, vornehmlich auf westturkestanischen

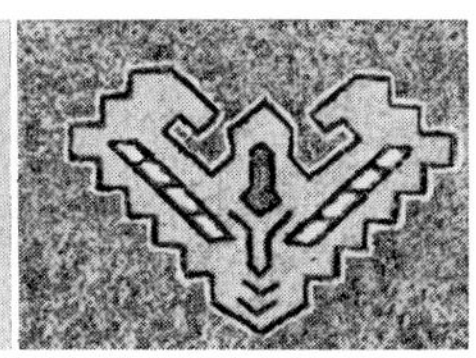

Teppichen aus der Zeit vor 1916. Er versinnbildlichte den russischen Staatsadler (Wappenadler).

Adler-Muster Im Sumakh (oft) und im Kasak (seltener) findet man großgemusterte strahlende Sternfiguren, meist über die ganze Breite reichend, die man beim Sumakh »Sonnenbrandmuster« oder »Palastmuster« nennt, indes sie beim Kasak vornehmlich als »Adler-« bzw. als »Wappen-« oder »Schwertermuster« bezeichnet werden. Solche Kasak-Teppiche heißen dann »Adler-Kasak« oder »Schwerter-« bzw. »Wappen-Kasak«.

Alligator Man nennt eine Bordürenzeichnung bestimmter Art so, obgleich sie mit dem Tier Alligator nichts zu tun hat, sondern eher an kufische Schriftzeichen erinnert. Vornehmlich in alten kleinasiatischen Teppichen (und hier wieder insbesondere im Kula) ist diese sogenannte Alligatorborte zu finden. Es handelt sich hier rein um eine von europäischen Händlern ersonnene Bezeichnung, um überhaupt einen Namen für diese Bortenart zu haben.

Diese Darstellung scheint von den Seldschuken entwickelt worden zu sein, sie dürfte ursprünglich etwa »Tiere in Bewegung« bedeutet haben.

Alma-Gül Die Kirgisen nennen ihr Gül »Alma«, was »Apfel« heißt (Bild nächste Seite, oben).

Ampel Vornehmlich in Gebetteppichen findet man, aus dem Giebel niederhängend, eine Art Ampel eingeknüpft, arabisch »siradsch« genannt. Sie soll an das Ewige Licht erinnern. In

 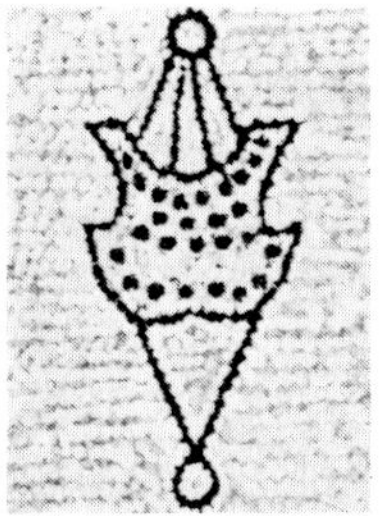

großen Perserteppichen finden sich solche Ampeln als Anhängsel an die Mittelfeld-Medaillons (Bild oben rechts). Die Ampel im türkischen Gebetteppich heißt »kandil«, auch »kandili« (Öllämpchen). Die Ampel im Sinn von »Lampe« heißt türkisch »asma lamba« oder »asma çeçeklik«.

Andreaskreuz Hauptmotiv im »Seichur« ist ein schräggebalktes Kreuz (siehe Bilder unter *Seichur* im 6. Hauptabschnitt). Der Legende nach war der Apostel Andreas ein Bruder von Petrus, er soll hauptsächlich im anatolischen Raum und im südöstlichen Kaukasus gewirkt haben. Er soll in Patras auf ein schräg gebalktes Kreuz geschlagen worden sein. Das Andreaskreuz stand in hoher Verehrung, da es zugleich Abbreviatur von »Christus« (X = griech. Chi) war. Als burgundisches Wappen wird es auch »burgundisches Kreuz« genannt.

Anemone Siehe unter *Blumen*.

Antilope Kommt als Knüpfung selten vor, nur in Luxusteppichen, nie in Nomadenerzeugnissen.

Apfelborte In anatolischen Gebetteppichen (bevorzugt in Gördes) gibt es in der Hauptborte eine stilisierte große Blüte mit Stiel. Sie wird vielfach als »Apfel« ausgedeutet, da der Apfel ein Fruchtbarkeitssymbol (auch heute noch) ist.

Arabesken So werden die von den Arabern zur Ausschmückung ihrer Architekturschaffungen erfundenen, rein geometrischen oder geometrisch-vegetabilischen Verzierungen genannt. Sie können aus geradlinigen, krummlinigen oder gerade- *und* krummlinigen, mehr oder minder verschlungenen Figuren bestehen und mit Spiralen, Ranken, Blättern, Blüten (meist stilisiert), Knospen, Früchten versehen sein. Durch ihre immer wiederkehrende Regelmäßigkeit lassen sie, trotz vielfacher Verschlingung, Liniengruppen erkennen, welche übersichtlich sind. Im weiteren Sinne ist »Arabeske« überhaupt die Bezeichnung für ornamentale Ausschmückung geworden. Arabesken finden sich in den meisten orientalischen Teppichen, vornehmlich in den Bordüren, aber auch im Mittelfeld. Über die Mauren kam die Arabeske nach Spanien und von dort im 16. Jahrhundert über Italien nach Deutschland und Frankreich. Hier bildete man sie zur einfacheren und klaren Form der »Maureske« um (dieser wieder fügte man wundersam verzerrte menschliche oder tierische Formen ein, was dann zur Groteske geführt haben mag).

Aschkali-Muster Aschkali heißt soviel wie »vielgestaltig«. Man bezeichnet damit das Muster von Schiraz- und Gaschkai-Teppichen, das viele kleine Motive, Haken, Rauten und so weiter, zeigt. Diese Aschkali-Muster wirken stets sehr lebendig.

Balukli Das Herati-Muster wird in Nordpersien so genannt. »Balik« oder »Baluk« heißt »Fisch«. Siehe auch unter *Herati-Muster*. Im übrigen Persien heißt der Fisch »mahi«.

Bananen (und Bananenstauden) kommen fast nur in indischen Teppichen vor. Sie sollen ein Symbol göttlichen Schutzes sein.

Barbierstangen Manch kaukasische, turkmenische und auch persische Teppiche zeigen in der Bordüre (meist in der äußersten) schräggestellte Streifchen in abwechselnden Farben. Der

dafür gebräuchliche Name »Barbierstange« kommt aus England, wo die Barbierläden früher mit solch schräglinigen Stangen gekennzeichnet waren.

Baum In vielen Teppichen findet man, mehr oder weniger stilisiert, Darstellungen von Bäumen und Sträuchern. In den Nomadenteppichen Kaukasiens und Westturkestans erinnern die Knüpfmuster ihrer Form nach an Tannenbäume, wie auch vielfach Tannenzapfenmotive verwendet werden. Gemeinhin steht das Baum-Motiv mit religiösen Vorstellungen in Verbindung. Es sollen die Seelen der Verstorbenen von den Gipfeln hoher Bäume oder von den Bergspitzen in den Himmel steigen. In sehr alten (antiken) Teppichen findet man den Baum samt Wurzeln und Erdreich dargestellt, dann aber sind die Äste blattlos. In ostturkestanischen Teppichen begegnet man oft der Zeder, der Perser dagegen bevorzugt die Zypresse. Letztere gilt als Zeichen der Trauer und zugleich als Zeichen des immer wieder-

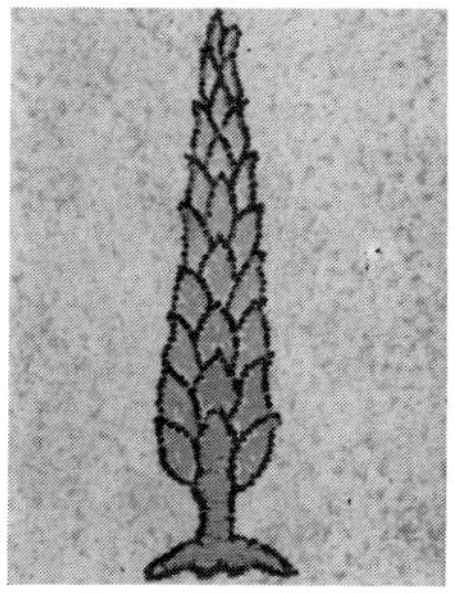

kehrenden Lebens. In sogenannten »Friedhofteppichen« findet man die Zypresse sehr häufig. In indischen Teppichen scheint zuweilen eine der Länge nach halbierte Zypresse auf, sie ist dann als Säule ausgebildet. In indischen Teppichen werden die Bäume meist mit herabhängenden, belasteten Zweigen dargestellt, in persischen dagegen mit aufwärtsstrebenden Ästen. Vielfach finden sich (besonders in Nomadenteppichen) Darstellungen des Lebensbaumes (thuja orientalis), eines zypressenähnlichen Baumes, von dem die Sage geht, er verleihe besondere Lebenskraft. Der Lebensbaum drückt den Wunsch für gutes Gedeihen, geistige Größe und langes Leben aus. Auch Darstellungen von Weiden findet man, sie bedeuten den Tod. Die Kokospalme, die auf manchen Teppichen vorkommt, gilt als Baum des Verlangens und auch der Erfüllung der Wünsche. In indischen Teppichen zeigt die Baum- oder Strauchzeichnung alle Einzelheiten der Pflanze naturgetreu. Im chinesischen Teppich findet man auch den Bambus (dschu) dargestellt, er symbolisiert langes Leben und stete Jugendfrische. Auch die Kiefer und den Pflaumenbaum sieht man in China-Teppichen. Sie drücken den Wunsch nach Freundschaft aus.

Becherborte Siehe unter *Bordüre* und unter *Weinglasborte.*

Beinringe In manchen Gegenden Ostturkestans, aber auch zuweilen in solchen des Schiraz-Gebietes, finden sich im Teppichrand kleine Beinringelchen eingeknüpft. Sie sollen den bösen Blick abwehren.

Berge Berg-Darstellungen findet man vornehmlich nur in mongolischen und chinesischen Teppichen. Die Berge werden dort verehrt, und zwar als Orte, von denen aus die Seelen der Verstorbenen in den Himmel fliegen; ebenso aber auch »weil sie die Macht haben, Wolken und Regen zu erzeugen«. Den Bergen wurden sogar Fürsten- und andere Adelstitel verliehen.

Birne Als »Birnenmuster« wird zuweilen irrtümlich das Mir-i-bota-Muster bezeichnet. Siehe *Mir-i-bota.*

Blätter In Nomadenteppichen spielen Blätterdarstellungen meist keine große Rolle. In kaukasischen Nomadenteppichen sehen die Blätter aus wie Winkelhaken. Blätter kommen an sich in allen Teppichen vor, mehr oder weniger stark stilisiert. In der Regel haben sie nur füllenden Zweck.

Blick, böser Dieser wird auf verschiedene Weise gebannt, so etwa durch Einknüpfen von kleinen Pünktchen in anderer Farbe in das Muster, durch Anbringen von Wollquästchen, von Beinringelchen, von Glasperlen oder durch das stellenweise Miteinknüpfen von Menschenhaaren an den Seitenrändern des Teppichs. Siehe auch unter *Beinringe, Mir-i-bota* und ausführlich im 11. Hauptabschnitt.

Blitz Er erscheint in manchen Teppichen dargestellt in der Form von zwei parallel laufenden wurmartigen Bändern. Doch wird diese Darstellung

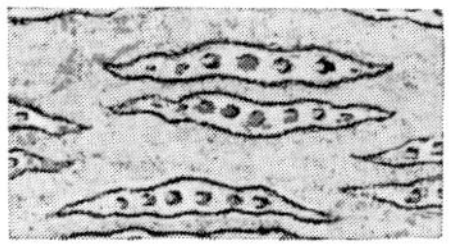

auch als Wolke oder Welle gedeutet. Siehe auch unter *Tschintamani.*

Blume des Propheten (Gul-hinai, Gül-hennai) Das ist die Blüte des Henna-Strauches. Sie wird fast immer mit fünf Blüten dargestellt und kommt als meist sehr hell gehaltenes Muster in verschiedenen persischen Teppichen vor. Der lateinische Name des Strauches ist *lawsonia inermis.* Er wird auch Echte Alkanna oder Alkhenna genannt. Die Blüten des bis zu fünf Meter hoch wachsenden Strauches werden ob ihres Wohlgeruches sehr geschätzt, die Wurzeln geben einen vorzüglichen roten Farbstoff, mit dem Saft der Blätter färbten schon im Altertum die Frauen die Nägel der Finger und Zehen orangerot (was neben der »Schönheit« auch die Nägel so kräftigte, daß sie nicht abbrachen). Und nicht nur in Persien färbt man sich damit das Bart- und Haupthaar. Auch die Schweife der kaiserlichen Pferde wurden mit Henna behandelt.

Blumen Stilisiert oder naturalistisch kommen Blumen und Blüten wohl in jedem Teppich vor. Bevorzugt werden dargestellt: die Hennablüte, Nelken, Tulpen, Narzissen, Hyazinthen, Lilien, Lotosblüten. In der Regel wird nur die Blüte (mit oder ohne Stengel) dargestellt, ganz selten auch die Wurzeln (letztere fast nur in alten indischen Teppichen). Im indischen und persischen Raum finden sich meist sehr naturgetreue Blumendarstellungen, im kleinasiatischen, im kaukasischen und turkmenischen Gebiet sind sie in der Regel nur stilisiert. Die Schwertlilie findet sich zuweilen im kurdistanischen Nomadenteppich. Bei den Persern gilt die Schwertlilie als der »Dolmetsch der Blumen« und als Sinnbild religiöser Freiheit, ebenso als Sinnbild der Loslösung von allen irdischen Banden. Die stark stilisierte Lilie wird in Kleinasiens Teppichhändlerkreisen auch »Rhodische Lilie« oder auch »Konya-Blume« genannt. Rosen findet man selten eingeknüpft, am ehesten noch in Ostpersien und in Chinesisch-Turkestan. Ihre Darstellung durch das Knüpfen ist nämlich zu schwierig. Auch Sonnenblumen findet man selten. Die Lotosblüte wird in persischen Teppichen viel verwendet, im chinesischen Raum ist sie ebenfalls beliebt, dort werden aber auch Päonien (Pfingstrosen) und Chrysanthemen viel gezeigt. Die Pfingstrose (»mu dan hua« oder »fu gue hua«) gilt als Blume des Reichtums und des Ansehens. Blumen und Blüten werden oft, besonders in Perserteppichen, zu großen Sträußen zusammengefaßt. Die Anemone symbolisiert den Widerspruch von äußerer Schönheit und Verworfenheit des Herzens. Das Veilchen ist ein Sinnbild für die Sehnsucht der Gläubigen nach höchster Erkenntnis Allahs. Bezüglich der Rose siehe auch unter *Gül* und unter *Achteck*.

Im chinesischen Teppich werden die Blumen sehr naturgetreu dargestellt. Die Pfirsichblüte (tau hua) ist das Sinnbild für den Frühling, die Lotosblüte (ho hua) symbolisiert den Sommer, die Chrysanthemenblüte (gü hua) den Herbst (und die lange Lebensdauer); sie ist »die goldene Hochzeit des Frühlings, die November-Erinnerung an die Vermählung im Mai«. Eine Chrysanthemenart, die bei uns Goldblume genannt wird, heißt im Chinesischen »yeh-ching«, was ungefähr »Seelenkraft der Sonne« bedeutet. Die Narzisse (schui siän hua) steht für den Winter, wie sie auch »die Blume der guten Vorbedeutung« ist. Die Blüte des Pflaumenbaumes (me hua) symbolisiert die Schönheit. Im chinesischen Teppich stehen die Blumenarten nicht wahllos beisammen, sondern es gibt gewisse Ordnungen. So gehören z. B. zusammen: Pfirsichblüte, Lotos, Chrysantheme und Narzisse oder aber die Granatblüte mit Pflaumenblüten, Orchideen und Gardenien.

Blumenkult In der safawidischen Periode Persiens (1501 bis 1736) übte man zunehmend die wirklichkeitstreue Darstellung von Blumen. Es kam zu einem wahren Blumenkult, man sah in jeder Blüte Allah selbst. Bald erstreckte sich der Kult auf lebende Wesen – sie alle wurden als Zeugen für die unsägliche Vollendung Allahs angesehen. Persiens Mohammedaner waren und sind meist Schiiten, die sich (im Gegensatz zu den Sunniten) nicht an das angebliche Verbot Mohammeds (siehe die Bemerkung in der Einleitung zu diesem Kapitel) halten, keine Abbildung lebender Wesen herzustellen. Solcherart wurde der persische Teppich »blumenreich«, wie er desgleichen oft auch Menschen- und Tierbilder bringt.

Blüten Knospende Blüten bedeuten beginnendes Leben, aufgeblühte deuten auf erfülltes Altern. Im heutigen Teppich ist diese Sinndeutung nur noch sporadisch vorhanden. Blüten und Blätter, Ranken und Knospen dienen im wesentlichen nur noch als Detailmuster, um das Feld des Teppichs zu füllen. Wo Blüten größeren Füll- und Schmuckzweck haben sollen, dort zeigt man sie in Form von Sträußen oder als Blütenstauden, die aus Vasen quellen.

Bordüren Teppiche, die keine Bordüre im Sinne dieses Wortes tragen, gibt es nur wenige. Das Innenfeld ist dann vom Außenrand durch einen »Fries« abgesetzt. Beispiele dafür findet man beim Hamadan und beim Karagözlu. Bordüren oder Borten können bis zu zehn und mehr vorhanden sein. Über ihre Namen siehe unter *Raumverteilung* im 3. Hauptabschnitt. Je nach Musterung der Haupt- oder auch der Nebenborten spricht man von S-Borten, Weinglasborten oder Becherborten (weil die stilisierte Tulpe

wie ein Weinglas oder wie ein Becher aussieht), von der Laufenden-Hund-Borte, Wellenborte, von der X- oder von der Y-Borte, Sägezahnborte, Barbierstangenborte, Stundenglasborte usw. Mehr darüber siehe unter den einzelnen Schlagworten. Nebenstehend einige Bordürenmuster: Schlüsselborte. – Annähernd reziproke Zinnenborte. – Stehende S-Borte.

Borten Siehe unter *Bordüren.*

Bota Siehe unter *Mir-i-bota.*

Brandzeichen turkmenisch Tamga oder auch Thamga. Das Besitzzeichen des Stammes (oder der Einzelfamilie), das man den Tieren ins Fell einbrennt. Man findet es auch in hölzernen Gerätschaften eingeritzt und in Teppichen eingeknüpft. Hier das Bild eines Teke-Turkmenen-Teppichs mit eingeknüpftem Besitzzeichen (Ausschnitt).

Thamga-Einknüpfungen in Teppichen sind sehr selten und daher von Sammlern gesucht.

Buchstaben, gotische In Karabagh-Teppichen (Schuscha) hat man gotische Buchstaben eingeknüpft gefunden, manche in Spiegelschrift; letzteres vermutlich dadurch, daß die Knüpferin einen alten Teppich als Vorlage hatte und das Muster nicht von der Vorderseite kopierte, sondern von der Rückseite, weil dort die Knoten besser sichtbar sind. Siehe auch unter *Inschriften.*

Buddha-Knoten In ostasiatischen (aber auch in anderen, z. B. kaukasischen und in alten Usak-Teppichen) findet man als Muster einen »endlosen Knoten« (tschang) dargestellt. Er soll

den Wunsch nach langer Dauer des Glückes ausdrücken. Man nennt ihn auch »Endloser Knoten« oder »Schicksalsknoten«. Siehe auch unter *Glückwunschzeichen.* Buddha, was ungefähr »der Erleuchtete« bedeutet, ist der Ehrentitel des um 560 v. Chr. geborenen indischen Prinzen Siddharta.

Buddha-Zeichen Siehe unter *Tschintamani.*

Buddha-Zitrone Eine Zitrusfrucht (Limonenart) mit fingerähnlichen Schalenauswüchsen. Man nennt sie auch »Buddha-Finger« (fo schou). In manchen ostturkestanischen und (öfter) in chinesischen Teppichen ist sie zu sehen, meist zugleich mit dem Granatapfel und der Pfirsichblüte. Sie ist ein Glückwunschsymbol und besagt: »Viel Glück, sehr langes Leben und viele Nachkommen!«

Büffel In Nomadenteppichen wird man eine Büffeldarstellung kaum finden. In persischen Jagdteppichen dagegen sind Büffeldarstellungen nicht selten.

Chi-lin Siehe unter *Khilin.*

Christliche Motive Man sieht solche ausschließlich in älteren Teppichen christlicher Armenier, Georgier und Dagestaner, ebenso in älteren Teppichen der in der Türkei ansässig gewesenen Griechen.

Chrysanthemum Aus den griech. Wörtern »chrysos« (d. h. Gold) und »anthemon« (d. h. Blume), in etwa 200 Arten in Europa und Asien bekannt. Die Stammformen der kultivierten Chrysanthemen sind die indische Art »chrysanthemum indicum« und die chinesisch-japanische Art »chrysanthemum morifolium«. Konfuzius erwähnt verehrend die Chrysantheme bereits 500 v. u. Z. Nach dem 18. Jahrhundert endlich schmückt sie auch europäische Gärten. Die röhrigen Scheibenblüten der Stammpflanze sind bei den Kulturformen häufig durch Zungenblüten verschiedener Farbe, Form und Größe (über 15 cm Durchmesser hinaus) ersetzt.

Davidstern Der Sechszackstern wird König Davids Stern genannt. Siehe unter *Sterne.*

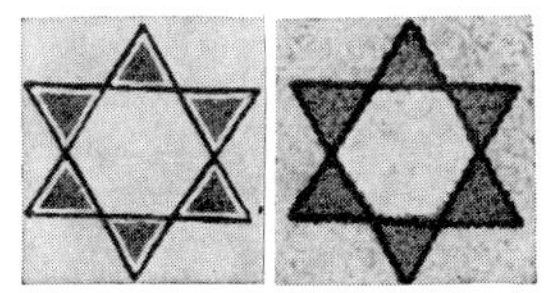

Donner Siehe unter *Swastika* und unter *Drache.*

Donnermuster Siehe unter *Spirale* und unter *Drache.*

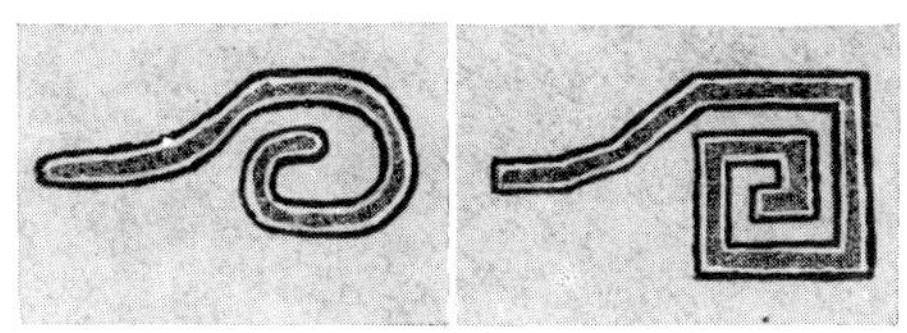

Drache In ostturkestanischen, mehr noch in chinesischen Teppichen, scheinen, stilisiert oder naturalistisch, Drachen oder drachenähnliche Gebilde

auf. Von der uns zu eigen gewordenen Vorstellung, daß der Drache ein furchtbares, alles verschlingendes Untier, ein böses Ungeheuer sei, müssen wir uns jetzt allerdings trennen: im fernen Orient ist der Drache (obgleich er den Kopf des Kamels, das Gehörn des Rehes, die Augen des Kaninchens, die Ohren der Kuh, den Hals der Schlange, den Leib des Frosches, die Schuppen des Karpfens, die Klauen des Habichts und die Tatzen des Tigers hat und somit durchaus nicht »schön« aussieht) ein den Menschen beständig wohltätiges Wesen. Er beherrscht die Meere, spendet den Menschen viele Gaben, und – sehr wichtig für jene Landstriche! – er reguliert den Regen. Die Drachen wohnen (nach der Meinung jener Völker) im Meere und in sonstigen großen Gewässern. Im Frühling steigen sie zu den Himmeln auf, wo sie spielen und sich in Wolken verwandeln und so den Regen spenden. Im Herbst kehren sie in die Tiefen der Gewässer zurück.
Die chinesische Legende berichtet: Zur Zeit des Kaisers Fuk-Hi kam aus dem Wasser des Flusses Meng-Ho ein

Drachen-Phönix-Darstellung auf einem anatolischen Teppich des 15. Jahrhunderts. (Das Teppichfragment befindet sich in der islamischen Abteilung der Staatlichen Museen in Berlin.)

wohltätiges Großtier mit Drachenkopf und Pferdeleib, dessen Rücken eine mit Schriftzeichen versehene Tafel trug. Dadurch kamen die Menschen zur Schrift. Eine andere chinesische Legende berichtet, ein geflügelter Drache sei erschienen und habe zugunsten der Menschen die Flußläufe vorgezeichnet und so die Erde fruchtbar gemacht.
Auch das Zeichen Yin-Yang (siehe unter *Glückwunschzeichen*) wurde »durch einen Drachen, der aus der Tiefe stieg«, einem von den Göttern auserwählten Menschen – er hieß Fo-Hi – überbracht. Fo-Hi gab das Wissen seinem Volke weiter.
Gegen den asiatischen Westen hin wissen die Legenden allerdings immer mehr von »Kämpfen zwischen den Drachen« und von solchen der Menschen mit dem Drachen zu berichten. Vermutlich war anfänglich der stete Wechsel zwischen Tag und Nacht als Kampf von Ungeheuern ausgelegt worden, die man in Drachengestalten personifizierte. Je weiter zum Westen hin, um so häufiger gilt der Drache als Untier, und es wird gegen ihn gekämpft. Im europäischen Raum (siehe unsere Märchen) ist der Drache der Prototyp des gräßlichen Ungeheuers.
In China aber galt der Drache schon in ältesten Zeiten als »das oberste der vier geistig begnadeten Wesen«. Die anderen waren das Chi-lin (Khilin, Kirin), dann der Phönix (Feng, Fung-Hoang) und die Schildkröte (Ku-ei).
Das Chi-lin vertrat die behaarten, der Drache die beschuppten, der Phönix die befiederten, die Schildkröte die bepanzerten Wesen. Sinnbildlich waren dem Chi-lin Weisheit, dem Drachen Macht, Zeugungskraft, Intelligenz, Ordnungsliebe und Feuchtigkeit zugeordnet, dem Phönix die bräutliche Lieblichkeit, der Schildkröte die Unwandelbarkeit und das hohe Alter.
Der Drache gewann im chinesischen (und im benachbarten) Raum solch hohe Verehrung, daß ihn die Sung-Dynastie im Jahre 110 v. Chr. offiziell als Gott bezeichnete, ihn zum »Schützer des Kaiserreiches« ausrief und ihm den Fürstentitel verlieh. Die kaiserlichen Erlässe trugen von dort an als Zeichen besonderer Macht und Würde das Bild zweier einander zugekehrter Drachen, die mit einer Perle spielen. Es gibt allerdings verschiedene Arten von Drachen, so den vierklauigen, den beflügelten, den gehörnten Drachen usw. Der volkstümlichste und beliebteste Drache ist der fünfklauige Lung Wang. Er ist allein dem Kaiserhause zugeeignet und gilt als besonders kräftiges Symbol für das befruchtende Prinzip, für Frieden, Wohlstand und Macht.
Die vorgenannte »Perle«, die der Drache oft im weit geöffneten Maule trägt, soll nach anderer Auslegung die Sonne (das Wappen Japans) sein, und die Darstellung soll andeuten, daß China gewillt sei, Japan zu besiegen. Tatsächlich versuchte vor etwa 1000 Jahren eine große chinesische Flotte, Japan zu erreichen und es sich untertan zu machen, doch ein Sturm vernichtete sie. Eine weitere Auslegung sagt, diese Perle (die »lung dschou« heißt) versinnbildliche den Donner und den Blitz, deren Erzeuger der Drache sei. Gern scheinen in ostasiatischen Textilien Drachen und Phönixe zusammen als Musterung auf, was von vielen Forschern unrichtigerweise als »Kampf des Drachen mit dem Phönix« ausgelegt wird. Sowohl der Phönix wie der Drache gehören ausschließlich dem

guten und wohltätigen Prinzip an, sie liegen gegeneinander (auch wenn es auf der Darstellung so aussehen mag) nicht im Kampf, sondern vereinigen sich zu dem Symbol für »unsäglich viel Glück« oder (wie der Chinese sagt) für »zehntausendfaches Glück«. Siehe darüber auch unter *Glückwunschzeichen* und unter *Tao-tie*.
Vermutlich sind die in vielen Orientteppichen vorkommenden »Wolkenbänder« letztlich doch nur Abwandlungen der »in den Himmel gestiegenen, zu Wolken gewordenen Drachen« und somit ebenfalls Glückwunschzeichen.

Dreiblatt-Borte Siehe unter *Zinnen-Borte*.

Dreiecke Das Dreieck ist ein Symbol für die Göttlichkeit, ebenso auch für die Mutter Erde. In manchen Gegenden gilt das Dreieck für glückbringend, vor allem in Indien. Die Drei galt seit je bei allen Völkern als vollkommene und heilige Zahl. Alleinstehende Dreiecke sieht man im Orientteppich sehr selten, meist sind Dreieckreihen vorhanden,

also Zickzacklinien mit gemeinsamer Grundlinie. Steht ein Dreieck allein und zeigt es mit der Spitze nach unten, dann gilt das als Symbol für die Dreieinigkeit von Geist, Körper und Seele. Die Zeichnung zeigt eine Dreieckborte.

Dreizahl Wie vorhin erwähnt, ist die Drei eine heilige Zahl. Sie ist die erste ungerade Zah! nach der Einheit. In vielen Kulten ist die dreimalige Wiederholung einer Handlung bedeutungsvoll. Die auf die indifferente Eins folgende Zwei erzeugt Gegensätze, die aber durch die Drei wieder zu einer höheren Einheit verbunden werden. Im Buddhismus steht man in Ehrfurcht vor Drei in Einem, nämlich vor Buddha, seinem Wort und seiner Kirche, indes den Anhängern dieser Religion drei Tugenden als erstrebenswert gelehrt werden: Geduld, Mut und Gehorsam. In den Teppichen chinesischen Einschlages (Chotan usw.) gibt es meist drei Scheibenmedaillons und auch das Tschintamani-Zeichen. Dieses besteht aus drei Kugeln, Bällen oder Perlen und stellt eines der Wahrzeichen Buddhas dar, sehr häufig in Verbindung mit dem Blitzmuster. Siehe auch die Bemerkung unter *Tschintamani*.

Dschouschegan-Muster Siehe unter *Minakhani*.

Eckstück In der Feldmitte der Teppiche befindet sich (nicht immer) ein Medaillon. Viertelstücke dieses Medaillons sieht man dann oft in den Ekken des Feldes, sie werden auch als »Eckstücke«, »Viertel« oder »Zwikkel« bezeichnet.

Eichenlaub-Borte Eine Art doppelter Sägezahnborte, meist in kaukasischen, aber auch in anderen Teppichen zu finden. Sie wird auch Weinglas- oder Tulpenborte genannt. Es sei wiederholt: alle diese Bezeichnungen

wurden von Europäern ersonnen, um überhaupt eine Benennung zu haben.

Einhorn Fabeltier in Pferdegestalt, überaus rasch, gewandt und wild, mit langem, spitzem Horn in der Stirnmitte. Sinnbild urtümlicher Kraft, ebenso der Jungfräulichkeit. Zuweilen in persischen und auch in indischen Teppichen zu sehen.

Elefant Man findet Elefantendarstellungen nur in indischen oder persischen Luxusteppichen. Das Oktogon im »Buchara« nennt man in Händlerkreisen »Elefantentritt«.

Endloser Knoten Siehe unter *Buddha-Knoten*.

Enten Solche Darstellungen waren früher nur auf antiken Perserteppichen zu sehen. Jetzt findet man sie auch in Kaschan-, Karabagh- und Schirwan-Teppichen. Auch China-Teppiche der ersten Jahrzehnte unseres Jahrhunderts zeigen zuweilen Enten. Sind Entenpaare dargestellt, dann symbolisiert dies eheliche Liebe und Treue.

Ewiges Muster Eine Feldmusterung beim Teppich in unendlichem Rapport, also gleichbleibend. Man nennt dies auch (englisch) »Allover«-Muster. Bildbeispiele im 6. Hauptabschnitt, siehe etwa u. a. *Mir* und *Waramin*.

Fächer Fächerartige Knüpfungen, die man nicht gut als Blumendarstellungen ansprechen kann (vornehmlich in Teppichen aus dem ostasiatischen Raum), sollen dem Teppichbesitzer Glück bringen. Zugleich sind Fächer ein Symbol der Macht.

Fasan In antiken persischen Teppichen zu finden, zuweilen auch in neueren Jagdteppichen.

Fatima Lieblingstochter aus der ersten Ehe Mohammeds. Sie heiratete Ali, den Vetter des Propheten, und gebar ihm zwei Söhne. Bei den Schiiten gelten alle als Heilige und werden auch heute noch hoch verehrt. Siehe hierzu unter *Hand* einige diesbezügliche Bemerkungen.

Fehler im Teppich Etwas Vollkommenes kann und darf nur Allah zustande bringen – Menschenwerk muß immer Fehler und Irrtümer haben, es kann und darf nicht vollkommen sein, sonst beleidigt man Allah. Dessen eingedenk knüpft die Knüpferin absichtlich eine Kleinigkeit an Fehlfarbe ein, oder sie verstößt (meist in der Bordüre) ein wenig gegen die Symmetrie. Auch werden da und dort kleine Glasperlen eingeknüpft oder Menschenhaar.

Ferahan-Muster Siehe unter *Herati-Muster.*

Fische Vornehmlich in persischen Gartenteppichen zu finden, ebenso auch in Teppichen aus China. Im Chinesischen heißt Fisch »yü« – das Wort ist sprachlich gleichbedeutend mit »Überfluß« und wird (siehe unter *Glückwunschzeichen* den Hinweis auf die Vorliebe der Chinesen für den Wortrebus!) als Wunsch genommen, es möge Überfluß beschert werden. Da die Perser gern chinesische Motive in ihre Teppiche übernehmen, wird der Fisch im Perserteppich nicht allein die dargestellte Wassermusterung (Teich, Fluß) »belebt« haben, sondern es wird ihm ähnliche symbolische Bedeutung beigegeben worden sein.

Fischgrätenmuster Es ist verhältnismäßig selten anzutreffen, und zwar meist nur in kaukasischen und turkmenischen Teppichen. Es wird auch Pfeilspitzenreihe oder Eibenzweig genannt und ist ein Symbol für Reichtum und Gesundheit.

Flammen-Muster Das *Mir-i-bota*-Muster wird so bezeichnet. (Siehe dort, wo auch die Vielfalt der Namen dieses Musters verzeichnet ist.)

Fledermaus Siehe unter *Glückwunschzeichen.*

Flohmuster Siehe unter *Mir-i-bota.*

Flohteppich Siehe im Kapitel *Teppichnamen, Teppichorte, Teppichbegriffe* unter *Mir, Serabend* und hier unter *Mir-i-bota.*

Flußschleifen-Muster Siehe unter *Mir-i-bota.*

Fo-ho Fo ist der chinesische Name für Buddha, Fo-ho bedeutet »Hund des Buddha«, auch »schi-dsii« geheißen. Er bewacht die Heiligtümer. Man findet ihn hin und wieder auf China-Teppichen: eine drachenähnliche Hundefigur, stets in Kampfstellung, mit weit aufgerissenem, scharfbezähntem Maul und mit peitschendem Schweif.

Fu Siehe unter *Glückwunschzeichen.*

Fuchs Er wird in Teppichen nur selten dargestellt.

Fünfzahl Oft haben die einzelnen Motive im Knüpfmuster des Teppichs Beziehungen zur Zahl Fünf; so etwa zeigen die Blüten fünf Blütenblätter, oder das Hakenmuster hat fünf Haken. Die Zahl Fünf (»khamsa« genannt) hat bei den Mohammedanern magische Bedeutung. So gibt es fünf Grundlagen des Islams, fünf religiöse Hauptübungen, fünf tägliche Andachten usw. Die weit vorgestreckte Hand mit den fünf gespreizten Fingern gilt als Abwehr gegen den bösen Blick. Siehe auch unter *Pentagramm* und unter *Glückwunschzeichen.*

Galeeren-Borte Man findet sie vornehmlich in kaukasischen Teppichen in zwei Arten (siehe Zeichnungen): kleine oder große Galeerenborte.

Kleine Galeerenborte

Große Galeerenborte

Gans Sie findet sich meist nur auf chinesischen und indischen Luxusteppichen. In China ist die Gans das Symbol für eheliche Liebe und Treue.

Gazelle Sie ist nur auf indischen oder persischen Luxusteppichen zu finden.

Gebetnische Siehe im Hauptabschnitt *Teppichnamen, Teppichorte, Teppichbegriffe* unter *Gebetteppiche,* unter *Mihrab* und hier unter *Giebel.*

Geieradler Ein von den Persern sehr geachteter, »huma« genannter seltener Vogel, der »im ewigen Schnee wohnt und sich nur von Knochen ernährt«. Der Sage nach wird jener Mann König, den der Schatten des Geieradlers trifft; wer einen Huma tötet, muß innerhalb vierzig Tagen sterben. Auf alten persischen Teppichen findet man manchmal die Darstellung eines Huma.

Geister, böse In Turkestan-Teppichen findet man Wolken- und Wassermotive zur Abwehr böser Geister eingeknüpft. Siehe auch *Hahn.*

Georgische Borte Sie wird auch »laufender Hund« genannt. Man findet sie vornehmlich in kaukasischen Teppichen. Zeichnungen siehe unter *Hund, laufender.* Sie ist eine besondere Form des »laufenden Hundes«.

Giebel In Gebetteppichen hat eine nur nach einer Richtung hinführende Zeichnung das Aussehen einer Nische – Mihrab (auch Mihrap oder Mehrab) genannt –, die beim Gebet in die Richtung nach Mekka zeigen soll. Die Nische wird aus schräg zulaufenden Linien der Knüpfung geschaffen, die entweder geradlinig, treppenförmig, geschweift oder auch hufeisenähnlich verlaufen. Diese dachartig wirkende

Zeichnung nennt man Giebel. Siehe hier die Zeichnung sowie die Bilder der Gebetteppiche im 2. und im 6. Hauptabschnitt.

Glückskreise Siehe nachstehend unter *Glückwunschzeichen* und die Beschreibung unter *Samarkand* im 6. Hauptabschnitt sowie die Zeichnungen unter *Gül.*

Glückwunschzeichen Im Orientteppich oft verwendete alte Motive sind teils Sinnzeichen für die Beziehung zu den überirdischen Mächten, teils sind sie Schutz- und Abwehrsymbole, zum überwiegenden Teil aber Wunschsymbole mannigfacher Art: für langes Leben, Reichtum, Würde, Frieden, Glück im allgemeinen, reichen Kindersegen usw. Es sei hier noch auf einige Zusammenhänge verwiesen:
Man kann bis heute noch nicht mit Sicherheit sagen, in welchem Gebiet die Knüpfkunst ursprünglich entstanden ist. Manche Forscher nehmen den ägyptischen, andere den mesopotamisch-assyrischen Raum an, viel spricht für Armenien-Medien als Geburtsstätte dieser Knüpfkunst, aber auch im ostturkestanisch (chinesisch)-mongolischen Gebiet könnte sie entstanden sein (Ausläufer des Altai-Gebirges). Jedenfalls verbreitete sich das Wissen um diese Kunst von Stamm zu Stamm, von Volk zu Volk. Dabei wurde auch stets ein gewisser Schatz an Web- und Knüpfmustern weitergegeben. Diese Muster hatten bei den Ursprungsstämmen festliegende Bedeutungen, sie waren schon dort Symbolzeichen für die Beziehung zu den Göttern und Dämonen sowie für Wunschdarbietung.
Zu den ältesten Symbolen im ostturkestanisch (chinesisch)-mongolischen Raum zählen die Zeichen Yin-Yang, Fu und Schou. Siehe die Zeichnungen 2 (Yin-Yang), 4 (Fu) und 6 (Schou-Arten).
Das Zeichen Yin-Yang wurde einer mythischen Person Fo-Hi im Auftrag der Götter von einem Drachen mitgeteilt (siehe unter *Drache*). Auch die ungebrochene Dreier-Linie (Abb. 1, oben) ist das reine Yang, der Himmel, die alles bewegende und leitende Lichtwelt. Dem gegenüber steht das Zeichen von Abb. 1 unten, das reine Yin, die dunkle, empfangende Erde. Der Himmel ist Vater, die Erde ist Mutter. Durch Vereinigung beider entstehen »die zehntausend Dinge der Welt«. Auch als Mond (der Mond galt mehr!) und als Sonne, als ein »Gegenüberstehen« der beiden Gestirne, wird das Yin-Yang angesehen. Der Mond hat die chinesische Bezeichnung »yuch t'ai yin hsing«, die Sonne heißt »yih t'ai yang hsing«. (Näheres siehe in Fachwerken über orientalische Kulte und Mythen.) Im Chinesischen ist also demzufolge das Yin-Yang ein Symbolzeichen für die Vereinigung des männlichen mit dem (Abb. 2) weiblichen Prinzip (begattende Wale), also für ein ewiges Leben. Dem weiblichen Prinzip sind zugeeignet: Erde, Mond, Wasser, Norden, Dunkelheit und Kälte; dem männlichen Prinzip gehören zu: Himmel, Sonne, Feuer, Mittag, Helle, Wärme. Das Yin-Yang-Zeichen wird im Chinesischen mit Strichsymbolen (Pa-kua) in Sechs- oder Achteckform umgeben, wie es die Zeichnung 2 ungefähr zeigt; es gibt aber mancherlei Abwandlungen. Jede Strichgruppe hat für sich Bedeutung. So symbolisieren:

Himmel
Feuer, Licht
Wind
Berge
Dampf, Feuchtigkeit
Donner
Wasser
Erde

1

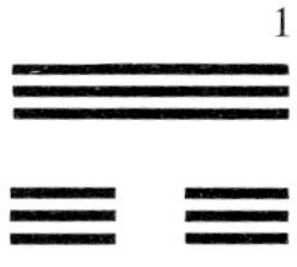

2

Die Vereinigung all dieser Symbole um das Mittelsymbol Yin-Yang bedeutet den umfassendsten Glückwunsch für den mit dem Teppich Beschenkten.
Das Zeichen Fu bzw. Biän-fu (Abb. 4) stellt, naturalistisch oder mehr/weni-

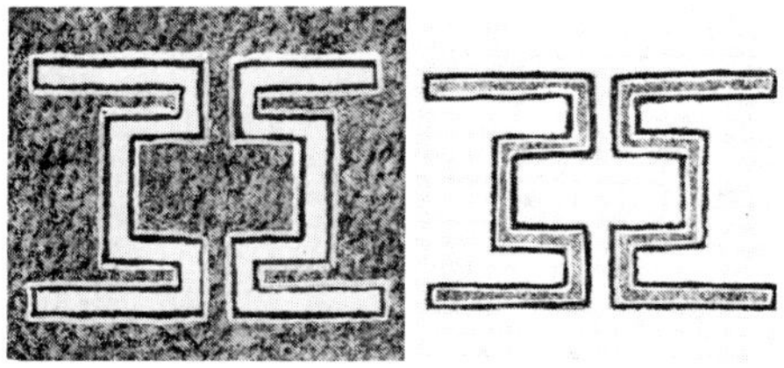

4

ger stilisiert, eine Fledermaus dar (oder mehrere). Diese Fledermaus kommt im mongolischen und im chinesischen Teppich häufig vor und ist von dort her in manch abgewandelter Form auch in andere Teppiche übernommen worden. In der Symbolsprache bedeutet sie »Glück«. Die Chinesen haben für Sinnbilder große Vorliebe, vor allem, wenn es sich um einen Laut-Rebus handelt, so wie hier: Von der chinesischen Bezeichnung für Fledermaus, »biän-fu«, bedeutet »fu« allein wörtlich soviel wie »Glück«. Daher gilt die Fledermaus als Glückszeichen und als Glückwunsch. Auch sieht man neben der Fledermaus oft einen Pfirsich dargestellt, was »Glück und langes Leben« bedeutet. Der Pfirsich ist den Chinesen die »Frucht des Lebens«, von der sich die acht Genien (ba bau) nähren, die dadurch ewig leben.
Der Chinese zeigt in Gewändern und in Teppichen auch gern Fünfergruppen von Fledermäusen, naturalistisch oder stilisiert. Es ist dies das Zeichen für die »fünf Segnungen«: Reichtum, Würde, Frieden, Tugendliebe, hohes Alter. Die Fünfzahl ist (wie die Achtzahl) dem Chinesen heilig und wichtig; er weiß um fünf Kompaßpunkte (Osten, Süden, Mitte, Westen, Norden), um fünf Elemente (Holz, Feuer, Metall, Erde, Wasser), um fünf Hauptfarben (Grün, Rot, Gelb, Schwarz, Weiß), um fünf Organe (Milz, Herz, Leber, Lunge, Nieren), um fünf Arten der Haustiere (Schaf, Huhn, Ochse, Hund, Schwein) und in seiner Urgeschichte um fünf Ur-Kaiser.
Oft ist eine Fünfergruppe von Fledermäusen rund um das Zeichen Schou angeordnet, was dann chinesisch »wu fu peeg shou« heißt. Da das Zeichen Schou an sich schon soviel wie »Glück ohne Ende« bedeutet, vervielfachen die fünf Fledermäuse, die das Schou einschließen, diese eben erwähnten »fünf Segnungen« ins Unsägliche – es ist der am stärksten ausgedrückte Glückwunsch (Abb. 5).

5

Das Glückszeichen Schou liegt in seiner zeichnerischen Gestaltung nicht eindeutig fest, sondern es gibt unzählige Variationen von ihm, oft genug kombiniert mit der Swastika (Hakenkreuz) oder mit hakenkreuzähnlichen Motiven. Die Vereinigung von Swastika- und Yin-Yang-Formen drükken »zehntausendfaches Glück und zehntausendfaches Leben« aus. Dieser Ausdruck »Zehntausendfaches Glück« oder »Zehntausendfaches Leben« oder sonst irgend etwas »Zehntausendfaches« ist stereotyp und kommt nicht von ungefähr. Chinas Kaiser Wu (reg. 141–87 v. Chr.) fürchtete sich sehr vor dem Tode und wollte lange leben. Ein Höfling versuchte sich dadurch beim Kaiser Liebkind zu machen, daß er ihm täglich erzählte, er habe heute morgen gehört, wie der Fluß oder die Bäume oder die Berge usw. ehrfürchtig geflüstert hatten: »Zehntausend Jahre! Zehntausend Jahre!« Kaiser Wu werde daher zehntausend Jahre lang leben. Der Kaiser glaubte, das Schicksal zwingen zu können, und er führte den Ruf »Zehntausend Jahre!« als allgemeinen Huldigungsruf für sich ein, den ihm das Volk bei jeder Gelegenheit zu entbieten hatte. Er ließ sich auch als »Regent für zehntausend Jahre« ansprechen, unterzeichnete Erlässe entweder mit diesem Titel oder einem anderen, nämlich: »Allergelbster Herrscher« (Gelb war die heilige Farbe der chinesischen Kaiser).
Das Schou gibt es vornehmlich in runder Form (yüan schou dsii) oder in länglicher, gepreßter Art (tschang schou dsii), wie es Abb. 6 zeigt. Auch

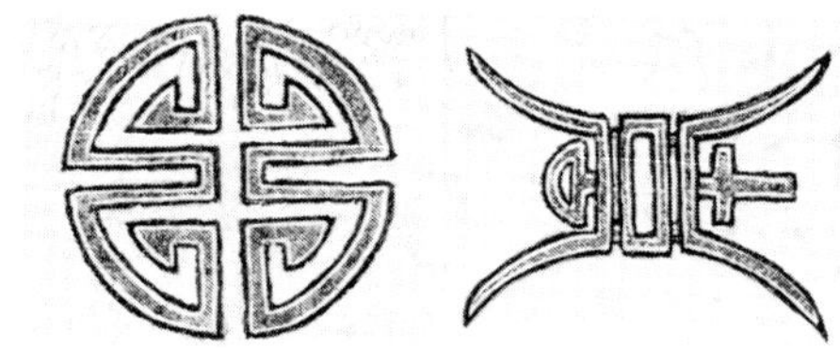

6

wenn das Zeichen allein steht, bedeutet es in beiden Formen »langes Leben« bzw. den Glückwunsch für alle Gelegenheiten. Ist es mit dem Buddha-Knoten vereint dargestellt, dann liest man dies ebenfalls für »Glück ohne Ende«. Siehe unter *Buddha-Knoten*.
Die Glückwunschbeziehung des altchinesischen Schou-Zeichens, ebenso des Fu und des Yin-Yang, lebt, wie eingangs erwähnt, jedoch nicht nur im chinesischen Teppich weiter, sondern ist auch schon im ostturkestanischen wahrzunehmen, und darüber hinaus

findet man diese Zeichen (vielfach abgewandelt) in nicht wenigen Orientteppicharten. Freilich, die Bedeutung selbst dieser gehaltvollen Zeichen wird den Knüpferinnen kaum noch bewußt. Wenn man die Muster Schou, Fu und Yin-Yang mit der Musterung turkmenischer, kaukasischer, wohl aber auch kleinasiatischer und persischer Teppiche (Abb. 7) vergleicht, wird man un-

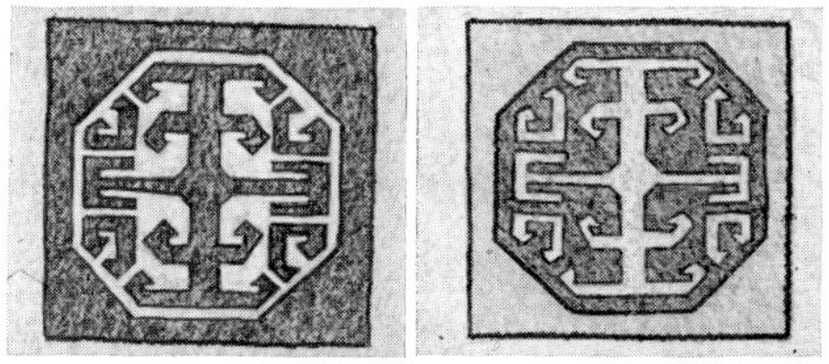

7

schwer die Abstammung mancher Musterungsteile aus den vorerwähnten Motiven (und auch aus der Swastika) feststellen können. Auch die Stufenvielecke, die Elefantentritte und die hakenbesetzten Rhomben und Rhomboide, so ziemlich alle Fünfeck- und Achteck-Gebilde sind letzte Hindeutungen an die Quelle dieser Motive. Selbst das, was man als Doppel-T (Abb. 8) bezeichnet, ist im Grunde genommen nichts anderes, als eine Abwandlung des Zeichens Schou. Das kann man in vielerlei Abarten (und Entstellungen, eben weil das Knüpfpersonal nichts mehr von diesen kultischen Zusammenhängen weiß) finden. Hier wird die wissenschaftliche Forschung noch viele Zusammenhänge aufhellen müssen.

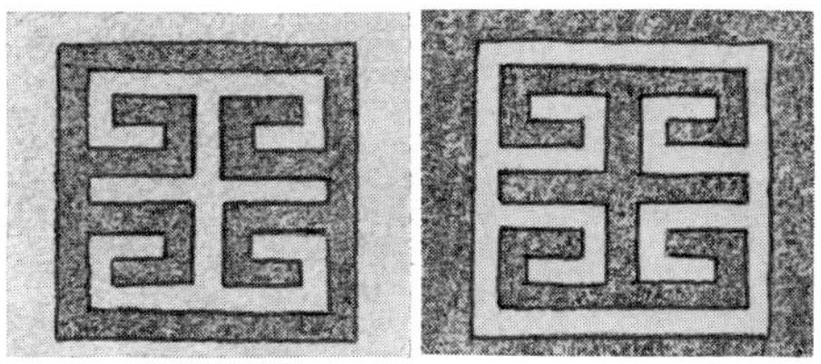

8

Nebenbei: Das Zeichen Fu in eckiger Mäanderform durfte der niedere Adel als Stickerei in seinen Kleidern zeigen. Trug dagegen jemand ein Kleid, worin das Zeichen Fu gerundeter (beilförmig) gehalten war, dann gehörte er dem höheren Adel an.

Auch die Achteck-Sterne in den Teppichen scheinen Abwandlungen dieser alten Glückssymbole zu sein: jede Sternspitze steht für eines der oben erwähnten Elemente oder aber auch als Symbol für je eines der »acht kostbaren Dinge« des Buddhismus (Perle, Münze, Raute, Buch, Bild, Klangstein, Hornbecher und Artemisiablatt) oder aber für eines der »acht Embleme«: das von Flammen umgebene Rad, die Muschel, den Staatsschirm, den Baldachin, die Lotosblume, die Vase, das Fischepaar, den endlosen Knoten. Alle diese Zeichen haben hohe kultische Bedeutung, worüber die einschlägige Literatur Auskunft gibt. Siehe in diesem Kapitel auch über *Buddha-Zitrone, Drache, Buddha-Knoten,* unter *Tao-tie* und *Phönix,* dann die Bemerkungen am Schluß dieses Kapitels sowie im 7. Kapitel unter *Chinesische Teppiche.*

Granatapfel In persischen Teppichen (abgesehen vom Gaschgha'i-Bereich) ist der Granatapfel verhältnismäßig seltener anzutreffen als im ostasiatischen oder im kleinasiatischen Teppich. Er gilt als Sinnbild für Kinderreichtum. Im Chinesischen heißt der Granatapfel »schii liu« und symbolisiert ebenfalls reichen Kindersegen.

Das, was wir Granatapfel-Muster nennen, tritt in Geweben, also auch in Teppichen, erst seit etwa dem 14. Jahrhundert auf. Es liegt die Vermutung nahe, daß dieses Muster nicht vom Granatapfel entlehnt wurde, sondern daß es nichts anderes ist als eine Reduktion der Lotosblüte zur zeichnerischen Formel. Dieses sogenannte

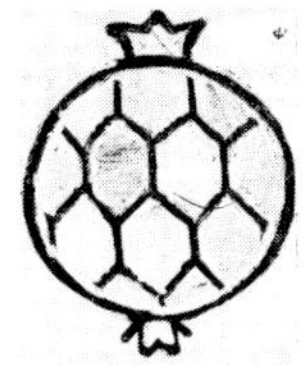

Granatapfelmotiv scheint auch in vielen spätgotischen europäischen Geweben auf, und zwar wurde es zweifellos von den venezianischen Seidenwebern aus dem Orient übernommen und von Venedig aus in Europa verbreitet.

Greif Dieses Fabeltier, ausgestattet mit einem Löwenleib, der adlerköpfig, bekrallt und geflügelt ist, fand schon in den alten Teppichen als Knüpfung Eingang und kommt auch in jüngeren gelegentlich zur Darstellung.

Griechische Borte Siehe unter *Mäanderborte.*

Gül (Göl) Alle westturkestanischen Teppiche haben Achtecke (Oktogone), die »Gül« (zu deutsch: Rose) genannt werden, als Hauptmotiv.

Findige Händler haben für das Gül der Teke-Turkmenen den Namen »Königs-Gül« geprägt. Es ist auch wirklich ein sehr schönes Gül-Muster, nur benennen diese beharrlichen Orientalen den Teppich immer noch mit »Buchara«, obgleich sie wissen, daß in Buchara seit vielen Jahren überhaupt nicht mehr geknüpft wird und daß diese Stadt auch längst kein Handelsplatz für die sogenannten »Buchara« ist. Wir weisen im 6. Hauptabschnitt unter *Buchara* auf alle diese Tatsachen hin und stellen schon hier fest, daß wir nur aus Gründen der »Tradition« auch diesmal noch bei dem Leitwort »Buchara« geblieben sind.

Nachstehend bilden wir drei der bekanntesten Gül-Formen ab und dazu auch zwei Gül-ähnliche Glückskreise aus Ostturkestan. Im ostturkestanischen Teppich findet man diese kreisförmigen Güls, die auch schon mehr als Medaillon denn als Gül angesprochen werden können. Man nennt sie Schou (Schu, Shou), was soviel wie »Glückskreis« bedeutet. Zweifellos kommen sie aus dem altchinesischen bzw. altmongolischen Kultbereich. Siehe dar-

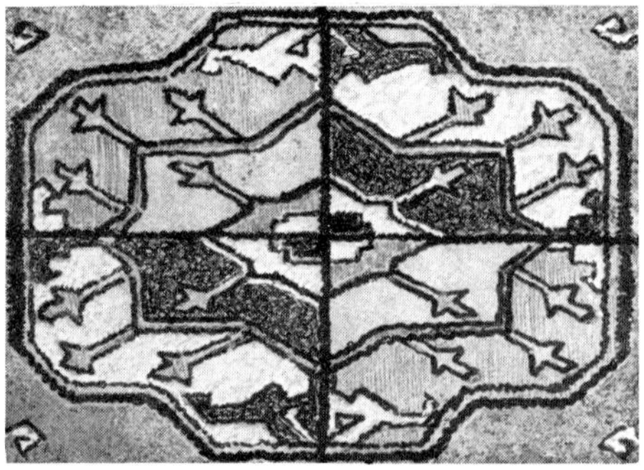

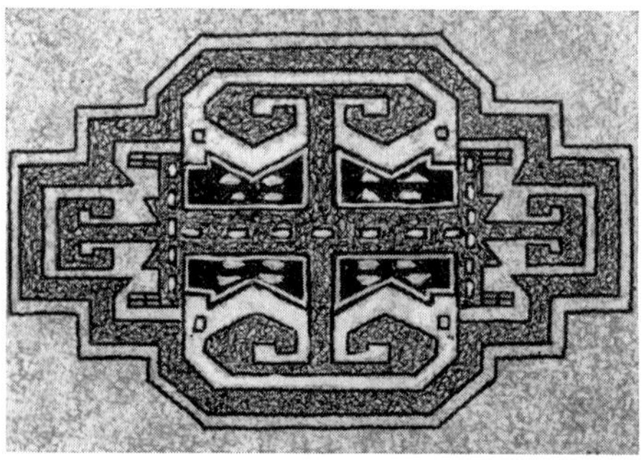

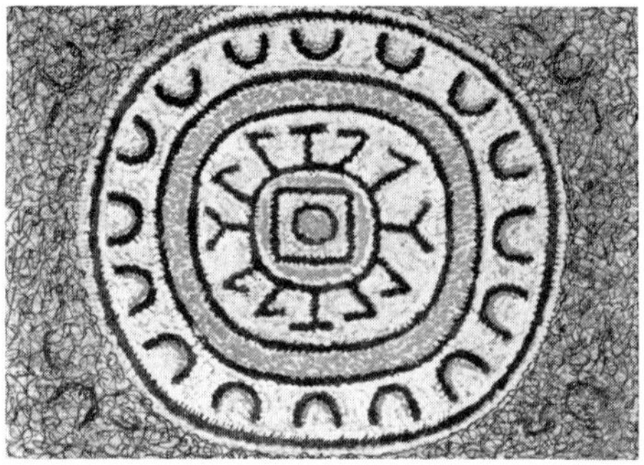

Linke Spalte, von oben nach unten: Buchara-Gül, Afghan-Gül, Pendeh-Gül; oben: Glückskreis-Darstellungen in ostturkestanischen Teppichen

über mehr unter *Glückwunschzeichen* und unter *Tao-tie.* Insbesondere aber beachte man die ausführlichen Darlegungen im 11. Hauptabschnitt unter dem Gruppentitel *Von den Turkmenenstämmen* sowie im 6. Hauptabschnitt die Bemerkungen bei den Stichwörtern: *Buchara, Afghan, Beschir, Chiwa, Jomud* und *Teke-Turkmenen.*

Gül-a-henna Siehe unter *Blume des Propheten.*

Hadsch Zu deutsch »Kreuz«, aber fast immer ohne jeden religiösen Zusammenhang. Siehe im 6. Hauptabschnitt unter *Hatschlu.*

Hahn Man findet ihn vornehmlich nur im kaukasischen und persischen Nomadenteppich, so im Schiraz, meist sehr stilisiert. Er soll den bösen Blick abwehren. Im Orient heißt der Hahn allgemein »dik«, im Persischen auch »chorus«, im Türkischen dagegen »horoz«. Die Mohammedaner sagen: »Allah hat unter seinem Thron einen weißen Hahn, dessen Flügel mit Smaragden und Perlen besetzt sind, er ist in Wirklichkeit ein Engel. Und er hat die

Aufgabe, mit den Flügeln zu schlagen, wenn das Ende der Nacht da ist, um so das Lob Allahs zu verkünden. Das hören dann alle Hähne der Erde, und sie beginnen nun ihrerseits zu krähen und mit den Flügeln zu schlagen.« Besondere Schutzkraft wird dem weißen Hahn zugeschrieben. Sogar die Löwen fliehen vor weißen Hähnen, und der Teufel (Dewil) betritt kein Haus, worin sich ein weißer Hahn befindet. In Schiraz-Teppichen wird der Hahn gern farbig, aber mit weißen Säumen geknüpft, um anzuzeigen, daß man einen weißen Hahn meint, ihn aber der großen weißen Fläche wegen nicht zur Gänze in Weiß darstellen will.

Hakenkreuz Siehe unter *Swastika.*

Hamail Das ist die türkische Bezeichnung für »Talisman«. Der Perser sagt für diesen Begriff »telesm«, in der Mehrzahl heißt er »talasem«.

Hand In nicht wenigen Teppichen sieht man, wenn auch stark stilisiert, die menschliche Hand. Sie ist seit je bei fast allen Völkern ein Rechts- und Besitzsymbol. Im moslemischen Raum bedeutet die Hand, vornehmlich dann, wenn sie mit ausgestrecktem Daumen und Zeigefinger dargestellt wird, die »Hand Fatimas«. Fatima war die Lieblingstochter Mohammeds und eine der drei Frauen, die allein für würdig erachtet wurden, in den Himmel einzutreten. Als Ganzes verkörpert die Hand die heilige Familie des muselmanischen Glaubens: der Prophet wird durch den Daumen versinnbildlicht, Fatima durch den ersten Finger. Der Mittelfinger ist ihr Gemahl Ali, die beiden anderen Finger sind ihre Söhne Hasan und Hufrin. Aber die vier Finger stellen außerdem noch Großmut, Gastfreundschaft, Macht und Güte dar. Insgesamt aber erinnert die Hand die Rechtgläubigen an die fünf Regeln des tugendsamen Lebenswandels: 1. das Ramadan-Fasten zu halten, 2. nach Mekka zu pilgern, 3. den Armen zu helfen, 4. die vorgeschriebenen Waschungen getreulich zu vollführen und 5. die Ungläubigen jederzeit zu bekämpfen. – Im übrigen soll die eingeknüpfte Handnachbildung den bösen Blick abwehren. In Gebetteppichen zeigen eingeknüpfte Handformen die Stellen an, wo der Gläubige beim Niederbeugen die Hände aufzustützen hat.

Hase Zuweilen in persischen oder indischen Teppichen zu sehen.

Hatschlu-Muster Siehe unter *Hatschlu* im 6. Hauptabschnitt.

Hauptborte Siehe unter *Bordüren*.

Heiliger Schwamm Mit »Tschi« oder »Heiliger Schwamm« werden kleine, zusammengeballte Wolkenformen bezeichnet, die vornehmlich die Unsterblichkeit symbolisieren. Tatsächlich gibt es in China einen weißen Pilz, dessen Genuß als lebenverlängernd gilt.

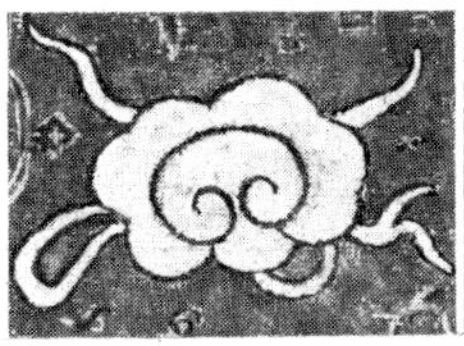

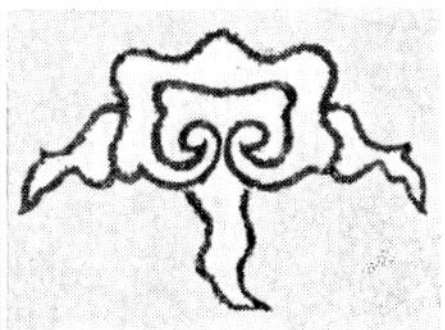

Henna Siehe unter *Blume des Propheten*.

Hennentritt-Muster auch Gänsefüßchen-Muster genannt. Als dreizehige Reihenmusterung, entweder gleichgerichtet oder paarweise gegenstehend, entweder einfärbig oder verschiedenfärbig, fand man dieses Muster schon in sehr alten Teppichen als Füllmittel für die Nebenborten. Auch heute noch wird es gleichermaßen und gleichartig von den Belutschen, Turkmenen, Kurden und Türken verwendet.

Herati-Muster Ein Muster, das zuerst (vor 1750) in Herat angewendet wurde. Man nennt es auch Ferahan- oder Mahi-Muster. Es besteht in der Bordüre, die man allerdings auch Schah-Abbas-Bordüre nennt, aus sauber gestalteten, abwechselnd nach außen und innen schauenden, rankenverzierten Palmetten, aus deren Seiten je zwei Gabelzinken oder Lanzettblätter herausgehen. Zwischen je zwei Palmetten kann (muß aber nicht) eine Rosette angebracht sein. Im Fond ist das eigentliche Herati-Muster zu sehen: in Abständen der Herati-Stern und dazwischen ein dichtes Gemenge von Blüten, gekrümmten Lanzettblättern und kleinen Füllseln. Es gibt viele Nuancen des Herati-Musters. Angewendet wird es (rein oder vermischt) natürlich in Herat, mehr aber noch in vielen persischen Teppichen, so im Täbriz, Teheran, Saruk, Ferahan, Senneh, Sultanabad, Mahal, Muschkabad, Mossul usw.

Das den Fond eines Teppichs füllende Herati-Muster hat, wenn es stilgerecht ist, eine bemerkenswerte Eigenschaft: je nachdem, aus welcher Entfernung man es betrachtet, ergibt sich für das Auge ein anderer Eindruck. Sieht man es von weiter weg an, dann glaubt man,

Herati-Borte

Herati-Muster

daß lauter leichte Wellenlinien den Fond durchziehen; kommt das Auge dem Teppich näher, empfindet man das Muster mit einem Mal als angenehme Quadrateinteilung; besieht man den Teppich ganz nahe, dann bemerkt man weder Wellenlinien noch ein Quadratsystem, sondern man empfindet die musterbedeckte Fläche lediglich als sehr reich geblümt.

Hexagon Sechseckformen kommen, verschieden groß gestaltet, in kaukasischen, türkischen und kurdischen Teppichen vor. Oft auch übergroß im Mahal, Senneh und anderen mittelpersischen Teppichen.

Hexagramm Siehe unter *Sterne*.

Hirsch Er ist selten in Teppichen dargestellt, am ehesten in solchen chinesischer Herkunft. In China gilt der

Hirsch (lu) als Glücksbringer für alle Unternehmungen und Berufe, die vorher großes geistiges Studium erfordern; in Persien ist das Hirschkalb Sinnbild für ein langes Leben. Auch als Sinnbild für hohes Einkommen gilt der Hirsch. Der im Teppich dargestellte Hirsch trägt oft eine Pflanze oder ein pilzähnliches Gebilde im Maul. Es ist dies das »ling dschi tsau«, das Kraut der Unsterblichkeit bzw. der Pilz der Unsterblichkeit.

Hirsch-Khilin Siehe unter *Khilin.*

Hund Man findet ihn sowohl im Nomaden- als auch im Luxusteppich (hier im persischen Jagdteppich) stilisiert oder naturalistisch dargestellt. Bei den

Orientalen heißt der Hund »Kalb«, und er gilt in religiöser Hinsicht (nicht überall) eigentlich als unrein. Der Besitz ist nur für die Jagd, für die Wacht und für die Herdenhütung erlaubt. Der Handel mit Hunden ist untersagt (nur hält man sich nicht daran). Die islamische Glaubenslehre verkündet, daß die Engel kein Haus betreten, worin sich Hunde aufhalten. Hunde »schneiden die Salat ab« (stören die Andacht), wenn sie in die Nähe der Betenden kommen. Diese Meinung hegt man insbesondere gegenüber dem schwarzen Hund, er gilt als Sinnbild des Teufels. Dennoch wissen die Orientalen die Vorzüge des Hundes sehr zu schätzen, und die strengen Vorschriften werden just hier zugunsten des Hundes wenig beachtet. Im Teppich wird der Hund fast immer als Jagdhund dargestellt (siehe auch unter *Jagdhund*).

Hund, laufender Siehe unter *Georgische Borte* und nachstehende Zeichnungen.

Ibrik Die Wasserkanne im anatolischen Gebetteppich wird so (oder als »ibrikli«) bezeichnet. Sie erinnert den Moslem an die Pflicht der Waschung vor dem Gebet.

Inschriften Solche sind in Teppichen verhältnismäßig selten. Wenn vorhanden, dann stellen sie entweder einen Vers oder einen Koranspruch dar, oder sie nennen den Namen dessen, der den betreffenden Teppich knüpfte oder den Namen des mit dem Teppich Beschenkten etc. Die Inschriften sind entweder in Kufi, Neskhi oder Taalik gehalten, selten in hebräischen Buchstaben. Siehe auch unter *Buchstaben, gotische.* Im Gebiet von Kaschan wird das Einknüpfen von Inschriften mehr gepflegt als in allen anderen Gebieten. Siehe auch unter *Azerbeidschan* im 6. Hauptabschnitt.

Der Schweizer Carl Meyer-Pünter, der lange Zeit in Persien lebte und auch mit dem Titel »persischer Generalkonsul« ausgezeichnet wurde, teilt in seinem Buche »Meisterwerke altpersischer Teppichknüpferei« (Zürich 1921) einige solche Inschriften in Übersetzung mit. Eine davon sei hier zitiert:

»Oh, schenke! Frühlingswolken sind heraufgezogen, es ist grün geworden, und die Rose ist beglückt durch Regen! Der Tau hat Perlen in den Becher der Tulpe gegossen, die Tulpe hat die Lichtfahne der Jugend erhoben. Die Narzisse hat den Blick auf die Sterne geworfen, die Nacht ist hell wie die Morgenfrühe für die sie Durchwachenden.

Selig jener, der den Becher, gleich der Tulpe, schwang über dem Antlitz mit sprossendem Flaum in der Gesellschaft von Rosenwangigen. Das Veilchen hat wegen der Vergänglichkeit des Grün ein blaues Gewand angelegt, wie die Trauertragenden.«

Jagdhund In persischen Jagdteppichen sieht man den Hund dargestellt, zuweilen mit Halsband (was Treue, Anhänglichkeit und Ruhm bedeutet), zuweilen ohne Halsband (was die Niedrigkeit und Abscheulichkeit versinnbildlicht). Siehe auch unter *Hund.*

Kaaba Arabisch, bedeutet zu deutsch »Würfel«. Ein würfelförmiger, fensterloser Bau in Mekka. Darin befindet sich ein schwarzer Stein, vermutlich ein Meteorit, der schon im Altertum als »Heiligtum« verehrt wurde. Mohammed wollte ursprünglich Jerusalem zum Zentrum des Islams machen, wurde aber von den Juden abgewehrt. Nun erkor er Mekka mit der Kaaba (und mit ihrem »heiligen Stein«) zum Mittelpunkt des islamischen Glaubens. Jeder Moslem soll zumindest einmal im Leben eine Wallfahrt, eine »Hadsch«, nach Mekka machen. In manchen Gebetteppichen wird die Kaaba als Musterform eingeknüpft, zuweilen auch nur der »heilige Stein«.

Kamel Das Kamel wird ziemlich oft im Nomadenteppich dargestellt, aller-

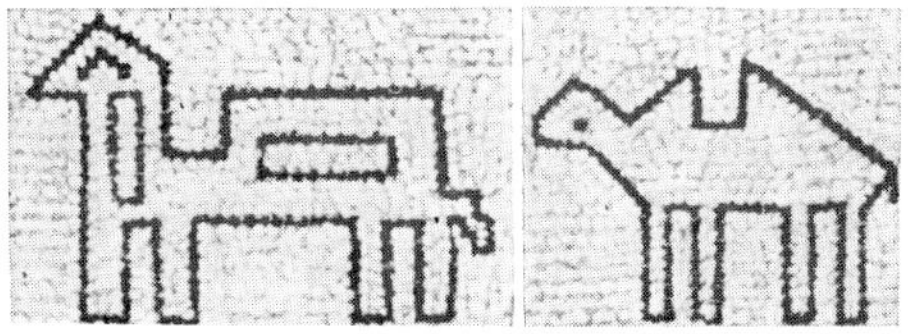

dings fast immer nur stilisiert und oft kaum noch zu erkennen. Die Kamel-Darstellung ist ein Symbol des Mitfühlens. Das Kamel gilt als geduldiger und verstehender Freund des Menschen. Symbolhaft wird das von den Knüpfern kaum noch verstanden, sondern sie werden vielmehr die Kameldarstellung deswegen einknüpfen, weil ihnen das Kamel als Haustier unentbehrlich geworden ist.

Kameltritt-Motiv Siehe unter *Afghan* im 6. Hauptabschnitt und nachstehende Zeichnung.

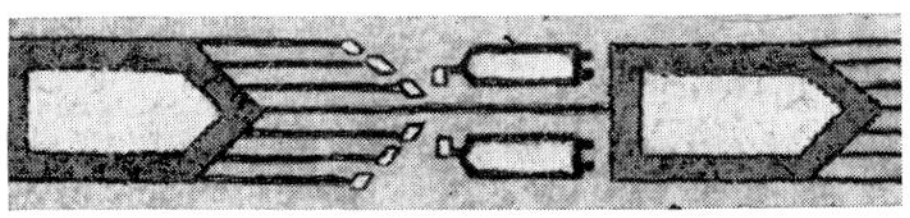

Kamm Der Mohammedaner muß sich vor dem Beten waschen. In Gebetteppichen ist manchmal eine Wasserkanne und zuweilen auch ein Kamm eingeknüpft, um den Gläubigen daran zu erinnern, daß Reinlichkeit der Frömmigkeit am nächsten steht. Auch in kaukasischen Teppichen, die nicht als Gebetteppiche dienen, findet sich der Kamm dargestellt, doch wohl nur aus der Freude an geometrischen Figuren überhaupt. Im übrigen gehört der Kamm (tschameh) zur Ausrüstung jeder Knüpferin. Es ist der Eisenkamm, womit sie nach jeder Knotenreihe die Wollbüschel samt dem anschließend eingetragenen Schuß fest niederschlagen kann, um so die erforderliche Festigkeit des Teppichs zu erzielen.

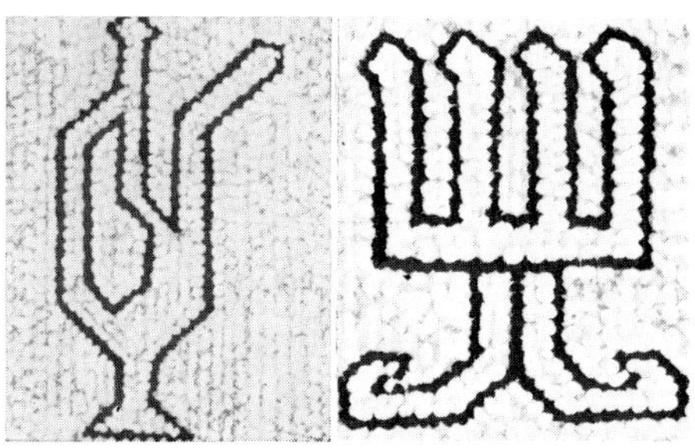

Kanne Siehe vorher unter *Kamm.*

Karakurt Siehe unter *Skorpion.*

Kartusche Rahmenartige, rechteckige oder oblonge Einfassungen, mit zierenden Ein- und Ausbuchtungen, vornehmlich in Hauptbordüren verwendet. Die Kartuschen-Innenfläche

wird mit Inschriften, Arabesken oder sonstiger Zeichnung gefüllt.

Kaschkai-Muster (Ghaschgha'i) Siehe unter »Aschkali-Muster« und im 6. Hauptabschnitt unter *Ghaschgha'i* und unter *Schiraz.*

Katzenpfötchen-Muster Die Türken sagen »kedibasti« (»kedi« = Katze) zu jener Musterung in anatolischen Gebetteppichen, in deren weißem Feld naturalistisch gehaltene Katzenpfötchen durchlaufend eingeknüpft sind, was den hellen Fond sehr belebt.

Khilin (Chi-lin, auch Kirin) Ein dem Menschen freundlich zugeneigtes, von Gott beseeltes, vernunftbegabtes Sagentier, das vom Hirsch (auch vom Pferd oder Löwen) den Leib, aber schuppig, und vom Ochsen den Schwanz hat. Es erscheint auf der Welt, um die Geburt eines von den Göttern auserwählten Mannes zu begleiten, der ein Wohltäter der Menschheit werden wird. Den Chinesen ist der Khilin eines der vier heiligen »Ling« (göttliche Tiere): neben Phönix, Drache (siehe dort) und Schildkröte. Man fand den Khilin nur auf sehr alten Teppichen, in jüngster Zeit sieht man ihn auch in neuen Stücken.

Klammerhaken Diese gibt es in verschiedenartiger Form. Nachstehende Zeichnungen zeigen zwei der Arten.

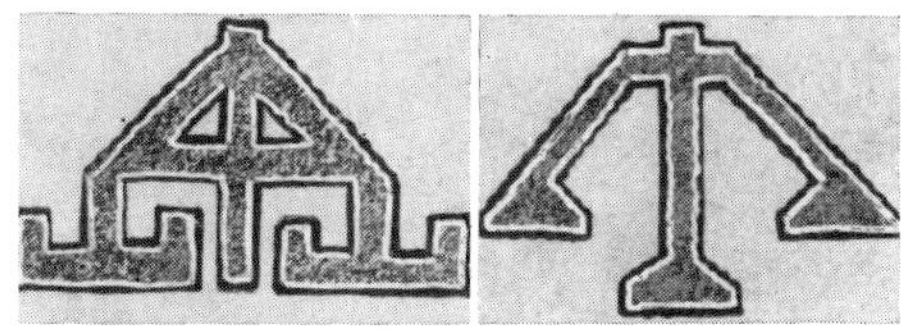

Kleeblatt-Motiv In verschiedenen Turkmenenteppichen, vornehmlich solchen der Ersari, die auch oft als »Afghan« bezeichnet werden, sieht man in den Güls Muster wie dreiblättrigen Klee (das Muster sieht aber oft auch aus wie »Kirschen mit Stengeln«). Diese Musterform soll angeblich schon seit Jahrhunderten verwendet werden.

Knospen Überall dort, wo in den Teppichen Blumen und Blüten dargestellt werden, sind in der Regel auch Knospen anzutreffen.

Kokospalme Siehe unter *Baum.*

Konya-Blume Siehe unter *Blumen.*

»Königs-Gül« Zu Unrecht wird aus Händler-Interessen das Gül des Teke-Teppichs so genannt, eines Teppichs, den man – ebenfalls zu Unrecht und unrichtig – als »Buchara« anbietet. Einzelheiten im 6. Hauptabschnitt unter *Buchara* und im 11. Hauptabschnitt unter *Von den Turkmenenstämmen.*

Krabbe In kaukasischen Teppichen findet sich (besonders im Kasak und im Schirwan) in der Hauptbordüre (aber auch im Feld) die Palmetten- und Blütenranke so sehr geometrisiert, daß sie krabbenähnlich aussieht. Es wurde üb-

lich, dies mit »Krabbenmuster« zu bezeichnen. Auch die Russen sagen dazu »rak« (Krebs) oder »morskij rak« (Meereskrebs), obgleich das Meer von jenen Teppichgebieten ziemlich weit entfernt liegt. Es scheinen da mythologische Belange nachzuwirken, möglicherweise hängt das mit dem Mondkult zusammen. Die Krabbe war Sinnbild des Schwarzmondes, auch bei Bergvölkern. Siehe hierzu die einschlägige Fachliteratur über Sinnbilder etc.

Kranich Den Alten war der Kranich das Sinnbild der Wachsamkeit. Den Kalmücken gilt er seines glänzenden Schädels wegen für heilig, den Japanern als Bringer des Glückes, den Persern und Chinesen ist er Sinnbild des langen Lebens. Dagegen nimmt man den Kranich in Indien als Symbol der Scheinheiligkeit, des Betrügers und des religiösen Heuchlers. Kraniche findet man nur in indischen und persischen Luxusteppichen dargestellt. Die Chinesen sagen, der Kranich (sien ho) brauche, wenn er einmal 600 Jahre alt sei, nur noch flüssige Nahrung, und er lebe dann noch 2000 Jahre lang.

Kraut der Unsterblichkeit Siehe unter *Hirsch.*

Kreis Siehe die Bemerkungen in der Einführung zu diesem Kapitel.

Kreuz Das Kreuz (»hatsch«, kreuzartig = »hatschlu«) kommt in neuen Teppichen zwar öfter, aber nur noch als Zufallsergebnis vor. Es hat mit dem christlichen Kreuz (dieses heißt »al-Salib«) nichts zu tun. In alten Teppichen können kreuzartige Motive noch als Zeichen für die »vier Ecken der Welt«, auch als Symbol für den Kreislauf der Gestirne bzw. als Sonnenzeichen gegolten haben. Siehe die Schlußbemerkungen zu diesem Kapitel und die dort befindlichen Zeichnungen. Man beachte auch die großen Kreuzformen der »Hatschlu« genannten Teppiche. Siehe hierzu im 6. Hauptabschnitt unter *Hatschlu.*

Kronjuwelen-Muster Siehe unter *Miri-bota.* Der Ausdruck ist jedoch lediglich »Bazar«-Latein, um Käufer anzulocken.

Kufische Schrift Das ist eine der ältesten Formen der arabischen Schrift, benannt nach der Stadt Kufa (syrisch Akula) bei Bagdad, die eine Zeit hindurch Residenz der Kalifen war, jetzt aber verfallen ist. Der Legende nach soll dort Adam begraben sein. Manche Bordürenmuster in alten kleinasiatischen, auch in den sogenannten Holbeinteppichen, ebenso aber auch in kaukasischen Teppichen, erinnern an kufische Schriftformen, haben aber mit

dieser Schrift keinen echten Zusammenhang.

Lanzett-Blatt Ein fischähnliches Schmuckblatt. Siehe auch unter *Blätter.*

Laufender Hund Siehe unter *Georgische Borte* und Zeichnungen unter *Hund, laufender.*

Lebensbaum Siehe unter *Baum.*

Leopard Man sieht ihn auf alten Teppichen dargestellt, zuweilen aber auch auf neuen persischen Tier-Teppichen. Er symbolisiert hohen Rang bzw. den Wunsch nach weiterer Erhöhung des Ansehens.

Lilie Die Lilie ist die Lieblingsblume der Inder. Siehe auch unter *Blumen.*

Lilienborte Siehe unter *Zinnenborte* und nachstehende Zeichnung.

Löwe In antiken Teppichen ist der Löwe (arslan) nicht selten. Der schreitende Löwe gilt als Sinnbild der Herrschermacht.

Lotosblume Name für unterschiedliche Blumen; in mythologischer Beziehung sind jedoch verschiedene Wasserlilienarten zu verstehen, vor allem die *nelumbium speciosum,* auch indische Seerose genannt, mit schildförmigen, bis zu 40 cm breiten, metallisch glänzenden, unter dem Wasser silbern

Lotosformen

schimmernden Blättern an bis zu zwei Meter hohen Stielen und mit weißen, rosenrot schattierten Blüten. Den Indern und anderen orientalischen Völkern ist sie heilig, sie gilt als Symbol der Reinheit wie der Befruchtung und der Unsterblichkeit. Sowohl die Blüte als auch das Blatt geben die Vorlage für viele Arabeskenfüllungen und sonstige Verzierungen, die immer wieder in mannigfachen Verbindungen zu den Bordüren oder im Mittelfeld der Teppiche zu sehen sind.

Sogenannte »Doppelte Lotosform«

Den Chinesen ist die Lotosblume (ho hua) ein Symbol für Langlebigkeit. In der buddhistischen Lehre ist sie eines der »acht Sinnbilder glücklicher Weissagung« (ba gi siang), sie ist auch Sinnbild des Sommers und »die heilige Blume, auf der die Götter wandeln«. Im Chinesischen (Taoismus) ist die Lotosblume der Göttin Ho Siäng-gu, der Schutzpatronin der Hausfrauen, zugeeignet. Wo die an sich rankenlose Lotosblume mit Ranken dargestellt wird (was der Chinese vermeidet!), handelt es sich um indischen oder persischen Einfluß. Die Ranken haben dann keine symbolische Bedeutung, sie sollen lediglich helfen, die Flächen zu füllen. Siehe auch unter *Blumen.*

Erstarrte Lotosformen (besonders in nordwestpersischen Teppichen)

Luchs Er ist nur selten in Teppichen dargestellt. Eine Art Luchs (Anak oder Karakal geheißen) geht der Legende zufolge stets vor dem Löwen her und kündet dessen Nahen durch Geschrei an, so daß der Luchs symbolisch als »Warner« (oder aber auch als Herold für einen Mächtigen) gilt.

Mäander (Mäandros) Ein im Altertum wegen seiner vielen Krümmungen berühmter Fluß in Kleinasien, jetzt Menderes genannt. Der Name wurde für eine Verzierung in Form einer rechtwinkelig gebrochenen oder spiralförmig fortlaufenden Linie ge-

bräuchlich. Eigentlich besteht jede Mäanderfigur aus einer Reihung von Viertel-Swastiken (siehe unter *Swastika*). Mäander finden sich in den Bordüren vieler Teppicharten eingeknüpft. Die Mäanderborte wird auch »Griechische Borte« genannt. Sie kommt in fast allen China-Teppichen in irgendeiner Form vor.

Mah, Mahi Mah heißt »Mond«, Mahi hingegen »Fisch«. Das Herati-Muster wird auch Mahi-Muster genannt. Auch zum Aschkali-Muster sagt man »Mahito-hoz«-Muster, wobei Mahi-to-hoz ungefähr soviel heißt wie »Fische im Teich«, also »vielgestaltig« und »lebendig«.

Eines der Mahi-tu-Haus-Muster

Im übrigen kann dieses Muster in seiner Sinndeutung durchaus wörtlich genommen werden, denn der Perser hat eine schwärmerische Vorliebe für Hausgärten mit Wasserbassins und am liebsten noch mit Fischen darin. Vergleiche in dieser Hinsicht z. B. unsere Notiz bezüglich des Teppichs »Frühling des Chosrau« im 2. Hauptabschnitt.

Mandelmuster Siehe unter *Mir-i-bota.*

Medachyl Siehe unter *Zinnen-Borte.*

Medaillon Eine von einer Einfassung umgebene runde oder ovale Zeichnung. Als Medaillon wird beim Orientteppich die im Mittelteil zentral stehende Zeichnung angesehen. Es kann aber das Mittelfeld auch mehrere Medaillons tragen, auch können die Ekken des Mittelfeldes mit Viertel-Medaillons ausgefüllt sein. In China und in Chinesisch-Turkestan sind die Medaillons nicht genau kreisrund, sondern etwas abgeplattet, sie werden als Glückskreise oder Schu (shou) bezeichnet und sind das Symbol der Unendlichkeit und des langen Lebens. Der Samarkand zeigt oft mehrere Schu. Siehe hierzu die Bemerkung unter *Glückwunschzeichen* und Zeichnungen unter *Gül.*

Meder-Stern Wenn der Achteckstern von einer Linie umschlossen

wird, dann nennt man ihn Meder-Stern (nach dem ausgestorbenen Volk der Meder).

Menschendarstellung In persischen Teppichen oft porträtgetreu, in Nomadenteppichen wie in nachfolgender Abbildung.

Midjimara So heißt das Räuchergefäß. Man findet seine Darstellung im Giebel mancher Gebetteppiche, es soll oft an die Weihe der Gebetstunde erinnern. Oft wird dieses Muster aber auch als »Opferstock« bezeichnet. Zeichnung nachfolgend.

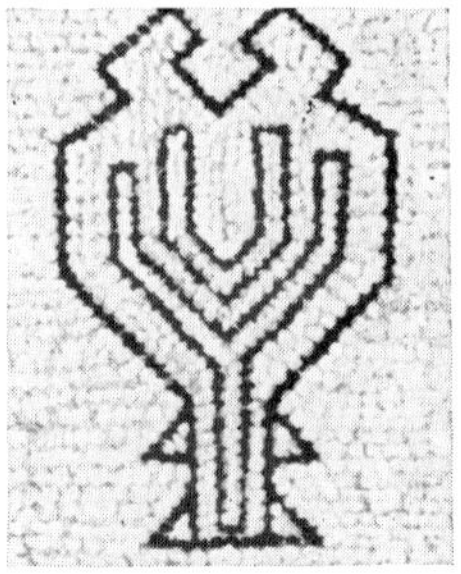

Mihrab Siehe unter *Giebel.*

Minakhani-Muster (Mina-Chani) Es zeigt zweierlei Blumen rapportmäßig und gitterartig so gebracht, daß eine große Mittelblume (meist die Pfingst-

rose, Päonie) von vier kleinen Blumen (Nelken, Narzissen) umgeben ist, die sozusagen die Eckpunkte eines gedachten Quadrates darstellen. Das Muster heißt auch Dschouschegan-Muster, ebenso wird es auch Zentral-Muster genannt.

Ming-Wappen Eine Darstellung, die (mehr oder weniger stilisiert) den Vogel Phönix und den Drachen zeigt, sieht man zuweilen in Orientteppichen. Das Wappen der Ming-Dynastie (1368–1644), die China beherrschte, zeigte ebenfalls diese Darstellung, daher der Name. Siehe Zeichnung unter *Drache.*

Mir-i-bota (Miribota, Mir-e-boteh, Muhr-i-bota, Mühüri-bota, Mühri-botäh) Kaum ein anderes Muster wird in weiten Orientteppich-Gebieten (vornehmlich in Iran) so häufig verwendet wie dieses, allerdings in mannigfacher Art und Form. Siehe dazu die Zeichnungen auf der nächsten Seite. Dieses Muster hat viele Namen, so u. a. Palmwipfelmuster, Birnen-, Schal-, Flammen-, Mandel-, Zapfen-, Flußschleifen-, Siegel-, Kronjuwelen-, Fischblasen- und Flohmuster. An sich heißt Mir-i-bota ungefähr soviel wie »fürstliche Pflanze«.

Das Muster ist leicht erkennbar, selbst bei starker Stilisierung: eine Art Palmwedel mit stets überhängender Spitze, entweder nach rechts oder nach links. Bei sehr stilisierter Darstellung sieht der Palmwipfel wie »geknickt« aus. Wo die Mir-i-botas reihenweise verwendet werden, neigen sich die Wipfel der einen Reihe nach rechts, die der nächsten nach links und so fort. In manchem Serabend und im Schiraz sind die Wipfel aller Reihen allerdings nach der gleichen Seite gekehrt. In mittel- und westpersischen Teppichen findet man das Muster oft nur kleinformatig, in der Teppichsorte »Mir« sogar sehr klein gestaltet (daher auch der Name Floh-Muster). In ost- oder südpersischen Teppichen, ebenso in Indien, erreicht es Größen bis zu drei Dezimeter. Das Mir-i-bota scheint fast nie vereinzelt im Teppich auf, sondern fast immer in Reihen oder Gruppen, bzw. es ist der ganze Teppichfond im endlosen Rapport mit ihm durchgemustert. Es wurde um die Herkunft dieses Musters schon viel gerätselt. Man findet in der einschlägigen Literatur die verschiedensten Auslegungen. So behaupten einige Autoren, das Mir-i-bota sei die Nachbildung des Tannenzapfens, der als Sinnbild des langen Lebens gelte. Andere wieder halten sich daran, daß es sich eben um das Schal-Muster handle und daß der Name von den indischen Schals (Kaschmir-Shawls) komme, die früher fast immer dieses Muster zeigten. Wieder andere Autoren behaupten, der Name Siegelmuster sei der einzig richtige (»muhur«, »mühür« = Siegel), und zwar deshalb, weil die Fürsten der alten Zeit ihre geschlossene Hand in Blut tauchten und damit ihre Gesetze, Todesurteile usw. siegelten. Tatsächlich zeigt die geschlossene Hand mit dem angelegten Daumen die Mir-i-bota-Form. Der Name Flammen-Muster soll daher kommen (sagen andere), weil die alten Feueranbeter (die Parsen) darin die Flamme dargestellt sahen. So vertritt jeder Autor eine Meinung, oder aber er spricht überhaupt nichts von der Herkunft dieses so außerordentlich häufig aufscheinenden Musters, das auch seit langem in der gesamten Welt, vor allem in Europa und in Amerika, immer und immer wieder auf Damenkleiderstoffen, Schals, Kopftüchern, Vorhängen, Decken, Überwürfen und natürlich auch in maschinengewebten Teppichen zu finden ist.

Am nächstliegenden war die Annahme, daß es sich bei dem so vielfach verwendeten Muster um ein uraltes Palmen-Vorbild handelt. Denn die Palme, die es in etwa 3000 Arten gibt, ist heute noch der »fürstliche Baum«, wie sie schon seinerzeit von Linné als »Fürst unter den Bäumen« bezeichnet wurde. Sie ist der Baum, der Leben und Nahrung und Schutz spendet. In früheren Zeiten, als die asiatischen Gebiete noch nicht derart versteppt waren wie heute und es große Palmwälder gab, kam dem Palmenbaum sogar noch größere Bedeutung zu. Er war ein heiliger Baum. Der Palmzweig galt schon früh bei allen orientalischen Völkern als Zeichen des Siegers; auch im alten Rom trug der siegreich heimkehrende Feldherr Palmzweige in der Rechten (siehe auch die vielen Hinweise in der Bibel auf Palmen und auf Palmzweige).

Allerdings muß auch dies bemerkt werden: Die Kultur der Dattelpalme reicht gegenwärtig im allgemeinen nicht oder nicht weit über den 35. Breitengrad hinaus. Das heißt, daß nördlich dieser Breite die Dattelpalme immer seltener wird. Das beginnt schon

Verschiedene Mir-i-bota-Formen

in Nordwestpersien. Tatsächlich verschwinden dort auch immer mehr die Palmwipfelmuster aus den Teppichen, bzw. sie nehmen geometrische Formen an und sind schließlich oft gar nicht mehr im ersten Anschauen als Palmwipfel zu erkennen. Der kaukasische Teppich zeigt dieses Muster schon spärlicher, der turkmenische praktisch überhaupt nicht mehr. Wenn aber doch, dann ist das mehr auf die Musterverschleppung zurückzuführen als auf Tradition.

Die Palme liefert den Menschen nicht nur Brot (Palmmehl, Sago), Wein, Öl, Honig, Wachs, Gemüse (Palmkohl) und Holz für alle Zwecke, sondern noch vielerlei – ja fast alles, dessen der Mensch bedarf: Besen, Bürsten, Bindfaden, Stricke, Netze, Hängematten, Flechtstoff für Körbe, aus den Blättern werden Behälter, Hüte, Matratzen, Garne, Gewebe, Fackeln, Zunder usw. gemacht; die Blattrippen dienen als Nadeln, Fischreusen, Stöcke, Schirme, Fächer, Dächer; aus Wurzeln, Blättern und Blütenknospen gewinnt der Eingeborene verschiedene Arzneimittel – die Früchte aber (Datteln usw.) ernähren Mensch und Tier zuverlässig, ausreichend und gut.

Schon Dr. Polak wies in seinem 1865 erschienenen Reisewerk über Persien darauf hin: »Einfache Variationen der Palmen bilden das Grundmuster der Teppiche und Schals.« Als ein Europäer, der Persien durchreiste, einen Perser befragte, warum man der Palme gar so große Verehrung gebe, antwortete dieser: »Siehe, Herr, das Schiff, auf dem ich reise, ist aus Palmenholz, seine Masten sind aus Palmenholz, aus Palmenbast haben wir die Seile gedreht, und aus Bast haben wir die Segel gewebt. Datteln sind unsere Nahrung, Palmwein ist unsere Lust, und Datteln führen wir als Fracht in fremde Länder und tauschen dafür alles ein, dessen wir bedürfen!« Treffender konnte der Mann für die Palme, die auch »Siegel des Orients« heißt, nicht eintreten. Kein Wunder also, daß die Palme seit eh und je eine ungemein große Rolle im Leben des Orientalen spielt und daß er ihr Sinnbild, den Palmwipfel, schon sehr früh (in vorislamischer Zeit) in seinen Motiv- und Ornamentenschatz aufgenommen hat.

Warum aber ist in allen Darstellungen – ausnahmslos! – dieser Palmwipfel geneigt? Weder die Orientalen können darüber etwas sagen noch findet man in der umfangreichen Literatur über den Orient eine Erklärung dafür, nicht einmal in der großen »Enzyklopädie des Islams«. Wohl aber wird in diesem Zusammenhang in der Lebensgeschichte Mohammeds, des großen Propheten und Begründers des Islams, eine hübsche Legende erzählt: Mohammed befand sich einst in glühender Hitze auf weitem Marsch im schattenlosen Land. Endlich erblickte er einen Dattelbaum. Es war einer jener Gattung, die man »Es-sihani« nennt. Mohammed schleppte sich erschöpft zu diesem Baum. Der aber erkannte den Propheten, er neigte ehrfurchtsvoll und schattenspendend seine Wipfel über ihn, und er war glücklich, dem Abgesandten Allahs auf seine Weise dienen zu dürfen ...!

Das ist, wie gesagt, Legende. Denn diesen geneigten Palmwipfel findet man als Webmuster in orientalischen (auch in koptischen) Geweben, die nachweislich aus *vor*islamischer Zeit stammen.

Mohammed jedoch (das sei noch am Rande vermerkt), der in mancher Hinsicht ein Feinschmecker war, liebte nicht so sehr die Es-Sihani-Frucht, sondern er aß mit Vorliebe die Dattelsorte »Bioni«. Tatsache ist, daß die Palme auch in vielen Poemen des Orients besungen wird und daß es zahllose Sprichwörter gibt, in denen sie eine Rolle spielt. (»Hat der Afghane einmal eine Palme gepflanzt, so läßt er sich eher ermorden oder hängen, ehe er sie verläßt!«)

Mohammed selbst hielt außerordentlich viel von den Palmen. Kamen Gesandtschaften fremder Fürsten zu ihm, so wurden sie nach einem bestimmten, genau einzuhaltenden Zeremoniell empfangen. Dabei hielt Mohammed stets einen Palmenstengel in der Hand, an dem die unteren Wedel entfernt, die oberen aber vollzählig vorhanden waren.

Wie hoch die Palmen im Orient geachtet und geschätzt wurden, geht auch daraus hervor: Sosehr bei den verschiedenen Kämpfen und Kriegen in diesen Räumen grausam gemordet, geschändet, gemartert, niedergebrannt und verwüstet wurde: die Dattelpalme blieb in all den Jahrhunderten verschont, kaum jemand wagte es, einen solchen Baum umzuhauen. Ein einziges Mal durchbrach Mohammed selbst dieses noch aus der Antike stammende ungeschriebene Gesetz: Als er die jüdischen Stämme Medinas bekämpfte und belagerte, ließ er die Palmbäume der Belagerten umhauen. Das aber war sogar seinen eigenen getreuesten Leuten zuviel, sie drohten mit offener Meuterei, Mohammed hatte alle Mühe, sie zu besänftigen. Nie wieder wagte er – und sein Leben war an Blutvergießen wie an harten Zerstörungsbefehlen reich! – eine solche Tat. Wohl aber benützte er die Palmen und ihre

Früchte wiederholt dazu, Beduinenstämme für sich zu gewinnen, so daß sie ihm Krieger, Pferde und Kamele für Kriegszüge beistellten, indem er ihnen (abgesehen von dem üblichen 20%igen Anteil an der Beute) ein Drittel oder die Hälfte der Dattelernte eines bestimmten Gebietes zusicherte. Einige andere Forscher erklären die Sache so: Die altpersische Götterlehre (Zoroaster) berichtet, daß die ersten Menschen als Bäume aus der Erde sprossen, sich in ihren Wipfeln vor der Sonne neigten und sich dann zur Menschengestalt wandelten. Nicht unmöglich sei, daß dieser Mythos dann in den Mir-i-bota-Formen seinen bildlichen Ausdruck fand.

Auch eine weitere Spur ist von der Forschung verfolgt worden: In persischen Seidengeweben aus der Sassaniden-Zeit (226–640 n. Chr.) scheinen als Webmuster oft Hähne auf (der Hahn war ein wichtiges Kult-Tier). Diese Hähne zeigten ausgeprägt geschweiftes Gefieder, das palmwipfelähnlich aussah. Diese persische Figuration (die von Griechenland her beeinflußt war) wurde schon bald von den Chinesen übernommen. Sie stellten in ihren Geweben vornehmlich den bei ihnen beliebten, für heilig gehaltenen Vogel Fong huang (Phönix, eine Art Goldfasan) dar, dessen Schwanz- und Flügelfedern auch palmwipfelähnlich durchgebildet aufscheinen. Schließlich wurde der Tierkörper überhaupt weggelassen, und es blieb nur das palmwipfelähnliche Gebilde, das sehr willkommen war, um mit ihm die freien Räume zwischen den Ranken zu füllen. Der Louvre in Paris besitzt einen aus dem 7. Jahrhundert stammenden chinesischen Seidenstoff, der als Rankenfüllsel deutlich ausgeprägte Mir-i-botas zeigt, wenngleich sie hier offensichtlich nicht mehr Flügel darstellen, sondern Blüten- oder Fruchtstände.

Später, etwa ab dem 13. Jahrhundert, als der Einfluß der persischen Lebenshaltung und Kunst auf China nicht nur zurückging, sondern nun umgekehrt China den ihm vorgelagerten Westen kulturell zu beeinflussen begann, scheint das Mir-i-bota-Motiv (dessen seinerzeitige Herkunft aus persischen Vogelgefieder-Darstellungen wahrscheinlich längst vergessen war) von Persien in der erwähnten abgewandelten Form rückübernommen worden zu sein. Solcherart habe das Mir-i-bota, so sagen die Vertreter dieser Ansicht, auch in den Motivschatz der Teppichhersteller Aufnahme gefunden.

Aber alle vorstehend geschilderten Versuche, die Herkunft des Mir-i-bota-Motivs zu klären, sind jetzt überholt und nicht mehr stichhaltig, denn Professor Otto Koenig, Leiter des »Institutes für Vergleichende Verhaltensforschung« der Österreichischen Akademie der Wissenschaften, hat im Verein mit seinen wissenschaftlichen Mitarbeitern die Herkunftsfrage des Mir-i-bota-Musters genial geklärt und Thesen aufgestellt, die kaum einen Zweifel darüber lassen, daß sie richtig sind. Wir geben im 11. Hauptabschnitt eine gedrängte Übersicht über das sensationelle Forschungsergebnis, das jeden interessieren wird, der Orientteppiche liebt.

Mohammed-Juwel Siehe unter *Sterne.*

Nähte So nennt man die dünnen Trennlinien zwischen den einzelnen Bordüren.

Narzissen Siehe unter *Blumen.*

Nelken Die Nelke ist die einzige Blüte mit gezacktem Blütenblatt. Der

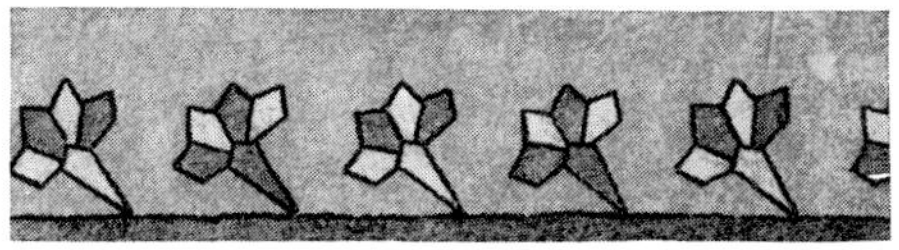

Teppichknüpfer zeigt manche Verwandlung der Nelke, sie bleibt aber immer gut erkennbar. Im kleinasiatischen und auch im kaukasischen Teppich findet man oft die Nelkenborte. Siehe auch unter *Blumen.*

Neskhi Übliche, in die Literatur eingegangene Bezeichnung für die Schrift überhaupt. Das Wort entstand vermutlich durch englischen Einfluß. Richtiger ist sicherlich »Neschi« oder »Naschi«. Aber dieses Wort bedeutet keineswegs »die Schrift« überhaupt. Naschi ist vielmehr die auf das steife, geometrische Kufi folgende arabische Schrift mit rundem Duktus. Weitere Formen, die auch in der inschriftlichen Teppichornamentik vorkommen, sind dann das Talik, das Thuluth, früher Tsuluts genannt; dann das Nasta'ligh als besondere persische Form; dann das Riq'a, das türkische Divani und das persische Schikasta (Schikeste).

Oktagramm Siehe unter *Sterne.*

Oktogon Siehe unter *Achteck.*

Opferstock-Ornament Es wird auch Räuchergestell-Ornament (Midjimara) genannt. Man findet es in Teppichen Westturkestans. Siehe unter *Midjimara.*

Ornament-Arten: Es gibt geometrische, florale, animale, figurale und symbolische Ornamente. Man kann sie auch, nach der Art der Ausführung, insgesamt in naturalistische und stilisierte einteilen.

Päonie (Pfingstrose, Gichtrose) Besonders in China beliebt und dort in Teppichen dargestellt. Siehe unter *Blumen.*

Palast-Muster Siehe unter *Sonnenbrand-Muster.*

Palmette Das sind palmblattähnliche Darstellungen, gewonnen aus verschiedenen Vorlagen, wie aus der Blüte des Lotos oder aus seinem Blatt oder aus dem Palmenblatt, auch aus der Frucht des Granatapfels usw. Es gibt Kranz-, Kelch-, Fächer-, Blatt-, Scheiben- und Fratzenpalmetten, auch Arabeskpalmetten und bzyantinische Palmetten.

Palmwipfel Siehe unter *Mir-i-bota.*

Panther Er kommt zuweilen als Knüpfmuster in alten Teppichen vor. Steht er allein, dann versinnbildlicht er Rang und Ansehen.

Papagei Der Papagei gilt als Liebesbote. Man findet ihn in indischen und persischen Teppichen, doch nur sehr selten; in anderen gar nicht.

Partisane So heißt eine früher gebräuchliche Stoßwaffe, die der Hellebarde etwas ähnlich ist. Ein in armenischen und auch in persischen Teppichen vorkommendes Muster erinnert

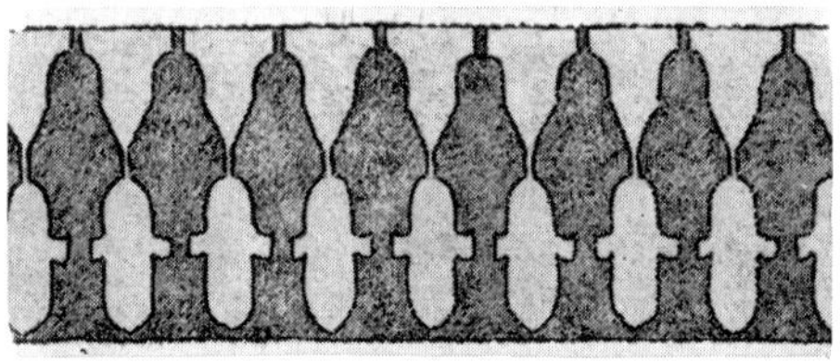

an solche Partisanen und wird deshalb Partisanen-Muster genannt.

Pentagramm Die alten Orientalen sprachen, als sie begannen, sich mit ihrem Dasein und der Umwelt forschend auseinanderzusetzen, von einer Zweiteilung des Weltalls: »elati« und »shapahati« (oben und unten). Sie sprachen auch von einer Zweiteilung des Kreislaufes von Mond und Sonne und nannten die Sonnenwende »muhurili«, ein »Gegenüberstehen der Götter«. Auch wußten sie anfänglich nur um eine Zweiteilung des Jahres: in Winter und Sommer. Im weiteren Verlauf kamen sie zu einer Dreiteilung des Kosmos in Himmel, Erde und Ozean, schließlich aber, unter Bezug auf die Planeten Jupiter, Saturn, Merkur und Mars (die bei ihnen »paras«, »amuri«, »subartu« und »elem« hießen) zu einer Vierteilung beziehungsweise sprachen sie von vier Weltecken, vier Weltrichtungen, vier Winden usw.

Später zogen sie den Planeten »dilbat« (Venus) hinzu und kamen so zu dem kosmischen Zeichen des Pentagramms. Das Pentagramm wurde auch

Pentagramm

von den nicht sternkundigen Menschen als »besonderes Zeichen« geehrt, auch im europäischen Raum. Da wie dort galt es als Schutzzeichen gegen böse Geister. Bei uns findet man es noch in alten Kirchen angebracht, als Schutzzeichen gegen den Teufel. Später kam man zu einer Sechsteilung des Kosmos, wofür man als Zeichen zwei ineinandergeschobene und so zum Sechseckstern gewordene Dreiecke setzte. Es war dies das Hexagramm. (Siehe auch unter *Sterne.*) Noch später kam man durch Hinzuziehung von Mond, Sonne und Venus zu den vier oder unter Hinzuziehung von Sonne und Mond zu den fünf Planeten, zur Siebenteilung des Weltenkreislaufes und damit zum Heptagramm (Siebenzackstern). Dieses ist allerdings im Orientteppich fast nie zu finden.

Auf der Himmelskunde beruhte für den damaligen Menschen die gesamte Weltanschauung. Die altorientalische Lehre sagte, alle Vorkommnisse in der Welt seien nichts anderes als der Wille der Gottheit, die hinter den Gestirnen wohnt. Das Ideogramm für »Gott« war

Ideogramm für »Gott«

zugleich das Ideogramm für »Stern«. Die Sterne hießen (im babylonischen Kultbereich) »sitir same«, was »Schrift des Himmels« bedeutet – sie galten als Offenbarer des göttlichen Willens. (Nebenbei: Der Mond wurde in weiten Gebieten mehr geschätzt als die Sonne. Für die hitzegeplagten Menschen in den Steppenweiten, vor allem für die Nomaden, war die Sonne ein »Feind«, der Mond mit seinem milden Licht und seiner Kühle ein »Freund«. In Ackerbaugebieten war es wieder umgekehrt: die Sonne wurde als Erwecker allen Lebens, als Bringerin der Früchte an erster Stelle verehrt.)

Aus den Bewegungen und aus der Stellung der Gestirne zueinander müsse, so sagte man, der Wille Gottes erkannt werden – das sei unabdingbare Verpflichtung. Da die Planeten in verschiedenen Entfernungen und mit verschiedenen Umlaufzeiten über den »supuk same« (Tierkreis) wandeln, erschien den Alten dieser Tierkreis wie eine Auftürmung von übereinanderliegenden, sich verjüngenden Stufenkreisen oder wie eine kreisförmige Treppe, wie ein Stufenturm. Die letzte Stufe führte zum obersten Himmel (meist wurden sieben Stufen gezählt, so also führte die letzte in den achten Himmel). Die Tempel (jeder Tempel galt jeweils als der Mittelpunkt der Welt) waren nicht etwa so von ungefähr mit Tempelstufen versehen, sondern auch diese Stufen entsprachen den Stufen des Tierkreises, wie desgleichen auch die Tempelsäulen nicht vornehmlich aus architektonischen Gründen dastanden: sie wurden an den kritischen Weltpunkten (Ost, West usw. samt deren Unterteilungen) errichtet. Heute sind diese Dinge im Orient so gut wie vergessen. Die Teppichknüpferin, die Fünf-, Sechs- oder Achtecke oder sonst irgendein Motiv einknüpft, weiß nichts mehr von diesen Ursprüngen der Muster, für sie ist das alles eben nichts als »Muster«, nichts als Arbeit, als Broterwerb. Siehe dazu auch die Bemerkungen unter *Gül*, unter *Glückwunschzeichen, Tao-tie, Drache* und die Schlußbemerkungen zu diesem Kapitel.

Paragraphen-Borte Fortlaufende linksschräge S-Zeichen, in der Mitte mit jeweils einem Balken versehen, erinnern an Paragraphen. Diese Bortenmuster kennt man vornehmlich aus dem Kaukasus. Siehe hierzu auf Seite 117 unter *S-Borten* die beiden untersten Bilder: sie können als Paragraphen-Borten angesehen werden.

Perlenkette Man findet sie vornehmlich im ostasiatischen (chinesischen) Teppich, sie heißt »dschu biän«. Die

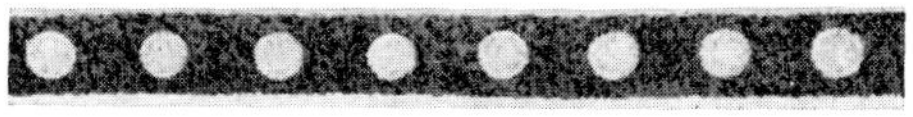

Perlenkette ist eines der ältesten Schmuckelemente im chinesisch-mongolischen Raum. Man fand sie schon auf Urnen aus Ton, die ungefähr um das Jahr 1100 v. Chr. angefertigt worden waren.

Pfau Er ist zuweilen auf indischen und persischen Teppichen zu finden. In China gilt der Pfau als Motivierung von

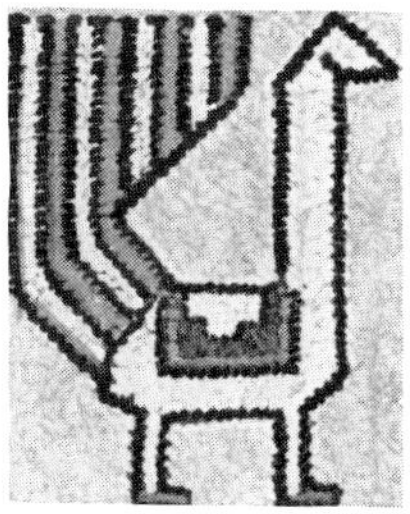

Schönheit und Würde, ebenso in Indien, indes er in Persien den Schutz des Himmels verspricht. In Persien und Indien wird der Pfau stets naturnah geknüpft, in kaukasischen Teppichen stets geometrisiert.

Pferd Das Pferd findet sich auf persischen Jagdteppichen, aber auch in Nomadenteppichen.

Pfeilspitzenornament Es findet sich vornehmlich in Teppichen aus dem kaukasischen und turkmenischen Raum, ähnelt oft dem reziproken Zinnen-, dem Dreiblatt- und auch dem Fischgrätenmuster.

Pfeilstamm Ein Wunsch für langes, ruhmerfülltes Leben.

Pfirsich In China galt er als die Frucht der Unsterblichkeit.

Pfirsichblüten In China sind sie ein Frühlingssymbol, in anderen Teppichen mögen sie wohl auch gelegentlich aufscheinen, doch sind sie in der Regel nicht gegenständlich dargestellt, also nicht mit Sicherheit als Pfirsichblüten erkennbar. Sie dienen dann meist nur als Füllsel, ein Symbolgehalt kann ihnen dann nicht zugesprochen werden.

Phönix Der arabischen Sage nach fliegt der Vogel Phönix (chinesisch Feng huang oder Fong huang, Fung hoang genannt) alle 650 Jahre von Indien oder Arabien (es gibt viele Versionen dieser Fabel) nach Ägypten und baut sich im Tempel des Sonnengottes sein Nest. In diesem verbrennt er sich selbst und geht dann aus seiner Asche wieder verjüngt hervor. In China bedeutet der Phönix das Wohlergehen, er war der Kaiserin zugeeignet und auch den Bräuten. Im allgemeinen gilt er im Orient als Sinnbild des ewigen Lebens. Er versinnbildlicht aber auch Wohlwollen und Güte, wie er auch als Bote der acht Genien (Taoismus) gilt, der den Verkehr zwischen ihnen und den Menschen vermittelt. Sein Erscheinen auf Erden bedeutet für die Menschen Frieden und Wohlstand. Der Phönix wird gerne zusammen mit dem Drachen abgebildet, oder es stehen zwei Phönixe nebeneinander. In letzterem Falle dann meist in Yin-Yang-Form. (Siehe darüber unter *Glückwunschzeichen* und unter *Drache.*)

Pflanzen Siehe unter *Baum* und unter *Blumen.* Dem Orientalen sind Pflanzen Wesen mit Seele. Der Reisbauer, dessen Feld nicht gedeihen will, betet bei Sonnenaufgang und Sonnenuntergang beschwörend: »Oh, Reisseele! Oh, komm, du, komm! Komm in mein Feld, komm zu meinem Reis! Komm von Westen, komm von Osten, komm aus der Kehle der Nachtigall, komm aus dem Munde des Affen, aus den Haaren des Kameles, komm aus dem Kornhause, aber komm, Reisseele, komm zu meinem Reis!« Und er ist überzeugt, daß sein Gebet hilft!

Polygon (»Vieleck«) Es kommt in turkmenischen, kaukasischen und anatolischen Teppichen ziemlich oft vor, oft als beherrschendes Muster, umgeben von Füllmustern. In diese Gruppe gehören z. B. die Güls und Göls der turkmenischen und afghanischen Teppiche.

Quadrate Man findet solche vor allem in kaukasischen Teppichen.

Ranken Die Ranke ist als Ziermotiv im ganzen europäischen und asiatischen Raum seit Urzeiten her bekannt. In kleinasiatischen Teppichen findet man sie in mehr geometrischer Form oder auch gebrochen. Im Nomadenteppich ist die Ranke etwas seltener; meist auch hier geometrisch oder gebrochen dargestellt, weil die Herstellung der geschwungenen und fließenden Linie für den Nomaden schwieriger ist. Die gegabelte Wellenranke findet sich in indischen und persischen Teppichen meisterhaft ausgeführt. In den Bordürenzeichnungen spielt die endlose Ranke eine wichtige Rolle. An sich symbolisieren Ranken das dauernde Leben, seine immer wiederkehrende Wiederholung und ein zweckerfülltes Dasein.

Blütenwellenranke

Rauten Man findet dieses an sich türkische Ur-Motiv in Teppichen aus allen Gebieten; in denen Kaukasiens und Turkestans sind sie oft mit besonderer Liebe gestaltet.

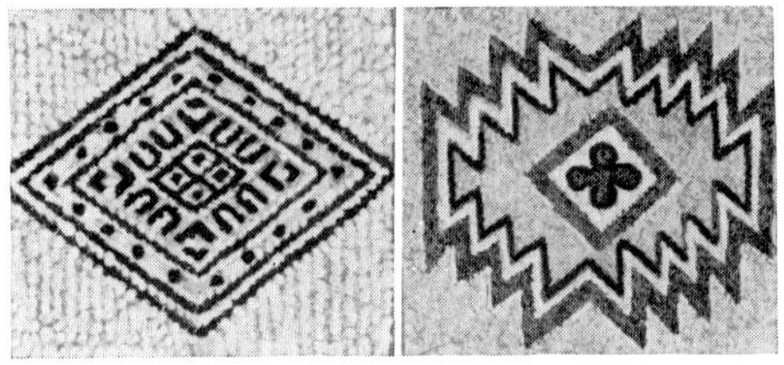

Links: Kirgisische Raute; rechts: Gezähnte Raute (Turkestan)

Rautennetz In indischen und indopersischen Teppichen trägt das Mittelfeld oft deutlich sichtbar ein Rautennetz.

Rautenornamente Es gibt solche unterschiedlicher Art, etwa wie glatte Rauten, strahlende Rauten, getreppte Rauten, hakenbesetzte Rauten, gezackte Rauten. Der Jomude bevorzugt besonders die Raute. Rauten zeigen den Wunsch nach Wachstum und Entwicklung an, insbesondere bedeuten sie Sieg. An sich ist die Raute ein vorgeschichtliches Himmelssymbol.

Rebhuhn Man sieht es in alten indopersischen Teppichen gegenständlich dargestellt. In Teppichen der Gegenwart ist es dann und wann in Teppichen aus Pakistan zu sehen.

Rechtecke Die kaukasischen und turkmenischen Teppiche zeigen viele Rechteckfiguren.

Rechteckhaken Die oft großen Rechteckhaken (Winkelhaken), einem Widdergehörn ähnlich, vor allem oft in südostkaukasischen Teppichen (Perepedil!) zu finden, dürften dem floralen

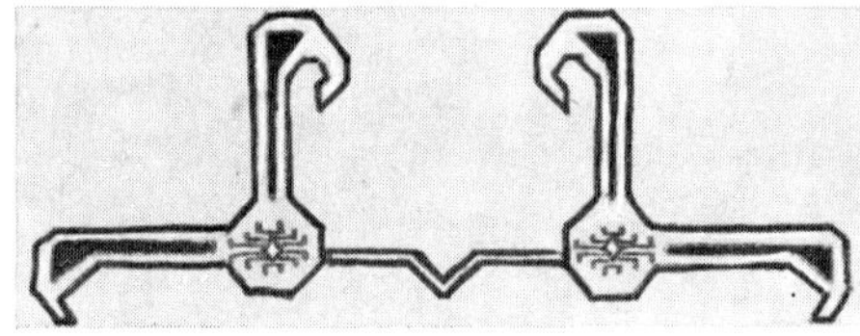

Bereich entstammen (sehr stark geometrisierte Ranken), unzweifelhaft aber hatte diese Musterung seinerzeit wesentliche mythologische Bedeutung. Just in diesen Gegenden, wo solche Knüpfmuster vorkommen, hatten einst der Widder und der Steinbock außergewöhnlich hohe kultische Bedeutung. Man lese darüber in der Fachliteratur nach, es werden da verschiedene interessante Zusammenhänge klar.

Reh Man findet es nur in persischen und indischen Teppichen. Es ist ein Sinnbild für Edelmut.

Reiher Er kommt nur in persischen und indischen Teppichen vor. In China ist der Reiher das Symbol für Langlebigkeit.

Reziproke Bordüren Kontinuierliche Bordürenreihe, deren Motive, um 180 Grad gedreht, in die Öffnung einer anderen, absolut gleichgearteten, andersfärbigen Bordürenreihe eingreifen kann. Siehe Muster unter *Zinnen-Borte.*

Rhodische Lilie Siehe unter *Blumen.*

Rose Sie kommt in unzähligen zeichnerischen Abwandlungen, geometrisiert (öfter), mehr naturalistisch (seltener, weil schwierig zu knüpfen) im Teppich vor.

Rose der Saloren Das Oktogon (Gül) der Teke-Turkmenen wird von den Orientalen so genannt. Die Saloren sind ein Turkmenen-Stamm, der seinerzeit selbständig war, dann aber im Teke-Stamm aufging.

Rosetten Rosette heißt soviel wie »kleine Blume«. Im allgemeinen versteht man darunter kleine, runde Blütenmuster. Auch kleinere Medaillons, wenn ihrer mehrere im Felde sind, werden als Rosetten bezeichnet. An sich ist die Rosette ein altes kunstgeschichtliches Ornament.

Sägezahnborte Die Zickzackborte, die Dreieckborte und auch die Eichenlaubborte werden so genannt. Man findet sie in allen Sorten der orientalischen Teppiche, vornehmlich aber in denen aus dem Kaukasus. Die Zick-zack-Borte wird auch als Wasser- oder Wellen-Borte bezeichnet. Sie symbolisiert das Wasser und damit die Ewigkeit.

Salomonstern Siehe unter *Sterne.*

Sarazenische Borte Siehe unter *Zinnen-Borte.* (Sarazene: mittelalt. Name für den Mohammedaner bzw. für den Araber.)

S-Borte Die S-Borte kommt in vielen Teppichen des Orients in mancherlei Abwandlungen vor. Sie ist das Symbol der Schlange und damit der Weisheit. Auch »Sonnenlinienborte« wird diese Borte genannt.

Muster von S-Borten

Schachbrettmuster In Belutsch-Teppichen sieht man oft schachbrettartige Musterung.

Schah-Abbas-Muster Schah Abbas, der von 966 (1557) bis 1037 (1628) mohammedanischer Zeitrechnung lebte, war nicht nur einer der fähigsten, sondern auch einer der kunstfreudigsten Herrscher Persiens. Er zog Künstler aller Sparten an seinen Hof zu Isfahan, wo er auch Teppich-Manufakturen errichtete. Die besonders kunstvolle Ausgestaltung der Palmette und ihre rapportmäßige Verwendung im Innenfeld des Teppichs (aber auch die reihenweise in der Bordüre) wird als Schah-Abbas-Muster bezeichnet. Im

Schah-Abbas-Palmetten

Museum von Teheran werden noch jetzt Originalentwürfe für Knüpfteppiche von Schah Abbas aufbewahrt. Die Schah-Abbas-Palmette kommt in vielen Varianten vor. Die gute Schah-Abbas-Palmette erkennt man an der in der Blattmitte alleinstehenden Zierzeichnung.

Schakal Nur in persischen und indischen Teppichen und da sehr selten.

Schalmuster Siehe unter *Mir-i-bota.*

Scheiben-Medaillon In ostturkestanischen Teppichen sind die Medaillons scheibenartig, meist leicht abgeplattet. Siehe unter *Gül* und unter *Glückskreise.*

Schekiri Eine Wellenranke, oft nur aus Pünktchen gebildet, die abstandsweise Mir-i-botas trägt. Diese Borte ist

fast immer im Serabend, aber auch in manch anderen Teppichen zu finden. »Schekiri«, »dsekiri«, »tschekiri« heißt soviel wie »zuckrig« (von »scheker« = Zucker kommend), ebenso aber auch – und dies ist hier maßgebend – »cremefarbig/strohgelb«. Die Schekiri-Borte im Serabend oder im Mir ist nämlich stets weißgrundig-cremefarbig (aber sie ist deshalb nicht »zuckrig« oder »süß«).

Schicksalsknoten Siehe unter *Gül* und unter *Buddha-Knoten.*

Schildkröte Eine schildkrötenähnliche Knüpfung sieht man nicht selten in persischen Nomadenteppichen, oft nur zart angedeutet. Die Schildkröte gilt als glückbringend, in China ist sie das Symbol für langes Leben und Unsterblichkeit, Beständigkeit. An sich handelt es sich meist um geometrisierte Palmetten.

Schirm In Chinateppichen älterer Art findet man schirmähnliche Einknüpfungen. Der Schirm war in China ein Symbol für Würde.

Schlange Sie ist nur selten zu sehen. Oft schaut das *Wolkenband* schlangenartig aus (siehe dort). An sich gilt die Schlange als Symbol der Erkenntnis, der hohen Weisheit, des Wunderbaren, der Ewigkeit. Auch ist sie der Wunschausdruck für langes Leben.

Wenn sich die Schlange in den Schwanz beißt, so ist dies ein Symbol für die ewige Wiederkehr. Im chinesischen Raum ist die Schlange das Symbol für den Gott des Wassers, den Gott der Fluten. Die S-Borte sieht oft so aus, als bestehe sie aus einer Aneinanderreihung von Schlangen.

Schlüssel-Borte Eine Art Mäanderborte (Viertel-Swastika).

Schmetterlinge Nur in chinesischen und indischen Teppichen. Symbol für Eitelkeit, aber auch Geistersymbol. In Indien gilt der Schmetterling als Hinweis auf Liebeleien. In China ist der Schmetterling (hu dia) ein Lautrebus und Wunsch für hohes Alter, denn »dia« bedeutet auch »hochbetagt«. Siehe die Rebus-Bemerkungen unter *Glückwunschzeichen.*

Schou (Shou) Siehe unter *Medaillon* und besonders unter *Glückwunschzeichen.*

Schwamm, heiliger Siehe unter *Heiliger Schwamm.*

Schwan Er gilt als Seevogel und kommt in älteren indischen Teppichen vor, zuweilen auch in südpersischen Tier- bzw. Landschaftsteppichen.

Schwertlilie Siehe unter *Blumen.*

Sechseck-Ornamente Dieses Ornament ist in vielen Orientteppichen zu finden, besonders häufig in Westturkestan.

Sechszackenstern (Hexagon) Siehe unter *Sterne.*

Siebenzahl Die Zahl Sieben (Sab, Saba) spielt im orientalischen religiösen Leben eine große Rolle. Es gibt sieben Himmel, sieben Erden, sieben Tore der Hölle. Verunreinigte Gefäße müssen siebenmal gereinigt werden; siebenmal muß man Steine werfen (eine religiöse Übung), siebenmal brennt man Wunden aus. Auch die Zehnervielfalt der Sieben (70, 700, 7000 usw.) ist heilig. Der Schweiß der Menschen wird bei der Auferstehung 70 Ellen tief in die Erde eindringen, das irdische Feuer hat nur ein Siebzigstel der Stärke des Höllenfeuers usw. Im Orientteppich kommt eine Knüpfung in Verbindung mit der Zahl Sieben aber nur sehr selten vor. Alte Kula-Teppiche haben manchmal sieben Bortenstreifen.

Siegel-Muster Siehe unter *Mir-i-bota.*

Skorpion Das Skorpionmuster (auch als Spinne oder Tarantel gedeutet) findet man in den Bordüren der Teppiche Kaukasiens, West- und Ostturkestans, angeblich, um dieses Tier abzuwehren. In Indien glaubt man, daß der Skorpion beim Kriechen über den menschlichen Leib Lepra hervorrufe. In China steht der Skorpion symbolhaft für Lasterhaftigkeit und Gift. Weitverbreitet ist in der orientalischen Landbevölkerung der Glaube, man müsse sich, wenn man von einem Skorpion gestochen wurde, sogleich verkehrt auf einen Esel setzen und durch die Gegend reiten, dann gehe das Gift auf den Esel über, dem mache es nichts aus.
Merkwürdigerweise gilt es in den meisten orientalischen Landschaften dennoch als gutes Omen, einen Skorpion (Akrab) anzutreffen. Der Skorpion spielt in der Traumdeutung eine große Rolle und ebenso in der Volksmedizin. Es heißt, wenn man den gewöhnlichen Skorpion ißt, dann bleibe man von Skorpionstichen verschont. Ein zerriebener Skorpion, auf Wunden gelegt, heile diese in kürzester Frist. Die Asche des verbrannten Skorpions helfe gegen Augenleiden und gegen den Stein. Eine Mixtur, zubereitet aus dem giftigsten Skorpion (*scorpio afer*) soll bei Aussatz heilsam sein. Skorpionöl wirke gegen Haarschwund, ge-

Muster der Skorpion-(Spinnen-, Tarantel-) Borten

gen Husten und gegen Rückenschmerzen. Der Skorpion gilt aber auch als Sinnbild der Verleumdung und der heimtückischen Feindseligkeit. Mit dem Ausdruck »die drei stechenden Skorpione« werden die (meist besonders kalten) Neumondtage im November, Dezember und Jänner benannt.
Im Gebiet von Kaschan (Keschan) gibt es eine besonders bösartige Skorpionart, vor der man sich dadurch schützt, daß man die Ruhelager auf Holzgestelle gibt (also eine Abart des europäischen Bettes schafft). Ein Fluch, der dort sehr volkstümlich ist, lautet: »Akrab kaschan de bestet senet!« (Daß dich der kaschanische Skorpion beißen möge!)
Im übrigen behaupten die Einheimischen, daß sowohl Skorpione als auch die noch mehr gefürchteten Tarantelspinnen (Phalangane) alle Kamelhaar- und Filzerzeugnisse meiden, daß man sich also auf Kamelhaarerzeugnissen und Filzteppichen gefahrlos der Ruhe hingeben könne, keines der giftigen Tiere werde sich dem Ruhenden nähern. Außer den vorgenannten Arten werden auch die kleinen Spinnen gefürchtet, die man Karakurt (Schwarzwurm) nennt, denn sie sind ebenfalls sehr giftig.
Wird jemand vom Skorpion gebissen, so legt man ihn auf den Rücken, flößt ihm stark gesüßte Milch ein, soviel er aufnehmen kann. Dann bringt man ihn in einen Trog, der mit vier Stricken an einem Baum oder sonst irgendwie frei aufgehängt ist. Durch kreisende Bewegung wird der Trog mit den Stricken eingedreht so weit es nur geht und dann losgelassen. Die Wirbelbewegung, die da entsteht, veranlaßt, daß der Kranke erbricht und dadurch das Gift ausscheidet.

Sonnenblume Siehe unter *Blumen.* Die Sonnenblume scheint nur sehr selten im Orientteppich auf, am ehesten ist sie im Kerman zu finden.

Sonnenbrand-Ornament Man nennt die großen Sterne mit vielen Strahlen so, die vornehmlich im Sumakh und seltener im Kasak zu finden sind. Dieses Muster wird auch »Palastmuster« oder »Adlermuster« genannt. Auch in alten Ferahan-Teppichen gibt es sehr schöne Sonnenbrandmuster.

Speer Er deutet den Wunsch nach Macht an, nach Herrentum.

Spinnen Siehe unter *Skorpion.*

Spirale Sie ist ein Sinnbild des sich entwickelnden Lebens. Die Doppelspirale weist auf Leben und Tod, Tag und Nacht, auf Vergehen und Wiedererstehen hin. Im Chinesischen ist die Spirale (le ween) ein Symbol für den Donner. (Siehe auch unter *Drache.*) In

Donnersymbol

zentralpersischen Teppichen sieht man oft schöne Doppelspiralranken, vor allem in Teppichen aus Isfahan.

Stangenmedaillon Im Hamadan, auch im Schiraz und in Teppichen aus Kurdistan sind die Rautenmedaillons (meist drei) durch ein stangenförmiges

Knüpfmuster verbunden. Man spricht dann von *Stangenmedaillons.*

Steinbock Er kommt nur in persischen Luxusteppichen vor.

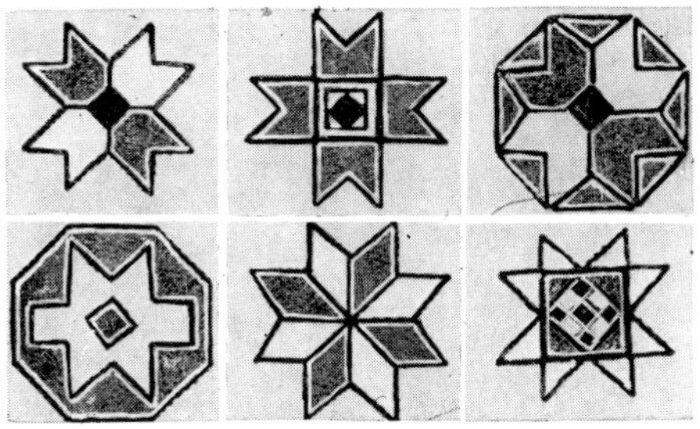

Einige Sternformen

Sterne Das Sternornament ist in kleinasiatischen, kaukasischen, ost- und westturkmenischen Teppichen fast immer zu finden. Seltener ist es in persischen Teppichen, fast nie in indischen oder chinesischen. Die Sterne können vier-, fünf-, sechs- und mehrzackig sein. Der Sechszackenstern wird »Wappen Davids« oder »König Davids Stern« geheißen, der Achtzackenstern heißt »Stern des Königs Salomon« oder »Salomonzeichen«, die Mohammedaner eignen ihn auch dem Propheten zu und nennen ihn »Mohammed-Juwel«. Wird der Achtzackenstern von einer Linie umschlossen, dann nennt man ihn »Stern der Meder«. Der Achtzackenstern gilt als Symbol der Himmelskörper. Sowohl der Sechs- als auch der Achtzackenstern heißen gleichermaßen »Salomo-Siegel«. Sie bannen die bösen Geister und geben Macht über die Kräfte der Unterwelt. Salomo (Schelomoh = Friedemann), von den Arabern Soleiman genannt, war der Sohn König Davids. Er regierte von 960 bis 917 v. Chr. Die Überlieferung spricht davon, daß er »mudjiza« (das ist »das, was überwältigt«, also Wunder) wirken konnte: Er hatte geheime Kenntnisse, die Winde waren ihm untertan, Legionen von Dämonen standen ihm zur Verfügung. Er besaß einen grün-

seidenen Zauberteppich für Reisen durch die Luft. Mit dem konnte er morgens Syrien verlassen und Afghanistan am Abend erreichen. Obgleich Salomo Jude war, genoß er bei den Arabern höchstes Ansehen. Der Siegelring Salomos mit dem Fünfstern (Pentagramm) war der Legende nach der Talisman seiner Weisheit und Zauberkraft.
Auch gilt das Pentagramm als Wunschzeichen für Gesundheit, ebenso aber auch als Abwehrzeichen gegen Dämonen. Vom Sechseckstern (Hexagramm), der aus zwei ineinandergeschobenen Dreiecken besteht (Davidstern), sagen die Araber, er stelle die sechs Seiten der Welt vor: oben, unten, vorn, hinten, rechts und links. Siehe auch *Meder-Stern* und *Pentagramm.*

Storch Man findet ihn in persischen und indischen Teppichen, aber nur selten. In China ist der Storch ein Symbol der Langlebigkeit.

Sträucher Siehe unter *Baum.*

Stundenglas-Borte Man findet sie vornehmlich in kaukasischen und in turkestanischen Teppichen. Das

Stundenglas ist das Symbol der Zeit und der Ewigkeit, das Sinnbild des Wanderers in der Zeit, des Ablaufes des Schicksals. Es ist auch ein Zeichen der ewigen Wiederkehr.

Swastika (Hakenkreuz) Die Swastika, das Hakenkreuz, ist vermutlich eines der ältesten Symbole. Der Name Swastika stammt aus dem Sanskrit und bedeutet soviel wie »Glück«. In China

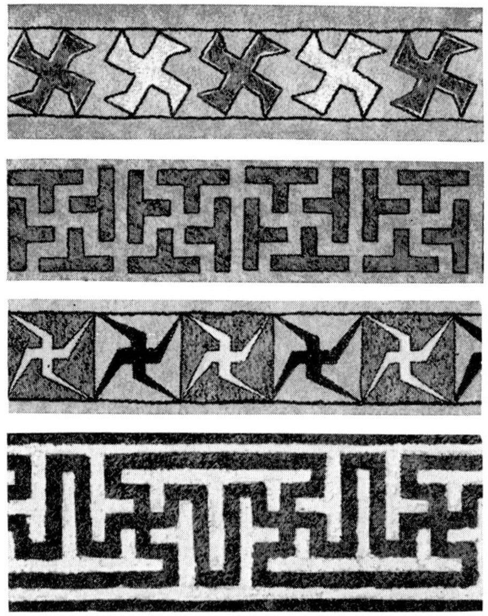

Einige Swastika-Arten

und in Japan ist die Swastika Symbol der Langlebigkeit, auch des Überflusses, der Fruchtbarkeit usw., wie man sie auch »das Herz des Buddha« nennt. Am meisten sieht man die Swastika in ostturkestanischen und in chinesischen Teppichen, seltener in persischen, turkmenischen und kleinasiatischen, etwas häufiger in kaukasischen Teppichen. Sind die Haken nach rechts gerichtet, dann wird damit der Wunsch nach Glück usw. ausgesprochen, sind sie nach links gerichtet, dann drückt das die Abwehr böser Kräfte gegen das bestehende Glück usw. aus. Die Swastika gilt auch als Sinnbild für das schaffende Leben. Das Mäandermuster (siehe dort) ist ein erweitertes und abgewandeltes Swastika-Motiv. Auch als Zeichen des Feuerkultes gilt die Swastika, vor allem dann, wenn im Kreuzungspunkt der Schenkel ein Loch (Kreis) angebracht ist. Es erinnert daran, daß die aus hartem Holz angefertigte Swastika die Unterlage für die Feuergewinnung war, die vier Schenkel dienten zum Festhalten, und das Loch in der Mitte nahm das Stäbchen aus weichem Holze auf, das man drehte, um durch die entstehende Hitze Feuer zu gewinnen. Im China-Teppich kommt die Swastika in Verbindung mit anderen Glücks-Sinnbildern vor, was dann symbolisch für »zehntausendfaches« Glück gelesen wird. Die endlose Swastika-Borte (wan dsii bu dau tou) bedeutet »Glück ohne Ende«. Siehe auch die Bemerkung unter *Glückwunschzeichen.*

Swastika-Ornamente Das sind Teile der Swastika (des Hakenkreuzes), zu Ornamenten verarbeitet. Man nennt sie auch Viertel-Swastika, meist aber auch Mäander-Muster.

Tannenbäume Siehe unter *Baum.*

Tao-tie (T'ao-t'hie) Ähnlich wie der Chinese Glückwunschzeichen besitzt (siehe unter *Glückwunschzeichen*), weiß er auch um abwehrende und beschützende Zeichen. Das bedeutendste ist das Tao-tie, das noch aus der Vorzeit stammt. Es ist das Symbol des höchsten Himmelsgottes, der in der Maske eines menschenfressenden Ungeheuers erscheint. (Tao-tie heißt wörtlich »Vielfraß«.) Dieses gottoberste Ungeheuer versinnbildlicht, daß es »die zehntausend Dinge der Welt jedoch nicht nur verschlingt, sondern auch neues Leben ausspeit« – es ist die schaffende und zugleich auch wegraffende höchste Gottheit, die nicht väterliche Güte verströmt, sondern absolute Herrschermacht ausübt. Die Men-

schen jener Zeit und jener Kulturkreise konnten nicht zuversichtlich sagen: »Wir glauben an Gott!«, sondern sie standen zeitlebens unter dem dumpfen Druck: »Wir fürchten unseren Gott wie nichts anderes!«
Um dieses Gott-Ungeheuer (Gott und vernichtender Teufel in einem) von menschenfressender Untat abzuhalten, wurde es in Maskenform in Türstöcke geschnitzt, auf Gefäßen eingeritzt oder eingebrannt, in Bronze gegossen und auch auf Textilien dargestellt. Man »nahm damit das Gott-Ungeheuer für sich gefangen« und machte es sich dienstbar bzw. für sich, sein Haus, seine Sippe unschädlich. (»Wenn Gott keine Sicherheit mehr bietet, dann muß ein Ungeheuer dazu gezwungen werden, Schutz zu gewähren!«) Diese Abbildungen und Darstellungen sollten also das Unheil von den Menschen abwehren.
Betrachtet man ein solches Tao-tie und vergleicht man es z. B. mit Bordürenmustern der Turkmenenteppiche, vor allem mit Bordüren älterer Jomud-Teppiche, dann kann man sich des Eindruckes nicht erwehren, daß zwischen der Bordürenzeichnung und dem altchinesischen Tao-tie (das seinerseits wieder die Ursprünge im mongolischen Raum gehabt hat) Beziehungen herrschen. Aber auch in persischen und kaukasischen Teppichen finden sich, wenngleich verzerrt (und unverstanden geknüpft) Zusammenhänge mit diesem alten Abwehrsymbol Tao-tie. Die wissenschaftliche Forschung wird hier noch manche Zusammenhänge aufhellen können.
Die Zeichnung unten rechts zeigt ein altperuanisches Gewebe mit Dämonendarstellung, die – wie merkwürdig! – stark an das Tao-tie erinnert.
Ab der chinesischen Chou-Zeit (1027–256 v. Chr.) scheint das Tao-tie kaum mehr in einer Sakralbronce in der ursprünglichen Form als »Ungeheuer« auf. Dieser Charakter des Furchtbaren und Machtfordernden verliert sich um jene Zeit immer mehr, die Tao-tie-Maske wird zur Zier, der vordem so furchterregend aussehende Kopf wird zunehmend hübscher gestaltet, mit sanften Augenbrauen, mit Locken und oft auch mit schmückenden, wohlgeformten Hörnern versehen. Aus solcher Darstellung strömte nichts Furchterregendes mehr, es war auch nichts mehr von einem Machtanspruch zu spüren, das Tao-tie wurde zum harmlosen Motiv.

Oben: Tao-tie-Darstellung auf einem mongolisch-chinesischen Gefäß, ca. 1000 v. Chr.; unten: Bordürenausschnitt aus einem Jomud-Teppich; rechts: altperuanische Dämonendarstellung

Tausendfüßler In manchen Teppichen, vornehmlich in denen der Belutschen, sieht man zackige Gebilde, die wie Tausendfüßler aussehen.

Teufel In Schiraz erfolgt die Abwehr des Teufels und des bösen Blicks durch den Hahn. Siehe unter *Hahn.* Im Türkischen heißt der Teufel »seytan«, in Persien »scheytan« (auch »schejtan«).

Tiba oder Tuba Mohammedanischer Name für den Lebensbaum.

Tiere Siehe unter den einzelnen Tiernamen. Interessant ist, daß dem gläubigen Perser folgende Tiere als »unrein« gelten: Löwe, Tiger, Leopard, Fuchs, Wolf, Schakal, Gepard, Otter, Marder und Hyäne, daß aber die meisten dieser Tierarten doch in Tierteppichen aufscheinen. Sie werden auch gejagt, doch wird kein gläubiger Perser das Fell solcher Tiere im Hause behalten. Er darf es aber an den »Giaur« verkaufen, vor allem dann, wenn es außer Landes gebracht wird. Giaur (»Gjaur«, »Giour«, von »kiafir« abgeleitet, soviel wie »Leugner«) ist ein Schimpfname, mit dem alle Nicht-Mohammedaner, vor allem die Christen, bedacht werden. Juden und Christen heißen auch »ahl-al-kitab« (Leute des Buches).

Tierkämpfe Sie sind in alten und antiken Teppichen nicht selten dargestellt. Auch die neuere Erzeugung nimmt Tierkampfbilder wieder auf.

Tierornamente Man findet sie sowohl im Nomaden- als auch im Luxusteppich.

Tiger Er ist in alten Teppichen zu finden. Der Tiger symbolisiert, obgleich er in weiten Kreisen als »unrein« gilt, Rang und Ansehen. Auch Tierteppiche aus neuester Zeit zeigen Tiger.

T-Ornamente Dieses Ornament, einem »T« gleichend, findet man in den Borten von Teppichen aus China und Ostturkestan und in solchen aus dem Kaukasus. Siehe dazu auch unter *Gül* und unter *Glückwunschzeichen.*

T-Borte; unten: Doppel-T-Borte

Tschi Siehe unter *Heiliger Schwamm.*

Tschintamani Drei Kugeln, Bälle oder Perlen sind eines der Wahrzeichen Buddhas. Man findet das Motiv aber auch in Teppichen aus dem kleinasiatischen Raum, und es gilt ebenso als Blitzmotiv. Einzelne Forscher nennen diese drei Kugeln das »Siegel Timurs« (Tamerlan, Timur-Lenk: Mongolenherrscher, 1336–1405). Bode-Kühnel sagt darüber: »In Wirklichkeit handelt es sich hier um eine Erinnerung an das legendarische Pantherfell, mit dem die ältesten iranischen und turanischen Herrscher bekleidet gewesen sein sollen und das nun besonders im türkischen Bereich, heraldisch ausgebildet in Tupfen-, Kugel- oder Mondsichelform, beliebt wird.« Endgültig geklärt ist also die Herkunft die-

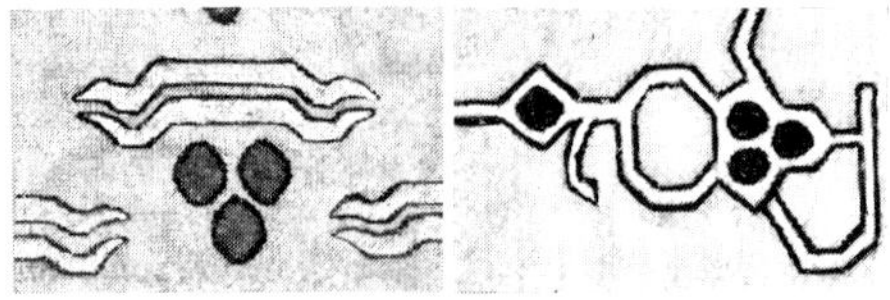

ses Motivs doch noch nicht. Man nennt Teppiche mit dem Tschintamani-Muster jetzt »Kugelteppiche«.

Tulpen Siehe unter *Blumen.*

Tulpenborte Siehe unter *Bordüre* und unter *Weinglasborte.*

Turkmenische Linie Die gebrochene Wellenlinie ist in Turkestan so häufig, daß man sie auch Turkmenische Linie nennt. Sie ist allerdings auch in vielen Teppichen der Belutschen zu sehen.

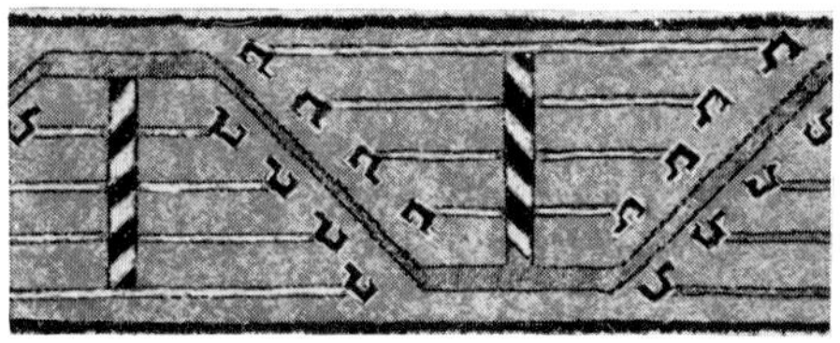

U-Ornamente Im Sileh-Teppich kommen außer den eingewirkten »S« auch »U« zur Anwendung.

Vasen Diese sind (mit den aus ihnen entsprießenden Blumensträußen) ein Symbol für Fruchtbarkeit und ewiges Leben. In China-Teppichen ist die Vase das Symbol für den Wunsch nach Frieden, abgeleitet von dem chinesischen Worte »ping« für Vase, das zugleich auch »Frieden« bedeutet. Siehe auch die Bemerkung über den Laut-Rebus bei den Chinesen unter *Glückwunschzeichen.* Persische Manufakturteppiche zeigen oft Vasen mit Blumen.

Vögel Sie sollen allgemein die Vorstellung von Frühling und Paradies hervorrufen. Wo Vögel in Spiralranken sitzen, bedeutet das den Wunsch nach Glück und Geborgenheit.

Volutenkelch Siehe unter *Zinnenborte.* Auch die Lilienborte wird so genannt. Alle diese Arten kommen jedoch auch als Einzelmotive vor.

Wasser In manchen persischen Teppichen (Gartenteppichen) findet man das Wasser dargestellt, als Bach oder als Teich gemeint. Wasser galt und gilt den Orientalen als eine besondere Gabe Allahs, als »Ursprung des Lebens«. Auf vielen gefaßten Quellen sieht man die Inschrift angebracht: »Vom Wasser ist alles Ding lebendig.« Und das orientalische Sprichwort sagt: »Ein schönes Antlitz, ein süßer Duft und fließendes Wasser sind uns der Inbegriff des Lebensgenusses.« Oder: »Ein Tropfen Wasser, dem Dürstenden in der Wüste gereicht, tilgt alle Sünden für hundert Jahre!« Oder: »Wenn du schon weinen mußt, dann sammle wenigstens deine Tränen!« Und: »Wo das Wasser aufhört, dort hört die Erde auf!« Von den Salzwüsten ihres Landes sagen die Türken, Turkmenen und Uzbeken: »Es war hier gutes, süßes Wasser. Aber weil die Reichen kein Wasser hergaben, ohne Münze dafür zu fordern, sickerten in das Wasser die Tränen der Armen, davon wurde es salzig. Das Laub von den Bäumen fiel ab, die Gräser verkümmerten, nur das Salz blieb ...!«

Wasserkanne Siehe unter *Kamm* und unter *Gebetteppich,* letzteres im 6. Hauptabschnitt.

Wasser-Motive Wasser- und Wolkenmotive gelten in Ostturkestan als Abwehr gegen den Zutritt böser Geister.

Weinglas-Borte Sie wird auch Becherborte oder Tulpenborte genannt, weil sie ähnlich aussieht wie ein Weinglas bzw. wie eine stilisierte Tulpe. Man findet sie vornehmlich in kaukasischen Teppichen (Schirwan, Kasak usw.). Zur Weinglasborte sagt man auch *Eichenlaubborte* (siehe dort).

Wellen-Borte, Wellenranke Die Wellenlinie gehört zu den ältesten Symbolen der Menschheit überhaupt. Sie findet sich in den Bordüren vieler Orientteppiche in klarer welliger oder gebrochener (intermittierender) Form.

Widdergehörn Man findet es, stark stilisiert, vornehmlich in kaukasischen Teppichen (Schirwan, Derbent, Perepedil usw.). Der Meinung, es handle sich lediglich um stark stilisierte Ranken, kann nicht unbedingt zugestimmt werden, denn der Widder (überhaupt jedes ein Gehörn tragendes Tier) hatte im Vorderen Orient ungemein hohe kultische Bedeutung. Dieses Muster birgt offenbar noch letzte Erinnerungen daran. Vermutlich besteht auch ein Zusammenhang mit den gegenübergestellten Haken und den seitensymmetrischen zahlreichen Hakenkombinationen (koca, kotschanak) die ein Grundmotiv aller turkstämmischen und turkmenischen Völker sind.

Wiedehopf Der Wiedehopf, Hudhud genannt, den man zuweilen als Knüpfmuster in feinen zentralpersischen Teppichen (Ghom etc.) findet, gilt den Orientalen als »Vogel der Pietät«. Er habe, so erzählt die Legende, seine tote Mutter lange auf dem Rükken getragen und davon die braune Rückenfarbe bekommen. Den Federbusch, den er auf seinem Kopfe trägt, erhielt er von Allah als Belohnung für seine gute Tat. Mohammed verbot, den Wiedehopf zu töten. Ein Wiedehopf (so erzählt eine andere reizende orientalische Legende) brachte König Salomo die Kunde von der ebenso schönen wie weisen Königin Bilkis zu Saba, und Salomo schickte der Königin durch einen Wiedehopf Briefe.

Wolf Er findet sich nur sehr selten als Knüpfmuster im Teppich. In Indien symbolisiert der Wolf das Nahen eines Unglücks.

Wolkenband Dieses Muster stammt aus dem Mongolisch-Chinesischen (yün ween) und wurde westwärts (in vielen Abwandlungen) in den turkmenischen, kaukasischen und persischen Teppich übernommen. Es ist ein

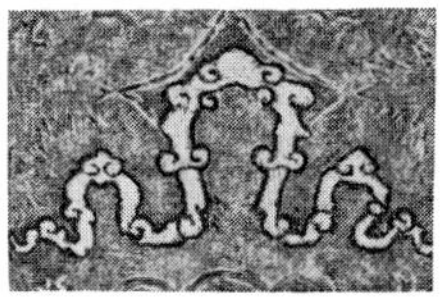

Wolkenband

Glückwunschzeichen und ein Symbol der Unsterblichkeit sowie der regenspendenden himmlischen Kraft. Siehe auch unter *Drache.*

Wolken-Borte Sie stammt aus dem Mongolisch-Chinesischen (yün tu örl) und wird in der Symboldeutung gern der Wellenborte gleichgestellt. Sie hat auch die gleiche Zeichnung. Sie gilt der Abwehr böser Geister. (Siehe auch die

Wolken- und Wasserborte

Wolkenköpfchen-Borte

Einführung zu diesem Kapitel.) Im Chinesischen gilt die Wolke als Symbol für »Möge alles deinen Wünschen gemäß sich erfüllen!«

Wurzeln Siehe unter *Baum.*

X-Bordüre Sie wird auch Stundenglasbordüre genannt (siehe dort) und findet sich häufig im sogenannten »Buchara« (nachstehende Zeichnung).

Y-Bordüre Sie findet sich vornehmlich im Teppich der Teke-Turkmenen, den man lange Zeit hindurch unrichtig »Buchara« genannt hat, ebenso aber auch in Teppichen anderer Turkmenenstämme. (Siehe nachstehende Zeichnung.)

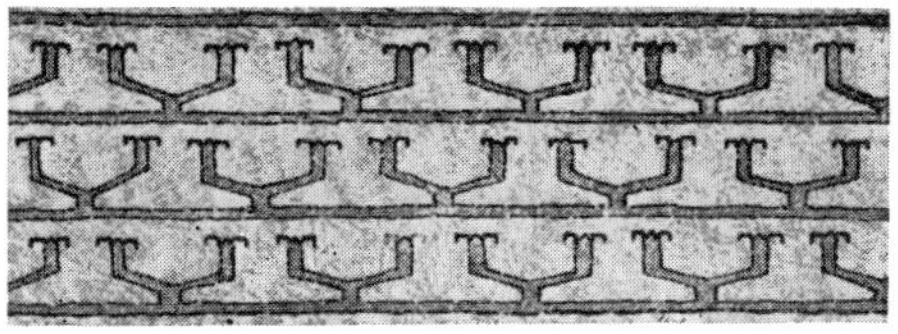

Yin-Yang Siehe unter *Glückwunschzeichen.*

Zahlen Zahlzeichen oder Ziffern trifft man im Orientteppich selten an. Wohl aber achtet der traditionsbeflissene Nomade (den es doch da und dort noch immer gibt) darauf, daß die Füll-sel-Muster im Grund (Fond) des Teppichs eine ungerade Zahl ergeben, denn jede ungerade Zahl ist glückbringend, jede gerade Zahl steht näher beim Unglück. Insbesondere achtet der Nomade darauf, daß er in der Bordüre eine ungerade Zahl von Mustern hat (Haken, Rosetten, Arabesken usw.). Auch die Kettfadenpaare müssen eine ungerade Zahl ergeben, um nicht Unheil heraufzubeschwören. Hat ein Teppich Jahreszahlen eingeknüpft, so beachte man, was darüber im 10. Hauptabschnitt gesagt ist.

Zapfen-Muster Siehe unter *Mir-i-bota.*

Zeder Siehe unter *Baum.*

Zepter Im ostasiatischen Teppich kommt zuweilen eine zepterähnliche (auch einem Schlangenkopf ähnliche) Musterung vor, »ju ii« genannt. Das Zepter gilt als Wunsch, alle gehegten Erwartungen mögen sich erfüllen. Siehe auch die Schlußbemerkung zu diesem Kapitel über »Opferstock-, Räuchergefäß, Doppellöwe«.

Zickzack-Borte Siehe unter *Sägezahnborte* und *Dreieckborte.*

Ziegenbock Er wird sehr selten im Teppich dargestellt. Manchmal sehen Antilopen oder Steinböcke, als Muster eingeknüpft, ziegenbockähnlich aus.

Zinnen-Borte Sie befindet sich in mannigfacher Art in verschiedenen Teppichen und wird auch Dreiblatt-, Lilien-, Volutenkelchborte, ebenso aber auch Sarazenische Borte genannt. (Alle diese Namen sind von Europäern ersonnene Bezeichnungen, um überhaupt einen Anhaltspunkt für Vergleichs- und Beschreibungsmöglichkeiten zu haben.) Die reziproke Zinnenborte, auch wenn die Dreiblattgestaltung eckig gehalten ist, heißt bei den Persern »Medachly«, auch »Medachyl« oder »Medachl«.

Zitronen-Medaillon Außer den Rundmedaillons gibt es solche von mehr zitronenförmigem Aussehen (daher der Name).

Z-Ornamente Sie werden ähnlich wie die S-Ornamente gestaltet (Umkehrung des »S«). Man findet sie oft in kaukasischen Teppichen.

Zypresse Sie gilt als heiliger Baum des Religionsstifters Zoroaster (Zarathustra). Siehe unter *Baum.*

ZUSAMMENFASSUNG

Es seien hier, sozusagen als Anhang zur vorangegangenen Besprechung der Motive, noch folgende Überlegungen angeschlossen:

In den altorientalischen Religionen gibt es Vorstellungen von drei, vier, fünf, ja bis zu zehn und mehr Himmeln. (Auch wir sagen im Volksmund: »Er ist im siebenten Himmel.«) Diese Vorstellungen beruhen u. a. auf der Annahme, daß jeder Fixstern seine eigene Sphäre und somit seinen eigenen Himmel hat. Da nach dem Denken der alten Orientalen alles, was im Himmel ist, auf Erden sein »Gegenüber« haben mußte, baute man drei- und mehrstufige Türme (Turmbau zu Babel), man bildete solche Türme auf Kultgegenständen ab, oder man grub sie als Bildnis in Grenzsteine und Denksäulen ein. Weit verbreitet (bis in den Kaukasus) war lange Zeit hindurch die Vorstellung, es gebe acht Himmel. Man stellte sie also durch achtstufige Türme bzw. durch achtstufige, turmartige Zeichnungen und Bildnisse dar. Es mag sein, daß die insbesondere im kaukasischen Teppich (aber auch in anderen Sorten) vorkommenden Stufen-Vielecke letzte, schon nicht mehr verstandene Erinnerungen an die kultische Bedeutung von einst sind. Auch der Turm von Babel war, der Überlieferung zufolge, achtstufig. Gebräuchlich war auch, jeder Turmstufe, sowohl bei wirklichen Türmen als auch bei gezeichneten, geschnitzten oder in Stein gehauenen Nachbildungen, eine andere »heilige« Farbe zu geben. Jede Farbe hatte ihre besondere Bedeutung. Auch im Teppich sind oft Stufen-Vielecke ineinandergeschoben und verschiedenfarbig gehalten. Wieder liegt hier die An-

nahme nahe, es könnte sich bei der Farbwahl der Knüpfung ebenfalls um Kult-Überbleibsel handeln.
Auch die Rosetten- und die Kreuzstern-Darstellungen dürften aus dem kultischen Bereich stammen und von den Gestirnen abgeleitet worden sein. Mond und Sonne (Mond an erster Stelle!) spielten schon in ältesten Zeiten wesentliche Rollen. Der Mond hatte Oberweltcharakter, er bedeutete Leben und Auferstehung, er war angesehen »als die Frucht, die sich aus sich selbst erzeugt und wächst«, die Sonne hingegen war Unterweltsmacht. Neben diesen beiden stand der Stern Venus in besonderer Verehrung. Auf Gefäßen, Grenzsteinen usw. aus der Zeit von ungefähr 3000 v. Chr. sieht man, umgeben von kleinen Sternen, die Venus als achtstrahligen, großen Stern dargestellt. Eine Schirwan-Art zeigt dieses Sternmuster rapportmäßig gestaltet. Siehe die folgende Zeichnung und im 6. Hauptabschnitt unter *Schirwan* das Bild des Stern-Schirwans.

Antike Venusdarstellung mit Sternen

Die Venus galt als die »Verkünderin der Gestirne«, als »Königin des Himmels« und als Gemahlin Marduks, des obersten Gottes. Als Morgen- und Abendstern war sie »der nimmer ruhende Glutofen«. Mond, Sonne und Venus nahmen gegenüber den anderen Planeten Jahrtausende hindurch in der Vorstellungswelt der Orientalen eine Sonderstellung ein, sie waren »die obersten Herren«. Bei den Darstellungen in Rosettenform wurden sie größer und reicher gehalten als die Rosetten der anderen Planeten. Sollte nicht auch im Medaillonteppich, der die Mitte betont, noch eine Spur dieses alten Glaubens erhalten sein?
Jedem Planeten entsprach auch eine ihm zugehörige Farbe. Der Sonne gehörte das Gold, dem Mond das Silber (aber auch das Grün), der Venus zugeordnet war das Weiß, dem Saturn gehörte die schwarze Farbe, dem Mars die rote (aber auch die grüne), dem Merkur die blaue Farbe.
Das mystische Zeichen für den Kreislauf der Gestirne war das Kreuz, das zugleich auch als Sonnenzeichen galt. Es wurde in mannigfacher Form dargestellt. Man fand solche Kreuze auf Gefäßen und Steinen aus dem 2. und 3. Jahrtausend v. Chr. Siehe nachstehend antike Kreuzformen.

Erinnern diese Kreuzarten nicht an Knüpfmotive in Teppichen, insbesondere in Teppichen kaukasischer Herkunft? Daß in alten Zeiten auch im Kaukasus »Sterndeuter« tätig waren, verkündet schon Cicero in seinem »De divinatio« (I. c. 19): »Keinen Glauben verdienen die Babylonier und die, welche vom Kaukasus aus die Himmelserscheinungen beobachten ...«
Auch die Säge-Darstellung ist im Orient uralt. Sie gilt so wie das Kreuz als Sonnenzeichen und ist Symbol des Sonnengottes. Auf altorientalischen Steinen und Gefäßen sieht man den Sonnengott fast immer mit einer Art Säge in der Hand abgebildet. Und in den Teppichen des Orients gibt es genug Sägezahnmotive!
Ein Motiv sprechen wir als »Opferstock«-Motiv an oder auch als »Räuchergefäß«. Dieses Motiv findet man aber schon auf vorgeschichtlichen orientalischen Gegenständen, einwandfrei als stilisierter »Doppellöwe« erkannt (meist gegenständig dargestellt). Es wurde als Zepter verwendet, also als Zeichen der Macht und als Wunschzeichen, alle Hoffnungen mögen sich erfüllen. Siehe hierzu die linke Figur auf der folgenden Siegelzylinderdarstellung und unter *Opferstock* sowie unter *Midjimara*.

Bronze-Standarte, ca. 1200 v. Chr., gefunden in einem Fürstengrab, etwa 160 km östlich von Ankara (Darstellung des Universums?)

Es sei mit diesen ergänzenden Bemerkungen keineswegs die Behauptung aufgestellt, daß zwischen jenen damaligen Zeichen und den Motiven in den Teppichen unbedingt Zusammenhänge bestehen. Die Vermutung aber, daß es zutrifft, liegt natürlich nahe. Die Forschung wird bald mehr darüber sagen, denn just in jüngster Zeit überstürzen sich, hervorgerufen durch viele neue Funde, auch neue Erkenntnisse.
Im übrigen: Man lasse sich nicht dazu verleiten, Motiven und Ornamenten zuviel »Gehalt« zuzusprechen – man darf aus den Zeichnungen und auch aus den ausgesprochenen Auslegungen nicht mehr herauslesen als darin ist, denn viele Dinge sind vage und überhaupt nicht exakt bestimmbar. Zu viele Legenden, Überlieferungen und verschiedenartige Sinndeutungen drängen sich dazwischen. Man erfreue sich schöner Motive und ebensolcher Symbole, man denke aber immer wieder daran – was besonders für die neuere Teppichherstellung gilt –, daß in nur wenigen Fällen die Knüpferin weiß, welch echten Sinngehalt die von ihr in den Teppich geknüpften Motive haben.

Kaiser-Ornat des Heiligen Römischen Reiches Deutscher Nation. Rote Seide, mit Gold bestickt und mit Edelsteinen besetzt (siehe Seite 29). 12. Jh.

6. Hauptabschnitt

TEPPICHNAMEN – TEPPICHORTE – TEPPICHBEGRIFFE

In diesem Hauptabschnitt wird in alphabetischer Reihenfolge Auskunft über gebräuchliche Teppiche gegeben, desgleichen werden über jene Gebiete und Orte, aus denen Teppiche kommen, kennzeichnende Angaben gemacht sowie verschiedene, mit dem Orientteppich in Zusammenhang stehende Begriffe erläutert. Wo es notwendig ist, werden auch kurze geschichtliche Angaben gemacht.
Bezüglich der Herkunft der Teppichnamen (siehe auch Seite 48) sei vorweg dies gesagt: Meist leiten sich die Namen von jenem Haupthandels- und -stapelplatz ab, den eine bestimmte Teppichgattung für sich gefunden hat, obgleich sie selbst aus einem großen Einzugsgebiet kommt. So etwa der »Hamadan« oder der »Maschhad« (Mesched), (Einzelheiten siehe unter den betreffenden Suchwörtern). Manche Teppichsorten werden nach dem Volks- oder Stammesnamen der Hersteller benannt oder sie erhalten den Namen der Landschaft, in der die Hersteller beheimatet sind. Zuweilen findet man Teppichnamen, die für die landesübliche Größe bestimmter Stücke gegeben wurden, wie etwa beim »Yastik« (»Polster«). Einzelne Teppichnamen bezeichnen die Herstellungsart, wie z. B. »Turkbaf« oder »Farsibaf«. Schließlich gibt es Namen, die den Verwendungszweck des Teppichs kennzeichnen, so etwa »Namazlik« (Gebetteppich) oder »Kenare« (Läufer, Galerieteppich). Stadt-(Handelsplatz-), Landschafts- und Stammesnamen lassen sich jeweils geographisch festlegen (ein Kasak ist stets ein Kaukasier, ein Maschhad stammt aus dem Einzugsgebiet der Stadt Maschhad [Mesched] in der Provinz Chorassan, er ist also ein persischer Teppich). Die anderen Teppichnamen geben keinen festen geographischen Herkunftsbegriff. Denn es kann z. B. ein »Namazlik« aus Konya in Anatolien stammen, ebenso aber auch aus irgendeinem anderen Gebiet kommen.

Es wäre überheblich zu sagen, das nachfolgende Verzeichnis sei vollständig. Auf dem Gebiete der Orientteppichkunde Vollständigkeit zu bringen, ist kaum möglich. Abgesehen von der ungeheuren Weite des Raumes, der etwa 4 500 000 Quadratkilometer umfaßt und damit also etwa 18mal so groß ist wie die Bundesrepublik Deutschland oder ca. 53mal so groß wie Österreich, wie ihn auch erst 109 Staaten von der Größe der Schweiz füllen würden: Es wohnen in diesem Gebiet in Zehntausenden Siedlungen – vom Nomadenzelt bis zur Stadtgröße – ungefähr 350 verschiedene Völker, von denen jedes seine eigene Sprache spricht. Und jeder dieser unzähligen Gebiets- und Ortsnamen kann je nach der Sprache auf verschiedene Art geschrieben werden (z. B. Chiwa – Charesm – Choorizm – Chowarezm) oder aber infolge politischer Einflüsse (z. B. Gendsche – Jelisawethpol – Kirowabad) abermals plötzlich einen neuen Namen bekommen. Zum dritten aber: In unsäglich vielen Orten werden Teppiche hergestellt. Heute noch zählt der einzelne Ort zu irgendeinem Hauptgebiet, morgen aber schon versteht es ein tüchtiger Mann, den Namen eines Teppiche herstellenden Gebietes oder Dorfes in den Vordergrund zu schieben, ihn zu »propagieren« und – schon sind wir wieder um einen neuen Teppichnamen reicher! (Siehe hierzu die Bemerkung auf Seite 48/49.) Das Hauptanliegen dieses Buches ist es, dem Leser aus einer Überfülle an Stoff wohlgeordnet all das darzubieten, was ihm weiten, vielseitigen Einblick in das allgemeine Wissensgebiet über Orientteppiche verschafft und ihm im besonderen auch Überblick über die vielgliederigen gegenwärtigen Verhältnisse gibt. Wer sich noch näher mit verschiedenen Einzelfragen beschäftigen will, der findet im Literaturverzeichnis (am Schluß dieses Bandes) Hinweise dafür, welche Buchwerke für ihn eventuell noch in Frage kommen.

DIE BEKANNTESTEN TEPPICHNAMEN, NACH IHREN HERKUNFTSGEBIETEN AUFGEGLIEDERT

TÜRKEI bzw. KLEINASIEN

Zur Aussprache türkischer Buchstaben:
c = dsch ç = tsch
ğ = nicht gesprochener Dehnlaut
ı = i ohne Punkt = dumpfes, kurzes i zwischen e, ö und i
ş = sch s = ss oder ß
v = w y = j
z = s

Avanos
Avunya (Ezine)
Bergama
Brussa
Dazkır
Demirci
Döşeme-alti
Eskişehir
Gördes
Hereke
Karakeçili
Karaman
Karapınar
Kayseri
Kir-şehir
Konya
Kula
Lâdik
Megri
Milas
Muçur (Mudjur)
Panderma
Sivas
Smyrna (amtlich: Izmir)
Sparta (amtlich: Isparta)
Sultan
Uşak
Yürük (Jürük)

Außerdem finden Sie viele Einzelnamen türkischer Teppiche auch im Sammeltext »Türkei (Anatolien)« in diesem Hauptabschnitt.

KAUKASUSGEBIET UND AUSLÄUFER

Baku
Chila
Dagestan
Derbent
Dschebrail
Eriwan
Gendje
Kabistan
Karabagh
Kasak
Kuba
Lesgistan
Schirwan
Seichur
Sileh
Sumakh
Tabassaran
Talisch
Tschetsche

IRAN (PERSIEN)

Abadeh
Afschari
Arak
Ardebil
Bachtiari
Bidjar (Bidschar)
Birdschand
Chorassan
Dschouschegan
Ferahan
Gabbeh
Ghaschgha'i (Gaschkai)
Gerus
Ghom (Kum)
Hamadan
Heris (Heriz)
Isfahan
Joraghan
Kalardascht
Karadagh
Kaschan
Kerman
Kermanschah
Kurdenteppich
Luristan
Mahal
Malayer
Maslawan
Maymay
Maschhad (Mesched)
Meschkin
Mir
Mossul
(nur dem Namen nach in Kleinasien; Einzugsgebiet: Westpersien, Haupthandelsplatz: Hamadan)
Muschkabad
Nain
Saruk (Sarukh)
Schahsawan
Schiraz
Senneh
Serabend
Sultanabad
Täbriz
Tafrisch
Teheran
Waramin
Wiss
Yazd (Jesd)

MITTELASIEN

Afghan
Belutsch
Beschir
»Buchara«
Chiwa
Hatschlu
Jomud (Yomud)
Kerki
Kisil-Ajak
Margelan
Pendeh
Samarkand
Teke (Turkmene)

OSTTURKESTAN

Siehe hierzu die Bemerkungen auf Seite 166 und im 7. Hauptabschnitt die Ausführungen über *Teppiche aus China.*

Im nachstehenden alphabetischen Teil findet man unter den betreffenden Suchworten über jeden hier genannten Teppich Näheres. *Weitere Teppichnamen und Teppichbegriffe:* Siehe im *Wort-Suchregister* (am Schluß des Bandes) die Hinweise.

An sich (siehe auch nebenstehende Tafel) stammen die Orientteppiche (ohne Hinsicht auf politische Grenzen) aus fünf großen Herkunftsgebieten: 1. Türkei, 2. Kaukasusgebiet mit nördlichen und südlichen Ausläufern, 3. Iran (Persien), 4. Mittelasien mit den (teilweise bedingt) Sowjetrepubliken Kasachische SSR, Uzbekische SSR, Karakalpakische ASSR, Turkmenische SSR, Kirgisische SSR, Tadschikische SSR, dann mit Afghanistan und mit den dort nomadisierenden Belutschenstämmen und 5. Ostturkestan (letzteres Gebiet heißt zwar schon seit 1763 als chinesischer Besitz »Sinkiang« oder »Hsinkiang« aber die älteren Teppiche von dort, die damals noch über Rußland in den Export gelangten, nannte man »Khotan«, »Kaschgar«, »Yerkand«, auch mit Vorliebe »Samarkand« oder »Margelan«, weil letztere zwei russischen Städte Haupthandelsplätze für diese vielbegehrten Teppiche waren).
Auch im eigentlichen China (ebenso in Tibet, siehe 7. Hauptabschnitt) werden vielenorts Teppiche gewebt, gewirkt oder geknüpft. Ebenso in Indien und in Pakistan. Siehe hierzu ebenfalls im 7. Hauptabschnitt die besonderen Ausführungen.
Die in Afrika und am Balkan geknüpften oder gewirkten Teppiche gelten (wie schon einmal erwähnt) nicht von vornherein als Orientteppiche. Es werden aber (ein Erbe aus der erst vor nicht vielen Jahrzehnten endgültig beendeten Türkenzeit der südosteuropäischen Länder) am gesamten Balkan Teppiche orientalischer Art gewirkt und geknüpft. Der reelle Kaufmann bezeichnet sie je nach ihrer Herkunft als jugoslawische, bulgarische, rumänische, griechische, albanische usw. Teppiche. Immerhin zeigen sich im Handel neuerdings Bestrebungen, diese aus dem südosteuropäischen Raum kommenden Teppiche regelrecht als »Orientteppiche« an den Käufer weiterzugeben (und ihn dadurch zu verunsichern).
Dagegen haben sich die afrikanischen Berber-Teppiche unter ihrem Sammelnamen »Berber« so gut und allgemein eingeführt, daß sie ernstlich kaum jemals als »Orientteppiche« bezeichnet werden. Jedermann weiß, daß diese Teppiche (wenn echt) aus den nordafrikanischen Mittelmeer-Staaten kommen.

»...abad« Der Wortteil »...abad«, mit dem so viele Ortsnamen enden, heißt zu deutsch weiter nichts als »blühendes«, »bewohntes«, »kultiviertes« Land.

Abadeh Teppichort und Gebiet in Fars, Iran, mit Teppichen, die fast immer so aussehen, wie es das Bild unten zeigt. Es gibt aber auch (seltener) rapportmäßig durchgemusterte Abadeh (Vasenmuster, genannt Kai-Bathlon-Muster) mit geschrägtem Großmedaillon, es erinnert ent-

Abadeh (Abade), Persien

fernt an den Mahal. Auch kennt man eine Abadeh-Sorte »Moharamati«, deren Innenfeld nur Längsstreifen aufweist. In allen Sorten herrscht ein nicht immer ansprechendes Rostrot vor; alles in allem: ein recht guter, sauber gearbeiteter Teppich!

Abbasabad Stadt am Nordrand der iranischen Salzwüste, ungefähr auf halbem Weg zwischen Scharud und Sabzevar. Schah Abbas der Große (1586–1628) hatte dort zwangsweise etwa einhundert Knüpferfamilien angesiedelt. Heute geringe Produktion, aber Bedeutung als Rast- und Handelsplatz für den Teppichtransport aus Chorassan nach dem Westen.

Abbassi-Teppiche Solche Teppiche sind benannt nach Schah Abbas dem Großen, der in Isfahan residierte und dort die erste Hofmanufaktur einrichtete. Er ließ von den besten Teppichkünstlern Entwürfe herstellen und sie dann in Isfahan oder in den zusätzlich errichteten Hofmanufakturen von Kaschan und Kerman ausführen. Soweit solche Teppiche überhaupt noch erhalten sind, befinden sie sich in Museen. Was man im Handel als sogenannte Abbas-Teppiche angeboten bekommt, können nur Nachknüpfungen solch alter Muster sein. Übrigens war auch Schah Abbas II. (1642–1667) ein Förderer der Teppichkunst. (Er war ein Urenkel von Schah Abbas dem Großen.)

Abessinien Dort werden Knüpfteppiche im wesentlichen nur für den eigenen Gebrauch hergestellt. Im Handel sind sie fast nie zu finden, auch gelten sie nicht als »Orientteppiche« im engeren Sinne.

Abrasch Siehe im Hauptteil *Die Farben im Orientteppich* unter *Abrasch*.

Achty Ein guter Knüpfteppich im Seichur-Charakter aus dem Dagestangebiet (siehe dort und bei *Seichur*). Achty, am Samur gelegen, ist ein Kurort (Heilquellen).

Adler-Kasak Siehe unter *Kasak*.

Afghan, ca. 1900

AFGHAN (Afghanistan) Das jetzt unter dem Namen Afghanistan bekannte Gebiet heißt erst seit der Mitte des 18. Jahrhunderts so. Die Bewohner dort nennen ihr Land Urlajat. Der geographische Begriff Afghanistan deckt sich durchaus nicht mit dem Teppichnamen Afghanistan oder Afghan. Der Hauptteil der sogenannten Afghan-Teppiche wird von den im 19., vor allem aber im 20. Jahrhundert in Nordafghanistan eingewanderten Turkmenenstämmen und Unterstämmen der Ersari, Saryken und Teke hergestellt.

Abgesehen von diesen Erzeugnissen der im afghanischen Raum anwesenden Turkmenenstämme (teils seßhaft, teils halbnomadisierend) werden im nördlichen Afghanistan auch in Manufakturen Teppiche hergestellt, so besonders in Daulatabad, Andchoy, Mazar-e-scharif, Schibarghan, Herat, Bala-murghab, Gharghin, Gharmgul, Agh-cha und in anderen Orten. Solche Manufakturerzeugnisse sind zwar meist gut, immerhin aber weniger sorgfältig geknüpft als jene der afghanischen Turkmenenstämme, sie haben auch höheren Flor (bis 20 mm). Der sogenannte »Afghan-Mau-

Rechts: Afghan, ca. 1900
Rechts unten: Afghan, Gegenwartserzeugnis

ri« kommt größtenteils aus Barmacid, Mazar-e-scharif, Schach (in der Provinz Farayab), aus Maritschagh und Herat. Er gilt als der feinste Afghan, seine Knotendichte geht bis 3600 je 1 dm^2. Immerhin: In anspruchsvollen Teppichkreisen wird mehr und mehr statt vom »afghanischen Teppich« betont vom »turkmenischen Teppich aus Afghanistan« gesprochen, da der richtig von einheimischen Afghanen angefertigte Teppich nur selten jene Qualität erreicht, wie man sie – mit Recht! – von den aus Rußland eingewanderten Turkmenen erwarten kann.

Afghan-Teppiche sind meist von dunklem, schwerem Rot oder auch (sehr selten) von einem sehr satten, tiefen Blau und fast nie unter 70 × 115 cm groß, eher in Größen von 80 × 150, 120 × 230, 220 × 280 bis 350 × 550 cm zu finden. Es gibt den Afghan auch in quadratischer Form. Kette und Schuß bestehen nicht selten aus dunklem Ziegenhaar (seit 1945 wird häufiger Baumwolle als Kette verwendet), der Flor ist aus Schafwolle. Im Fond des Afghan-Teppichs findet man große Oktogone (Gül genannt, was »Rose« bedeutet), die oft bis zu 50 cm Durchmesser besitzen. Diese Güls sind innen meist wieder in Teile zerlegt, die an sich Rechtecke oder Rhomben bilden und ein pflanzliches Motiv zeigen: Freie Räume werden meist mit kleineren geometrischen Motiven, den sogenannten Sekundär-Elementen, gefüllt.

Bei den von (afghanischen) Turkmenen verfertigten Teppichen sieht man als Motiv »Stengel mit drei Kirschen«, das man auch »Kleeblattmotiv« nennt. Ein Motiv, das an Kamelbeine erinnert, wird (von uns) natürlich Kamelfußmotiv genannt. Auch das Stundenglasmuster kommt häufig vor. Die großen Oktogone berühren einander entweder überhaupt, oder sie sind sehr knapp aneinandergesetzt. Als Farben der Einknüpfmuster sieht man Hellrot, Weiß oder Elfenbein und Blau verwendet, selten etwas Grün. Im älteren Afghan findet man als Gül-Füllung auch ein ansprechendes Orangegelb und ein reizvolles Blaugrün. Afghans werden zuweilen, allerdings zu Unrecht, als Beschir angeboten. Es kann sich allerdings nur um Nachknüpfungen handeln, denn der Beschir ist ein altüberkommener turkmenischer Teppich.

Außer den schon genannten Sorten gibt es etwa den Afghan-Dhali und den Alti-bolak, die zu den »guten« gezählt werden. Bei den übrigen rein afghanischen Sorten (also jenen, die nicht von Turkmenen verfertigt werden) handelt es sich meist um billige Ware. Überwiegend wird der türkische Knoten angewandt (die Nomaden und Halbnomaden verwenden noch immer den altgewohnten horizontalen Knüpfstuhl), in den Manufakturen arbeitet man oft mit dem persischen Knoten.
Es gibt einen »Gold-Afghan«: schlecht gefärbte Afghan-Teppiche werden chemisch entfärbt und dann goldbraun neu eingefärbt. Der so behandelte Teppich sieht ansprechend aus, hat aber durch die starke chemische Behandlung keine lange Lebensdauer.

Afghan mit starken Beschir-Anklängen

Der Afghan auf Seite 131 oben hat 1200 Knoten je 1 dm^2. Das Bild auf dieser Seite zeigt einen Afghan der edelsten Art seiner Sorte. Die Güls, besonders sorgfältig gearbeitet, ähneln dem sogenannten »Buchara«-Gül, die Musterzeichnung verrät schon starken Beschir-Einfluß.
Der Afghan auf Seite 131 unten ist ein Gegenwartserzeugnis: sehr vereinfachte Güls, große Uni-Flächen (Knüpfzeitersparnis). Auf Seite 130 wird ein schöner Afghan aus ungefähr dem Jahre 1900 gezeigt. Afghan-Nachahmungen kommen (und zwar in recht guten Qualitäten) aus Pakistan, ebenso aus Iran, aber auch aus der Türkei und aus den Balkanstaaten (seltener).
Kabul, die Hauptstadt Afghanistans, ist kein wichtiger Erzeugungsort, jedoch für die Exporthandhabung von Bedeutung (es wird ein Exportzoll eingehoben). Von Kabul aus will man über Maschhad (in Persien) eine Eisenbahnlinie bauen, um sich den umständlichen Weg über die Sowjetunion zu ersparen.
Wie fast überall im Orient gibt es auch in Afghanistan die Gefahr, daß die Ursprünglichkeit der Teppiche verlorengeht. Die Industrialisierung ist auch in Afghanistan spürbar. Um den vorgenannten »Gold-Afghan« zu erzielen, färbt man jetzt Wolle schon von vornherein goldfarben ein. Auch bemüht man sich, kaukasische Musterungen nachzuahmen, andererseits möchte man schneller knüpfen (um Zeit und Lohn zu sparen), man vereinfacht deshalb die Muster. Die im Land entstehenden Industrien nehmen viel Arbeitskräfte auf, die das schlecht entlohnte Knüpfen verlassen und Industriearbeiterinnen werden.

AFSCHAR (Afschari, Afshar) Name eines türkischen Volksstammes (jetzt fast nur noch Halbnomaden), der in alter Zeit in Persien einwanderte. Das Hauptgebiet der Afschari liegt in Südpersien, südwestlich von Kerman, gegen Schiraz hin. Afschari-Teppiche haben entfernte Ähnlichkeit mit den Erzeugnissen der benachbarten Schiraz-Nomaden, zeigen also auch, besonders in den Bordüren (trotz der weiten Entfernung vom Kaukasus), manche Motive, die an sich dem kaukasischen Raum zugerechnet werden: stilisierte Tierfiguren und Blumen, steife Ranken, alles recht bunt gehalten. Der Afschar, meist in größeren oder kleineren Brükken angeboten, zuweilen aber auch in Größen bis zu 300 × 400 cm vorkommend, hat vornehmlich Elfenbein, aber auch Rot oder Blau zur Grundfarbe. In neuerer Zeit besteht die Kette aus Baumwolle. Im Fond finden sich großräumige Medaillons, auch Rhomben- oder Fliesenmuster. Desgleichen sind steifgehaltene Mir-i-botas und stilisierte Menschendarstellungen nicht selten. Trotz seiner Buntheit wirkt der Afschari nicht so lebendig wie der Schiraz, alle Farbtöne sind pastellartig gemäßigt. Manche Afschari kommen unter den Namen Saidabad, Niriz, Estahbanat oder Sirdschan in den Handel. Der nebenstehend gezeigte Afschar ist gutes neueres Erzeugnis. In der Regel knüpft man mit dem Gördes-Knoten, nur die persischen Bevölkerungsteile, die im Afschar-Gebiet hausen, verwenden den persischen Knoten.

Die Afscharen sind turkomanischer Abstammung, ca. 90 000 Familien stark, die ihre westturkestanische Heimat verlassen hatten und nach Westen wanderten. Viele blieben im azerbeidschanischen Raum und wurden dort halb seßhaft, andere Teile wanderten weiter. Die einen kamen in das Chamse-Gebiet, andere in die Gegend von Ghazwin, wieder welche nach Mazanderan; auch Teheran und Hamadan erlebten einen Afscharen-Zustrom. Manche Familien ließen sich zwischen Yasd und Kerman nieder, andere Gruppen zwischen Schiraz und Kerman, in der Gegend des Niriz-Sees. Hier verhielten sie sich einigermaßen ruhig. Anderenorts gab es wiederholt Zusammenstöße mit der schon vorher ansässig gewordenen Bevölkerung. Schon Schah Ismail I. (1501–1526), der Begründer der Safawiden-Dynastie, ließ Teile der unruhigen Afscharen aus Azerbeidschan umsiedeln. Auch Nadir-Schah (1736–1747) sah sich gezwungen, noch weitere Afscharen umzusiedeln. So gelangten Afscharen teils auch nach Chorassan, teils nach Khuzistan. Nadir-Schah (Nadir = »der Seltene«) war selbst von Afscharen abstammend. Selbst Sultan Mehmed benutzte die Kampflust der Afscharen schon um 1475, um die Albaner niederzuringen. Sie hatten sich als einziges Volk des Balkans unter ihrem Führer Skanderbeg gegen die Besetzung ihres Landes durch die Türken und gegen die Islamisierung so sehr gewehrt, daß der Sultan nur durch den Einsatz seiner besten Soldaten, der Afschar-Turkmenen (genannt die Ghafzih = »die Siegreichen«) ihrer Herr werden konnte. In einem blutigen, anhaltenden Kleinkrieg wurden die Albaner dezimiert, und die nach Albanien entsandten Afscharen ließen sich für immer dort nieder.

Man kennt auch einen Teppich Afschar-Kouhy, der aus Luristan kommt, einen Afschar-Bidschar, der im kurdischen Tekap (natürlich von Afscharen) geknüpft wird; er ist weicher als ein richtiger Bidschar. Am häufigsten sind Afscha-

Afschar-Schiraz, Persien

ren in dem schon erwähnten Raum zwischen Schiraz und Kerman anzutreffen. Das Knüpfen auf waagerecht liegendem Knüpfrahmen ist bei ihnen noch weit verbreitet.

Afyon-Dazkır Mit diesem »Reizwort« Opium wollten türkische Händler Käufer für den Teppich aus Dazkır anlocken – ein Ort, der ziemlich weit südlich von Afyon-Karahisar seine an sich netten Teppiche herstellt. Siehe Text und Bild in diesem Hauptabschnitt unter *Türkei (Anatolien)*.

Afyon-Karahisar (Opium-Schwarzburg) Es sind dies Teppiche aus dem Zentralraum für die Opiumpflanzungen. Dort hat es viele Schafe guter Rasse. Als unter dem Einfluß der Amerikaner der Opiumanbau nach dem Zweiten Weltkrieg verboten wurde, versuchte die Bevölkerung, sich durch Teppichknüpfen zu erhalten. Von dort gelangten verschiedentlich Teppiche in den Handel, sie hatten türkischen Durchschnittscharakter, die Knüpferinnen mußten erst angelernt werden. 1973 hob die türkische Regierung das Opium-Anbauverbot auf, seither geht das Teppichmachen rapide zurück, man verkauft die vortreffliche und vielbegehrte Wolle an die Spinnereien und geht der Opiumgewinnung nach.

Agdam Ort und Gebiet in der Sowjetrepublik Azerbeidschan, mit bedeutender Teppichherstellung. Der Teppich ähnelt dem Kuba (siehe dort!).

Agra Indische Distriktshauptstadt. Siehe im 7. Hauptabschnitt über *Indische Teppiche.*

ÄGYPTEN Gewebe herzustellen verstand man in Ägypten schon ab dem vierten vorchristlichen Jahrtausend. Es handelte sich bei den damaligen »Teppichen« fast immer um Leinenzeug, das mit Noppen durchwirkt war. Diese aufragenden Noppen konnten als Schlingen belassen werden, aufgeschnitten täuschten sie jedoch einen Flor vor, bzw. die Oberfläche erschien als »Samt«. Im Weben feinen Leinens war das alte Ägypten unübertreffbar. Man fand Leinenstükke, die etwa 3000 v. Chr. gewebt worden waren und die bis zu 64 Kett- und bis zu 48 Schußfäden in 1 cm² aufwiesen, man muß sich die Feinheit der Fäden vor Augen führen! Dieses feine Leinen war auch in Europa bekannt und begehrt, man nannte es »gewebter Wind«. Solches Leinen war Staatsmonopol, es wurde teuer verkauft. Eine Mumienbinde (gefunden in einer Grabkammer in Theben) aus der Zeit von ca. 250 v. Chr. zeigte schon regelrechte Senneh-Knüpfung, langflorig; also Kette, Schuß und Flor – alles aus feinstem Leinen.

Unter 350 altägyptischen Funden an Webstücken fand sich nur ein einziges aus Wolle. Aus zweierlei Gründen fiel in alten Zeiten in Ägypten die Wollverarbeitung nicht sehr ins Gewicht: Durch die beständige große Hitze blieb man mehr darauf eingestellt, Leinen statt Wolle zu verwenden, und zum zweiten: der Widder war ein heiliges Tier. Schafzucht kannte man in Ägypten (und auch das nur in bescheidenem Umfang) erst ab etwa 100 vor der Zeitenwende, auch Baumwolle führte man Jahrhunderte hindurch aus Indien ein.

Der erste Teppich mit Kette, Schuß und Flor aus Wolle stammt aus etwa 600 n. Chr., und selbst noch im 9. Jahrhundert wurde Wolle als Flor nur höchst selten verwendet, eher fand man Knoten aus Baumwolle, aber ob so oder so: meist war das Material über mehrere Kettfäden hin eingebracht, man sparte also sehr. Und aus Ersparnisgründen fand man auch zur Einkettenknüpfung. Insoweit diese Leinenteppiche gefärbt waren, zeigten sie Muster koptischer Art, also jene der Frühbewohner Ägyptens. Man verwendete auch den Senneh-Knoten (bis 1000 Knoten auf 1 dm²) und nicht den Gördes-Knoten (letzterer erfordert um ca. 15 % mehr Wolle). Vor allem wurde die Einkettenknüpfung dann von den nordafrikanischen Mauren übernommen und auch an die Spanier und Portugiesen weitergegeben.

Als dann die islamischen Eroberer im 7. Jahrhundert n. Chr. Ägypten besetzten, fanden sie dort schon eine gut entwikkelte Teppichknüpfkunst vor. Der arabische Schriftsteller El Yaakubi (um ca. 800 n. Chr.) lobte besonders die Teppiche aus dem ägyptischen El Kalamoun Assyut. Die neuen Herren gründeten Al Fostat als erste ägyptische Hauptstadt islamischer Prägung. Sie war es bis 970 n. Chr. Dann übernahmen die Fatimiden Ägypten und errichteten neben Al Fostat aus den Steinen der Ruinenstadt Memphis eine neue Hauptstadt, die sie El-Kahireh (Kairo) benannten, Al Fostat wurde Kairos Vorstadt. Man fand dort in neuzeitlichen Ausgrabungen Teppichfragmente, die (wie man feststellen konnte) aus der Zeit von 640 bis 1170 n. Chr. stammten. Unter der Herrschaft der Mamelucken (Mameluken), die von 1250 bis 1517 währte, erreichte die ägyptische Knüpfkunst eine einzigartige Höhe. Es wurden z. T. Teppiche aus reiner Seide geschaffen. Die Manufakturen Ägyptens arbeiteten ab 1517 praktisch nur für den Sultanhof in Konstantinopel. Schließlich wurden zu Ende des 16. Jahrhunderts (siehe im 2. Hauptabschnitt) die besten ägyptischen Knüpfer samt ihren Familien nach Konstantinopel »berufen«, wo

sie ihre Kunst weiterpflegen mußten. In Ägypten selbst ging die Knüpfkunst zurück, sie verfiel.
Wie schon erwähnt, man pflegte die Baumwolle aus Indien zu beziehen. Erst um 1820 entschloß man sich, eine »Versuchspflanzung« anzulegen. Die Ergebnisse übertrafen alle Erwartungen, und Ägypten entwickelte sich innerhalb verhältnismäßig kurzer Zeit zu einem wichtigen Baumwoll-Land, sowohl in bezug auf die Qualität seiner Baumwolle (hohe Stapellänge usf.) als auch in enormer Menge: beste Qualität wurde ausgeführt. Diese Versuchsanpflanzung war einem Franzosen namens Jumel zu verdanken. Im Garten des damaligen Vizekönigs Mehemed Ali (= Maco Bey) hatte er eine besonders schöne Baumwollstaude (Gossypium) blühend angetroffen. Er sprach beim Vizekönig vor und veranlaßte ihn, eine Versuchspflanzung anzulegen. Mehemed Ali gab dem Wunsche nach und befahl, einige Äcker mit der Staude (ein Malvengewächs, das man in Ägypten seit langer Zeit kannte, aber nur wild wachsend und teils als Zierpflanze in Gärten reicher Leute stehend) zu bepflanzen. Die Ernte ergab 4490 kg Baumwolle, für die man in Triest ob ihrer vortrefflichen Qualität einen sehr guten Preis erzielte. Der Vizekönig ließ sofort große Flächen bepflanzen, und schon 1824 konnte man 11 400 000 kg exportieren, Ägypten war als Baumwoll-Land erschlossen. Die Ausfuhr an Baumwolle stieg von Jahr zu Jahr; die Teppichknüpfereien verfielen, da die besten Knüpferfamilien, wie erwähnt, nach Konstantinopel »abberufen« worden waren.
Erst im 20. Jahrhundert versuchte man in Heluan (arab. Helwan), einer Stadt ca. 25 km südlich von Kairo, Handwebe- und auch Knüpfteppiche herzustellen. Der Heluan war erst ganz einfach gemustert, in Weißgrau, Hellbraun oder Beige. In jüngster Zeit versucht man, Abbildungen von Malereien aus alten Tempeln oder aus Grabkammern einzuknüpfen. Die ganz einfachen Heluan aber sprechen den westlichen Interessenten in der Regel eben durch ihre unbekümmerte Einfachkeit mehr an. Seit neuestem kommen aus Ägypten auch Kaschan-Nachahmungen!

Ahar Die Stadt liegt nördlich von Heris an der Straße, die von Täbriz nach Ardebil führt. In ihr (und in der Umgebung) werden Teppiche im Heris-Charakter hergestellt, nur ist das Medaillon wesentlich gerundeter (oder auch oval) gehalten. Man arbeitet viel für den Export und glaubt dann, durch besondere Florhöhe (oft bis zu 20 mm!) die europäischen Käufer zu beeindrucken. Das Bild nebenan zeigt einen typischen Teppich aus Ahar.

Ak-saray Zu deutsch: »Weißer Palast« (im Altertum: Archelais), ist ein Ort in Kleinasien, wo früher sehr schöne Teppiche hergestellt wurden. Der Fond zeigte auffallend Weiß, Creme oder Hellgelb.

Albanien Auch die kleine, an der südadriatischen Küste liegende Volksrepublik Albanien (28 800 km², 1,6 Millionen Einwohner) erinnerte sich jüngst ihrer seinerzeitigen türkischen Vergangenheit und damit auch des Teppichknüpfens. Das Land hatte die Türkenherrschaft von 1479 bis 1913 erleiden müssen und gründet darauf seinen Anspruch, »Orientteppiche« herstellen zu dürfen. Man ist aber bescheiden und begnügt sich im wesentlichen mit der Nachknüpfung diverser persischer Muster, wobei man in der Knotendichte über 1200 Knoten je 1 dm² nicht oft hinaus-

Ahar, Heris-Gebiet

geht. Wiewohl man mit Erfolg Schafzucht betreibt, ist bei den albanischen Teppichen nur der Flor aus Wolle, Kette und Schuß bestehen in der Regel aus Baumwolle. Man verwendet den persischen Knoten und liebt hohen Flor. Diese Teppiche kommen, weil albanische Mazedonier die Hersteller sind, meist als »Mazedonier« in den Handel.

allover Kaufmannsausdruck, aus dem Englischen übernommen, für jede rapportmäßige Teppichmusterung. Gegenwärtig nur noch selten gebräuchlich.

Alte und ältere Teppiche Siehe unter *Antike Teppiche.*

Amritsar Früher Ramdaspur geheißen, Stadt und Gebiet im indischen Pandschab, 400 000 Einwohner. Der Name kommt von »amrita saras«, was »Teich der Unsterblichkeit« bedeutet. Inmitten des künstlichen Teiches steht der »Goldene Tempel« der Sikhs (d. i. eine Reformbewegung der Hindu).

Seinerzeit wurden dort sehr schöne, hochwertige Teppiche geknüpft, darunter auch jene, die jetzt den Regierungspalast in Delhi schmücken. Die Gesellschaft »Oriental Carpet Manufactures« (O. C. M.), Ltd., (London, Izmir, Täbriz, Amritsar) beschäftigte bis 1930 etwa 2000 Knüpfer allein in Amritsar. Über jetzige Erzeugung siehe im 7. Hauptabschnitt unter *Indische Teppiche.*

Amu-Darja Hauptstrom in Turkestan (bei den Arabern: Gihon, Dscheihun, was »schmutziger Fluß« heißt). Er bildet in seinem Oberlauf die Grenze zwischen Afghanistan und der sowjetischen Republik Uzbekistan, durchfließt die turkmenische Steppe und mündet, nachdem er den Raum des früheren Chanates Chiwa durchflossen hat, in den Aral-See. Sein sehr ausgeweitetes Delta liegt inmitten des autonomen Gebietes der Karakalpaken (Karakalpakische ASSR, mit der Hauptstadt Nukus). Im Altertum, zur Zeit Alexanders des Großen, hieß der Fluß Oxus.

Anatol (Anatolien, Natolien; türkisch Anadolu) Ausdruck für »Morgenland«, vor allem die Bezeichnung für die westlichste Halbinsel Asiens, die den Hauptteil der türkischen Republik darstellt. Gemeinhin rechnet man alles, was westwärts vom Euphrat und vom Armenischen Hochland liegt, als »Anatolien«. Das Gebiet erstreckt sich bis an das Ägäische, das Marmara- und das Schwarze Meer, im Süden bis zum östlichen Mittelmeer und zu den Kilikischen Pässen. Die Küstenregionen Anatoliens und darüber hinaus jene von Syrien bis Ägypten werden international »Levante« (d. h. ebenfalls »Morgenland«) genannt. Hauptumschlagplatz für den nördlicher gelegenen Teil von Levante-Anatolien war früher Smyrna (jetzt Izmir genannt), derzeit ist Istanbul ein scharfer Konkurrent.

Der europäische Teil der Türkei und ebenso jene türkischen Gebiete, die am linken Euphratufer liegen, gehören nicht zum Begriff »Anatolien«.

In der ganzen Levante und darüber hinaus in ganz Arabien und Nordafrika bis tief hinein in das zentrale Afrika (und natürlich auch im Inneren Anatoliens) hat seit 1765 der Maria-Theresien-Taler (auch Levantiner-Taler genannt) als interne Handelsmünze bis heute noch sein hohes Ansehen. Dieser Taler ist *die* Handelsmünze, die am liebsten genommen wird, auch im Teppichhandel, durch ganz Anatolien bis hinüber zur persischen Grenze. Die Frauen tragen die großen Silbermünzen, aufgefädelt auf Silberdraht, als Schmuck um den Hals, oft als schwere Last, die tief auf die Brust herniederhängt. Die Maria-Theresien-Taler werden noch heute in großer Zahl von der Wiener Münze mit der unveränderten Jahreszahl 1780 (Todesjahr der Kaiserin) geprägt und in erheblichen Mengen exportiert.

»Anatol« wird der kleinasiatische Teppich oft im allgemeinen genannt.

Seit etwa 1600 machen sich persische, sogar auch chinesische Einflüsse bemerkbar, allerdings mehr bei den Produkten der Hofmanufakturen des Sultans. Der sogenannte »Anatol« ist mehr der Teppich des ländlichen Bereiches und hat als solcher seine Eigenarten doch einigermaßen unversehrt bewahren können. Er bringt einfache Zeichnungen mit geometrischen Ornamenten oder mit stilisierten Floralmustern, oft recht farbenfroh. Viele dieser Anatols sind als Gebetteppich gestaltet. Der Anatolier (als Sunnite) scheut auch Menschen- und Tierdarstellungen, außer es handelt sich um einen Auftrag für Glaubensfremde (denn dann trifft letztere alle Strafe für die »Sünde«). Siehe Bilder unter *Türkei (Anatolien).*

Andenken-Teppiche Sowohl türkische wie auch persische, pakistanische und afghanische Großmanufakturen stellen solche Teppiche her. Meist im Gebetteppichformat (ca. 80 × 130 cm), aber auch in anderen Größen. Kette und Schuß bestehen meist aus Baumwolle, der Flor aus Wolle, eventuell aus einem Gemisch von oft schlechter Seide mit Wolle. (Abfallseide oder gar Acetat bzw. jetzt auch aus seidig aussehenden anderen Kunstfasern. Sehr häufig wird als Flor auch merzerisierte Baumwolle genommen, weil sie lebhaft seidenglänzend wirkt.) Diese Teppiche werden in Massen auf den Markt geworfen, immerhin doch mit 600 bis höchstens 2000 Knoten je 1 dm^2 und in allen möglichen Ausführungen, sogar mit Porträts und Inschriften. Sie werden gern als »Raritäten« angepriesen, sind es aber keineswegs.

Angora (Engürieh, Engürye, das alte Ankyra wurde das neue Ankara) Hauptstadt der Türkei seit 1923. Sammel- und Handelsplatz für Gebetteppiche und für sogenannte »Sultan«-Teppiche. In der Umgebung Farbpflanzenzucht (Gelbbeere und Krapp). Keine eigentlichen Eigenerzeugnisse an Teppichen.

Antike Teppiche Laut deutschem Preisstoppgesetz von 1966 galten im Teppichhandel jene Teppiche, die vor 1850 hergestellt worden waren, als »antik«, dagegen konnten vor dem Ersten Weltkrieg entstandene Teppiche als »alt« bezeichnet werden. Dieses Gesetz wird nicht mehr angewendet, es ist überholt. Die neuere, nunmehr allgemein gültige Auffassung besagt: Als »antik« sind alle über 100 Jahre alten Teppiche anzusehen; als »alt« gelten jene Teppiche, die bis zum Ausbruch des Ersten Weltkrieges auf den Markt kamen; als »ältere« Teppiche werden solche Stücke bezeichnet, die in der Zeit von 1914 bis zum Ausbruch des Zweiten Weltkrieges hergestellt wurden; als »neuere« Ware gelten Teppiche, die etwa von 1945 bis 1965 entstanden; als »neueste« werden alle Teppiche benannt, die jünger sind als zehn Jahre. – Manche ernsthafte Sammler sind mit dieser Klassifikation nicht ganz einverstanden; sie wollen für alte Stücke strengere Kriterien ansetzen.

Arab Ein in der Schiraz-Gegend hausender Nomadenstamm arabischer Herkunft. Diese »Arab« oder »Arabi« genannten Knüpferfamilien stellen Teppiche ähnlicher Art her, wie sie von den im gleichen Gebiet ansässigen Ghaschgha'i-Nomaden (die jedoch türkischer Abstammung sind) geschaffen werden, nur ist die Ausführungsarbeit etwas gröber. Solche Teppiche gehen als »Arabaf« oder als »Arabs«, zuweilen als »Schiraz-Arabi« in den Handel.

Arabaf Mit »Arabaff«, richtiger jedoch »Arabaf«, bezeichnet man Teppiche, die von arabischen Knüpfern geschaffen wurden. Es gibt in verschiedenen Teilen Persiens Einsprengsel von Arabergemeinschaften – siehe z. B. oben unter »Arab« die im Raume Schiraz behausten Araber, wie auch in der Provinz Chorassan und in Luristan stellenweise Araber anzutreffen sind –, die Teppiche machen. In Ergänzung hierzu: »Turkbaf« heißt mit dem türkischen Knoten geknüpft, »Farsibaf« bedeutet, daß bei einem so bezeichneten Teppich mit dem persischen Knoten gearbeitet wurde.

Arab, Schiraz-Gebiet, Gegenwartserzeugnis

Oben: Ardebil, Nordwestpersien
Rechte Seite: Russisch-armenischer Teppich

Arabistan (Chusistan, früher Susiana) Von Turkstämmen, Luren, Bachtiaren, verstreut lebenden Araberstämmen sowie Kurden bewohnt. Der Bachtiari kommt von dort.

Arak (Erak) Als kleine Stadt namens Sultanabad 1808 gegründet, hat das jetztige Arak damals nicht ahnen können, zu welcher Bedeutung es für die Teppichknüpfkunst aufsteigen wird. Bescheiden lebte man dahin, mühte sich, für die wenigen Teppiche irgendwo Absatz zu finden, und man kam nicht gut voran. Erst beginnend mit 1882 wurden Teppichmanufakturen errichtet und immer besser geführt. Vor allem die englische Firma Ziegler & Co. aus Manchester, die sich in Sultanabad niedergelassen hatte, war es, die der persischen Teppichindustrie in der ganzen Provinz Hamadan und darüber hinaus kräftige Impulse gab. Neben dem ausgezeichneten Saruk und dem Mir begann man aber auch mit weniger berühmten Teppichsorten gute Geschäfte mit Westeuropa und mit den USA zu machen. Und der Umschlag stieg und stieg, auch das nordwestlich liegende Hamadan blühte auf, und alle Orte und Dörfer der näheren und weiteren Umgebung nahmen an diesem Aufschwung teil.

Arbabasch (auch Arbabaschei) Name eines Filzteppichs, der im Dagestan-Gebiet daheim ist und vornehmlich von dort hausenden Kumüken hergestellt wird. Auch ein dagestanischer Wirkteppich wird so genannt. Zu uns kommen diese Teppichsorten nur gelegentlich, im Handel sind sie kaum zu haben.

Ardebil (Ardabil, Erdebil, Ardabel, Artavat usw.) Stadt im iranischen Azerbeidschan. Nach ihr ist der historische Ardebil-Teppich (aus 1539 stammend) benannt, den seit 1893 das Viktoria-und-Albert-Museum in London besitzt. Bei 61,5 m^2 Größe hat er 5200 Knoten je 1 dm^2, insgesamt also über 32 500 000 Knoten. Er gilt als eines der kostbarsten Stücke altpersischer Teppichknüpfkunst (Bilder Seiten 23 und 455). Der Teppich wurde durch die englische Firma Ziegler und Co., die in Persien Niederlassungen hatte, um 1884 nach London gebracht und 1892 um den damals aufsehenerregenden Preis von 2500 Goldpfund dem Museum verkauft (Einzelheiten dazu im 11. Hauptabschnitt).

Wie aus einer Inschrift im Teppich hervorgeht, wurde er vom Meister Maksud Kaschani geknüpft, und zwar vermutlich in dem damals hochentwickelten Teppichzentrum Täbriz.

Heutzutage ist Ardebil mehr als Teppichhandelsplatz im Vordergrund. Viele Teppiche im Schirwan-, Dagestan- und

Karadagh-Muster, auch Kurdenteppiche, werden in die Bazare von Ardebil eingeliefert und gehen zum Teil unter der Bezeichnung »Ardebil« in den Handel. Das Bild auf Seite 138 zeigt einen solch neuen Ardebil.
Ardilan Gebiet in der iranischen Provinz Kermanschah-Kurdistan, mit der Hauptstadt Kermanschah und mit den Städten Senneh (Sinä) und Bidjar, den Hauptsammelplätzen für die gleichnamigen Teppiche. Siehe unter *Kermanschah, Senneh* und *Bidjar.* Auch die Dörfer Hosseinabad, Baaglabad und Taslabad stellen Ardilan-Teppiche her, vornehmlich im kurdischen, sehr sauberen Genre.

ARMENIEN Hochland, politisch zwischen der Türkei, Sowjetrußland und Iran (Persien) geteilt. Obgleich der Name Armenien (zuerst Armina) schon seit dem 6. Jahrhundert in der Literatur aufscheint, nennen sich die Einheimischen selber »Haik« und ihr Land »Hayastan«. Auch Teile von Kurdistan zählen zu Armenien. Die im armenischen Gebiet erzeugten Teppiche sind qualitativ gut. Zeigen armenische Teppiche Tiergestalten, dann sind diese meist ungewöhnlich stark verzerrt. Sowjetrußland versucht eifrig, auch in seinen armenischen Gebieten die Teppichknüpfkunst zu fördern. Eriwan (siehe dort!) ist der Hauptsitz der russisch-armenischen Teppichknüpfkunst. Was unter *Azerbeidschan* und unter *Russische Teppiche* gesagt wird, gilt auch für Armenien. Siehe dort!
Im dreigeteilten armenischen Gebiet leben (zusammengenommen) ca. 3,8 Millionen Christen, von denen sich etwa 1,2 Millionen in Sowjet-Armenien befinden. Das nebenstehende Bild zeigt einen um das Jahr 1910 im heutigen sowjetischen Armenien hergestellten schönen Teppich; auf Seite 140 sieht man links einen armenischen, sogenannten »Drachen«-Teppich aus der Zeit von ca. 1700, rechts einen gut gearbeiteten russisch-armenischen Teppich der Neuzeit, der den Namen »Kecicyan« trägt. Kecicyan war ein berühmter Teppichentwerfer und -knüpfer in Kum-Kapu. Er dürfte russisch-armenischer Abstammung gewesen sein. Der im Bild gezeigte Teppich ist die gut gelungene Nachknüpfung eines Kecicyan-Teppichs.
Die in alten armenischen Teppichen (und auch in den heutigen Nachknüpfungen) gestalteten merkwürdigen Gebilde wurden und werden oft als Drachen gedeutet. Hofrichter (siehe Literaturverzeichnis) tritt entschieden gegen diese Meinung auf. Er sagt, man habe es hier mit der primitiven Darstellung von Haustierfellen zu tun. Bis zum 17. Jahr-

Armenischer Knüpfteppich, sogenannter »Drachen«-Teppich, ca. 1700

hundert wurden diese Felle gefleckt dargestellt, ab dort kamen die Flecken ziemlich ab. Hofrichter erklärt, die Knüpfer verstünden nicht mehr den Sinn der Figuren, und deshalb seien diese verzeichnet worden und kaum mehr als Felle zu erkennen. Heute kopieren die sowjetischen Teppichknüpfer-Gemeinschaften wieder alte Vorlagen, so daß man auch in Teppichen jüngster Erzeugung wieder Fellflecke findet. Der genannte Autor verweist darauf, daß altarmenische Teppiche in Bukarest und in Paris nachgemacht werden.

Das einstmalige armenische Reich ist geschichtlich schon seit 3000 v. Chr. bekannt. Es war Kernland des Reiches Urartu, weite Teile Mesopotamiens waren damals armenisch, und dieses alte Armenierreich reichte bis zu den Ufern des Kura-Flusses im Kaukasus. Der Sevan-See und der Van-See waren armenisch, desgleichen die Mittelmeerküste zwischen Adana und Mersin. Allerdings gab es ein

Russisch-armenischer Teppich, »Kecicyan«

Groß-Armenien und ein Klein-Armenien. Die Knüpfkunst war dort sehr verbreitet. Der bulgarische König Krum erbeutete schon im Jahr 813 bei einem Streifzug im Orient »wollene armenische Knüpfteppiche« (nach A. Adontz). Berühmt war die Färbekunst der Armenier. Das »Armenischrot« war eine bekannte und vielbegehrte Farbe. Die im 16. und 17. Jahrhundert erzeugten armenischen Teppiche waren (nach Aladar Kiss) so groß und so fein, daß sie nur von bestens ausgerüsteten Werkstätten hergestellt werden konnten. Diese Teppiche zeigten oft bis 2000, ja bis zu 2400 Gördes-Knoten je 1 dm². Zu Ende des 17. Jahrhunderts fiel die Knotendichte weit zurück, sogar niedriger als 1500 Knoten je 1 dm².

Über die neue Entwicklung der Teppichknüpferei in Armenien siehe unter dem Stichwort *Azerbeidschan* die Schlußabsätze!

Asyl-Teppich Teppiche mit je einem Spitzgiebel (Mihrab) nach jeder Längsseite werden in großen Mengen in Kleinasien hergestellt (auch für den Export). Nach Orendi hatten diese Teppiche die Bedeutung, daß jeder, der auf einem solchen zu stehen kam, unbedingt Asylrecht genoß. Diese Auffassung hat sich als unrichtig erwiesen. Nur dann, wenn die beiden Mihrab-Musterungen deutlich voneinander getrennt sind, gelten sie als »Heim«- oder »Herd«-Teppich, denen früher einmal tatsächlich Asylcharakter zukam. Teppiche dieser Art, die im anatolischen Bereich sehr selten vorkommen, nennt der Türke »odschaklik«. Siehe jedoch auch unter *Brautteppich*.

Avunya Siehe unter *Türkei (Anatolien)*.

Awarische Teppiche Sie gelten im allgemeinen als Dagestan (siehe dort), da sie aus dem sowjetischen Dagestan-Gebiet kommen. Rechts neben dieser Spalte sieht man zwei awarische Teppiche abgebildet: oben einen Wirkteppich der Gattung »Palas«, er wurde 1940 hergestellt; unten ebenfalls einen Wirkteppich, und zwar der Art »Dawagin«, der 1937 entstand. Beachte auch den 8. Hauptabschnitt!

Aydin Eine türkische Provinz im westlichen Kleinasien, durchflossen vom Fluß Mäander, mit den Städten Izmir (Smyrna) und Isparta (Sparta), in welch letzterem Gebiet fast alle Arten von Orientteppichen nachgeahmt werden. Um diese Nachahmungen von ortsechten zu unterscheiden, wurde seinerzeit vorgeschlagen, sie als »Aydin«, also nach ihrer Herkunftsprovinz zu bezeichnen. Dieses Anraten fand aber bei den dort ansässigen orientalischen Handelskreisen begreiflicherweise wenig Gehör.

Awarischer Palas, 1940

Awarischer Dawagin, 1937

AZERBEIDSCHAN (Atropane) Ist teils russischer, teils iranischer Besitz. Andere ältere Formen des Namens sind: Adharbaidjan, Adhribidjan, auch Adhärbaidjan, ebenso trifft man die Form Azerbeidzan. Im Russischen hat es Baku zur Hauptstadt, im Iranischen Täbriz (Tebriz). Der Nordosten wird von Turkstämmen bewohnt, der Südwesten von Armeniern und Kurden. Die in Azerbeidschan hergestellten Teppiche zeigen daher je nach ihrer Herkunft türkische oder zentralpersische Anklänge oder aber auch noch strenglinige kaukasisch-kurdistanische Muster.

In der Sowjetrepublik Azerbeidschan wird die Teppichherstellung in neuester Zeit sehr vorangetrieben. Die Teppichknüpfer sind dort (wie überall in der Sowjetunion) in Arbeitsgemeinschaften zusammengeschlossen. Abgesehen von den behördlich geleiteten Bestrebungen, durch verbesserte Schafzucht beste Wolle zu gewinnen, wird das Teppichknüpfen planmäßig bereits in den Schulen gelehrt. Künstler werden beauftragt, Teppichmuster zu entwerfen, die Neues bringen, dabei doch auch Tradition bewahren sollen. In Azerbeidschan genießt Professor Dr. h. c. Ljativ Kerimow auf diesem Gebiet besondere Wertschätzung. Er hat viele neue Muster geschaffen.

Azerbeidschan-Läufer kommen viel aus dem persischen Teil des Gebietes (Karadja und Umgebung). Sie zeigen zumeist geometrische Musterung in fröhlichen Farben und sind bei uns sehr beliebt, obgleich sie in der Regel nicht sehr hohe Qualität aufweisen, sondern im allgemeinen als guter Gebrauchsläufer gelten. Die Formate reichen von 90 bis 110 cm Breite bei 300 und oft sogar bis etwa 350 cm Länge.

Am Kaspischen Meer liegt Baku. Früher wurden dort Teppiche geknüpft, dann dehnte sich die Erdölindustrie aus, jedoch versucht die Sowjetunion jetzt wieder, Menschen für das Knüpfen zu begeistern. Siehe unter *Baku*.

Auch in verschiedenen anderen azerbeidschanischen Orten wird versucht, die Teppichknüpfkunst wieder zu beleben. So etwa in Awschan (ähnlich den Kuba- und Karadagh-Teppichen, auch einen Awschan-Chila versucht man auf den Markt zu bringen), in Kaladschich usw. Mehr als in anderen Teppichgebieten wird in Azerbeidschan (im russischen als auch im iranischen Teil) die Kunst der Schöpfung des thematischen Teppichs betrieben; eines Teppichs also, der nicht den unendlichen Rapport zeigt, sondern ein Thema, ein Bildnis, eine Szene, einen Szenenausschnitt (siehe unter *Thematische Teppiche*). Die Blüte des thematischen Teppichs liegt freilich schon lange zurück. Sie erreichte im 16. Jahrhundert ihren Höhepunkt, vor allem in Täbriz, wo die besten Miniaturenmaler der damaligen Zeit (als ihr führender Künstler galt Soltan Muchammed) versammelt waren, wo sie die Buch- und Miniaturenmalerei eng mit dem Teppichentwerfen verbanden. In den thematischen Teppichen jener Zeit wurden nicht nur einzelne menschliche Gestalten, sondern auch ganze Szenen, mit Vorliebe Jagdszenen (seltener Kriegszüge) abgebildet. Später stellten die Künstler Szenen aus den Poemen der Dichter des Orients dar, wobei diese Darstellungen traditionsgemäß mit eingeknüpften Versen und Sprüchen versehen wurden. Diese Verse und Sprüche hatten die Aufgabe, die Grundgedanken der abgebildeten Szenen zu erklären und zu unterstreichen. Solche thematischen Teppiche von seinerzeit sind die wertvollsten Denkmäler der Kultur des nun schon seit mehr als hundert Jahren auf zwei Staaten aufgeteilten Gebietes und Volkes von Azerbeidschan. Das Künstlertum des Entwerfers hatte volle Freizügigkeit, und der Künstler nützte sie auch voll aus. Diese Menschen einer längst vergangenen Zeit verstanden auch einzigartig mit dem Material umzugehen. Obgleich sie ihr künstlerisches Wollen nur in Knüpfmustern ausdrücken konnten, also lediglich in Flächen, obgleich sie fast völlig auf die Verwendung der reizvollen Wirkung von Licht und Schatten verzichten mußten und auch in der Farbenzusammenstellung, bedingt durch die Technik der Teppichherstellung, nicht alle Möglichkeiten ausnutzen konnten, leisteten sie Großartiges. Ihre Bilder mußten zwar ornamentartig bleiben, der Horizont fehlte ihnen ganz oder konnte nur andeutungsweise vorhanden sein, ebenso war es mit der Perspektive, und obendrein mußte die thematische Darstellung mehr oder weniger (je nach dem künstlerischen Vermögen des Entwerfers und je nach der Geschicklichkeit des Knüpfers) stilisiert werden. Aber das alles brachte dennoch bewundernswerte Lösungen zustande. Die Sowjets versuchen nun mit viel Eifer und Beharrlichkeit, die Teppichknüpfkunst in ihrem Azerbeidschan-Gebiet wieder hochzuzüchten. Bis jetzt ist ihnen wohl mancher Fortschritt gelungen, aber sehr zufrieden ist der europäische Teppichliebhaber mit den neuen Erzeugnissen meist dennoch nicht. Auch die Sowjets selbst sind nicht zufrieden, wie aus einer Bemerkung der Zeitschrift »Dekorative Kunst in der UdSSR«, Moskau, hervorgeht. Es heißt dort in einem Artikel über die Azerbeidschan-Teppiche: »Die Oktoberrevolution hat eine neue Seite im Buche der Volkskunstentwicklung in Azerbeidschan aufgeschlagen. Sie hat die schöpferi-

schen Kräfte geweckt. Es bildeten sich neue Kader der Teppichhersteller, die schon die komplizierte Kunst der Erzeugung thematischer Teppiche beherrschen. Die Aufgabe dieser Künstler und Meister muß es nun sein, die reichen Volkstraditionen auf dem Gebiet des thematischen Teppichs mit Könnerschaft auszunützen und jenes hohe Niveau zu gewinnen, das die Meister der Vergangenheit auszeichnete. Gelingt das, dann wird es uns helfen, neue künstlerisch wertvolle und ausdrucksvolle Werke zu schaffen.« Man sieht aus diesen Worten, daß ernsthafte Bestrebungen, Gutes zu leisten, im Gange sind. Es ist aber kaum zu erwarten, daß in unserer unruhevollen, hasterfüllten Zeit jemals noch solch vollendete Kunstwerke zustande kommen werden, wie sie das 16. Jahrhundert schuf.
Noch während der Drucklegung erreichte uns von der staatlichen sowjetischen Außenhandelsstelle »Novoexport« aus Moskau nachstehender Bericht über die erneut straffere Zusammenfassung der Knüpfergemeinschaften in Azerbeidschan und auch in Armenien:
»Vor allem ist die Schirwan-Produktion in Azerbeidschan und in Armenien neu gestaltet worden. In Azerbeidschan hat man das bislang ziemlich verstreut gewesene Teppichherstellen sowohl in den Städten wie auch in den Dörfern in Manufakturen zusammengefaßt, die gegenwärtig in 13 Bezirken bestehen und ihrerseits wieder zur Firma ›Aserchaltscha‹ vereinigt sind. Diese Konzentration der Teppichherstellung gestattet der Firma Aserchaltscha, für das Teppichgewerbe eine eigene zentrale Spinnerei und eine eigene Wollfärberei zu errichten. In diesen Manufakturen sind derzeit rund 4000 Knüpferinnen beschäftigt. Es wird jetzt mehr als vordem auf die einst üblich gewesenen pflanzlichen und tierischen Farbstoffe zurückgegriffen.
Ihren künstlerischen und technischen Besonderheiten nach werden die Knüpfteppiche Azerbeidschans in zwei Hauptgruppen geteilt: 1. ›Kuba-Schirwan‹-Teppiche und 2. ›Kasak-Karabagh‹-Teppiche. Zur ersten Gruppe zählt man solche Teppiche, die eine Dichte von 160 000 Knoten und mehr je einem Quadratmeter haben. Diese ›Kuba-Schirwan‹-Teppiche sind reich mit zierlichen Ornamenten versehen, sie haben weichen, dichten Flor, der je nach Sorte 3 bis 6 mm hoch ist.
Teppiche mit einer Dichte von 90 000 bis 125 000 Knoten gehören zur zweiten Gruppe. Diese Kasak-Karabagh-Teppiche haben einfachere Muster, die auch mehr geometrischen Charakter als jene der ersten Gruppe haben. Diese Exemplare sind äußerst haltbar, ihr Flor ist 6 bis 12 mm hoch.« (Siehe zu allem Bilder unter *Kasak* und *Schirwan* sowie unter *Karabagh*.)
In der ersten Gruppe wird noch eine besonders ausgezeichnete Qualität geführt, die »Kuba-Schirwan-Extra« heißt. Sie ist besonders reich ornamentiert und hat je 1 m² eine Knotendichte von 230 000 bis 250 000.
Da das Schirwan-Gebiet auch bis in die Armenische SSR reicht, wurde dort das Teppichknüpfen ähnlich organisiert wie in Azerbeidschan: dort sind die Manufakturen in einer Firma »Haigorg« zusammengeschlossen. Auch diese Firma verfügt über Spinnereien und Färbereien, ebenso über eine chemische Teppichwäscherei, so daß die armenischen Teppiche schon verkaufsfertig (auf Glanz gewaschen) exportiert werden können, was derzeit bei den azerbeidschanischen noch nicht der Fall ist (aber ebenfalls angestrebt wird). Der Gesamtexport ist Aufgabe der staatlichen sowjetischen Außenhandelsfirma »Novoexport« (Moskau).
Azghand Teppichort in der persischen Provinz Chorassan (siehe dort).

BACHTIARI Dieser Teppich kommt aus dem Gebiet des stolzen, berg- und kampfgewohnten Volkes der Bachtiaren (auch Große Luren genannt), die östliche Teile von Luristan und Chusistan bewohnen, der Hauptsache nach aber in ihrem Stammland »Chahar-Mahal-e-Bakhtiyari«, einem schwer zugänglichen Gebirgsland, siedeln, das im Südwesten von Chusistan, im Norden und Osten von der Provinz Isfahan umschlossen ist. (Der Vater von Exkaiserin Soraya war Bachtiare.) Die Perser, die Jahrzehnte an Zeit brauchten, das Chahar-Mahal-e-Bakhtiyari unter ihre Herrschaft zu bringen, nannten das Gebirgsland lange verärgert »das unmögliche Bachtiari«.
Als Teppichknüpfer im Bachtiari-Raum kommen die dort zugezogenen Luren, Kurden, Tadschiken, einige kleine Araberstämme und etwaige turkstämmige Familien in Betracht, dann Armenier-Abkömmlinge und von den Bachtiaren selbst doch wohl nur Teile der Stämme Tschhar-lang und Haft-lang.
Im allgemeinen zeigen die Bachtiari-Teppiche, ganz gleich, von wem sie im dortigen Gebiet geknüpft wurden, als Grundfarbe meist ein schönes Elfenbein, auch Creme, seltener Rot und Blau, dagegen sieht man auch Grün und Braun öfter. Die Größen gehen bis etwa 350 × 500 cm. Kette und Schuß bestehen zumeist aus Baumwolle, der Flor

Bibibaf, Bachtiari-Gebiet

 Bachtiari, Persien

zeigt gute Schafwolle. Geknüpft wird in Dörfern meist mit dem türkischen Knoten, in manchen Gegenden bevorzugt man jedoch den persischen.
Als Zentrum der Teppichherstellung (in etwa 200 Dörfern und Siedlungen wird geknüpft) gilt Schahr-e-cord, »Kurdenstadt« (auf vielen Landkarten auch als Schahrecord verzeichnet). Es gibt mehrere Hauptsorten dieser Teppiche. Sehr beliebt ist der Bachtiari mit Garten-Feld-Einteilung (siehe Bild Seite 146), er kommt meist aus Tschalschotor, einer kleinen alten Stadt in den schwer zugänglichen Zagrosbergen. Andere Bachtiari zeigen, wohlverteilt über das ganze Innenfeld, Lebensbäume oder Blumensträuße. In Zaman, südwestlich von Schahr-e-cord, stellt man saubere Medaillonteppiche her, auf Wunsch auch Übergrößen bis 400 × 600 cm.
Wenn beim Bachtiari einzelne Felder oder Medaillons durch schmale weiße Linien (»Säume«) getrennt sind, so deutet dies in der Regel auf höheres Alter des Teppichs hin. In dem Dorf Paradombeh, südöstlich von Schahr-e-cord (in vielen Landkarten fälschlich als Fara-Dumbeh oder Fara Dumbeb eingetragen) wird ein Bachtiari hergestellt, dessen Musterung Blumen (vor allem Rosen) zeigt, gegenständig angeordnet und so dem französischen Aubusson-Teppich ähnlich. Das ist nicht nach jedermanns Geschmack.
Weitere Sorten sind der Babaheidar, der Schalamzar (Bild rechts) und, als billigste Sorte, der Hori. Im Nordosten, gegen Isfahan zu, hausen Nachkommen jener Armenier, die unter Schah Abbas (1586–1628, der sowohl »der Große« wie auch »der Grausame« genannt wird), aus Armenien (Dschulfa) geholt und in verschiedenen Gegenden, darunter auch nächst Isfahan, angesiedelt wurden, um die zentralpersische Knüpfkunst zu heben. Er gab der Siedlung bei Isfahan den Namen Neu-Dchulfa und gestattete den (damals christlichen) Armeniern die Errichtung von Kirchen und die Beibehaltung ihrer Religion. Die Nachkommen knüpfen heute noch im Bachtiari-Gebiet gute Teppiche, früher mit Ziegenhaar als Kette und Schuß, jetzt meist mit weißer Baumwollkette und blauem Baumwollschuß. Diese Teppiche heißen »Armenibaf« bzw. »Armeni-Bachtiari«. Unter dem Namen Dehkordi gibt es eine von mehr seßhaften Kurden (Deh = Dorf) hergestellte Bachtiaren-Sorte in typischer Bachtiari-Zeichnung, korrekt und sauber gearbeitet. Ein im Bachtiari-Gebiet von Luren hergestellter Teppich, meist mittelgroßen Formats und in gröber gehaltenem Bachtiaren-Muster, wird Luri-Bachtiar genannt. Feingeknüpfte

Schalamzar, Bachtiari-Gebiet, Gegenwartserzeugnis

Bachtiari werden »Bibibaf« genannt, d. h. »nach Art der Großmutter«, also »so wie in guter alter Zeit«. Die Erzählung mancher orientalischer Händler, es habe eine Bachtiaren-Fürstin Bibi gegeben, die ihrem Volk das Teppichknüpfen beibrachte, ist Händlerlatein.
Der Bachtiari ist ob seiner guten Wolle (Festigkeit) und wegen seiner hübschen Musterung sehr beliebt. Seite 144 zeigt zwei schöne Bachtiari dieses Jahrhunderts. Der dort rechts abgebildete Teppich wurde von seinen Herstellerinnen stolz »Bibibaf« genannt. Er verdient diesen Namen: Sorgfältig nach älterer Vorlage geknüpft, war man auch in der Farbwahl sehr behutsam. Das auf der gleichen Seite links abgebildete Exemplar wetteifert zwar mit dem Bibibaf, kommt ihm auch qualitativ nahe, erreicht aber nicht dessen Vollkommenheit.
Die reichen Erdölfunde bei Shuster und im Bachtiari-Gebiet veranlaßten in jüngster Zeit viele Einwohner, dort Arbeit zu nehmen, da solche ertragreicher ist als das Teppichknüpfen.

Bagschaich (persisch Baghschayesch) So nennt man das Gebiet zwischen Urmia-See und Ahar-Heris, auch die Teppiche, die von dort kommen, tragen den gleichen Namen (siehe unter *Heris*).

Baiburt Stadt und Gebiet von Erzerum (Kleinasien), früher durch gute Teppiche bekannt.

BAKU (Bakuya, Bakuh) Hauptstadt der sowjetrussischen Republik Azerbeidschan, am Kaspischen Meer gelegen. Der Name soll sich von »Badkube« ableiten, was soviel heißt wie »Ort, wo der Wind einschlägt«. Baku wurde angeblich von Iskander (Alexander dem Großen, 356–323 v. Chr.) gegründet. Aus dem weiten Gebiet um Baku kommen der Sumakh (Schemacha), der Kuba, der Talisch, der Schirwan mit seinen vielen Arten, der Chila; auch viele andere Teppichnamen gibt es in diesem Gebiet, wie etwa Salyani, Surach/Maraga (Surahany) usw. Die früher im engeren Baku-Gebiet wenig umfangreich gewesene Teppicherzeugung wurde in letzter Zeit von den Sowjetbehörden stark forciert. Seite 147 zeigt einen modernen Baku. Er ist 160 × 100 cm groß und weist mit 2500 Knoten je 1 dm^2 erhebliche Dichte auf. Baku-Teppiche haben meist milde, pastellartige Farben mit Neigung zu graugrünlichen, bläulichen und schmutzigbraunen Tönen.
In Bakus Altstadt befindet sich das Synyk-Kala-Minarett, aus dem Jahre 1078 stammend. Es enthält eine sehenswerte museale Teppichsammlung.

 Bachtiari, Persien

Balkan-Teppiche Im gesamten Balkangebiet wurden und werden Teppiche geknüpft (siehe die Einleitung zu diesem Kapitel und insbesondere unter *Bulgarien,* unter *Rumänien* sowie unter *Griechenland*).

Bardjed Ein aus dem nördlichen Heris-Gebiet kommender (meist kasak-ähnlicher) mittelfeiner Teppich. Siehe unter *Karadagh.*

Bastard-Teppiche So werden armenische Teppiche aus der Zeit vor 1830 genannt, die sowohl kaukasische als auch persische und kleinasiatische Muster verwenden. Jedoch auch alle anderen Orientteppiche, deren Zeichnungen fremden Teppichgebieten entnommen wurden und damit das ursprüngliche Motiv verwischen, nennt man Bastardteppiche. Auch heute noch ist dieser Ausdruck »Bastardteppich« durchaus üblich, und zwar nicht nur für armenische, sondern auch für Stücke, deren Musterung und Farbgebung teilweise dem einen, dem anderen oder gar einem dritten Typus entspricht, so also, daß man von keinem »reinrassigen« Teppich sprechen kann.

Bayazit (Bayasid) Türkische Stadt an der persischen Grenze. Stapel- und Handelsplatz für Kurdenteppiche. Diese Stadt ist jetzt umbenannt worden in Dogubayazit (d. h. zu deutsch Ost-Bayazit).

BELUTSCHE UND BELUTSCHISTAN Vorausgeschickt sei dies: Belutschistan ist der Name einer Landschaft im Südosten des Hochlandes von Iran, die politisch in ihrem westlichen Teil zum östlichen Iran gehört, in ihrem östlichen Teil aber zu Pakistan. Der unter dem Namen Belutsch im Handel befindliche Teppich stammt aber nicht aus diesem pakistanischen Hoheitsgebiet, sondern er wird von den iranischen und von jenen Belutschen hergestellt, die im afghanischen Raum leben. Diese iranischen und afghanischen Belutschen, ein Hirten- und Wandervolk, bewegten sich einstmals in weiten Räumen: vom Süden Irans bis hinauf ins Turkmenische. Deshalb, weil dieser Teppich fast nichts mit dem politischen Begriff Belutschistan zu tun hat, sondern mehr mit der Volkstumbezeichnung Belutsche, sollte man ihn nicht irreführend Belutschistan, sondern richtig: Belutsch, Belutsche oder Balutsch nennen. Phonetisch richtig wäre etwa »Ballutsch« mit kurzem »a« und »u«. Aber »Belutsch« ist bei uns schon so eingebürgert, daß auch wir bei »Belutsch« bleiben wollen. Über die Herkunft des Wortes Belutsch (Baloc, Beloutsch) ist man sich nicht im klaren. Belutsch heißt sowohl »Hahnenkamm« als

Baku, Azerbeidschan

auch »Haarbüschel« (die Balocen tragen tatsächlich das Haar gebüschelt), es heißt aber auch »Spitzbube«. Der Belutsche, der unter glühender Steppensonne lebt, liebt das Gedämpfte, um nicht zu sagen, das Düstere, denn es tut seinen von der Sonne geblendeten Augen wohl. Der von ihm hergestellte Teppich, der sich bei uns großer Beliebtheit erfreut, zeigt als Hauptfarbe ein sehr dunkles Blau oder ein schweres Rot oder ein dunkles Braun – diese Grundfarbe neigt häufig zu einem Lilaton, also einem Rot-, Blau- oder Braunlila, das gibt dem Teppich den charakteristisch schwermütigen Hauch. Der Belutschen-Teppich kommt in den Größen 80 × 120 bis 110 × 220 cm mit dem Gebetteppichmuster vor, als Teppich mit den Maßen von 150 × 200 bis höchstens etwa 250 × 450 cm. Seine Kette ist aus Schafwolle oder Ziegenhaar, ebenso auch der Schuß. Besteht beides aus Ziegenhaar, dann läßt dies (aber nicht unbedingt) auf höheres Alter (etwa Jahrhundertwende) schließen. Der in guten Stücken mit mindestens 1000 bis etwa 1600 persischen Knoten je 1 dm² geknüpfte, meist mittellange, sanft glänzende Flor besteht aus Schafwolle. Die Webborten sind oft sehr breit. Bei besseren Stücken zeigen sie kilimartige Wirkerei, oft in entzückender Ausführung. Der Belutsche hat lange und lose Fransen, die an der Endseite länger sind als an der Anfangseite.

 Belutsch, Zentralasien

Belutsch, Zentralasien

Feststehende Muster gibt es für den Belutsch nicht, denn das Einzugsgebiet ist ungeheuer groß, wozu noch die Vielzahl der Stämme kommt. Auch werden verschiedene Nachbarschaftseinflüsse wirksam. Überwiegend herrschen jedoch die geometrischen Muster und Ornamente vor, sowohl in den Bordüren (er hat bis zu sechs) als auch im Fond. Aber es gibt auch Belutschen, die persischen Einschlag zeigen. Fast immer sind der Fond und die Hauptbordüre mit weißen Streifen (Säumen, Trennlinien) oder mit weißgestreiften Miniatur-Barbierstangen eingesäumt, wie ein wohlverteiltes Weiß überhaupt eine Stärke dieser Teppichsorte ist. In der Hauptbordüre und auch in den Nebenborten findet man sowohl geometrische Figuren (Sterne, Rauten etc.) als auch Arabesken, Doppelhaken, hakenbesetzte Mäanderbänder, den Laufenden Hund usw. – es läßt sich keine eindeutige Typenschilderung geben. Im Mittelfeld kann es durchlaufende diagonale Streifen geben, in denen oft winzige weiße Blütchen und Rosetten sitzen, oder die diagonalen Streifen

Belutsch, Zentralasien

Belutsch-Gebetteppich, Zentralasien

bilden gezähnte Rhomboide. Ebenso kann man aber auch Achteckmedaillons finden in einem Schachbrettmuster. In Belutsch-Gebetteppichen füllt den schmalen Fond eine Lebensbaumdarstellung. Als Knüpfmusterfarben verwendet der Belutsche Hellrot, verschiedene Tönungen von Blau, etwas Grün. Diese und das Weiß versteht er sehr gut in die mehr düstere Grundfarbe günstig einzufügen. Hin und wieder sieht man auch Gelb verwendet.

Belutsch-Teppiche werden irrtümlich (und oft absichtlich) als »Blaue Buchara« bezeichnet. Obgleich einst Belutschenfamilien ihre Wanderzüge bis nach Turkmenien ausdehnten und auch dort Teppiche knüpften, ist eine solche Bezeichnung im Grunde genommen irreführend. Sie stört deshalb, weil der Verkäufer dann auch den »Buchara«-Preis für ein solches Stück verlangt, der Belutsch aber in unterschiedlichen Qualitäten hergestellt wird, die fast nie an die hohe Qualität des »Buchara« herankommen. Es gibt auch einen sogenannten »Stadt-Belutsch«, der von seßhaft gewordenen Belutschen hergestellt wird und sehr korrekte Arbeit darstellt. Man weiß aber leider auch um eine Belutsch-Ware, die ob ihrer Schleuderhaftigkeit geeignet ist, den guten Ruf dieses sehr beliebten Teppichs (für Arbeitszimmer, Wohnzimmer etc.) zu beeinträchtigen. In jüngster Zeit werden viele Belutsch-Teppiche für den Export gewerbsmäßig in Pakistan hergestellt. Von dort, aber auch aus dem persischen Chorassan-Gebiet, kommt immer wieder sehr schlechte, auf Baumwollkette lose geknüpfte Ware, mit dicken, blendend weißen Kett- und Schußfäden. Vorsicht!

Die Belutschstämme aus Turbat-i-Schaikjam, Turbat-i-Haideri, Seistan, Firdaus, Tabas, Turschis, aus der Umgebung von Maschhad und Nischapur sowie aus Sarakhs haben in ihren Teppichen noch stark traditionsgebundene Muster. (Bilder guter Belutschteppiche findet man in dieser Abhandlung.)

Berberteppiche Diese meist sehr einfach gemusterten oder überhaupt einfärbig bzw. meliert gearbeiteten Knüpfteppiche (auch Kilims gibt es, desgleichen auch Teppiche in kombinierter Knüpf-, Kilim- und Flechttechnik) kommen nicht nur aus dem eigentlichen Berbergebiet, dem nordafrikanischen Atlas-Gebirge, sondern sie werden im ganzen westlichen Nordafrika und in Ägypten erzeugt, ebenso gelangen sie aber, nachgeahmt, in Massen aus Indien, Pakistan und Japan. Siehe im 7. Hauptabschnitt Bilder und Bemerkungen über *Berberteppiche.*

BERGAMA (Bergama, Pergamos) Stadt und Landschaft in Westkleinasien, 80 km nördlich von Izmir, das antike Pergamon. In Bergama und seinem weiten Umgebungsraum werden viele Arten Teppiche in sehr unterschiedlichen Mustern und in ebenso verschiedenen Qualitäten hergestellt. Dieser Umgebungsraum kann, sehr großzügig aufgefaßt, von Çannakkale über Ezine, Balıkesir, Sındırgi und Akhisar bis Izmir reichen.
Der gute Bergama hat nicht unter 1500 türkische Knoten. Seine Form ist annähernd quadratisch oder aber etwa in den Maßen 80 × 110 bis 150 × 210 cm, selten größer. Die Kette

Bergama, Kleinasien

Bergama, Kleinasien

besteht aus Schafwolle oder (seltener) aus Ziegenhaar, der Schuß ist ebenfalls entweder aus Schafwolle oder aus Ziegenhaar, der mittellange Flor wird aus Schafwolle mit dem türkischen Knoten gefertigt. Die Hauptfarbe des Bergama ist meist ein schönes Kirschrot oder ein sehr ansprechendes Blau (seltener Elfenbein oder Orange). Man sagt, die Wasserzusammensetzung in der dortigen Gegend beeinflusse die Farbwirkung so günstig.
Im Hauptfeld zeigt der Bergama ein oder mehrere große Medaillons, in der Ausführung merkwürdigerweise sehr den kaukasischen und turkestanischen Motiven nahe: also mit Zähnen und Zacken versehene, vier- oder achteckige

Bergama, Kleinasien

Sterne, streng stilisierte Blüten, Strichsterne usw. Die Zeichnung mutet oft sehr einfach an. Die Knüpfung ist farbenfroh, neben dem Kornblumenblau wird auch ein auffallendes Gelb verwendet. Der Fond ist von einer bis drei Bordüren umrahmt, die aus Quadraten, Rhomben, Blatt- und Blütenrosetten gebildet sind, alles stilisiert und stark geometrisch. Oft besteht die Bordüre aus mehr oder minder breiten Querstreifen.

Ältere Bergama sind meist sehr fest gearbeitet, sie fühlen sich fellartig an. In den Längsbordüren oder ganz am Rande, vor allem aber in den fast stets vorhandenen Anfang- und Endkilims, tragen sie oft in Abständen andersfarbige Wollstückchen oder Tuchläppchen eingearbeitet, manchmal auch eine kleine Muschel, einen Knopf; auch Menschenhaar wurde hineingearbeitet, zu winzigen Zöpfchen verflochten. Das alles hat die Aufgabe, den bösen Blick abzuwehren; siehe auch unter *Türkei (Anatolien)*.
In dieser Abhandlung zeigen wir einige schöne Bergama. Hier unten sieht man ein besonders edles Exemplar dieser Art, die Kiz-Bergama (= Mädchen- oder Braut-Bergama) genannt wird. Es sei auch hier auf den Bergama auf Seite 37 im 2. Hauptabschnitt hingewiesen, der aus dem 17. Jahrhundert stammt.

Bergama, Kleinasien

BESCHIR (Baschyr, Beschyr, Bashir) Gebiet und Stadt im Süden der Bucharei (Buchara). Der Name gilt bei den Einheimischen als die eigentliche Bezeichnung für das Gebiet Buchara. Begrifflich bedeutet »Bashir« soviel wie »Bringer guter Nachrichten«. Die in den Dörfern am Amu-darja halb seßhaft gewordenen Nomaden (Turkmenen) fertigten diesen Beschir genannten Teppich an, der sich in Europa wie in den USA großer Beliebtheit erfreut. Der Beschir kommt von 100×200 cm in sehr verschiedenen Größen bis 300×650 cm vor, doch ist er immer, im Verhältnis zu seiner Breite, auffällig lang. Die Kette besteht aus Ziegenhaar oder aus Schafwolle, der Schuß ist in der Regel aus Schafwolle, doch zuweilen findet man auch Ziegenhaar verwendet. Der entweder auf persische oder auf türkische Art geknüpfte Flor besteht aus Schafwolle und weist je 1 dm^2 mindestens 800 Knoten auf, bessere Stücke haben bis zu 3000 und mehr Knoten. Die Grundfarbe beim Beschir zeigt fast immer ein schönes sattes Ziegelrot. Wird Blau als Grundfarbe verwendet, dann herrscht in den Mustern das Rot vor. Als Kontrastfarbe findet man auch sehr oft ein ansprechendes Goldgelb.

Der Beschir hat eine unterschiedliche Bordürenanzahl, selten nur eine, meist aber zwei, drei und mehr Bordüren; sie zeigen als Muster Kartuschen, Ranken, meist stark abgetreppt oder mit Haken besetzt. Manche Muster ähneln stilisierten Adlern. Als Einfassung der Hauptbordüre findet sich auch die Barbierstange vor, desgleichen der Laufende Hund oder das Spinnenmotiv. Der Fond ist reihenmäßig durchgemustert, meist mit stilisierten und dabei sehr abgetreppten Motiven von Blumen und Blumenranken, mäanderartig hingezogen, oder er ist von flachgedrückten Achtecken durchsetzt. Im Feld trägt der Beschir gern jenes Beschir-Gül (oft mehrmals vorhanden), wie es die Zeichnungen bei *Achteck* im 5. Hauptabschnitt zeigen, oder aber die sogenannte Wolkenbandzeichnung, auch Ilan-Bordüre (Schlangenbordüre) genannt, im wesentlichen ausgeprägt durch ziemlich steif stilisierte Wolkenbänder in Rot oder (seltener) in Blau. Die Fondzwischenräume sind mit Rosetten oder Sternchen oder einfach mit Farbpunkten gefüllt.

Der Beschir, ein bemerkenswert eleganter Teppich, kam (wie eingangs erwähnt) ursprünglich aus Beschir und Umgebung. In jüngster Zeit kommen diese Teppiche aus Aschchabad und aus der Umgebung von Kerki (Turkestan). Es gibt auch eine Beschir-Art, durchgemustert mit safrangel-

Beschir-Kameltasche, Turkmene

Beschir-Gebetteppich, Turkmene

Beschir, Turkmene

Beschir (Wolkenband-Beschir), Turkmene

ben Blumen (in den älteren Beschirs gibt es fast goldgelb aussehende kleinere Musterungen), die gern von Knüpferinnen in Afghanistan nachgearbeitet wird. Man nennt solche Teppiche »Guerat«.
Der Beschir wird dicht geknüpft, sein Schuß so gut niedergeschlagen, daß der Schußfaden auf der Hinterseite des Teppichs oft gar nicht oder nur schwach zu erkennen ist. Es gibt auch Beschir-Gebetteppiche, ihre Gebetnische ist kopfartig erweitert. Im letzten Jahrzehnt ist kaum ein guter Beschir nach Europa gekommen, so daß ältere Beschir-Teppiche heute richtig Seltenheitswert haben. Die neuen Beschir entsprechen in Musterung und Farbharmonie fast nie den altgediegenen Vorbildern; das Teppichfeld ist häufig mit großen grellen, störenden Farbpunkten durchsetzt. Wer noch einen altüberkommenen Beschir besitzt, tut gut, ihn zu schonen. Auf den Seiten 153 und 154 sieht man schöne Stücke dieser Beschir-Gattung.
Bahawalpur Stadt und Gebiet in Westpakistan. Die dortigen wenigen Belutschen stellen außer ihren Teppichen auch Perser-Nachahmungen her.
Bibibaf Siehe unter *Bachtiari*.

BIDJAR (Bidschar) Die Stadt Bidjar, nördlich von Senneh in Nordwestpersien, ist Einzugsgebiet dieser Teppiche, die von kurdischen Nomaden und Halbnomaden verfertigt werden, doch es gibt auch Manufakturen. Der Bidjar trägt als Grundfarbe meist Blau oder Rot, er wird in allen gebräuchlichen Maßen hergestellt. Die Kette ist aus Baumwolle (in älteren Stücken: Ziegenhaar), der kurze Flor aus guter Schafwolle. Geknüpft wird mit dem türkischen, manchmal mit dem persischen Knoten. In den Bordüren des Bidjar sieht man, sehr vielfarbig und geschmackvoll, große Rosetten, arabesk verbundene Blütenzweige und Ranken. Im Fond befindet sich in der Regel ein großes Medaillon im meist einfarbigen Feld. In den Feld-Ecken sind Blumen, Rosetten, Blütenstauden, blühende Zweige. Bidjar-Teppiche mit großem stattlichem Mittelmedaillon und mit Viertelecken im sonst leeren Mittelfeld (sogenannte Spiegel-Bidjar) stammen fast durchweg aus städtischen Manufakturen. Es gibt aber auch Bidjar-Teppiche, die im Innenfeld kleine, sich wiederholende Muster tragen oder das Mahi-Muster rapportmäßig eingeknüpft zeigen. Zuweilen besteht die Musterung aus Bäumen, die den ganzen Fond füllen. Da auch benachbarte Afscharen (Gebiet von Takab, ca. 50 km nordwestlich von Bidjar, jedoch schon in der Provinz

Bidjar, Persien

 Bidjar, Persien

Ost-Azerbeidschan) Bidjar-Teppiche knüpfen, gibt es zwei Bidjar-Ausführungen.
Jene der Kurden hat einen sehr dicken Schuß, der vor dem Anschlagen angefeuchtet wird. Männerhände schlagen ihn dann mit schweren Eisenkämmen nieder, wodurch eine überaus feste Bindung entsteht. Sie macht den Kurden-Bidjar brettartig steif. (Es ist ratsam, solche Teppiche beim Einrollen mit dem Flor nach außen sehen zu lassen, sonst besteht Bruchgefahr.)
Die Afscharen nehmen dünneres Schußgarn, ihr Bidjar ist dadurch bieg- und rollsamer, auch gewinnt der Teppich durch dünneres Schußgarn an engerer Knüpfung und sieht noch ansprechender aus als der an sich schon schöne Kurden-Bidjar.
Früher nannte man den Bidjar-Teppich mitunter auch Sarakh oder Lule, von »lu-lu«, was im Arabischen »Perle« bedeutet. (Eher aber ist anzunehmen, daß der Name von dem Volk der Lulu herstammt, das einst in dieser Gegend ansässig war, woran noch einige Berg-, Fluß- und Landschaftsnamen erinnern.)
Der auf Seite 155 gezeigte Bidjar zeigt 3000 Senneh-Knoten je 1 dm², der auf Seite 156 ist noch dichter geknüpft. Hier auf dieser Seite sieht man ein 428 × 218 cm großes Prachtexemplar aus der Zeit um etwa 1900. Der Teppich zeigt das »Bid-Madjnun«-Muster (eine Komposition aus Trauerweiden, Zypressen, Pappeln und Fruchtbäumen bestehend). Bidjar-Teppiche sind sehr beliebt – und sie verdienen es auch!
Bidjov (Bidschow) Ein meist tiefblaugrundiger Teppich mit drachenähnlichen Motiven. Er kommt aus dem Südwesten von Schemmacha. Siehe das auf Seite 503 eingebaute Bidjov-Bild.
Bild-Teppich Schon in alten Zeiten wurden in Orientteppiche naturalistische Bilder und Porträts eingeknüpft. Erzeugnisse der jüngsten Zeit haben meist weder hohen Kunst- noch Handelswert. Siehe unter *Porträtteppiche, Thematische Teppiche* und unter *Azerbeidschan* die Texte und Bilder.
Birdschand (Birjent, Biredschaend) Stadt und Bezirk in der Provinz Chorassan, nahe der afghanischen Grenze. Sehr gute Teppiche in Chorassan-Art. Ältere Stücke haben bis zu 5000 Knoten je 1 dm². Im Fond sieht man viel Weiß und Creme. Siehe unter *Chorassan.* Aus der Gegend um Birdschand kommen auch viele Filzteppiche. Siehe hierzu unter *Filzteppiche.* Das Bild auf der nächsten Seite zeigt einen

Bidjar, Jahrhundertwende

 Birdschand, Ostpersien

sehr guten Birdschand aus der Zeit um ungefähr 1930, 145 × 220 cm; der sehr sauber gearbeitete Teppich hat 3000 Knoten je 1 dm². Seine Hauptbordüre ist, abweichend von der sonstigen Gepflogenheit dieses Gebietes (das breite Hauptbordüren bevorzugt), sehr schmal. (Siehe auch unter *Maschhad* und *Chorassan*.)

Bisat Älterer Allgemeinname für »großer Teppich«.

Bitlis (Bidlis) Kleine türkische Stadt unweit vom Westufer des Van-Sees. Ein beliebter Handelsplatz für Kurden-Teppiche und Kilims.

Blauer »Buchara« Siehe unter *Belutsch*.

Bolu Städtchen an der Straße von Istanbul nach Ankara. Die früher verbreitete Teppichherstellung für Smyrna ist stark zurückgegangen. Keine eigenen Muster.

Bor Ort südlich von Niĝde, dort war eine griechisch geleitete Knüpferschule, die 1923 aufhörte, ebenso ging die örtliche Teppichherstellung fast ein. Seither zeigen die wenigen neueren Arten keine besonderen Eigenheiten.

Bordschali Siehe unter *Kasak*.

Bordschalu Siehe unter *Hamadan*.

Borlu Ort am Gediz-Fluß, unweit von Gördes und Kula. Von hier kennt man schöne, doch etwas dekadent wirkende Gebetteppiche, ähnelnd den Gördes-, Demirci- und Panderma-Exemplaren.

Braut-Teppiche Sie sind nicht mit Asylteppichen (siehe dort) zu verwechseln. An sich sind es von den Mädchen (Bräuten) besonders sorgfältig gearbeitete, für den zukünftigen Ehemann als Geschenk gedachte Teppiche. Sie werden gern mit dem Zusatz »kiz« (= Mädchen) versehen, als Kiz-Bergama, Kiz-Gördes usw. (das »z« wird als »s« gesprochen). Mit dieser Bezeichnung »kiz« wird bei Verkäufen an Touristen viel Unfug getrieben, um höheren Preis zu erzielen.

Brussa (Brusa, türkisch: Bursa) Brussa, das alte Prusias, 30 km vom Marmara-Meer, ist eine im 14. und 15. Jahrhundert berühmt gewesene Stadt; sie war damals Hauptstadt des jungen osmanischen Reiches. Die ersten (sechs) Sultane dieses osmanischen Reiches (und viele sonstige türkische Würdenträger) sind dort bestattet.

Als die kaiserliche Manufaktur in Hereke (siehe dort) zu bestehen aufhörte, begann man nun in Brussa Seidenteppiche herzustellen. Das Experiment mißlang; nicht deshalb, weil man für Schuß und Kette dieser »Seidenteppiche« Baumwolle nahm (das geschieht auch anderenorts), sondern weil man den Flor aus billigster Abfallseide anfertigte, die in kurzer Zeit zerkrümelte. Der Ruf des Brussa war im Nu verdorben. Man gab das Knüpfen auf und konzentrierte sich auf die Seidenraupenzucht, errichtete moderne Webereien für die Seidenbrokate und entwickelte sich auf diesem Gebiet führend. Brussa liefert auch jetzt noch Seide für die privaten Manufakturen in Hereke und für die dortigen Manufakturen der Sümerbank. An Touristen aber verkauft man nach wie vor Brussa-Teppiche, allerdings bezieht man sie aus anderen Orten ...

»BUCHARA« (Bokhara, Bochara, Bukhara) Buchara liegt als Stadt mit zugehörigem Gebiet in der sowjetischen Republik Uzbekistan. Der Name kommt aus dem mongolischen »bukhar«, was Kloster bedeutet. Im Altertum hieß die Stadt Nu-mi, auch Numidjkath, von den Chinesen wird sie Pu-ho genannt. Buchara galt lange Jahre hindurch als bevorzugter Sammelplatz für Teppiche der Teke-Turkmenen. Die meist russischen Aufkäufer nannten daher diese Teppichart »Buchara«, wiewohl auch genug Jomud, Beschir, Kisil-Ajak und andere turkmenische Teppiche in Buchara feilgehalten wurden. Die Einheimischen nannten jedoch den von den Aufkäufern (und von uns) als »Buchara« bezeichneten Teppich niemals so, sondern stets »Tekini«, »Tekinze« oder »Tekinzi«. In Buchara wurde kaum jemals geknüpft, abgesehen etwa von einzelnen Familien (und das dann für den eigenen Gebrauch).
In jüngster Zeit ist übrigens eine sehr heftige wissenschaftliche Debatte ausgebrochen über die Schreibweise des Wortes Teke. Während die Teppichliteratur, zumindest zu 80 %, von »Tekke« mit zwei »k« spricht (sogar die russische Literatur tut dies), führen die Ethnologen Teke mit einem »k«. Aber ob so oder so: Es ist hoch an der Zeit, daß sich der europäische Westen abgewöhnt, den Namen »Buchara« als Teppichbezeichnung zu verwenden, zumal Buchara schon seit mehr als fünfzig Jahren seine ehemalige Bedeutung als Handelsplatz für Teke-Teppiche vollständig verloren hat. Zudem ist der Stamm der Teke-Turkmenen einer der bedeutendsten unter allen Turkmenen.
Und überdies: die Stammesbegriffe der Turkmenen verwischen sich seit den achtziger Jahren des vorigen Jahrhunderts immer mehr. Es gab damals schon zwei Großgruppen der Teke: die Achal- und die Merw-Teke. Die Achal-Teke in der Oase Achal zählten rund 30 000 Kibitken (Zelthütten), jene in der Oase Merw hatten sogar ca. 50 000 Kibitken. Zwischen beiden Gebieten siedelten aber fallweise

»Buchara«, Turkmene

 »Buchara«, neues russisches Erzeugnis, Turkmene

kleinere Tire (Zweige) dieser Stämme und stellten ebenfalls Teppiche her. Gegenwärtig werden Teke-Teppiche im wesentlichen nur noch in Manufakturen planmäßig hergestellt, und zwar kommen Achal-Teke aus Aschchabad, Gekdek, Barkharden, Bamy, Kisylarvat und Tedjen, wobei in Aschchabad allein 4800 Frauen (und auch Männer) an senkrechten Knüpfstühlen knüpfen, indes aus der Stadt Merw (Mary) ebenfalls aus großen Manufakturanlagen der Mary-Teke kommt und weitere Manufakturen für diese Sorte in Murgab, Eleten, Bairamaly und (kleinere) in der Umgebung bestehen. Auch hier wird durchwegs an stehenden Knüpfstühlen gearbeitet. Früher knüpften die Teke-Frauen aller Teke-Stämme und Familien ausschließlich an liegenden Knüpfvorrichtungen. Das ist alles vorüber. Über die Turkmenen allgemein: siehe die Ausführungen im 11. Hauptabschnitt.

Der Teke erfreut sich bei uns seit je besonderer Wertschätzung. Er wird allerdings nicht nur in Afghanistan und Nordostpersien nachgeknüpft (immerhin noch von den dort hausenden Turkmenen, die z. T. sogar Teke sind), sondern auch von pakistanischen Knüpfern, natürlich ebenso in Kleinasien und in den Balkanländern.

Von den Nachknüpfern sind jene aus dem Norden Pakistans am befähigtsten, sie arbeiten mit sehr guter Wolle und in einer Knüpfdichte, die jene der Teke-Turkmenen zuweilen übertrifft.

Den Teke gibt es in Größen bis etwa 230 × 340 cm. Die Kette ist bei ihm aus Schafwolle (seltener aus Ziegenhaar), der Schuß ebenfalls aus Schafwolle, desgleichen auch der kurze Flor, dessen Knüpfung mit dem persischen Knoten erfolgt. In neuerer Zeit hat man aber »Buchara« auch mit Kette und Schuß aus Baumwolle angetroffen. Im sanft glänzenden Schafwollflor findet man oft kleine, leuchtende Stellen: da ist Seide eingeknüpft worden, was den Teppich schmückt. Hin und wieder gibt es »Buchara«, deren Flor zur Gänze aus Seide besteht. Ein Teke soll, um seinen Namen zu verdienen, doch 2000 Knoten je 1 dm² haben, sehr gute Stücke, die aber kaum noch im Handel zu bekommen sind, weisen bis über 6000 und mehr Knoten je 1 dm² auf. Die Grundfarbe beim »Buchara« ist ein tiefes, starkes, oft sehr düsteres Rot (Stierblut). Seitlich zeigt der »Buchara« in der Regel zwischen je einigen Bordüren eine Sternenbordüre, indes er querseits (auf jeder Schmalseite) zusätzlich noch eine sehr breite Bordüre aufweist. Alte Teke haben auch einfarbige, rote, 10 bis 20 cm breite Ansatzwebborten, meist

ohne Flor, sie zeigen sehr oft Kilim-Technik. In den Bordüren des Teke kommt auffallend viel das X- sowie das Y-Motiv vor. Man findet aber auch eine barbierstangenartige Schrägmusterung, ebenso Dreiecke, flachgedrückte Achtecke oder Strichsterne und Sternchen. Die breiten Querbordüren zeigen gezähnte Rauten.
Der Fond des »Buchara« ist mit in Reihen angeordneten Oktogonen (»Elefantentritt«) gefüllt, deren Randbegrenzung (ein Merkmal) sich wellenartig abgerundet zeigt, so daß man das Achteck als »wellenkantig« bezeichnen kann. Im Innern der einzelnen Oktogone sind wieder kleinere Achtecke angeordnet, aus denen Pfeile oder Strahlen stoßen. Zuweilen sehen diese Ornamentierungen so aus, als habe die Knüpferin (stark abstrahierend) Vögel darstellen wollen. Die Hauptoktogone sind in der Regel durch dünne Säume verbunden. In den freien Flächen stehen Kreuzsterne (Tschemtsche), die manchmal ebenfalls durch Säume verbunden sind, so daß eine Art Fliesenwirkung entsteht. Die Oktogone sind gegenständig in zwei Farben gemustert, das ergibt eine sehr wesentliche und wohltuende Abhebwirkung.
Im dunklen Rot des Teke glühen oft da und dort kleine smaragdgrüne Punkte auf, oder es ist ein winziger Fleck in Weiß eingeknotet. Das macht die Knüpferin, um den bösen Blick zu bannen, den man auch heute noch im ganzen Orient fürchtet. Wenn unversehens einmal ein Faden reißt (was nach Meinung der Leute durch den bösen Blick geschieht), lispelt so manche (auch sowjetische) Knüpferin einen magischen Spruch, ehe sie den Faden wieder knüpft, sonst könnte der ganze Teppich wertlos werden. In den turkmenischen Gebieten ist der Dienstag der Schutzgöttin der Teppichknüpferinnen geweiht. Diese heißt »Bibi-Se-Schambe« (Frau Dienstag). An diesem Tag darf man weder spinnen noch weben, noch knüpfen, sonst ersticht die Schutzherrin die Sünderin mit der Webernadel. Es bedurfte großer Anstrengungen seitens der Sowjetbehörden, diesen Aberglauben abzubauen und die Arbeiterinnen zu bewegen, auch an Dienstagen zu werken. Ganz gelungen ist es aber bis heute noch nicht! Die Musterknüpffarben sind beim Teke (also beim früher sogenannten »Buchara«) Hellrot bis Violettrot, Blau, Weiß, Elfenbein, auch Gelb und Grün, letztere Farbe wird gern für die Säume genommen. Gebetteppiche sind im

»Buchara«, neues russisches Erzeugnis, Turkmene

»Buchara«, neues russisches Erzeugnis, Turkmene

Teke-Raum selten zu finden. Siehe hierzu auch unter *Zeitgenössische Teppiche.* Teke-ähnliche Teppiche kommen auch über Maschhad, Gonbad-e-Kabus und Gorgan zu uns. Sie stammen von Turkmenen, die auf iranischem Gebiet wohnen, insbesondere von den Ali-Eli-Turkmenen und von den Goklanen, die mit den Teke-Turkmenen verwandt sind. Siehe auch die Seiten 357–360 und die Abhandlung *Von den Turkmenenstämmen* im 11. Hauptabschnitt.
Auf den Seiten 160, 161 und 162 sieht man neue russische Teke-Arbeiten. Seite 159 zeigt ein sehr schönes Exemplar, es dürfte um etwa 1900 angefertigt worden sein.

Buchara-Bänder Teke-Bänder (siehe diese!) werden oft als Buchara-Bänder bezeichnet, was unrichtig ist, denn man findet sie bei vielen Turkmenen.

Bucharei Siehe vorher unter *Buchara.* Geographisch verstand man früher unter der Bucharei zwei Gebiete: die »Große Bucharei« (West-Turkestan mit Uzbekistan) sowie die »Hohe Bucharei« oder »Kleine Bucharei« (Ost-Turkestan, chinesisch »Sinkiang«). Der Begriff »Bucharei« ist nur noch historisch zu werten.

Bukett-Teppich Hierzu gehören im alten Sprachgebrauch alle, in deren Fond (Feld) als Hauptmotiv naturalistisch gehaltene, voll aufgeblühte, meist zu Sträußen vereinigte Blumen aufscheinen; vornehmlich also zentralpersische, aber auch viele indische Teppiche.

BULGARIEN In Bulgarien werden, besonders in Heimarbeit, Knüpfteppiche und Kilims angefertigt. Sie gelten im eigentlichen Sinn nicht als »Orientteppich«, doch eingedenk dessen, daß alle Balkanstaaten und weite Teile Ungarns jahrhundertelang von den Türken besetzt waren und sich dadurch in jenen Gebieten das Herstellen von Teppichen einbürgerte, anerkennen deutsche Handelskreise die Teppiche und Kilims aus jenen Gebieten weitgehend als »Orientteppiche«.
Man stellt in Bulgarien, vor allem in Assenovgrad (Stanimaka), seit Jahrzehnten Knüpfteppiche nach alten Perser-Mustern her, ebenso aber auch solche im turkmenischen Stil. Der Export war stets unbedeutend, aber etwa seit dem Sommer 1960 wird er stärker forciert. Diese Teppiche, deren Flor aus bulgarischer oder Importwolle geknüpft wird (Kette und Schuß sind aus Baumwolle), kommen daher in immer größeren Mengen auf den europäischen Markt. Die Knüpfung ist sauber, sie überstieg damals jedoch selten mehr als 600 Knoten je 1 dm². Inzwischen zeigen sich die

bulgarischen Knüpferinnen wesentlich geschickter, und sie fertigen recht nette Nachknüpfungen feiner persischer Floralmuster an. Derzeit sind in Bulgarien etwa 15 000 Knüpfstühle in Betrieb, und zwar außer im Raume Assenovgrad auch in den Bezirken Panagjurischte, Pasarjik, Plovdiv, Pierdup und Sofia. Es ist aber bedauerlich, das die bulgarischen Knüpfer sich mit Nachknüpfungen begnügen und daß sie ihre Kunstfertigkeit nicht zur Herausbildung charakteristischer eigener Muster verwenden. Der Knoten wird meist auf persische Art geknüpft, seltener auf türkische.
Das offizielle Bulgarien macht keinen Hehl daraus, daß es Perser-Nachahmungen erzeugt. Wiederholt erschienen in staatlichen bulgarischen Zeitungen Artikel, meist mit dem Titel »Unsere Perserteppiche«.
In einem solchen Aufsatz heißt es: »Bei der ersten Messe in Rom gewannen die in Bulgarien hergestellten Perserteppiche eine Goldmedaille, und bei der Leipziger Messe 1928 konnte der persische Gesandte nicht glauben, daß die Ausstellungsobjekte an anderen Orten und nicht in Persien gemacht wurden.«
Und über die Schlußphasen einer Teppichanfertigung steht geschrieben: »In der Mitte des weiten Raumes, worin sich zahlreiche solide Vertikal-Knüpfstühle befinden, entfalten kräftige Arbeiter einen ›Perser‹-Teppich nach dem anderen. Das ist die Kontrolle, bevor sie zum Waschen übergeben werden. Das Waschen wird mit einer Lösung von Bleichsoda und Essigsäure und Chlorkalk im bestimmten Verhältnis gemacht; es hat große Bedeutung für den Glanz, die Frische und die Farbnuancen.«
Über die Knüpfschnelligkeit wird gesagt: »Durchschnittlich kann man 8000 Knoten in acht Arbeitsstunden machen, aber einige besonders geschickte und erfahrene Knüpferinnen machen 12 000 und sogar noch mehr Knoten in der gleichen Zeit. Die Erzeugungsmengen werden nach England, in die Deutsche Demokratische Republik, die Tschechoslowakei, nach Syrien und Österreich ausgeführt.« Auch die Bundesrepublik kauft seit Jahren Bulgarenteppiche!
Gelegentlich versucht man (aber niemals in seriösen Teppichgeschäften), um die Herkunft zu verschleiern, Bulgarenteppiche (oder andere Balkanteppiche), die Kerman-Muster tragen, als »Kerman-dschah« zu verkaufen, was ähnlich klingt wie der Name der persischen Teppichsorte »Kermanschah«, jedoch nichts anderes heißt als »nach Art der Kerman-Teppiche gemacht«. Oder man führt sie auch unter einem sonstigen beliebig gewählten orientalisch klin-

Bulgarische Nachahmung eines persischen »Kaschan«

 Bulgarische Nachahmung eines persischen »Ghom«

genden Namen statt mit der biederen, wahrheitsgetreuen Bezeichnung »bulgarischer Teppich mit Muster nach Täbriz-Art« usw. Man führt mit unrichtigen Bezeichnungen den Kunden irre und fügt zugleich der bulgarischen Teppicherzeugung Unrecht zu, die mehr an Ansehen behält und dazugewinnt, wenn sie unter ihrem eigenen Namen zu einem festen Begriff wird, so wie es etwa beim bulgarischen Kilim der Fall ist.

Burudjird (Burudschird, Borodjerd) Siehe unter *Serabend.*

Bünyan In dieser Stadt Zentralanatoliens werden sehr schöne und auch feingeknüpfte Teppiche nach persischen Vorlagen gearbeitet. Dezente Farben.

Burdur In dieser südwestlichen zentralanatolischen Stadt und Umgebung gibt es über 5000 Knüpfstühle. Man arbeitet für die Sümerbank, desgleichen auch für private Auftraggeber. Die dort hergestellten Knüpfteppiche (mittelfeine Ware) werden meist als »Isparta« gehandelt; eine in Burdur mechanisch hergestellte einfarbige Meterware ist für den Inlandsbedarf gedacht.

Cairin Teppiche stark ähnlich den berühmten Mameluken-Teppichen, die im 16. und 17. Jahrhundert (in geringen Mengen) nach Europa kamen, wurden oft so genannt (abgeleitet von dem Namen Kairo). In jedem einzelnen Fall wird nachzuprüfen sein, ob es sich 1. um einen echten Mameluken-Teppich handelt oder 2. um einen »Nachfahren« dieser Gattung (und hierbei: ob aus Kairo, aus der Türkei oder aus einem sonstigen orientalischen oder nichtorientalischen Land) oder ob das etwa ein Erzeugnis der osmanischen Hofmanufaktur Istanbul ist. Vergleiche auch die Bemerkungen bei *Damaskus* und *Mamelucken.*

Chadscheh-Nafes (auch Chadsche-nafis) Dieser kleine Ort an der Ostküste des Kaspischen Meeres sowie das noch nördlicher liegende Gomischan haben vor einiger Zeit die Teppichherstellung (in Ogurdschalen-Jomud-Art) aufgenommen, da Fischfang und Schiffahrt nicht mehr genügend Lebensunterhalt boten. Nach wie vor gelangen aus den ostwärts (zwischen den Flüssen Atrek und Gorgan) gelegenen iranisch-turkmenischen Nomadenräumen nicht unbeachtliche Mengen an Teppichen über Gomischan oder Chadscheh-Nafes in den Handel. Selbst das noch näher der russischen Grenze liegende kleine Tazeh-Abad (Tazehabad) lebt z. T. vom Teppich-Umschlag. Die eigene Erzeugung all dieser vorgenannten Orte ist handelsmäßig unbedeutend, bzw. die Umgebungssiedlungen liefern billige Kommerzware, die bei weitem nicht an die Turkmenen-Teppiche heranreicht.

Chajli (Kajli) Im Handel auch Tschayli gesprochen. Ort im südlichen Schirwan-Raum. Auf blauem oder rotem Grund große widerhakenbesetzte Oktogone oder Polygone, die mit geometrischen Mustern gefüllt sind. Meist Doppel-S-Bordüre. Diese Teppiche sind fast immer zur Gänze aus Wolle (Kette, Schuß und Flor). Der Schirazeh (die Umwicklung der Längsseiten) besteht aus brauner Wolle über nur einen Kettfaden. Die Oberkante trägt meist eine Kilim-Verlängerung, die Unterkante ist zöpfchenartig geknotet. Ein fester, strapazierbarer Teppich.

Chalatsch (Tschalatsch) Ort im Schirwan-Raum, hat originelle Teppiche, zuweilen noch im Gebetteppichmuster, trägt nette geometrische Motive.

Channik Ort im Schirwan-Gebiet, südlich des Sewan-Sees gelegen. Oft ist das meist braune Feld der von dort kommenden Teppiche mit kleinen Mir-i-bota-Formen oder mit Rosetten gefüllt. Hauptfarbe dieses Channik ist überhaupt Bräunlich (was nicht ausschließt, daß auch andere Farben vorkommen können).

Chatmas Teppiche im Charakter der Kuba-Produktion (siehe dort).

Chila Dieser weichwollige, farbenedle Teppich wurde früher mitunter auch Kutais oder Tiflis genannt. In Tatsache wird er in Chila (auch Amiradjan genannt), einem nördlichen Randbezirk der Stadt Baku, hergestellt. Die Größen reichen von 100 × 160 bis etwa 150 × 350 cm. Gegenwärtig wird der Chila für den Export in nur vier Größen angefertigt: 110 × 175, 125 × 237, 150 × 225 und 175 × 250 cm (immer ohne Fransen gemessen). Diese Maßangaben sind ein Vergleichsmittel, ob man ein neueres oder ein älteres Stück vor sich hat. In den Chila-Bordüren sind fast immer Taubenmuster eingeknüpft. (Achtung: Chila nicht mit Gilan verwechseln. Siehe dort!)

Die Kette ist aus (oft brauner) Wolle, neuerdings aus Baumwolle. Ältere Chilas haben Wolle, gegenwärtige meist Baumwolle als Schuß. In die an sich kaukasische Musterung des Wollflors mischen sich persische Elemente ein, so u. a. auch das Mir-i-bota-Muster. Siehe rechts das Bild eines sehr guten Chila-Teppichs. Ein alter, gut erhaltener Chila-Teppich ist ein nicht unbedeutender Schatz!

Chila, Kaukasus, ca. 1920

China-Teppiche Teppiche aus dem seit 1763 zu China gehörenden Ostturkestan (Sinkiang) waren bei uns schon immer beliebt, wenngleich man sie vornehmlich nur als »Samarkand« benannte, das ist jener russische Hauptsammelplatz, von dem aus sie nach Europa gebracht wurden. In China selbst gab es erst ab der Zeit des Kaisers Kien-lung (1736–1795) eine anfangs noch bescheidene eigenständige Teppichherstellung. Wir berichten darüber ausführlich im 7. Hauptabschnitt, siehe dort! Über den Einfluß chinesisch-mongolischer Kultelemente auf die Teppichmotive Chinas siehe im 5. Hauptabschnitt unter *Glückwunschzeichen,* ebendort unter *Tao-tie* und *Drache.*

Chinesisch-Turkestan (Ostturkestan, Turkistan, chinesisch: Sinkiang, Tschianschan Nanlu, »Weg südlich des Tienschan«, türkisch: Alteschahar oder Schitischahar, Kaschgarien) Es liegt zwischen 36 und 43° nördlicher Breite bzw. 73 und 92° östlicher Länge. Das Gebiet wird auch Hohe Tatarei, Hohe Bucharei, Kleine Bucharei, ebenso aber auch das Tarim-Becken genannt. Die wichtigsten Städte (und zugleich Sammelplätze für die Teppiche, die in dem weiten Raum erzeugt werden) sind Kaschgar, Jarkent (auch Yerkand, Jarkand geschrieben), Aksu, Kokand und Chotan (Khotan). Siehe im 7. Hauptabschnitt die ausführlichen Darstellungen über *China, Sinkiang- und Tibet-Teppiche*.

Chinois Ab ungefähr 1910 kamen Teppiche unter diesem Namen oder als »Japanois« bezeichnet in den Handel, und zwar in den Größen von 80 × 140 bis 400 × 500 cm. Sie hatten fast zweifingerdicken Flor, geringe Knotenzahl, fahle Farben und ließen sich den Mustern nach nirgends zutreffend einordnen. Diese Teppiche kamen zuweilen wirklich aus China, dann aber auch aus Frankreich (in Savonnerie-Art) und sogar aus Japan. Unter *Rumänische Teppiche* wird ein gutaussehender, jedoch in Rumänien hergestellter »Chinois« gezeigt.

Chisa Ort und Gebiet in der Sowjetrepublik Azerbeidschan mit Teppichherstellung.

CHIWA (Chiwa, Khiwa, Charesm, Choarizm, Chowarezm) Kiwa, eine Stadt (und vormals ein Fürstentum = Chanat) an der Südgrenze der Sowjetrepublik Uzbekistan (jedoch im autonomen Gebiet der Karakalpakischen SSR),

Chiwa, Turkmene

also nahe dem Buchara-Gebiet, ist Sammelplatz für westturkestanische Teppiche. Der »Chiwa« kam früher im Handel auch unter dem Namen der weiter nördlich gelegenen Stadt Urgendsch vor, weil dort ebenfalls ein Sammelplatz für Teppiche der gleichen Art war. Die Bewohner der weiten Einzugsgebiete sind Uzbeken, Karakalpaken (turkmenisch-kirgisische Stämme), Tschaudoren und Ogurdschalen (Turkmenenstämme). Die dort hergestellten Teppiche erfreuen sich großer Beliebtheit. Es gibt sie in den Maßen 100 × 130 bis 250 × 350 cm und auch darüber hinaus. Kette und Schuß sind aus Schafwolle oder Ziegenhaar (in neuester Zeit wird auch Baumwolle verwendet). Den halbkurzen Flor fertigt man entweder mit dem persischen (häufiger) oder mit dem türkischen Knoten an. Die Knotendichte liegt zwischen 1500 und 2500 je 1 dm^2.
Der Chiwa ist natürlich ein naher Verwandter des Teke (»Buchara«) und auch ein Verwandter des Afghan. So wie die vorgenannten Teppiche zeigt auch der Chiwa als Hauptfarbe ein stark betontes Rot. Geknüpft wird mit Weiß, Elfenbein, verschiedenen blauen Tönungen und auch mit Grün. Die Bordüren (bis zu drei) zeigen meist flachgedrückte Oktogone, oft mit Zähnchen besetzt und mit viel Weiß aufgelockert, wie auch helle Säume, die die einzelnen Bordüren voneinander trennen. An die beiden Querbordüren schließt sich meist zusätzlich je eine eigene ziemlich breite Bordüre an, die mit Rhomben, flachgedrückten Sechs- oder Achtecken, mit Haken oder mit einer Kammzeichnung besetzt sein kann. Im Fond zeigen sich, reihenartig angeordnet, flachgedrückte Oktogone (Güls), ähnlich wie sie der Teke hat, aber mit gröberen geradlinigen Abschlüssen. Sie werden in sich farbig geviertelt. Die Räume zwischen den einigermaßen freistehenden Oktogonen sind mit kleineren Sekundärmotiven (Rhomben oder Kreuzsternen) gefüllt, ähnlich wie bei anderen Turkmenen-Teppichen. Der Chiwa ähnelt, schnell hingesehen, dem Saryk, auch Ersari, dem Pendeh und nicht selten auch dem Teke. Aber genannte Typen übertreffen in ihren guten Stücken den Chiwa in der Qualität noch wesentlich, obgleich auch der Chiwa sehr geschätzt wird. Siehe auf Seite 207 rechts einen Chiwa mit Hatschlu-Muster und auf Seite 166 einen Chiwa aus der Zeit von ungefähr 1920.

Chodsent (Chodschent, Gozene) Stadt mit Landstrich in der SSR Tadschikistan, die seit 1935 Leninabad heißt und ein Hauptort der südrussischen Seidenproduktion ist. Der im Chodsent-Gebiet hergestellte Teppich ist im Handel selten anzutreffen. Er zeigt ziemlich einfache Musterung, seine Hauptfarben sind Kastanienbraun und Grau.

Chondsoresk Siehe unter *Kasak*.

CHORASSAN (Chorassam, Chorossan, Khorasan) Chorassan (= »Land der Sonne«, Teil des antiken Baktrien) ist der Name der östlichsten Provinz des Iran. Vordem einmal war Herat die Hauptstadt der alten Provinz Chorassan, jetzt haben sich die Grenzen verschoben, Herat liegt in Afghanistan, und Maschhad wurde die Hauptstadt des iranischen Chorassan. Seit alters her knüpfte man in dieser Provinz Teppiche, seinerzeit im Muster, das als »Herati-Muster« auch weit nach dem Westen abgewandert ist (Ferahan-Gebiet). Vor Jahrzehnten aber wandte man sich in Chorassan vom Herati-Muster ab und fertigte Medaillonteppiche für den Export. Man begann auch unachtsam zu färben, benutzte schlechtere Wolle, und es wurde, um rascher mit dem Knüpfen fertig zu werden, der Dschufti-Knoten (Jufti) gebräuchlich. Der sinkende Export ließ aber wieder zu besserer Wolle, zu sauberen Farben und zu genauerer Arbeit zurückkehren, so daß es heute wieder gute Teppiche aus diesem Gebiet gibt: den Birdschand, den Kain, den Sabzewar, den Gonabad und den Mud. Auch Turschis (das nun Kaschmar heißt) liefert jetzt wieder bessere Ware. Seinerzeit war vor allem die Gegend um Turschis durch den Dschufti-Knoten in Verruf geraten. Siehe hierzu auch unter *Maschhad* (= Mesched).
Der Chorassan wird in allen gebräuchlichen Maßen hergestellt. Die Kette ist aus Schafwolle. Der Knoten wird auf persische (»Farsibaf«) oder türkische (»Turkbaf«) Art geknüpft. Der »richtige« Knoten über zwei Kettfäden heißt »Taibaf«, im Gegensatz zu dem schon erwähnten »Dschufti«. Die Grundfarben des Chorassan-Teppichs sind Rot oder Blau, seltener Elfenbein. Man sagt dem Chorassan-Teppich einen typisch bläulichroten Ton nach. Geknüpft wird in vielen Farben, vorzugsweise aber in Blau, Weiß, Gelb, Creme, auch in Grün. Das Chorassan-Gebiet ist sehr groß, daher sind auch die Muster vielseitig. Im Fond findet man das Mir-i-bota- wie auch das Minakhani-Muster. Zunehmend aber gibt es Chorassan-Teppiche, deren Feldmitte ein Großmedaillon zeigt, indes Viertelmedaillons in den Feldecken sitzen. Der Fond kann dann entweder einfärbig sein, oder er wird ausgemustert mit Blumen, Ranken, Rosettenfiguren, Oktogonen, Rhomben usf. Hat die Manufaktur auf den Eintrag von Fond-Ecken verzichtet, dann zieren

168 Chorassan, Persien

das Mittelmedaillon starke Anhängsel. Das typische Chorassan-Medaillon ist sechzehnstrahlig.
Die Bordüren (oft sehr originell gestaltet) sind beim Chorassan meist auffallend breit. Es gibt kaum einen Teppich dieser Gattung, der weniger als drei ziemlich breite (zuweilen sogar sehr breite) Bordüren besitzt. Die Chorassan-Wolle ist von unterschiedlicher Qualität: Je weicher und glänzender, um so weniger Bestandsdauer! Man lasse sich von »zu« schöner Wolle nicht bestechen!
Eine über Maschhad in den Handel kommende Chorassan-Sorte von besonderer Feinheit und mit elegant ausgeführtem Medaillon wird »Mahwale« genannt. Außer Brükken gibt es von dieser Sorte Teppiche bis zu 12 m². Siehe auch unter *Maschhad* (Mesched).
Chorassan-Teppiche haben außer dem dicken Normalschuß fallweise einen oder zwei dünne gewellte Zusatzschüsse. Die besseren Sorten aus Chorassan wie Mud, Birdjan, Kaschmar, Mahwale, Doroch usw. werden im Handel immer eigenständig bezeichnet, also weder als »Chorassan« noch als »Maschhad«. Als Farben herrschen in diesen Teppichen vor: Bordeauxrot, Blaurot, Dunkelbau, Hellblau, in manchen Sorten (z. B. Mud) sieht man Gelb und Orange.
Aus Moussabad (noch im Chorassan-Gebiet, nahe der afghanischen Grenze) kommen Nachahmungen turkmenischer Muster, man erkennt sie an dem ungut verfälschten Rot; daß sie Kette und Schuß aus ziemlich dicker Baumwolle tragen, kennzeichnet sie noch außerdem.
Das Bild auf Seite 169 zeigt einen schönen Chorassan-Teppich aus der Zeit um 1910, er ist 132 × 195 cm groß, hat 2200 Knoten je 1 dm². Die Medaillonzeichnung ist sehr ansprechend; besonders interessant wirkt die Rosenbordüre (im persischen Osten findet man zunehmend Versuche, Rosen naturalistisch darzustellen, was in diesem Teppich sehr gut gelungen ist). Nebenstehend bringen wir einen Chorassan-Ausschnitt. Dieser Teppich stammt aus den neunziger Jahren des vorigen Jahrhunderts, er ist 265 × 365 cm groß und zählt 2000 Knoten je 1 dm².
Choremabad (Khorramabad) Hauptstadt der Provinz Luristan, danach werden Teppiche im Luristan-Genre benannt. Siehe *Luristan.*
Chotan (Khotan, Iltschij) Chotan liegt in Chinesisch-Turkestan, am Südrand der Wüste Takla-Makan, südöstlich von Jarkend. Es hieß früher Kiutan und Ho-tan, indisch Kustana, was ungefähr »Brust der Erde« bedeutet. Die Stadt ist ein Hauptsammelplatz für die Teppiche aus einem unge-

heuer großen Berg- und Flachland-Wüsten-Nomadengebiet. Diese Teppiche segelten unter verschiedenen Namen in die Welt, sowohl als »Chotan«, aber auch als »Jarkend« (Yarkend), vor allem aber als »Samarkand«. Siehe hierzu (über das Schicksal Chotans) die ausführliche Beschreibung bei *China, Sinkiang, Tibet* und die Bilder im 7. Hauptabschnitt unter *Khotan-Teppiche.*

Churdschin (Chordschin, Khortschin) Eine hinten am Sattel befestigte Tasche für jene Dinge, die man während des Rittes zur Hand haben möchte. Meist besteht die Rückseite aus Leder, und alle Kanten sind (auch vorne) lederbesetzt. Die Vorderseite ist geknüpft oder auch gewebt bzw. mit einer Kombination Knüpfung/Webung versehen. Aber auch sonstige Arten der Esel-, Pferde- oder Kameltaschen werden gemeinhin als »Churdschin« bezeichnet. Siehe die Taschen-Bilder auf Seite 227 sowie die schönen Taschen unter *Pendeh.* Alle Taschenarten sind bei uns sehr beliebt. Siehe auch die Beschirtasche auf Seite 153.

Chusistan Siehe unter *Arabistan.*

Çiçekli-Kilim Eine Kilim-(Kelim-)Art, die in der Gegend um Kir-Şehir hergestellt wird (siehe dort). Çiçekli heißt »geblümt«. Näheres im 8. Hauptabschnitt.

Çift (persisch: »dschoft«) Seine »Kenare« (siehe dort!) fertigt sich der Perser meist paarweise an. Çift oder Dschoft heißt »Paar«.

Dabbaghi Persischer Ausdruck für Rauf- oder Gerberwolle. Wenn Häuten von toten Ziegen oder Schafen die Wolle abgezogen werden soll, bestreicht man die Fleischseite mit einem Brei aus Kalk, Asche und Wasser, legt die Tierhaut so zusammen, daß die Wolle vom Kalk möglichst wenig berührt wird und steckt diesen Pack in einen Kessel, in dem man ihn erwärmt. Sobald durch die Erwärmung eine Lockerung des Haar- oder Wollbalges eingetreten ist, wird die Wolle durch einfache Geräte (in Großbetrieben durch mechanische Vorrichtungen) »ausgerauft«. Sie leidet dabei beträchtlich an Qualität, und so werden Teppiche, wenn mit solcher Rauf- oder Gerberwolle geknüpft, zwangsläufig qualitativ minderwertig. Diese Raufwolle läßt sich auch schlecht einfärben, aber man verarbeitet sie doch. Betriebe, die Raufwolle zur Florknüpfung verwenden, entwickeln unansehnliche Teppiche. Man versucht dann (z. B. in Schiraz) den Flor höher zu machen, um damit eine nicht vorhandene Dichtheit des Flores vorzutäuschen.

Solche Raufwolle fällt in erheblichen Mengen in den Schlachthäusern der größeren Städte an. Man stellt da und

Chorassan, Persien

dort Versuche an, diese wertgeminderte Raufwolle zu veredeln. Es gibt auch noch andere Möglichkeiten, die Raufwolle zu gewinnen, es würde zu weit führen, hier auf Einzelheiten einzugehen. Im Teppichhandel wird mit einer Beharrlichkeit sondergleichen das richtige Wort »dabbaghi« ebenso falsch geschrieben wie auch falsch ausgesprochen, nämlich als »tabbachi« – ein Wort, das ausschließlich mit dem Kochen von Mahlzeiten verbunden ist.

DAGESTAN (Daghestan, Daghustan, Daghistan, zu deutsch: »Gebirgsland«) Diese autonome Sowjetrepublik liegt überwiegend auf der Nordabdachung des östlichen Teiles des Großen Kaukasus. Der nördliche Teil der Republik ist jedoch ebenes Land der Kaspi-Niederung, die auch Terek-Sulak-Niederung genannt wird. Das Gebiet führt auch den Namen Lesgistan, da unter den 32 Völkerschaften, die dort hausen, die Lesgier zahlenmäßig an erster Stelle stehen. Die Teppiche aus dem Dagestan-Gebiet sind ob ihrer frohen, vielfarbigen Muster, wobei in die kaukasischen Motive teilweise bereits persische Elemente (vor allem Mir-i-bota-Formen) einfließen, sehr beliebt.

In Dagestan beherrschen ungemein zahlreiche Frauen die Knüpfkunst. Von Generation zu Generation überträgt sich dieses Wissen und Können. Archäologische Ausgrabungen bewiesen, daß in diesem Gebiet bereits vor vier Jahrtausenden Schafzucht und damit auch die Verarbeitung der Wolle betrieben wurde. Es sei hier an die Bemerkung im Kapitel *Die Farben im Orientteppich* über Herodots Aussage erinnert, daß sich die kaukasischen Völker auf das Einfärben von Wolle vortrefflich verstehen. Arabische Historiker des 10. und 12. Jahrhunderts erwähnten wiederholt, daß die Stadt Derbent in Dagestan berühmt sei ob der Kunst der Wollefärberei. Schon damals verwendete man die Krappwurzel (Färberröte), aus der ein gefälliges, beständiges Rot gewonnen wird. Nach der Jahrhundertwende von 1900 schien es, als solle das Dagestan-Gebiet seine überragende Rolle in der Teppichherstellung verlieren. Ab etwa 1930 bemühte man sich in Dagestan jedoch sehr, den alten guten Ruf wieder herzustellen. Es entstanden, von den Behörden ins Leben gerufen, Teppichknüpf-Arbeitsgemeinschaften in Achty, Mikrach, Kabir, Meschgjul, Kislar, Ortosfal und in anderen Orten. In Derbent wurde nicht nur die große Manufaktur »Dagjun«, sondern auch ein Teppich-Technikum gegründet, in Machatschkala befindet sich eine neuzeitlich eingerichtete Experimentier-Manufaktur »Dagprom-

 Dagestan, Kaukasus

sowjet«, wo verschiedene Künstler immer wieder neue Entwürfe anfertigen und die Teppiche dann auch selbst knüpfen.
Jede dagestanische Volksgruppe hat zwar eine eigene, bei ihr beliebte und traditionell gebundene Art der Muster und Motive, da man aber nahe beieinander lebt, entwickelten sich viele Mischformen. Außer Knüpfteppichen findet man auch Wirkteppiche in diesem Gebiet (Palas, Dawagin, Dum, Arbabasch, Sumakh). Im Gebiet Tabassaran wird zuweilen lediglich als Kette oder Schuß auch Hanf als Teppichmaterial in der Knüpf- wie auch in der Wirktechnik mitverwendet. Auch der Awaren-Teppich und der Kumüken-Teppich sind in Dagestan beheimatet.
Die Russen bemühten sich, die Namen der einzelnen Spielarten handelsgebräuchlich zu machen. Sie sprachen von gut dreißig oder mehr dagestanischen Sorten und nannten außer den auch bei uns allgemein bekannten Namen wie Dagestan, Lesgistan, Derbent auch noch Teppichnamen wie z. B. die schon erwähnten Teppiche von Achty und Mikrach, dann Ruschul, Arkita, Turage, Karaghaschly, Chiw (nicht mit Chiwa zu verwechseln!), Kasum-Kent, Kandika, Turar (= Damespiel), Topontscha (= Pistole), weiter Ersi, Gassankala, Tschere, Ogurez, Maraga, Mercher, Tscharchar (= Rad), Zejwa und zahlreiche andere. Diese Gliederung würde hier zu weit führen; sie wäre auch überflüssig, denn die UdSSR bemüht sich derzeit, die Vielfalt der Teppichnamen einzuschränken. Neuen Meldungen zufolge sollen für den Teppich aus Dagestan in Hinkunft nur die Namen »Derbent« und »Mikrach« verwendet werden. Dies allerdings – so empfindet es der Westen – würde zu einer gefährlichen Eintönigkeit führen. Siehe hierzu auch unter *Kabistan.* Der Mikrach wurde früher Gendje genannt.
Der Teppich, der bei uns gemeinhin als Dagestan bezeichnet wird, zeigt sich erst in neuerer Zeit größer als 140 × 170 (bis 170 × 350) cm. Er trägt die Kette aus Baumwolle, der Schuß ist in der Regel aus Schafwolle, manchmal allerdings auch aus Baumwolle; der mittellange Schafwollflor ist mit dem türkischen Knoten geknüpft. Als mittlere Qualität gelten solche Dagestan, die mehr als 1000 Knoten aufweisen. Bei älteren Teppichen dieser Gattung findet man als Kette auch naturfarbene oder braungefärbte Schafwolle. Die Webborten sind meist schmal, die Fransen sind oft in ansprechender Rautenform abgeknotet. Die Grundfarbe ist bei diesem Teppich Rot oder Blau, manchmal Elfenbein. Im allgemeinen wurde vor 1915 mehr Blau verwendet, ab 1915 nahm

Dagestan, Kaukasus

man (aus politischen Gründen?) mehr Rot. Die Knüpfmuster lassen oft mehr als zehn Farben erkennen. In den Bordüren (in der Regel eine Hauptbordüre und mehrere Nebenbordüren) findet man Rosetten, Sterne, Dreiecke, Pfeilspitzenmuster, Doppelhaken, stilisierte Blumen. In den Nebenborten tritt nicht selten auch das Barbierstangenmuster auf. Ältere Dagestan zeigen oft diagonale Streifen in den breiten Bordüren, in der Regel in drei Farben, wovon der mittlere gern cremefarbig ist. Auch das Krabben-, das Dreiblatt-, das Sägezahn- und Weinglasmuster erscheinen. Im älteren Dagestan findet man auch den Fond zuweilen groß diagonal gestreift oder mit kleinen würfelartigen Mustern mosaikmäßig besetzt, wobei das Innenfeld im Verhältnis zum Bordürenraum oft sehr schmal ausfällt. Neuere Dagestan zeigen im Fond größere Blumenrosetten, die etwas an persische Muster erinnern. Die Rosetten sind von rechtwinkeligen, meist in hellen Farben geknüpften größeren Haken (stilisierte Widderköpfe?) umgeben, dazwischen sitzen strahlende Sterne oder Lotosblüten. Noch offene Flächen werden mit kleinen stilisierten Blüten, manchmal mit kleinen Quadraten, Rhomben, Rechtecken usw. gefüllt. Zuweilen entdeckt man auch stark stilisierte Tierfiguren. Der Dagestan ist, wie bereits erwähnt, mit dem Derbent (Derbent war früher die Hauptstadt des Dagestan-Gebietes, jetzt ist es eine Bezirksstadt, indes Machatschkala die Hauptstadt wurde) verwandt, ebenso haben aber auch der Lesgistan, der Seichur, der Kuba und sogar der Schirwan mit dem Dagestan manche Gemeinsamkeit. Siehe daher auch unter den vorgenannten Suchwörtern. Nebenstehend sieht man einen Dagestan mit Seichur-Tabasseran-Einschlag. Er entstand 1954. Der Dagestan auf Seite 170 wurde 1958 geknüpft, in ihm wird versucht, alte Motive in neuer Auffassung zu verarbeiten. Der prächtige Dagestan auf Seite 171, im Diagonalstreifenmuster, besticht durch die Naivität seiner Zeichnung und durch seine Farbharmonie. Unter *Rumänische Teppiche* (siehe dort) findet man zum Vergleich das Bild einer Dagestan-Nachahmung, ebenfalls mit Diagonalstreifenmuster. Es kann nicht oft genug wiederholt werden: Vorsicht beim Erwerb!

Die Bergvölker Dagestans waren jahrhundertelang völlig frei und unterstanden lediglich ihren Stammesersten. Sie waren auch sprichwörtlich tapfer und verteidigten sich zäh gegen persische und russische Einbrüche, lange mit Erfolg. Ein Sprichwort heißt: »Nur wenn der persische Schah irrsinnig wird, wagt er einen Krieg gegen Dagestan!«

In Dagestan geht man daran, die Aule (Dörfer) zu Städten umzugestalten. Als ersten Versuch hat man damit begonnen, das Gebirgsdorf Gunib zu verstädtern. Unter anderem ist auch geplant (wie »Stroitelmaja Gaseta« meldete), beim »Eingang der dortigen Schlucht einen vielstöckigen Aussichtsturm für Touristen« zu bauen, damit diese »die schöne Aussicht genießen können«. Welche Aussichten eröffnen sich da für einen Teppichfreund ...? Außerdem: Die 1974 am Grund des Kaspischen Meeres in der Nähe der dagestanischen Stadt Isberasch niedergebrachte Bohrung wurde fündig. Sie lieferte schon anfangs täglich 150 000 m³ Erdgas und 250 Tonnen Erdöl. Im weiteren Ausbau werden die dort in Angriff genommenen Tiefbohrungen vermutlich viele Kräfte vom Teppichknüpfen abziehen.

Damaskus-Teppiche Zwei Teppichgruppen werden so genannt, deren eine etwa schon dem 15. Jahrhundert, indes die andere aber anscheinend dem 17. Jahrhundert zugehört. Über ihre Herkunft gab es Zweifel, bis in jüngster Zeit der ungarische Wissenschaftler A. L. Kiss den Sachverhalt klärte: ein Teil der Teppiche wurde in Kairo, ein weiterer Teil später in Istanbul hergestellt (man hatte die Knüpfer zwangsweise von Kairo nach Istanbul überstellt, siehe Seite 32). Die Bezeichnung »Damaskus« kommt aus dem Begriff »damasciert«, d. h., durch eine in Damaskus gepflegte Webeart (Damask, Damast) wird ein ansonst leeres Feld mit einem sich unendlich wiederholenden Muster verschönt. Damaskus-Teppiche, auch Mameluckenteppiche genannt, gehören zu den Seltenheiten (Bild Seite 29).

Ganz befriedigt ist die Wissenschaft von der Kissschen Auslegung jedoch noch immer nicht. Insbesondere ist nicht einwandfrei erwiesen, ob nicht doch in dem damals türkischen Damaskus (das von den Türken als schönstes der vier irdischen Paradiese gepriesen wurde) eine türkische Hofmanufaktur bestanden habe. Bereits der zweite Kalif namens Omar (Kalif ist arabisch: »Chalifet Resul Allah«, d. h. Stellvertreter und Nachfolger des Mohammed, des Propheten Gottes) – und nach ihm noch andere Kalife – residierte abwechselnd in Damaskus und in Mekka. Später machten sich ab 877 in Damaskus eingesetzte Statthalter eigenmächtig zu Sultanen, vorübergehend kam Damaskus auch in die Hand der Seldschuken, wurde aber 1401 von den Horden Timurs fast zur Gänze zerstört. Ab 1250 herrschten die ägyptischen Mamelucken über Damaskus, bis dann 1517 die Türken unter Sultan Selim I. Damaskus einnahmen. Der türkische Sultan war von dort an zugleich auch Kalif. Im Jahre 1833 mußte unter dem Einfluß der großen europäischen Mächte Syrien samt Damaskus an Ägypten zurückgegeben werden. Es ist durchaus möglich, daß während der Zeit der Türkenherrschaft in Damaskus (oder sonstwo im syrischen Raum) eine Hofmanufaktur tätig war, denn Damaskus war schon seit der babylonischen Ära für seine dort außerordentlich gepflegte Spinn- und Webkunst bekannt. Auch sprechen bereits sehr alte Berichte über die Teppichherstellung in Damaskus. Vielleicht kann die Forschung hier noch manches aufklären.

Dauletabad Kommt dieses Wort als Teppichname vor, dann ist damit eine Stadt südlich von Hamadan gemeint, die jetzt Malayer heißt. Obgleich die großen Agenturen, die in Hamadan ansässig sind, viele Teppicharten aus der Umgebung einfach als »Hamadan« bezeichnen, wagen sie es beim Malayer meist nicht, weil sich diese Teppichart im europäischen Handel ihren Platz erobert hat, siehe Bild auf Seite 266. Indes der persische Name »Dauletabad« sozusagen untergeht, gewinnt der Teppich aus dem afghanischen Dauletabad zusehends an Wert. Von dort kommen die besseren neuzeitlichen Afghan-Teppiche, die immer stolzer den Namen Dauletabad tragen.

Dazkır (gesprochen Daschkir, geschrieben auch Daşkır oder auch Dazkırı) Text und Bild siehe unter *Türkei (Anatolien)*.

Deh Dieses Wort, einem Teppichnamen vorangesetzt, bedeutet, daß der Teppich von seßhaft Gewordenen angefertigt wurde (deh = Dorf) und nicht von Nomaden (z. B.: Dehkord = kurdisches Dorf, oder Kuhdeh = Bergdorf).

Demirci Stadt in der türkischen Provinz Aydin. Die von dort kommenden Teppiche werden jedoch weniger als »Demirci«, sondern mehr als »Smyrna« in den Handel gebracht. In Demirci gibt es seit einigen Jahren (wie auch anderswo in der Türkei) eine Fabrik, die Teppiche mechanisch herstellt; sie sind jedoch völlig einfärbig oder meliert. Auch werden letztere noch handgeknüpft. Diese »Düz« genannten Fabrikate (sowohl mechanische wie auch handgeknüpfte) werden meist im Inland abgesetzt.

Im 18. und im frühen 19. Jahrhundert fertigte man in Demirci noch sehr schöne handgeknüpfte Teppiche an, heute hochgeschätzte Sammlerstücke. Dank des Eingreifens der Sümerbank kommen in jüngster Zeit auch wieder Eigenerzeugnisse aus Demirci, sie werden als »Eneli« angeboten.

 Derbent, Kaukasus

DERBENT (im Handel wird »Derbend« gesagt) Die Stadt Derbent, türkisch Demirkapu (»Eiserne Pforte«), war früher die Hauptstadt von Dagestan. Diesen Rang mußte sie, seit Dagestan eine Sowjetrepublik ist, an Machatschkala abtreten. Immerhin ist sie noch die zweitgrößte Stadt der Republik sowie Sammel- und Handelsplatz für die Teppiche aus ihrem Hinterland. Sie liegt an der Westküste der Kaspischen See. Im Mittelalter genoß sie unter dem Namen »Bab ül Abwab« oder auch als »Porta Portarum« (»Tür der Türen« = Paßstraße) hohen Ruf. Ihr persischer Name »Derbent« bedeutet Türschloß oder »das, was den Weg versperrt«. Der Derbent-Teppich, naturgemäß ein naher Verwandter des Dagestan, in den Größen 100 × 150 cm und größer, aber gern als ausgesprochener Läufer vorkommend, hat die Kette aus Schafwolle oder Baumwolle (ältere Stücke nur Schafwolle), der Schuß ist in der Regel aus Schafwolle, zuweilen aber aus Baumwolle oder aus braunem und dunklem Ziegenhaar. Der mittellange Flor wird aus Schafwolle mit dem türkischen Knoten geknüpft. Der links abgebildete Derbent ist neue russische Erzeugung. Der Teppich mißt 125 × 195 cm.
Wie beim Dagestan ist auch beim Derbent die Grundfarbe entweder Blau oder Rot, zuweilen auch Elfenbein. Die Knüpfmusterfarben sind nicht so vielfältig wie beim Dagestan, wie überhaupt der Derbent (allgemein gesehen) der geringwertigste aller nordostkaukasischen Teppiche ist. Der Derbent zeigt eine Hauptborte und zwei oder auch mehrere Nebenborten. Sie sind mit achtstrahligen Sternen, Rhomben, Quadraten, auch mit Pfeilspitzen etc. gefüllt. In älteren Stücken findet man in den Bordüren oft viel elfenbeinfarbige Muster. Im Fond zeigt der Derbent meist ein bis drei etwas flachgedrückte, medaillonförmige, als strahlende Sterne ausgebildete Achtecke. Freie Flächen im Innern des Medaillons tragen winzige Rosetten, manchmal von rhomboidem Aussehen. Man entdeckt auch kleinere hakenbesetzte Rhomboide im Feld, die im Inneren wieder Haken zeigen. Die großen Medaillons wechseln meist (aber nicht immer) in den Farben. Der Derbent besitzt lange zottige, zuweilen einmal abgeknüpfte Fransen. Die Webborten sind bei guten Stücken nicht breiter als 5 cm, bei minder guten dagegen oft bis zu 20 cm breit, zuweilen geschmückt mit quer durchlaufenden braunen oder braunroten Fäden. Der Derbent-Läufer zeigt oft Andreaskreuze (flache, liegende Kreuze), die die ganze Innenfeldbreite einnehmen, dazwischen stehen Medaillons. Der Derbent wird häufig als

Dagestan, als Schirwan und auch als Seichur angeboten – er ist mit ihnen zwar verwandt, aber erreicht nicht deren Qualität.
Wie im ganzen südöstlichen Kaukasus wurde in der Zarenzeit, als die Russen diese Gebiete annektierten, von den neuen Herren versucht, die Knüpferinnen zu bewegen, »Teppiche mit Blütensternen« zu knüpfen, also in der Art der französischen Aubusson- und Savonnerie-Teppiche. Diesen Wünschen mußte nachgekommen werden, und auch heute noch machen sich solche Einflüsse in der Musterung südostkaukasischer Teppiche da und dort bemerkbar.
Im übrigen zieht die immer weiter gehende Industrialisierung und Verstädterung des Derbent-Gebietes (gefördert durch Erdgas- und Erdölfunde) immer mehr Arbeitskräfte ab.
Es gibt auch einen Derbent-Sumakh, siehe hierzu im 8. Hauptabschnitt unter *Kilim-Teppiche, Sumakh, Karamanie »und dergleichen«.*

Deri Das sind indische dünne Teppiche gewöhnlicher Art. Die rohe Ausführung dient als Wagenplachen, die bessere als Bettdecken und als »Dschau-i-namaz« (Gebetteppich) für die ärmeren Schichten. Die Deri sind nicht geknüpft, sondern in Kilim-Technik gewirkt. Tragen sie kein Muster, werden sie Dschohoria genannt, bessere heißen Gedhar, aber auch Athar, Dschemkhani, Farasi, Khirir. Athar bedeutet eigentlich »Spur« oder auch »Reliquie«, auch »der Überlieferung zugehörig«. Das heißt im übertragenen Sinn, daß der Athar als Gebetteppich an Allah erinnern soll. Große Deri nennt man auch Satrandscha. Das Wort dürfte von dem schachbrettartigen Muster dieser Matten kommen, denn Satranj ist der Name für das Schachspiel. Karabacek allerdings (siehe *Literaturverzeichnis*) schreibt das Wort als »schetrendschi« und meint, es handle sich um eine arabisierte Bezeichnung aus dem Indischen, die soviel bedeute wie »hundert (schet) Farben (rend) habend«, also »buntfärbig«. Kette und Schuß sind beim Deri in der Regel aus Baumwolle, die Kette ist meist ungefärbt, der Schuß gefärbt. »Deri« heißt an sich »Haut«. (Beachte auch den 8. Hauptabschnitt.)

Djidjim Dieser Begriff, aus dem Türkischen kommend, wird dort »cicim« (sprich »dschidschim«) geschrieben. Es ist damit ein weitverbreiteter Typ der Webtechnik gemeint (von der ägäischen Region Anatoliens bis zur kaukasisch-persischen Grenze reichend). Es gibt sie im Gebetteppichformat und auch in größeren Breiten, oft aus zwei Hälften oder aus mehreren Bahnen kunstvoll zusammengenäht. Der Djidjim ist kein Sumakh, er ist auch kein Kilim, sondern es werden in ein meist unifarbenes, handgewebtes Grundgewebe handgestickt reizvoll bunte Motive eingezogen. Es gibt auch eine andere Art, in *einem* Arbeitsgang hergestellt: Beim Weben wird mit dem Schuß zugleich der färbige Musterfaden eingebracht. Diese Djidjims werden als Gebetteppich (wenn das Format paßt), als Tisch- oder Diwandekken usw. verwendet. Die mehrbahnigen Bänder sind nicht immer einheitlich in der Farbe des Grundgewebes und nicht in den Farben der Bestickung bzw. Musterung. Obgleich diese Erzeugnisse für den Hausgebrauch angefertigt werden, finden sich für Djidjims immer mehr Liebhaber, denn oft sehen solche Stücke sehr reizvoll aus. – Im Persischen kennt man unter dem stammverwandten Wort »Dschadschim« einen rauhen, zweiseitigen, bunten, aber unbedeutenden Teppich. (Siehe hierzu auch die Ausführungen im 8. Hauptabschnitt.)

Djosan Siehe bei *Sarukh.*

Do-gol (Dogül) Begriff für ein Zweiblütenmuster (do = zwei, gol = Rose), das man in nordwestpersischen Teppichen findet.

Do-ruja Siehe unter *Duruje.*

Dozar Größenbezeichnung. Do-zar bedeutet zwei Zar; ein Zar mißt rund 104 cm. Do = zwei, Dozar sind also Teppichbrücken von rund 200 cm Länge. In Persien heißt das Zar nur »zer« oder »göß« oder etwas moderner »ser«, und auch da gibt es »ser-i-schahi« (104 cm), Ser von Täbriz (110,5 cm), Ser von Yazd (97,5 cm). Glücklicherweise ist »Dozar« im Handel nur eine Fachbezeichnung, im übrigen hat man auch in der Türkei, in Persien und in anderen Teppichgebieten die metrischen Maße, die wirklich genaues Messen und Bestimmen ermöglichen.

Drachen-Teppiche Siehe die Bemerkung unter *Armenien* und im 5. Hauptabschnitt unter *Drache* sowie das Bild auf Seite 140.

Dscha-i-namez (Dschau-i-namaz) Soviel wie »Ort des Gebetes«, auch Name für den Gebetteppich (siehe dort).

Dschebrail (Dschabrail) Stadt im Karabagh-Gebiet in der Sowjetrepublik Azerbeidschan, südöstlich von Schuscha, nahe der iranischen Grenze. Der Teppich, der diesen Namen trägt, ist wohl ein Karabagh, jedoch einer, der auf die geometrischen Muster schon ziemlich verzichtet hat, dafür aber das Mir-i-bota- und das Palmettenmuster zeigt, und zwar sind die Mir-i-botas ziemlich groß, bis zu 20 cm.

DSCHOUSCHEGAN (Djuscheghan, Joushegan, Dschoschagan, Djoschgan) Eine kleine Bergstadt nordwestlich von Isfahan bzw. südöstlich von Sultanabad (Arak), mit guter Luft gesegnet, so daß sie sommersüber für die Einwohner von Isfahan als Erholungsort beliebt wurde. Die Stadt, am Südwestabhang der Kohrud-Berge gelegen, wird auch Dschouschegan-ghali (Stadt der Dschouschegan-Teppiche, »ghali« heißt zu deutsch Teppich im allgemeinen) genannt. Hier wurden früher in Hofmanufakturen sehr schöne Vasenteppiche hergestellt, auch die sogenannten Polen-Teppiche (siehe diese) sollen (nach Meinung verschiedener Forscher) dort entstanden sein. Unter Nadir Schah wurden im Jahr 1740 Teppichknüpfer aus Kerman und Schiraz in Dschouschegan angesiedelt, um die im letzteren Ort altberühmte, aber durch Kriege, Erdbeben und Hungersnöte zurückgegangene Teppichproduktion wieder zu beleben. Im

 Dschouschegan, Persien

Jahre 1847 wurde die Stadt abermals durch ein Erdbeben zerstört. Dazutretende Hungersnöte zwangen die Bewohnerschaft zum Auswandern. Damit ging der einstmals so außergewöhnlich hohe Ruf der Dschouschegan-Teppiche zurück. Erst in jüngster Zeit müht man sich wieder sehr, ihn zurückzugewinnen. Man hat auch schon einige Erfolge erzielt, die man nicht wieder verlieren will.

In Dschouschegan selbst verlor sich das Teppichknüpfen fast vollständig. Dafür übernahmen die Dörfer westlich und nordwestlich (bis Arak und Muschkabad hin) für ihre Teppiche den Namen Dschouschegan. Diese Teppiche zeigten mindere Qualität, auch wandte man den Dschufti-Knoten an. (Siehe diesbezüglich unter *Maschhad.*)

Der Dschouschegan wird in allen gängigen Größen hergestellt. Kette und Schuß sind aus Baumwolle, der Flor wird auf persische Art aus Schafwolle geknüpft. Früher hat es wohl keinen Dschouschegan gegeben, dem weniger als 2000 Knoten auf 1 dm² nachzuweisen waren; jetzt schwanken die Knotenzahlen von 750 bis 1500 je 1 dm². Die Grundfarbe des Teppichs ist Blau oder Rot, manchmal auch Elfenbein (Creme). Die Knüpfung wird sehr bunt gehalten. Der Dschouschegan zeigt in der Regel eine stark betonte Hauptbordüre von – charakteristisch! – architektonischer Strenge mit je einer schmalen Nebenborte. Der Hauptstreifen trägt großflächige, in den Farben wechselnde Blumen, mit Blätterranken in arabesker oder mäanderhafter Art verbunden, und kleine Blüten als Füller. In den Nebenstreifen (die auch gänzlich fehlen können) erkennt man kleine Rosetten, eine Art Schekiri-Muster, Mäanderband usw. Im Fond findet man entweder großblumige Gebilde, mit Rauten oder Rankenlinien fast fliesenartig (Dschouschegan-Muster) untereinander verbunden, oder aber das reine Schah-Abbas-Muster (Palmetten, die nicht rankenverbunden, sondern freistehend angeordnet sind). Es kann der Fond aber auch mit blühenden Zweigen gefüllt sein, die in von Ranken gebildeten Feldern stehen.

In neuerer Zeit gibt es den Dschouschegan mit großem Mittelmedaillon (meist rankenförmig ausgebildet) und mit Medaillonviertel in den Fondecken. Die Ecken dieser Viertel sind dann in der Regel abgetreppt. Man stellt diese Art mit dem Medaillon deshalb her, weil sich die großblumige Musterung nicht mehr jener Beliebtheit erfreut wie seinerzeit. Die großen Blumen erinnern zu sehr an zwei Teppiche, deren Qualität im Laufe der Zeit viel verloren hat und die auch großblumige Zeichnungen trugen: an den Muschkabad und an den Smyrna. An sich ist aber, wie schon erwähnt, der Dschouschegan (Bild: links) wieder beliebter geworden. Die geringste Qualität wird nach wie vor »Dschouschegan« benannt, die mittlere kommt als »Meymeh« auf den Markt, die derzeit beste heißt »Murtschechort«. Auch aus Chosroabad kommen sehr gute Dschouschegan-Teppiche. Siehe hierzu Texte und Bilder unter *Murtschechort* und *Meymeh.*

Dschuft (Dschoft) Persischer Ausdruck für zwei völlig gleiche Teppiche, gleich groß und gleich gemustert. Es gibt sie in Bettvorlegerbrücken und auch als Läufer (Kenare).

Dschufti-Knoten (auch »Jufti«) Dieser Knoten führt nicht, wie gewöhnlich, über zwei nebeneinander liegende Kettfäden (die auch gestaffelt sein können), sondern jeweils über zwei Kettfädenpaare. Grund: meist um Knüpfzeit zu sparen, in manchen Fällen ist diese Knüpfart jedoch altgebräuchlich.

Dschule-Gewebe (Tschule) Eine einfache Kilim-Art aus Dagestan, meist bestehend aus ca. 80 cm breiten und ca. 200 cm langen aneinandergenähten Streifen in kupferbrauner Farbe, mit Kettenstichmustern bestickt. Man trifft sie selten im Handel. (Siehe auch im 8. Hauptabschnitt!)

Duruje (persisch »do-ruyeh«) Das Wort bedeutet »zweigesichtig«. Es wird weniger als Kilim-Bezeichnung verwendet, sondern zur Bestimmung von (äußerst selten vorkommenden) Teppichen mit doppelseitigem Flor, wobei die Musterung der Rückseite völlig verschieden sein kann von jener der Vorderseite. Solche Teppiche kennt man nur aus Persien und aus dem südlichen Kaukasus bzw. aus der östlichsten Türkei (Raum Kars). Siehe hierzu die Bilder auf Seite 197.

Ekbatan So heißt die derzeit beste Hamadan-Art. Siehe unter *Hamadan* das Bild.

Elefantentritt-Teppich Das Oktogon (Gül) in den Turkmenen-Teppichen, vor allem im Teke (»Buchara«) und im Pendeh, wird als »Elefantentritt« oder als »Elefantenfuß« bezeichnet, und manchmal hört man dieses Wort als Bezeichnung für die vorgenannten Teppiche überhaupt. Diese Benennung haben vermutlich Bazarhändler »erdacht«, denn die turkmenischen Nomaden kennen Elefanten nur vom Hörensagen.

Elisawethpol Siehe unter *Gendje.*

Endaz (= »Elle«) Siehe unter *Zar* und unter *Dozar.*

Enessy (Engsy) Turkmenen-Vorhang für den Zelteingang, zuweilen aber auch als Name für den Bodenteppich (und auch für den Gebetteppich) gebraucht. Siehe auch unter *Hatschlu.*

 Eriwan, Kaukasus

Eriwan, Kaukasus

Eriwan (iranisch Rewan, russisch Jerewan) Antike Bezeichnung ist Erebuni, dessen Ursprung bis in die urartische Epoche zurückreicht. Stadt und Gebiet in der Sowjetrepublik Armenien, 1046 m hoch gelegen, mit ca. 650 000 Einwohnern. Von sowjetischer Seite wird viel versucht, um in ganz Armenien die Teppichknüpferei in Schwung zu bringen (siehe unter *Armenische Teppiche.*) Seiner schönen Lage wegen, auch ob der Fruchtbarkeit seiner Umgebung, nennt der Armenier sein Eriwan »die glückliche Grube«. Eriwan gilt als Hauptsammelplatz für die neuere sowjetrussisch-armenische Teppicherzeugung.

Ersari-Turkmenen Ein Turkmenenstamm, im südlichen sowjetischen Turkmenistan und z. T. auch in Afghanistan lebend. Hersteller vorzüglicher Teppiche, die noch größtenteils von Nomaden bzw. Halbnomaden stammen. Näheres im 11. Hauptabschnitt.

Eski Steht ein Teppichname mit diesem Wort in Verbindung, dann will der Verkäufer damit dartun, daß es sich um einen alten Teppich handelt (eski = alt).

Eskişehir Türkische Stadt an der Eisenbahnlinie Haidar-Pascha–Ankara. Es werden dort viele Teppichsorten, auch iranische und sogar turkmenische, nachgeknüpft.

Exoten Darunter versteht man im normalen Handel ein Teppichformat, das etwa doppelt so lang wie breit ist und damit eigentlich dem Urtyp des orientalischen Raumes entspricht: dieser war lang und schmal. Auch Orientteppiche, die sich nicht eindeutig in eine Herkunftsgruppe einordnen lassen, nennt man kurzerhand »Exoten«.

Ezine (früher Avunya) Siehe unter *Türkei (Anatolien).*

»Familiengebetteppiche« Das sind solche, die mehrere (man kennt bis elf) Gebetnischen neben- oder übereinander zeigen. Genaugenommen ist die Bezeichnung »Familiengebetteppich« unglücklich gewählt und besteht nicht zu Recht. Denn die weiblichen Familienmitglieder sind vom Gottesdienstbesuch in der Moschee so gut wie ausgeschlossen, und selbst im Haus vollzieht sich das religiöse Geschehen getrennt. Richtiger ist die Bezeichnung »Reihengebetteppich«, doch hat sich der andere Begriff so hartnäckig eingebürgert, daß er kaum noch ausrottbar scheint. Diese Teppichart diente in den Moscheen zur Ausrichtung der Reihen der Betenden. Das im Jahr 1674 aufgenommene Inventar einer Moschee in Istanbul spricht sogar vom Vorhandensein eines ägyptischen Gebetteppichs mit nicht weniger als 132 Mihrabs. Hier dürfte allerdings ein Schreib- oder Ausdrucksfehler vorliegen, denn nimmt man als Fläche für

Eriwan, Kaukasus

Sogenannter Familien-Gebetteppich (Saph oder Saf), Kleinasien

einen Gebetplatz nur 0,80 m² an, dann müßte der Teppich etwa 100 m² gemessen haben. Das wäre eine außerordentliche Größenleistung gewesen, die man nur durch Zusammennähen von Teppichen zustande gebracht hätte. Es kann aber sein, daß es sich bei diesem 132feldigen Gebetteppich um eine Opfergabe handelte, so also, daß er die Mihrabs nicht in Original-, sondern in Miniaturgröße aufwies und an sich das übliche Teppichmaß nicht überschritt. Familiengebetteppiche, in denen jedes Mihrab (Gebetnische) eine ausgeprägt andere Zeichnung trägt, sind neueren Ursprungs. Familiengebetteppiche kommen fast nur aus Kleinasien, vor allem aus Kayseri, in neuerer Zeit auch aus Indien und aus Pakistan. Sie heißen auch »Saf« oder »Saph« (was im Arabischen »Reihe«, »Gebetreihe« bedeutet). Auch aus reiner Seide kann ein Saf geknüpft sein, ebenso aber auch aus minderwertiger Schappseide. Siehe auch unter *Gebetteppiche.*
Vor einigen Jahrzehnten wurden Saf massenhaft bei Bukarest hergestellt und von dort auf den Markt geworfen. Sie haben grelle Farben. Der oben abgebildete Familiengebetteppich ist ein interessantes, schönes Stück in guter, alter anatolischer Nomadenarbeit.

Farasi Siehe unter *Deri.*

Farsch (Farasch) So heißt im Persischen der Teppich allgemein.

Farsibaf Wie Turkbaf nichts anderes heißt, als »auf türkische Art gemacht« (mit dem türkischen Knoten), so heißt Farsibaf »auf persische Art gemacht« (mit dem persischen oder Senneh-Knoten).

Farsistan (Fars, das alte Persis) Iranische Provinz mit der Hauptstadt Schiraz (siehe dort).
Farsistan hat viele und gute Weiden, die Provinz wurde daher Heimat einiger Nomadenstämme, die z. T. dann auch seßhaft gemacht werden konnten. Es sind dies (teils noch nomadisch, teils Halbnomaden) die Ghaschgha'is (mit einigen Unterstämmen), die Arabs und die Turki.

Fasa (früher Basa-Sir) Ein Ort, etwa 120 km südöstlich von Schiraz, berühmt gewesen durch seine prachtvollen Susandschird-Arbeiten.

FERAHAN (Fervagan) Ausgesprochen wird das persische Wort Ferahan wie »Ferrachan«. Dieses altberühmte Teppichgebiet liegt in der Provinz Isfahan-Yazd (Jesd). Es hat als Hauptort die Stadt Arak (Erak), die vorher Sultanabad hieß und südöstlich von Hamadan liegt. Es handelt sich bei dem »Ferahan« genannten Teppich um ein aus dem weiten Bereich zwischen Arak, Mahallat, Ghom und Kaschan kommendes Erzeugnis, das sowohl in der Hausindustrie als auch in Manufakturen hergestellt wird. Dadurch gibt es den Ferahan in allen möglichen Größen. Die Kette ist aus Baumwolle, der Schuß aus Baumwolle, hin und wieder aus Schafwolle. Der kurze bis mittellange Flor wird entweder auf persische oder auf türkische Art aus Schafwolle geknüpft. Mindere Sorten haben etwa 700 Knoten je 1 dm². Die Seitenumwicklung (Schirazeh) erfolgt fast immer mit blauem Wollgarn.

Der Teppich, dessen Grundfarbe meist Rot (mit Stich in das Kupferfarbige) oder Blau oder auch Elfenbein (Creme) ist, trägt meist eine Hauptbordüre mit zwei bis vier Nebenstreifen. In den Bordüren (das Gebiet ist sehr groß, daher gibt es kein einheitliches Muster) kann man geometrisch gehaltene Rosetten, Blumen, aber auch das Dreieckmuster, sägezahnbesetzte Blätter, Ranken und Arabesken usw. antreffen. Die Nebenborten sind mit kleinen Rosettchen, Dreiecken und Blütenmustern gefüllt. Gern zieren den Ferahan auch sehr schmale Bortensäume, die dann Wellenlinien, Dreiecke oder Farbpunkte tragen. Im Fond findet man das Herati-Muster, das ja auch Ferahan-Muster heißt, das Gül-ahenna, oder aber es sind ein großes Mittelmedaillon und in den Ecken Viertelmedaillons vorhanden. Obgleich beim Ferahan ziemlich viele Farben (meist 8 bis 10) verwendet werden und auch die Muster klein gehalten sind, wirkt der Teppich nicht zu farbenfreudig, sondern ruhig. Das Herati-Muster kam offenbar nach der Eroberung Afghanistans durch Nadir Schah (geb. 1688, reg. 1736–1747) in das Ferahan-Gebiet. Nadir Schah ließ nach der Eroberung von Herat viele der dort ansässig gewesenen Knüpferfamilien zwangsweise in den Raum zwischen Arak, Saruk, Ghom und Kaschan bringen. Fallweise findet man Ferahans mit dem sogenannten Sonnenbrandmuster (Zackenmedaillon auf hellem Grund). Für solche hellgrundigen Ferahans hat man (wenn sie echtfärbig sind) den Namen Safid-Ferahan (safid = weiß).

Der alte, sehr edle, farblich und ornamental sehr zurückhaltende Ferahan brachte diesem Teppich in England den Na-

Ferahan, Persien

 Ferahan, Persien

Ferahan, Persien

men »Gentleman's Carpet« (zu Recht) ein. Auch bei uns sind solche Stücke, die natürlich sehr selten vorkommen, sehr geschätzt, man bezahlt sie hoch.
Neuere Ferahan sind (aber nicht immer!) mit einem stärkeren Schußfaden gearbeitet, der im Muster auf der Rückseite des Teppichs deutlich sichtbar wird. Aber es gibt noch genug sehr gut geknüpfte Ferahan-Teppiche. Sie zeigen oft ein sehr schönes Steingrün oder ansprechendes Moosgrün in ihren Motiven. Unsere Bilder bringen vergleichsweise gute Ferahan-Teppiche. Entferntere Verwandte des Ferahan sind der Muschkabad, der Mahal und der Saruk-Mahal; mit dem Malayer, insbesondere mit dem Mischan-Malayer ist er näher verwandt.

Ferghana (Fergana, russisch: Ferganskaya, chinesisch: Fei-han) Landschaft in Russisch-Turkestan mit dem Hauptteil in der Sowjetrepublik Kirgisistan. Nicht mit dem iranischen Gebiet Ferahan verwechseln! Bewohnt von Kirgisen, Kalpaken und Karakirgisen (= Schwarze Kirgisen, Karakalpaken heißt zu deutsch Schwarzmützen). Die von dort kommenden Teppiche haben teils Belutsch-, teils aber auch Turkmenen-Charakter, sie sind praktisch nur in gröberer Manier ausgeführt und werden immer weniger, denn die im Ferghana-Gebiet rapide aufblühende Industrie (Erdöl, Erdgas, Seiden- und Baumwollspinnerei bzw. -weberei) zieht viele Frauen vom Teppichknüpfen ab.

Feriana Ort in Nordafrika. Herstellung von Berberteppichen. Siehe hierzu im 7. Hauptabschnitt unter *Berberteppiche.*

Feridjan Siedlung nordwestlich von Isfahan, von dort kommen ziemlich viele Ferahan-Teppiche, obgleich der Ort schon außerhalb des eigentlichen Ferahan-Gebietes liegt.

Fethiye Siehe unter *Megri.*

Filzteppiche In einzelnen Gegenden von Iran, Kaukasien, Zentralasien, Indien und China werden Filze aus Schafwolle, Ziegenwolle und auch aus Kamelhaar erzeugt. Diese Filze dienen als Bodenbelag, nützen sich aber rasch ab. Ungeachtet ihrer Billigkeit findet man sie in Europa wenig, da ob ihrer Schwere die Transportkosten zu hoch sind. Meist handelt es sich bei den in Europa vorkommenden Stücken um Filzteppiche aus Indien. In Iran heißen sie »Namad«, bei den Turkmenen »Koschma«. Hauptorte für die Erzeugung sind Taft, Isfahan, Atrabad und Birdschand. Diese Filze werden an sich als Teppiche verwendet, in Iran aber nur sommersüber, indes man sie ansonsten den Teppichen als Unterlage gibt. Ebenso werden dünne Filze als Schutz über

Filzteppich aus Sowjetrußland (Kirgisien)

Filzteppich aus Sowjetrußland (Kirgisien)

Filzteppich aus Sowjetrußland (Kasachstan)

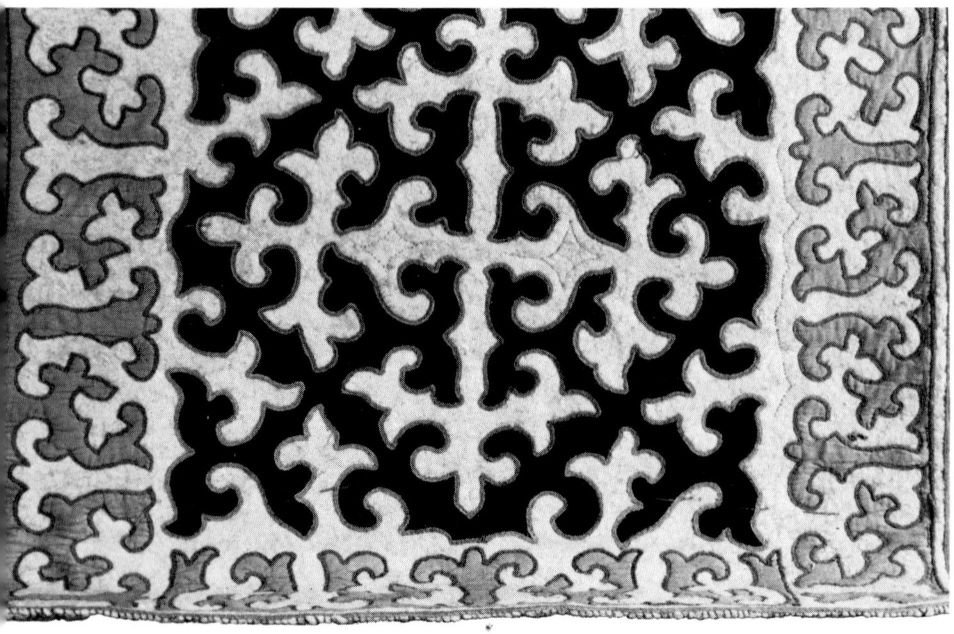

 Filzteppich aus Sowjetrußland (Kasachstan)

wertvolle Teppiche gelegt. (Der Orientale schont seine Teppiche mehr, als wir es tun!)

Die Filzherstellung erfolgt auf primitive Weise: Zuerst wird eine Schilfmatte in der gewünschten Größe des Filzes geflochten. Auf ihr wird dann die Wolle ausgebreitet, die man mit Wasser besprengt, worin lange Zeit hindurch Ölkuchen eingeweicht war. Daraufhin schlagen die Frauen mit Knüppeln die Wolle gleichmäßig nieder. Ist das geschehen, wird aus der Masse eine Rolle geformt, die man zubindet und unter öfterem Besprengen mit Wasser geraume Zeit hin und her rollt. Dabei werden die Bindeschnüre immer fester zusammengezogen. Schließlich wird die Schilfmatte herausgenommen, dann aber die Filzmatte immer wieder gerollt, bis sie endgültig verfilzt und damit (nach dem Trocknen) fertig und gebrauchsfähig ist. Will man in diesen Filz Ziermuster einbringen, so werden diese, solange sich die Filzmatte in noch nassem Zustand befindet, in andersfarbiger Wolle eingeschlagen und mitgerollt. Ebenso gibt es aber auch eine Methode, die Zierstücke auf die Matte aufzunähen.

Die Bilder hier und auf Seite 183 zeigen kasachstanische bzw. kirgisische Filzteppiche.

Es handelt sich bei allen Mustern um Gegenwartserzeugnisse. Über den bisher ältesten Filzteppich der Welt (aus dem 5. Jahrhundert v. Chr.) wurde im 2. Hauptabschnitt berichtet. Siehe auch die Bilder auf Seite 22 und im 11. Hauptabschnitt.

Fındık Türkischer Ausdruck für »Haselnuß«. Es handelt sich um Teppiche (meist um türkische), die mit vielen haselnußartigen Kleinmustern versehen sind. Man spricht dann von »fındıkli«. Sind viele kleine Blüten eingemustert, dann ist es ein »çiçekli« (= geblümt), zeigt der Teppich zahlreiche winzige Einknüpfungen, dann spricht man ihn als »sinekli« (von »sinek« = Fliege) an oder als »kedibasti« (Katzenpfötchenmuster).

Floh-Teppich Siehe unter *Mir*.

Friedhof-Teppich In manchen anatolischen Teppichen, insbesondere solchen aus Kula, sieht man als Knüpfmuster ein, zwei (oder auch mehrere) Hausgebilde (die auch sarkophagähnlich aussehen können), flankiert von unterschiedlich großen Bäumen. Da dieses Motiv nach »Friedhof« aussieht, wurden solche Teppiche vom orientalischen Kaufmann als »Mezarlik-hali« (= Friedhofteppich) angeboten. Der Name hat sich bei uns eingebürgert, besteht aber nicht zu Recht. Weder sehen orientalische Friedhöfe so aus, wie jenes Teppichmuster es dartut, noch weniger ist es verbreitete Sitte, die Gräber mit Teppichen zu schmücken oder letztere bei Begräbnissen zu verwenden. Wäre dies der Fall, dann müßte es logischerweise »Friedhofteppiche« in großer Menge geben. Sie sind aber verhältnismäßig selten und in älteren Stücken oft von vortrefflicher Qualität. Sie dienten den einzelnen Familien mehr als geliebte und geschätzte Schmuckteppiche, die man bei öffentlichen Festen aus den Fenstern hängte oder an der Hausfront erhöht anbrachte. (Dies ist auch heute noch geübter Brauch.) Verstarb ein Mitglied der Familie, tat man dies auf die gleiche wie vorher geschilderte Art den Mitmenschen kund. Man kennt solche Teppiche auch in Läufer-Formaten bis zu 7 m Länge. Mit dem »Friedhof« selbst haben diese Teppiche nichts zu tun. Siehe hierzu das Bild rechts.

Galerie Handelsausdruck für »Läufer«. Der Perser hat für unser Wort Läufer die Bezeichnung »kenareh«, der Türke sagt »kenare« und auch (bei breiteren Läufern) »yelluk-galeri«.

Garten-Teppich Manche persische Teppiche versuchen, durch besondere Feldeinteilung und durch die Besetzung der Teile mit eingeknüpften Tierdarstellungen, darunter auch Fische und Wasservögel, einen Garten mit Teichen oder Bächen zu schildern. Daher der Name Gartenteppich. Auch in antiken Teppichen findet man die Garteneinteilung. Wir zeigen auf Seite 41 einen sehr ansprechenden Gartenteppich aus der Zeit um 1716, der sich in 18 Farben darstellt und die beachtliche Dichte von 4089 Knoten je 1 dm^2 besitzt. Seine Maße sind 126 × 168 cm. Es handelt sich hier um eine besonders schöne, alte Arbeit. Auf Seite 43 sieht man einen Garten-Baum-Teppich aus dem frühen 19. Jahrhundert, auf Seite 187 einen gut gearbeiteten Gebetteppich mit Baum- und Gartenmuster.

Der Perser, in einem heißen, wüsten- und steppendurchsetzten Lande lebend, hat vom Beginn seiner Geschichte an stets eine fast innig rührende Liebe zum Garten empfunden und sie auch praktiziert. Jedes bessere persische Haus hatte in seinem Innenhof einen liebevollst gepflegten Garten, möglichst noch mit Wasserbecken und Springbrunnen (und so ist es auch heute noch). So liegt es nahe, daß des Persers liebste Idylle auch im Teppich aufscheinen konnte. In der Moguln-Zeit fand der Teppich auch Eingang in die damalige, von Persien übernommene und von den Fürsten und sonstigen Notabeln gepflegte bzw. geförderte Teppichkunst Indiens.

Gaschkai Siehe unter *Ghaschgha'i.*

»Friedhof«-Teppich, Kleinasien

 Gebetteppich (Rankenmuster), Persien

GEBETTEPPICHE (Siehe auch unter *Anatolische Gebetteppiche* und *Familiengebetteppiche.*) Mohammed (arabisch: »der Gepriesene«, geb. um 570 n. Chr. in Mekka, gest. am 8. Juni 632 in Medina) gründete als neue Religion den Islam (wörtlich: »Hingabe«, »Unterwerfung an Gott«). Seinen Anhängern, Mohammedaner genannt, ist u. a. vorgeschrieben, sich täglich fünfmal zu waschen und anschließend fünfmal zu dem höchsten Gottwesen Allah zu beten. (Allah leitet sich von dem arabischen »al ilah« = »der Gott« ab.) Vom Turm der Moschee ruft der Muezzin (Gebetrufer) durch »adhan« (Ankündigung) zur »salat« (oder »szalat« = Andacht) auf. Der Adhan besteht aus sieben Formeln, deren erste »Allahu akbar« (Gott ist der Größte), deren letzte »La Ilah illallah!« (Es gibt keinen Gott außer Allah!) lautet. Der Betende hat während der Andacht immer die Richtung nach Mekka einzuhalten. Wer den Gebetpflichten nachkommt, der genießt »aferin« (Segen), wer sie versäumt, den trifft »naferin« (Fluch). Die Gebete verrichten viele Moslems auf dem Gebetteppich, womöglich in der Moschee.
Mit Moschee (aus Masdjid, Masdschid, Djami, türkisch »cami«, gesprochen: dschami) bezeichnete man schon in alten Zeiten (noch bevor der Islam auftrat) eine Weihestätte, einen Tempel, einen heiligen Ort. Auch christliche Kirchen hatten diesen Namen. Er kommt von »sadjadje«, was soviel wie »niederwerfen«, »sich verbeugen« heißt.
Die erste Moschee seiner Religion gründete Mohammed im Jahre 622 n. Chr. in Medina. Ein allgemeiner Gebetplatz wird »musalla« geheißen, von »salla« = beten. Auch der Gebetteppich selbst wird in manchen Gegenden »musalla«, ebenso auch »sadjadja« genannt.
In der Türkei ist der Begriff »seccade« (gesprochen: sedschadeh) allgemein üblich, sowohl für Gebetteppich als auch für andere Teppiche im Format von etwa 130 bis 160 cm Länge und ca. 90 bis 130 cm Breite. Die bei uns weitverbreitete Ansicht, der Gebetteppich sei für den Mohammedaner unerläßlich, es müsse jeder von ihnen einen solchen Teppich besitzen, den er nur zur Verrichtung der Andacht benützen dürfe, ist nicht richtig. Den Islam-Anhängern sind Besitz und Verwendung von Gebetteppichen ursprünglich nicht vorgeschrieben worden. Auch Mohammed selbst benützte anfänglich keinen Gebetteppich, sondern er verrichtete die »salat« auf den bloßen Steinen oder breitete seine Kleider unter. Später verwendete man Matten aus Palmblättern. Im ganzen Koran findet man kein Wort, das den Gebetteppich vorschreibt.

Noch im 3. Jahrhundert nach Mohammed ließ ein Kadi »die Unfrommen, die da mit Husur [Matten, Teppichen] zur ›salat‹ kamen«, aus der Moschee werfen und die Matten zerreißen. Im 4. Jahrhundert (nach Mohammed) waren Gebetteppiche schon häufiger geworden, und ihr Gebrauch wurde da und dort übertrieben, indem man bis zu zehn Teppiche übereinander auflegte. Die Puritaner wetterten gegen die »Unsitte« der Gebetteppichverwendung und zogen die nackte Erde als Andachtsplatz vor. Auch heute noch gibt es im mohammedanischen Raum (vornehmlich in den südwestlichen Gebieten) genug Anhänger Mohammeds, die ihre Andacht ohne einen Gebetteppich verrichten.

Das Innenfeld des Gebetteppichs besitzt nach nur einer Längsrichtung hin eine auffallende Zeichnung. Sie hat das Aussehen einer Nische, die mehr oder weniger spitz zuläuft. Mit dieser Nische – »mihrab« (Mehrzahl: »maharib«) genannt – muß die Richtung nach Mekka eingehalten werden. (Im Neutürkischen spricht man vom »mihrap«, in Persien heißt es »mehrab«.) In den Moscheen bezeichnet eine eingemauerte Nische, ebenfalls Mihrab genannt, die Richtung, in der Mekka liegt. Die Richtung selber wird »kibla« (siehe dort) genannt. Die das Mihrab bildenden Schräglinien heißen Giebel. An ihrem Aussehen erkennt man zumeist, woher der Teppich stammt. In Kleinasien, das die meisten Gebetteppiche herstellt, zeigen diese spitz zulaufende und getreppte Giebel oder Säulenbogen. In Iran sind die Giebel meist hufeisenförmig oder geschweift, in Kaukasien und Turkmenien sind diese Linien meist völlig gerade und nur schwach sichtbar. In Belutsch-Gebetteppichen hat der Giebel immer rechteckige Form, in kaukasischen Gebetteppichen endet das Mihrab meist in einer fünfseitigen Figur; Gebetteppiche aus Afghanistan, dann solche aus dem Gebiet der Teke-Turkmenen und der Jomuden sind verhältnismäßig selten anzutreffen. Wenn doch, dann sind sie in Hatschlu-Größe (siehe dort), also als Zeltvorhang, gestaltet. Ist ein solcher Teppich als Gebetteppich gedacht, dann hat er in der oberen Bordüre eine Art Schrägdach als Gebetnische eingeknüpft.

Von der Giebelspitze der kleinasiatischen Gebetteppiche hängt manchmal eine Ampel, mit oder ohne Blumen, herab oder auch eine Wasserkanne. Letztere ist aber in alten Teppichen nie zu finden. Auch das Muster eines Kammes ist zuweilen eingeknüpft. Der Kamm soll an das Reinigen der Haare erinnern. Oberhalb des Mihrab ist manchmal ein kleiner Rhombus eingeknüpft. Dorthin legt der Gläubige

Gebetteppich (Baum- und Gartenmuster), Persien

Gebetteppich, Milas, Kleinasien.

 Gebetteppich, Schirwan, Kaukasus

den Kiesel oder das Stück Erde, Dinge, die er bei einer Wallfahrt aus Mekka mitgebracht hat. Diese Dinge symbolisieren den Stein der Kaaba zu Mekka.
Im fast durchweg schiitischen Persien trägt man einen Stein aus Maschhad (Mesched) von den dort (und in nächster Nähe) befindlichen Heiligengräbern mit nach Hause.
Zu beiden Seiten des Mihrab sieht man mitunter (vor allem in kaukasischen Gebetteppichen und in solchen der Belutschen) je eine Hand eingeknüpft, die Stelle bezeichnend, wohin der Moslem beim Vorbeugen seine Hände stützt.
Mohammed hat es in all seinen Jahren nicht für nötig gehalten, die Richtung (»kibla«) anzuzeigen. Erst später wurde das Mihrab in den Moscheen gebräuchlich. Strenggläubige Mohammedaner wehrten sich lange gegen die Einführung dieser Richtungsnische mit dem Hinweis, man habe das den christlichen Kirchen abgeschaut (sie meinten damit die Apsis). Tatsächlich bezeichnet das Wort Mihrab bereits in der vorislamischen Zeit ganz allgemein den »Palast« und im besonderen die im Palast übliche Nische mit dem Fürstensitz (Thron). Es gibt auch heute noch viele arabische und persische Dorfmoscheen ohne Mihrab.
Gebetteppiche haben meist 80 × 130 cm oder ähnliches Format. Es gibt aber auch größere Formate. Antike, gut erhaltene Gebetteppiche sind sehr selten. Was sich im Handel befindet, stammt fast durchwegs aus der Zeit ab 1900 bis jetzt und ist – in allen Arten – meist in Kleinasien hergestellt. Die Mehrzahl der Gebetteppiche wird aus Schafwolle geknüpft, es gibt aber auch solche aus Seide (Vorsicht vor Schappseide!). Manche Gebetteppiche tragen Inschriften, meist Sprüche aus dem Koran. Der Moslem läßt Gebetteppiche nie aufliegen, sondern rollt sie nach Beendigung der Andacht sogleich zusammen und hebt sie auf (»sonst kommt der Teufel und verrichtet seine ›salat‹ darauf«). Teppiche, in denen der Name Allah eingeknüpft ist oder die Koransprüche tragen, dürfen niemals mit Füßen getreten werden.
In manchen Gegenden hat nur ein echtfarbiger Teppich Wert: nur die auf einem solchen Teppich verrichteten Gebete nimmt Allah mit Wohlgefallen an. Aber – in vielen Gegenden hält man es wieder völlig anders! In Mekka, dem Hauptwallfahrtsort der Mohammedaner, ist es üblich, Gebetteppiche zu benützen. Da Tausende Wallfahrer ohne einen Teppich in die heilige Stadt kommen, suchen sie sogleich ein solches Stück zu erwerben. Man kann sie in allen Preislagen haben. Die Masse der Pilger ist nicht begütert, sie greift nach dem billigsten Gebetteppich und nimmt ihn nach

Gebetteppich, Gördes, Kleinasien

Gebetteppich »Basra-Gördes«, Kleinasien.
Diese meist im Mihrab hellgrundigen Teppiche gelten als die feinste Art der früheren Gördes-Gebetteppiche.

Gördes-Gebetteppich mit sogenannter Pfeifenrohr-Bordüre (Shobokli-Streifen). Diese oft vielstreifig aufgelockerte Bordüre kommt auch in alten Kula-Teppichen vor.

vollzogener Andacht nach Hause mit. Die Enttäuschung kann aber dem Leser hier nicht erspart werden: Diese billigen Gebetteppiche stammen zum Großteil aus Europa, sie werden in unserem Erdteil auf Maschinen gewebt und nicht mit der Hand geknüpft. Alljährlich »strömen« viele tausend solcher Gebetteppiche aus Europa nach Dschidda und Mekka, und von dort zerstreuen sie sich in alle Himmelsrichtungen, in die Heimatdörfer der Gläubigen . . . !

Zu dieser Meldung, daß maschinengewebte Gebetteppiche von Europa in den Orient kommen, sei noch bemerkt: Das staatliche ungarische Außenhandelsunternehmen »Artex« exportiert in erheblichen Mengen »Gebetteppiche« in den Orient, die aus einem Baumwoll-Zellwolle-Gemisch hergestellt sind. Das Feld ist jeweils bordeauxrot, grün oder bläulich, die Teppichgröße beträgt meist 35 × 110 cm. Ferienreisende seien gewarnt! Wir zeigen Gebetteppiche, und zwar: auf Seite 189 rechts einen schönen alten sog. »Basra-Gördes«; auf Seite 187 sieht man einen Baum-Garten-Teppich aus Isfahan, der als Gebetteppich ausgebildet ist. Dieser sauber gearbeitete, neuzeitliche, 128 × 225 cm große Teppich hat 5000 Senneh-Knoten je 1 dm². Kette und Schuß sind aus Baumwolle, der Flor besteht aus Wolle. Seite 186 bringt das Bild eines Ranken-Gebetteppichs aus dem frühen vorigen Jahrhundert. Der Teppich dürfte anhand einer alten persischen Vorlage in Kleinasien hergestellt worden sein. Seite 180 zeigt einen Saf, auf Seite 188 unten sieht man einen schönen Gebetteppich aus dem Schirwan-Gebiet, auf der gleichen Seite oben ist ein Milas-Gebetteppich abgebildet. Der Gördes auf Seite 189 links mißt 137 × 184 cm. Weitere Gebetteppichbilder findet man verschiedentlich im Buche. Die Gebetnische ist jeweils deutlich sichtbar.

Es gibt auch einen Begriff »Moscheenteppich«. Das ist entweder ein Teppich mit figürlicher Moscheen-Darstellung (Belutschen und Afghanen stellen sie zuweilen her, aus dem anatolischen Raum kommen nur selten solche) oder aber es sind überhaupt größere Teppiche mit mehreren Mihrab-Reihen. Meist werden sie der betreffenden Moschee aus irgendeinem Anlaß gespendet, und man verwendet sie dann zum Ausrichten der Gebetreihen für die Gläubigen. Es gibt solche (irrtümlich bei uns auch »Familiengebetteppiche« – siehe dort – genannt) mit bis zu acht Mihrab-Einknüpfungen in langer Reihe oder in der Form, daß in der oberen Reihe vier Mihrab-Einknüpfungen sind und darunter (in einem Stück gefertigt oder aus zwei Reihen zusammengenäht) abermals vier solcher Einknüpfungen.

Gefangenenhaus-Teppiche Ungefähr um das Jahr 1880 begann man in Indiens Gefangenenhäusern, die Sträflinge mit Teppichknüpfen zu beschäftigen. Die Sträflinge mußten in ganzen Kolonnen an Knüpfstuhlreihen nach Vorschrift des Aufsehers knüpfen, der, auf einem hohen Stuhle sitzend, die Musterpatrone mit den Farben und der Angabe über die jeweilige Knotenzahl vor sich hatte und sie kommandierend (in einer Art Gesang) den Gefangenen verkündete. An allen Stühlen wurde solcherart das gleiche Muster geknüpft, von meist völlig ungeeigneten und völlig uninteressierten Leuten. Es war vorgeschrieben, wieviel pro Tag gearbeitet werden mußte. Die Qualität dieser Teppiche konnte unter diesen Umständen nur miserabel sein. Sie wurden billig in den Handel geworfen, wodurch sich die zivilen Knüpfer in ihrer Verdienstmöglichkeit bedroht fühlten. Diese versuchten nun, durch ähnliche schleuderhafte Arbeit mehr zu erzeugen, doch war der Markt für indische Teppiche innerhalb weniger Jahre völlig ruiniert. Allerdings entwickelte man in manchen indischen Gefangenenhäusern, vor allem, wenn sie unter europäischer Leitung standen, auch gute Teppiche. Auch in den türkischen Gefangenenhäusern ist die Beschäftigung der Strafgefangenen, vor allem der weiblichen, weit verbreitet, und zwar in fast allen Provinzhauptstädten. Die Sümerbank führt die Organisation durch, und dies mit wesentlichem Erfolg. Die von dort kommenden Teppiche sind meist von ziemlich guter Machart. Früher trugen sie eingeknüpft das Zeichen »c. e.« – das heißt »cezaevi« (gesprochen: dschesa-ewi = Gefangenenhaus).

Gelimtscheh (persisch, im Türkischen: »küçük kilim«) Ein Kilim kleineren Formats. Siehe auch unter *Kilim, Sumakh, Karamanie »und dergleichen«* im 8. Hauptabschnitt.

GENDJE (Gendsche, Djanca, Gandja, Gandsha, Ganges, Gindsi) Eine Stadt im kaukasischen Gebiet Karabagh, mit dem früheren russischen Namen Elisawethpol bzw. Jelisawethpol. Jetzt heißt sie Kirowabad und ist die zweitgrößte Stadt der Sowjetrepublik Azerbeidschan. Sie wurde 845 n. Chr. gegründet und galt lange Zeit hindurch als eine der schönsten Städte Vorderasiens, allerdings hatte sie keinen guten Ruf als eine Stadt mit sehr ungesundem Sommerklima.

Der in der Regel fransenlose Gendje war früher ein Nomadenerzeugnis, so also, daß er zumeist in kleineren Maßen

Gendje (Mikrach), Kaukasus

 Gendje, Kaukasus

wie 90 × 160, 100 × 200 cm vorkommt, immerhin gibt es ihn auch in Größen bis zu 130 × 400 cm. Er ist dem Kasak und dem Karabagh nahe verwandt, doch in der Form länglicher als diese. Ältere Gendje zeigen zuweilen zwischen jeder Knotenreihe 3 bis 8 Schußfäden, was dem Teppich eine gewisse Weichheit gibt. Bei solchen Teppichen ist auf der Rückseite das Knüpfmuster dann nicht sehr gut erkennbar. Die Kette besteht beim Gendje meist aus Schafwolle oder Ziegenhaar, manchmal auch aus Baumwolle (Azerbeidschan ist in den letzten Jahrzehnten ein ausgesprochenes Baumwolland geworden). Zum Schuß wird entweder naturbraune oder rotgefärbte Wolle bzw. Ziegenhaar genommen. Der mittellange Flor ist mit dem türkischen Knoten aus weicher Schafwolle geknüpft. Gute Qualität liegt vor, wenn der Teppich etwa 800 bis 1200 Knoten je Quadratdezimeter aufweist.

Der Gendje, im ganzen Ausdruck naiver gehalten als der Kasak, zeigt als Grundfarbe Rot oder Blau, zuweilen auch Elfenbein. Die Knüpfmuster werden vielfarbig hergestellt. Meist hat der Gendje eine Haupt- und je eine Nebenborte. Diese Bordüren zeigen Rosetten und Sterne, die immer achtstrahlig sind. Auch gezähnte Blätter und stilisierte Tulpen (auch Weinglasmuster genannt) oder das Galeerenmuster, ebenso Pfeilspitzen, findet man in der Bordüre. Das Innenfeld ist meist mit abgestuften Achtecken (Oktogonen) besetzt oder mit Rechtecken, auch Quadraten, alles immer reihenmäßig aufgegliedert. Diese Figuren sind (aber nicht immer) mit Haken versehen, indes sie im Flächeninnern achtzackige Sterne tragen, die in ihren Zackenteilen verschiedenfarbig gehalten sind. Die Hauptfarben der Oktogone, Rechtecke oder Quadrate wechseln, kehren aber im durchgemusterten Teppich in bestimmter Reihenfolge wieder. Der Gendje ist, genau wie der Kasak und die anderen ihm verwandten Arten, sehr beliebt, zumal er sich recht gut strapazieren läßt. (Allerdings gibt es auch sehr leichte Qualitäten!) In älteren Gendje-Teppichen sind die damals schwarz eingeknüpften Stellen oft ausgefallen. Man beachte, was bezüglich schwarzer Wolle im Abschnitt über Farben gesagt ist!

Die Sowjets haben die Teppichherstellung in Kirowabad-Gendje sehr vorangetrieben. Die Teppichherstellung liegt überwiegend bei den Knüpfergemeinschaften, denn Nomaden gibt es in diesen Gebieten so gut wie nicht mehr. Siehe auch unter *Azerbeidschan.* Der Gendje auf Seite 191 führt sowjetischerseits jetzt den Namen Mikrach.

Gendje, Kaukasus

Gendje, Kaukasus

Gerus, Persien

 Ghabbe, Persien

Gentleman's Carpet Englisch-amerikanische Händlerbezeichnung für den ruhig wirkenden Teppich. Vor allem werden sehr gute alte Ferahan-Teppiche, alte Mir und Serabend als solche bezeichnet (und hoch bezahlt).

Gereh (Gireh) Das ist das persische Wort für »Knoten«, zugleich ist es ein Längenmaß; ein Gereh entspricht ca. 66,6 mm. »Gerehdsche« heißt »Knötchen«. »Regh« nennt man bei uns (in Persien jedoch nur selten, in der Türkei praktisch nie) die Knotenzahl je 1 Gereh.

Im Persischen gibt es »radsch« in der Bedeutung: »Reihe«, »Ordnung«, »Linie«. Ist »regh« von dort abgeleitet, dann hätte diese Bezeichnung auch Sinn: die Anzahl der »gereh« oder der »gerehdsche« in einer »radsch«, also in einer »Linie«, einer »Reihe« zu nennen.

Gerus Die Landschaft Gerus in der iranischen Provinz Kermanschah-Kurdistan ist die Heimat der Teppiche Bidjar, Mir und Senneh (Sinä). Es gibt im Handel gelegentlich aber auch einen Teppich, der Gerus genannt wird. Als Kurdenerzeugnis sieht er so aus, wie das Bild links zeigt. In guten Stücken wird der Gerus den bekannten Teppichen aus der Bidjar-Gegend gleichgewertet.

Ghabbe (auch Gabbeh, Gebbe, Gebbeh usw. geschrieben) Aus dem Südiran, Provinz Fars, kommt ein sehr rustikaler, aber dennoch sehr ansprechend wirkender Teppich, fast berberähnlich anzusehen. Er findet ungeachtet der Einfachkeit der Musterung (oder just wegen ihr?) guten Anklang, vor allem bei der jüngeren Generation. Siehe Bild links unten und auch unter *Ghaschgha'i* und *Schiraz*.

Ghafgaz So heißt Kaukasien persisch (türkisch: Kafkas). Teppiche aus dem Nordwesten Irans tragen diesen Namen, weil sie weitgehend kaukasische Muster zeigen. Große Kaukasusgebiete waren früher persisch. Durch die willkürlichen Grenzziehungen wurden die Völker getrennt, aber das jeweilige Kulturgut blieb, wenn auch nicht völlig so doch weitgehend erhalten.

Ghali So wird in Persien der Teppich im allgemeinen genannt. Kleine Teppiche heißen »ghalidsche«. In der Türkei heißen Teppiche »hali«.

GHASCHGHA'I (Ghasghai, Gaschkai, Kaschkai, Kaschegahis) Benennung für bessere Schiraz-Teppiche (siehe dort) nach dem Stamme der Ghaschgha'i. Diese Gaschkais (wie wir normalerweise den Namen auch aussprechen) sind einer der bedeutendsten südpersischen Nomadenstämme turkstämmiger Abkunft. Sie gliedern sich in fünf Hauptstämme (Ainalu, Basiri, Baharlu, Nafar und Darischuli) und in viele Zweig- und Unterstämme. Ihre Hauptmasse ist im Norden der Provinz Fars, zwischen Schiraz, Abadeh und Niriz-See zu finden, wo sie teils noch richtig nomadisieren, teils halb seßhaft leben, wie es auch nicht wenige gibt, die seßhaft geworden sind. Aber auch im übrigen Persien findet man da und dort kleine Gaschkai-Gruppen, selbst auch noch in der Türkei.

Ghaschgha'i-Teppiche haben zuweilen Ziegenhaar als Grundgewebe, in der Regel sind sie aber zur Gänze aus Wolle, Baumwolle kommt sehr selten vor. Die Gaschkais fertigen ihre Teppiche zumeist auf liegenden Knüpfstühlen an (siehe das Bild auf Seite 54). Die Wolle ist von wunderbarer Weichheit und bestechendem Glanz. Im Ghaschgha'i-Teppich findet man ein sehr schönes Blau, ein dem Auge wohltuendes Rotbraun und ein zartes Elfenbein (Creme) als Hauptfarben des vielgestaltigen Fonds.

Die besten Ghaschgha'i-Teppiche werden vom Unterstamm »Ghaschguli« angefertigt und von Sammlern sehr geschätzt. Mindere Qualitäten gehen als »Schiraz« in den Handel. Auch der völlig anders aussehende »Gabbeh« ist meist ein Erzeugnis der Gaschkai. Gabbeh heißt auch »ungeschoren«, ebenso auch »fransenlos«. Es sind sparsam gemusterte, meist hellgrundige (Naturfarbe der Wolle) Teppiche, rustikal wirkend. Im Teppichfeld erkennt man einfach gestaltete Rauten, Rechtecke, auch Rhomben oder Haken, sehr stilisierte Tiere und Blumen. In Kette und Schuß haben die Gabbeh oft Ziegenhaar, in jüngster Zeit kommt dafür mehr Baumwolle zur Anwendung.

Die Gaschkai-Nomaden vom Stamme Nafar verwenden das sogenannte Kasch-Gül, sie knüpfen auch Löwen und andere Tiergestalten als »Wächter« und »Bewahrer« vor allem Schlechten ein. Die Gaschkai haben keine festgelegte Knotenart; die einen verwenden den persischen, die anderen den türkischen Knoten. Manche Gaschkai-Stämme gebrauchen innerhalb des Stammes nur die Türki-Sprache.

Im allgemeinen sind Ghaschgha'i-Teppiche von fröhlichem Typus, obgleich die dunklen Farben vorherrschen, denn die Weichheit und der Glanz der Wolle sind auffallend, ebenso auch die herzliche Naivität der Musterung.

Zur Seitenumwicklung (Schirazeh) nimmt man bei den Gaschkai meist abwechselnd rot-grüne Wolle, und man führt diese Seitenumwicklung in der Regel um acht Kettfäden. Man beachte auch die Darlegung im 11. Hauptabschnitt über die Gaschkai-Stämme.

Ghaschgha'i-Schiraz, Persien

196 Ghiassabad, Saruk-Gebiet, Persien

Ghiassabad Ort bei Arak, im Saruk-Knüpfgebiet. Früher, bis etwa 1918, sehr gute Saruk-Teppiche, dann abgesunken. Jedoch gibt man sich jetzt starker Anstrengungen hin, die einstige Qualität wieder zu erreichen. Siehe Bild links.

GHOM (Quom, Ghoum, Kum) Das ist eine Stadt in der Zentralprovinz Teheran, ca. 140 km südlich der Stadt Teheran gelegen. Der aus Ghom zu uns kommende Teppich ist verhältnismäßig jung und daher ohne Tradition. Ghom, ein islamischer Wallfahrtsort mit vielen Heiligengräbern, lebte samt seinen Tausenden Bettlern von dem, was die Wallfahrer einbrachten. Schah Reza Pahlewi, der Vater des jetzigen Schahs, brachte (um die Massenbettelei abzuschaffen) Knüpferfamilien nach Ghom, die drei Jahrzehnte hindurch ausgezeichnete Teppiche anfertigten, der Ghom gewann hohen Ruf. In jüngster Zeit jedoch läuft das Gebiet arge Gefahr, diesen Ruf zu verlieren, denn es kommen aus Ghom und Umgebung (bis in die Hamadan-Gegend hinein) angebliche Ghom-Teppiche auf den Markt, die dem bisher gewohnten Ghom wenig entsprechen. Den guten Ghom gibt es in allen Größen. Kette und Schuß sind meist aus Baumwolle. Der kurze Flor wird überwiegend auf persische Art aus Schafwolle oder aus Seide angefertigt.
Da Knüpfer und Entwerfer aus verschiedenen Gegenden kamen, gibt es verschiedene Ghom-Muster, zu denen seit einiger Zeit auch Bachtiari-Stücke stießen, und zwar jene Art, die Gartenfeld-Einteilung hat. Ansonsten herrscht in den Ghom-Teppichen die Mir-i-bota-Darstellung vor, in oft sehr schöner Ausführung, dann gibt es (eine der besten Arten) den Vasen-Ghom: aus Vasen steigen Blütentrauben auf und füllen das ganze Feld.
Man kennt auch den Ghom-Jagdteppich bzw. den Ghom-Tierteppich. Im letzteren werden in einem mit Blumen, Palmetten und Ranken reich ausgestatteten Fond meist nur Vögel dargestellt, vor allem der Pirol, die Taube, zuweilen auch die Schwalbe und andere. Den Ghom knüpft man sozusagen in allen Farben, vornehmlich aber mit Blau, Rot (beides in Tönungen bis dunkel) und in Elfenbein (Creme). Es gibt einen Teppich, der Kum-Kapu genannt wird (siehe dort), er hat mit Ghom nichts zu tun.
Man beachte den exquisiten Ghom-Ganzseidenteppich im 11. Hauptabschnitt. Besondere Aufmerksamkeit widme man dem duruje-Ghom (doppelfloriger Teppich). Wir zeigen ihn rechts in drei Bildern: Vorderseite, Rückseite und halb aufgeschlagen. Dieses Stück ist eine besondere Rari-

»duruje«-Ghom: Hier wird ein seltener »duruje«-Ghom (doppelseitiger Ghom) vorgestellt: Seine Vorderseite zeigt hauptsächlich Blumen mit kleinen Medaillons. Die Rückseite bringt, vorwiegend in Blau, eine feingegliederte Lebensbaum-Darstellung. Auch die Bordüren der beiden Teppichseiten unterscheiden sich in der Musterung. Das Bild des aufgeschlagenen Teppichs läßt dies deutlich erkennen. Eine großartige Leistung all jener, die mit dem Entwurf und mit der Herstellung dieses Teppichs betraut waren! – »duruje« heißt »doppelgesichtig«; es wird oft auch daruja, do-ruja, druja geschrieben bzw. gesprochen. Nach jeder Knotenreihe folgt – von der anderen Seite her – sofort die zweite Knüpfung, und erst dann wird der Schuß eingetragen. Solch »doppelgesichtige« Teppiche werden im Herstellerland gern für den eigenen Gebrauch geschaffen und dann in der Regel als Türvorhang benützt. »duruje«-Teppiche sind selten im Handel und daher gesucht.

Ghom (Ghoum, Kum), neueres Muster, sogenannte »Chatam«-Art, abgeleitet von der Musterung der Mosaik-Auskleidung der Gebetnischen (Mihrab, Mehrzahl: Maharib) in den Moscheen. Vornehm und dezent wirkende kleinmusterige Florfläche in Hellblau, Braun, Grau, Beige und zartem Gelb (bringt zugleich viel Knüpfzeit-Ersparnis)

 Ghom (Kum), Jagdteppich

tät, schon allein durch die Machart und auch durch die überaus feine Knüpfung. Siehe auch unter »Persische Teppiche« den dort unter Nr. 2 geschilderten Ghom.
Obgleich die Gegend zwischen Ghom und Isfahan klimatisch nicht sehr geeignet ist, haben die dortigen Manufakturen versucht, eine Seidenraupenzucht einzurichten. Nach anfänglichen Schwierigkeiten scheint es gelungen zu sein, brauchbare Ergebnisse zu erhalten. Das wird, wenn die Erfolge anhalten, dazu führen, daß man in Ghom noch mehr Seidenteppiche herstellt, als es bis jetzt der Fall war.

Gilan (Chylan, Chila, Ghilan) Iranische Provinz; zu deutsch heißt Gilan soviel wie »Kot-Land«, ob seiner vielen feuchten Gründe. Gilan liegt am Südwestufer des Kaspischen Meeres, Resht (Rescht) ist die Hauptstadt des Gebietes, mit Enzeli am Kaspischen Meer, als dem zugehörigen Hafen. Die Bewohner werden Gilani genannt, sie selber nennen sich »Ghilek«. In der stark bewaldeten, sehr regenfeuchten Provinz ist der Eigenbedarf an Teppichen nicht so groß (siehe die Bemerkungen im 2. Hauptabschnitt über die klimatischen Voraussetzungen für den Teppichgebrauch), und es werden daher dort (abgesehen von sehr dicken unansehnlichen Filzteppichen) für den Hausgebrauch nur wenige Teppiche hergestellt. Ja nicht einmal Seidenteppiche, obgleich in der Provinz viel Seidengewinnung betrieben wird. Hört man dennoch von einem »Gilan«, dann ist damit der kaukasische »Chila« gemeint (Seite 165). Die Sorten Taleghan und Kalardacht etc. werden nicht im Gebiet Gilan hergestellt, sondern weiter nördlich, am Südabhang des Elburz-Gebietes.

Gis Persischer Name für die Falten oder Rillen, die im nicht ausgeglichenen geknüpften Teppich zu finden sind.

Gjoravan Siehe unter *Heris*.

Glattfond-Teppich Schon etwas ungebräuchlich gewordener Name für den Teppich mit einfärbigem, ungemustertem Feld (Fond). Der Teppich wird aber auch so genannt, wenn Medaillons und Eckmedaillons zwar vorhanden, die Zwischenräume aber einfärbig sind.

Gobelin Die Kunst, in Gewebe Bilder einzuwirken, wird in Europa Gobelinwirkerei genannt. Der Name kommt von der französischen, aus Reims stammenden Färberfamilie Gobelin, in deren Pariser Haus 1662 von flämischen Bildwirkern die erste Bildteppichmanufaktur Frankreichs eingerichtet wurde.

Gol-barjesteh Ein persischer Ausdruck, der ungefähr »aufsteigende Blume« bedeutet. Solche »aufsteigende«

Ghom (Kum), Persien

 Goltuk, Persien

oder »aufragende« Blumen (Bäume, Tiere, Zweige) können in einem sonst glatten Flor eingeknüpft sein oder aus einer Kelim-Fläche herausragen, wodurch sie plastisch aus der ebenen Fläche des Teppichs in Erscheinung treten. Es können auch diese »aufragenden« Knüpfungen noch stärker betont werden, wenn die ringsum liegenden Flächen florlos bleiben, so daß man das nackte Grundgewebe sieht (Kette und Schuß). Beachte hierzu die Bilder auf Seite 339 (Teheran-Teppich) und siehe auch die Bilder auf Seite 411 (Kaschmir-Srinagar-Teppich). Solche Teppiche, die man auch »Nimbaf« (halbgeknüpft) nennt, sind selten anzutreffen. (Weitere Namen dieser seltenen Knüpfart: Goldbardschasteh, Gulbarjestäh, Gol-bardschasté usw.)

Goltuk (auch Koltuk geschrieben) Dieser Teppich, sowohl mit Ferahan-Anklängen als auch mit solchen des Hamadan-Gebietes, wird von kurdischen Nomaden und Halbnomaden hergestellt. Ähnlich wie beim Bidjar, wird auch beim Goltuk der Schuß kräftig niedergeschlagen, was den Teppich hart macht. Rollt man ihn ein, dann nur mit dem Flor nach außen, sonst kann es geschehen, daß er bricht.
Ungeachtet seiner etwas »kühlen« Farben (graubläulich, steingrün usw., er zeigt meist nur wenig »warme« Farbtöne) ist der Goltuk ein hochgeschätzter und heute teurer Teppich (Bild links).

GÖRDES (frühere Schreibweise: Ghiördes, jetzt amtlich Gördes, gesprochen ähnlich wie Gjördes) Stadt in der Türkei. Vom 16. bis zum 18. Jahrhundert kamen von dort sehr geschätzte, feine Teppiche, hauptsächlich im Gebetteppichformat, nur selten größer, aber auch dann peinlich genau gearbeitet. Im Verlauf des späteren 19. Jahrhunderts ließ diese achtsame Arbeit nach. Der Gördes verlor nach und nach seine Beliebtheit.
Heute werden in Gördes nicht mehr die seinerzeitigen, sondern neue Muster verschiedenster Art geknüpft (meist in Lohnknüpfereien im Auftrag türkischer Unternehmer), und zwar vorwiegend für den Inlandbedarf. Auf dem internationalen Teppichmarkt ist der Gördes so gut wie verschwunden. Die neuen Stücke entsprechen nicht den Vorstellungen des Westens, und alte, gut gearbeitete Gördes kommen nur noch selten vor. Dennoch lebt die Stadt noch immer vom Teppich, da auch der Inlandbedarf wächst und im Türkischen das Wort Gördes noch besonderen Klang besitzt. Da Nachknüpfungen aller Art und verschiedenster Qualität hergestellt werden, so ist es nicht möglich, den »neuen Gör-

des« zu beschreiben – man muß sich an die Bilder (siehe hier rechts und Seite 189/190) halten, um zu erkennen, wie der gute Gördes einstmals ausgesehen hat. Was z. B. gegenwärtig in Gördes (oder sonstwo) als »Seiden-Gördes« angeboten wird, kommt niemals aus Gördes, sondern bestenfalls aus Hereke oder aus Kayseri (letzterer kann evtl. wirklich Seide enthalten, doch überwiegend kommen von dort Teppiche mit Kunstseidenflor oder Knüpfung aus merzerisierter Baumwolle, die sich aber schnell abnützt). Hereke-Gördes haben jedoch fast immer hohe Qualität.
Im übrigen ist Gördes der Mutterort des türkischen Knotens, der auch »Gördes-Knoten« genannt wird.
Alte Gördes-Teppiche aus dem 18. Jahrhundert, weißgrundig mit hellblauer Ornamentierung, mit hellem Rot und frischem Grün, werden »Basra-Gördes« genannt. Solche Exemplare sind nur noch in Museen zu finden. Neue, bessere Gördes tragen dann und wann die Bezeichnung »Bandhor«. Oft findet man den älteren Gördes mit Zwickeln gearbeitet (auf der Rückseite als der Länge nach laufende Zackenlinien wahrnehmbar).

Gorgan (Gurgan) Etwa 50 km östlich des Südostwinkels der Kaspi-See und des dortigen Hafens Bender Sha befindet sich die Stadt Gorgan. Die Teppichherstellung ist unbedeutend, doch hat Gorgan einen guten Ruf als Sammelplatz für Turkmenenteppiche, die aus den weiter im Osten liegenden iranischen Turkmenengebieten kommen, und auch für Teppiche aus Chorassan. Gorgan hieß früher Astrabad (Asterabad, Istarbad). Der Name kann ebenso von »astar« bzw. »sitare« (Stern, Sternenstadt) wie auch von »astar« bzw. »satar« (Maulesel) gekommen sein. Denn Gorgan/Astrabad war der Anfang des Karawanenweges nach Maschhad–Herat wie auch nach Teheran und Isfahan. Der Ort war seinerzeit ein wichtiger Platz für die Ausfuhr nach Rußland (Baumwolle, Reis, Seide, Teppiche, Pferdedecken usw.). Zum Transport der Güter nach dem Hafen Bender Sha bzw. Bender-i-gez brauchte man damals ständig viele Maulesel.

Gorovan Siehe unter *Heris*.

Grab-Teppich Siehe unter *Friedhof-Teppich*.

GRIECHENLAND Mehr als in anderen Balkanländern werden in Griechenland Teppiche geknüpft und Kilims gewirkt. Schon die Brautwerbung wird landesüblich mit der Frage eingeleitet, ob das Mädchen weben kann. Nach dem ersten Balkankrieg mußten viele in der Türkei ansässige

Gördes, Kleinasien

Griechen das Land verlassen, unter ihnen auch nicht wenige Teppichknüpferfamilien. 1921/22 wurden weitere Zehntausende Griechen gewaltsam vertrieben, allein aus dem Gebiet Izmir (Smyrna) waren es rund 50 000 Menschen. Sie wurden hauptsächlich in der griechischen Landschaft Attika heimisch, wo sie wieder Teppiche knüpften oder sich mit Spinnen und Weben beschäftigten. Später wandten sich die Flüchtlinge zunehmend anderen Berufen zu, aber auch heute noch ist die Teppichherstellung in Griechenland sehr bedeutend.

Nicht wenige der bei uns von Hand zu Hand gehenden Teppiche mit anatolischen oder persischen Mustern werden nicht dort geknüpft worden sein, worauf die Muster hinweisen, also nicht in Kleinasien oder in Iran, sondern eben in Griechenland. Gerechterweise müßte man den griechischen Knüpfteppich und den von dort stammenden Kilim doch auch zu den Orientteppichen zählen, denn die griechisch-orientalischen Knüpfer, die ihn herstellen, haben nur zwangsweise den Schritt über die Grenze aus Asien nach Europa gemacht. Sie arbeiten nach wie vor in jeder gewünschten Art, und die verwendete Wolle ist meist von guter Qualität.

Jetzt stellen die Griechen weniger Knüpfteppiche her, sondern mit großer Lust und wahrem Geschick ihre langwollig-zotteligen »Flokatis« (Hirtenteppiche). Diese »Flokatis« bestehen zur Gänze aus Wolle, die Zotteln (Florfaden) ragen aus dem Gewebe heraus, oft langzottelig bis zu 20 cm. Dieses ziemlich lose Gewebe wird ins Wasser geworfen und tüchtig geschwenkt, dadurch schrumpft es und verliert bis zu 50 % von seiner Größe. Man hängt die Flokatis auf und läßt sie am luftigen Platz trocknen. Jährlich werden in Griechenland etwa 1 Million Quadratmeter Flokatis erzeugt. Anfänglich war die Herstellung von Flokatis bäuerlichen Händen anvertraut, jetzt erfolgt sie größtenteils industriell, selbst das Grundgewebe wird maschinell gefertigt.

Auch die Herstellung von normalen Teppichen erfolgt zu 95 % schon maschinell, nur noch 5 % werden richtig handgeknüpft. Das entzaubert den griechischen Teppich sehr, zumal die Teppichfabriken z. T. auch Jute und Chemiefasern verwenden. (Siehe auch die Bemerkungen in der Einführung zu diesem Kapitel!)

Gulpaygan Dieser persische Ort, südlich von Arak gelegen, hat fleißige (und »wendige«) Knüpferinnen. Diese knüpfen eifrig und mit viel Geschick jene Sorten der engeren und weiteren Umgebung nach, von denen sie sich guten

Hamadan, Persien

Absatz versprechen. Ursprünglich machten sie Mahal-Teppiche, dann Ghom-Muster nach, auch viele Wiss wurden in Gulpaygan hergestellt, und sogar an Kaschans versuchte man seine Kunst. Eigene Tradition ist nie entstanden, es sei denn eine Farbtradition: mit Vorliebe verwendet man das tiefe Runassi-Rot, das man aus der Krappwurzel gewinnt.

Gum Siehe unter *Ghom.*

Halı Türkischer Allgemeinname für »Teppich«, der Gebetteppich hingegen heißt im Türkischen allgemein »seccade« (sedschadde). Halıcı = Teppichkaufmann. Halıcılık = Teppichwebekunst.

HAMADAN (Hamedan, Hagmata, Echatana) Hamadan, eine Stadt im nordwestlichen Iran, am Nordfuß des Elwend (altgriechisch Orontes genannt), steht auf den Trümmern des alten Ekbatana. Das war die Hauptstadt des Königreiches der Meder, die noch früher Akkesaia geheißen wurde. Die Bezeichnung »Hagmata« bedeutet soviel wie »Ort der Zusammenkünfte«, das heißt, daß dort schon sehr früh der Sitz eines Gaufürsten und der mit einem solchen Amt verbundenen Behörden war. Hamadan ist Hauptsammelplatz für die Teppiche aus dem weiten, an Schafen reichen Umgebungsgebiet. Der »Hamadan« genannte Teppich kommt in allen Größen vor, doch findet man eher große als kleine Stücke, wie es auch ausgesprochene Läuferformate gibt. Die Kette ist aus Baumwolle, der Schuß aus Baumwolle oder Schafwolle. Für den mit dem türkischen Knoten gebildeten oft langen Flor wird Schafwolle verwendet. Die Meinung, im Hamadan finde man viel Kamelwolle, trifft nicht einmal für ältere Teppiche zu, viel weniger für die derzeitigen Erzeugnisse. Siehe hierzu die Bemerkung im 3. Hauptabschnitt unter *Kamelhaar.* Es gibt genug Schafe mit kamelfarbiger Wolle, außerdem ist es keine besondere Kunst, Schafwolle auf Kamelbraun zu färben.

Im Hamadan herrschte bis in die jüngste Zeit, er mochte wo immer aus dem weiten Gebiet herkommen, die kamelbraune Farbe vor, und zwar in Tönungen von ganz hell- bis dunkelbraun. Nun aber ist man, um dem Geschmack des europäischen Käufers entgegenzukommen, dazu übergegangen, Hamadan-Teppiche recht bunt zu gestalten. Rot und Blau herrschen vor. Das geschieht nicht zu jedermanns Freude.

Der ältere Hamadan hat gern eine stark betonte Haupt- und je eine, auch nicht schmale Nebenborte. Oft läuft um die Knüpfzeichnung als äußerster Randstreifen ein einfarbiger,

Hamadan, Persien

 Ekbatan (Hamadan-Extrasorte), Persien

fast immer kamelbrauner Fries, der manchmal sogar ziemlich breit ist. Man nennt ihn »teweru«, das heißt soviel wie »kamelgesichtig«. Man erkennt in diesem Fries eingestreut zuweilen Menschen- und Tierfiguren, allerdings ziemlich primitiv gestaltet, oder auch Mir-i-botas. Die Hauptbordüre trägt rhomboid stilisierte Blumen oder Blütenbündel, die durch ein Mäanderband von Sägezahnblättern voneinander getrennt werden. Verbleibende freie Räume zeigen sich mit Blütchen und Rosettchen ausgelegt. Auch das Mir-i-bota-Muster sieht man in der Hauptbordüre, oft etwas verzerrt. Das Mittelfeld des Hamadan bringt typisch auf meist hellem, kamelfarbigem Grund stangenverbundene Rhomben, die ihrerseits wieder mit gestuften Rhomben oder Quadraten besetzt sind. Die großen Rhomben sind an den Längsseiten meist etwas eingezogen, so daß sie wie gekerbt aussehen. Die Füllungen werden fast immer diagonal angeordnet. Siehe die Bilder Seite 202 und 203.

In Westpersien, vor allem im Hamadan-Gebiet, ist es da und dort üblich, nach dem Knüpfen einer Knotenreihe nur einen, dafür aber ziemlich starken Schußfaden straff einzubringen. Dadurch überdeckt der Schußfaden den einen Kettfaden, drängt aber den anderen Kettfaden nach außen (Teppichrückseite). Nach dem Einknüpfen der nächsten Knotenreihe wechselt der Schuß das Fach, das heißt, daß jetzt der vorher freiliegende Kettfaden überdeckt, der vorher überdeckte nunmehr sichtbar ist. Dies wechselt über die ganze Teppichlänge hin regelmäßig ab und ist die sogenannte »Hamadan-Bindung«.

In und um Hamadan arbeitet man an vielen tausend Knüpfstühlen nur für Manufakturware.

Die feinste Hamadan-Sorte heißt »Ekbatan« (Bild links), eine der preisgünstigsten »Oschtoran« (Bild rechts), ansprechend naive Nomadenarbeit zeigt der »Koliyai« (Bild rechts außen). Der Koliyai wird von Kurden hergestellt.

Bekannt sind die Hamadan-Läufer, die es bis zu 7 m Länge gibt. Zur Hamadan-Gruppe gehören u. a. auch die Sorten: Goltuk, Karagösch (eine gute Kurdenarbeit), Malayer, Maslawan, Saweh, Chamse (diese ist die grobwolligste und billigste), Wiss, wie auch der »Mossul« genannte Kurdenteppich nicht mehr über Mossul, sondern meist über Hamadan zu uns kommt. Weitere Hamadan-Zulieferer sind: Hoseinabad, Nahavand und Tafrisch. Auch der Schahsewan (Bild auf Seite 206) gelangt über Hamadan in den Export, hergestellt wird er hauptsächlich von Nomaden in der Gegend östlich von Meschkinschar. Eine schmalbordürte Ha-

Oschtoran, Hamadan-Gebiet, marktgängiges Gegenwartserzeugnis

Koliyai, Hamadan-Kirmanschah-Raum,
Hauptort Songhor (Zongor)

 Schahsewan, Hamadan-Gebiet, Persien

madan-Art mit nettem Medaillon wird Bordschalu (auch Boztschalu) genannt. Der Name darf nicht mit Bordschaly (Kasak!) verwechselt werden. Der beste Bordschalu kommt aus dem Dorfe Kombagan.
Insgesamt arbeiten für Hamadan zumindest 120–150 Orte und Dörfer. Nur selten kommt der Ortsname zur Verwendung. Immerhin wollen wir noch einige der bekanntesten zusätzlich aufzählen: Alamder, Amadabad, Arzanpoul, Asadabad, Azandarian, Bahar, Bibikabad, Burudscherd, Darjazin, Djosan, Ehgardsch, Endjelas (dieser gern gekaufte Teppich wird von einem noch türkisch sprechenden, gleichnamigen Volksstamm hergestellt), Goraghan (meist Läufer), Jonkar, Kabutarahang, Kangavar, Kohak, Komidschan, Lilian, Mehreban (Zentrum dieser Type ist das Dorf Bahar), Mensurabad, Nobaran, Songhor, Tuyserkan, Zagla, Zandjan und noch weitere. Auch Teppiche aus Bidjar und Senneh kommen über Hamadan zu uns.
Die in der Stadt Hamadan (200 000 Einwohner) selbst hergestellten Teppiche werden gern auch als »Scharbaf-Hamadan« oder als »Elvend« angeboten, um eine höhere Qualität zu betonen.
Die Wolle der Hamadan-Teppiche ist zwar etwas grob, aber sehr haltbar. Im allgemeinen sind die Hamadan-Sorten (wenn sie keine arge Farbgrelle tragen) ob ihrer meist naivursprünglichen Gesamtwirkung und ob ihrer flauschigen Dicke bei uns beliebt.
Hamamlık Hamam heißt soviel wie »Bad«, der »Hamamlık« ist ein kleiner Teppich für das »türkische Bad«.

HATSCHLU (Hatschly, persisch: »hatschulu«) So heißt in Mittelasien jener Teppich, der ein aus zwei quer übereinander gelegten Rechtecken gebildetes Kreuz als Hauptmotiv trägt (»hac« = türkisch: »Kreuz«). In der Teppichsprache hat sich die Bezeichnung »Hatschlu« eingebürgert. Der Hatschlu dient seinen Erzeugern nicht als Bodenteppich, sondern als Vorhang (»Engsi«), der das Zelt abschließt. Aber auch als Gebetteppich benützt man ihn. Als Gebetnische (und besonderes Kennzeichen) zeigt er dann im oberen Teil ein naiv gehaltenes Hausgebilde mit Schrägdach. Das große Kreuz, das mitten durch den Hatschlu geht, hat keine religiöse Bedeutung. Hatschlu werden von allen Turkmenenstämmen geknüpft in Größen von 100 × 125 bis 140 × 160 cm. Kette und Schuß sind aus Schafwolle oder Ziegenhaar, der Flor ist aus Schafwolle persisch geknüpft und besitzt kaum jemals unter 2000 Knoten je 1 dm².

Hatschlu, Jomud-Gebiet, Turkmenien

Hatschlu, Chiwa-Gebiet, Turkmenien

Hatschlu, Jomud-Gebiet, Turkmenien
(Mihrab als Schrägdach eingeknüpft)

Der Hatschlu ist reich an schönen schmalen und auch an besonders breiten Bordüren, letztere vor allem an den Querseiten. Die Bordüren werden oft im Barbierstangenmuster gesäumt, und sie tragen Einfach- und Doppelhaken, Hakenrosetten, Swastika-Formen, abgestufte Ranken mit eingeschlossenen Sternen usw. Die breiten Bordüren werden beherrscht von ineinanderliegenden, sägezahnbesetzten Rhomben und (oft bei Jomud-Hatschlu) von dem Muster, das sich aus der Abwandlung des Tao-tie ergeben hat.
Im Fond sieht man die erwähnten, rechtwinklig übereinanderliegenden großen Rechtecke (Balken), die ihrerseits meist wieder bordürenähnliche Streifen tragen. Letztere sind mit geometrisch gestalteten Vielecksternen usw. ausgefüllt. Die vier freien Flächen neben den Kreuzbalken tragen in waagerechten Reihen dicht nebeneinander kleine Muster, sehr oft ist es das Y-Muster. Die vier Felder sind damit völlig ausgefüllt. In dem als Haus mit Schrägdach ausgebildeten Gebetgiebel gibt es helle Säumung oder überhaupt eine kleine weiße Knotung. Die Grundfarbe des Hatschlu zeigt ein schweres, aber nicht unfreundliches Rot, manchmal ins Lilarot oder in leichtes Braunrot deutend; auch ein warmes Ziegelrot kommt vor. Als Knüpffarben werden ein kontrastierendes Rot, dann Weiß, Elfenbein, Blau und etwas Grün verwendet.
Da der Hatschlu im Zelt aufgehängt wird, besitzt er entweder breite Webborten mit Löchern zum Aufhängen, oder es werden die Fransen verwebt bzw. verknotet, um ihn an diesen aufhängen zu können.
Der Hatschlu, den das Bild auf Seite 207 rechts zeigt, stammt aus dem Chiwa-Gebiet (siehe unter *Chiwa*). Durch den hellen Quersaum im Feld und durch die »Hausdächer« (hier sind es ihrer sechs!) weist er sich als Gebetteppich aus. Der Hatschlu hier links wurde von Jomuden (siehe unter *Jomud*) geknüpft. Auch hier beachte man die einem Hausdach ähnelnde Gebetnische. Der auf Seite 207 links abgebildete Hatschlu zeigt in der oberen und unteren Bordüre deutlich Tao-tie-Anklänge (siehe unter *Tao-tie* im 5. Hauptabschnitt).
Die Herkunft der kreuzförmigen Fondaufteilung ist etwas nüchtern: sie wurde vom gewöhnlichen Türkreuz übernommen. Ursprünglich hatten die Engsi (»enessi« = Vorhang), die beim Jurten-Eingang (Zelteingang) angebracht waren, diese Musterung nicht. Erst als die Russen im vorigen Jahrhundert in die turkmenischen Chanate eindrangen und auch ihren Hausbau mitbrachten, wurden die Nomaden

mit verschiedenen Geräten und Einrichtungen bekannt, darunter auch mit den Türen der russischen Kolonisten. Das Türkreuz fand ihren Beifall, die Nomaden maßen ihm besondere Bedeutung zu, und sie übernahmen es allmählich in ihren Motivschatz, aber auch hier ausschließlich nur für ihre Engsi, die freilich auch meist als Gebetteppich einem zweiten Zweck dienen, wobei der Gebetgiebel als Haus mit Schrägdach (!) ausgebildet ist.
»Hatschlu« ist kein turkmenisches, sondern ein türkisch-armenisches Wort, das sich bei uns einnistete. Die Turkmenen sagen zu dieser Teppichart »enessi« oder »engsi«.
Hedschra Siehe im 10. Hauptabschnitt den Teilabschnitt *Jahreszahlen im Teppich.* Dort finden sich auch genaue Erklärungen, wie man die mohammedanischen Jahreszahlangaben in christliche Kalenderjahre umrechnen kann.
Heibe Siehe unter *Heybe.*
Heim-Teppich Siehe unter *Asyl-Teppich.*
Heluan Siehe unter *Ägypten.*

HERAT Stadt mit Gebiet im westlichen Afghanistan, gegründet von Alexander dem Großen. Ihrer fruchtbaren Umgebung willen wurde die Stadt von den Persern »Perle der Welt« geheißen. In altpersischen Schriften heißt sie Haräva oder auch Aria.
Die Geschichte Herats verlief äußerst wechselvoll. Mehrmals war Herat Hauptstadt der persischen Provinz Chorassan, seit 1853 gehört sie aber zu Afghanistan. Vermutlich durch Turkmenen wurden im alten Herat Teppiche hergestellt (schon zur Zeit Alexanders des Großen). Als Nadir Schah das Gebiet Herat eroberte (1735), ließ er viele Knüpfer nach Kerman und in das Ferahan-Gebiet umsiedeln, denn die Knüpfkunst Herats hatte hohen Ruf. Man nimmt an, daß in Herat viele hochwertige Teppiche entstanden sind.
Aus jener hohen Zeit des Herat ist aber das altberühmte Herati-Muster geblieben (siehe im 5. Hauptabschnitt unter *Herati-Muster*), das heute noch in vielen Teppichen Persiens (Irans) und darüber hinaus aufscheint. Es heißt auch Ferahan-Muster, da es sich im gesamten Ferahan-Gebiet eingebürgert hat und auch gegenwärtig dort sehr gepflegt wird. Aber auch in Chorassan macht man zuweilen noch Teppiche nach alten Herat-Vorlagen, nicht minder werden in türkischen und osteuropäischen Manufakturen diese schönen Herat-Muster nachgeknüpft.

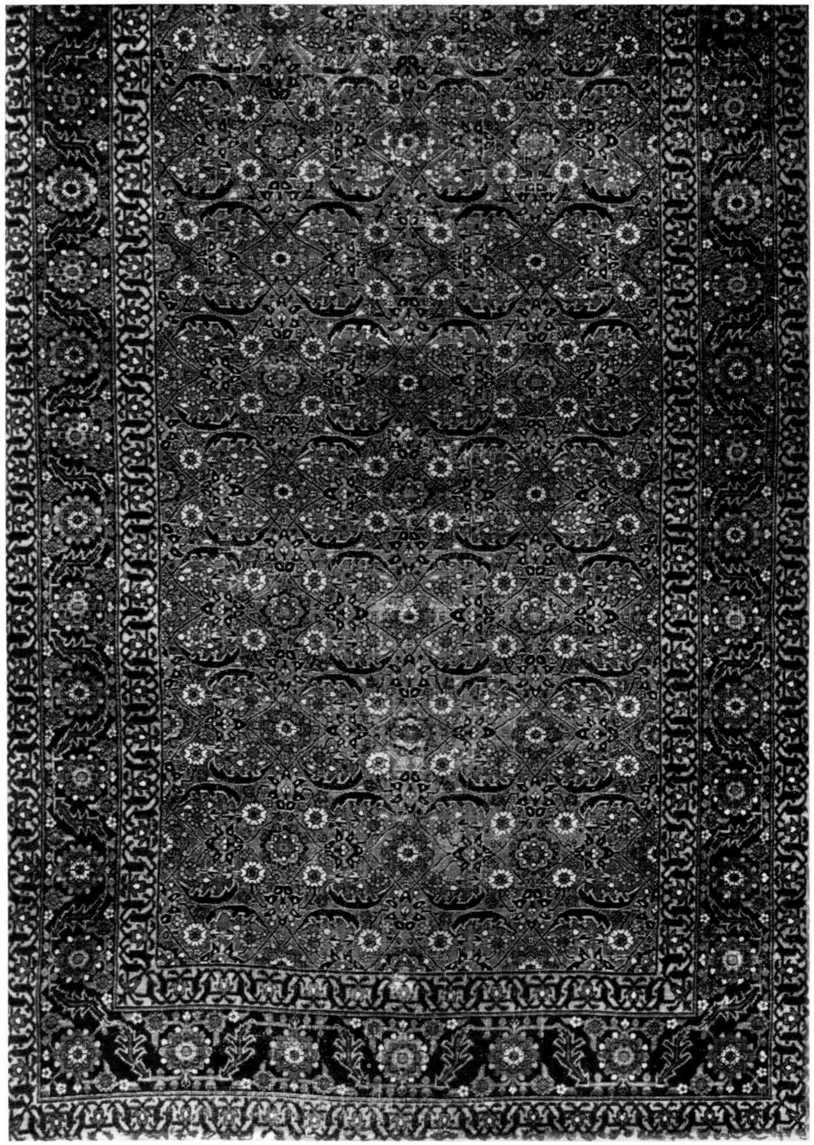

Teppich mit Herat-Muster, in Nordwest-Persien geknüpft

210 Hereke, Kleinasien

Das Bild auf Seite 209 zeigt die Hälfte eines Teppichs mit Herat-Muster. Dieser Teppich wurde um 1850 im Ferahan-Gebiet geknüpft. Jetzt kommen aus Herat vorwiegend nur Teppiche in Belutsch-Art, in minderer Qualität, aber oft in origineller Musterung. Belutsch-Formate werden auf schmalen Knüpfstühlen gearbeitet. Soll ein solcher Teppich 6–8 m² haben, muß er in zwei Teilen angefertigt werden, die man dann zusammennäht.
In der weiteren Umgebung von Herat leben seit der Zeit nach dem Ersten Weltkrieg als Flüchtlinge Splittergruppen der Salor- und Saryk-Turkmenen, ebenso auch solche der Teke. Sie arbeiten an guten Teppichen (eine der besten Sorten ist der »Mauri«), die über Herat in den Handel kommen.

HEREKE Ort nahe dem Golf von Ismit (Marmarameer). Dort war eine kaiserlich-ottomanische Teppichmanufaktur, die alte Persermuster in hervorragender Qualität nachknüpfte und sich großer Berühmtheit erfreute. Auch ausgezeichnete Seidenteppiche wurden dort hergestellt, ebenso vornehm wirkende Reliefteppiche, bei denen man einzelne Partien aus Seide knüpfte. Die Manufaktur, 1843 unter Sultan Abdul Mecit gegründet, erzeugte zunächst nur feinste Textilien für den Kaiserhof. Erst ab 1875 kamen Hereke-Fabrikate auch in den allgemeinen Verkauf. 1891 entstand unter Sultan Abdul Hamid eine großartige Teppichknüpferei. Die ehemals kaiserliche Manufaktur wurde nach dem Zusammenbruch des Sultanats privat weitergeführt und schließlich von der staatlichen Sümerbank übernommen. Man stellte alle Arten von Woll- und Seidenteppichen her, von kleinsten Vorlegern bis zu Übergrößen, in einer Qualität, die kaum mehr zu übertreffen ist, von 3600 bis 10 000 Knoten je 1 dm². Mit Recht kann man diese Hereke-Teppiche als die feinsten Türkenteppiche bezeichnen. In Spitzenleistungen übertrifft Hereke sowohl den Isfahan als auch den Nain, ebenso ist die Qualität der Wolle und jene der verwendeten Seide, letztere kommt aus Bursa (Brŭssa), stets erstklassig. Im Stil hat sich die ehemalige Hofmanufaktur weitgehend orientiert: sie knüpft alte historische hofosmanische Teppiche des 16. bis 17. Jahrhunderts nach, dann auch gern Gebetteppiche aus reiner Seide, ebenso arbeitet sie im persischen Manufakturstil (wobei Persien oft übertroffen wird), auch gibt es Teppiche im französischen Savonnerie- bzw. im Aubusson-Stil.
Außer der ehemaligen Hofmanufaktur, die, wie gesagt, von der Sümerbank erfolgreich weitergeführt wird, arbeiten in

Hereke auch noch private Manufakturen mit dem gleichen Eifer und mit ebensolcher Eleganz und Feinheit, wie es in der Sümerbank-Manufaktur geschieht.
Das Bild auf Seite 210 zeigt einen prachtvollen Hereke-Gebetteppich (98 × 150 cm) aus der Zeit um 1900, also noch aus der kaiserlich-ottomanischen Manufaktur. Es ist dies die getreue Nachknüpfung eines hofosmanischen Musters des 16. Jahrhunderts. Dieser Teppich befindet sich im staatlichen Ethnographischen Museum in Ankara. Ein anderes Hereke-Bild sieht man im Teilabschnitt »Türkei« (Anatolien). Es handelt sich um einen sehr sorgfältig gearbeiteten Teppich, man beachte vor allem die schönen »Wolkenbänder«.

HERIS (Heriz, Herer) Heris ist der Hauptort des Bagscheich-Gebietes im iranischen Azerbeidschan, östlich von Täbriz. Von dort kommen die Teppichsorten: Heris (den man früher »Iris« nannte), Ahar, Scharabian, Mehrewan, Bachschis, Sarab (Sirap, Serab), auch der Joraghan (Goravan). Alle diese Teppiche sehen einander ziemlich ähnlich. Im allgemeinen wird der gröber geknüpfte Teppich aus dem Heris-Gebiet als »Joraghan« bezeichnet. Hin und wieder kommen auch Brücken aus dem Heris-Gebiet, vor allem aus Scharabian.
Den Heris, ein Manufakturerzeugnis, gibt es etwa 200 × 300 bis 500 × 730 cm und sogar größer. Die Kette ist aus Baumwolle (manchmal gefärbt), der Schuß aus Baumwolle oder Schafwolle, auch hierbei kann die Baumwolle gefärbt vorkommen. Der Flor ist mit dem türkischen Knoten aus Schafwolle geknüpft.
Die Hauptfarbe des Teppichs ist Rot, nicht selten aber Elfenbein. Für die Knüpfmuster verwendet man Blau, Creme, Gelb und Grün, selten mehr Farben. Meist ist eine Hauptbordüre mit je einer Nebenborte zu sehen. In ersterer dominiert das Blau. Gefüllt ist die Borte meist mit dem Herati-Muster, jedoch in etwas erstarrter Form. Die Nebenstreifen tragen dicht aneinandergesetzte kleine Zierformen, Dreiecke, Rosettchen usw. Im Fond findet man in der Regel ein auf Rhombus-Basis gestaltetes Großmedaillon mit Abkantungen und Austreibungen. Das Medaillon ist in sich sehr phantasiereich mit Arabesken, stilisierten Blüten und schon etwas geometrisch wirkenden Ornamenten ausgemustert. Auch Sägezahn-Andeutungen kommen immer wieder vor. In den Ecken des Fonds wiederholen sich die Muster des Mittelmedaillons, oder aber es sind alle vier Ecken gleich-

Heris, frühes 19. Jahrhundert

 Heris, Nordwestpersien

mäßig mit dem steif gehaltenen Herati-Muster durchgezeichnet. Ebenso gibt es Heris, die kein Medaillon zeigen, das Mittelstück ist dann mit bunten Blüten durchgemustert. Im Mittelteil des Teppichs dominiert fast immer ein schönes Rot. Der Heris, immer grobfaserig und grobknotig, dabei sehr gut strapazierbar, ist nicht unbeliebt. Seine Knüpfwolle ist trittfest, kräftig und von guter Leuchtkraft. Man findet mehr großformatige Heristeppiche als kleinformatige.
Der Heris hier links ist gutes Gegenwartserzeugnis, jener auf Seite 213 oben stammt aus der Zeit zwischen den beiden Weltkriegen und fällt in Musterung und Farben angenehm aus der Reihe, er ist vorzüglich gearbeitet. Ein besonderes Prachtstück ist der auf Seite 211 gezeigte, 462 × 279 cm große Heris. Er stammt aus der hohen Blütezeit der Teppichknüpfkunst im Heris-Gebiet, die von etwa 1750 bis 1850 währte. Feinste Knüpfung, niedrige Schur, geschmeidiger Griff und unvergleichlich saubere Farbstellung. Man beachte auch das Ahar-Bild auf Seite 135 und den dort beigegebenen Text. Siehe auch das Bild eines Sarab auf Seite 378.
Heris-Teppiche aus dem 18. und 19. Jahrhundert, meist in Seide gearbeitet, zählen heute zu den besonderen Kostbarkeiten.

Heybe (Heıbelık, Chaıbe, Heibe) So heißen (nur in der Türkei) die üblichen Satteltaschen, Eseltaschen und Reittaschen. Im Persischen gibt es dafür die Bezeichnung »churdschin« = Tragsack, Behälter. Sowohl da wie dort versieht man diese Transport- bzw. Aufbewahrungsbehälter mit Knüpfmustern, entweder vollständig oder nur auf der Vorderseite, indes dann die Hinterseite musterlos glatt durchgewebt wird. Siehe auch Text und Bilder unter »Kamel- und andere Taschen«.

Hispano In den USA wird der Isfahan gern so genannt. Im europäischen Handel kennt man eine Bezeichnung »Hispano-Mauresken«. Gemeint sind damit Teppiche, die in Spanien geknüpft wurden und noch jene Motive beibehalten haben, die in der Zeit der Besetzung Spaniens durch die Mauren (Araber) in der Teppichknüpferei üblich waren. Das Bild auf Seite 47 zeigt eine solche Rarität.

Hofmanufakturen Solche wurden im Laufe der Jahrhunderte von manchen orientalischen Herrschern eingerichtet. Man zog die besten Teppichentwerfer und das bestgeschulte Knüpfpersonal heran; manchmal auch durch Zwang, meist aber wurden solche künstlerischen Leistungen hoch honoriert.

Holbein-Teppiche Es hat sich eingebürgert, Teppiche mit dem Uşak-Muster (siehe dort) und auch solche aus dem Bergama-Gebiet, wenn sie aus der Zeit von etwa 1450 bis 1750 stammen, als »Holbein«-Teppiche zu bezeichnen. Diese nicht sehr glückliche Namengebung ist darauf zurückzuführen, daß Hans Holbein d. J. (1497–1543) auf einzelnen seiner Bilder solch ähnliche Teppiche als Tischbelag zeigt. Jedoch auch andere Maler aus der Holbein-Zeit, z. T. aber auch solche, die vor Holbein lebten, taten dies. Solche Teppiche sind natürlich Seltenheiten. Das älteste Beispiel für einen »Holbein«-Teppich dürfte ein von Piero della Francesco 1451 gemaltes Bild sein, das sich in einer Klosterkirche zu Rimini befindet. Holbein kam erst 41 Jahre später zur Welt. Seine Teppichdarstellungen tragen große Muster: Quadrate, Hexagone, Oktogone, geschlossene Sternmedaillons. Siehe das Bild auf Seite 44 sowie unter »Lotto-«, »Uşak-« und »Vogel«-Teppich.

Hotz-Teppiche Im Jahre 1883 errichteten zwei englische Firmen, Ziegler & Co., Manchester, und Hotz & Son, London, in Sultanabad (jetzt: Arak) Teppichmanufakturen. Die dort erzeugten Teppiche von guter Qualität kamen als »Ziegler«-Teppiche bzw. »Hotz«-Teppiche in den Handel. Diese Firmen bestehen nicht mehr.

Ibrahimabad Ortschaft bei Sultanabad, dem jetzigen Arak. Manche Mahal werden Ibrahimabad genannt.

Idschewan (Ischdewan, Idyawan, Idjewan) Stadt und Bezirk in Sowjet-Armenien, nördlich des Sewan-Sees, an der Bahnlinie Dilischan–Akstafa. Trotz starker Industrialisierung des Gebietes (großer Kohlenbergbau) werden dort noch viele Knüpfteppiche im Kasak-Charakter hergestellt: roter Grund, gefüllt mit großen, dunkel-düsteren Mustern in Rhomben- oder Quadratform. Siehe auch unter *Kasak* und unser Bild hier rechts. Die Stadt hieß in der Zarenzeit »Karawanserai«.

Indische Teppiche Siehe dazu Abhandlung und Bilder im 7. Hauptabschnitt.

IRAN Name des neupersischen Reiches, des (übertrieben) »melate schesch hezar saleh« (»sechstausendjähriges Reich«). Die historische Tradition der Perser reicht bis in das 9. vorchristliche Jahrhundert zurück. Die Perser lebten damals im Lande »Parsua«, westlich des Urmia-Sees, in Nordwestiran gelegen, unter der Hoheit des Reiches von Urartu (Hurriter) und waren von dessen Kultur beeinflußt. Um 700 v. Chr. werden Staaten der Perser im Bakhtiari-

Heris, Persien

Idschewan, Kaukasus

Gebirge (Parsumah) und in der heutigen Provinz Fars (auch Persis, Parsu genannt) faßbar. Ungefähr zur gleichen Zeit (9. Jh. v. Chr.) wurden die Iranier mit dem Volk der Meder historisch faßbar. Diese Iranier besaßen schon damals wesentliche Teile des heutigen Iran (Persien) und dazu die Steppenzonen bis weit nach Zentralasien hinein. Diese Gebiete umfaßten drei große Gruppen: 1. West-Iran mit Medern, Persern und Parthern; 2. Ost-Iran mit Sogdiern, Baktriern und einigen kleineren Völkern, und 3. Nord-Iran, dessen Bewohner insgesamt als Skythen (griechisch) oder als Saken (persisch) bezeichnet wurden. Eine klare Scheidung der Volksverhältnisse war der Wissenschaft bis heute nicht möglich. Von den Skythen liegen bereits aus dem 6. bis 7. vorchristlichen Jahrhundert reichlich Nachrichten vor, von den Saken bzw. von den östlichen Stämmen kennt man bisher nur leidlich gut die Massageten.

Durch die Achämeniden-Dynastie, ab dem 7. Jh. v. Chr., wurden die persischen Stämme vereint; sie schlugen unter Kyros d. Gr. (559–529) die stammverwandten Meder, nahmen sie in sich auf und schufen gemeinsam innerhalb eines Vierteljahrhunderts ein Weltreich, das Mesopotamien, Kleinasien und Ägypten einschloß. Durch großzügige Schonung der ethnischen Eigenart der Unterworfenen und durch geschickte Verwaltung verstand es Persien, die staatliche Einheit zu wahren. Hauptstadt war damals Persepolis (nordöstlich von Schiraz). Im Jahre 1976 hat der Schah für Iran überraschend die Einführung einer völlig neuen Zeitrechnung dadurch veranlaßt, daß er den Regierungsantritt Kyros' d. Gr. (im Jahre 559 vor unserer Zeitrechnung) als erstes iranisches Kalenderjahr bestimmte. Unser Jahr 1976 wurde solcherart in Iran das Jahr 2535. Nähere Ausführungen hierzu findet man im 10. Hauptabschnitt unter dem Titel »Jahreszahlen im Teppich«.

Die Perser besaßen schon zu Beginn der Achämenidenzeit eine eigene Keilschrift, die in neuerer Zeit den Schlüssel zur Entzifferung aller Keilschriftsysteme bot. Schon zur Zeit der Achämeniden war das Mitteliranische überall Alltagssprache. Man unterscheidet das Parthische und das Parsi (beide Idiome sind auch als Pehlewi bekannt). Die Nordiranier gelten nach der neueren Forschung als die Initiatoren des sogenannten »Reiternomadismus«. Diese Reiterkrieger brachten nach 900 v. Chr. den Hirtennomadismus nach Zentralasien, wo bis zu diesen Zeiten vordem ein Steppen- und Oasenbauerntum bestand. Die alteingesessenen Völker übernahmen nun die neuen Lebens- und Wirtschaftsformen der Skythen/Saken, sie eigneten sich auch deren Kampf- und Lebensstil an. Es mußte (ungefähr) so geschehen sein, denn ohne ein solch auslösendes Phänomen wären die großen Völkerstürme der Hunnen und Mongolen nicht möglich geworden.

Ab 350 v. Chr. wurden die Perser durch das Reich Alexanders d. Gr., dann seitens des hellenistischen Diadochenstaates der Seleukiden und des nachfolgenden Reiches der Parther auf ihr Kernland Persis zurückgeworfen. Sie bewahrten jedoch ihre ethnische Eigenexistenz und schufen 550 Jahre nachher erneut ein Großreich ähnlich dem vorher gehabten Achämenidenreich.

Unter der Dynastie der Sassaniden schlugen sie 224 n. Chr. die Parther und wurden schon zu Ende des 3. Jh. von den Römern als gleichberechtigte Weltmacht anerkannt. Sie besetzten Ost-Iran und das Indus-Tal. Kulturell sowohl vom Osten wie vom Westen beeinflußt, verstanden es die Perser, eine überaus vielfältige Zivilisation eigenen Gepräges zu schaffen. Städte-, Straßen- und Brückenbau wurden forciert, Bewässerungsanlagen errichtet, Handel, Verkehr, Münzwesen, Literatur, Kunst und Kunsthandwerk blühten auf. Die Lehre Zoroasters wurde Staatsreligion (siehe Näheres in Fachwerken).

Wenn es auch zeitweilig nicht an Zwischenfällen mangelte: mit der Sassanidenherrschaft wurde der ganze Iran persisch, und der Name Persien war nun offiziell.

Als 642 n. Chr. das Sassanidenreich von den Arabern zerstört wurde, änderte sich deswegen vorerst kaum diese sassanidische Tradition, auch die mannigfachen fremden lokalen Dynastien wurden ertragen, und sogar der in der Mitte des 11. Jahrhunderts erfolgte Herrschaftsanspruch der Seldschuken konnte die Perser nicht beugen. Erst der Einbruch der Mongolen (um 1220 n. Chr.) und als hernach Timur mit seinen Tataren und schließlich im 15. Jahrhundert verschiedene Turkmenenstämme den Rest Persiens bedrängten, wurde die Situation dieses iranisch-persischen Volkes bedenklich.

Aber 1501, nach 850 Jahren beständiger kultureller und völkischer Unsicherheit, entstand unter der Dynastie der Safawiden ein neuer Nationalstaat der Perser, der in unmittelbarer Tradition mit dem heutigen Staat Iran verbunden ist. Die aramäische Schrift war durch den Islam verdrängt worden, und es galt die arabische Schrift. Als Sprache entwickelte sich das Neupersische, wie es jetzt gebraucht wird. »Iran«, aus der Pehlewi-Sprache stammend, geht auf den einstigen Begriff »Ariana« zurück, doch seit ca. 1850 besann man sich in Persien zunehmend dieser uralten Bezeichnung. Schon ab 1890 gab es dort eine Zeitung mit dem Titel »Iran«. Ab 1935 führt Persien nun auch amtlich den Namen Iran.

Iranische Teppiche Siehe die Aufstellung auf Seite 128 und auch in diesem Hauptabschnitt unter *Persische Teppiche.*

Iris Siehe unter *Heris.*

ISFAHAN (amtlich richtig: Esfahan, aber auch als Ispahan, Sepahan, Isbahan geführt) In Mittelpersien gelegen, einst die Hauptstadt Persiens, das Aspadana der alten Geographen. Der Name bedeutet ungefähr »Heerlager«. Die Iraner schwören: »Isfahan bedeutet die halbe Welt.« Bescheidenere Gemüter unter ihnen wagen aber nur zu sagen: »Isfahan nisfi iran (Isfahan ist der halbe Iran!)«

Unter Schah Abbas dem Großen (und Grausamen, 1586 bis 1628), der in Isfahan residierte, bestand eine Hofmanufaktur, die edelste Teppiche zustande brachte. Nach dieser Hochblüte vergröberte sich der Isfahan, bzw. er wurde (als neue Moderichtung?) mit Gold- und Silberbroschierung versehen, aber nicht mehr so feinst geknüpft. Als die einfallenden Afghanen 1722 Isfahan zerstört hatten, erlosch dort die Teppichknüpfkunst fast vollständig. Erst zu Beginn des 19. Jahrhunderts kam sie wieder in Schwung. Schon um die Mitte des vorigen Jahrhunderts hatte der Teppich aus Isfahan erneut hohen Ruf, und er behielt ihn im wesentlichen bei.

Heute wird der Isfahan in kleinen und größeren Manufakturen in Maßen bis 250 × 380 cm hergestellt. Seine Kette ist aus Baumwolle, als Schuß nimmt man gern weiße Baumwolle. Der kurze Flor wird mit dem persischen Knoten aus Schafwolle geknüpft, und zwar bei guten Stücken, die keine ortsfremden Nachahmungen sind, mit 2800 bis 7000 Knoten je 1 dm^2 (und oft in noch dichterer Knüpfung!).

Der Isfahan-Fond ist meist in Rehfarbe oder Creme, zuweilen in sehr schönem sattem Blau gehalten. Die Muster werden in vielen Farben geknüpft. Die Bordüren sind unterschiedlich: bis fünf Bordüren sind üblich. Zuweilen sind die Nebenbordüren schmal, manchmal breiter. In der Regel ist die Hauptbordüre mit viel Liebe und Sorgfalt gearbeitet. Sie hält sich oft zum Fond in der Gegenfarbe: ist sie in Blau, dann zeigt das Mittelfeld Elfenbein, oder umgekehrt. In der Hauptbordüre treten sozusagen immer die Mir-i-bota-For-

Isfahan, Persien

Detail aus einem Isfahan-Medaillonteppich

Isfahan, Persien, Gegenwart

men auf, in den Ecken gerne besonders betont. Es gibt in der Hauptbordüre aber auch oft Lebensbäume oder mit Arabesken verbundene Lotosblumen, Palmetten usw. zu sehen. Das Mittelfeld kann entweder mit oder ohne Großmedaillon sein, aber immer wird man Blumengewinde mit arabesken Zweigen finden, oder das Mittelfeld zeigt sich mit blühenden Bäumen gefüllt. Auch Tierdarstellungen kommen vor. Bekannt sind die großen, harmonisch verlaufenden Spiralrankenformen, die regelrecht das ganze Innenfeld ausschmücken. Sie sind das eigentliche Charakteristikum dieser ausgezeichneten Teppichsorte. Der Isfahan stellt (bei guter Arbeit) ein Kunstwerk voll Geschmack und Harmonie dar, auf ernste Gemüter wirkt er allerdings etwas verweichlicht. Die Wolle ist gut, der kurze Flor hält lange Jahre. In verschiedenen Umgebungsorten Isfahans werden ebenfalls »Isfahan«-Teppiche hergestellt, die aber meist nicht so hohe Qualität erreichen, wie diese die Stadt-Isfahans besitzen. Man bezeichnet sie auch als Nedjefabad-Isfahans; dies auch dann, wenn sie etwa in Dastjerd (Chabagh), Khainabad etc. hergestellt wurden. Isfahan-Nachahmungen kommen aus Anatolien, aus Indien und aus den südosteuropäischen Knüpfergebieten. Sie sind nicht selten von beachtlicher Qualität.
Der Isfahan hier rechts stammt aus jüngster Zeit. Er ist das Erzeugnis einer Manufaktur, die sichtlich bestrebt bleibt, gute und korrekte Arbeit zu leisten. Der Isfahan auf Seite 216 links (152 × 226 cm groß, Gegenwartserzeugnis) bevorzugt im Mittelfeld nicht so sehr die Palmette, sondern es dominieren die Ranken, ungemein sauber und exakt gestaltet. Die Knotendichte beträgt aber auch 5500 je 1 dm^2. Die Kette dieses Teppichs besteht aus Seide, der Schuß aus Baumwolle, die Knoten sind aus Schafwolle geknüpft. Siehe auch den Bildausschnitt aus einem anderen schönen Isfahan (Kreuzmuster im Großmedaillon) auf Seite 216 rechts. Aber geradezu ein Musterbeispiel dafür, daß in Isfahan Kräfte am Werke sind, denkbar beste künstlerische Arbeit zu vollbringen, ist der Teppich, den wir auf Seite 215 zeigen: dieses Prachtstück (ein Gegenwartserzeugnis!) ist 155 × 107 cm groß, die Knüpfung besteht aus Wolle und Seide, in je 1 dm^2 sind nicht weniger als 11 000 Knoten (!) eingebracht. Eine großartige Leistung.
Natürlich ist Isfahan auch ein bedeutender Teppichhandelsplatz. Über Isfahan kommen viele Bachtiari, Nain, Belutsch, Meymeh und sonstige Sorten, aus der näheren und sogar oft aus weiter Entfernung stammend, in den Handel.

Isfahan, Persien

In Isfahan-Teppichen findet man auch zunehmend Konturierung der Muster mit Seide gefertigt, ebenso mehren sich jene Isfahans, die Seidenkette aufweisen (die nicht immer aus echter Seide ist, sondern aus irgendeiner seidenglänzenden Kunstfaser). Auch Isfahans mit Seidenflor kommen vor, man beachte, daß auch in diesen Fällen echte Seide zuweilen (gottlob nicht immer!) nur vorgetäuscht wird.

Isparta Türkische Stadt, die bis 1923 Sparta hieß, genau wie sie im türkischen Sprachgebrauch auch jetzt noch ausgesprochen wird. In Isparta werden in Manufakturen feine (bis zu rund 2500 Knoten je 1 dm^2), allgemein orientalisch gemusterte Teppiche hergestellt, also Teppiche, die nicht immer auf einen bestimmten Typ festgelegt werden können. Auch viele Nachknüpfungen historischer Teppichmuster werden angefertigt, so etwa die Vogel-Uşaks und alte Kula-Gebetteppich-Muster. Man fertigt sie in größeren Formaten an, sie decken vornehmlich den eigenen türkischen Bedarf (dafür sind sie eigentlich bestimmt), doch man verkauft sie auch lustig, frisch und munter an Touristen. Der Teppichkenner schätzt solche Erzeugnisse nicht, er empfindet sie als häßlich im Muster und in den Farben – es sind diese »Sparta« (mit wenigen Ausnahmen) nur für den Bazar verwendbar. Im Gegensatz zum Landesbrauch ist der Sparta (Isparta) in der Regel mit dem persischen Knoten hergestellt. Außer den Manufakturen arbeiten auch viele Lohnknüpfereien und Familienbetriebe an der Herstellung solcher Teppiche. Näheres siehe unter *Sparta.*

ISTANBUL Einstmals »Konstantinopel« geheißen und unter diesem Namen im Jahre 330 (durch Kaiser Konstantin) zur Hauptstadt des Römischen Reiches gemacht, hieß nach der Eroberung durch die Türken (1453) »Istanbul«. Ein Name, der im europäischen Westen lange Zeit hindurch nicht anerkannt war, man blieb hier bei »Konstantinopel«. Erst zu Ende des vorigen Jahrhunderts kam »Istanbul« als Name der türkischen Hauptstadt so richtig in Gebrauch. Wiewohl ihr durch die Erhebung von Ankara zur Hauptstadt der 1923 entstandenen Republik Türkei viele Vorteile genommen wurden, hat diese Stadt, die jetzt ca. 3 Millionen Einwohner zählt, dank ihrer geographischen Lage (ein Teil der Stadt liegt in Europa, der andere in Asien) wirtschaftlich wieder dazugewonnen; sie blieb die Handelsmetropole der Türkei, auch die Industrialisierung geht gut voran. Zwischen den beiden Weltkriegen war Istanbul ein internationaler Haupthandels- und -umschlagplatz für Teppiche. In Istanbul befanden sich mehrere, dem jeweilig herrschenden Sultan gehörende Teppichmanufakturen. Diese osmanischen Hofmanufakturen in Üsküdar, Kum-Kapu und Top-Kapi (siehe aber auch unter *Hereke*) fertigten Teppiche der feinsten und besten Art an, die jemals im Orient entstanden. Im wesentlichen hielt man sich an Vorlagen der Hofmanufakturen des 16. Jahrhunderts, es gab Exemplare, die bis zu 20 000 Knoten je 1 dm^2 aufzeigten. Die in diesen Hofmanufakturen gearbeiteten Teppiche dienten zur Ausschmückung der Sultanspaläste, auch als Geschenk an fremde Regierungen. Ausschließlich erlesene Teppiche durften die Manufakturen verlassen. Die Seide (von bester Qualität) bezog man aus Bursa. (Kum-Kapu und Top-Kapi liegen im europäischen Teil von Istanbul; Üsküdar und Hereke gehören schon zu Kleinasien.)

Auch jetzt ist in Kum-Kapu die Teppichherstellung nicht erloschen. Die staatliche Sümerbank und einige private Unternehmungen bemühen sich sehr, den guten Ruf des Kum-Kapu-Teppichs zu wahren. Es werden hauptsächlich kleinere Stücke gearbeitet (0,50 bis 2,50 m^2).

Teppiche aus den Sultanmanufakturen sind – soweit sie erhalten blieben – fest in Museumshänden. Und Teppiche vom heutigen Kum-Kapu zu erwerben ist schwierig, denn es gibt weit mehr Bestellungen, als die Hersteller zeitgerecht leisten können (Bild Seite 259).

Izmir (gesprochen: Ismir) Diese türkische Stadt hieß bis zum Jahre 1923 »Smyrna«. Aus ihr und aus der dortigen näheren wie weiteren Umgebung kamen in den letzten Jahrzehnten des 19. Jahrhunderts, auch bis zum Ausbruch des Ersten Weltkrieges, unzählige Smyrna-Teppiche. Nach Ausrufung der Türkei zur Republik (1923) wurden einige Zehntausende Griechen aus der Stadt und aus ihrer Umgebung vertrieben (und selbst dann, auch unter Anwendung von Gewalt, wenn diese Griechen teilweise schon seit Generationen im Land ansässig gewesen waren). Siehe Text und Bild unter *Smyrna*.

Jafarbey (Yafarbei, Dschafarbey) So heißt ein Unterstamm der Yomuden, der im Grenzgebiet von Turkestan und Iran (nahe der Kaspi-See) siedelt, jedoch zu seinem größeren Teil auf iranischem Hoheitsgebiet. Die nicht vielen Teppiche von dort kommen vornehmlich über Gorgan in den Handel.

Jagd-Teppich Das sind Darstellungen von Jagdszenen, vornehmlich in persischen Teppichen (Bilder auf Seite 26, 27 und 198). Berühmt war Täbriz (Täbris) für seine prächtig gestalteten Jagdteppiche. Sie werden auch heute noch gern imitiert, vorzugsweise in Ghom, zuweilen auch in Hereke wie in manchen pakistanischen, indischen und balkanischen Manufakturen. Darstellungen von Jagdszenen findet man schon in Teppichen des 15. und 17. Jahrhunderts. Damals war die Jagd (außer dem Kampf gegen Feinde) »die« Leidenschaft der orientalischen Fürsten und ihrer Adligen. Der vielberühmte »Wiener Jagdteppich« im österreichischen Museum für angewandte Kunst (früher Habsburger Besitz) war vermutlich ein Geschenk des persischen Schahs an Peter den Großen von Rußland. Der Teppich gelangte dann durch verschiedene Umstände (»Andere mögen Kriege führen, du, glückliches Österreich heirate!«) an das Kaiserhaus in Wien. Wir zeigen Ausschnitte aus diesem wunderbaren Stück auf den Seiten 26 und 27. Er hat je 1 m^2 mehr als eine Million Knoten, ist 680 cm lang und 320 cm breit – er stellt ein Luxusstück besonderer Klasse dar.

Jalameh Siehe Text und Bild unter *Yahlameh.*

Jammu (Dschamu) Siehe unter *Kaschmir.*

Japan Ist kein »Teppichland«, es erzeugt im wesentlichen nur Matten und seit wenigen Jahren auch sogenannte »Berber«. Diese werden aus Kunstfasern hergestellt und spielen auf dem internationalen Markt nur eine geringe Rolle, denn der Großteil dieser imitierten »Berber« bleibt zur Selbstverwendung im Land. Soweit es in Japan teppichähnliche Erzeugnisse gibt, werden sie »Nebshima« genannt, die landesüblichen Matten heißen »tatami« oder »goza«.

Japanois Siehe unter *Chinois.*

Japrak Das ist ein türkisches Wort, wird aber richtiger »Yaprak« geschrieben (»Japrak« gesprochen). Es bedeutet Blatt und ist als Name für blattähnliche Musterausführungen in der Türkei auch heute noch gebräuchlich. Siehe auch unter *Uschak.*

Jarkent (Jarkand, Yerkand) Provinz und Stadt in Ostturkestan, seinerzeit ein wichtiger Sammelplatz für Teppiche der einheimischen Werkstätten und der Nomaden. Die Teppiche kamen damals auf Karawanenwegen über Samarkand oder (seltener) Margelan nach Rußland und wurden fast stets als »Samarkand« oder »Margelan« nach Westeuropa weiter gehandelt. Derzeit ist der Karawanenverkehr so gut wie erstorben, denn Ostturkestan ist chinesisch und heißt »Sinkiang« (= »das neue Gebiet«). Fast alle Teppiche von dort gehen über Peking oder Tientsin in den Export, einheitlich als »Sinkiang« benannt. (Näheres im 7. Hauptabschnitt unter *China-, Sinkiang- und Tibet-Teppiche.*)

Jastık (bessere Schreibart: Yastık) Bedeutet im Türkischen Kissen, Polster, Rückenpolster; man stellt sie aber nicht wie seinerzeit in Größen von ca. 40 × 60 cm her, sondern meist in echter Polstergröße bis zu 90 cm lang. Es gibt auch noch gute Nomaden- bzw. bäuerliche Arbeiten dieses Formates.

Jerewan Siehe unter *Eriwan,* insbesondere auch unter *Armenische Teppiche.*

Jesd (früher Katha, amtlich-persisch nur »Yazd«) In und um Yazd, einer Stadt in der Provinz Isfahan, werden Teppiche im Charakter der Provinz geknüpft, mit Schafwollflor. Vordem verwendete man als Florfäden auch Baumwolle, das ist jetzt schon Sammlerkuriosität. Auch werden dort kilimartige Teppiche hergestellt, die man »Zeilus«, richtiger aber (persisch) »zilu« nennt, womit man den florlosen Teppich bezeichnet.

JOMUD (auch Yomud oder Jamut) Die Jomuden sind ein Turkmenenstamm mit zwei Hauptzweigen, den Kara-Tschuka und den Bairam-Schali. Erstere leben zwischen den Flüssen Atrek und Gorgan, die anderen zur Gänze im Gebiet Chiwa (siehe dort). Die Hauptzweige zerfallen wieder in mehrere Untergeschlechter. Überwiegend sind die Jomuden sowjetrussische Staatsangehörige, wenige leben auf iranischem Gebiet, einige Stämme und Teilstämme findet man im nordafghanischen Raum. Ihre Teppiche, die sehr geschätzt sind, gibt es in allen gebräuchlichen Größen von 110 × 160 bis 230 × 330 cm. Kette und Schuß bestehen aus Schafwolle oder Ziegenhaar, in neuerer Zeit auch aus Baumwolle. Der halbkurze Flor (jedoch länger als beim Teke [»Buchara«]) kommt aus Schafwolle mit dem persischen Knoten zustande, zuweilen wird aber auch mit dem türkischen Knoten geknüpft. Der Jomud trägt üblicherweise längsseits eine ziemlich schmale Hauptbordüre (intermittierende Sägezahnborte) mit zwei Nebenstreifen, querseits oft andere und zusätzlich breitere Borten. Es werden Rauten-, Stern- oder Zickzackmotive verwendet und auch Tao-tie-Abwandlungen. Die Hauptbordüre steht oft auf weißem Grund.

Das Innenfeld zeigt reihenweise angeordnete achteckige Güls mit geradlinigen Kanten oder ziemlich großen Rhomben, die immer mit Haken besetzt sind oder sternartig wirken. Diese Haken werden vornehmlich in Weiß gehalten, indes die Hauptfarbe des Jomud ein sattes Dunkelrot, auch Kastanien- oder Mahagonirot ist. In den Rhomben sieht

Jomud, Turkmene

Jomud, Turkmene

Jomud,
Turkmene, ca. 1920

Jomud, Turkmene

Jomud, Gebetteppich

Jomud, Turkmene

Jomud, Turkmene, Gegenwart

Jomud, Turkmene, Gegenwart

man oft ein schönes Blau, nicht selten aber auch ein dunkles Grün oder Blaugrün. Die Anordnung der Musterung ist von großer Genauigkeit und dadurch von ruhiger, harmonischer Wirkung auf den Beschauer. Das Flächeninnere der großen Rhomben ist mit kleinen Rhomben und allerlei geometrischen Figuren gefüllt. Der Jomud, ein naher Verwandter des Teke und aller anderen Turkmenenteppiche, ist für Arbeitszimmer und Herrenzimmer sehr beliebt, zumal er ob seiner vorzüglichen Wolle und seiner dichten Knüpfung hohe Lebensdauer besitzt. Alte Jomuden tragen als Grundfarbe oft ein Eisenviolett von besonderem Reiz.
Der schöne Jomud auf Seite 220 unten, ein sogenannter Rauten-Jomud, wurde um ca. 1920 geknüpft. Er zeigt in den Querborten Anklänge an das Tao-tie (siehe unter *Tao-tie* im 5. Hauptabschnitt). Auch die anderen abgebildeten Jomuden-Teppiche sind ansprechend, vor allem jener im Gebetteppich-Muster auf Seite 221 links unten. Jedoch: älter als 50 Jahre dürfte keiner sein; die sonst hier gezeigten Jomuden sind Erzeugnisse aus den jüngstvergangenen Jahrzehnten. Da Jomuden-Stämme, wie erwähnt, z. T. auf persischem Gebiet nomadisieren bzw. seßhaft wurden, kommen Jomuden-Teppiche auch von dort und nicht nur aus Sowjetrußland. Siehe auch die Abhandlung über *Turkmenen* im 11. Hauptabschnitt.
Joraghan Der Joraghan gehört zur Heris-Gruppe, er wird auch Goravan, Yoraghan oder Georavan genannt. Um die Jahrhundertwende hergestellte Joraghan sind von guter Qualität. Die Hauptfarbe ist Dunkelblau, seltener Elfenbein, in der Knüpfmusterung herrscht Rot vor. Die Teppiche der Heris-Gruppe zeigen durchwegs starke Schuß- und Kettfäden, ebenso auch starkfaserigen Flor. Das macht diese Teppiche gewichtig, zugleich aber auch sehr strapazierfähig.
Jufti-Knoten Siehe unter *Dschufti-Knoten* und bei *Maschhad.*
Jugoslawien Außer den bekannten jugoslawischen Kilims, die nach dem Haupterzeugungsort Pirot (und Umgebung) gemeinhin »Piroter« genannt werden, kommen in jüngster Zeit auch zunehmend Knüpfteppiche in allen handelsüblichen Größen auf die westlichen Märkte, meist in der Dichte von ca. 120 000 Knoten je 1 m² (= 1200 Knoten je 1 dm²). Die Musterung erfolgt in persischer Art, da es keine eigene Mustertradition gibt (die Balkanländer waren jahrhundertelang unter türkischer Herrschaft, die Bewohner dort durften nur Kilims herstellen, das Teppichknüpfen war ihnen streng verboten, es hat sich damals keine Knüpfkunst entwickeln können). Diese jugoslawischen Knüpfteppiche zeigen sich meist hochflorig und sind aus gutem Wollgarn gefertigt. Die meisten Knüpfarbeiten kommen aus dem mazedonischen Teil Jugoslawiens. Die Handknüpfer sind in einem Verband zusammengeschlossen, der seinen Sitz in Skoplje (Skopje) hat. Siehe über jugoslawische Kilims im 8. Hauptabschnitt.
Jurte (tatarisch: Kibitka) Zusammenlegbares Wohnzelt der nomadischen Volksstämme in West- und Zentralasien.
Jürük Siehe unter *Yürük.*

KABISTAN Etwa um 1890 tauchte dieser Name auf; er hat sich erhalten, obgleich es ihn nicht geben dürfte. Auch Meinungen, es solle besser »Kobystan« oder »Kabristan« heißen, treffen nicht zu. In Kobystan (= Schluchtenland), einem Hochgebirge im Bezirk Dsagyr-Daga, hat man 6000 Jahre alte Felsmalereien entdeckt, Kabristan aber heißt »Friedhof«. Doch Altmeister Orendi, Troll, Neugebauer und italienische Teppichbücher zeigen Landkarten, in denen ein »Kabristan« nordwestlich, bei Ropers ein »Kabistan« weit südlich von Baku aufscheint. Nichts von alledem stimmt! Es mag sein, daß man (vor allem in den USA) den Namen »Kuba« vermeiden wollte, weil er irreführend an die mittelamerikanische Insel gleichen Namens erinnert, so daß man »Kubistan« ersann, was dann schnell zu »Kabistan« wurde, sowohl im Handel als auch in der Literatur. Als der Sammler Mumford (USA) vor ca. 60 Jahren in Batum einen dortigen Teppichfachmann fragte, woher der »Kabistan« stamme, entgegnete ihm jener: »Dieser Name ist eine eurer amerikanischen Erfindungen!«
An sich ist der Kabistan nichts anderes als ein guter Schirwan- bzw. Kuba-Teppich (siehe dort).
Ich habe die oberste sowjetische Stelle für die Teppichknüpfkunst um Klärung dieser seit Jahrzehnten strittigen Frage ersucht. Mit einem ausführlichen Fernschreiben erfüllte man mein Ersuchen. Ich führe daraus an:
»Die Einstufung der kaukasischen Teppiche nach Type und Name wurde im vorigen Jahrhundert hauptsächlich auf dem internationalen Markt vorgenommen. Von dort her stammen Unstimmigkeiten in der Bezeichnung. So galten Teppiche mit hoher Dichte (120 000 Knoten je 1 m²), niedrigem Flor und schönem Muster als beste Ware. Egal, wo solche Teppiche hergestellt wurden, nannte man sie ›Kuba‹. Schmale, lange Teppiche von geringer Dichte (90 000 bis

 Sogenannter »Kabistan«, Kaukasus

120 000) hießen ›Kabistan‹, Teppiche mit weniger als 90 000 Knoten führten den Namen ›Schirwan‹, was allerdings nicht der Wirklichkeit entsprach, da einzelne Teppicharten aus dem Schirwan-Gebiet den Kuba-Teppichen in der Qualität nicht nachstanden. Auf dem westeuropäischen Teppichmarkt wurde der ›Kabistan‹ gut bekannt, aber er kam aus verschiedenen Orten des Schirwan-Kuba-Gebietes. Die Dörfer Naderan und Lagitsch (südwestlich bzw. östlich von Baku) waren seinerzeit auf die Herstellung der Art ›Kabistan‹ spezialisiert.«

Wörtlich heißt es weiter:

»Nach 1924 wurden in der Sowjetunion Außenhandelsorganisationen eingerichtet, die Teppichklassifikation wurde präzisiert. ›Kuba‹ hießen nun nur die Teppiche, die aus der Stadt Kuba kamen, Teppiche aus Baku wurden nun auch ›Baku‹ genannt, desgleichen auch ›Schirwan‹, die Bezeichnung ›Kabistan‹ wurde abgeschafft. Diese Norm bestand 1941.

Heute werden die handgeknüpften Teppiche im Kaukasus, so auch in Azerbeidschan, neu klassifiziert: die besten Teppiche mit 160 000 bis 250 000 Knoten bezeichnet man jetzt als ›Kuba‹ und ›Schirwan‹, ganz gleich, wo sie hergestellt werden. Diese Teppiche unterscheiden sich nur im Muster. Teppiche mit längerem Flor und geringerer Dichte (90 000–120 000) heißen, unabhängig vom Herstellungsort, ›Kasak‹ oder ›Karabagh‹.«

Soweit dieses Fernschreiben aus Moskau. Es enttäuscht ein wenig, denn: so wenig sinnvoll es ist, für ein Gebiet viele Dutzend Teppichnamen festzulegen, so unerfreulich würde es sein, sollte man sich für den kaukasischen Raum zukünftig mit etwa sechs bis acht Sortennamen begnügen müssen. Doch selbst im Kaukasus hält man noch heute an den überlieferten Namen fest (siehe z. B. unter *Chila*), und auch wir werden uns kaum abbringen lassen, nach altgewohnten Begriffen zu wählen, wenngleich es durchaus nichts ausmacht, den unechten Namen »Kabistan« aussterben zu lassen.

Nebenstehend und auf Seite 225 sieht man Teppiche, die als Kabistan angesprochen werden können. Sie stammen aus dem 19. Jahrhundert und hießen zur Zeit ihrer Entstehung gewiß nicht Kabistan, sondern Kuba bzw. Schirwan. Es sind schöne, gut gearbeitete Teppiche. Mitunter werden auch Tschetschi-Teppiche unter dem Namen Kabistan in den Handel gebracht. Über den neuesten Stand der Organisierung in den Sowjetrepubliken Armenien und Azerbeidschan haben wir bereits beim Stichwort »Azerbeidschan« berichtet. Siehe dort. Das Ende der Umgestaltung der Knüpfvorgänge in den kaukasischen Sowjetrepubliken scheint auch damit noch nicht beendet zu sein.

Kabul Hauptstadt Afghanistans. Um die Jahrhundertwende kamen aus dieser Gegend weiche, dickwollige, mit langen, grauen, zottigen Fransen versehene Teppiche, mit dem persischen Knoten geknüpft, in den Handel. Die neuen Kabul sehen wie die gewohnten Afghans aus, nur erreichen sie selten die Qualität guter Afghans. In Kabul selbst werden nur wenige Teppiche geknüpft.

Kahak Ort ca. 20 km südlich von Ghom. Bisher hat man dort kleinere Teppiche, üppig gefärbt, im Arak-Hamadan-Charakter angefertigt. In jüngster Zeit kommen von dort Ghom-Nachahmungen.

Kain (Qain) Stadt in Chorassan, nahe der afghanischen Grenze. Früher durch nette, kleinrapportige Teppiche im Mir-i-bota- oder Minakani-Muster bekannt gewesen, die jetzt in Kaschmar nachgemacht werden, indes Kain nur vom Grenzhandel lebt. Alte Kain-Teppiche sind sehr selten.

Kairo Siehe unter *Ägypten*. Schon ab dem 15. Jahrhundert kamen Kairo-Teppiche auch nach Europa. Man nannte sie »Cairin«.

Kairuan Ort in Tunesien, Nordafrika, wo in der Stadt und ihrem Hinterland Berberteppiche geknüpft und gewirkt werden.

Außer dem eigentlichen Kairuaner Teppich gibt es in Tunesien noch andere Sorten, wie z. B. Gafsa, Gabes, Hadjeb-El-Ayoun, Sahel, Den-Den, dann die Kilim-Sorten: Djerda, Oudref und als beste die Sorte Mergoum. Die Farben Weiß, Beige und Schwarz dominieren, aber auch Violett, Blau und Rotbraun kommen vor. Durch den zunehmenden Touristenverkehr nach Tunesien haben diese Berberteppiche in Europa so starken Eingang gefunden, daß die Zahl der Knüpfer und Weber in Tunesien sprunghaft steigt. Etwa 26 000 Familien befassen sich bereits mit der Teppichherstellung. Siehe über *Berber* und Bild Kairuan im 7. Hauptabschnitt.

Kalardascht (persisch: Kalardacht) Der Teppich kommt aus den nordwärts liegenden Gebirgsdörfern des Elburs, und zwar vor allem über die Hauptorte Kalardacht und Hassan-Kif, Kachsan, Nesse und Taleghan, zu uns. Auch in Makalud, Rudborah und Kalino werden solche Teppiche hergestellt, die selten großformatig sind. Diese Teppiche tragen Hexagone im meist roten Feld, die Bordüren zeigen kauka-

Sogenannter »Kabistan«, Kaukasus

 Kalardacht, Nordpersien

sische Muster, sie entstammen dem Musterschatz der Schahsewanen, einem türkisch-turkmenischen Nomadenstamm Nordpersiens. Der Kalardacht zählt zur Mittelklasse der persischen Teppiche, er ist sehr strapazierfähig.

Kalgan (mongolisch: »Chalga« = »Schlagbaum«) Stadt in China, Durchgang durch die Chinesische Mauer. Einer der Sammelplätze für nordchinesische Knüpfteppiche.

Kali Siehe unter *Ghali*.

KAMEL- und andere TASCHEN Nomaden und Halbnomaden benützen zum Aufbewahren und für den Transport ihrer Habseligkeiten verschiedene Arten von Taschen, in Knüpf- oder Wirkarbeit selbst hergestellt, die normalerweise in der Jurte (Kibitka, Zelt) aufbewahrt werden. Solche Stücke haben rückseitig einfachstes Grundgewebe, aber die Vorderseite und auch (wenn vorhanden) die Seitenteile werden sehr sorgfältig mit Knüpfung versehen (oder mit Kilim-Gewebe). Denn diese Behältnisse sollen ja im Zelt prangen und erfreuen. Diese Stücke heißen: Torba, Mafrasch, Tschowal. Darüber hinaus haben Nomaden auch für Pferd, Kamel oder Esel Taschen, vor allem auch die Satteldecken, die gemeinhin mit Taschen zur Unterbringung jener Habseligkeiten dienen, die man rasch zur Hand haben will. Für Begleit- und Lasttiere gibt es Taschen, die man über den Rücken des betreffenden Tieres hängt, so daß beiderseits eine Taschenöffnung vorhanden ist. Man kann in solchen Taschen unglaublich viel unterbringen. Bei nicht reiterlichem Gebrauch werden die meist ebenfalls sehr sorgfältig bunt geknüpften Taschen (hierbei ist die Kilim-Art seltener) im Zelt untergebracht und machen so den Rundraum wohnlicher. Oft sind die Taschenenden mit Troddeln (Quasten) versehen, was den Schmuckeffekt verstärkt.

Bei uns erfreuen sich diese Taschen und Aufbewahrungssäcke großer Beliebtheit. Wir zeigen auf Seite 153 einen sehr schönen Tschowal der Beschir-Turkmenen, auf Seite 287 drei Pendeh-Taschen. Der Osmolduk auf Seite 227 ist ein Flankenschmuckteppich für das Brautkamel beim Hochzeitszug und für spätere Festumzüge. Man arbeitet diese Stücke immer paarweise, oft auch mit Rückwand, so daß sie auch als Tasche verwendet werden können. Auf Seite 227 sind vier Taschen abgebildet: unten eine Esel- und eine Pferdetasche, beide aus dem »Schiraz«-Gebiet; oben links eine Tasche aus dem Dagestan-Gebiet und eine sehr hübsche Tasche der Belutsch-Nomaden.

Tasche aus dem Dagestan-Gebiet

Belutsch-Tasche

Osmolduk, Flankenschmuckteppich für das Brautkamel

Eseltasche, Schiraz

Pferdetasche, Schiraz

 Karabagh, Kaukasus

Kapunuk Schmuck für die Eingangsöffnung des Zeltes (Jurte, Kibitka). Bei den Turkmenen sehr gern verwendet, vor allem bei den Saryk und bei den Ersari-Turkmenen. Ein Kapunuk ist ein etwa 30 bis 40 cm breiter Streifen, er legt sich oberhalb des Eingangs in verbreiterter Form über die Öffnung, hat rechts und links herabhängende Teile, und diese sind (meist) wieder mit Fransen und Troddeln besetzt (siehe Bild auf Seite 342). Solche Kapunuks werden (meist von Bräuten) sehr sorgfältig geknüpft (z. T. auch manchmal mit Kilim-Technik versehen).

KARABAGH Karabagh ist eine Landschaft, in der Sowjetrepublik Azerbeidschan gelegen, von Iran (Persien) durch den Araxes getrennt. Zu deutsch heißt Karabagh soviel wie »Schwarzer Garten«, der vielen schwarzen Erde wegen. Hauptort war früher Schuscha (Schusa), jetzt ist es Stepanakert. Von den Bergschafen dieser Landschaft (Berge bis zu 4700 m) gewinnt man ausgezeichnete Wolle. Der Karabagh-Teppich, vornehmlich in den Maßen von 70 × 90 bis 300 × 400 cm vorkommend, hat meist Baumwolle zur Kette (ältere Stücke Schafwolle, weiß oder naturbraun) und als Schuß weiße, rotgefärbte oder naturbraune Schafwolle. Der mittellange Schafwollflor entsteht aus dem türkischen Knoten. In der Knotenzahl ist er sehr unterschiedlich, er muß mindestens 800 Knoten je 1 dm² aufweisen, um als »gut« bezeichnet zu werden. Sehr gute Stücke kommen auf 1500 Knoten. Die Webborten zeigen sich sehr schmal, ältere Stücke haben keine Fransen; in neuerer Zeit stattet man den Karabagh mit Fransen aus.

Karabagh, Kaukasus

Karabagh, Kaukasus

Die Grundfarben dieses Teppichs sind Rot oder Blau (typisch sind das schöne Cochenillerot und das sehr tiefe dunkle Schwarzblau). Die (oft etwas grelle) Musterknüpfung wird mit vielen Farben vorgenommen. Den Karabagh zieren meist einige nicht sehr breite Bordüren, worin sich die gleiche Musterung wie bei anderen Kaukasiern findet, also etwa wie beim Kasak, beim Gendje usw. In der Regel sind sie aber nicht nur etwas greller, sondern auch etwas naiver ausgeführt. Im Fond findet man oft ein Medaillon mit zwei Halbmedaillons, die merkwürdigerweise eine leise Verwandtschaft mit den ostturkestanischen Mustern (Chotan) haben: lampionähnliche Gebilde im sonst meist leeren Feld, mit großblättrigen Blüten behangen und im übrigen mit Rosetten und sogar mit dem (persischer Einschlag!) Mir-i-bota-Muster versehen. Oft genug aber zeigt der Fond auch nur große geometrische Muster, wobei die übrige Feldfläche ohne Füllung einfärbig bleibt. Dadurch fällt der Karabagh etwas aus der Reihe der anderen Kaukasier. Immerhin ist er ein guter Teppich, sehr haltbar und darob geschätzt.
Wie in allen Kaukasusgebieten unterteilen sich auch im Karabagh (auch »Karabach« geschrieben) die Teppichnamen nach verschiedenen Herstellungsorten wie Schuscha, Abdaljar, Soltanlu, Tjelabird (Tschelabord), Latschih, Gjordisch, Chanikh usw. Auch der sogenannte »Wappen«- oder »Adler-Kasak« kommt vorwiegend aus Tjelabird, also aus dem Karabagh und nicht aus dem eigentlichen Kasak-Gebiet. Den Karabagh gibt es auch im Läuferformat, als solcher wird er oft bis zu 7 m lang. Die Seite 228 bringt Bilder von Karabagh-Teppichen, wie sie von den Russen derzeit erzeugt werden; sie weichen sowohl in den Bordüren wie im Fond erheblich von der früher geübten Musterung ab, neigen sehr zum persischen Einschlag und zur Annäherung an das Dschouschegan- oder sogar an das Waramin-Muster. Diese beiden exakt gearbeiteten Manufakturteppiche haben gleiche Größe (274 × 366 cm), gleiche Knotendichte (1155 Knoten je 1 dm²) und gleiche Florhöhe (7 mm). Der Karabagh auf Seite 229 unten ist ein schönes altes Nomadenerzeugnis, der zweite Teppich auf dieser Seite stammt ebenfalls aus dem Karabagh-Gebiet; er hat persischen Einschlag (Mir-i-bota-Muster). Nach der Besetzung des Gebietes durch die Russen wurde von deren Offizieren gewünscht, daß man Teppiche nach Art der französischen Savonnerie- und Aubusson-Teppiche herstelle. Man kam den Wünschen nach. Auch in neueren Exemplaren findet man noch Spuren dieser damaligen Modelaune.

Lambaran,
Karadagh-Gebiet,
Nordwestpersien

KARADAGH Karadagh, was soviel heißt wie »Schwarze Berge«, ist ein Gebiet im Nordwesten der iranischen Provinz Azerbeidschan. Azerbeidschan ist, wie schon gesagt, geteilt zwischen Sowjetrußland und Iran. Der in dem weiten iranischen Raum vornehmlich von Nomaden (Kurden und Schahsewanen) hergestellte Teppich wird gern mit dem Doppelnamen Karadja-Karadagh (Garadje) bezeichnet, obgleich Karadja nur die Dialektform für Karadagh ist. Der Karadja-Karadagh, in den Maßen bis 140 × 350 oder 200 × 400 cm vorkommend (auch als Läufer, dann bis 7 m Länge), hat die Kette wie den Schuß aus Schafwolle oder Baumwolle. Manchmal findet man als Schuß Ziegenhaar verwendet. Mit dem türkischen Knoten (hin und wieder findet man den persischen Knoten) wird ein mittellanger Flor aus Schafwolle geknüpft.

Zuweilen besitzt der Teppich kurze Webborten und kurze Fransen. Die Hauptborte zeigt Blumenranken, Sägezahnblätter oder sonstige florale Motive. Die Hauptfarbe des Teppichs ist entweder Rot oder Dunkelblau, zuweilen auch Elfenbein. Die Knüpfmuster sind vielfärbig. Im Nordwesten des iranischen Azerbeidschan haben sich seit je die Völker gemischt. Daher zeigt der Karadagh kein richtig eigenständiges Muster mehr. Man findet in ihm sowohl kaukasische wie persische Motive. Ein entfernt an den Wappen-Kasak erinnernder Karadja wird »Bardjed« genannt. Eine besonders hochflorige Karadja-Sorte nennt man »Gudschan«. (Aber auch weit drüben im Nordosten Irans, ca. 95 km nordwestlich von Maschhad, liegt ein Ort Ghutschan, wo Kurdenabkömmlinge hochflorige Teppiche herstellen, die mit dem vorgenannten Gudschan nicht gleichzusetzen sind.)

Ein anderer, bei uns sehr beliebter Teppich des Karadagh-Gebietes ist der Lambaran. Er zeigt meist Läuferformat (bis 7 m Länge) und ist in der Musterung stark kaukasisch beeinflußt. Siehe das Bild links. Im Muster ist dieser Karadagh verwandt mit dem Sarab, hin und wieder etwas mit dem Sarand, ja sogar mit dem Meschkin, wie überhaupt mit Teppichen aus dem Karabagh-Raum zwischen Meschkinschar-Ardebil-Heris; also hier überschneiden sich Karadagh-Muster mit jenen aus dem Karabagh-Raum.

Karadja Siehe unter *Karadagh*.

Karagaschli Dieser Teppich wird im Kuba-Gebiet (Südostkaukasus) hergestellt. Er hat Schirwan-ähnliche Bortenmusterung, sein Feld ist meist blau bis schwarzblau, das Feldinnere ist mit gekerbten Quadraten oder schrägliegen-

Karadagh, Nordwestpersien

Karagaschli, Kaukasus

den Rhomboiden und mit großen sowie kleinen Rosetten besetzt. Es gibt aber auch genug Karagaschli-Teppiche mit rotem Innenfeld. Der Teppich ist meist sehr gut geknüpft, farbenfroh und erfreut sich großer Beliebtheit (siehe das Bild links).

Karagözli (Karaghösch) Ein in der Nähe von Hamadan lebender Nomadenstamm, der Name bedeutet »Schwarzäugige«. Die Teppiche von dort, meist paarweise als Läufer bis zu 700 cm Länge hergestellt, werden gern verwendet. Sie sehen in Farbe und Musterung dem Hamadan sehr ähnlich, sind aber dunkler als dieser. Ältere Stücke sind gesucht!

Karakalpaken (»Schwarze Kalpaken«) Ein sehr im Verschwinden befindlicher Nomadenstamm, im Gebiet von Samarkand und Buchara verstreut, am dichtesten jedoch in der autonomen sowjetischen Republik der Karakalpaken. Diese liegt halbrund um den Aralsee, ihre Hauptstadt Nukus befindet sich im Deltabeginn des Amu-darja. In dem karakalpakischen Gebiet (165 000 km²) leben rund 800 000 Menschen, von denen sich nur noch wenige um das Teppichknüpfen kümmern. Soweit man nicht in der Landwirtschaft beschäftigt ist (die kleine Republik bringt Jahr um Jahr über 300 000 Tonnen Baumwolle auf den Markt), ziehen die entstandenen und die sich noch weiter entwickelnden Industrien immer mehr Menschen an. Zelte und Jurten werden immer weniger, aber Hochhäuser wachsen auf. Die bis vor wenigen Jahrzehnten noch völlig einheitliche Kleidung (schwarze Schaffellmütze und langer Baumwollmantel) wird nur noch von ganz alten Leuten getragen; man kleidet sich im wesentlichen »europäisch«. Für die Karakalpaken, von denen man einmal sagen konnte, »man knüpfe dort nicht nur hervorragend gute Teppiche, sondern man finde dort auch die schönsten Frauen von ganz Turkestan«, ist die Teppichzeit vorbei – wie gut, wenn wenigstens der zweite Teil dieses Spruches noch erhalten bleibt!

Karakeçili Siehe unter *Türkische Teppiche.*

Karakirgisen Ein Unterstamm der Kirgisen, den Turkvölkern zuzuzählen. Sie leben im äußersten Osten der Sowjetrepublik Kirgisistan, teils auch (ca. 12 000) im Norden Afghanistans. Die Karakirgisen (»kara« = schwarz, »kirgis = Wanderhirte) hausen in den Hochtälern und an den Abhängen des Tienschan, des Pamir und im oberen Ili-Tal. Sie sind meist Sunniten, sprechen eine türkische Mundart und sind hauptsächlich Viehzüchter (Yak-Zucht). Die Frauen knüpfen Teppiche, die man als »Karkus« bezeichnet. Siehe auch unter *Kirgisische Teppiche.*

Karaman (Karamani) Südöstlich von Konya. Von dort kommen nicht nur Knüpfteppiche, sondern auch die »Karamani« genannten Kilim-Gewebe. Das Bild rechts zeigt einen Karaman-Knüpfer aus ca. 1900. Beachte auch die Ausführungen im 8. Hauptabschnitt über Karamani-Kilims.
Kara-Osman-Oglu Ein Feudalgeschlecht dieses Namens ließ einst (zwischen 1780 bis etwa 1820) für sich selber besonders schöne Gördes-Teppiche (siehe unter *Gördes*) herstellen, stets mit völlig weißem Grund. Sie sind sehr selten und werden auch Basra-Gördes genannt. Es gibt aber Nachahmungen neueren Datums.
Karapınar Siehe unter *Türkei (Anatolien)*.
Karawane (persisch = Kamelzug) Karawanserei: In früheren Zeiten größere Bauobjekte, in Abständen von etwa einem Kamelmarsch-Tag (etwa 30–35 km) an Handelsstraßen gelegen. Es gab dort Unterkünfte für Menschen und Tiere; Küchen, Quellen oder Brunnen, Verkaufsstände für allgemeine Bedarfsartikel. Meist waren solche Karawansereien von den jeweiligen Gebietsherren errichtet worden, teils als »fromme Stiftung«, teils aber dienten sie auch als Steuer- und Wegzollstellen. Heute sind sie zumeist verfallen; einzelne aber hat man modernisiert und den neuzeitlichen Gegebenheiten angepaßt.
Kar-hane (Persischer) Allgemeinname für Werkstätte, Manufaktur für die Teppicherzeugung.
Karjagin Eine junge, nette Teppichart, die aus dem Karabagh-Raum kommt.
Kars Stadt in der Türkei, nahe der sowjetrussischen Grenze. In der Gegend werden Teppiche im armenischen bzw. Kasak-Muster angefertigt.

KASAK Dieser beliebte Teppich, auch Kasach, Kazak genannt, wird sowohl von den Tscherkessen im südlichen Grusinien als auch von den Bewohnern Sowjet-Armeniens (vornehmlich Armenier, doch auch Azerbeidschaner und Kurdenstämme) und in vielen Dorfschaften des westlichen Azerbeidschans, desgleichen auch im autonomen Gebiet von Nachitschewan angefertigt. Etwa bei Tiflis (Tbilissi) ist die Nordgrenze, bei Schuscha die Ostgrenze des Kasak-Raumes. Von der azerbeidschanischen Stadt Kasach stammt jedoch der Name dieser Teppichgruppe nicht. »Kasak« bedeutet wortwörtlich »Abenteurer« und »Wanderhirte«.
Der Kasak, in den Maßen von 90 × 130 bis 150 × 350 cm gebräuchlich (kleine Stücke werden »Kasakdsche« ge-

Karaman, Knüpfteppich, Kleinasien
(vergleiche hierzu das Bild eines Karapınar auf Seite 353;
Karapınar liegt nur 65 km nordöstlich von Karaman)

Kasak, sogenannter »Wappen-Kasak«,
auch »Adler-« oder »Schwert-Kasak« genannt, Kaukasus

nannt), hat die (meist dreifach gezwirnte) Kette aus weißer oder gefärbter (rotbraun oder graubraun) Schafwolle, in neuerer Zeit aus Baumwolle. Der Schuß besteht aus weißer, rötlicher, brauner bzw. graubrauner oder auch blaugefärbter Schafwolle, seit einigen Jahren wird zunehmend für den Schuß Baumwolle verwendet. Der mittellange oder auch lange Flor wird mit dem türkischen Knoten aus Schafwolle geknüpft. Die billigeren Sorten tragen etwa 800 Knoten je 1 dm^2, gute bis zu 1800 Knoten. Die Webborte, wenn überhaupt vorhanden, ist 2 bis 3 cm breit. Die Florwolle des Kasak weist meist besonders feinen Glanz auf. Die Grundfarben sind Rot oder Blau, manchmal Elfenbein oder sogar Grün, sehr selten Braun. Die Knüpfmuster-Farbenskala ist sehr umfangreich, was dem Teppich den ihm eigenen Reiz verleiht.

Der Kasak hat selten eine einzige (dann breite) Bordüre, sondern meist deren 3 bis 5, davon eine sehr breit. Die Nebenborten zeigen Dreiecke, reziproke Zinnen, Barbierstangen, Bandornamente, Pfeilspitzen. In der Hauptborte sieht man stilisierte Tulpen (Weinglasmuster) und mäanderartig stehende Sägezahnblätter, auch große gestufte Dreiecke, besonders aber das Krabben- oder Spinnenmuster. In der Regel ist die Hauptbordüre hellfarbig in Elfenbein oder Creme, kontrastierend zum Fond. Im Fond selber findet man häufig einige große, reich in sich gemusterte Quadrat-, Rechteck- oder Achteckmedaillons, auch große Rhomben. Oft sind diese Figuren hakenbesetzt und auch in den Innenflächen wieder mit Haken- oder Doppelhakenzeichnungen gefüllt, sonst mit dem Achteckstern oder dem Zwölfzackstern. Nicht selten kommt das (meist groß angelegte) Wolkenband vor, wie auch die Swastika (Hakenkreuz-Musterung). Der Kasak-Fond ist zuweilen durch schmale Querstreifen in drei Felder geteilt. Die Trennräume zwischen den Medaillons zeigen stilisierte Blüten. Auch naiv gezeichnete Tiere (Pferde, Kamele, Vögel) und gelegentlich ebenso naiv gehaltene Menschenfiguren erblickt man manchmal im Kasak. Zuweilen ist die große Fondzeichnung annähernd in Kreuzform gehalten (was mit Religion aber nichts zu tun hat).

Eine Besonderheit ist der Adler-, Schwerter- oder Wappen-Kasak: die Medaillons sind als vielstrahlige Sterne ausgebildet, deren Strahlen so aussehen, als seien sie Schwerter (nach anderer Auffassung: Adlerschwingen), die zum Teil im Mittelrhombus stecken. In der Regel zeigen solche Kasaks roten Grund, die Mittelmusterung (Quadrat, Rhom-

Kasak (Gebetteppich)

Wolkenbandkasak (Chondsoresk)

Kasak mit Palmwipfel-Muster (Mir-i-bota)
(sogenannter »Chan-Karabagh«)

Kasak mit schöner Krabbenborte,
Schirwan-Gebiet

Kasak, verbreitete Art (Karatchoph)

 Kasak, Kaukasus, Talisch-Gebiet

Details aus drei verschiedenen Kasak-Teppichen, Kaukasus

Kasak, Kaukasus
(Karabagh)

Kasak, Karatchoph-Raum

Kasak, sogenannte »Kreuzschild-Form«, Kaukasus, auch »Fachrajlo-« oder »Sewan-Kasak« genannt. Dieser Teppich wird auch im osttürkischen Kars von dorthin geflüchteten Kaukasiern hergestellt.

 Kasak, Typ Lambolo, Kaukasus

bus) ist dann meist in Blau, die Strahlen (Schwingen) sind in Weiß. Ein solcher Kasak ist sehr eindrucksvoll, er schmückt den Raum außerordentlich. Dieser Schwerter- oder Adler-Kasak wird insbesondere im Gebiet von Tjelabird (Tschelabord) hergestellt, also nicht mehr im eigentlichen Kasak-Gebiet, sondern schon mehr im Karabagh-Raum. Auch der Wolkenband-Kasak hat seine Haupterzeugungsstätten nicht im eigentlichen Kasak-Gebiet, sondern ebenfalls im Karabagh-Raum, vornehmlich im Land zwischen der Szangasur-(Sangsur-)Bergkette und dem Aul Chondsoresk (Chondsoresk wird im Handel auch »Kondsur« genannt). Dieser Aul (= Dorfschaft) liegt reizvoll in einer riesigen trichterförmigen Gebirgskluft an der Ostgrenze der armenischen Republik. Der Aul hat an 500 Höhlenwohnungen, die wie Waben an den steilen Hängen kleben. Weitere Unterarten des Kasak sind der Lambolo (Bild hier links), der Fachrajlo (Bild Seite 237 rechts), der Schulawery, der Karaklis, der Idschewan (Bild Seite 213), der Karatchoph (Bilder Seite 235 und 237), der Lorij-Pambak und der Bordschali (Bordschaly). Bei uns ist letzterer bekannter als die vorher genannten Sorten (feinwollig, hochflorig, oft mit dem reziproken Zinnenmuster in Weiß-Braun versehen, auch sonst viel Braun im Fond, indes Braun, wie früher erwähnt, im Kasak nicht häufig ist). Auch aus dem Gebiet um Dschebrail im Karabagh kommen schöne Kasak-Teppiche. Wie bei vielen südkaukasischen (und bei manchen zentralpersischen) Teppichen, so findet man auch beim Kasak zuweilen die Eigenart, daß beim Spannen der Kette der Kettfaden vom Zeugbaum zum Warenbaum geführt, dort aber nicht abgeschnitten, sondern wieder zurückgebracht wird zum Zeugbaum. Solcherart entsteht beim Warenbaum eine Schlingenreihe, die dann nach der Fertigstellung des Teppichs entweder so belassen oder aber zu Fransen aufgeschnitten wird. Bei allen Schirwan-Arten, beim Gendje, Talisch usw. kann man solchen Schlingen begegnen, in nordkaukasischen Teppichen dagegen findet man sie fast nie. Beim Kasak (und auch beim Gendje) gibt es in bezug auf Weichheit der Wolle oft erhebliche Unterschiede (Wolle von Berg- oder von Talschafen, mehr oder weniger stark gewaschene Wolle usw.). Der vorerwähnte »Karaklis« kommt aus der Gegend der russisch-armenischen Stadt Kirowakan. Sie hieß in zaristischer Zeit Karaklis.

Der Kasak zählt in allen seinen Typen zu den naiv-schönsten und volksechtesten Orientteppichen. Wir bringen deshalb von diesem sehr beliebten Teppich reichlich Bildbeispiele,

und zwar auf Seite 234 ein Prachtstück von einem Zwei-Wappen-Kasak. Auf Seite 235 sieht man oben links einen Kasak-Gebetteppich, daneben einen sogenannten Wolkenband-Kasak (Chondsoresk); der Teppich links in der unteren Reihe weist nach, daß es im Kasak auch Mir-i-bota-Muster (persischer Einfluß) geben kann; der Kasak daneben zeichnet sich durch seine entzückende Krabbenborte und durch seine Farbenharmonie aus; ganz rechts sieht man die verbreitetste Kasak-Art: mit hakenbesetzten Vier- und Achtecken. Seite 237 bringt rechts einen Kreuzschild-Kasak, links zwei ältere, schöne Kasak-Arten. Auf den Seiten 236 und 238 sind ebenfalls sehr ansprechende Kasak-Teppiche zu sehen; auf Seite 236 findet man einige Kasak-Details. In jüngster Zeit hat Rußland den Kasak-Export verstärkt. Hauptabnehmer ist die BRD.
Kasakdscheh (Kasakdja) Ein Kasak kleinen Formats.

KASCHAN Keschan, richtiger Kaschan (Kashan), zwischen Teheran und Isfahan gelegen, gebaut von Zobeida, der Lieblingsfrau Harun al Raschids (766–809), ist nach sehr wechsel- und leidvollem Schicksal (u. a. wurde die Stadt 1224 von den Mongolen zerstört, die Einwohner schlachtete man ab) ab dem 16. Jahrhundert zu hohem Ruf gelangt: zuerst durch die Herstellung wunderbarer Seidengewebe und dann durch Teppichmanufakturen, die Schah Abbas I. und Schah Abbas II. gründeten.
Als die Safawiden-Dynastie gestürzt wurde und die Afghanen Kaschan besetzten und plünderten, fiel die Tatkraft der Überlebenden sehr ab. Auch nach der Wiedergewinnung der Stadt durch Nadir Schah dauerte es lange, bis sich Kaschan (bei uns unrichtig als »Keschan« eingebürgert) einigermaßen erholen konnte. Aber es gelang dennoch! Seit rund 100 Jahren ist Kaschan *die* Teppichstadt Persiens. Jährlich gehen von dort rund 30 000 bis 40 000 Teppiche in den Export. Der Kaschan wird in allen gängigen Maßen, auch Übermaßen, hergestellt.
Die Qualität der Teppiche aus Kaschan war bis in die jüngste Zeit vorzüglich. Aber vor einigen Jahren begann man im Kaschan-Gebiet damit, Teppiche lockerer herzustellen. Das ist natürlich eine unerfreuliche Erscheinung. Denn bis zum Eintritt dieser Umstände mußten sich auch die Nachahmer in Anatolien und in den südosteuropäischen Knüpfgebieten sehr anstrengen, um einen ordentlichen »Kaschan« herzustellen. Seit man aber im Kaschan-Gebiet außer der sorgfältig gearbeiteten Ware auch mindere bekommt, haben es die

Kaschan, Persien

Kaschan, geometrisiert, Persien

 Kaschan, Seide, Persien

Kaschan, Persien

 Mohtaschemi-Kaschan, Gegenwartserzeugnis

Nachahmer leichter. Die minderen Kaschan-Teppiche erkennt man vor allem daran, daß bei ihnen der Schußfaden deutlich sichtbar ist, indes man ihn bei einem guten Kaschan kaum erkennt. Auch die Wolle zeigt nicht die Qualität wie bei jenen Kaschans, die aus den altberühmten Manufakturen kommen, die Farben wirken stumpfer und glanzlos.

Viele solcher Halb-Kaschans kommen über Aran oder über Natanz in den Handel. Man hat Aran zu »Harun« und Natanz zu »Nathan« verballhornt. Ein sogenannter »Harun«- oder »Nathan«-Kaschan entspricht also nicht der guten Kaschan-Qualität. Auch aus Bidgol, Fin, Qamsar (Ghamsar) und aus anderen Orten rund um Kaschan kommt solche Ware. Sie ist oft stumpffarbig (Importwolle).

Die Kette besteht beim guten Kaschan aus Baumwolle, der Schuß aus Baumwolle ist meist blau gefärbt. Der kurz gehaltene Flor wird in persischer Art entweder aus Schafwolle oder aus Seide geknüpft. Es gibt aber auch Kaschan-Teppiche, die vollständig aus Seide (Kette, Schuß und Flor) bestehen. Die Dichte der Knüpfung steigt bisweilen auf 5000 Knoten je 1 dm^2, bei Seiden-Kaschans wesentlich höher.

Die Grundfarbe im Kaschan ist meist Blau, Elfenbein (Creme) oder auch Rot, seltener ein sanftes Grün; die Muster sind sehr farbenreich. Der Kaschan zeigt gern eine ziemlich stark betonte Hauptbordüre und je eine oder zwei Nebenborten, die oft sehr schmal sind. In der Hauptbordüre steht fast immer das Schah-Abbas-Muster. Die Nebenborten sind mit Rosettchen oder sonstigem Zierat gefüllt. Es gibt eine Kaschan-Sorte, die im Mittelfeld eine Vase (oder mehrere) zeigt, aus der üppige Blumensträuße (oder ein Lebensbaum) aufwachsen, die das ganze Feld mit Blütenzweigen füllen; es ist dies der Vasen-Kaschan. Häufiger aber zeigt der Kaschan ein Großmedaillon, manchmal mit Anhängsel. Das Medaillon ist dann mit ausnehmend feingearbeiteten Blumen und Blütenranken gefüllt, wie auch der sonstige Fondraum (der zuweilen Eckfelder tragen kann) mit Blumen, Palmetten, Blüten und Ranken dicht ausgemustert wird. Ungeachtet der oft vielen Einknüpffarben bleibt die Grundfarbe, also Blau, Creme oder Rot, dominierend. Die Seitenumwicklung (Schirazeh) ist in der Regel rot, sie wird um vier Kettfäden gelegt.

Eine weitere beliebte Abart ist der Tier- oder Jagd-Kaschan, mit naturalistisch dargestellten Tieren. Das sind Anklänge an alte Täbriz-Tradition. Der gut gearbeitete Ka-

schan ist geschätzt, zumal seine Wolle ausgezeichnete Haltbarkeit besitzt, die Knüpfung dicht ist, der Teppich gut aufliegt und die Musterung uns sehr anspricht. Sind bei einem als Seiden-Kaschan angebotenen Teppich auch Kette und Schuß aus Seide, dann spricht das (aber nicht immer) für die Echtheit des Stückes, denn Nachahmungen dieser Sorte werden doch wohl meist auf Baumwollkette gearbeitet. In älteren Kaschans erkennt man zuweilen mit kufischen Schriftzeichen Inschriften eingeknüpft. Auch in Schafwollteppichen werden diese Inschriften gern aus Seide eingeknüpft. Früher kannte man den Kork-Kaschan, er war aus feinster Flaumwolle gearbeitet; es gibt ihn kaum mehr. Eine andere Kaschan-Art wurde sehr gelobt, sie trug den Namen des berühmtesten Kaschan-Knüpfmeisters Mohtaschen (gesprochen: Mochtaschen). Es waren prachtvolle Luxusteppiche mit meist hellem Grund und hochkünstlerischer Mustergestaltung. Man versucht zwar auch jetzt noch Meister Mohtaschens Teppiche zu kopieren, aber nur selten kommt eine gut gelungene Kopie zustande. Der Kaschan auf Seite 240 links ist ein Seidenteppich, der auf Seite 241 zeigt genauest gearbeitete Rankenmuster mit sorgfältig eingestreuten kleinen Mir-i-bota-Formen. Seite 239 führt einen aus ca. 1950 stammenden guten Kaschan vor. Auf Seite 242 sieht man einen Kaschan, von dem man sagt, er sei in der Manufaktur Mohtaschemi angefertigt worden; seine Wolle ist ausschließlich mit Pflanzenfarben eingefärbt.
In jüngster Zeit kommt (merkwürdig genug!) eine Kaschan-Sorte in den Handel, die ziemlich geometrisch gehaltene Muster zeigt. Siehe das Bild auf Seite 240 rechts. Diese Art bricht mit der guten alten Tradition, es bleibt abzuwarten, ob solche neue Kaschan-Teppiche in Europa und in den USA Anklang finden werden.

KASCHGAR (= Kaschi; chinesisch Hoschehuöl) ist eine Doppelstadt, bestehend aus Schufu (= Altstadt) und Schuleh (= Neustadt, namens Jengischehr). 80000 Einwohner. Westlichste größere Stadt von Chinesisch-Turkestan, das vordem auch Kaschgarien genannt wurde. Im Chinesischen heißt das Gebiet amtlich Sinkiang. Ihre große Zeit hatten die Teppichwirker von Kaschgar im 17. und 18. Jahrhundert, solange das Tarim-Becken enge Beziehungen zu den Herrschern in Westturkestan unterhielt. Damals entstanden, meist im Herat-Stil, sehr gute Knüpfteppiche (auch in Seide und gold- oder silberbroschiert). Als 1763 Kaschgar wieder chinesisch wurde, sank die Eigenerzeugung ab, immerhin blieb die Stadt der Hauptsammelplatz für Teppiche kirgisischer Nomaden aus den ostwärts gelegenen großen Wüstengebieten und ebenso von Teppichen jener Kirgisen-Nomaden, die ihre Herden in den Vorbergen der mächtigen Gebirge weiden lassen, von denen das Tarim-Becken im Norden, Westen und Süden umgeben ist.
Es leben in diesem großen Raum, vermischt mit Chinesen und Mongolen, doch noch genug Turkstämme, so daß der turkmenische Grundcharakter (in der Musterzeichnung der Teppiche) bis vor wenigen Jahrzehnten noch durchleuchtete. Wie es seinerzeit bei allen ostturkestanischen Teppichen war: weil sie (meist) über Samarkand nach Europa kamen, führte sie der Handel als »Samarkand« den Käufern zu. Derzeit bieten die Chinesen über Peking und Kanton alle ostturkestanischen Teppiche als »Sinkiang« an. Siehe hierzu die Ausführungen im 7. Hauptabschnitt unter *China, Sinkiang- und Tibet-Teppiche.*
Kaschkai Siehe unter *Gaschgha'i* und unter *Schiraz* sowie die Abhandlung *Turkmenenstämme* im 11. Hauptabschnitt.
Kaschmar (auf manchen Landkarten irrtümlich als Kaschmir eingetragen) Die kleine Stadt hieß früher nach dem in der Nähe befindlichen Wallfahrtsplatz Soltan Abad »Sultanabad«. Sie wurde dann in »Turchis« umbenannt, jetzt trägt sie seit einigen Jahren den Namen Kaschmar und gilt als Sammelplatz für Teppiche aus Chorassan.
Kaschmir und Jammu (Dschamu) Das ehemalige Hindu-Himalaya-Fürstentum (bis 1952) ist seit 1947 politisch stark umstritten. Die Entwicklung fand 1965 einen vorläufigen Stillstand im Abkommen von Taschkent. Das Karakorum-Gebirge (»Schwarzes Geröll«) bildet die Wasserscheide zwischen Indus-Stromgebiet und abflußlosem Tarimbecken, es geht in den »Mustang« (Eisgebirge) über zum Karakorum-Paß. Dieser 5680 m hohe Paß führt am Ostende des Gebirges aus dem Industal in Ladakh in das Innere von Ostturkestan (Sinkiang). China beansprucht Ost-Ladakh und hat das Aksai-Tschin-Plateau okkupiert. Unter pakistanischer Verwaltung steht das »Freie Kaschmir« (Azad Kashmir), das ist ein schmaler Landstreifen, genannt »Muzaffarabad« mit dem gleichnamigen Hauptort am Oberlauf des Jhelum, nahe der neuerbauten Hauptstadt Islamabad. Zwischen Hindukusch und Karakorum (mit K2 = Mt. Godwin Austen, 8611 m) hält Pakistan noch immer besetzt: die Gebiete von Hunza, Gilgit (Nanga Parbat, 8126 m), Nagar und Baltistan (Klein-Tibet). Das mittlere Kaschmir-Ge-

biet, samt Jammu, liegt im indischen Verwaltungsbereich mit der Hauptstadt Srinagar und der zweitgrößten Stadt Jammu. Der untere Jhelum prägt das zentrale Kaschmir-Tal. Srinagar wird durch den Jawahirtunnel (durch das Banihargebirge) seit neuerer Zeit mit Jammu und Nordindien verbunden. Kaschmir ist berühmt durch den Kaschmir-Schal (der echte alte Kaschmir-Shawl hatte 312 × 150 cm) und durch die besonders feine Wolle der Kaschmir-Ziege und jener der dortigen Schafe. Über Teppiche siehe im 7. Hauptabschnitt unter *Indische Teppiche.* Diese Kaschmir-Teppiche machen schon zunehmend den Persern schwere Konkurrenz, sie werden immer besser und feiner.

Kaswin (Kazwin, persisch richtig: Ghazwin) Stadt in der Provinz Teheran, an der Straße von Teheran nach Rescht. Altberühmte Brokat- und Samtwebereien sind dort; seit einigen Jahrzehnten kommen als »Kaswin« auch gute Teppiche im Kaschan-Geschmack sowie mit Täbriz- und Ghom-Muster auf den Markt. Sie werden jedoch hauptsächlich in guten Stadt-Manufakturen von Hamadan angefertigt.

Kaukasien Teppiche aus dem Kaukasus sprechen uns durch ihre reizvolle geometrische Linienführung und durch ihre Farbenfroheit (man nennt sie die »Volkslieder unter den Orientteppichen«) besonders an. Der kaukasische Raum kam ab 1804 unter oft schweren Kämpfen nach und nach in russischen Besitz, ab 1864 war er es zur Gänze. Im Arabischen heißt der Kaukasus »dschebal asuni« (Gebirge der Sprachen), weil in dem Gebiet mehr als 100 verschiedene Sprachen gesprochen werden. Teppiche aus dem Kaukasus werden von den Persern mit dem Allgemeinnamen »ghafgaz«, »khafgaz« bezeichnet, was »Kaukasier« heißt. Auch für die nordwestpersischen Teppiche mit Kaukasus-Mustern, etwa wie Karadagh und Ardebil etc., ist »ghafgaz« als Sammelname gebräuchlich. Siehe die Namensaufstellung für kaukasische Teppiche auf Seite 128.

Kayseri (Caesaria) In dieser Stadt, die an der Autostraße Ankara–Sivas liegt, wird in großen Manufakturen alles an Teppichen hergestellt, was man haben will, auch in Übergrößen. Siehe einige Kayseri-Arten im Teilabschnitt *Türkei (Anatolien).* Sie sind die besten ihrer Gruppe, denn sie tragen gute Wolle und haben 2250 Knoten je 1 dm².
Bis vor wenigen Jahren machte man aus merzerisierter Baumwolle oder aus Kunstseide sogenannte »Seidenteppiche«. Man verwendete dieses falsche Material auch für den Flor. Unzählige Saf-Teppiche (Andenkenteppiche im Gebetteppichformat) entstanden auf diese den Käufer täuschende Art. Auch mit den »Panderma-Teppichen« trieb man es so in Kayseri. Seit einigen Jahren kommen aber aus Kayseri nun doch auch »wirkliche« Seidenteppiche. Sie stehen in der Qualität den Seidenteppichen von Kum-Kapu und von Hereke nicht nach. Immerhin: Beim Einkauf sei man vorsichtig.

Kelim Siehe unter *Kilim* und im 8. Hauptabschnitt.

Kelleghi (persisch) Name für den Hauptteppich (Kopfteppich, dem Hausherrn und seinen engeren Gästen vorbehalten) im persischen Wohnzimmer.

Kelley Im Handel gebräuchliches Wort für größere, langgestreckte Teppiche. Siehe auch unter *Ghali.*

Kemereh Gegend um Lilian, im westlichen Zentralpersien. Es siedeln dort noch armenische Knüpfer, sie stellen Teppiche im Lilian-Charakter her. Siehe unter *Lilian.*

Kenare (Kenar, Khener) Das Wort bedeutet im Iranischen wie im Türkischen soviel wie »Saum« oder »Rand«. Bei uns wird dieses Wort als »Läufer« verstanden.

Kendirli Das Wort kommt vom türkischen Begriff »kenevir« bzw. »kendir« in der Bedeutung von »Hanf«. Zum fallweise notwendig werdenden Ausgleich der Schußeintragung wird über einen Teil der Teppichbreite ein Zusatzschuß eingetragen, den man auf der Rückseite bemerken kann. Im europäischen Handel wird er »Schußzwickel« genannt, und man unterlegt ihm zu Unrecht religiöse Bedeutung. Meist nennt man ihn (wenn er nur teilweise über die Teppichbreite läuft) »yarim« (= Hälfte) und wenn er aus Hanf besteht: »yarim-kenderli«.

Kengaband (Kenaband) Schon wenig gebräuchliche Größenbezeichnung (früher im Raum Täbriz häufiger) für ungefähr 2 m lange Läufer. Das Wort kann etwa auf die ostasiatische Maßbezeichnung »Keng« (Ken) zurückgeführt werden. Ein Keng hat sechs Schak (Schaku), ein Schak mißt rund 30 cm. Ebenso kann es auch eine Verballhornung des Begriffes »Kenare« sein.

Kengerlu Ort im Gebiet von Dagestan. Manchmal als Teppichbezeichnung für den Dagestan gebräuchlich.

Kerki Stadt am Amu-darja, in Turkmenien gelegen, ist Sammelplatz für Turkmenenteppiche, vornehmlich der turkmenischen Afghanen, der Kisil-Ajaks, der Karakalpaken und der Ersari-Turkmenen. Die Russen haben in den letzten Jahren einen Knüpfteppich aus der vorgenannten Gegend als »Kerki« benannt. Das Bild rechts zeigt einen solchen.

Kerki, Turkmene

KERMAN Bei uns wird dieser Teppich fast immer »Kirman« genannt, aber »Kerman« (das Karmanien der Alten) ist persisch richtig: Kerman ist eine Provinz im südlichen Iran mit der Hauptstadt Kerman, deren Ehrenname »Dar-al-Aman« lautet. Bis ca. 1885 wurden in dem Gebiet sehr motivgetreue, vorzügliche Teppiche hergestellt. Sie hatten das altüberkommene Spiralranken- und Lanzettblattmuster im unendlichen Rapport und waren meist in tiefen, satten Farben gehalten; bis zu 15 Farben trug ein Teppich. Dieser alte Kerman war der am stärksten blüten- und floralübersäte Teppich Persiens.

Dann übernahmen Europäer die Leitung der Manufakturen. In bester (aber verfehlter) Absicht begannen diese, die Betriebe zwar auf Höchstleistung zu bringen, sie aber auch abgewandelte Teppichmuster knüpfen zu lassen. Das brachte natürlich in den angestammten Kerman einige Verwirrung. Dennoch blieb der Kerman, wenn er wirklich aus dem dortigen Gebiet kam, auch weiterhin ein vortrefflicher und beliebter Teppich, den man schon früh in Isparta, Kayseri, in jüngster Zeit in den südosteuropäischen Knüpfereien mit Vorliebe und auch mit viel Geschick nachahmte. In den letzten Jahren aber begann man in der Kerman-Gegend selbst, den Ruf des Kerman-Teppichs zu untergraben: es kommen von dort (außer guter Ware) jetzt »Kerman«-Teppiche, bei denen der Knüpffaden (es wird mit dem Senneh-Knoten gearbeitet) nicht über zwei, sondern über vier Kettfäden geführt wird. Und nicht nur das: es gibt in neuen Kerman-Teppichen teilweise überhaupt keine Knüpfung mehr, sondern der Florfaden wird V-förmig um zwei Kettfäden gelegt oder W-förmig um drei oder gar fünf (!!) Kettfäden. Das sind gewöhnliche Schlingen, die sich ziemlich leicht herausziehen lassen. Wir sprechen über diese und andere den iranischen Teppich schädigende Herstellungsarten im 10. Hauptabschnitt ausführlicher. Siehe dort!

Doch hier schildern wir den guten Kerman-Teppich: Kette und Schuß sind aus Baumwolle, der sehr kurze Flor wird aus vorzüglicher Schafwolle mit dem persischen Knoten so dicht geknüpft, daß es kaum einen Kerman aus dem Kerman-Gebiet gibt, der weniger als 2000 Knoten je 1 dm^2 aufweist. Wohl aber kommen Knüpfungen bis zu 4000 Knoten und auch noch höher vor. Die Grundfarbe dieses Teppichs ist ziemlich konstant: durch alle Zeiten Elfenbein bzw. Creme, manchmal ein sehr ansprechendes Hellblau oder sattes Rot. In neuerer Zeit kennt man zuweilen ein helles Grün. Die Muster werden in vielen Farben geknüpft.

 Kerman, Persien

Im Kerman-Gebiet werden die Teppiche sehr oft von Männern geknüpft, die Schüsse sind daher fester niedergeschlagen, der Teppich liegt ausgezeichnet auf, obgleich er durchaus nicht auftragend dick ist. Die Kerman-Größen beginnen etwa beim Poschti-Format (ca. 60 × 60 cm) und steigen bis 350 × 500 cm. Es gibt aber auf Bestellung auch größere.
Der Kerman hat in der Regel eine stark betonte Hauptbordüre, die meist je eine, manchmal aber auch mehrere Nebenborten zu jeder Seite besitzt. Alle Borten sind voneinander durch schmale Säume getrennt. Die Hauptbordüre trägt große Blumen mit vielen blatt- und blütenbesetzten Ranken, seltener den Lebensbaum, Palmetten oder Lotosblüten. Die Nebenborten sind mit mäanderartigen Formen oder mit Rosetten fein ausgemustert. Im Mittelfeld erblickt man ein Palmettenmuster, sehr sauber gearbeitet. Blatt- und blütenbesetzte Ranken führen von Palmette zu Palmette in freundlicher Symmetrie. Es gibt aber auch Kermans mit einem Großmedaillon in der Feldmitte und Viertelmedaillons in den Ecken. Bei diesem Medaillon-Kerman ist die Hauptbordüre zuweilen nach innen offen, sie greift also mit ihrem Zierat unmittelbar in den Fond hinein.
Diese Auflösung der Innenbordüre zum Feld (Spiegelfeld) hat sich zum »Salon-Kerman« hin entwickelt: großes blaues (oder rotes, grünes, goldbeige-farbenes) Spiegelfeld ohne große Ranken, aber in feinster Arabeskenornamentierung. Weiters gibt es Kerman-Porträtteppiche mit einem Menschenbildnis in der Mitte, indes die übrige Fläche des Feldes phantasievoll ausgefüllt ist und manchmal einen Garten darstellt, worin sich Blumen und Vögel befinden und sogar ein Teich mit Fischen. In solchen Stücken fehlt dann allerdings fast nie ein Lebensbaum, wie auch die Hauptbordüre oft porträtgeschmückt ist.
Beliebt ist auch der Tier-Kerman. Er trägt im Mittelfeld und eventuell auch in der Bordüre Tierfiguren eingeknüpft.
Ähnlich wie beim Kaschan oder beim Ghom kennt der Kerman auch eine Ausführung als Vasenteppich: aus einer oder aus mehreren Vasen quellen Zweige auf, reich mit Blüten und Ranken besetzt. Ob seiner Schönheit gilt der Kerman als »festlicher« Teppich. Alte Kerman-Teppiche haben zuweilen den Flor aus feinstem Korkhaar.
Das Bild links zeigt einen sehr sorgfältig gearbeiteten Kerman, der ungefähr aus dem Jahre 1930 stammt. Bei ihm lösen sich die Bordüren zum Fond hin saumlos und vielgliedrig auf, was den Teppich besonders festlich erscheinen läßt. Rechts sieht man einen typisch schönen Kerman.

Kerman, Persien

 Kermanschah, Persien

In Kerman selbst gab es eine Knüpferfamilie Ardjumand. Sie stellte feinste Kermans her, so daß ein Ardjumand-Kerman schon zur Zeit der Entstehung im Preis um 100 bis 200 % höher lag als normale Ware. Man beachte auch den Kerman-Bildteppich auf Seite 49.
Wird ein Teppich »Laver-Kerman« genannt, so bezeichnet man damit eine Ware, die aus Ravar (nicht Laver!) kommt, das ist eine Siedlung nördlich von Kerman, in der sehr gute Teppiche hergestellt werden. Außerdem sind Mahan, Jupar, Zarand, Kubahan, Rafzandschan, Kuhpayeh, Schandad, Tahrud und andere Siedlungen der Provinz Herstellungsorte des Kerman-Teppichs.

KERMANSCHAH (Kermanschahan, früher Kermansin, Quarmisin) Hauptstadt der gleichnamigen Provinz, am Fluß Kerne südwestlich von Hamadan gelegen, hat sich von einer Teppichindustrie- zur Öl-Stadt gewandelt. Immerhin beherbergt sie noch Teppichmanufakturen, wie auch aus dem umliegenden Gebiet viele Teppiche (meist von Kurden) über Kermanschah in den Handel gebracht werden. Die Teppiche der Manufakturen haben oft Größen bis zu 20 m² und darüber. Die Kette ist aus Baumwolle, der Schuß besteht aus Schafwolle oder aus Baumwolle, der mittellange (bei älteren Stücken kurze) Flor ist aus Schafwolle mit dem türkischen, zuweilen mit dem persischen Knoten geknüpft.
Die Hauptfarbe dieses Teppichs ist vornehmlich Blau oder Rot, zuweilen Creme (Elfenbein). Geknüpft werden die Muster in vielen Farben. Fast immer ist das Mir-i-bota-Muster in oft grotesker, oft reizvoller Abwandlung vorhanden. In Kermanschah werden auch Bild- und Porträtteppiche hergestellt. Wird ein Teppich als »Kerman-dschah« angeboten, dann hat dies mit dem Kermanschah nichts zu tun, sondern es handelt sich um die Maskierung einer Kerman-Nachahmung, denn die vorerwähnte Bezeichnung heißt nur »Teppich nach Kerman-Art«. Überhaupt: Kermanschah liegt in West-Iran, von Kerman über 1000 km (Luftlinie) entfernt. Beide Gebiete haben keine Teppich-Kontakte.
Das Bild links zeigt einen vortrefflich gearbeiteten Manufaktur-Kermanschah aus jüngster Zeit.
Khamsch (Chamseh) Gebiet bei Schiraz, mit bedeutender Teppicherzeugung der Sorten »Schiraz«, »Ghaschgha'i« und »Afschar«. Ein zweites Chamse gibt es in Nordwestpersien zwischen Mianeh und Ghazwin, dort werden Teppiche einfacher Art, im Hamadan-Charakter, hergestellt.

Khoi (persisch Choy) Iranische Stadt westlich von Täbriz, nahe der türkischen Grenze. Die dort und in der Umgebung hergestellten Teppiche haben Täbriz-Struktur, sind aber eigenartig gemustert. Die Qualität der Khoi-Teppiche wird geschätzt, sie haben gute Wolle, der Flor wird mit dem persischen Knoten geknüpft. Siehe das Bild rechts.

Khorassan Siehe unter *Chorassan.*

Khotan Siehe im 7. Hauptabschnitt unter *China-, Sinkiang- und Tibet-Teppiche.*

Khyrsek (persisch richtig, aus »Chorsak« verballhornt) Bezeichnung für kleine, grobwollige Teppiche, vor allem im Hamadan-Gebiet.

Kibitka Zelte der Turkmenen und Kirgisen.

Kibitka-Streifen Siehe unter *Teke-Turkmenen-Bänder.*

Kibla (Kiblah, Keblah) Bei den Mohammedanern die Richtung des Gesichtes nach Mekka, sobald man betet (siehe auch unter *Gebetteppiche*). Von alters her war die Richtung beim Gebet unter den orientalischen Völkern nicht gleichgültig, sondern festgelegt. Juden richteten das Antlitz nach Jerusalem, die Essener beteten in der Richtung zur aufgehenden Sonne usw. Der Prophet Mohammed verwendete in der ersten Zeit ebenfalls die Richtung nach Jerusalem. Enttäuscht über die Haltung der Juden, die seine Lehre nicht annehmen wollten, wählte er Mekka. Kibla ist die »heilige Richtung«, sie darf nicht entweiht werden. Im Hadith (Vorschriften der Überlieferung) wird z. B. ausdrücklich verboten, in Richtung Mekka auszuspucken oder gar nach dieser Richtung hin die Notdurft zu verrichten.

KILIM (persisch »gilim«, »gelim«; auch Kelim) Das sind in Wirktechnik, also nicht in Knüpfung, handgearbeitete Gewebe bzw. Teppiche. Sie werden außer im Orient auch im südöstlichen Europa in großen Mengen hausgefertigt. Ebenso in Indien (Deri), Bhutan, Sikkim, Nepal; China (Tibet, Mongolei); in Afrika (Algerien, Marokko, Tunesien, Äthiopien, Ägypten). Im Orientgebiet gibt es außer dem einfachen Kilim einige besonders ansprechende Techniken, so die des Sumakh-Teppichs, jene des Djidjim, des Sileh, dann des Verne- und des Schede-Gewebes, auch des Susanschird (letzterer ist im Grunde genommen, eine feine Nadelstickerei). Im wesentlichen lassen sich alle Kilim-Arten, der angewandten Technik nach, wie folgt gruppieren: 1. in Broschiertechnik, 2. in Stickerei- oder Nadeltechnik, 3. in Sumakh-Technik (rückseitig teilweise herabhängende Florfäden), 4. mit auffallend zusätzlichen Zierelementen,

Khoi (Khohy), Nordwestpersien

5. in verschiedenen Techniken nebeneinander angewandt, und 6. in die altbekannten sogenannten gewirkt-gewebten Kilims (so z. B. der jugoslawische »Piroter«-Kilim wie fast auch alle anderen Balkan-Kilims auf diese Art hergestellt sind, also ober- und unterseitig mit dem gleichen Muster).

Der Name Kilim kommt aus »gelim« = Gewebe, auch Dekke. In neuerer Zeit haben Kilims aus den Balkanländern bei uns viele Freunde gewonnen. Bei normalen Kilims ist die Musterung auf beiden Seiten gleich gut sichtbar und rein. Manche Knüpfteppiche der Turkmenen, Belutschen und auch da und dort in Kleinasien (z. B. Bergama) haben breite Ansatzborten, die mit Kilim-Stickerei versehen sind. Der Kilim steht bei der einheimischen Bevölkerung stark in Gebrauch, allerdings in billigen Ausführungsarten. Selbst bei »Leuten, die kein eigenes Wasser haben« (Ausdruck für Armut), findet man einfache Kilims. Der persische Dichter Saadi (1215–1292, Schiraz) verkündete: »Die ganze Welt genügt nicht dem Eroberer, ein halber ›Fladen‹ und ein Gilim dem Derwisch!« (Derwisch = Bettelmönch.) Siehe auch unter *Karaman.* Kilim-Interessierte, die genauer informiert sein wollen, finden im 8. Hauptabschnitt ausführliche Hinweise auf die verschiedenen Techniken samt Bildern.

Kilimdscheh Damit ist ein kleiner Kilim gemeint (und das Wort wird bei uns so gesprochen). Der Perser sagt »gelimtscheh«; der Türke würde einen kleinen Kilim als »küçuk kilim« bezeichnen.

Kilimlik Breit gewebte Beginn- und Abschlußborten an Knüpfteppichen, die kilimartig in Palas-Technik bestickt (oder durchwirkt) sind, werden so genannt. Sie kommen meist nur in turkmenischen oder azerbeidschanischen Erzeugnissen vor.

KIRGISISCHE TEPPICHE Auch in Kirgisien (Kirgisistan, Sowjetrepublik nördlich von Tadschikistan, im Osten an Chinesisch-Turkestan grenzend) werden außer Knüpfteppichen insbesondere auch farbige Filzteppiche, sogenannte »Schirdaki«, und gestickte Wandteppiche (genannt »Tusch-kiise«) hergestellt.

Die Bilder hier links und rechts zeigen moderne kirgisische Knüpfteppiche. Man erkennt, daß die Formen z. T. erstarrt sind und geradezu ein Verlebendigen herausfordern. Bei den Einheimischen heißt der kirgisische Teppich »Karkus«. Siehe auch unter *Filzteppiche.* Das Wort Kirgise stammt (einer Auslegung nach) aus »kir«, was Steppe heißt, und aus »kis«, was in der Bedeutung von »wandern« steht, also

Kirgisischer Knüpfteppich, 1957

Steppenwanderer, Nomade. Eine andere, mythische Auslegung sagt: In alten Zeiten geschah es, daß einem Chan (Fürsten) ein Sohn geboren wurde, der von scheckiger Farbe war. Der Fürst wollte ihn nicht töten, aber auch nicht inmitten des Stammes leben lassen. Er schickte daher diesen Sohn, als jener ein Jüngling geworden war, in die Wüste und gab ihm »Kır-kız« (d. h. »vierzig Jungfrauen«) mit, damit er dort ein neues Geschlecht gründe. Die Kirgisen (ein turktatarisches Volk, auch Kaisak geheißen) gliedern sich in die Kasak-Kirgisen, die im Gebiet der unteren Wolga bis zum Balchasch-See verstreut leben, und in die Kara-Kirgisen in den Hochtälern und an den Abhängen des Tienschan, des Pamir und im oberen Ili-Tal lebend. In der eigentlichen Kirgisischen SSR sind unter je 1000 Einwohnern nur 440 Kirgisen, dann 280 Russen, 130 Uzbeken, weiters Kasachen, Tadschiken und Uiguren. Hauptstadt ist Frunse (460 000 Einwohner), die Stadt hieß zuvor Pischpek, wurde 1926 nach Michail Frunse, einem sowjetischen Heerführer, umbenannt. Das vordem ärmliche, von Nomadenhirten besiedelte Land hat sich in den vergangenen Jahrzehnten unglaublich entwickelt, es wurde zu einem Industrieland. Man fand reiche Vorkommen an Erdöl, Kohle, Quecksilber und Antimon, am Fluß Narin, der durch eine schmale Schlucht des Tienschan fließt, wurde ein Kraftwerk errichtet, dessen Stausee es ermöglicht, 400 000 ha Boden zu bewässern. Die Schafzucht wird wissenschaftlich auf die Erzielung einer Rasse mit besonders feinem und langem Haar hin ausgerichtet. Die Republik hat schon 10 Millionen Schafe, ebenso wird der Baumwollanbau forciert, jährlich liefert Kirgisistan 180 000 bis 200 000 Tonnen Baumwolle. Die Seidenraupenzucht wurde ausgebaut; Wolltuchfabriken und Seidenwebereien entstanden – kurz: das Leben hat sich dort weitestgehend geändert. Die wenigen Teppiche, die jetzt noch von dort kommen (überall anders verdient man mehr), haben an Qualität gewonnen, sie sind sehr präzise gearbeitet.

Kirowabad Stadt und Bezirk in der Sowjetrepublik Azerbeidschan, mit bedeutender Teppichherstellung. Nicht zu verwechseln mit dem Kirowabad, das an der afghanischen Grenze in der Sowjetrepublik Tadschikistan liegt. Das azerbeidschanische Kirowabad hat schon verschiedene Namen getragen, so auch »Gendje« und »Jelisawethpol«. Der in dieser Gegend hergestellte Teppich wird aber selbst heute noch »Gendje« (siehe dort!) genannt, auch die Sowjets sind bei diesem Namen geblieben. In Kirowabad werden Teppiche mit Orientmuster auch fabrikmäßig hergestellt.

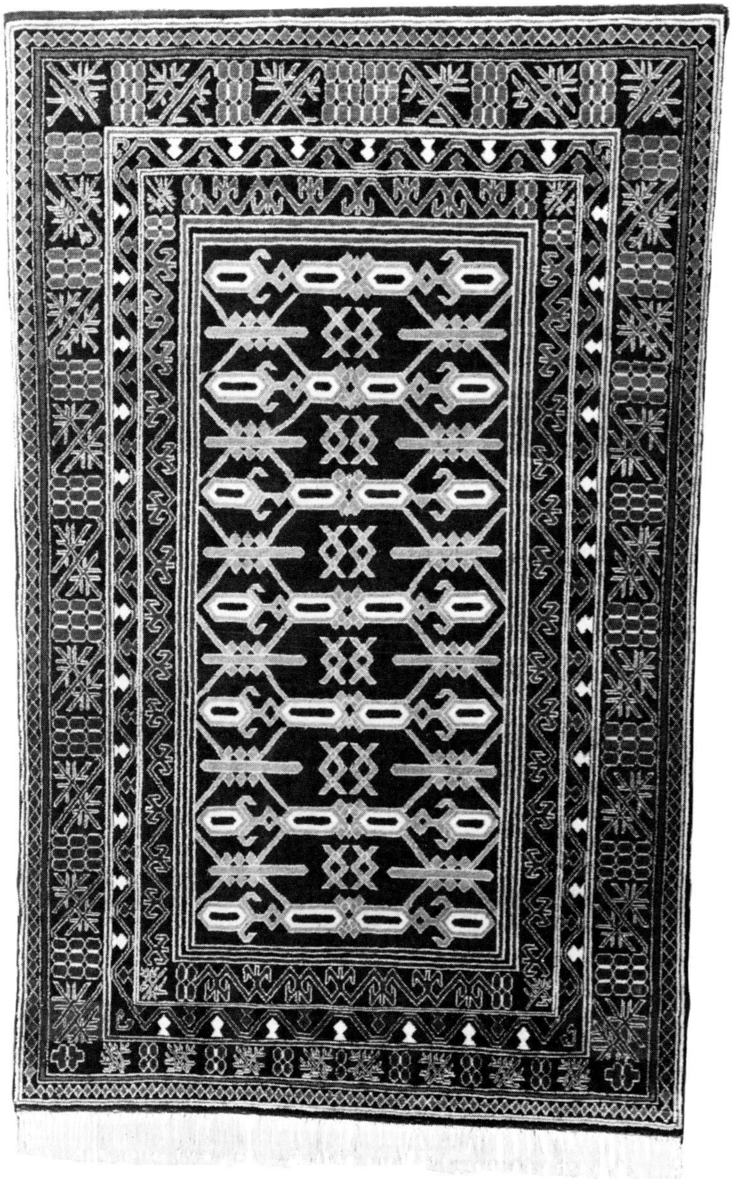

Kirgisischer Knüpfteppich, 1957/58

 Kırşehir, Kleinasien, Gebetteppich, 18. Jahrhundert

Kırşehir »Stadt des unbebauten Landes«, Provinzhauptstadt südöstlich von Ankara, in der verschiedene islamische Heilige begraben liegen. Altberühmte Teppicherzeugung mit einigen Spezialitäten. So gab es einen »Tiftik«, der aus Mohair-Wolle geknüpft wurde (Wolle der Mohair-Ziege, besonders feinhaarig), dann den »Perdelik« (kleiner Vorhang, kilimartig oder geknüpft) sowie den Çiçekli-Kilim (geblümter Kilim). Außer sehr vielen Gebetteppichen werden auch Reittaschen (Heybe, Heybelik) geknüpft. Ebenso kommen in neuester Zeit auch viele Läufer aus diesem Gebiet. Für den Teppichsammler sind fast nur alte Exemplare (vor 1910 bis zurück nach etwa 1850) interessant.
Die Kırşehir-Gebetteppiche ähneln denen des benachbarten Mudjur: sie tragen meist grasgrünes Feld mit abgetrepptem Mihrab. Oft ist im Hauptmihrab noch ein kleines Mihrab eingeknüpft. Fast immer findet man im Kırşehir die Giebeltreppe doppellinig gezeichnet, und zuweilen ist sie sogar dreifach vorhanden. Ein besonderes Kennzeichen des Kırşehir sind zwei schmale kirschrote Streifen in der Borte.
Das Bild links zeigt einen interessant-naiven Kırşehir (104 × 164 cm), der dem Ethnographischen Museum in Ankara gehört. Er ist dem 18. Jahrhundert zuzurechnen.

KISIL-AJAK (Kisil-Ayak) Die Kisil-Ajak, zu deutsch »Rotbecher-Leute«, sind ein Nomadenstamm in der Sowjetrepublik Turkmenien. Sie gehören zu den Ersari-Turkmenen, die am linken Ufer des Amu-darja zwischen Tschardschui und Belch (Handschi Salih) siedeln.
Es werden dort Teppiche von ausgezeichneter Qualität und in allen gangbaren Maßen geknüpft. Sie ähneln den anderen Turkmenenteppichen. Kette und Schuß sind aus Schafwolle oder aus Ziegenhaar (in neuester Zeit auch aus Baumwolle). Die Knüpfung erfolgt in Schafwolle, meist mit dem persischen Knoten, und zwar in einer Dichte bis zu 4500 Knoten je 1 dm². Wie bei den übrigen Turkmenenteppichen ist auch beim Kisil-Ajak die Hauptfarbe ein starkes, aber nicht unfreundliches Rot, manchmal mit Lilatönung. Die Musterung selbst erfolgt mit verschieden getöntem Blau, mit Weiß, Elfenbein und auch mit Grün. In der Regel sind mehrere Bordüren vorhanden. Man sieht in ihnen Strahlsterne, Sternkreuze, sägezahnbesetzte Rauten, Pfeilspitzenreihen, Dreieckbänder usw. Im Fond findet man gülartige Vielecke, umrahmt von hakenbewehrten, stark geometrisch gehaltenen Schmuckzeichnungen, in deren freien Feldern gern das

Opferstockmotiv untergebracht wird. Zuweilen treten aus dem dunklen Grund des Teppichs kleine Teile der Zeichnung blendend weiß hervor, andere schillern rötlich. Das kommt davon, daß man die weißen Stellen aus Baumwolle, die rötlich-violetten aus Seide geknüpft hat. Die Hersteller taten dies weniger um der Farbwirkung willen, sondern in dem Glauben, daß sich damit die bösen Geister bannen lassen.
Den Kisil-Ajak gibt es auch als Hatschlu (siehe unter *Hatschlu*). Die Bordüren sind bei der Hatschlu-Form an den Schmalseiten meist wesentlich breiter als an den Längsseiten. Oft sieht man in den Bordüren die Abwandlung des Tao-tie. Die gute Wolle, die dichte Knüpfung und die harmonisch gewählten Farben machen den Kisil-Ajak bei uns sehr beliebt und begehrt.
Man hat Kisil-Ajak immer mit »Rotfüßler« übersetzt, es hat aber zweifelsfrei »Rotbecher« zu heißen. Sie erhielten (noch ungeklärt, in welchem Zusammenhang) als besonderes Zeichen ihres Stammes den »Becher«, der ein Herrschaftssymbol war und der zuweilen auch in ihren Teppichmustern stilisiert aufscheint. (So auch rechts auf unserem Bild, das einen in jüngster Zeit von Sowjet-Turkmenen hergestellten Kisil-Ajak zeigt. Er ist 120 × 192 cm groß und hat 1700 Knoten je 1 dm².)

Kissaria Ein Berberteppich aus den Bergdörfern des Atlasgebirges (Nordafrika), meist einfarbig oder meliert, mit quastenartig abgebundenen Fransen. Der Flor ist hoch und ziemlich dicht.

Kiwa Siehe unter *Chiwa*.

Kız (sprich: Kıs) Das Wort bedeutet Mädchen oder Braut. Teppiche, die das Wort »Kız« ihrem Namen beigesetzt haben, sind meist solche, die von Bräuten für den Bräutigam angefertigt wurden.

Kız-Kilim Kilim-Gewebe, die von der Braut für den Bräutigam angefertigt wurden.

Kleinasiatische Teppiche Siehe die Aufstellung auf Seite 128 und anschließend unter den dort angegebenen Stichworten, auch unter *Anatolische Teppiche* sowie unter *Türkei (Anatolien)*.

Kokand Seinerzeit Sammelplatz für ostturkestanische Teppiche. Die Stadt liegt südöstlich von Taschkent, westlich von Margelan.

Koliyai Ein in der neueren Zeit sehr beliebt gewordener Teppich aus dem persischen Kurdengebiet (Westiran) in der Gegend von Songhor-Songar. Selten größer als etwa 4 m²,

Kisil-Ajak, Turkmene, Gegenwartserzeugnis

Konya, Kleinasien, 16. Jahrhundert

Konya, Kleinasien, 16. Jahrhundert

mit meist kasak-ähnlicher Musterung in dunklem Blau oder in leuchtendem Dunkelrot. Kette und Schuß sind aus Baumwolle, der mittelhohe Flor wird mit guter Bergschafwolle geknüpft, insgesamt gesehen: ein guter Kurdenteppich. Er kommt meist über Hamadan oder auch über Kermanschah (den Hauptort der Provinz), manchmal über Teheran zu uns. Siehe das Bild auf Seite 205.

Koltuk Siehe unter *Goltuk.*

Konagend (Konachkend) Südlich von Kuba, im sowjetischen Azerbeidschan. Die alten Teppiche von dort sind als edle Ware sehr geschätzt. Eine neueingerichtete genossenschaftliche Manufaktur bemüht sich sehr, den alten Ruf zu wahren.

Königs-Buchara Siehe unter *Gül* im Hauptabschnitt *Ornamente, Motive, Symbole* sowie hier unter *Buchara.* Obige Bezeichnung ist eigentlich nur eine europäische Phantasiebenennung, um für den »Teke« (= »Buchara«) einen besseren Preis zu erzielen.

KONYA Das alte Iconium, die Stadt liegt 260 km südlich von Ankara. Schon Marco Polo, der bedeutendste europäische Asienreisende des 13. Jahrhunderts, lobte ausdrücklich die herrlichen Teppiche Konyas. Im berühmten Mevlana-Derwischkloster, jetzt Museum, kann man auch heute noch Teppiche aus vergangenen Zeiten bewundern. Aus dem Gebiet um Konya kamen und kommen viele Teppiche, vornehmlich in Gebetteppichgrößen. Die Kette ist bei den älteren Teppichen des Gebietes aus Schafwolle, der Schuß aus rotgefärbter Schafwolle oder aus Ziegenhaar (sehr feines Haar!). Es wurde mit Schafwolle geknüpft, und zwar mindestens 1000 bis 1400 Knoten je 1 dm². Der Teppich trug bis zu fünf Bordüren und im Fond breite Achtecke mit Haken besetzt. Die Grundfarbe war meist Rot, aber es gab ihn auch in Blau oder Elfenbein. Charakteristisch für den Konya waren naturalistische Blumenzusammenstellungen oder einzelne Blumen auf dünnen glatten Stengeln, die auch »rhodische Lilien« genannt wurden. Diese Konya sind schon sehr selten geworden. Was heute als Konya ausgegeben wird, ist in der Regel der übliche anatolische Gebetteppich. Zum Konya-Gebiet gehören auch die Sorten Kavak, Karapinar, Obruk, Taşpinar usw. Siehe auch unter *Gebetteppiche* und unter *Türkei (Anatolien).* Hier links sieht man zwei Konya-Teppiche, beide stammen aus dem 16. Jahrhundert und sind besondere Wertstücke des »Türk ve Islam eserli müzesi« in Ankara.

Kork (Kurk) Eine Bezeichnung für feinste Flaumwolle. Ist das Wort einem Teppichnamen vorgesetzt (z. B. Kork-Isfahan), so soll das heißen, daß der Flor dieses Teppichs aus feinster Flaumwolle besteht (was jedoch nicht immer stimmen muß!).

Koschma Siehe unter *Filzteppich*.

KUBA (auch Kubba) Stadt im Gebiet von Baku, an der Kubinka (nicht zu verwechseln mit dem Kuban-Gebiet längs dem Fluß Kuban, der zum Asowschen Meer fließt), liegt in der Sowjetrepublik Azerbeidschan. Etwa um 1890 nannte man Teppiche, die aus dem Kuba-Gebiet kamen »Kubistan«, irrtümlich auch »Kabistan« und »Kabristan«. Auch heute noch wird verschiedentlich an diesem Namen festgehalten (siehe unter »Kabistan«). Der Kuba in den Maßen 120 × 180 bis 150 × 300 cm, zuweilen aber auch größer gearbeitet, trägt die Kette aus Schafwolle oder Baumwolle, den Schuß aus Wolle. Der kurze bis mittellange feinwollige Flor ist mit dem türkischen Knoten aus Schafwolle geknüpft und besitzt bei guter Qualität mindestens 1000 Knoten, bei besserer aber bis zu 1800 Knoten je 1 dm^2. Die Hauptfarben des Kuba sind Elfenbein, Rot und Blau. Dieser Teppich hat fast immer mehrere Bordüren. Die Seitenränder des Kuba sind oft mit blauer oder weißer Wolle ziemlich breit und fest umsponnen. Im Fond des Kuba finden sich zwei bis drei (manchmal aber nur einer oder auch zweieinhalb) Großsterne bzw. zur Sternart stilisierte Medaillons, deren Inneres wieder mit allerlei Mustern gefüllt ist, bisweilen mit Achtecken oder achtstrahligen kleineren Sternen usw. Es gibt aber auch Kuba, die hakenbesetzte große Medaillons von plattgedrückter Achteckform zeigen. Die Zwischenräume im Fond sind mit allerlei Rosetten, Haken, Sternchen ausgefüllt oder überhaupt leer gelassen. In den sowjetischen Knüpfschulen sind von den Volkskünstlern neue Kuba-Muster entworfen worden, die uns aber nicht so sehr zusagen wie die altgewohnten (siehe hierzu die Bemerkung unter *Azerbeidschan*). Der Kuba ist entfernt mit dem Schirwan verwandt, ebenso mit allen anderen Kaukasiern. Kuba-Teppiche tragen oft einen Abschluß mit blauem Sumakh-Stich in der Webborte. Auch beim Kuba gibt es (wie bei allen Kaukasiern) Unterarten, so den Konachkend, Kasuminkend, Chatschmas, Perepedil usw., Namen, die in Europa wenig gebraucht werden. Überdies ist die staatliche Ausfuhrstelle »Novoexport« (Moskau) daran, die Bezeichnungsvielfalt der kaukasischen Teppiche einzuschränken.

Kuba, Kaukasus

 Kuba, Kaukasus (Perepedilmuster)

Kuba, Kaukasus

Der Kuba-Teppich auf Seite 255 zeigt deutliche Anklänge an den Schwerter-Kasak, der Kuba auf Seite 256 rechts hat armenisch-azerbeidschanischen Einschlag. Das Bild auf derselben Seite links stellt einen modernen sowjetischen Manufaktur-Kuba mit Schirwan-Dagestan-Charakter (Art Perepedil) vor. Hier rechts ist ebenfalls ein moderner sowjetischer Kuba abgebildet, auf Seite 313 rechts ein außerordentlich ansprechender Kuba-Schirwan.

Kuduani Eine Belutsch-Sorte aus dem östlichen Chorassan mit sehr kurzem Flor, meist in ziemlich dunklen Farben gehalten.

Kugel-Teppich Anatolische Teppiche, die besonders reich das Tschintamani-Muster zeigen, werden im Handel so genannt. Siehe unter *Tschintamani* im Hauptabschnitt *Motive, Ornamente, Symbole.*

Kuhi-Teppiche (kuh = persisch »Berg«) Unter diesem Namen werden aus verschiedenen Gebieten Persiens (Luristan, Chorassan etc.) einfache, großgemusterte Teppiche auf den Markt gebracht, sie haben Kette und Schuß aus brauner Wolle, keine dichte Knüpfung; als Muster zuweilen stilisierte Tierdarstellungen, ansonsten Rauten. Es sind anspruchslose Stücke.

Kula In der westanatolischen Stadt Kula und ihrer Umgebung, unweit von Gördes, werden Gebetteppiche in den Größen 80 × 120 bis etwa 130 × 200 cm hergestellt. Alte Kula-Teppiche sind heute schon Raritäten. Neuere Kula sind nicht mehr so dicht geknüpft. Der meist kurze Flor besteht aus Schafwolle, ebenso der Schuß. Die Hauptfarbe ist bevorzugt Elfenbein, zu Goldgelb oder zu Honiggelb neigend, oder auch Blau und Rot, auch Steingrün kommt vor, die Muster sind vielfarbig. Der Teppich hat ruhigen Glanz. In der breiten, vielstreifigen Bordüre sieht man das Alligatormuster, Doppelblütenreihen oder Rosettenreihen (letztere »schobokli« genannt = Pfeifenrohr. Siehe die Bilder auf den Seiten 40 und 258 links. Dieses Pfeifenrohr-Muster kommt auch auf alten Gördes-Teppichen vor, siehe hierzu das Bild auf Seite 190. Sammler alter Teppiche wissen diese Pfeifenrohr-Exemplare zu schätzen!

Der Giebel (Mihrab) ist meist dreieckig abgeflacht oder auch leicht abgetreppt. Alte Kula-Teppiche besitzen bis zu zehn Bordüren, auch sind sie oft in Zwickel gearbeitet, was man an der Hinterseite in Form einer gezackten Linie deutlich sieht. Eine Besonderheit ist der sogenannte »Friedhof-Teppich« (siehe dort). Im wesentlichen sehen Kula-Teppiche denen von Gördes sehr ähnlich, jedoch sind sie

Kuba, Kaukasus

Kula-Gjordes, Gebetteppich, Kleinasien

 Kula, Gebetteppich mit Pfeifenrohr-Bordüre, Kleinasien

meist von gröberer Struktur. Auf Seite 258 rechts sieht man einen Kula-Teppich, der deutlich auch Gördes-Charakteristika trägt. Besonders dunkle Kula-Teppiche heißen Kömürdschi-Kula (»kömürci« = Köhler).

KUM-KAPU Dieser auch Kum-Kapi (türkisch = »Sandtor«) genannte Teppich wurde von geschickten Armeniern in Istanbul, beginnend um 1900, in außergewöhnlich schöner Qualität hergestellt. Es waren sehr feingeknüpfte (bis 1 Million Knoten je 1 m²), broschierte seidene Teppiche. Als Vorlage nahm man altpersische Hofmanufakturteppiche. Diese Luxusstücke wurden jedoch nur wenige Jahrzehnte lang erzeugt. Sie sind jetzt von Sammlern hochbegehrte Teppiche, nur selten gelangt einer aus der damaligen Zeit auf den Markt. 1964 wurde die schon eingestellt gewesene Manufaktur wiedereröffnet. Man bemüht sich abermals, Großartiges zu leisten. Tatsächlich sind die Teppiche von Hereke und jene von Kum-Kapu die feinsten unter allen gegenwärtig aus der Türkei kommenden Exemplaren. Sie werden jetzt meist nur in kleinen Formaten hergestellt, von einem halben bis 2,5 m², selten größer. (Nebenbei bemerkt: Kum-Kapu liegt im europäischen Teil der Türkei, und zwar im Stadtteil Lâleli bzw. im alten Stambul. Der Teppich ist also kein Anatolier, sondern eben ein »Türke«).

Kumükische Teppiche Sie zählen zu den südkaukasischen Teppichen (Dagestan-Derbent), da die Kumüken dort beheimatet sind. Diese Teppiche kommen zuweilen (irreführend) als Dagestan oder gar als Lesgistan auf den Markt, meist in Kilimart. Siehe Bild auf Seite 430.

Kürd Mit »Kürd« oder »Kordi« bezeichnet man allgemein Kurdenteppiche. Deh-Kord ist ein Teppich, der mehr von seßhaft gewordenen Kurden (»deh« = Dorf) hergestellt wurde und nicht von Nomaden. Ob Knüpfteppiche, ob Kilims: alle Kurdenerzeugnisse sind schön.

Kurden, Kurdistan Kurdistan ist das Land der Kurden (in alten Zeiten Karduschen geheißen), eines in Vorderasien weitverbreiteten Berg- und Hirtenvolkes. Politisch gehört es teils zu Sowjetrußland, teils zur Türkei, teils zu West-Iran, zu Syrien und zum Irak. Ebenso leben abgesprengte Volksteile der Kurden in Chorassan, in Nordsyrien und in noch einigen anderen Gebieten Asiens.

Alle Kurdenstämme knüpfen Teppiche, die sich in der Regel durch ziemlich dichten Flor und gute Wolle auszeichnen. Kurdische Teppiche, die in der Gegend südlich des Urmia-Sees hergestellt werden und über Mahabad, der Hauptstadt

Kum-Kapu, Türkei

 Kurdenteppich (einfache Art), Nordwestpersien

dieses Gebietes, in den Handel kommen, werden »Saudschbulak« genannt (richtiger »Sawdjbulak« oder »Saujbulak«, das ist »kalte Quelle«, wie Mahabad auf Kurdisch heißt). Der Kurde aber sagt weder so noch so, sondern im Dialekt »Sa-blagh«. Siehe auch unter *Mossul, Yürük* und nachstehend unter *Kurdenteppich*.
Die Kurden lieben sehr die Kilims. Im eigentlichen Kurdengebiet entstehen auch heute noch gut viermal mehr Kilims als Knüpfteppiche.
In den alt-iranischen Legenden geht die Rede davon, daß dem König Zohok eines Tages aus jeder Schulter eine schwarze Schlange wuchs. Ein böser Geist, der als Arzt auftrat, riet dem König, die Schlangen mit Menschengehirn zu füttern. Er hatte dabei die Absicht, das Land zu entvölkern. Zwei edle Perser, Ermail und Kirmail, wollten das durchkreuzen. Sie wurden Köche des Königs, und statt täglich zwei Menschen zu schlachten und mit deren Gehirn die Schlangen zu ernähren, schlachteten sie nur einen Menschen, dazu aber auch stets einen Hammel. Nach jeweils 30 Tagen schickten sie die dreißig Geretteten, ausgerüstet mit Frauen, Ziegen, Hühnern und Schafen, in die Wüste, damit sie sich dort verbergen. »Davon sind die Kurden entsprossen, Zeltbewohner ohne Gottesfurcht«, schließt die Legende.

KURDENTEPPICH Der Kurdenteppich kommt vornehmlich aus Nordwestpersien und aus den östlich von Mossul gelegenen weiten Gebieten. Soferne er keinen eigenen Namen hat (siehe Text und Bild unter *Mossul, Yürük* usw.), gilt die Allgemeinbezeichnung »Kurdenteppich«. Er ist noch immer ein Nomaden- oder Halbnomadenerzeugnis und besitzt auch heute noch starke Originalität und »Ländlichkeit«, was ihn zwar etwas derb, aber doch auch wieder ansprechend und gefällig erscheinen läßt. Da er dazu noch gut strapazierbar ist, wird er gern gekauft. Ein typisches Muster gibt es nicht, dazu ist das Gebiet zu verzweigt und von zu vielen Stämmen bewohnt. Der Kurdenteppich kommt in allen Läufergrößen vor, gern auch in Formaten von 80 × 150 bis 200 × 400 cm. Seine Kette ist aus brauner oder grauer Schafwolle (oft rot gefärbt), manchmal aus Ziegenhaar bzw. in neuerer Zeit aus Baumwolle. Der lange Flor wird auf türkische Art aus Schafwolle (zuweilen kamelbraun gefärbt) geknüpft.
Die Musterung ist sehr unterschiedlich. Als Hauptfarben findet man Blau und Rot. Die Knüpfmuster werden in vielen

Farben eingebracht. In den Bordüren findet man je nach engerer Heimat des Herstellers persische oder kaukasische, auch türkische Mischmuster. Manchmal sieht der Kurdenteppich entfernt dem Dschouschegan oder auch dem Muschkabad ähnlich. Siehe das Bild auf Seite 260.

Kurdschin Siehe unter *Churdschin*.

Kutais Stadt in der Sowjetrepublik Georgien. In der Umgebung werden gute Teppiche im Kasak-Charakter hergestellt, in mehr länglichem Format, etwa 110 × 190 bis 200 × 350 cm. Der Flor ist kürzer als beim Kasak, nur die Stücke aus jüngster Zeit haben längeren Flor. Kette, Schuß und Musterung siehe unter *Kasak*. Im Kutais findet man zuweilen das Mir-i-bota-Motiv oder auch den Lebensbaum, also (nahe dem Schwarzen Meer!) deutlich persischen Einfluß.

Das Gebiet von Kutais hieß lange hindurch Imeretien (das Kolchis der Antike). Die Bewohner sind stolz darauf, daß in ihrem Gebiet das angeblich älteste Herrschergeschlecht der Welt beheimatet ist: die Bagratiden, genannt Bagration. Sie sagen, es stamme in direkter Folge von König Salomon und König David ab, die Bagratiden seien Nachkommen von Moses und seien überdies durch Nebenlinien mit Jesus Christus verwandt. Sie waren berechtigt, den Königen von Armenien die Krone aufzusetzen, und sie führten in ihren Urkunden den stolzen Titel: »Ich, der gottgesegnete Bagration, König von Gottes Gnaden, Beherrscher des Landes, Nachkomme unseres Heilands Jesus Christus, Sohn der Könige Salomon und David, Erbe des Moses, rechtmäßiger Herrscher aller Herrscher …«, und die Aufzählung weiterer Titel ging noch minutenlang fort. Noch in den napoleonischen Kriegen tat sich ein Fürst Bagration als russischer Feldherr hervor. Sein Name wurde von den ihm treu ergebenen Truppen als »Bog-rati-on« gedeutet, was da ungefähr heißt: »Der Gott des Heeres ist er.«

LÂDIK Einige anatolische Orte führen diesen Namen. In der Regel wird aber in bezug auf Teppiche jenes Lâdik gemeint, das nordwestlich von Konya liegt.

Der Lâdik ist in der Zeichnung dem Konya einigermaßen ähnlich. Er zeigt ein schönes Rot oder sattes Blau (Kornblumenblau) als Hauptfarbe. Auch sind die Farben frischer und leuchtender als beim Konya. Den Lâdik, der an sich fast nur als Gebetteppich vorkommt, gibt es in den Größen 100 × 150 bis 130 × 200 cm. Die Kette ist aus Baumwolle oder aus rot gefärbter Schafwolle, der Schuß aus Schafwolle.

Lâdik, Kleinasien

Der mittellange (bei alten Stücken sehr kurze) Flor besteht aus Schafwolle. Normale gute Stücke der neueren Zeit haben etwa 1200 türkische Knoten je 1 dm².
Der Lâdik besitzt manchmal (einige cm breite) Webborten von rötlicher Farbe, nicht selten von einem gelben oder blauen Faden durchzogen. Die Fransen sind kurz und lose. Außer einer Hauptbordüre weist er mehrere Nebenborten auf. Die Bordüren zeigen stilisierte Blumen und Sterne. Das Gebetfeld ist fast immer abgetreppt. Die Feldmitte ist einfärbig rot. Fast nie fehlt das besondere Kennzeichen dieser Teppichart: Tulpen an langen Stengeln. Sie wachsen vom unteren Gebetfeldrand nach unten zur Borte. Meist sind es ihrer fünf Stück, seltener sechs. Zuweilen findet man statt der Tulpen auch Hyazinthen oder Granatapfelmotive, ebenfalls auf langen Stengeln sitzend. Die Türken sagen aber, bei den Blumen im Lâdik handle es sich um Mohn, der im nahen Afyon-Karahisar in großen Mengen angebaut wird (Opium-Gewinnung, »afyon« = Mohn). Das Gebetfeld ist beim alten Lâdik dreigiebelig. Es ist dies der sogenannte Kolonnen-Lâdik. Das Bild auf Seite 261 zeigt einen guten Lâdik (111 × 187 cm) aus dem 18. Jahrhundert, der Lâdik auf Seite 32 stammt aus dem 16. Jahrhundert.
Im gegenwärtigen türkischen Teppichhandel ist »Lâdik« im allgemeinen eine Typen- und Qualitätsbezeichnung für neue persisch-arabesk gemusterte Ware.

Laufmeter Horizontalreihe Diese im EG-Raum für alle EG-Länder verbindlich vorgeschriebene (äußerst unpraktische) zollamtliche Qualitätsbezeichnung für Orientteppiche ist im 3. Hauptabschnitt nach dem Untertitel *Knotenzahlen* ausführlicher beschrieben. Siehe dort!

Laver-Kerman Laver (eigentlich: Ravar) ist ein Ort nördlich von Kerman, wo besonders feine Kerman-Teppiche hergestellt werden.

Laver-Täbriz In Anlehnung an die Bezeichnung Laver-Kerman wird manchmal unrichtigerweise auch dem Täbriz (und anderen zentralpersischen Teppichen) das Wort »laver« als besondere Feinheitsbezeichnung vorangesetzt. (Das ist Handelsunfug!)

Lesgistan, Kaukasus

LESGISTAN Lesgistan ist eine Landschaft im Gebiet der kaukasischen Sowjetrepublik Dagestan, benannt nach den Ureinwohnern, den Lesghiern. Der dort hergestellte Teppich ist also mit dem Dagestan, dem Schirwan, Derbent usw. verwandt. Man kennt ihn in den Größen 100 × 140 bis 140 × 350 cm. Braune Schafwolle oder Baumwolle bildet seine Kette, braune Schafwolle seinen Schuß. Der meist höhere Flor entsteht aus Schafwolle durch den türkischen Knoten. Der gute Lesgistan hat 1200–1800 Knoten je 1 dm^2. Die Hauptfarbe dieses Teppichs ist ein frohes, leuchtendes Blau, zuweilen auch Elfenbein oder Rot. In der Hauptbordüre sieht man Sägezahnblätter, stilisierte Tulpenmuster (Weinglasmuster); die schmalen Borten sind mit Blütchen und Rosetten gefüllt. Die äußerste Borte zeigt zuweilen Barbierstangenmuster.

Im Fond befinden sich große aneinandergereihte Acht- oder Vierecke, meist rundum mit Haken besetzt. Ihre Innenflächen sind mit achteckigen kleinen Sternen gefüllt oder auch mit allerlei geometrischen Figuren, stilisierten Blüten, auch Hakenstangen und ähnlichen, typisch kaukasischen, streng linear gestalteten Motiven. Der Lesgistan ist weicher geknüpft als die ihm verwandten Sorten, und seine Musterung ist stärker geometrisch gehalten als bei jenen. Das schöne Blau des Lesgistan soll von der besonderen Qualität des Wassers in jener Gegend kommen. Auf Seite 262 ist ein typischer Lesgistan zu sehen; er wurde Anfang dieses Jahrhunderts hergestellt.

Levante Kleinasiatische Teppiche werden nicht nur als *Anatolische Teppiche* (siehe dort), sondern auch als »Levante-Teppiche« bezeichnet (aus dem Italienischen, wo »Levante« das »Morgenland« heißt). Diese Namengebung trifft jedoch nicht ganz zu, sie kommt aber auch nur gelegentlich vor.

Lilian Ein Ort ca. 70 km südöstlich von Arak, er liegt an den Hängen der Silachor-Berge, östlich von Burudschird. Die dort wohnhaften Armenier fertigen diesen großblumigen, meist blaugrundigen und schweren Teppich an. Er trägt glanzreiche Wolle, ist vollgriffig und weich. Die großen Palmetten in Fächern und Sträußen »tragen auf«, d. h. sie »wirken« sehr. Die Knüpfung erfolgt mit dem persischen Knoten. Mattes Rosa auf dunklem Indigo- oder Cremegrund machen den Teppich freundlich-bizarr. Es gibt sowohl in Lilian wie auch in der Umgebung (Kemereh) diese Teppiche in allen Größen. Sie kommen über Arak oder über Hamadan zu uns.

Lori-Pampak Siehe unter *Kasak*.

Lotto-Teppiche Diese Bezeichnung wird dann und wann verwendet, und zwar für Teppiche, die wir bisher noch immer »Holbein-Teppiche« nannten (siehe dort). Mit dem Zahlenlotto hat die Benennung Lotto jedoch nichts zu tun. Sie stammt vielmehr daher, daß – ähnlich wie es Holbein

Sogenannter »Lotto«-Teppich, Kleinasien, ca. 1700

Luristan, Persien

und andere Maler taten – der italienische Maler Lorenzo Lotto (* Venedig 1480, † Loreto 1556) auf seinen Bildern solche Teppiche dargestellt hat. Wie Holbein (siehe dort) große Muster, Quadrate, Hexagone und geschlossene Sternmedaillons auf den Teppichen (als schmückende Beigabe) in seinen Bildern darbot, manifestierte sich der Lotto-Stil in aufgelockerten, arabesk gehaltenen rot-blauen (oder rot-goldenen) Uschak-Typen. Siehe Bilder auf Seite 44, 45 und 263 sowie unter *Holbein-*, *Uşak-* und *Vogelteppiche.*

LURISTAN (nicht mit Laristan verwechseln!) Gebirgsland, das aus der Provinz Kermanschah in die benachbarte Provinz Chusistan reicht. Außer von Luren ist es von verschiedenen Kurdenstämmen und in seinem südlichen Teil schon von Bachtiaren (siehe unter *Bachtiari*) bewohnt. Der in Luristan hergestellte Teppich hat meist Läufermaße, also von etwa 90 × 160 bis 150 × 400 cm. Nomaden nehmen für die Kette Wolle, Manufakturen Baumwolle. Schuß und Flor (letzterer ist oft zottig lang) bestehen aus Schafwolle. Üblicherweise sind etwa 800 Knoten je 1 dm^2 vorhanden, es gibt aber auch dichter geknüpfte Stücke, die bis zu 1000 oder 1200 Knoten aufweisen. Die Hauptfarbe des Luristan zeigt oft ein recht düsteres Blau, nicht selten Rot, indes Elfenbein wenig vorkommt. Die Knüpfmuster sind meist auch wenig farbenfroh.
Im Mittelfeld kommen Großmedaillons vor, manchmal nur eines (es steht dann gern in einem größeren, wieder medaillonartigen Feld), gelegentlich untereinander aber drei (zwei fast nie). In den Innenflächen tragen sie Blumen, Sternformen und verschiedene Füllsel in stark geometrischem Genre. Zuweilen sind die Medaillonränder stark abgestuft, dann und wann so viel- und kleinstufig, daß sie wie »zittrig« aussehen. Das übrige Feld ist mit Sternen, Rosetten usw. rapportmäßig gefüllt, oft mit fliesenartiger Wirkung. Die Großmedaillons haben hin und wieder ampelartige »Anhängsel«. Die Luren behaupten, sie seien die Nachfahren der alten Meder. Luren-Teppiche werden zuweilen auch unter dem Namen »Chorammabad« angeboten.
Der Luristan wird gern gekauft. Das Bild links zeigt einen Luristan. Siehe auch unter Yahlameh.
Orientalische Händler, die Luristan-Teppiche über den Stapelplatz Isfahan in den Handel bringen, versuchen durch Prägung eines Namens »Isfahan-Lure« bessere Preise zu erzielen.

MAFRASCH Kaukasischer Ausdruck für große Taschen, Packtaschen, ähnlich den Kameltaschen, jedoch zwecks Raumgewinnung mit Seitenteilen versehen. Man benützt sie verschiedentlich im Zelt als Behälter für die Habseligkeiten, sogar auch als Kinderwiege bzw. als Schlafplatz für kleine Kinder. Sie sind an den Vorder- und Seitenteilen kilimartig gearbeitet oder auch florig geknüpft, meist mit besonderer Sorgfalt und bunt. Die Turkmenen bezeichnen als »Mafrasch« auch kleine und kleinste Aufbewahrungstaschen.

MAHAL Der »Mahal« benannte Teppich kommt aus dem Ferahan-Gebiet, das als Hauptort Arak hat (früherer Name: Sultanabad). Die Teppiche der in dem Gebiet liegenden Siedlung Muschkabad waren seinerzeit sehr geschätzt und wurden in Mengen nach Europa exportiert. (In Sultanabad hatten sich schon ab 1882 europäische Kaufleute niedergelassen, um sich vornehmlich mit dem Export von Teppichen zu befassen.) Durch die rege Nachfrage veranlaßt, sank die Qualität der Teppiche aus Muschkabad sehr ab, so daß sich schließlich der europäische Käufer von diesem so beliebt gewesenen Teppich abwandte. Man versuchte sich zu helfen, indem man unter den Namen »Mahal« gefällig aussehende Teppiche mit dem Herati-Muster in pastellartig wirkenden Farben mit zwar glänzender, aber nicht bester Wolle und ziemlich lose geknüpft (kaum mehr als 800 Knoten je 1 dm²) auf den Markt brachte. Auch sie wurden nur zögernd gekauft. Um die Zeit vor 1914 wurde der Mahal – in der Dessinierung vereinfacht, in der Wollqualität und Knotenzahl (400) weiter vergröbert – eine ob ihrer Billigkeit gängige Kommerzware und ist als solche auch heute noch auf dem Markt. Freilich findet man den Mahal zuweilen auch in besseren Stücken, vor allem kommen in letzterer Zeit sowohl Mahal- als auch Muschkabad-Teppiche (im Grunde genommen handelt es sich um das gleiche Erzeugnis) in recht ansprechender Qualität und nicht nur mit dem Herati-, sondern auch mit Blumenstraußmusterung auf den Markt.

Es gibt Mahal in Teppichgrößen bis 450 × 600 cm. Kette und Schuß sind aus Baumwolle, der Flor ist aus Schafwolle. In älteren Teppichen dieser Sorte ist die Schußwolle blau gefärbt. Man findet den Mahal zumeist mit dem türkischen Knoten geknüpft, es gibt aber auch Stücke mit dem persischen Knoten. Die Hauptfarbe im Mahal ist meist ein kupfriges Rot, manchmal ein Blau oder Elfenbein. Die Haupt-

Mahal, Persien

bordüre, auch bei großen Stücken nicht überbreit gehalten, ist meist von mehreren Nebenborten flankiert. Der Fond weist bei Herati-Füllung meist ein sehr großes, abgeschrägtes Medaillon auf, das nur die Ecken frei läßt, die dann oft in Creme gehalten und ebenfalls mit dem Herati-Muster ausgefüllt sind. Im allgemeinen sieht der Mahal wie der Muschkabad aus. Siehe das Muschkabad-Bild auf Seite 279 und das Mahal-Bild auf Seite 265.

Malayer (früher Dauletabad) Stadt südöstlich von Hamadan. Dort und in der Umgebung werden noch immer Teppiche hergestellt, wenngleich auch nicht mehr mit jener Akkuratesse, wie man sie früher pflegte. Immerhin kann man auch jetzt noch auf schöne Malayer-Teppiche stoßen, mit freundlichem Himbeer- oder Erdbeerrot im Fond. Jedenfalls sind Malayer in der Regel besser als normale Hamadan. Siehe Bild hier links, auch unter *Dauletabad* sowie unter *Hamadan*.

Mal-i-... Diese Bezeichnung sagt nichts als »Ware von ...«, also z. B. »Mal-i-Malayer« = Teppich von Malayer.

Mamelucken Name der ägyptischen Dynastie, 1257 bis 1517. Siehe auch *Damaskus-Teppiche.* (Mameluk war dagegen die Bezeichnung für die käuflichen Sklaven.)

Manufaktur Dieser seit dem 17. Jahrundert eingedeutschte Begriff besagt: »in Handarbeit gewerbsmäßig hergestellte Ware«. Im Orient und im Fernen Osten ist die Handarbeit auch in größeren gewerblichen Betrieben ausschlaggebend. So verstehen wir unter »carpet-manufacture«, daß die hergestellten Teppiche handgeknüpft oder handgewebt sind.

Margelan Stadt im Ferghana-Gebiet in Russisch-Turkestan. Margelan war Sammelplatz für alle Teppichsorten aus Chinesisch-Turkestan. Die dort gesammelten Teppiche wurden unter dem Namen »Margelan« in den Handel gebracht oder auch unter dem Namen »Samarkand«.

Marokko Früher von Europa wenig beachtet, haben die Marokko-Berber in jüngster Zeit geradezu phantastische Ausfuhrerfolge zu verzeichnen. Die BRD kauft jetzt jährlich mehr als 800 000 m² Teppiche von dort. Diese nordafrikanischen Teppiche, noch immer stark rustikal wirkend, sind sozusagen salonfähig geworden. Einige Zeit lang wurde die Sorte »hambel« (teils geknüpft, teils kilimartig gewirkt) ob ihrer farbfrohen, stark dekorativen Wirkung bevorzugt, jetzt aber liebt man wieder mehr die einfacher gemusterten Stücke. Siehe hierzu auch die Abhandlung und Bilder ab Seite 415.

 Malayer, Persien

MASCHHAD (allenfalls noch Maschhed geschrieben und gesprochen und nicht Meshed oder Mesched, das wäre schlecht anglisiert) Maschhad (auch Al-Maschhad, zu deutsch »Ort der Märtyrer«, aber auch »Maschhad-i-mukkadar« = »das heilige Maschhad« genannt) ist Hauptstadt der iranischen Provinz Chorassan (siehe auch dort) und ein berühmter Wallfahrtsort (Grab des heiligen Iman Risa) für die Schiiten. Auch der Kalif Harun al Raschid (786–809) liegt nahe von Maschhad in jenem Ort Tus begraben, wo 939 Firdausi (Firdusi), ein bedeutender persischer Dichter, geboren wurde. An sich heißt der in der riesig weiten Gegend um Maschhad erzeugte Teppich »Chorassan«.

Man findet den neuen Maschhad in den Größen von 120 × 180 bis 450 × 600 cm und zuweilen sogar größer. Auch quadratische Maschhad gibt es. Kette und Schuß sind aus Baumwolle, der Flor wird aus Wolle, entweder mit dem persischen (Farsibaf) oder mit dem türkischen (Turkbaf) Knoten geknüpft. Im Chorassan-Gebiet und auch in der Täbriz-Gegend kommt eine Knotenart vor, bei der man den Knüpffaden nicht über zwei Kettfäden, sondern gleich über deren vier zieht. Solcherart läßt sich schneller arbeiten, aber die Knüpfung wird dadurch weniger stabil. Dieser Knoten, vor allem in Uni-Flächen angewendet, heißt »dschufti« (»der doppelte«), hingegen führt der richtige, über zwei Kettfäden geführte Faden den Namen »taibaf« = »richtiger Knoten«. Der Maschhad zeigt oft viele Bordüren. Sie sind mit Blumen, Ranken oder mit Blütenzweigen gefüllt, als Hauptfarbe herrscht bei ihnen Blau oder Rot vor. Auch die Hauptfarbe des ganzen Teppichs ist meist Blau in ziemlich heller Tönung, zuweilen aber Rot oder Creme. Die Musterknüpfung erfolgt in vielen freundlichen Farben. Im Mittelfeld zeigt der Maschhad meist Großmedaillons mit Eckfeldern (Viertelmedaillons). Gelegentlich ist das Medaillon in seinem Kern einfarbig, und zwar in der Hauptfarbe des Teppichs, also dann meist blau. Da im Maschhad auch das alte Herat-Muster übernommen wurde, sieht man oft schöne Mir-i-bota-Formen und gefiederte Lanzettblätter. Besonders typisch ist das im Maschhad vorkommende sechzehnstrahlige Rundmedaillon. Das ist ein besonderes Kenn- und Qualitätszeichen.

Im Raume Maschhad, nördlich von Ghaen, liegt Dorochsch (Dorusch, Daroch, Darrukhs). Dort wurden früher hervorragende Teppiche hergestellt; nach vorübergehendem Absinken der Qualität kommen jetzt von dort zunehmend mehr sehr gut gearbeitete Teppiche in 7 bis 10 m² Größe.

Maschhad, Persien

Der Teppich aus Maschhad zeichnet sich, wie dies überhaupt bei allen Chorassan-Teppichen der Fall ist, durch weiche, glänzende Wolle aus. Leider tritt sich solche schneller als andere Wolle ab, und ein »Maschhad« wird, wenn man ihn stark begeht, nicht »generationenlang« voll brauchbar sein.

Aus dem südlich von Maschhad gelegenen Gonabad kommen reichlich Maschhad- bzw. Chorassan-Teppiche. Seite 267 zeigt das Bild eines guten Maschhad-Teppichs unseres Jahrhunderts.

Maschhad-Belutsch Eine über Maschhad kommende feine Belutsch-Sorte.

Maslawan (Masleghan) Der Maslawan, ein Kurdenerzeugnis, kommt aus der Gegend von Kardal (zwischen Teheran und Hamadan). Er ist in den Größen von etwa 100 × 180 bis 140 × 220 cm zu finden. Zur Kette wird Baumwolle, als Schuß Schafwolle oder Ziegenhaar genommen, den mittellangen Flor knüpft man mit dem türkischen oder auch mit dem persischen Knoten aus Schafwolle. Der Maslawan, der zu den neuen Teppichsorten zählt, wird mit der Knüpfung von 800 bis 1800 Knoten je 1 dm^2 hergestellt. Seine Grundfarbe ist in der Regel Rot. Er zeigt eine wenig auffallende Hauptborte und je eine Nebenborte. In der Feldmitte befindet sich immer ein Sechseck, wenngleich es oft durch Einschnitte, Einkerbungen usw. nicht augenblicklich in seiner Grundform als Sechseck erkannt wird. Um dieses Medaillon breitet sich ein größeres Feld mit in der Längsrichtung laufenden, scharfen Ausspitzungen, die wie große Sägezähne aussehen. Es läuft dann dieses Feld zu den Schmalseiten hin gassenartig aus. Die verbleibenden Eckfelder und das Innere des Sechseckmedaillons sind mustergleich gern in Längsreihen mit Blüten, Rosetten und Achtecksternen und Ähnlichem gefüllt. Die beste Maslawan-Sorte kommt aus der Siedlung Kardal. Das Bild links bringt einen typischen Maslawan. Für Maslawan sagt man auch Masleghan, für Kardal ist auch der Name Kardar bekannt. Im übrigen werden diese beliebten Muster in vielen Knüpfsiedlungen des Bezirkes Zarand bis gegen Arak geknüpft, sogar in Arak selbst und rundum in der Gegend.

Medschid-Teppiche (Medjidj, Medschidijeh) Medschid soll soviel wie »Moschee« heißen. Orientalische Händler geben mitunter Gebetteppiche als »aus Moscheen stammend« aus. In Tatsache verhält es sich so: Moschee heißt türkisch »cami«, gesprochen »dschami«, persisch heißt es »masdsched«. Weder das türkische noch das persische Wort ge-

 Maslawan (auch Kardal genannt), Persien

hört hierher, sondern: Sultan Abd ül mecid (gesprochen »medschid«, er regierte die Türkei von 1839 bis 1861) war sehr westlich, sehr modern, künstlerisch interessiert, und damals galt Frankreich als das führende Land Europas in punkto Kultur, Fortschritt und Mode. Er ließ nach französischen Vorbildern Teppiche entwerfen und sie auch knüpfen. Sie zeigten leichte, verspielt wirkende Muster und sind heutzutage bestenfalls in gegenwärtigen Nachknüpfungen zu erhalten.

MEĞRI Die Stadt Meğri heißt seit 1923 Fethiye, aber der Handelsname für diesen Teppich blieb bis jetzt erhalten. Der Teppich aus Meğri, das in Südwest-Kleinasien liegt und auch Makri genannt wird, führt nebenher den Namen Rhodos-Teppich, da die Insel Rhodos der Stadt gegenüberliegt. Den Meğri gibt es vor allem im Gebetteppichmaß, also etwa 100 × 170 cm, zuweilen aber auch in größerem Format. Kette, Schuß und der oft lange Flor bestehen aus Schafwolle. Je 1 dm² findet man bei minderen Stücken etwa 800, bei sehr guten Stücken jedoch bis 1800 türkische Knoten. Der Meğri hat in der Regel schmale Webborten und lange Fransen. Im Fond wird Blau, Rot und Elfenbein, seltener Grün verwendet, die Knüpfmuster sind vielfarbig, wobei Gelb sehr vorherrscht.
Der breitbordürte Meğri-Gebetteppich zeigt oberhalb der Gebetnische Blüten, Ornamente usf. In dem meist einfärbig gehaltenen Fond hängt oft eine Ampel nieder, an der Fondbasis ragen manchmal säulenartige Gebilde auf. Die zweite, häufiger vorkommende Meğri-Art hat den Fond mit zwei in Muster und Farbe unterschiedlich längsgerichteten Feldstreifen besetzt, die beiderseits mihrab-ähnlich enden. Man nennt diesen Typ »Brüderpaar-Teppich«. Hier rechts sieht man einen charakteristischen Meğri-Teppich.
Mekka-Gebetteppiche Orientalische Händler bieten den Touristen irgendwelche Gebetteppiche als »echte Mekka« an, womit sie vorgeben, dieser angebotene Teppich sei ein Pilgerteppich, der »schon in der heiligen Stadt Mekka war« und dadurch besonders »geweiht« sei. Diese Angabe soll den Interessenten kaufwilliger machen. (Aber: Zahlreiche Wallfahrtsteppiche für Mekka, die dann dort wirklich an Wallfahrer verkauft werden, kommen aus Europa und sind maschinengeknüpft, Ungarn ist ein Hauptlieferant für solche Ware!)
Melas Siehe unter *Milas*.
Meravan (Mehrewan) Siehe unter *Heris*.

Meğri, Kleinasien

 Meschkin, Nordwestpersien

Merw Eine Oase am Südrand der Sandwüste Karakum (»Schwarzer Sand«), in der Sowjetrepublik Turkmenistan. Merw, heute auch noch Mary genannt, ist Sammelplatz für Teppiche aus dem Oasengebiet selbst (4900 km²) und für solche aus Teimur und Pändschdih (russisch: Pende, Pendy, Pendeh). Bei den Eingesessenen heißt Merw »Kauschuttschan-kala«. Im 11. Hauptabschnitt kommen wir bei den *Turkmenenstämmen* noch ausführlich auf Merw/Mary zurück.

Meschkin Dieser Teppich kommt meist im Läuferformat aus den Siedlungen um Meschkinschar im Karadagh, ein Ort, der an der Straße liegt, die von Ardebil über Ahar nach Täbriz führt. Im Handel wird der Teppich meist Mischghin oder Meschghin genannt.

Kette, Schuß und Flor sind aus Wolle, die Farben werden dunkel gehalten. Der blütenbesetzte Grund zeigt Mir-i-bota-Formen oder Hexagone. Im allgemeinen ist eine leise Verwandtschaft zum Kasak zu bemerken; auch der Khigav kommt aus diesem Gebiet (Bild links). Ein Teppich der neueren Zeit.

Meyer-Pünter-Teppiche Der Schweizer Carl Georg Meyer-Pünter hat vor Jahrzehnten in Persien (er wurde auch persischer Generalkonsul) nach alten echten Vorlagen Teppiche von bester Qualität knüpfen lassen, aber nicht in den historischen Originalgrößen, sondern (aus Gründen der besseren Verkaufsmöglichkeit) in Größen, die den europäischen Wohnverhältnissen »angepaßt« wurden. So also gibt es z. B. eine von den Meyer-Pünterschen Knüpfern hergestellte, qualitativ hochstehende Nachknüpfung des weltberühmten Ardebil-Teppichs (siehe unter *Ardebil*) in den Maßen 343 × 500 cm, indes das echte Stück 534 × 1152 cm mißt. Der nicht minder berühmte Wiener Jagdteppich, dessen echte Größe 320 × 680 cm beträgt, hat bei Meyer-Pünter sogar zwei Größenvarianten: 250 × 500 cm oder 345 × 510 cm.

Carl Georg Meyer-Pünter hat nicht nur in Persien, sondern auch bereits in Pakistan verschiedene Teppiche nachknüpfen lassen. Ihm ist es dabei keineswegs darum gegangen, sein Vorgehen geheimzuhalten, im Gegenteil: er hat selbst öffentlich darüber geschrieben (siehe *Literaturverzeichnis*). Jede größere Bibliothek hat das Buch aufliegen.

Meymeh (Meymey) Meymeh liegt nordöstlich von Murdschechar, an der Straße von Isfahan nach Teheran. Von dort kommt ein Teppich im Dschouschegan-Murdschechar-Charakter, doch ziemlich kurz geschoren. Man arbeitet für den Export und fertigt alle erdenklichen Größen an, auch nach Sonderbestellungen, die aus Europa oder aus den USA kommen. Gute Stücke haben immerhin bis 1800 Knoten je 1 dm². Siehe das Bild rechts.

Mianeh Stadt, die auf halbem Wege zwischen Täbriz und Sendschan (Zandjan) liegt. Bis zur Jahrhundertwende wurden dort sehr schöne Teppiche hergestellt.

Mihrab Siehe unter *Gebetteppiche*.

Mikrach Ein guter Knüpfteppich aus dem Dagestan-Gebiet. Siehe das Bild auf Seite 191. (Früher nannte man solche Stücke »Gendsche«.)

MILAS (auch Milaso, Melaso) In Milas und Umgebung, im südwestlichen Teil Kleinasiens gelegen, werden Teppiche und Gebetteppiche in den Größen von 90 × 140 cm und auch größer hergestellt. Die Kette ist aus Schafwolle (nur bei den neueren Stücken aus Baumwolle) oder (seltener) aus Ziegenhaar, der Schuß aus Schafwolle. Kette und Schuß sind häufig gelb oder grünlichgelb gefärbt, wie man auch rotgefärbte Schußfaden findet. Der kurze Flor wird mit dem türkischen Knoten aus Schafwolle geknüpft. Der Milas trägt oft ziemlich breite, gelblich gefärbte Webborten, aber kurze und lose Fransen. Zuweilen weist der Milas bis zu sieben Bordüren auf. Die Hauptfarben sind Gelb, Rot, zuweilen ein leuchtendes Blau, sehr selten Grün und Beige. In neueren Teppichen findet man oft ein Grünbraun.

Die Knüpfmuster werden bunt gehalten, wodurch der Teppich frisch und lebendig wirkt. Zeigt der Teppich ein Gebetfeld, so ist dieses oft nur rechteckig, ohne Giebel, oder aber das Gebetfeld ist im oberen Teil beidseitig so sehr eingezogen (meist geradlinig), daß ein rhombusartiger Kopf entsteht. Beim Milas ohne Gebetfeld ist die Innenfläche gern in Längsstreifen zerlegt, die mäanderartige Feldeinteilung in abwechselnden Farben zeigt (im Meğri ähnlich!).

Schon unter *Gebetteppiche* brachten wir das Bild eines sehr schönen Milas-Teppichs. Und hier findet man auf den Seiten 272 und 273 weitere Bilder. Der Milas wird in mehreren Orten der Umgebung hergestellt. So gibt es z. B. einen Ada-Milas, Tahtac-Milas, Karaova-Milas. Alle Arten sind vorzüglich geknüpft.

Mille-Fleur-Teppich Eine europäische (französische) Bezeichnung für den unendlichen Rapport, wenn er aus vielen kleinen Blumen besteht (»mille fleur« = tausend Blumen). Das Muster ist oft im Teppich des Kerman-Gebietes zu sehen, auch in Pakistan knüpft man es gern.

Meymeh, Persien

Alter Milas, Kleinasien

 Milas, Kleinasien

Milas, Kleinasien

Milas, Kleinasien

Mir, Persien

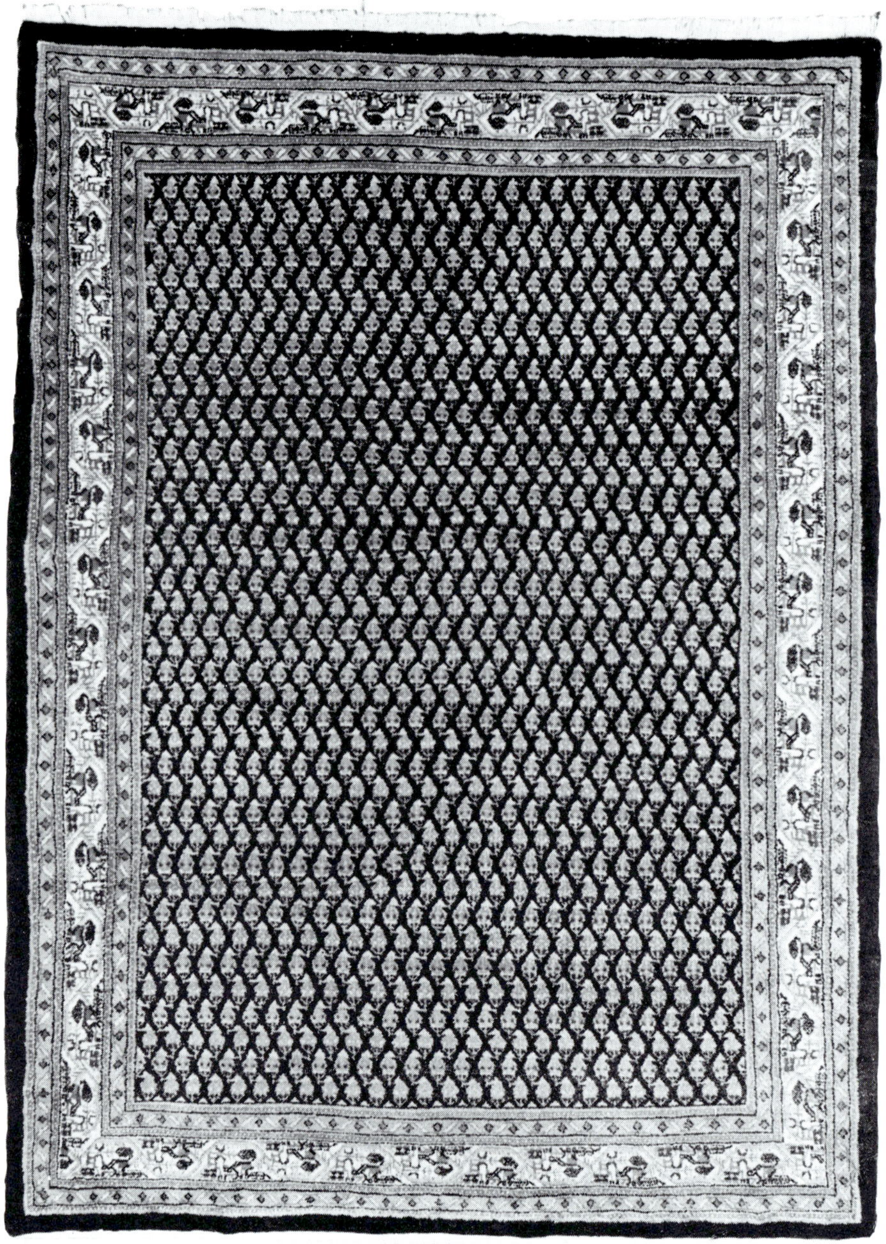

Mir, Persien

MIR Der Mir kommt aus dem Ferahan-Gebiet, er gilt als die feinste Serabend-Sorte. Es gibt ihn in unterschiedlichen Teppichgrößen, ebenso aber auch in sehr langen Läufern. Die Kette besteht aus Baumwolle, der Schuß aus Schafwolle, der kurze Flor ist auf türkische Art aus Schafwolle geknüpft. Daß der Mir zu den qualitativ sehr guten Teppichen gehört, geht schon aus seiner Knüpfdichte hervor: sie liegt selten unter 2500, steigt aber in ausgezeichneten Stücken bis zu 4000 Knoten je 1 dm^2 an. Der Mir führt als Hauptfarbe meist Blau, es kommen ebenso Rot und Elfenbein, selbst auch Grün vor. Die breiteren Bordüren tragen in der Regel Ranken und Arabesken, mäanderbandartig geführt, die schmalen Borten bringen Blüten und Blätter, auch Rosetten, dicht gereiht. Die innerste und die äußerste Bordüre sind oft mit dem Pfeilspitzmuster besetzt. Die Hauptborte zeigt sowohl im Mir wie auch im Serabend meist das Schekiri-Muster (siehe Detailzeichnung im 5. Hauptabschnitt unter *Schekiri*). Der Fond ist vorwiegend mit dem Mir-i-bota-Muster, in geraden oder versetzten Reihen, oder ebenfalls in gerader oder versetzter Folge mit kleinen Palmetten versehen. Da die Muster sehr klein sind und gewissermaßen an einen Floh erinnern, erhielt das Muster auch den Namen »Floh-Muster«, es ist das Hauptkennzeichen des Mir. Der Serabend, sein naher Verwandter (oder überhaupt aus dem Mir entstammend, denn der Mir gilt als sehr altes persisches Muster), sieht ihm sehr ähnlich, hält aber die Muster weitaus größer. Am beliebtesten ist der Mir mit Elfenbeingrund. Ob seiner dichten Knüpfung, der guten Wolle sowie des freundlichen Dekors wegen ist der Mir sehr geschätzt. Dr. J. F. Polak berichtete bereits 1865 in seinem Buch »Persien« über den »Mir«: »Ein Teppich mit einem oft sich wiederholenden Muster aus Ferahan, Krappgrund mit Palmen, unter dem Namen Flohteppich im Handel, ist wegen seiner Unvergänglichkeit sehr gesucht.« Seite 274 zeigt links einen typischen Mir-Läufer, rechts sieht man einen sehr gut gearbeiteten Mir der Gegenwart. In jüngster Zeit wird bei Arak der Saruk-Mir in großen Mengen hergestellt, in sehr guter Qualität, mit mehrfachen hübschen Bordüren versehen. Er wird gern gekauft.

Der alte, vor 1910 hergestellte Mir ist teurer als der (ebenfalls qualitativ gute) Mir der neueren Zeit (der Saruk-Mir). Bedenklich wird, daß Indien den Mir »nachknüpft« und daß der Name der indischen Stadt Mirzapur dafür herhalten muß. Alte Mir haben wenige Bordüren, Saruk-Mir sind bordürenreich, ebenso meist auch die indischen!

Mittelasiatische Föderation In der UdSSR bestehen Pläne, die zentral- bzw. die mittelasiatischen Republiken Turkmenien, Uzbekistan, Tadschikistan, Kasachstan, Kirgisistan und das autonome Gebiet der Karakalpaken zu einer »Mittelasiatischen Föderation« zusammenzuschließen, die u. U. den offiziellen Namen »Bundesrepublik Mittelasien« bekommen soll.

Mogan (Moghan, Mugan) Steppengebiet südwestlich von Baku, in der Sowjetrepublik Azerbeidschan. Die meist sehr feinwolligen Teppiche aus diesem Gebiet werden gern als Schirwahan (Schirwan) oder Mogan-Schirwan bezeichnet. Siehe unter *Schirwan*.

Mohair-Teppiche Um die Jahrhundertwende wurde in der Türkei damit begonnen, statt mit Schafwolle mit Ziegenhaar zu knüpfen. Man nahm dazu die feinsten, Mohair genannten Haare einjähriger Angoraziegen, die dort in den Gebieten Angora und Konya gezüchtet werden. Schuß und Kette bildete man aus Schafwolle. Die Musterung dieser Teppiche hielt sich an jene der übrigen dort vorkommenden Teppiche. Der glänzende Flor machte den Teppich sehr ansehnlich.

Molahkand (Mollah-kendi) Eine Teppichart aus Kaukasien, die Schirwan-Motive zeigt.

Montagnard-Teppiche Das sind Teppiche »aus den Bergen«, ein früher gebräuchlicher Name für Kurdenteppiche bzw. für den Yürük. Siehe *Yürük* und *Kurdenteppiche*.

Mossahbad (Musshabad, Mossabad) Landschaft in Chorassan, wo seit einigen Jahren Knüpfteppiche im »Buchara«-Charakter, also »Buchara«-Nachahmungen hergestellt werden. Die Musterung dieser Teppiche ist zwar ansprechend, die Knüpfung aber nicht sehr dicht. Die Kette besteht meist aus blendend weißer Baumwolle, zuweilen aber auch aus Schafwolle oder sogar aus Ziegenhaar.

MOSSUL (Mosul, Al-Mawsil) Mossul, im nördlichen kurdischen Irak gelegen, wird von der Bagdadbahn berührt. Die einst sehr rege Handelsstadt (heute ist sie als Umschlagplatz nicht mehr so bedeutend) war auch Sammel- und Handelsplatz für Kurdenteppiche, die in der weiten Umgebung, bis tief hinein nach Persien, hergestellt wurden. Auch die Teppiche des Bagscheich- und Hamadan-Gebietes kamen oft über Mossul in den Export. Heutzutage ist »Mossul« im wesentlichen nur noch eine Allgemeinbezeichnung für den Teppich der Kurdennomaden und -halbnomaden. Als solcher zeigt er vielartige Musterung mit kleinasiatischen, per-

 Mossul, Ostanatolien und Westpersien (Kurdenerzeugnis)

sischen und kaukasischen Merkmalen. Derzeit gelangen die meisten Mossul-Teppiche über Hamadan in den Export. Der Mossul hat oft eine gedämpfte, doch nicht unfreundliche Farbenwirkung. Grundfarben gibt es vom dunkelsten Blau bis Violettblau, die Einknüpfung erfolgt in Blau, Lila, Rot, Rosa-Tönungen, in Braun, Gelb, hin und wieder findet man auch etwas Grün.
An sich ist der Mossul, so wie der Yürük, der Teppich des einfachen Landvolkes. Seine Musterung spricht uns aber fast immer an. Den beliebten, gut strapazierbaren Teppich gibt es sowohl in Läufer- als auch in Brückenformaten. Hier links sieht man einen Teppich der Mossul-Art, und zwar ist er ein Gegenwartserzeugnis.
Mud (Moudh) Siehe unter *Chorassan*. Er gehört zu den besten Teppichen dieser Provinz.

MUDJUR (amtlich Mucur, gesprochen: Mudschur) In der Gegend um Mudjur, im zentralen Kleinasien, nahe dem Kisil Irmak gelegen, wird der Mudjur hergestellt. Fast nur im Gebetteppichmuster. Er gilt als der farbenfreudigste aller Anatolier mit oft mehr als acht Knüpffarben. Seine Größen sind 100 × 160 bis 125 × 195 cm. Die Kette besteht aus Baumwolle, zuweilen aber auch aus Schafwolle oder aus Ziegenhaar. Der Schuß ist oft aus rotgefärbter Schafwolle, der Flor aus Schafwolle wird mit dem türkischen Knoten gefertigt. Die Hauptfarbe des Teppichs zeigt in der Regel ein schönes starkes Rot, mitunter auch ein Blau oder Elfenbein. Er trägt eine Hauptbordüre und meist mehrere Nebenborten. Die Hauptbordüre ist mit fliesenmäßig aussehenden stilisierten Sternen und Blumen ausgelegt, die gelegentlich durch waagrechte Blütenstreifen voneinander getrennt sind. In den Bordüren wird viel freundliches Gelb verwendet. Die Nebenborten tragen kleine Blüten und Ranken, alles stark stilisiert, auch Dreieckmuster, Zickzacklinien usw. finden sich vor. In jeder Borte dominiert eine andere Hauptfarbe. Das meist einfarbige Gebetfeld hat fast immer zwei oder drei breitere Säume, was (ähnlich wie beim Lâdik) dann so aussieht, als seien auf dem großen Gebetfeld einige immer kleiner werdende Gebetfelder aufgelegt. Der Giebel, ebenfalls mehrsäumig, ist abgetreppt. Die freien Dreieckflächen oberhalb des Mihrab sind manchmal einfarbig oder ganz mit Blütenmustern usw. gefüllt. Zuweilen zeigt das Gebetfeld einen stilisierten Lebensbaum. Neue Mudjur wirken oft grell. Siehe auch unter *Kırşehir* (die beiden Teppicharten ähneln einander sehr) und die Bilder hier rechts.

Mudjur, Gebetteppich, Kleinasien

Mudjur, Gebetteppich, Kleinasien

Murtschechort, Persien

Multan Stadt in Westpakistan, war schon vor 100 Jahren ein wichtiger Teppichherstellungsort. Durch die »Gefangenenhausteppiche« ging der gute Ruf verloren. Seit einigen Jahren müht man sich, ihn wieder zurückzugewinnen. Siehe auch im 7. Hauptabschnitt die Darlegungen über Teppiche aus Indien und aus Pakistan.

Murtschechort (Murchehkhort, Mürcheh-Khort) Nördlich von Isfahan gelegener Ort mit ansprechender Teppicherzeugung in Dschouschegan-Art. Die Herstellung dieser Teppiche begann man erst vor wenigen Jahren. Anfangs beschränkte man sich auf kleine Maße, jetzt gibt es schon alle gebräuchlichen Größen. Der Murtschechort hat bei uns rasch Eingang gefunden, er ist beliebt, zumal er gut strapaziert werden kann. Der Murtschechort gilt als ein naher Verwandter des »Meymeh« und auch des »Dschouschegan«. Siehe das Bild hier links.

Musalla Arabische Bezeichnung für den Gebetteppich, abgeleitet von »salla«, was »beten« heißt (»musalaha« = »Friedensschluß«).

MUSCHKABAD Der Muschkabad kommt aus dem Bezirk Arak (früher Sultanabad geheißen) im westlichen Persien (Ferahan-Gebiet). Die Siedlung Muschkabad liegt an der Straße, die von Arak nach Ghom führt. Der nach ihr benannte Teppich wird aber zum wenigsten dort hergestellt, sondern in verschiedenen Dörfern rund um Arak. Die Qualität dieser Sorte war schon sehr abgesunken, doch hat sie sich wieder erholt.

Die Hauptfarbe des Muschkabad ist kupfergetöntes Rot, manchmal auch Blau oder Creme. Die Knüpfmuster sind ziemlich bunt. Das Mittelfeld ist typisch mit auffallend großen Blumen durchgemustert, die zwar ziemlich naturalistisch aussehen, aber doch im wesentlichen an Achtecke erinnern. Großräumige Ranken durchziehen das Mittelfeld so, daß zuweilen der Eindruck von Großmedaillons entsteht. Den großen Blumen ist gern heller Grund unterlegt, so daß sie stark herausleuchten. Außer solch großblumiger Zeichnung ist dem Muschkabad auch das Ferahan-Muster (Herati-Muster) eigen. Im wesentlichen gilt für diesen Teppich das, was unter *Mahal* gesagt wird.

Der auf Seite 279 dargestellte Muschkabad gehört zu den neuen, wie vorerwähnt wieder wesentlich sorgfältiger gearbeiteten Stücken. Aus der Siedlung Gili, südlich von Arak, kommen viele dieser Teppiche. Auch manch andere Orte des Gebietes Arak stellen Muschkabad-Teppiche her.

Muschkabad, Persien

Nachitschewan Autonome Sowjetrepublik im Süden der Azerbeidschanischen SSR mit der gleichnamigen Hauptstadt. Neue russische Teppichproduktion im Azerbeidschan-Charakter.

Nachl-i-Frangh Ein in Persien gebräuchlicher Name für Teppiche, deren Muster von Europäern beeinflußt ist (»frangh« = Franke, Gesamtname für Europäer), vor allem für Teppiche mit großen Blumenmustern (Aubusson-Art).

NAIN (Najin) In dieser etwa 120 km östlich von Isfahan gelegenen Stadt und ihrer engeren Umgebung werden die teuersten iranischen Gegenwartsteppiche hergestellt, mit einem Anklang an die Isfahan-Muster.

Beim Nain, der erst nach dem Zweiten Weltkrieg so richtig auf den Markt kam, gab es anfänglich nur hochedle Wert- und Qualitätsarbeit aus bestem Rohmaterial. Die Herstellung dieser Spitzenleistung der Teppichknüpfkunst des 20. Jahrhunderts lag in nur wenigen Händen, und man war sorgsam darauf bedacht, die außerordentlich hohe Qualität beizubehalten. Der damalige Nain hatte bis zu 10 000 Knoten je 1 dm². Er wurde in allen gängigen Größen hergestellt und notierte auf der Teheraner Teppichbörse lange hindurch oft mit dem Dreifachen des Wertes guter Kaschan-Teppiche und bis zum Zehnfachen der Hamadan-Ware. In jüngster Zeit kommen Nain-Teppiche auf den Markt, die nicht mehr diese vorerwähnte Qualitätshöhe besitzen. Sie sind zwar immer noch sehr gut, aber man hat sich doch verleiten lassen (wie man es in Kaschan, Kerman und auch in Isfahan tat), neben ausgesprochen hervorragenden Qualitäten nun auch andere herzustellen.

Typisch beim Nain ist, daß Seide (beste Qualität) als Kontur von Ornamenten geknüpft wird, weniger als Muster selbst. Ferner typisch die Farbstellung: Blautöne, Beige, Grau, ähnliche Nuancen; kein Rot, kein scharfes Grün! Wenn Rot, dann ist dies stilwidrig oder in Isfahan geknüpft, wo man solche »Nain« anfertigt. Äußerst feine Nain-Teppiche werden auf Seide geknüpft und können dann bis zu 14 000 Knoten je 1 dm² aufweisen. Der Nain wird in der Regel in Brückenformaten (oder noch kleiner), gelegentlich aber auch in Größen bis 200 × 300 cm hergestellt. Kette und Schuß sind meist aus feingezwirnter Baumwolle (sichert gutes Aufliegen des Teppichs), der Flor besteht aus feingezwirnter Wolle. Auf den Seiten 280 und 281 sieht man vortrefflich gearbeitete Nain-Teppiche. Derzeit kommen Nain-Nachahmungen auch aus Pakistan. (Siehe Näheres im 7. Haupt-

280

Nain, Persien

Nain, Persien

Nain. Blick in eine Ein-Personen-Knüpfstätte.
Ungeachtet der Einfachheit wird hier Präzisionsarbeit geleistet.

abschnitt.) Das Bild links zeigt, daß man die wunderschönen Nain-Teppiche dort auch im einfachsten Hausbetrieb herstellen kann. In Nain wurde vor 1914 nur da und dort geknüpft, meist nach Vorlagen aus Isfahan (jetzt ist es fallweise umgekehrt). Erst nach dem Ersten Weltkrieg weitete sich das Knüpfen aus, und die vordem mehr geübte Wollstoffweberei schrumpfte.
Die Umwicklung der Seitenkanten ist beim Nain meist rot gefärbt und verläuft fast immer über sechs Kettfäden.

Namad (Nämäd, Namat, Nemat usw.) Unter Namad versteht man einen Filzteppich, den man zum Schutz auf andere, wertvollere Teppiche legt. Siehe auch unter *Filzteppiche;* in manchen Gegenden wird allerdings auch der Gebetteppich mit Namat, Namasi, Namazlik, Namaz usw. benannt. Im Handel bezeichnet man kleine Teppiche als »Namasi«. Dscha-namaz (oder djanamas) ist persisch und heißt »Gebetteppich«, wörtlich »Platz (dscha) des Gebetes«. Die Türken und Turkmenen nennen den Gebetteppich meist »namazlik«, gleichgültig, ob er gewebt oder geknüpft ist. (Siehe auch *Sadschadeh*.)

Niĝde-Gebetteppich Niĝde ist eine Stadt östlich von Konya. Die aus der dortigen Gegend stammenden Gebetteppiche haben steife, hochragende Giebelformen, treppenartig ausgebildet. An sich sind sie sehr einfach in der Zeichnung. Siehe auch unter *Gebetteppiche.* Der Niĝde (gesprochen: Nihde) gehört dem Typus nach zum Knüpfgebiet Maden-Yahyali.

Nimbaf Siehe unter *Golbarjesteh,* wo man auch Bildhinweise findet.

Niris (richtiger Niriz, gelegentlich auch Neyriz) Östlich von Schiraz liegt der Niriz-See (auch Bakhtegan-See genannt), weiter südöstlich die Stadt Niriz. In diesem Raum wird von Afschar-Nomaden der Niriz-Teppich hergestellt. Südwestlich von Niris liegt Estahbanat. Auch die dort und in der Umgebung hergestellten Teppiche gehen meist unter der Bezeichnung »Schiraz« oder »Afschar« in den Handel. Siehe unter diesen beiden Suchworten.

Nomadenteppiche Ist die Kette eines nicht zu großen Teppichs aus Schafwolle oder Ziegenhaar, dann hat man es in der Regel (aber nicht immer!) mit einem Nomadenteppich zu tun. Der von Nomaden hergestellte Teppich kann nicht die genaue Form und auch nicht die genaue Knüpfung einhalten, wie der in der Hausindustrie oder in der Manufaktur angefertigte. Der Nomade bricht immer wieder seine Zelte ab und wandert weiter; damit muß auch die Arbeit des Knüpfens ausgesetzt, der Knüpfstuhl abgebaut und dann neu aufgestellt werden.
Der Nomadenteppich ist wahrhaftig der ursprüngliche Teppich. Er hat seinen Wert auch dann, wenn die Farben Stufen (verschiedene Töne, Nuancen) zeigen, wenn er im Format »zipft« oder Hauben wirft. Allerdings: Weist der Teppich im stärkerem Ausmaß solche Falten (Gis), Blasen oder Hauben auf, dann verliert er an Wert, denn er tritt sich just an diesen Stellen stärker ab und wird vorzeitig unansehnlich. Man vergesse auch nicht, daß das Zipfen des Teppichs oft genug genauso absichtlich herbeigeführt wird, wie man Blasen absichtlich erzeugt. Denn der Orientale hat längst bemerkt, daß der Europäer solche »Anzeichen der Echtheit« eines Nomadenteppichs sucht und liebt. Der sauber und genau gearbeitete Nomadenteppich wird aber natürlich höher geschätzt. Westturkestan hatte einst die meisten Nomaden. In Iran sind etwa 20 % der Gesamtbevölkerung Voll- oder Halbnomaden. Sowjetrußland schränkt das Nomadendasein immer mehr ein, es versucht, die Nomaden seßhaft zu machen, um sie in den riesigen Landwirtschaftskombinaten Armeniens, Azerbeidschans und insbesondere in jenen Turkmeniens (Baumwoll-, Seiden-, Obstkulturen) als ständige Arbeitskräfte zu haben. Aber nicht nur in Sowjetrußland, sondern auch in der Türkei und in Iran versucht man, das Nomadenwesen einzuschränken.

Odschalik (Odschaklik) Siehe unter *Asylteppich.*

Orientteppiche mit »Europa«-Mustern Beim Kauf vorsichtig sein! Aus der Knüpfart usw. lassen sich manche Rückschlüsse ziehen. Es kann sich um Teppiche handeln, die auf Wunsch von Europäern im Orient in dieser Art angefertigt wurden oder die ein orientalischer Kaufmann, der mit Europa Kontakt hatte, absichtlich herstellen ließ, um »ins Geschäft« zu kommen; es kann aber auch ein in Europa geknüpfter Teppich sein (dann hat er meist eine Musterung, die völlig zusammengewürfelt ist).

Osmolduk (Asmaluk) Fünfeck-Teppiche, stets paarweise gearbeitet, schmücken die Flanken des Braut- bzw. des Festzugkamels. Sie werden oft zu Taschen erweitert. Bild Seite 227 oben rechts.

Ostturkestan Siehe die Einleitung zu diesem Hauptabschnitt (Seite 128), dann auch unter *Chinesisch-Turkestan* (Seite 166) und ausführlich im 7. Hauptabschnitt unter *China-, Sinkiang- und Tibet-Teppiche.*

Pakistan-Teppiche Siehe ausführlichen Text samt Bildern im 7. Hauptabschnitt.

 Panderma (auch Istanbul genannt), Kleinasien, 18. Jahrhundert

Palas-Teppiche Dieser Begriff wandert durch den ganzen Orient und besitzt zonenweise andere Bedeutung. Das Wort ist bis jetzt sprachlich und etymologisch nicht geklärt. An sich bezieht sich das Wort lediglich auf einen Webteppich, ohne Einzelmuster, sondern mit horizontal von Kante zu Kante verlaufenden Farbstreifen. Meist werden Palas-Gewebe nur schmal gewebt, so daß man allenfalls zwei oder sogar drei solcher Webbahnen zusammennähen muß, will man etwa eine Deckenbreite oder einen Vorhang daraus machen. Das Wort ist weder rein persisch noch türkisch, im Turkmenischen wird es ebenfalls als Palas oder als Palos gebraucht. Im Russischen heißen schlicht breit gestreifte gewebte Stücke (einfacher oder besserer Ausführung) »palasovye polosy«, womit man eigentlich nur das Streifenmuster meint. Kilims minderer Qualität und gewöhnlicher Verwendungsart werden »palaspare« genannt, der richtige Kilim-Teppich heißt jedoch »polosatyje kilimy«.
Normale Palas-Webereien (also Streifenmuster im Grundgewebe) findet man fast immer auf den Rückseiten geknüpfter Taschen, Torbas, Churdschins usw. Im Persischen bedeutet »Palas« einfach »grober glatter Wollteppich« oder »grobes Gewebe« (Wolltuch), wie es von Derwischen getragen wird. Im Türkischen heißt »palaspare« sogar nur noch Lappen, Lumpen, Wertloses, Schäbiges.
Schon aus der Verschiedenartigkeit der Bezeichnungsbedeutung geht hervor, daß »Palas« keine Sortenbezeichnung ist und daß mit diesem Wort bereits reichlich Verwirrung angerichtet wurde. Vergleiche hierzu auch die Ausführungen im 8. Hauptabschnitt!

PANDERMA Diese Teppichsorte, die im 19. Jahrhundert und bis in die ersten Jahre unseres Jahrhunderts herein geknüpft wurde, entstand in jener Stadt am Marmarameer, die jetzt Bandirma heißt. Diese alten »Panderma« waren sehr gesucht. Um 1900 begann man aber damit, in großem Maßstab und systematisch neue Teppiche künstlich »alt« zu machen; man wandte allerlei Mätzchen an, um dies zu erreichen: man versah die Teppiche mit Rissen, fabrizierte Löcher, die man »kunstvoll« stopfte, bleichte die Farben aus und vieles mehr. Diese Vorhaben scheiterten bald so sehr, daß jetzt in Bandirma überhaupt nicht mehr geknüpft wird. Der »Panderma« der Gegenwart kommt aus den Knüpfereien von Kayseri, und wenn man Seide verwendet, so ist diese nicht von bester Qualität. Oft genug ist sie Kunstseide (sogenannter Kayseri-Flosch). Wirklich alte

Panderma (man nennt sie zuweilen auch Istanbul) sind gesucht und sehr teuer.
Der heutige Panderma-Gebetteppich (der auch in Pakistan gern nachgeknüpft wird) hat in der Regel zwei Säulen, die den Mihrab-Bogen tragen. Das Aussehen des neuen Panderma ist nicht ungut, viele Leute lassen sich daher zum Kauf dieser Sorte herbei. Als Bodenbelag ist er aber weniger zu empfehlen. Seite 284 zeigt einen Panderma aus dem 18. Jahrhundert. Hier rechts sieht man einen Panderma aus diesem Jahrhundert.

Parther Reiter- und Nomadenvolk, welches unter den Arsakiden das Land Parthien beherrschte, das ungefähr der heutigen ostiranischen Provinz Chorassan entsprach. Dieses selbständige parthische Reich wurde 256 v. Chr. gegründet. Die größte Ausdehnung erreichte es im 1. Jahrhundert v. Chr.: alle Länder zwischen Euphrat und Indus, zwischen dem Kaspischen Meer und dem Indischen Ozean standen unter seiner Herrschaft. Gegen die Römer kämpften sie wiederholt mit Erfolg. (Siehe hierzu einschlägige Geschichtsliteratur.)

Pasyryk-Teppiche Siehe Texte und Bilder auf den Seiten 21 und 24 sowie im 11. Hauptabschnitt.

Peking (Peiping) Peking, zu deutsch »nördliche Hauptstadt«, war und ist Sammelplatz für chinesische Teppiche. Näheres im 7. Hauptabschnitt! In der neuen, amtlich vorgesehenen Aussprache soll nicht mehr »Peking«, sondern »Beijing« gesagt werden.

PENDEH (Pende, Pandeh, auch Pandjih, Pändschdih, Pendik, Pendsch-Deh) Ort mit weitem Umgebungsgebiet südlich Merw (siehe dort), vornehmlich von den Saryk-Turkmenen bewohnt. Politisch liegt das Gebiet in der Sowjetrepublik Turkmenistan. Der Name der Landschaft soll aus dem Persischen »pandsch« (= fünf) kommen, angeblich deshalb, weil sie von fünf Völkerstämmen bewohnt ist. Die dort hergestellten Teppiche sind von hoher Qualität. Sie werden zu Unrecht gern als »Buchara« angeboten, weil sie ihm ähnlich sehen, obgleich die Stadt Buchara gut 500 km entfernt liegt. Auch der Name Pendeh-»Buchara« ist unangebracht und irreführend. Der Pendeh ist so gut, daß er für sich allein gelten kann.
Den Pendeh gibt es in kleinen und großen Maßen, stets in sauberer Knüpfung. Wie beim »Buchara« (Teke) und beim Jomud (der Pendeh ist mit ihnen einigermaßen verwandt) ist ein starkes, sattes Rot die Hauptfarbe. Geknüpft wird

Panderma (auch Istanbul genannt), Kleinasien

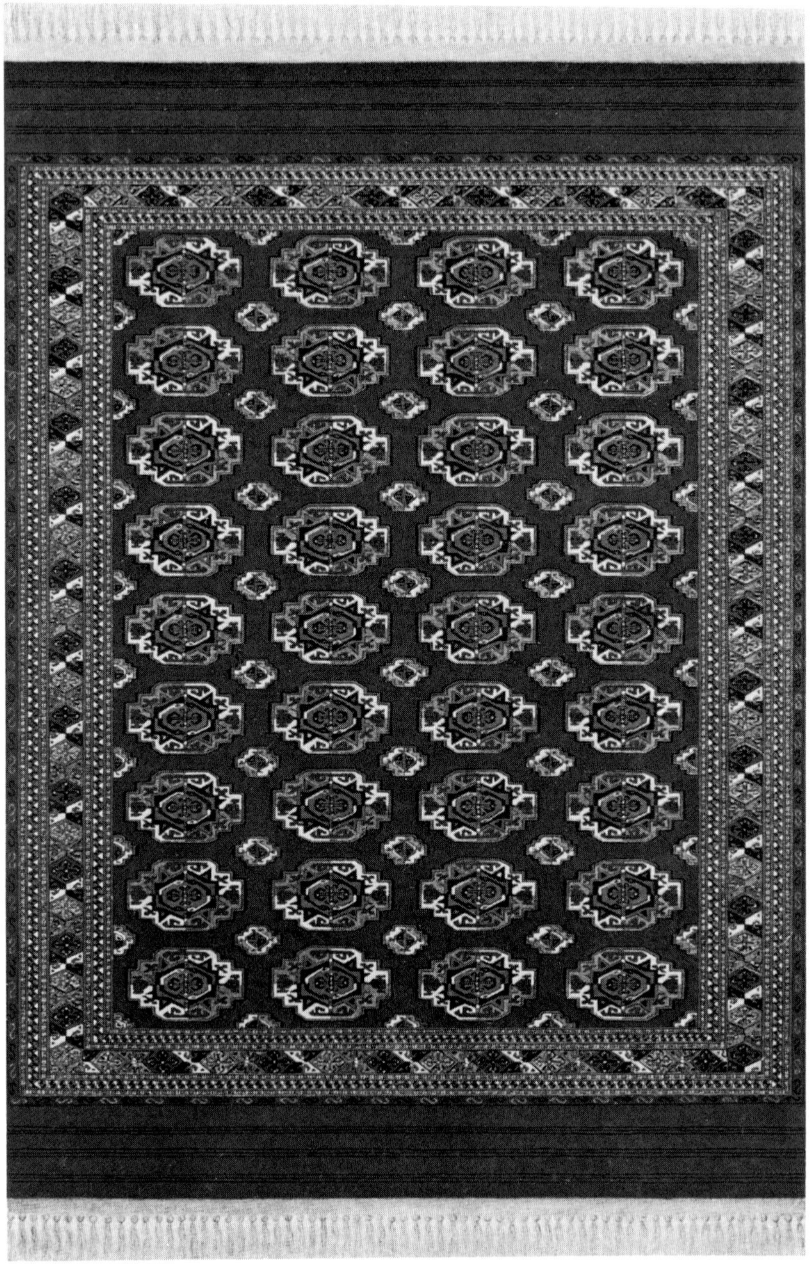

außerdem mit den Farben Blau (in verschiedenen Tönungen), Weiß, Hellrot und Elfenbein, selten Grün.
Der Pendeh hat mancherlei Ausdrucksformen, da in dem Gebiet verschiedene Stämme leben, überwiegend sind jedoch die saryk-artigen Arbeiten zu sehen.
In der Hauptbordüre findet man Oktogone, meist flachgedrückt, die im Innern Haken oder andere geometrische Muster zeigen. Die Nebenborten tragen Pfeilspitzenmuster, Dreieck- oder Sternmuster, auch Strichsterne oder Rauten. Auch der Pendeh hat (aber nicht immer), ähnlich wie der Jomud und der Teke, außer der gewohnten Bordüre an den Querseiten noch angesetzte breite zusätzliche Abschlußbordüren, die mit flachgedrückten, gezackten Rhomben und großen gezahnten Zickzackbändern ausgefüllt sind. Im Fond finden sich, ähnlich wie beim Teke, in Reihen auftretende Oktogone, die oft geviertelt sind, und in diesen geometrisch gemusterten Vierteln abwechselnd in rotem oder weißem Grund gehalten werden. Die Güls zeigen sich oft nach innen wie nach außen spitzen- und hakenbesetzt, im Zentrum befindet sich meist eine kleine Rosette.
Auf Seite 287 rechts oben wird eine entzückende Pendeh-Tasche mit dem exakt ausgeführten Saloren-Gül gezeigt. Darunterstehend sieht man das Teilbild eines schönen alten Pendeh-Teppichs (ca. aus 1880) abgebildet – er trägt viele Rot-Nuancen. In der linken Spalte werden zwei Taschen (Tschowals) gezeigt. Die obere ist in Wirklichkeit (das Foto ist stark verkleinert) 152 × 244 cm groß, hat also Übergröße. Mit 2560 Knoten je 1 dm² weist sie eine beachtliche Dichte auf. Die untere Tasche trägt saloren-ähnliche Güls und Zwischengüls, sie gehört ebenfalls in die Gruppe der Kameltaschen.
Bei dem hier links abgebildeten Pendeh-Teppich ist der Versuch gemacht worden, den jeweils obersten und untersten Gülrand abzurunden, die Gül-Zeichnung daher dem Teke-Charakter (vormals »Buchara« genannt) anzuähneln. Siehe dazu auch die Gül-Zeichnungen auf Seite 507 im 11. Hauptabschnitt.

Pendschab (Pandschab) Siehe unter *Amritsar.*

Perdelik Feine, nur für den Wandbehang dienende Teppiche. Der Name kommt von dem persischen »pardeh« (perdetscheh), was Vorhang bedeutet. Auch der Name »sitara« ist für solche Wandbehänge gebräuchlich. Die Turkmenen sagen zu ihren Hatschlu-Teppichen (Engsi) ebenfalls »pardeh« bzw. Perdelik.

Pergamo Siehe unter *Bergama.*

 Pendeh, Turkmene

Pendeh-Tasche mit Saloren-Gül, Turkmene

Pendeh-Tasche, Turkmene

Pendeh-Tschowal (Kameltasche), Turkmene, Gegenwart

Pendeh, Turkmene

Persischer Teppich der Gegenwart (Nachknüpfung)

Persepolis (griechisch = Perserstadt) Nordöstlich von Schiraz. Die Stadt wurde vom Perserkönig Darius I. (521–485 v. Chr.) als Hauptstadt des damaligen Perserreiches gegründet. 330 v. Chr. zerstörte Alexander d. Gr. Persepolis fast zur Gänze. In unserem Jahrhundert erfolgte die Freilegung der Paläste durch das Oriental Institute of Chicago.

PERSISCHE TEPPICHE Siehe die Aufstellung auf Seite 128 und anschließend unter den dort angeführten Stichworten. Beachte auch das Stichwort *Iran* in diesem Hauptabschnitt, es bringt einen Kurzabriß der Geschichte des Reiches.

Das Bild hier links zeigt einen der neuen persischen Teppiche, wie sie jetzt von der rührigen Kaiserlich-Iranischen Teppich-Compagnie hergestellt werden. Es handelt sich dabei um sorgfältigste Knüpfung, jedoch um die Nachknüpfung eines alten, sehr schönen Ferahan (18. Jahrhundert), der jeden Sammler und Kenner erfreuen würde, besäße er ihn: das Sonnenbrandmuster-Medaillon mit der sogenannten »Haschieh-Herati«-Bordüre. Das Bild auf Seite 289 führt einen kostbaren Teppich vor, der im Staatsmuseum zu Teheran aufbewahrt wird. Es ist dies ein persischer Hofmanufaktur-Teppich des 15./16. Jahrhunderts. Die gleiche Seite zeigt links das Bild eines seidenen Medaillon- und Blütenrankenteppichs. Dieses entzückende Exemplar wurde im 19. Jahrhundert geschaffen, und zwar vermutlich im zentralpersischen Raum.

Diese vorgenannte »Kaiserlich-Iranische Teppich-Compagnie« läßt in den verschiedensten Orten knüpfen, wo tüchtige Entwerfer und auch tüchtige Knüpferinnen sind. Wir geben auf den Seiten 290–292 sechs Beispiele solch gegenwärtiger persischer Knüpfkunst:

Bild Nr. 1: Der zeitgenössische Entwerfer F. Rezaie hat sich das Kuppelmotiv der Schah-Moschee von Isfahan zum Zentralmotiv für seinen Teppich erwählt. Goldwein-Systeme, durchknüpft mit reichem Überfluß an Blütenmotiven, umringen das Mittelmedaillon. Die elegante Füllung der Hauptborte verbindet gerahmte Blütenmotive mit geometrischen Formen. Alles in allem: dieser in einer Täbrizer Werkstatt geborene Teppich ist von strahlender Schönheit. Mit 6200 Knoten je 1 dm² weist er sich in bezug auf Knüpfdichte als Spitzenleistung aus. Seine Kette ist aus Seide, der Schuß aus feingezwirnter Baumwolle, der Flor besteht aus Wolle, die mit Seide untermischt ist.

Persischer Blütenrankenteppich

Persischer Hofmanufaktur-Teppich

(1) Täbriz, Luxusteppich der Kaiserlich-Iranischen Hofmanufaktur, Gegenwart

(2) Ghom, Luxusteppich der Kaiserlich-Iranischen Hofmanufaktur, Gegenwart

(3) Kerman, Luxusteppich der Kaiserlich-Iranischen Hofmanufaktur, Gegenwart

(4) Kaschan, Luxusteppich der Kaiserlich-Iranischen Hofmanufaktur, Gegenwart

(6) Iran-Yomude, Luxusteppich der Kaiserlich-Iranischen Hofmanufaktur, Gegenwart

(5) Semnan, Leistungsteppich der Kaiserlich-Iranischen Hofmanufaktur, Gegenwart

Bild Nr. 2: Dieser Teppich ist nach dem Entwurf eines erfahrenen Kaschan-Entwerfers in Ghom geknüpft worden, mit 3700 Knoten je 1 dm². Er gehört (als gelungene Nachknüpfung) in die Gruppe der Schah-Abbas-Teppiche. Die Abschrägungen des Mittelmedaillons sind durch je drei blütengefüllte Herzformen geschmückt. Die Hauptborte trägt sauber ausgeführte Palmetten, die Nebenborten sind mit winzigen Narzissenbüscheln gefüllt, deren Klarheit Zeugnis ablegt von der Geschicklichkeit des Entwerfers und der Knüpferinnen. Kette und Schuß sind aus Baumwolle, der Flor ist aus Wolle. Die Zusammenarbeit Kaschan (Entwurf) und Ghom (Ausführung) hat sich gelohnt.
Bild Nr. 3: Dieser Teppich wurde in Kerman entworfen und dort auch geknüpft. Es handelt sich um ein luxuriöses Rosenbüschel-Muster, überreich mit Blüten besetzt. 4300 Knoten je 1 dm² geben Zeugnis von der Knüpfqualität. Sowohl die präzise ausgeführte Hauptborte wie auch die exakt gearbeiteten Nebenborten sind nicht minder beachtenswert wie das wunderbar gegliederte Mittelstück. Schuß und Kette sind aus Baumwolle, der Flor besteht aus Wolle.
Bild Nr. 4: Auch dieser Teppich gehört (als Nachknüpfung) in die Gruppe der Schah-Abbas-Teppiche. Er wurde in Kaschan entworfen und dort auch geknüpft, mit 3100 Knoten je 1 dm². Kette und Schuß sind aus Baumwolle, der Flor aus Wolle. Der Teppich hat klassische Schönheit: Zentralmotiv, Eckstücke und Umrahmung vereinigen sich in bezaubernder Farbenkomposition zu einem Ganzen von ungewöhnlicher Harmonie.
Bild Nr. 5: Dieser aus dem Norden Irans kommende Teppich versucht kaukasische Vorbilder mit den Prinzipien innerpersischer Teppichkunst zu vereinen. Kette und Schuß sind aus Baumwolle, der Flor aus Wolle. Der Teppich wurde in Semnan geknüpft, etwa 200 km östlich von Teheran. Er weist zwar 2200 Knoten je 1 dm² auf, aber weder seine ziemlich fahlen Farben noch seine qualvoll geometrisierten Muster sprechen uns an. Sicherlich wurden sie von einem innerpersischen Entwerfer so vorgegeben, der Mühe hatte, die ihm gewohnten rundungs- und blütenreichen Muster in neuen Formen und geometrisiert zu bringen. Hätte man doch lieber Entwerfer und Knüpferinnen aus dem Karadagh genommen! (Nicht umsonst nennt man die kaukasischen Teppiche »die Volkslieder unter den Teppichen«.) Kaukasusnahe Menschen hätten weitaus Herzhafteres geschaffen – hier in diesem gezeigten Stück ist viel gute Absicht nicht zu befriedigendem Ziele gekommen. Schade!
Bild Nr. 6: Yomud aus Iran: Im Nordosten Irans gibt es verschiedene Turkmenenstämme, darunter auch Yomuden. Der Entwerfer dieses Teppichs hat sichtlich viel Mühe und Fleiß daran gewendet, nach einem volkstümlichen Yomud (siehe unsere Bilder in diesem Hauptabschnitt unter »Jomud-Yomud«) einen quasi »städtischen« Yomud zu konstruieren – mit Lineal und Zirkel, genauest vermessen und genauest verteilt. In dieser Hinsicht betrachtet, ist ihm das Werk – die »Konstruktion« – vollendet gelungen, zumal es auch je 1 dm² nicht weniger als 6100 Knoten aufweist und auf Wollkette gearbeitet ist (mit feingezwirntem Schuß aus Baumwolle). Es entstand ein yomud-ähnlicher Prunkteppich. Aber: ein richtig volkstümlicher Yomud wird den Kenner mehr entzücken!

Petag Eine um 1911 entstandene deutsche Firma, die »Persische Teppich-Aktiengesellschaft« (PETAG), ließ in der Täbrizer Gegend Teppiche in Standardmustern knüpfen und gab ihnen die Sortennamen: »Gulistan«, »Pertovi«, »Hamajun«, »Teimuri«, »Rustem« und »Cyrus«.

Pirkcanski-Kilim Eine beliebte bulgarische Kilim-Art.

Piroter Teppiche In der Stadt Pirot, in Jugoslawien (östlich von Niš), und Umgebung werden beliebt gewordene kilimartige Gewebe in Mengen erzeugt, die als Teppiche oder Läufer Verwendung finden. Näheres im 8. Hauptabschnitt.

Polenteppiche Der Name »Polenteppich« kam 1878 anläßlich der Pariser Weltausstellung auf. Es wurden dort mehrere Teppiche aus der Sammlung des polnischen Fürsten Czartoryski ausgestellt, von denen einige Wappen europäischer Art eingeknüpft trugen. Es waren Seidenteppiche, versehen mit reicher Gold- und Silberbroschierung, üppig und überladen wirkend. Die Wappen entsprachen nicht jenen der fürstlichen Familien, man weiß bis heute noch nicht, wem diese Wappen zuzuordnen sind. Da man sich erinnerte, in verschiedenen Orten Polens (Lwow = Lemberg, Slucz) seien im 17. Jahrhundert unter Anleitung zugewanderter Perser (oder Armenier?) Teppiche hergestellt worden, nannte man alle diese, auf sehr ähnliche Weise hergestellten Teppiche »Polenteppiche«, und als solche gingen sie in die gesamte Fachliteratur ein. In Tatsache wurden diese Teppiche in Persien hergestellt, vermutlich in der Hofmanufaktur Isfahan. Teils kamen sie als Geschenk des Schahs an europäische Fürstenhöfe, teils bestellten polnische Fürsten diese Teppiche in Persien. Das Münchner Residenzmuseum besitzt einige dieser zu Unrecht als »Polenteppiche« benannten persischen Erzeugnisse. Aber es sind

Porträtteppich
(Lenin), Turkestan

auch »echte« Polenteppiche erhalten, die tatsächlich seinerzeit in Polen hergestellt wurden. Im Bayerischen Nationalmuseum in München wird ein solcher Teppich aufbewahrt. Die Musterung dieser echten Polenteppiche lehnt sich an türkische Vorbilder an.
Dr. K. Erdmann (†), der bekannte Forscher, schlug vor, die in Persien angefertigten sogenannten Polenteppiche richtiger als »Schah-Abbas-Teppiche« zu bezeichnen, da sie sowohl in den Bordüren als auch im Feld das Schah-Abbas-Muster zeigen und auch aus dieser Zeit (und danach) stammen. Siehe zu diesem Thema das Bild auf Seite 33.

PORTRÄT-TEPPICHE Der orthodoxe Sunnite wird in einen Teppich nie ein menschliches, ja nicht einmal ein Tierbildnis einknüpfen. Die minder strenggläubigen Schiiten (die Mohammedaner spalteten sich in zwei große Gruppen, in denen es noch Untergruppen gibt) und die Andersgläubigen finden nichts daran, in den Teppich das Bild eines Menschen oder ein Tierbild einzuarbeiten, entweder stilisiert oder naturalistisch. So gibt es auch Teppiche, die Porträts zeigen. Oft sind sie mit großer Meisterschaft gearbeitet und in absoluter Ähnlichkeit mit der dargestellten Person. Die Sunniten bewohnen vornehmlich Kleinasien, Arabien, Afrika; die Schiiten hingegen sind in Iran und in den anderen östlich gelegenen Räumen in der Überzahl. Dadurch setzten sich in Persien die Blumen-, Garten-, Jagd- und Tierteppiche sowie der Porträtteppich durch. Interessant ist, daß wohl (allgemein gesehen) Jagdszenen dargestellt werden, daß es aber nur wenige Teppiche gibt, in denen Kampfszenen zwischen Menschen aufscheinen. Wir zeigen hier links und rechts zwei neuzeitliche Porträt-Teppiche. In dem einen ist das Porträt Wladimir Iljitsch Uljanow, genannt Lenin, eingeknüpft, der ab 1903 das Haupt der Bolschewisten war († 1924). Das Bild, außerordentlich porträtgetreu gelungen, ist in einen Bordürenrahmen gestellt, wie solche von russischen Künstlern entworfen werden (Sowjetstern- und Flugzeugborte, Baumwollknospen u. dgl.). Die Schriftzeichen in der schmalen Inschriftborte sind im turkmenischen Dialekt gehalten und sagen: »In Gaitechtepe haben die aus Izgand stammende Mutter Bibi Gurban Koseli und der Vater Tuak im Jahre 1936 ihn geknüpft.« Dieser Teppich hat mehr als 10 000 Knoten je 1 dm².
Das andere Porträt zeigt Exkaiserin Soraya von Iran. Dieses ist in einen modernen Bordürenrahmen gestellt und nicht weniger ausgezeichnet geknüpft als der Lenin-

Porträtteppich (Soraya), Persien

Teppich »Berühmte Männer«: Kerman (Figural-Bildteppich aus Laver-Ravar, nördlich von Kerman). Der Teppich wurde in der 2. Hälfte des vorigen Jahrhunderts von dem berühmten Knüpfer Ali Safid (Serafid) hergestellt. Die Wollknüpfung ist derart fein, wie man dies sonst nur bei besten Seidenteppichen kennt (ca. 900 000 bis 1 000 000 Knoten je 1 m²). Im Teppich sieht man 54 Porträts berühmter Männer der Weltgeschichte, beginnend mit Moses und endend mit Napoleon. Jede Personendarstellung ist numeriert. In der Hauptbordüre befinden sich gleichfalls numerierte und beschriftete 54 Kartuschen, die Namen der dargestellten Persönlichkeiten enthaltend. Der Teppich ist 240 × 148 cm groß, Kette und Schuß bestehen aus Baumwolle. Die Inschrift über dem Tempeleingang lautet übersetzt: »Die Bilder von den berühmten Männern der Welt.«

Teppich: 10 000 Knoten je 1 dm². Der Teppich mißt 90 × 110 cm, seine Kette ist aus Baumwolle, Schuß und Flor bestehen aus feinster Wolle, die Florhöhe beträgt 3 mm. Der Teppich kam im Jahre 1960 aus dem Besitz des Schahs in die Hand des Orientteppichkaufmannes Ahmed Aghabekzadeh in Düsseldorf.

So ausgezeichnet beide Teppiche als Knüpfarbeit auch sind: in Europa sprechen Porträt-Teppiche, die Menschen unseres Jahrhunderts darstellen, allerdings wenig an.

Interessanter sind erst Porträt-Teppiche älterer Art, etwa wie jener sehr fein geknüpfte (9000–10 000 Knoten je 1 dm²) Kerman-Bildteppich hier links. Siehe hierzu auch unter *Zeitgenössische Teppiche* am Schluß dieses Hauptabschnittes.

Portugiesen-Teppiche Wohl als Überbleibsel aus der Zeit der maurischen Herrschaft gibt es heute noch in Portugal wie in Spanien eine Teppichknüpfkunst. Sie hat eine eigene Knotenart: die Knoten sitzen auf nur einem Kettfaden; man verwendet jedoch auch den türkischen Knoten. Von besonderer Bedeutung für den Handel ist aber weder der spanische noch der portugiesische Teppich. Man hat sich dort von den seinerzeitigen maurischen Mustern losgesagt und aus dem französischen Bereich Barock-, Rokoko-, Empire- und sogar Biedermeiermuster übernommen. Kunsthandwerklich gesehen handelt es sich um meist größerformatige Wollteppiche.

Als Knotenmaterial wird ausschließlich portugiesische Wolle guter Qualität verwendet. Schuß und Kette bestehen aus Baumwolle, bei minderen Stücken aus Jute. Von den in Portugal derzeit hergestellten Teppichen kommt jenen aus Arraiolos, Beiriz und Louse größere kunstgewerbliche Bedeutung zu. Als Orientteppiche gelten sie natürlich nicht. Rechts zeigen wir einige Muster neuzeitlicher portugiesischer Teppiche.

Einige der vielen Portugiesenteppich-Arten

Derzeit finden in Portugal etwa 2000 Menschen (Mädchen, Frauen und Männer) durch das Teppichknüpfen Verdienst, davon allein in Beiriz mehr als 300.
Dazu ist zu erinnern, daß man in der Fachliteratur spricht: 1. von den portugiesischen Teppichen (die wir soeben erwähnten) und 2. von »Portugiesenteppichen«. Mit diesen letztgenannten Teppichen meint man solche, die man in Goa, an der indischen Küste, fand, also in einer ehemals portugiesischen Kolonie, und die – das ist typisch – Segelschiffe im Fond zeigen (siehe Seite 36). Man vermutet, sie seien persischer Herkunft, als Diplomatengeschenk gegeben (oder bei jüngeren solchen Stücken kann es sich um moghul-indische Arbeiten handeln). Die Forschung ist sich darüber noch nicht einig.

Poschti In Iran, besonders um Schiraz, aber auch im Hamadan- und Täbriz-Gebiet gebräuchlicher Name für den kleinformatigen Teppich etwa 50 × 80 cm bis 90 × 90 cm (siehe auch unter *Yastik*).

Prinzeß-»Buchara« Teke-Gebetteppiche (Hatschlu), die man im Handel als »Buchara«-Hatschlu angeboten erhält, führen in England den Namen »Prinzeß-Buchara«. Diese Bezeichnung wird auch in unseren Zonen benutzt, sie ist aber irreführend.

Provenienz (lateinisch: »Herkunft«, »Ursprung«) Im Teppichhandel ein üblicher Begriff, mit dem man die Herkunft eines Teppichs ausdrückt.

Quasten Siehe unter *Troddeln.*

Querformate Das sind Orientteppiche, deren Kettfäden quer verlaufen, indes die Schußfäden senkrecht durchgezogen werden. Solche Stücke kommen in der Regel nur bei »Torbas« und »Tschowals« vor und bei kleinstformatigen Knüpfungen der Turkmenen (z. B. Behälter für den Spiegel, für die Pfeife usw.). Auch die (meist für Touristenandenken hergestellten) Reihengebetteppiche, die vornehmlich aus Pakistan und auch aus Kayseri (Türkei) kommen, haben oft solche Querformate.

Quom Siehe unter *Ghom.*

Rabat Hauptstadt von Marokko. Berberteppich-Erzeugung und Handel mit solchen »Berbern«, die aus dem Hinterland kommen.

Rafsandschan Ort in Persien, an der Bahnlinie Kerman–Yazd. Dort in der Umgebung beheimatete Afscharen bringen ihre Teppiche über Rafsandschan in den Handel. Wegen der Nähe Kermans nennen sie ihre Teppiche gern »Kerman-Afschars«.

Ramadan (persisch und türkisch: Ramasan) Das ist keine Teppichsorte, sondern die Bezeichnung für den moslemischen Fastenmonat. Er ist der neunte Monat des moslemischen Jahres und beginnt, sobald zwei verläßliche Gläubige bezeugen, das erste Aufgehen der Mondsichel nach dem Neumond beobachtet zu haben. Der 186. Vers der zweiten Sure besagt: »Der Monat Ramadan, in dem der Koran offenbart wurde – als Leitung für die Menschen und deutliche Lehre des Guten –, werde von denen, die zu Hause weilen, gefastet; wer aber krank oder auf Reisen ist, der faste gleich lang zu einer anderen Zeit – denn Allah will es euch leicht machen und nicht schwer!« Das Gesetz des Korans schreibt aber Enthaltsamkeit von Essen, Trinken und allen anderen körperlichen Genüssen nur für die Zeit des Tageslichtes vor. Nachts gibt es religiöse Übungen und Lustbarkeiten und kein Fasten.

Ravar In der kleinen Stadt, nördlich von Kerman gelegen, werden hochwertige Kerman-Teppiche angefertigt. Sie gehen als Kerman-Ravar in den Handel, öfter noch (durch Verballhornung) als Kerman-Laver, was irreführend ist.

Regh Siehe unter *Gereh.*

Rehaniye-Halep-Kilim Diese Kilims werden im türkisch-syrischen Grenzraum, zwischen Adana und Halep, hergestellt und dienen vornehmlich dem dortigen Hausgebrauch. Sie kommen nur selten in den Handel.

Reihan Siedlung südlich von Arak, wo man Teppiche ähnlich dem Mossul (siehe Bild auf Seite 276) herstellt, jedoch haben diese Reihan-Teppiche fast immer ein vertikal angeordnetes, langgezogenes, ausgebuchtetes Ornament im Feld, das man Reihanij nennt. Jedes dieser Ornamente zeigt inmitten eine Stern- bzw. Rosenandeutung, auch sind die Ornamente (selbst rost- oder ziegelrot) in der Regel weiß konturiert.

Reihanli (in der Türkei) Früher geschätzt ob der sehr feinen und originellen Kilims, die heute schon selten sind. Derzeit nur normale Kommerzware.

Reihen-Gebetteppich Siehe unter *Familien-Gebetteppiche* und unter *Gebetteppiche.*

Reliefteppiche Siehe im 3. Hauptabschnitt unter *Teppichoberfläche.* Der Reliefschnitt wird insbesondere im chinesischen Teppich verwendet. Näheres darüber im 7. Hauptabschnitt!

Rescht Hafenstadt an der Südküste der Kaspi-See. Seidenraupenzucht und Seidengewebe bzw. -stickerei von sehr hübscher Art. Keine Teppichherstellung.

REY (Rages, Schar-e-Rey) Ort nahe Teheran, mit reichlich gutem Wasser. Sitz großer, gewerbsmäßiger Teppichwäschereien. In der Nähe die berühmte Quelle »Tschesche-ali« (siehe Bild auf Seite 65), wo emsig Teppiche gewaschen werden.

Rey war einstmals Residenz der Parther-Könige und vorübergehend Hauptstadt der Seldschuken. Bei Rey befindet sich das Grabmal von Schah abdol Azim (das nur von Moslems betreten werden darf). In der Nähe auch das Mausoleum für Reza Schah Pahlavi, den ersten Herrscher der Pahlavi-Dynastie.

Sowohl Rey als auch das noch weiter südlich gelegene Waramin waren im 12. Jahrhundert n. Chr. wesentlich bedeutendere Orte (Waramin war damals eine Untergemeinde von Rey) als Teheran. Noch in der Timuridenzeit (um 1400) wurde in Berichten über Teheran nur von »einem Dorf bei Rey« gesprochen. So ändern sich die Zeiten!

Rhodos Siehe unter *Meğri*. Man nennt die Teppiche von Meğri auch »rhodische Teppiche«. Als die Insel Rhodos mit ihren Schwesterinseln 1923 unter italienische Herrschaft kam, konnten die von der einheimischen Bevölkerung erzeugten Teppiche zollfrei nach Italien eingeführt werden. Das brachte großen Aufschwung der Teppichknüpferei mit sich, die vordem von der griechisch sprechenden, meist aus Südwestkleinasien eingewanderten Bevölkerung nur in bescheidenem Umfang betrieben worden war. Der dann in großen Mengen hergestellte Teppich glich in Knüpfung und Musterung den hochflorigen Smyrna-Teppichen. Auf Rhodos wird jetzt nur noch wenig geknüpft.

Roukorsi Quadratisch gehaltene, mit meist einfachen Schmuckmustern versehene Tischteppichart. Eigentlich nur für das Zelt der Belutschen bestimmt, wo sie im Winter, über eine Tischplatte gelegt, die abströmende Wärme des an sich schon ausgegangenen Herdfeuers noch für eine Weile im Raum zurückhalten soll.

Rudbar An der Straße von Ghaswin nach Rescht befindet sich, nahe dem Südufer der Kaspi-See, dieses Städtchen. Dort stellt man nette Brücken im Herati-Muster her, sauber geknüpft, mit breiter, hellgrundiger Borte. Sehr ansprechende filigranartige Musterzeichnung.

Rufuger (Rufugar) In Persien werden jene Leute so genannt, die Teppiche so zu reparieren verstehen, daß man nachher von der vorgenommenen Reparatur kaum etwas merkt.

RUMÄNIEN Neben der bulgarischen Ware tauchen in letzter Zeit immer stärker Knüpfteppiche aus Rumänien auf. (Siehe auch unter *Bulgarien* und *Griechenland*.) Diese rumänischen Teppiche tragen als mindeste Dichte 400 Knoten je 1 dm^2, als höchste aber ca. 1800 Knoten, und bei bestimmten Anfertigungen noch wesentlich mehr. Kette und Schuß sind aus Baumwolle; der aus heimischer Zurkana-Schafwolle bestehende Flor wird meist auf persische Art (Senneh-Knoten) verfertigt, seltener wird der türkische Knoten (Gördes-Knoten) verwendet. Das Durchschnittsgewicht des rumänischen Teppichs ist je 1 m^2 etwa 3500 Gramm. Die Teppiche sind qualitativ gut und werden zunehmend gerne gekauft.

Im ganzen Land zählt man etwa 10 000 Knüpfstühle, die meisten stehen in den Räumen um Braila, Bukarest, Gherlo, Constanza, Craiova, Clui, Galatz, Sibiu, Snagow und Harman. In jedem dieser Bezirke befinden sich auch staatliche Knüpfschulen.

Die rumänischen Knüpfteppiche gibt es in allen gängigen Größen, beginnend von 75 × 140 bis 350 × 550 cm und einzelne (auf Bestellung) auch in Übergrößen. Es wird nach alten persischen, kaukasischen, zentralasiatischen und sogar nach chinesischen Vorlagen geknüpft, indes die eigenen Volkskunstmotive im Knüpfteppich selten aufscheinen und fast ausschließlich nur in den Kilims zu finden sind. Aber hier weichen sie von den sonst am Balkan gebräuchlichen Kilim-Arten ab: sie zeigen keine geometrischen Muster, sondern bringen auf pastellfarbigem Grund zarte Blumenmotive. Kilims werden vornehmlich in der Gegend von Oltenia (Kleine Walachei) hergestellt.

Es ist bedauerlich, daß sich in Rumänien und in Bulgarien bisher kein durchschlagendes charakteristisches Eigenmuster entwickelt hat und daß man sich mit dem bloßen Nachknüpfen orientalischer Muster begnügt. Das führt dann beim Teppichkäufer zu mancher Verwirrung, denn es ist meist nur dem gewiegten Orientteppichfachmann möglich, festzustellen, ob man ein echt orientalisches Stück vor sich hat oder eine Nachknüpfung. Auf der nächsten Seite sieht man solche aus Rumänien stammende Nachknüpfungen.

Rumänisches Gebiet war jahrhundertelang von den Türken besetzt. Der einheimischen Bevölkerung war es lange verboten, die Knüpfkunst zu erlernen, sie durften nur Kilims weben. Wenn jetzt der europäische Teppichhandel dazu übergeht, die aus den ehemals von Türken besetzt gehaltenen Balkanländern kommenden Teppiche als »Orientteppi-

Beispiele rumänischer Nachahmungen
Oben, von links nach rechts: Uschak, Täbris, Siebenbürger, Bachtiari-Ghom
Unten: Isfahan, Dagestan, Jagdteppich, Kasak

che« zu deklarieren, dann kann man dies zwar verstehen, aber man hat keine rechte Freude damit.
Derzeit steigen die Einfuhren rumänischer Teppiche bemerkenswert an (von 1965: 20 000 m² bis 1975: 180 000 m²). Es wird in Kooperativen gearbeitet. Die Mädchen und Frauen müssen mindestens 18 Jahre alt sein und dürfen nur bis zum 30. Lebensjahr knüpfen. Dann werden sie in andere Berufe vermittelt, da das Knüpfen für ältere Frauen zu anstrengend ist. Jede Kooperative hat etwa 80 Frauen bzw. Mädchen. Die Vorarbeiten zur Musterherstellung und Farbenbestimmung trifft ein Stab von Künstlern dieser Branchen. Geknüpft wird alles, was der Kunde verlangt: auch Aubusson- und Savonnerie-Muster und speziell »Antikware«, bei deren Vertrieb ausdrücklich auf die Tatsache der Nachknüpfung hingewiesen wird. Vier Fünftel der Produktion entfallen auf Teppiche, die 110 000 Knoten je 1 m² haben, weitere Florqualitäten können 160 000, 200 000 und 300 000 Knoten haben. Die sogenannte »Antikware« wird auf Wunsch auch in echter Seide geliefert, man gibt aber auch seitens Rumäniens zu, daß man Versuche mit Kunstseide unternimmt!
Rupalani Das sind Esel- und Pferdedecken aus dem Schiraz-Gebiet, meist sauber geknüpft, mit Tiermotiven verziert.

RUSSISCHE TEPPICHE In vielen Gebieten der UdSSR werden Teppiche im Knüpf- oder Wirkverfahren hergestellt. Als Orientteppiche gelten aber nur jene, die aus den kaukasischen und turkmenischen Republiken stammen. Siehe diesbezüglich die Aufstellung auf Seite 128. Da die Sowjets daran sind, die vielen Völkerschaften, die in diesen großen Räumen leben, immer mehr seßhaft zu machen – weiträumig angelegte Bewässerungssysteme, Kraftwerke, Straßen, Groß-Landwirtschaftsbetriebe, Industriekombinate und andere Institutionen sollen die Vorbedingungen dafür schaffen –, wird auch die Volkskunst systematisch in die Planung mit einbezogen.
Solcherart werden in vielen Orten Kurse abgehalten und Fachschulen für die Web- und Knüpfkunst eingerichtet. Staatliche Kunsträte haben hierbei viel mitzureden. Das Hauptinstitut befindet sich in Moskau, es ist die Kunstgewerbeschule M. J. Kalinin. In einem Fachaufsatz heißt es ausdrücklich: »Das Teppichgewerbe hat seine Entwicklungsgeschichte, seine alte Tradition und sein künstlerisches Erbe. Darum ist es logisch, daß ein künftiger Teppichknüpfer nur dann vollwertig sein kann, wenn er sich dieses künstlerische Erbe aneignet.«
In diesem Aufsatz (der russischen Teppichexpertin S. Bekirowa) heißt es weiter: »Die Hauptaufgabe der jungen Künstler bei ihrer Diplomarbeit ist nicht die Wiederholung der Lokal- und Nationaltradition, sondern eine schöpferische Entwicklung, die den Erfordernissen unserer Zeit entspricht.«
Der Student oder die Studentin an dieser Schule (und ebenso die Studierenden an den provinziellen Anstalten – siehe z. B. unter *Dagestan*) müssen eine Diplomarbeit machen, die nicht allein aus dem Projektieren des Teppichs besteht, also nicht allein aus dem Entwurf, sondern der angehende Meister muß auch persönlich an der Herstellung des von ihm entworfenen Teppichs mitwirken. Solche, als Diplomarbeit entstandene Teppiche dienen später den Arbeitsgemeinschaften der Teppichknüpfer als Vorlage für die Massenerzeugung.
Diese vorerwähnte schöpferische Entwicklung läßt zuweilen zu wünschen übrig. Die alten Motive mit Lokal- und Nationaltradition sind besonders in Europa zum Begriff geworden, und man liebt sie, denn sie reichen in die Tiefen des Lebens zurück. Man möchte sie, im Grunde genommen, unverändert haben, bzw. man findet nicht Zugang zu manch neuen Mustern, also zu den Erzeugnissen nach Entwürfen der jungen zeitgenössischen Künstler. Die abgewandelten oder neuen Muster sprechen dann nicht mehr durch Lokaltradition an und lassen kühl, wenn sie darüber hinaus auch als schöpferische Leistung nicht stark genug sind. Daß man in Sowjetrußland mit der Entwicklung der Teppichknüpfkunst doch auch nicht sehr zufrieden ist, wird freimütig beleuchtet. So heißt es in der sowjetrussischen führenden Zeitschrift »Die Dekorative Kunst in der UdSSR« bei einer Besprechung der Teppiche aus dem Gebiet um Kursk unter anderem: »In den Nachkriegsjahren wenden sich die Maler und Meister der Teppicherzeugung von Kursk immer mehr an das Erbe der Volkskunst. Dieses Erbe der Volkskunst hat sehr große Bedeutung für die Schöpfung der neuen zeitgenössischen Muster, denn nur durch die Aneignung dieses Erbes kann man gegen solche Mängel der Teppich-Massenproduktion wie Eintönigkeit und Standardisierung der Ideen, überladene Kompositionen und bunte, schreiende Farben kämpfen. Das künstlerische Niveau der Teppiche von Kursk, in der Einzelerzeugung ebenso wie in der Massenproduktion, gibt über die weitere Entwicklung dieses

Zweiges der Volkskunst zu denken. Die Probleme werden von den Malern nicht immer richtig gelöst, da es oft geschieht, daß der neue Inhalt wieder in die alte Form hineinfließt, wenn die Ausdrucksmittel des Malers nicht genug Durchschlagskraft besitzen. Die Anwendung der Teppiche für die zeitgenössische Raumgestaltung verlangt neue, lakonische und eindrucksvolle Formen, neue Rhythmen, neue Farben. Es ist eine sehr schwere Aufgabe, diese Probleme mit der nationalen Eigentümlichkeit zu verbinden.«

Wenngleich Kursk auch weit außerhalb des Orientteppichbereichs liegt: es zeigt sich in den sowjetrussischen Orientteppichgebieten die gleiche Erscheinung. Das aber ist, da (wie gesagt) die neuen Muster für eine breite Erzeugung bestimmt sind, für das schöne Kunsthandwerk der Teppichknüpferei und für den Ruf der aus den südrussischen Republiken kommenden Orientteppiche eine nicht zu unterschätzende Gefahr. Siehe auch unter *Armenien,* unter *Azerbeidschan* und unter *Kirgisische Teppiche* sowie im 8. Hauptabschnitt die Kilim-Arten, insbesondere den Kilim »Erntetanz«. Hier links sieht man den 1965 von dem berühmten russischen Teppichentwerfer Prof. Ljativ Kerimov (Baku) geschaffenen und in Serienproduktion gegangenen Teppich »Der Zoo«. Das Bild auf der rechten Seite vermittelt einen Blick in den Überprüfraum der Manufaktur von Derbent (Dagestan), in der 300 Personen beschäftigt sind.

Der auch in Sowjetrußland ansteigende Lebensstandard hat dazu geführt, daß sich die Sowjetunion zur Deckung des Inlandsbedarfes eine beachtliche maschinelle Teppichherstellung geschaffen hat. Es entstanden in den vergangenen zehn Jahren etwa 40 Teppichfabriken in Azerbeidschan, Armenien und Weißrußland (mit Hauptort Witebsk) usw. Anfänglich mußte man Wolle aus Afghanistan, Irak und von anderen asiatischen und afrikanischen Ländern einführen. Mit den von dort angebotenen Qualitäten war man nicht zufrieden und setzte alles daran, die Wollgewinnung aus eigenen Schafzuchten zu steigern, was auch sehr rasch gelang, ohne daß die Handknüpfereien dadurch in der Wollezuteilung beschränkt wurden. Es war vorübergehend für den Inlandsbedarf zwar notwendig, auch Kunstfasern heranzuziehen. Die Inlandsversorgung funktionierte bald klaglos, denn ein englisch-amerikanischer Konzern hatte die modernsten Maschinen geliefert und war auch für die Vorfinanzierung aufgekommen (Tuftingware). Normale gewebte Teppiche stellt man mit Maschinen her, die von Ostdeutschland und

»Der Zoo«, SSR Azerbeidschan

aus anderen Ländern geliefert worden waren. Billigware (gewirkte Teppiche) für den Eigenbedarf liefert ein großes sowjetisches Teppichkombinat (3000 Arbeiter), das in der Nähe Moskaus entstand. Dort werden jährlich etwa 3 Millionen Quadratmeter dieser billigen Maschinenteppiche hergestellt.
Auch in Taschkent, Alma-Ata und in Aschchabad (also in den Turkmenengebieten) entstanden große Anlagen zur Anfertigung von maschinengewebten Teppichen, ebenso in Georgien. Man arbeitet in der Sowjetunion mit etwa 70 verschiedenen Kunstfasersorten und bemüht sich auch, Schlingenflorteppiche guter Qualität herzustellen. Zusätzlich werden Maschinenteppiche in den Ostblockländern gekauft, so daß die sowjetischen Handknüpfereien ihre Erzeugnisse praktisch zu 100 % in den Export bringen können. Dieser Export wird von der amtlichen Zentralausfuhrstelle »Novoexport« durchgeführt, die in Hamburg unter der Firma »Deutsch-Sowjetische Teppichhandel GmbH« das größte Speziallager Europas für sowjetische Teppiche geschaffen hat. Die Nachfrage nach sowjetischen Knüpfteppichen (sie waren jahrelang nur auf dem schwierigen Umweg über London zu erhalten) kann nun rasch befriedigt werden. Diese Teppiche kommen aus dem Kaukasus, aus Turkmenien, Uzbekistan, Kirgisistan, einen kleinen Teil steuert auch Südsibirien bei. Jährlich werden ca. 100 000 m² handgeknüpfte und überprüfte Teppiche nach dem Westen exportiert, wovon allein die Bundesrepublik Deutschland rund 50 % abnimmt.

Rutakali (persisch = »auf dem Rücken«) Gewebte oder auch geknüpfte Pferdedecken, oft sehr hübsch ausgeführt, von den Ghaschgha'i in Südpersien geschaffen.

Sadschadah (Sedschadeh, Seccade) Dieses Wort wurde früher in der Türkei allgemein für »Gebetteppich« gebraucht; es kam aus dem arabischen »saggada«, was ungefähr »verehrungsvoll verbeugen« bedeutet. Atatürk (Mustafa Kemal Pascha, 1881–1938), der Erneuerer der Türkei und ihr erster republikanischer Staatspräsident, führte für sein Volk nicht nur das lateinische Alphabet (1928) ein, sondern er merzte auch viele nicht-türkische Wörter aus, darunter auch »sadschadah«, »sedschadeh« und »seccade«. Von dort an wurde in der Türkei für Gebetteppiche das Wort »Namazlik« allgemein gebräuchlich. Im Orientteppichhandel jedoch erhielt sich das mehr persische Wort »Seccade« als allgemeine Bezeichnung für Teppiche, die Größen von 110 × 190 bis ca. 150 × 220 cm aufweisen. »Namazlik« steht in der

Kontrolle der eben fertig gewordenen Teppiche in einer dagestanischen Manufaktur (SSR Azerbeidschan)

 Samarkand, SSR Uzbekistan

Bedeutung »Platz des Gebetes«, ähnlich wie es auch beim persischen »sadschadeh« oder »dscha-namaz« (gesprochen »djanamas«) der Fall ist (»dscha« = Platz). Die Araber kennen »musalla« als Bezeichnung für den Gebetteppich. Siehe auch unter »Namad«.

Saf-Gebetteppiche Siehe unter *Familien-Gebetteppich* und auch unter *Gebetteppiche.* Es gibt sowohl im Türkischen wie auch im Persischen den Begriff »saf« (Mehrzahl: »sofuf«), in der Bedeutung: Reihe, Ordnung, Linie, Gebetreihen. (Oft wird auch »Saph« geschrieben.)

Safid-Teppiche (säfid) Weißgrundige Teppiche (auch sonst sehr hellfarbige) werden zuweilen »Safid-Teppiche« genannt, vor allem solche aus dem Ferahan- und aus dem Hamadan-Gebiet (»säfid = weiß).

Saidabad Siehe unter *Sirdschan* und unter *Afschar.*

Sakar Ein Turkmenenstamm, der am linken Ufer des Amu-Darja seine Weiden hat. Hersteller von sehr guten Nomadenteppichen.

Saljany (Salian, Saaljany) Hauptort im Kura-Delta, unweit des Kaspischen Meeres (auch Kaspi-See genannt). Seinerzeit gab es gute Teppiche dieses Namens, sie ähnelten sehr den Talisch-Teppichen.

Saloren (Salyr) Ein Turkmenenstamm, der teils südlich der Oase Merw, teils im Norden Afghanistans lebt. Die Saloren sind der berühmteste der Turkmenenstämme. Nach schweren Kämpfen mit den Persern arg angeschlagen, kam es innerhalb der Turkmenenstämme vor allem mit den Saloren zu verheerenden Stammesfehden, bei denen die Saloren schließlich fast vernichtet wurden. Siehe weiteres im 11. Hauptabschnitt beim Titel *Von den Turkmenenstämmen.*

Saman (Zaman) Ein Teppich aus dem Bachtiarengebiet. Kette und Schuß aus Baumwolle, Flor aus Wolle, besonders feine Knüpfung. Übliche Bachtiarenzeichnung, doch sind die Feldmuster meist mit doppelter Trennlinie versehen.

SAMARKAND (einstmals Markanda) Samarkand, eine Stadt in der Sowjetrepublik Uzbekistan, an der alten Handelsstraße gelegen, die von Ostturkestan nach Westen führt, war einer der Hauptsammelplätze für die Teppiche aus einem ungemein großen Einzugsgebiet, vornehmlich aus Ostturkestan, das als chinesische Provinz den Namen Sinkiang führt. Alle diese aus den Vorsammelstellen Kaschgar, Jarkent, Chotan usw. anfallenden Teppiche kamen seinerzeit in Mengen über Samarkand nach Europa. So wurden und werden diese Teppiche, die bereits etwas chinesischen Einschlag zeigen, ganz zu unrecht als »Samarkand« bezeichnet. Siehe auch unter *Margelan* und die ausführlichere Darlegung unter *China-, Sinkiang- und Tibet-Teppiche* im 7. Hauptabschnitt.

Der Teppichfreund schätzt insbesondere jenen »Samarkand«, der die drei chinesischen Glückskreise (Shou) auf violettem Grund trägt. Solche Teppiche sind aber, da sie einer vergangenen Epoche angehören, schon selten.

Die Musterknüpfung ostturkestanischer Teppiche ist (gleichgültig, ob sie aus älterer oder jüngerer Zeit stammen) sehr vielfärbig. Der »Samarkand« hat ein bis zwei ziemlich stark betonte Hauptbordüren mit Nebenborten oder Zwischenräumen. Die Bordüren zeigen mäanderartige Wellen- oder Rankenverbindungen, das Wassermotiv oder nur aneinandergesetzte, meist größere Rosetten, diese dann mehr naturalistisch gehalten, indes die übrige Bordürenzeichnung einigermaßen geometrisch wirkt. Der Fond trägt ein größeres Medaillon in der Mitte und rundum kleinere, die über das ganze Feld verteilt sind. Sie sind wabenartig gefüllt oder tragen sternartige Muster. Aus den Medaillons (die an Granatäpfel erinnern) steigen Ranken, denen wieder Blütenzweige entsprießen, indes die Hauptranke zum nächsten Medaillon sucht und so die Medaillons untereinander verbunden werden. Auch Arabeskenverbindungen kommen vor, ebenso wird das Wolkenband häufig mitverwendet. Der Samarkand wird, auch wenn er neuerer Erzeugung und dann meist schütter geknüpft ist, ob seiner glänzenden Wolle und ob seines originell-exotischen Aussehens gern gekauft (wenn er zu haben ist!).

Seine Hauptfarben sind Gelb, auch Elfenbein, ebenso auch Blau, hin und wieder Lila oder Rosa. Aus Samarkand kamen auch viele Familien-Gebetteppiche (Saf oder auch Saph geschrieben).

In alten Zeiten hieß Samarkand »Surra-manra«, was zu deutsch heißt: »Wer sie sieht, hat seine Freude daran!« Siehe auch unter *Glückwunschzeichen* im Hauptabschnitt *Motive, Ornamente, Symbole.* Seite 304 zeigt einen typischen Samarkand, er stammt ungefähr aus dem Jahre 1910.

Sar (auch Sär, Sär-i-nim usw.) Siehe richtig unter *Zar.*

Sarab (Serab, Sirap) Ort an der Straße von Täbriz nach Ardebil, südöstlich von Heris. Die Teppiche von dort haben teils Heris-Charakter, teils ähneln sie (vor allem in ihren bekannten Läuferformaten) den Hamadan-Teppichen. Siehe das Bild auf Seite 378.

Der alte und ältere Sarab ist ein außerordentlich strapazierfähiger und zugleich auch schöner Teppich. In seinen guten Stücken kann er qualitativ etwa dem Bidjar gleichgesetzt werden.

Sarajevo Hauptstadt von Bosnien. Dort wurde unter österreichischer Herrschaft eine Landesweberei und -knüpferei eingerichtet. Man machte sich ab 1900 die Mühe, anhand alter, motivgetreuer Perserteppiche gute Nachahmungen herzustellen; es gelang auch, aber die Herstellungskosten lagen viel zu hoch. Der Betrieb wurde 1914 eingestellt.

Sarakhs Alte Grenzstadt in Chorassan, an der Straße zwischen Maschhad und der sowjetischen Oase Merw (Mary). Sie liegt am Fluß Tajan. Die unmittelbar gegenüber befindliche, schon auf sowjetischem Boden liegende Stadt heißt Serrachs (was nur eine Verballhornung von Sarakhs ist). Solange es ging, wurde über die Grenze hinweg Teppichschmuggel zwischen Merw und Sarakhs betrieben (zwischen Merw und der Grenze liegt ein Teil der Wüste Karakum), möglicherweise »geht« auch noch jetzt etwas »Schmuggelei«.

SARUK (Sarukh, Sarug) Der Saruk kommt aus dem westlichen Ferahan-Gebiet; der Sammelplatz für ihn ist Sultanabad (Arak). Der Teppich hat eine stolze Vergangenheit, sank dann in der Qualität ab, gewinnt aber nunmehr wieder, durch zunehmende Güte und Sorgfalt in der Herstellung, großen Anwert. Man findet ihn in den Maßen von 120 × 180 bis 400 × 600 cm. Kette und Schuß sind aus Baumwolle. Der Schafwollflor wird mit dem persischen Knoten eingebracht. Die Dichte ist auch bei neuen Stücken beträchtlich, sie liegt fast nie unter 2000 Knoten je 1 dm², erreicht aber in guten Stücken sogar 5000 Knoten. Die Hauptfarbe des Saruk ist Rot oder Blau, manchmal gibt es ihn auch in Creme. Die Muster werden sehr farbenfreudig gehalten. Dieser Teppich trägt meist eine ziemlich stark betonte Hauptborte mit je einer oder zwei Nebenborten. In der Hauptbordüre sieht man das Herati-Motiv (Schah-Abbas-Muster), stilisierte Blumen und Ranken, die Nebenbordüren zeigen zuweilen das Schekeri-Muster, sonst Blatt- und Blütenranken. Der Fond ist beim Saruk oft (wie bei seinem minderen Bruder Mahal) mit einem auf einer Querseite abgeschrägten Medaillon versehen, das man aber weniger als Medaillon, sondern eher als »abgeschrägtes Hauptfeld« bezeichnen sollte. Auch in dieser großen Fläche erkennt

 Saruk, Persien

Saruk, Persien

Saruk, Persien

Saruk, neue, weitgehend geometrische Musterung

Satteldecke (Senneh), Persien

man wieder das Herati-Motiv. Die Linien des abgeschrägten Hauptfeldes weisen, ins Innenfeld schauend, oft Sägezähne oder Dreiecke auf. Beliebt ist auch jener Saruk, der ein Großmedaillon hat, in dessen Mitte wieder ein Medaillon sitzt; die Fläche des Großmedaillons ist dann sehr hell gehalten. Ebenso gibt es den Saruk mit durchgemustertem Fond (Blumen- und Rankenformen oder Mir-i-bota-Rapport). Im Saruk findet man die Blüten oft mit dünnen roten Stengeln versehen. In neuester Zeit gibt es im Saruk auch Tiermuster eingeknüpft. Die besten Saruk-Sorten werden in den Siedlungen an den Saruk-Bergen (nördlich von Arak) und in Arak selbst hergestellt. Eine sehr gute Saruk-Art kommt aus dem westlich von Arak gelegenen Ort Teramis (Turch). Auf den Seiten 306 und 307 sind gute Saruk-Teppiche abgebildet. Wie bei anderen persischen Teppichen kennt man in jüngster Zeit zunehmend auch geometrisch gemusterte Stücke (siehe das Bild hier links).
Der eigentliche Ort Saruk (Saruq) liegt etwa 50 km nordwestlich von Arak, an schlechter Straße, die bergwärts über Farmahin nach Tafresch führt und in einen Feldweg übergeht, auf dem man letztlich zur Straße Isfahan–Teheran gelangt. Auch aus Dsthozan (Djosan), südwestlich von Malayer, aus dem benachbarten Davan, sogar noch aus Chonsar, das doch ziemlich weit südlich der Bahnlinie Arak–Ghom und damit dem eigentlichen Saruk-Gebiet ferne liegt, kommen gute Teppiche im Saruk-Dessin.
Im Arak-Gebiet lockt die rapide Industrialisierung (Rohöl, Aluminiumwerk, Traktorenmontage usw.) die Menschen vom Teppichknüpfen ab, da man in der Industrie mehr verdient. Es gibt aber trotzdem noch etwa 120 Dörfer, wo der beliebte »Saruk« hergestellt wird. Das augenblicklich gute Saruk-Geschäft will man sich doch nicht entgehen lassen.
Satteldecken Auch diese werden in den Reitergebieten teppichartig geknüpft. Sattel heißt auf Türkisch »semer«, die Satteldecke »semerlik«. In Iran kennt man dafür den Namen »ghaschiyeh«, wenn es sich um eine luxuriöse Satteldecke handelt. Gewöhnliche heißen »rupalani« oder »rutakali«. Siehe das Bild links.
Saudschbulak Siehe unter *Kurden.*
Säulen-Teppiche Zum Umkleiden von Säulen in Moscheen usw. dienten und dienen ebenfalls Knüpfteppiche. Diese tragen dann in der Regel keine Längssäume und auch keine Längsborten, sondern die Muster laufen längsseits bis an den Rand und gehen (beim Umschließen der Säule) ineinander über.

Saweh Ort zwischen Teheran und Hamadan. Sehr ordentliche sympathische Teppiche, meist im Maslawan-Stil. Siehe unter *Maslawan*.

Schadda Siehe hierbei unter *Schedde* und die Ausführungen im 8. Hauptabschnitt.

Schahreza Stadt südlich von Isfahan, der Heiligengräber wegen, die dort sind, auch »Ghomischeh« (»kleines Ghom«) genannt. Man stellt dort feine Teppiche her, meist im Isfahan-Charakter. (Schahreza ist beliebter Wallfahrtsort.)

Schahsawan Damit wird ein Stamm türkischen Ursprunges bezeichnet, der zwar zahlreiche Zugehörige hat, aber in einem weiten Gebiet ziemlich verstreut lebt, teils als Halbnomaden, teils schon seßhaft geworden. Man findet Schahsawanen (auch: Schastawanen oder Schahzewenen genannt) sowohl im iranischen Kurdistan wie auch im iranischen Azerbeidschan bis hinauf gegen Täbriz, meist in nur kleinen Dörfern; jedoch auch in Luristan und in der Umgebung von Hamadan. Der Teppich der Schahsawanen zeigt kräftige, großflächige Muster, die meist geometrisiert und in dunklen Farben gehalten werden. Die Wolle, die fast durchwegs aus eigener Zucht gewonnen wird, besticht durch ihren Glanz. Hergestellt werden vor allem Läufer und Brükken. Sie sind bei uns beliebt. Siehe Bild auf Seite 206.

Scharabian Ein Dorf im Heris-Gebiet. Die dort hergestellten Teppiche zeigen das gewohnte Heris-Medaillon besonders betont, wie auch die Eckfüllungen fein herausgearbeitet sind. Wenn man sich mit der Motivierung auch viel Mühe gibt: meist sind die Farben nicht sehr ansprechend.

Scharbaf Heißt nichts anderes, als daß der betreffende Teppich in einer Stadtmanufaktur geknüpft wurde und nicht in dörflicher Heimarbeit (Schar = Stadt).

Schedde (Schadda, Schaddeh) Das ist kein Knüpfteppich, sondern ein leinenartiges Grundgewebe mit Broschierung (Flechtung) oder Bestickung, in den Hauptfarben Ziegelrot, Gelbbraun, Braunschwarz oder Dunkelblau. Schedde-Gewebe gibt es bis zu 200 × 250 cm groß. Die Fläche wird meist durch Linien oder Bänder in Streifen geteilt, die mit kleinen Drei- oder Vierecken gefüllt sind oder mit Rauten, Quadraten usf. Diese Muster sind hineingestickt. In der Regel sind je zwei Gewebestücke zusammengeheftet (zusammengenäht). Den Schedde findet man im südöstlichen Kaukasus. Diese Gewebeart, die trotz ihrer Einfachheit sehr nett und ansprechend aussieht (durch die Bestickung), kommt nur selten in den Handel. Siehe hierzu auch die Ausführungen und Bilder im 8. Hauptabschnitt.

Scherkat Das Wort bedeutet »Gesellschaft«. Wird es in Verbindung mit einem Teppichnamen gebraucht, dann handelt es sich um ein von der Kaiserlich-Iranischen Teppich-Compagnie in Auftrag gegebenes und von ihr überwachtes Erzeugnis. Es gibt z. B. Scherkat-Kerman, Scherkat-Isfahan usw. Allerdings wird diese Bezeichnung von manchen Orientalen bei Teppichverkäufen an Europäer mißbräuchlich verwendet!

SCHIRAZ (Schiras) Hauptstadt der iranischen Provinz Fars (Farsistan), Geburtsstadt der persischen Dichter Hafis und Saadi. Diesen beiden auch heute noch berühmten Dichtern hat man zu Schiraz auch sehr schöne Grabmale inmitten von Parkanlagen errichtet. Schiraz ist Hauptsammelplatz für die Teppiche aus dem umliegenden Gebiet. Die älteren Teppiche, fast immer Nomadenerzeugnisse, zeichneten sich durch unglaublich leuchtende Farbenpracht, verbunden mit unaufdringlichem, wohltuendem Glanz der Wolle aus. Das verschaffte dieser Teppichart, obgleich sie ziemlich lose geknüpft ist, ausnehmend hohe Beliebtheit. Ab etwa 1890 begann man im Gebiet Schiraz die Teppiche auch gewerbsmäßig herzustellen, und damit wurden die Nomadengrößen von etwa 90 × 125 bis 150 × 250 cm überschritten, so daß es sogar Schiraz bis zu 300 × 450 cm gibt. Kette und Schuß bestehen beim Schiraz aus Schafwolle oder Ziegenhaar, der ziemlich lange Flor ist aus Schafwolle entweder auf persische oder türkische Art so geknüpft, daß bei minderen Stükken etwa 500 Knoten auf je 1 dm^2 kommen, bessere aber bis zu 1200 Knoten besitzen. Den Schiraz gibt es in mannigfachen Ausfertigungen, selten fehlen lustig anmutende, sehr stilisierte Tierdarstellungen, oft sind eckig gehaltene Hähne zu sehen. Auch Menschendarstellungen in liebenswürdig-naiver Art findet man.

Der Schiraz besitzt eine nicht sehr betont breite Hauptbordüre und meist mehrere Nebenborten. In der Hauptbordüre finden sich aneinandergereihte Rosetten und stilisierte Blüten, zuweilen durch abgerundete Haken oder Doppelhaken getrennt. Oft zeigt die Bordüre auch nur Hakenstangen oder Hakenreihen. Fast immer kommt, vor allem in der äußersten Borte, das Barbierstangenmuster vor, ebenso findet man aber auch den Laufenden Hund. Das Mittelfeld kann verschieden aussehen. Am häufigsten ist wohl die Anordnung von zwei oder drei großen Rhombenmedaillons. Sie sind untereinander verbunden, meist so, als seien sie auf eine Stange gereiht. Die Rhomben zeigen sich vorwiegend

 Schiraz (sehr gute Ghaschgha'i-Arbeit), Persien

abgestuft und mit Zähnen oder Häkchen versehen, die sowohl nach innen wie nach außen laufen. Die freien Flächen des Mittelfeldes leuchten in den verschiedensten Blüten- und Rosettenmustern. Die naive Formgebung macht den Teppich ursprünglich und fröhlich aussehend.
Die Hauptfarbe im Schiraz ist Blau, es gibt aber auch Rot (typisch: ein warmes Rostrot) als Hauptfarbe, seltener Creme. Es finden sich auch Schiraz mit dem Mir-i-bota-Muster, das entweder waagrecht oder schräg über das Mittelfeld verläuft und es vollständig durchmustert. Ebenso gibt es diesen Teppich mit senkrechten oder schrägen Streifen, schmal und vielfarbig. Besitzt der Schiraz Webborten, dann sind sie mehrfarbig gestreift, oder sie tragen kleine vielfärbige einfache Motivreihen in Kilim-Art. Der Längsrand ist beim älteren Schiraz immer in zwei Farben (oder mehr) mit Haltegarn umwickelt, z. B. rot-grün oder gelb-rot, braun-blau usw., als »schirazeh« bezeichnet.
Im Norden von Schiraz hat der große Stamm der Ghaschgha'i (Kaschkai, Gaschegahis) seine Heimat, es ist ein Turkstamm, der vorzügliche Teppiche herstellt. Im Schiraz-Gebiet hausen aber auch (zum Süden hin) Nomaden arabischer Abstammung (Arabs) und Luren, östlich, zum Niriz-See hin, gibt es die Afscharen.
Es ist ja an sich interessant, auch im normalen Schiraz, der doch in einem sehr südlich gelegenen persischen Gebiet hergestellt wird, kaukasische Grundformen zu finden – ein Zeichen dafür, daß die Urheimat der jetzt in Fars lebenden Ghaschgha'is einst Turkmenien, dann aber das Kaukasusgebiet war. Siehe hierzu auch im 11. Hauptabschnitt. Grote-Hasenbalg erinnert daran, daß Schah Abbas (1586–1628) die turkmenischen Kisilbasch-Stämme, die an der kaukasisch-nordpersischen Grenze hausten und dort gehäuft kriegerische Verwicklungen hervorriefen, zwangsweise im Schiraz-Gebiet ansiedeln ließ. Solcherart wanderten die angestammten Muster in den schon mehr südpersischen Raum.
Unter dem Namen Ghabbeh (Gebbe, Gabbe) kommt jetzt ein sehr einfacher, hochfloriger Teppich mit naiver Musterung auf den Markt. Er wird von den Nomaden in Süd-Schiraz angefertigt. Die weiche Wolle ist mit Naturfarben gefärbt, zuweilen wird dieser Teppich auch »Fars« genannt (Provinzname!). Siehe das Bild auf Seite 194. Einige weitere Schiraz-Arten sieht man hier links und rechts.
Verschiedentlich versuchen Orte in Fars ihre Teppiche unter dem eigenen Namen auf den Markt zu bringen, so etwa

Schiraz, Persien

Schiraz, Persien

Schiraz, Persien

als »Darabird«, »Djarussa«, »Farok«, »Fassa« (bzw. »Fassay«, doch immer im Muster »Ghabbeh«), »Neyriz« (von Afscharen geknüpft), »Oladi«, »Saidabad« (das ist jetzt »Sirdschan«, von wo die besten Afschar-Teppiche kommen), »Falchani« (von türkisch sprechenden Ghaschgha'i-Nomaden), »Firuzabad« usw.
Hafis von Schiraz, der zu Anfang erwähnte Dichter, hieß eigentlich Schamoddin Mohammed. Hafis war ein Ehrentitel für jene, die den Koran auswendig verkünden konnten. Hafis wurde 1327 geboren und starb 1398.
»schirazeh« Das ist gemeinhin ein Halteband. Im Teppichhandel versteht man darunter jedoch die Umwicklung der Seitenkanten des Teppichs mit Wolle oder Ziegenhaar zum Schutz vor Beschädigungen.
»schirazi« Bedeutet »aus Schiraz kommend«.

SCHIRWAN (Schirwahan, das Albania der Antike) Schirwan umschließt praktisch beinahe den ganzen Osten der Sowjetrepublik Azerbeidschan, von der Kura-Nehrung bis hinauf nach Kuba, einschließlich des Gebietes von Baku und Umgebung; die Schirwan-Steppe ist das Zentrum dieses großen Raumes. Die dort hergestellten Teppiche haben Größen von 70 × 110 bis 150 × 350 cm (siehe hierzu auch unter *Kabistan* und unter *Chila*), eher aber sind sie in den kleineren Maßen zu finden. Sie haben meist Schafwollkette, oft grau, braun oder meliert gefärbt (bei neueren Stücken auch Baumwolle als Kette), der Schuß wird aus Schafwolle oder aus Baumwolle hergestellt. Der meist sehr feinwollige, oft sehr kurze Flor ist im türkischen Knoten aus Schafwolle geknüpft. Die Längsränder des Schirwan werden mit hell- bis dunkelblauer, zuweilen auch mit roter oder weißer Wolle umwickelt. Die Fransen werden, soweit man sie überhaupt länger beläßt, netzartig abgeknotet.
Die Hauptfarbe des Schirwan ist Blau, gelegentlich Rot oder auch Elfenbein. Die Knüpfmuster werden sehr bunt gehalten. An Bordüren trägt er eine Hauptborte und bis zu sechs Nebenborten. Die Hauptbordüre ist meist hellgrundig, sie zeigt Rosetten, oft hakenbesetzt, Hakenreihen, das Tulpen-(Weinglas-) und Sägezahn-(Eichenblatt-)Muster, das Skorpion-, Krabben- oder Spinnenmotiv, manchmal auch große S-Formen (dann mehr liegend) oder auch Dreieckbänder. Oft sieht man auch die sogenannte »kufische Borte«. In den Nebenborten findet man Barbierstangen, Wellenlinien, das reziproke Zinnenmuster, das Dreieck- und das Pfeilspitzenmotiv, kleine Doppelhakenreihen, die Tul-

 Schirwan, Kaukasus, frühes 19. Jahrhundert

Schirwan, Gebetteppich, sogenannter Sternen-Schirwan, Kaukasus

Schirwan-Kuba, Kaukasus, ca. 1890

Schirwan, Karabagh-Gebiet, Kaukasus

 Schirwan, Kaukasus (früher »Kabistan« genannt)

Schirwan, Type »Akstafa«, Kaukasus

Schirwan, Gebetteppich, Kaukasus

Schirwan (Rauten- und Sternen-Schirwan), Kaukasus

Schirwan, Gebetteppich, Kaukasus

 Schirwan, Moghan-Steppe

penranke, Rosettchen, kleine Blüten, Sternchen usw. Durch die vielen Borten ist der Fond nicht selten schmäler als die Gesamtbreite der Bordüren. Im Fond zeigen sich Medaillons, ebenso aber gibt es Schirwans ohne Medaillons, die durchgemustertes Feld haben, etwa stilisierte Tulpen, Blumenstöcke, das Mir-i-bota-Muster, achtstrahlige Kreuzsterne, auch das Fliesenmuster. Solche Fliesen zeigen an den Schnittpunkten Kreuzblumen oder Rosetten. Sind Medaillons vorhanden, so tragen diese häufig Dreieckumsäumung. Die Medaillons werden oft aus in- und aneinanderliegenden Rhomben oder flachgedrückten Achtecken gebildet. Die Zwischenräume im Fond sind mit Rosetten und Sternblumen gefüllt oder auch mit geometrisch gehaltenen Figuren mit oder ohne Haken.

Ähnlich wie beim Schiraz finden sich im Fond zuweilen auch Menschen- und Tierdarstellungen, stark stilisiert. Der Schirwan ist sehr beliebt, weil er Farbenfreude schenkt, gute Wolle besitzt und strapazierfähig ist. Allerdings gibt es ihn neben hochwertigen Ausführungen auch in minderen Qualitäten. Vom Kasak, mit dem er mitunter verwechselt (und als solcher angeboten) wird, unterscheidet er sich durch seine schon ein wenig persisch anmutende Musterung und den kürzeren Flor. Der Schirwan wird zuweilen auch unter dem Phantasienamen »Kabistan« angeboten (siehe dort!).

Zur Schirwan-Gruppe gehören folgende Sorten: Hele, Moghan-Schirwan, Mollah-kendi, Sirali-kendi, Marasali, Ssaljanij, Bidjov (siehe Bild im 11. Hauptabschnitt), Karagaschli (Bild Seite 232), Zejwa, Seichur, Konagend, Perepedil (Bild auf Seite 256), Kuba, Tschetsche und andere. Siehe auch unter *Seichur, Tabassaran, Talisch* und *Tschetsche*. Sogar der »Akstafa« genannte Teppich kommt aus dem Schirwan-Gebiet, obgleich die Stadt Akstafa nordwestlich von Gendje, also außerhalb des eigentlichen Schirwan-Gebietes, liegt. Es gibt noch weitere Orte, die »Schirwan« heißen, keiner von ihnen hat »Teppichbedeutung«.

Wir zeigen, wie es der Beliebtheit dieses Teppichs zukommt, in dieser Schirwan-Abhandlung verteilt, eine Reihe von Bildern solcher Teppiche. Natürlich sind gute, alte Schirwan, ebenso ältere Teppiche (aus etwa 1900 bis 1920) mehr gefragt (und teurer) als die aus der jüngsten Produktion.

Die Sowjets versuchten, London als Zentralpunkt für den Teppichexport zu benützen. Das geriet nicht gut. Flugs errichteten sie in Hamburg ein Großlager, denn mehr als 50 % des russischen Teppichangebotes werden von der BRD angekauft.

Schirwan, jüngere sowjetische Arbeit

Schirwan, Entwurf Prof. Kerimov

Schirwan, neue Art, Entwurf Prof. Kerimov

 Schirwan aus jüngster sowjetischer Herstellung

Schirwan aus jüngster sowjetischer Herstellung

Schuscha (Schusa) Einstmals Hauptort im Karabagh, nicht zu verwechseln mit Schuschter in Iran! Obgleich im südlichen Ausläufergebiet des Kaukasus liegend, zeigen die Teppiche dieses Gebietes schon verhältnismäßig wenig geometrische Formen, sondern zunehmend Blumenornamente, weil man um die Jahrhundertwende dort gewohnt war (was noch nachwirkt), auf Bestellung blumenreiche französische Muster nachzuahmen.

Scind Ein indischer Knüpfteppich mit viel Grün und Orange, der in seiner Zeichnung dem Afghan sehr ähnlich ist.

Seccade Siehe unter *Sadschadah.*

SEICHUR Dieser interessante Teppich wird in einigen Spielarten von den transkaukasischen Bergvölkern: den Tabassaranern, den Kumüken, den Chewsuren (Kewsuren, zu deutsch »Schluchtenbewohner«) und von den Zachuren angefertigt. Die Chewsuren hausen nördlich von Tiflis am Oberlauf der chewsurischen und der psawischen Aragva im schwer zugänglichen westlichen Hochgebirge. Die Zachuren sind weiter nach dem Osten hin, am Oberlauf des Samur, beheimatet. Samur heißt zu deutsch »Marder«, der Name kommt von den vielen Mardern und marderähnlichen Nagern, die in diesem Gebiet ihr Revier haben. Wie die anderen vielen kleinen Völkerschaften des Kaukasus gehen diese vorgenannten kleinen Volkseinheiten langsam in den sie umgebenden Völkerschaften der Awaren, Azerbeidschaner, Darginer und Lesghier auf, bzw. es setzt sich das Russische als Staatssprache durch und damit auch eine verallgemeinernde Kultur.

Das Volk der Chewsuren, das einen eigenen, uralten und schwer verständlichen georgisch-grusinischen Dialekt (karthwelisch-iwerische Sprachgruppe) spricht, lebt sehr für sich abgeschlossen in etwa acht Aulen (Dorfschaften) und umfaßt etwa 9000 Seelen. Diese Chewsuren pflegen eine eigene Religion, in der sich urheidnische (Opfergaben), katholische, mohammedanische und jüdische Thesen und Riten in eigentümlicher Weise mischen. Von den Chewsuren geht die Sage, sie seien Nachfahren von Kreuzrittern, die einst – von ihren Heeren abgesprengt – in den schier unzugänglichen Bergschluchten seßhaft wurden und dort ein neues Dasein begannen.

Der Seichur, den man oft auch »Tabassaran« nennt, gehört also an sich zur Schirwan-Dagestan-Gruppe, er ist auch dem Derbent, dem Kasak und anderen verwandt. Man bekommt

 Seichur, Kaukasus, Ende des 19. Jahrhunderts

jetzt den Seichur in Größen von 90 × 160 bis 120 × 350 cm, zuweilen auch größer. Seine Kette ist aus Schafwolle, in neuerer Zeit trifft man auch auf Baumwollkette, der Schuß besteht aus Baumwolle. Der Flor wird mit dem türkischen Knoten aus Schafwolle hergestellt. Der gute Seichur trägt 1000 bis 1800 Knoten je 1 dm². Die Hauptfarbe des Seichur ist Blau, auch Rot, Braun oder Elfenbein kommen vor. Die Knüpfmuster sind mehrfarbig und vielartig gehalten. Meist sind im Seichur nur zwei nicht sehr breite Bordüren vorhanden, wovon die äußere gerne den Laufenden Hund, die innere aber steife Ranken und Rosetten zeigt. Er kann jedoch auch eine Hauptbordüre mit stilisierten Blumen und beidseits schmale Nebenbordüren mit Blütenranken usw. besitzen.

Der Seichur zeigt im Fond meist eine typische Zeichnung: von einem gegliederten Medaillon gehen in die Diagonalen balkenartige Rechtecke in der Art, daß sie über die ganze Fondbreite ein flaches liegendes Kreuz (sogenanntes Andreaskreuz) bilden. Dieses flache Kreuz kann sich in der Längsrichtung des Fonds einigemal wiederholen. Die noch verbleibenden Fondflächen sind in der Regel mit vielen stilisierten Blumen oder sonst auch mit kleinen Rosetten, Sternfiguren, liegenden S-Mustern, gelegentlich auch mit primitiven Tierdarstellungen usw. gefüllt. Hin und wieder findet man beim Seichur die Schmalseiten kilimartig verziert. Der Seichur ist ob des Leuchtens seiner Farben und ob seiner sonstigen guten Qualität sehr beliebt, aber in älteren Stükken schon schwer zu haben. Siehe auch unter *Tabassaran.*

Der Seichur links zeigt eine Fülle kleiner, naiver Motive. Die beiden Seichur-Teppiche rechts sind besonders edle Vertreter ihrer Art. Auch der Teppich auf Seite 322 zeigt Seichur-Charakter, er ist aber im Raum um Ardebil, also in Persien, entstanden, wo viele Flüchtlinge aus dem Schirwan-Seichur-Gebiet leben. Dieser Teppich kommt auch nicht als Seichur, sondern meist als Ardebil in den Handel. Das Stück ist knüpftechnisch ausgezeichnet gearbeitet. Siehe auch unter *Ardebil.*

Seidene Teppiche Orientteppiche, aus Seide gearbeitet, kennt man seit dem Mittelalter. Ab 1885 wurde in Kaschan (siehe dort!) unter Mitwirkung europäischer Kaufleute die Herstellung von in Seide geknüpften Teppichen wiederaufgenommen, nachdem etwa um 1873 die Herstellung von solchen in fast ganz Persien zum Erliegen gekommen war: eine Seuche unter den Seidenraupen hatte Schuld daran getragen. Die schöne Ware fand viel Anklang, so daß man

Seichur, Kaukasus

Seichur-Nachbildung aus Persien

auch in Täbriz und in Kerman wieder begann, in Seide zu arbeiten. Der Knüpfvorgang ist jenem beim Wollteppich gleich, nur erhöht sich sehr die Zahl der Knoten (da die Seide dünner ist). Natürlich werden gelegentlich auch in anderen Teppichorten Seidenteppiche hergestellt.

Bei türkischen (und anderen) Seidenteppichen ist Vorsicht geboten, da zum Knüpfen oft genug kurzfaserige Abfallseide genommen wird, was die Haltbarkeit des Teppichs sehr beeinträchtigt. Im wesentlichen ist das, was heute als Seidenteppich angeboten wird, richtige Kommerzware (siehe auch unter *Familien-Gebetteppiche*!) Man überschätze nicht ihren Wert!

Seite 289 links zeigt einen wertvollen Seidenteppich (Medaillon mit Blütenranken) des 19. Jahrhunderts in prachtvoller origineller Ausführung. Im Heris-Gebiet wurden im 18. und 19. Jahrhundert herrliche Seidenteppiche in kleinen Formaten geknüpft, ebenso in Täbriz. In diesem Jahrhundert versuchen Ghom und Isfahan dem Seidenteppich erneut Ansehen zu verschaffen. In der Türkei arbeitet man vor allem in Hereke sehr schöne Seidenteppiche, deren aus Bursa (Brussa) stammendes Seidenmaterial qualitätsmäßig besser sein soll als persische Seide. In alten Turkmenenteppichen findet man kleine Ornamente in Seide ausgeknüpft, was sehr reizvoll wirkt.

Bei all diesen »Seidenteppichen« gibt es zu beachten: Ist der Teppich sowohl im Flor als auch in Kette und Schuß aus Seide, oder hat er nur den Flor aus Seide? Es kann auch sein, daß außer dem Flor auch die Kette aus Seide besteht, der Schuß aber aus Baumwolle sich zeigt (oder umgekehrt). Aber am bedeutsamsten bleibt, ob mit »Seide« wirklich »echte Seide« gemeint ist. Wir haben bereits früher darauf hingewiesen, daß in manchen Teppichen Kunstseiden für »echte Seide« ausgegeben werden, und überdies: auch die merzerisierte Baumwolle, die seidenglänzend ist, muß es sich gefallen lassen, als echte Seide angepriesen zu werden! »Seide« – das heißt Glanz, das heißt Reichtum, das ist Inbegriff der Kostbarkeit: in unserer Zeit des Angebertums führen und verführen also solche psychologischen Gründe dazu, daß man nach einem »Seidenteppich« greift, selbst dann ihn haben will, wenn man auch ahnt, es stimme etwas nicht mit der Händlerangabe von »Seide«. Der wirkliche Kenner, der echte Kulturmensch, wird (in Zweifelsfällen) immer einem alten Kaukasen, einem alten Anatol oder einem ebensolchen Perser in Wolle mehr zugeneigt sein als etwa einem neuen Seiden-Ghom.

Seldschuken Die Seldschuken, ein vom Syr-Darja-Gebiet kommender turkomanischer Stamm der Oghusen (ihr Führer Seldschuk – und mit ihm sein Anhang – war um 950 zum Islam übergetreten), brachen alsbald zu Eroberungszügen auf. Sie gewannen außer Persien auch Syrien und Kleinasien und herrschten um das Jahr 1100 vom Ägäischen Meer bis zum Indus, vom Persischen Golf bis zum Jaxartes. Durch sie scheint die Teppichknüpfkunst aus dem mittelasiatischen Raum nach Persien und Kleinasien gebracht (oder in diesen Gebieten wiederbelebt) worden zu sein. Sie verstanden bereits, Teppiche bis zu 3 m Breite und 5 m Länge zu knüpfen. Aus dem persischen Raum sind Erzeugnisse aus jener Zeit nicht mehr vorhanden, bzw. man hat bisher keine solchen gefunden. Wohl aber gibt es persische Miniaturen aus dem 14. Jahrhundert, die solche Teppiche erkennen lassen. In der Moschee Ala-eddin zu Konya (Türkei) lagen, ziemlich unbeachtet, drei alte Teppiche und fünf Teppichfragmente. Erst im Jahr 1905 enträtselte man ihre Herkunft: es waren Teppiche aus der Zeit, da Konya den Seldschuken zur Residenz diente (13. Jahrhundert). Auch in Fostat (Alt-Kairo) fand man einige Teppichfragmente aus dem gleichen Zeitraum, ebenso in einer Moschee von Beyschehir (südwestlich von Konya). Der überwiegende Teil des Gefundenen wird im »Türk ve Islam eserli müzesi« (Museum der Türkischen und Islamischen Kunst) in Istanbul und im Museum von Konya aufbewahrt. Einen der wenigen in Kleinasien gefundenen Seldschukenteppiche zeigen wir auf Seite 24.
Semnan Stadt in Iran, etwa 200 km östlich von Teheran. Die im dortigen Gebiet hergestellten, dicht geknüpften Teppiche mit wohlverteiltem zartem Grün und Zitronengelb zeichneten sich durch besondere Festigkeit aus. Im Gegensatz zu früher kommen jetzt nur noch wenige Teppiche aus Semnan.
Sendschan Siehe unter *Zanjan.*

SENNEH (Sennah, Sinä, Sinäh, Sanaudadsch, Senandid), amtlich: »Sanandaj«) Senneh, eine Stadt mit Gebiet im Lande Gerus in der westiranischen Provinz, die früher Ardilan hieß, jetzt aber Kurdistan genannt wird, ist als Heimat des »persischen Knotens« (Sinä- oder Senneh-Knoten) nicht nur ein altberühmtes Teppichgebiet für Knüpfer, sondern auch für feine Kilim-Arten bekannt. Letztere findet man nur noch selten. Den Senneh als Knüpfer gibt es meist nur in bescheidenen Größen wie 110 × 160 oder 120 × 180 cm, er kommt kaum über 160 × 250 cm hinaus.

Senneh, ca. 1890, Persien

324 Senneh (Senné), Persien, Ende des 19. Jahrhunderts

Die Kette ist aus Baumwolle (in Sonderfällen aus Seide), der Schuß aus Schafwolle oder Baumwolle, in Sonderfällen aus Seide. Der sehr kurze Schafwollflor wird meist auf türkische, seltener auf persische Art geknüpft. Es ist daher also nicht so, daß im Senneh-Gebiet ausschließlich der angestammte Senneh-Knoten benützt wird. Die Knotendichte ist sehr hoch, auch bei neueren Stücken. Sie beträgt kaum jemals unter 1600 Knoten je 1 dm^2, erreicht aber bei Qualitätsarbeit bis zu 5000 Knoten, alte Stücke haben bis zu 7000 Knoten. Die Webborte ist, wenn überhaupt vorhanden, sehr schmal, die Fransen sind kurz und lose.

Die meist wenig betonte Hauptborte, in der Regel nur von je einer Nebenborte flankiert, zeigt sich mit ziemlich streng stilisierten kleinen Blüten oder Zierat feinst ausgefüllt. Nicht selten trägt sie das Schildkrötenmuster und gern auch – bei entsprechender Fondfüllung – eine reiche Herati-Zeichnung. In den Nebenborten erkennt man das Schekeri-Muster (noch richtiger: »schekari«), manchmal das S-Muster, oft sehr langgestreckt, und häufig tragen die Borten auch kleine Mir-i-botas. Im Mittelfeld sieht man häufig (in den neueren fast immer) größere oder kleinere Mir-i-botas aneinandergereiht, entweder in geraden, schrägen oder in versetzten Reihen. Oft wachsen aus den Palmwipfeln Ranken, entweder glatt oder mit feinen Härchen besetzt. Es gibt aber auch viele Senneh, die ein Großmedaillon führen in flachgedrückter Rhombus- oder Sechseckart; oder aus der Feldmitte wächst, immer größer werdend, ein Sechseckmedaillon auf, bis es an die Bordüren grenzt. Sowohl das Medaillon als auch die übrigen Feldflächen zeichnen sich durch feingestaltete Ferahan-(Herati-)Füllung aus, doch erfaßt die gesamte Musterung schon eine gewisse geometrische Starre. Die Seitenlinien der Sechsecke oder der Rhomben haben zuweilen Einzüge, oder sie sind im winzigen Zickzack geführt (in Zitterlinie). Die Bordüren werden meist durch schmale Säume getrennt, die Punkt- oder Strichmuster tragen. Die Hauptfarbe des Senneh ist in der Regel Blau, es gibt ihn aber auch in Rot, in Creme und in Grün, doch wesentlich seltener. Die Muster werden in vielen, doch stets dezenten Farben geknüpft; doch es gibt auch Senneh, die nur wenig Farbe tragen und dadurch sehr vornehm und kühl wirken.

Eine Besonderheit ist der Kilim aus dem Senneh-Gebiet. Es gibt ihn in Wolle gefertigt oder auch in Seide. Beide Arten kommen in letzter Zeit nur noch selten auf den Markt (Bild im 8. Hauptabschnitt). Auch beim Kilim arbeitet man mit

großer Sorgfalt. Die vielfärbigen Kleinmuster sind harmonisch abgestimmt. Der Senneh-Kilim ist vorder- wie rückseitig völlig glatt gearbeitet, kann also doppelseitig (z. B. als Vorhang) verwendet werden. Er ist der beste persische Kilim.
Seite 323 zeigt einen Senneh aus dem vorigen Jahrhundert. Hier rechts sieht man einen Senneh in ungewöhnlicher Bordürenmusterung (die man ansonsten nur in Ostpersien findet, siehe z. B. das Bild des Chorassan auf Seite 169). Der Senneh auf Seite 324 ist ein gutes älteres Exemplar. Man beachte auch die Senneh-Satteldecke auf Seite 308.
Die harte körnige Rückenstruktur ist z. T. ein Erkennungszeichen des geknüpften Senneh. Alte Seiden-Senneh gehören zu den teuersten und gesuchtesten Persern! Auf älteren Landkarten scheint Sanandaj noch als »Tenna« auf.

Ser (ser-nischin) Siehe unter *Zar*.

Serab (Serapi) Siehe unter *Sarab*.

SERABEND (Saraband) Der Serabend genannte Teppich stammt aus dem südlichen Teil des in Westpersien gelegenen Ferahan-Gebietes. Handelsplätze sind vornehmlich Arak (Sultanabad) und Burudschird. Der beliebte Serabend kommt in vielen Größen vor, von 100 × 150 bis 400 × 550 cm. Seine Kette besteht aus Baumwolle, der Schuß entweder aus Baumwolle oder aus Schafwolle. Der kurze bis mittellange Flor wird meist auf türkische Art aus Schafwolle geknüpft. Es gibt Teppiche auf Serabend-Art, die je 1 dm² nur etwa 600 Knoten aufweisen. Sie stammen in der Regel nicht aus dem Serabend-Gebiet, sondern sind Serabend-Nachahmungen, meist in Kleinasien, im Raume um Sparta (Isparta) oder Kayseri hergestellt. Man erkennt solche Imitationen auch an der groben Wolle und an dem dicken Schußfaden. Auch in europäischen Knüpfereien fertigt man die Teppiche im Serabend-Muster an. Und die Inder tun jetzt desgleichen!
Der echte Serabend trägt kaum jemals unter 800 Knoten je 1 dm², meist jedoch 1000 und mehr, ja man kennt Stücke, die bis 1800 Knoten aufweisen.
Die Hauptfarbe des Serabend ist Blau oder Rot. Die Einknüpfmuster werden in mannigfachen Farben und Tönungen angebracht. Die Hauptbordüre, meist mit mehreren Nebenborten, zeigt das Schekeri-Muster oder arabesk verbundene Blüten und Blätter. Sie ist von den Nebenborten durch meist hell gehaltene Säume getrennt. In den Nebenborten findet man Zickzackmuster, Wellenlinien usw. Das

Senneh, Persien, frühes 20. Jahrhundert

Serabend, Iran (Persien), frühes 20. Jahrhundert

 Serabend, Iran (Persien), 19. Jahrhundert

Feld ist fast immer mit dem Mir-i-bota-Muster durchgängig besetzt, wobei die einzelnen Palmwipfel sehr klein gehalten sind, aber nicht so ausnehmend klein wie z. B. bei dem nahen Verwandten des Serabend, beim Mir. Die Muster, die in sich farbige Tupfer tragen, laufen in geraden oder schrägen Reihen. Es zeigen in der einen Reihe die Blattspitzen (Wipfel) nach rechts, dann in der nächsten Reihe nach links, und so wechselt das mit großer Genauigkeit über das ganze Feld hin ab. Es gibt aber auch Teppiche, in denen die Mir-i-bota-Wipfel stets nach der gleichen Seite schauen!
Ebenso gibt es auch den Medaillon-Serabend: das Medaillon ist dann meist übergroß und füllt die ganze Fondfläche. Auch hier besteht die Musterung aus Mir-i-bota-Formen. Der Serabend auf Seite 326 rechts ist ein Gegenwartserzeugnis; links daneben sieht man einen Serabend aus dem vorigen Jahrhundert. Er hat besonders klare Bordürenzeichnung. In den neuen Serabends werden die Palmwipfelmuster (Mir-i-botas) meist wesentlich kleiner gehalten.
Serbische Teppiche Im gesamten Balkan werden Teppiche gewirkt und geknüpft, auch in weiten Teilen Serbiens bzw. Jugoslawiens. Sie zählen nur bedingt zu den Orientteppichen. Siehe die Einleitung zu diesem Hauptabschnitt und auch unter *Piroter Teppiche*. Der serbische Kilim kannte früher nur die Größen »Batalboj« (375 × 450 cm), »Smetenik« (225 × 300 cm), »Schestak« (150 × 225 cm), »Sidjade« (112 × 150 cm) und den »Zan«, eine Läuferart.
Set Ein Händlerausdruck aus dem Englischen, der soviel wie »Satz« in dem Sinne von »zusammengehörig« bezeichnet. Man nennt Teppiche so, die bei verschiedener Größe das gleiche Muster aufweisen, also als zusammengehörig angesehen werden können.
Sibirische Teppiche Die staatlich-sowjetische Firma Novoexport bietet seit einiger Zeit handgeknüpfte Teppiche an, die je Quadratmeter kaum 65 000 Knoten aufweisen und sehr hochflorig sind. Sie kommen zwar aus den Manufakturen von Omsk und Umgebung, also aus Süd-Sibirien und damit aus der Nachbarschaft von Kasachstan, aber man kann sie deshalb doch kaum als »Orientteppiche« bezeichnen. Die weitmaschige Knüpfung und die reizlose Musterung finden bei uns wenig Anklang.

SIEBENBÜRGEN-TEPPICHE Man nennt eine Gruppe Teppiche so, weil man sie in Kirchen Siebenbürgens gefunden hat. Die ältesten Teppiche stammen aus dem 16. Jahrhundert, es gibt aber auch wesentlich jüngere.

Siebenbürgen-Teppich
Altanatolischer Teppich, der laut rückseitig angebrachter Inschrift im Jahre 1674 einer Kirche in Siebenbürgen gestiftet wurde

Im Jahr 1556 wurde das bis dorthin ungarische Siebenbürgen ein selbständiges Fürstentum. Türkische Kaufleute zogen ins Land, Siebenbürger Kaufleute wanderten in die Türkei, um Waren einzukaufen. Bei ihrer glücklichen Rückkehr aus dem »Heidenland« stifteten sie nicht selten einen »türkischen Teppich« ihrer heimatlichen Pfarrkirche. Über 200 Jahre lang hielt dieser Handel an. Man sah nicht nur in Kirchen, sondern auch in Amtsräumen und in Gemächern wohlhabender Leute solche Teppiche. Anfangs hatten alle diese Stücke noch jene Maße, wie sie der Orientale in seinem Haus braucht (mehr lang als breit), dann wurde der europäische Einfluß sichtbar: schon damals arbeiteten die Türken bereitwillig nach den Angaben der Besteller.
Die meisten dieser Teppiche kamen aus dem Uşak-Gebiet, sie hatten als Hauptfarben stets Gelb, Blau und Rot. Diese Siebenbürgen-Teppiche wurden auch »Transsylvanier« genannt (nach dem schon seit dem 12. Jahrhundert für Siebenbürgen gebräuchlichen Namen »Terra ultra silvas« = Land jenseits der Berglandwälder).
Es handelt sich in allen Fällen um in Anatolien hergestellte Teppiche. Siehe die Bilder auf den Seiten 38, 39 und 327.

SILEH Der Sileh-Teppich ist kein Knüpfteppich, sondern er wird in Kilim-Art gewirkt. Er stammt aus dem transkaukasisch-armenisch-azerbeidschanischen Gebiet und kommt in den Größen 120 × 250 bis 170 × 400 cm vor. Die Kette besteht aus Schafwolle, in neuerer Zeit auch aus Baumwolle, der Wirkfaden ist aus Schafwolle. Infolge seiner Herstellungstechnik hat der Sileh keinerlei Knoten. Seine Hauptfarbe ist ein gelbliches Braun, auch Dunkelblau, Rot oder Kupfer, es gibt ihn auch mit vorwiegend Schwarz. Der Sileh zeigt zumeist große S-förmige Gebilde, die aneinandergereiht sind. Sie sollen Tierfelle vorstellen. Auch quadratische Fliesen, U- und Z-Ornamente erkennt man im Sileh. Die S-Figuren (oft sind sie in schriftverkehrter Art) haben an ihren Enden Fortsätze: sie sollen die Beine (Läufe) bedeuten. Im Flächeninnern der großen S-Figuren finden sich winzige Wellenlinien eingearbeitet, sie sollen die Locke des Tierhaares darstellen.
Der Sileh wird weniger als Fußbodenbelag verwendet, da er nicht so strapazierfähig wie ein Knüpfteppich (Florteppich) ist. Ähnlich wie beim Sumakh hängen an der Rückseite die Abrißfäden herab. Als Wandbehang, allenfalls als Überwurf, leistet er bessere Dienste. Die Nomaden verwenden den Sileh als Pferde- und als Karrendecke. Oft findet man zwei Sileh-Bahnen sorgfältig zu einem Stück zusammengenäht. Das Sileh-Bild im 8. Hauptabschnitt zeigt das charakteristische Muster.

Sinä Siehe unter *Senneh.*

Sirab Siehe unter *Sarab.*

Siradsch Die in manchen Gebetteppichen von der Giebelspitze niederhängende Lampe (Knüpfmuster) nennt man im Arabischen so.

Sirdschan (Saidabad) Ort im Sumpfgelände, östlich vom Niriz-See. Die Teppiche aus der Gegend werden Sirdschan oder Saidabad genannt, sind aber im Grunde genommen nichts anderes als gute Afschari.

Sitara (Mehrzahl: sutur) Soviel wie »Vorhang« oder »Behang«.

Sivas (Siwas, früher Sebaste) Stadt in Kleinasien, am Kysil Irmak gelegen. Sie gilt als Sammelplatz für Teppiche der armenischen und der kurdischen Nomaden. Außerdem befinden sich in Sivas ungemein viele Manufakturen, in denen alle Arten von Teppichen, auch persische und andere nachgeknüpft werden, meist in minderer Knüpfdichte. Ein Sivas-Eigenmuster gibt es nicht mehr. Alte Sivas-Teppiche waren sehr schön und gut; sie sind sehr gesucht und teuer (so man sie durch Zufall angeboten bekommt). Zum Unterschied von den in den vielen Manufakturen hergestellten Sivas-Teppichen nennt man Teppiche, die in den Dörfern der Umgebung erzeugt wurden, »Köylü-Sivas«, also »Bauern-Sivas« (Köylü = Bauer), »Dörfler-Sivas«. Ein Hauptsammelplatz für solche Köylü-Sivas ist der Ort Zara, ca. 70 km nordöstlich von Sivas gelegen.
In jüngster Zeit bemühen sich einzelne Manufakturen in Sivas, wieder vorzüglich gearbeitete Teppiche herzustellen, sogar die im Gefangenenhaus eingerichtete Manufaktur liefert ausgezeichnete Exemplare, die hauptsächlich durch die Sümer-Bank aufgekauft werden. In Sivas befindet sich auch eine vom Staat erhaltene Schule zur Heranbildung von Knüpferinnen, jährlich werden ca. 500 Mädchen im Knüpfen geschult.

SMYRNA Diese türkische Stadt am Ägäischen Meer wird seit 1923 Izmir genannt und trägt Beinamen wie »die Liebliche« oder »das Auge Anatoliens« oder »Perle des Orients«. Sie war einst Sammelplatz für die nach ihr benannten Teppiche. Heute wird in Izmir nicht mehr geknüpft, wohl aber steht am Stadtrand eine Fabrik, in der maschinell Teppiche hergestellt werden.

Immerhin hat Izmir außer seinem Bazar auch noch einige Großhandelsfirmen, die im Hinterland Teppiche aufkaufen und vor allem bemüht sind, die Erzeugungsmengen von Kayseri und Isparta zu exportieren. Einen »Smyrna«-Teppich im Sinne dieses Wortes gibt es nicht mehr, auch nicht unter dem Namen »Izmir«. Es ist ein Zufall, sieht man in alten Familien wirklich einen Smyrna »von damals«, so etwa, wie unser Bild rechts einen zeigt; das war noch ein »schöner Smyrna«!

Smyrna-lave Das war, als es noch den »Smyrna« gab, ein gewaschener (chemisch gewaschener) Smyrna-Teppich, der durch diese Behandlung leuchtender, aber nicht besser wurde.

Sowjetrussische Teppiche Siehe unter *Russische Teppiche* und auf Seite 128 das Verzeichnis der wichtigsten kaukasischen und mittelasiatischen Teppiche.

Spanische Teppiche Als die Mauren Spanien besetzt hielten, führten sie u. a. auch die Teppichknüpfkunst ein. Schon im 12. Jahrhundert waren »Chinchilla« und »Cuenca« als Teppichorte bekannt und berühmt. Teppiche aus dem Gebiet Murcia (Alcarac) und aus Andalusien wurden sogar nach dem Orient exportiert und dort hoch bezahlt. Die Wolle gewann man von den vortrefflichen Merinoschafen. Als dann die Christen die Mauren aus dem Land vertrieben, ging auch die Knüpfkunst zurück, ganz erstorben ist sie jedoch nicht. Sie hielt sich an der spanischen Südküste sogar noch als (bescheidene) Hausindustrie im Kreise der Moriskos (christliche Mauren) und der Mudejaren (mohammedanische Mauren). In den Alpujarras, südlich von Granada, konnten die Mauren sich am längsten halten. Diese Teppiche werden Alpujarras genannt, abgeleitet von der arabischen Bezeichnung »al-bascha-rat« = Grasweiden, wie das bergige Vorland im Süden der Sierra Nevada genannt wird. Siehe hierzu auch unter *Portugiesische Teppiche.*

SPARTA (Isparta, früher Hamidabad, arabisch Sabarta, das antike Baris Pisidiae) Sparta – mit dem griechischen Sparta nicht zu verwechseln! – ist eine kleinasiatische Stadt mit weitem Umgebungsgebiet. In der dortigen umfangreichen Teppichhausindustrie und in vielen Manufakturen werden Teppiche aller Art nachgeahmt, also auch Perser, Kaukasier und Turkmenen. Diese Teppiche kommen aber im reellen Handel trotz ihrer meist iranischen Muster als »Sparta«, als »Isparta« oder schlechtestenfalls als »Sparta-Täbriz« etc. auf den Markt. Es gibt den Sparta in allen

Smyrna, Kleinasien

 Sparta, Kleinasien

gebräuchlichen Größen bis 400 × 500 cm (und sogar darüber). Soweit man von einem Sparta-Muster selbst reden kann, zeigt das Bild hier links noch ein gutes, älteres Exemplar seiner Sorte. Es ist 120 × 200 cm groß und besitzt (das ist ansehnlich für Sparta) 1000 Knoten je 1 dm^2.
Die Kette ist aus Baumwolle, der Schuß aus Schafwolle, der im Griff dicke Flor wird auf türkische Art aus Schafwolle geknüpft. Als Grundfarbe wird jeweils jene verwendet, die dem Original, das man nachahmen will, am besten entspricht. Das Rot wirkt süßlich; von allen im Sparta verwendeten Farben ist wohl das Blau am ansprechendsten. Diese freundliche Nuance soll er von dem verwendeten Färbe- und Spülwasser bekommen. Das Sparta-Gebiet ist der Hauptsitz der türkischen Teppicherzeugung. Es befindet sich dort gut ein Viertel aller türkischen Teppichknüpfstühle, ebenso die Direktion der Sümerbank-Teppichabteilung. Ihr untersteht u. a. auch die Aufsicht über die Teppichherstellung im dortigen Gefangenenhaus.
In guten Manufakturen Ispartas werden mit Erfolg auch alle türkischen Muster nachgeknüpft, z. B. »Kula«-Gebetteppiche, »Vogel-Uşaks« u. a. Isparta ist auch auf den türkischen Eigenbedarf eingestellt, man fertigt z. B. den einfarbigen Knüpfteppich »Düz« hier an und viele Muster für türkischen Geschmack.

Srinagar Der Jhelum-(Dschilan)-Fluß und seine Kanäle umschließen das »Venedig des Ostens« in 1610 m Höhe. Srinagar (420 000 Einwohner) ist die indische Hauptstadt von Jammu und Kaschmir. Infolge der umstrittenen Grenzfragen mit Pakistan ist Srinagar auf dem Landwege nur durch den Jawahir-Tunnel von Indien aus zugänglich. Siehe unter Kaschmir.

Strafhausteppiche Siehe unter *Gefangenenhaus-Teppiche.*

Sultan Mit »Sultan« wurden anatolische Knüpfteppiche im Yürük-Charakter bezeichnet, die aus einem weiten Nomaden- und Halbnomadengebiet kamen; heutzutage werden sie aber vielfach schon in den Manufakturen hergestellt. Der Name »Sultan« wurde von den orientalischen Händlern ersonnen. Siehe unter *Yürük*. Seite 331 zeigt einen Teppich, den man als Sultan (ebenso auch als Yürük) ansprechen kann.

Sultanabad (Arak) Hauptort im Gebiet Ferahan, Sammelplatz für Teppiche aus der ganzen Umgebung. Die ersten planmäßigen und umfangreichen Teppichausfuhren aus Persien nach Europa stammten aus Sultanabad. Man nannte damals alle aus der Ferahan-Gegend kommenden

Teppiche »Sultanabad«. Siehe auch unter *Hotz-Teppiche.* Die sogenannten Sarukmahal-Stücke werden in Sultanabad und Umgebung hergestellt. Die Stadt ist vor einigen Jahren umbenannt worden, sie heißt jetzt Arak.

SUMAKH (Sumak, Sumakha, Soumak, russisch Schemakha, Schamakhi) Hauptstadt des Gebietes von Schirwan (Schirwahan), einer Landschaft am Westufer des Kaspischen Meeres, und Sammelort für die Teppiche aus der Umgebung. Auch spielt es eine wichtige Rolle in der Seidenzucht und Seidenindustrie. Der nach der Stadt benannte »Sumakh« (der jedoch im ganzen Gebiet daheim ist) wird in zwei Haupttypen hergestellt: Kuba-Sumakh und Derbent-Sumakh. Der Kuba-Sumakh ist derber und fester gearbeitet und gilt für höherwertig als der Derbent-Sumakh.
Der Sumakh ist kein Knüpfteppich, auch kein Kilim, sondern eine Art Flechtkordelgewebe; er wird aber der Kilim-Ähnlichkeit wegen zollamtlich zu den Kilim-Sorten gerechnet. Selbst die Türken zählen diese Teppichart den Kilim-Sorten zu. Dann und wann hört man statt »Sumakh« auch den Namen »Çiçim«. Der Sammler aber freut sich, daß es diese eigenwillige Teppichkonstruktion gibt, denn sie ist in ihren Farben, in ihrer dekorativen Motivgestaltung und außerdem noch durch ihre meist deutlich sichtbare Reliefwirkung außerordentlich reizvoll und beeindruckend. Die Reliefwirkung erhöht/vertieft sich durch zusätzliche Verwendung verschiedener Garnstärken.
Die Rückseite der meisten anderen Kilim-Arten ist glatt und zeigt das gleiche Muster wie die Vorderseite. Die Sumakh-Rückseite dagegen hängt voller Abrißfäden, indes die Vorderseite glatt ist. Die Hersteller belassen die Fäden mehrere Zentimeter lang, um den an sich dünnen Teppich auf diese Art wärmer zu machen. Der Sumakh wird dann auf eine Filzunterlage gelegt und als Fußteppich benutzt, er dient aber auch als Wandbehang. Auch bei uns soll der Sumakh, wenn man ihn als Fußteppich verwenden will, stets eine Unterlage haben und womöglich an einer Stelle liegen, die nicht zu sehr begangen wird. Vorzuziehen ist der Sumakh in erster Linie als Überwurf; er hat stark dekorative Wirkung. Er besitzt auch die Eigenschaft der geringen Wärmeleitung, da ihn sowohl Hitze als auch Kälte nur langsam durchdringen, er wirkt isolierend.
Im Handel gibt es, wenn auch schon aussterbend, immer noch den Namen »Royal-Dagestan« für den Sumakh. Siehe Bilder und ausführliche Besprechung im 8. Hauptabschnitt.

Sogenannter »Sultan« (Yürük), Kleinasien, 19. Jahrhundert

Tabassaran, Kaukasus, frühes 20. Jahrhundert

 Tabassaran, Kaukasus, Gegenwartserzeugnis

Sumakh-Teppiche werden auch in der Türkei hergestellt, und zwar in der Nähe von Balikesir im Dorf Kirne. Die Hersteller sind Flüchtlinge aus dem Südkaukasus, die bei Balikesir eine neue Heimat fanden. Weitere, mehr technisch gehaltene Ausführungen findet man im 8. Hauptabschnitt.

Surachany Ort ca. 15 km östlich von Baku. Eine von dort bis in die Gegend von Kuba verbreitete Art von Flachstickerei heißt ebenfalls Surachany. Auch werden in und um Surachany viele Knüpfteppiche hergestellt. Sie haben Baku-Kuba-Charakter.

Susandschird (Suzankerd) Alte persische Teppiche bzw. Vorhang- und Wandschmuckstücke mit Broschierungen (die aus Gold- und Silberfäden bestehen) tragen diesen Namen. Abgeleitet von »suzän« (Nadel) und »dschird« (machen, tun), also eine »Nadelarbeit«, auch Nadelmalerei genannt. Kostbare Stücke!

Syrien Die in Syrien hergestellten Teppiche werden zu den anatolischen Teppichen gezählt. Im vorigen Jahrhundert waren der »Heidamur« (dieser Ort liegt östlich von Tripolis) und der »Fiki« oder »Fakeh« die beliebtesten syrischen Teppichsorten. In Syrien wurde das Teppichknüpfen zu Beginn des 19. Jahrhunderts heimisch, als aus Brussa (siehe dort) Knüpferfamilien zuwanderten.

Als Hauptfarben wurden im syrischen Teppich Rot und Schwarz verwendet. Die Knüpferei war zwischen den Weltkriegen so gut wie erloschen. In jüngster Zeit kommen gelegentlich Kilims aus Syrien und dem Irak.

Tabassaran Ein Bezirk in der Sowjetrepublik Dagestan. Schon im 17. Jahrhundert wurden dort sehr gute Teppiche im Dagestan-Seichur-Muster hergestellt. Hauptort für die dortige Teppicherzeugung ist das Dorf Ruschul. Siehe unter *Dagestan.* Auf der nebenstehenden Seite erkennt man zwei moderne Tabassaran-Dagestan.

Wie an anderer Stelle erwähnt, werden im Kaukasus unzählige Sprachen (und Dialekte) gesprochen. Als schwierigste von ihnen gelten Abchasisch und Tabassaranisch. Letztere Sprache ist so kompliziert, daß sie sich nur schwer in Schriftzeichen festhalten läßt. Die Tabassaraner sagen deshalb von ihrer Sprache: »Unsere Sprache ist zu stolz, um sich durch Schriftzeichen fesseln zu lassen!«

»Tabbachi« Ist persisch und heißt »kochen« in der Bedeutung von Mahlzeiten zubereiten. Im Teppichhandel wird es als Synonym für »Rauf-« oder »Gerberwolle« verwendet. Rauf-, Gerber- oder Schlachthauswolle heißt persisch jedoch eindeutig »dabbaghi« (siehe dort).

TÄBRIZ (Täbris, Tabriz, Tarbiz, Tebriz, Tauris) Hauptstadt der iranischen Provinz (Ostan) Azerbeidschan. Ihr Name bedeutet ungefähr »das Fieber weggehen lassend«.

Im 16. Jahrhundert war Täbriz Residenz der persischen Herrscher, die prunkvoll Hof hielten. In Hofmanufakturen wurden erlesene Teppiche hergestellt. Als die Osmanen 1534 Täbriz eroberten, brachten sie viele Kunsthandwerker, darunter auch Teppichknüpfer, zwangsweise nach Anatolien, damit sie dort, an der osmanischen Hofmanufaktur, ihre Kunst ausüben sollten.

In Täbriz ging damals die Knüpfkunst sehr zurück, aber nach der Wiedereroberung der Stadt und des Gebietes durch die Perser begann erneut ein Aufschwung aller handwerklichen Künste. Etwa ab 1840 kam es auch zu den ersten wesentlichen Exporten nach Europa. Diese Teppich-Exporte hat Täbriz ständig erweitern können.

Der in Täbriz fast ausschließlich in Manufakturen erzeugte Teppich erfreut sich auch heute noch großer Beliebtheit. Es gibt ihn in allen gebräuchlichen Teppichmaßen, bis zu den Größen 800 × 1200 cm, in Einzelstücken sogar noch darüber hinaus. Brücken sind seltener. Wohl gibt es gegenwärtig auch ziemlich viele Täbriz in der sogenannten »Puschti«-Größe von ca. 50 × 80 cm (billige Ware).

Die Kette des Täbriz besteht aus Baumwolle, der Schuß aus Schaf- oder Baumwolle, hin und wieder auch mit Seidenschuß. Die Webborten sind, wenn überhaupt vorhanden, sehr kurz, die Fransen lose und mittellang. Der kurze Flor des Täbriz wird auf türkische (zuweilen auf persische) Art so geknüpft, daß bei normaler Handelsware doch nie unter 1000 Knoten, wohl aber bis zu 1700 Knoten auf 1 dm² kommen, indes gute Stücke auch 2500 Knoten und mehr aufweisen. Seinerzeit wurde der Täbriz mit dem persischen Knoten geknüpft, oft mit 3000 bis 4000 Knoten je 1 dm².

In manchen Teppichen des Täbriz-Gebietes sieht man, daß jeweils der zweite Schußfaden zwei Kettfäden in das Grundgewebe einbindet, indes der jeweils dritte Kettfaden ausgebunden wird. Die Rückseite solcher Teppiche zeigt sich dann so, als würden in der Längsrichtung absichtlich nebeneinanderliegende »Bindfäden« angeheftet sein.

Leider ist man in jüngster Zeit dazu übergegangen, sehr vereinfachte Täbriz-Formen auf den Markt zu bringen und sie auch auf grober Kette schütter zu knüpfen. Ebenso wird der »Dschufti«-Knoten verwendet (zur Zeitersparnis über vier, statt über zwei Kettfäden geführter Knoten), so daß manche

der jetzigen »Täbriz« schleuderhaft gearbeitet sind. Dies raubt dem Namen Täbriz den guten alten Klang.
Im ganzen gesehen ist der Täbriz so vielseitig in der Musterung der Bordüren und des Hauptfeldes, daß es unmöglich wird, alle Einzelheiten anzuführen. Im Gesamteindruck ist der Täbriz ein mehr hellfarbiger Teppich (helles Rot, Elfenbein, grünliche Tönung). Er trägt viele Ranken, florale Muster, Tiere (letztere besonders im Tier- und Jagdteppich). Die Hauptbordüre (meist im Herati-Charakter) beim älteren Täbriz enthält oft Kartuschen, in denen Sprüche religiösen Inhalts oder Verse aus persischen Dichtungen eingeknüpft sind. Oft zeigt der Täbriz ein kleineres oder größeres prunkvolles Mittelmedaillon, das nach oben wie nach unten Anhängsel in Form von Blumengewinden oder Blütensträußen besitzt. Es gibt aber ebenso Täbriz, in denen sich nicht nur das Medaillon in bescheidener Größe hält, sondern die auch die Ecken nur knapp gefüllt haben. Die Grundfläche ist dann ohne Zeichnung einfärbig gehalten. In der neuen Erzeugung wird der Täbriz häufig mit völlig durchgemustertem Mittelfeld gebracht; Palmetten und Rosetten, dazwischen auch Vogelfiguren, füllen das Feld. Ob aber dieser Teppich so oder anders aussieht: ein guter Täbriz ist wenig dick, dafür sehr fest, er wirkt vornehm und festlich, zumal auch seine Farben zurückhaltend sanft sind. Der Täbriz läßt sich, höhere Qualität vorausgesetzt, gut strapazieren. Seit ungefähr 1900 wird der Täbriz in verschiedenen ortsfremden Manufakturen nachgeahmt, vornehmlich in Bulgarien, in Rumänien – und auch in Indien. Er erreicht dann kaum jemals die 1000 bis 1200 Knoten, die man vom heutigen Täbriz noch als Minimum je 1 dm^2 erwarten darf, er ist auch in den Farben greller, und sein Flor ist nicht so kurz.
Der Täbriz hier rechts, 135 × 190 cm, ist ungefähr um das Jahr 1910 hergestellt worden. Es handelt sich um eine sehr genaue und schöne Arbeit, 2000 Knoten je 1 dm^2. Der Jagd-Täbriz links stammt aus dem jüngst vergangenen Jahrzehnt, mißt 192 × 284 cm und hat die beachtliche Dichte von 2500 Knoten je 1 dm^2. Die Zeichnung des Fonds weist eine schon selten gewordene Fülle von Motiven und Darstellungen auf. Dabei ist die Wiedergabe der Figuren und Muster äußerst exakt; die Farben sind sorgfältig gewählt; die Knüpfer haben sich hierbei besondere Mühe gegeben.

Täbriz, Jagdteppich, Persien

Täbriz, Persien

Dieser Teppich, der in der unteren Fondmitte signiert ist, kann als eines der Beispiele dafür angesehen werden, daß einzelne Manufakturen auch heute noch bestrebt sind, Vorzügliches zu leisten.

An der Bahn Täbriz–Dschulfa (russische Grenze) liegt Marand. Die von dort kommenden Teppiche werden manchmal »Marand-Täbriz« genannt. Siehe auch unter *Khoi*.

Wenn von einem »Allah-baf-Täbriz« die Rede ist, so hat dies nichts etwa mit »Allah-Knoten« zu tun, sondern der (entstellte) Name stammt von einem guten Täbrizer Knüpfbetrieb namens »Alhabad« – was aber wieder kein Beweis dafür ist, daß der betreffende Teppich wirklich aus jener Manufaktur stammt!

Täbriz-Tich Das ist ein im Täbrizer Gebiet verwendeter besonderer Knüpfhaken, der mit einem Messerchen zum Abschneiden des Knüpffadens versehen ist. Dieses Instrument, geschickt benutzt, ermöglicht schnelleres Knüpfen und erspart dadurch Arbeitszeit.

Tadjabad Ein Teppich aus dem Hamadan-Gebiet mit Heris-ähnlichem Innenfeld. Er wird für den Export gearbeitet und ist selten von hoher Qualität.

Tafresch Ort in den Tafresch-Bergen, südlich von Saweh, östlich von Hamadan. Der Teppich, meist im Hamadan-Charakter, trägt ziemlich dichte Knüpfung. Es gibt ihn vornehmlich in Läuferformaten. In der Regel zeigt er florale Kompositionen teilweise mit Anklängen an den Malayer. Der Tafresch ist meist dichter geknüpft als normale Hamadan-Sorten. Siehe Bild auf Seite 336 rechts.

Taft Ort südwestlich von Yasd. Filzteppichherstellung.

Talaghan (Taleqan) Ort und Höhenzug nördlich von Teheran. Die wenigen, dort hergestellten Nomadenteppiche haben meist Hamadan-Bindung und Hamadan-Art.

TALISCH (Talysch) Landschaft im Norden der ehemals persischen Provinz Gilan, seit 1813 russisch. Teile der dort lebenden »Tolisch« (wie sie sich selber nennen) wohnen auch jetzt noch auf persischem Gebiet. Politisch gehört das eigentliche Talisch-Gebiet zur Sowjetrepublik Azerbeidschan. Der Talisch, in den Größen von 100 × 150 bis 135 × 300 cm vorkommend, hat unterschiedliches Kettenmaterial: Schafwolle, Baumwolle oder Ziegenhaar. Der Schuß kann aus Schafwolle (oft hellblau oder rot gefärbt), ebenso aber auch aus Ziegenhaar sein. Der mittelhohe Flor wird in der Regel aus Schafwolle mit dem türkischen Knoten geknüpft. Der Talisch soll mindestens 800 Knoten je 1 dm^2

Tafresch, Persien

 Talisch, Kaukasus-Ausläufer, Westufer der Kaspi-See

zeigen, bessere haben bis 1500 Knoten. Die Grundfarbe im Talisch ist meist Elfenbein, manchmal auch Rot, hin und wieder Blau. Die Muster werden vielfarbig (bis zu 14 Farben) geknüpft. Der Talisch ist oft sehr bordürenreich, manchmal glaubt man, es handle sich bei ihm überhaupt nur um aneinandergereihte Bordüren. Verbreiteter ist jedoch die klassische Drei-Streifen-Bordüre mit hellem Mittelstreif. Die Hauptbordüre zeigt gern das Krabbenmuster, wie es z. B. auch dem Kasak zu eigen ist. Deshalb wird der Talisch oft als Kasak ausgegeben. Die Nebenborten haben das Pfeilspitzenmuster bzw. das reziproke Zinnenmuster, ebenso kann aber auch das Dreieckmuster vorhanden sein oder sonst eines oder mehrere der kaukasischen Motive wie Laufender Hund, Zickzackmuster etc. Der verbleibende, meist sehr hell gehaltene Fond gleicht ob der vielen Bordüren, die ihn einengen, einem schmalen langen Rechteck. Er hat in sich entweder knappe Medaillons, die ihrerseits wieder mit Rosetten, Haken oder Hakenstangen gefüllt sind, oder er zeigt wolkenbandartige Gebilde, Blattpaare usf. Zuweilen besteht die Innenmusterung des Feldes aber aus bunten, schräg parallel laufenden Streifen, die in sich Rosettchen tragen oder schriftgerechte, auch schriftverkehrte S-Figuren. Gelegentlich erkennt man sehr einfach gehaltene Tierfiguren eingeknüpft.
Der Talisch ist sehr beliebt. Da er oft mehr als doppelt so lang wie breit ist, wird er als Läufer geschätzt.
Der Talisch zeigt an den Seitenrändern außer den normalen oft kurze Schüsse zusätzlich (auf der Rückseite bemerkbar), die zur Randverstärkung dienen. Der Talisch hier ganz links ist ein gutes Stück. Eine Unterart des Talisch wird bei Lenkoran (Stadt am Ufer der Kaspi-See) hergestellt, meist dunkler gehalten und mit einer Feldfüllung, deren einzelne Elemente wie große Käfer aussehen (Wanzen). Besitzt der Talisch ein völlig einfärbiges Mittelfeld oder liegt im Feld nur eine einzige kleine Musterung (etwa ein Quadrat oder eine Rosette), dann wird er »Met-hane« geannt. Es gibt noch einige Talisch-Unterarten.

Taşpinar (wörtlich »Steinbrunnen«, »Steinquelle«) Diese Teppichsorte kommt, meist im Gebetteppichformat, aus der Umgebung des an der Straße Ankara–Tarsus gelegenen Ortes Taşpinar. Die Teppiche von dort haben feine und dennoch feste, ziegenhaarähnliche, naturglänzende Wolle. Die Farben sind klar und ausdrucksvoll. In der Bordüre zeigt dieser Teppich immer ein bißchen Weiß. Seine Dichte liegt um 1000 Knoten je 1 dm². Siehe Bild hier rechts.

Taşpinar, Kleinasien

 Teheran, Persien

TEHERAN (Tihran, Tahran) Teheran, südlich des Kaspischen Meeres gelegen, ist die Hauptstadt von Iran (Persien). Der Name soll »die Reine« bedeuten. Als zu Ende des 18. Jahrhunderts die Residenz der persischen Herrscher von Isfahan nach Teheran verlegt wurde, kam auch die Hofmanufaktur mit. Aber auch vorher schon besaß Teheran Teppichknüpfereien.

Mit etwa 3,7 Mio Einwohnern ist Teheran Residenz des Schah, hat Universität und andere Hochschulen, ist als Handelsplatz enorm entwickelt, auch für Teppiche. Viele Orte liefern sie nach Teheran, von wo aus sie dann exportiert werden. Den seinerzeit sehr feinen Teheran gibt es nur dann und wann als Rarität. Der aus dem hauptstädtischen Teheran kommende Teppich gleichen Namens wird fast ausschließlich in Manufakturen hergestellt. Die Maße liegen für Brücken bei 120 × 180 bis 140 × 250 cm, für Teppiche bei 200 × 300 bis 300 × 450 cm. Kette und Schuß bestehen aus Baumwolle, den kurzen Schafwollflor bringt man meist auf persische Art in das Grundgewebe ein.

Der »Teheran« bevorzugt als Hauptfarbe ein schönes Blau, gelegentlich ist er auch in Rot oder in Elfenbein gehalten. Die Musterfarben sind freigebig verwendet, aber harmonisch und vornehm abgestimmt. Die Hauptbordüre, etwas betont breit, zeigt fast immer das klassische Palmettenmuster. Die Nebenborten (in der Regel je eine oder zwei) sind mit Blüten dicht ausgemustert; auch Dreieck- oder Pfeilspitzensäume kommen vor. Zuweilen findet man, ähnlich wie beim Täbriz, in den Bordüren Verse oder Koransprüche eingeknüpft. Das Mittelfeld ist in feiner Art mit Blumen und Ranken durchgezeichnet.

Ebenso gibt es Teheran-Teppiche mit größerem oder kleinerem, reich blütenverziertem Medaillon, das zumeist Anhängsel in Form von Blumen- oder Blattgewinden trägt. Der Fond ist dann überwiegend mit groß- oder mittelgroßfloralen Darstellungen gefüllt, etwa wie es der Teheran hier links zeigt. Dieser Teheran ist 142 × 220 cm groß und gehört nicht nur ob seiner reichen und genauest durchgeführten Musterung, sondern auch ob seiner Knotendichte (4000 Knoten je 1 dm²) zu den Qualitätsstücken.

Da die Manufakturen in Teheran nahezu alles nachahmen, was gut und schön ist (in Teheran befindet sich auch die Werkstatt, in der die offiziellen Diplomatengeschenke hergestellt werden), kann man von einem speziellen »Teheran«-Muster nicht gut sprechen (wiewohl immer feinste Knüpfarbeit geleistet wird). So gibt es auch viele »Tehe-

Teheran, Luxus-Knüpfung in der schon seltenen Art Gol-barjesteh (der Begriff hat mehrere Schreibarten) oder auch »Nimbaf« (= halbgeknüpft) genannt. Der hier sowohl als Ganzstück wie auch in Detail-Aufnahme gezeigte Teppich besteht in Kette, Schuß und Flor aus reiner Seide. Ähnliche Exemplare (wenn auch nicht derartig fein geknüpft) kommen zuweilen aus dem Ghaschgha'i-Raum und gelegentlich aus Turkmenistan. Auch im nordwestlichen Indien (Srinagar) gibt es (selten!) diese Knüpfart, desgleichen wurden in Korea (ebenfalls sehr selten) fallweise solche Exemplare zu hohen Preisen verkauft. Vermutlich wurden sie auf irgendwelchen Wegen aus dem nordwestlichen Indien nach Korea gebracht.

ran«, die als Gartenteppiche gestaltet wurden, d. h., sie zeigen Blütenbäume, Obstbäume, Lebensbäume, meist nicht sehr groß gehalten, doch ziemlich dicht beisammenstehend; oder wenn »groß«, dann gewissermaßen in Übergröße, nämlich das ganze Teppichfeld füllend. Das Bild hier links (symbolisierter Baum) zeigt einen sehr schönen Teheran in Gebetteppichart. Man vergleiche hierzu Seite 34 (indischer Blütenrankenteppich). Im großstädtischen Teheran ist natürlich auch die Rationalisierung weit fortgeschritten, und damit auch die Arbeitsteilung. Wolleinkauf, Spinnen und Färben sind zumeist eigenständige Erwerbszweige. Das Waschen der Teppiche (natürlich unter Zuhilfenahme von Chemikalien) obliegt eigenen Unternehmern, von denen jeder auf »eigene Geheimmittel« schwört – die gestatten, die damit gewaschenen Teppiche noch »schöner und glanzreicher zu machen«, als die aller anderen Konkurrenten. Auch das Spannen und (wenn notwendig) die Reparaturen werden nur noch selten von den Manufakturen durchgeführt, man überläßt dies den »Fachleuten«.

Wir zeigen auf der vorhergehenden Seite noch zwei Bilder eines seltenen Teheran-Teppichs, genannt Gol-barjesteh (auch Nimbaf = halbgeknüpft). Die Blumen- und sonstigen Füllmuster steigen aus dem Grundgewebe heraus, wesentliche Teile des ganzseidenen Grundgewebes liegen frei sichtbar. Im beigegebenen Detailbild sieht man dies deutlicher. Es handelt sich hier um eine ganz hervorragend gute Arbeit. Eine ähnlich gute Arbeit sieht man auch im 8. Hauptabschnitt zwischen den Darlegungen über Indien und Kaschmir, allerdings ist der dort gezeigte »Bargasla« nicht aus Seide, sondern aus Wolle.

Teke-Turkmenen (auch Teke, Tekinski, Tekinzen) Ein Turkmenenstamm, den man in vielen Familien nördlich vom Kopet-Dagh bis zur Sandwüste Karakum und südlich bis in die Oase Merw findet. Siehe auch auf den Seiten 357 bis 360 über *Turkmenen* und unter *»Buchara«*. Der bei uns hochgeschätzte Teppich, den wir fast allgemein (aber fälschlich!) »Buchara« nennen, entsteht also in den vorgenannten Gebieten, insbesondere aber in den Großmanufakturen von Aschchabad. Er heißt bei den Einheimischen nie Buchara, sondern »Tekini« oder »Tekinze«. Weitere Angaben siehe im 11. Hauptabschnitt unter *Von den Turkmenenstämmen.* Einen schön geknüpften Tschowal (Aufbewahrungstasche) der Achal-Tekini zeigen wir nebenstehend. Darüber sieht man einen »Tekinski« (Buchara). Es handelt sich bei beiden Stücken um sowjetische Gegenwartserzeugnisse.

 Teheran, Persien

Teke (Tekinski,
ehemals »Buchara« genannt),
Turkmene, Gegenwart

Achal-Tekkini, Turkmene, Tschowal
(Aufbewahrungstasche)

Teke-Turkmenen-Bänder Die Teke-Turkmenen (und auch andere Turkmenenstämme) umwickeln ihre Zeltstangen, das ganze Zelt, besonders aber die Zelteingänge gern mit etwa 30 cm breiten und bis zu 15 m langen Bändern, die teils geknüpfte, teils gewirkte Muster tragen und sehr apart aussehen. Im Handel werden sie auch »Buchara-Bänder« oder »Chiwa-Bänder« genannt. Diese »Bänder« sind sehr gesucht. Sie besitzen besonders feine Knüpfung (bis 7000 Knoten je 1 dm²) und kennen einen Sonderknoten, der (in versetzten Reihen) über drei Kettfäden führt. Sammler zahlen für ein solches (gut erhaltenes) Band zur Zeit etwa 6000 bis 10 000 DM!
Siehe dazu das Bild hier links sowie unter *Kapunuk*.

Teke-Turkmenen-Gebetteppiche Sie zeigen meist das Hatschlu-Muster. Siehe unter *Hatschlu*.

Tekinski Russische Bezeichnung für Teke-Turkmenen-Teppiche.

Teppichtaschen Siehe unter *Kameltaschen*.

Teweru Name des einfarbigen Frieses, den in der Regel der ältere Hamadan trägt. Das Wort bedeutet »kamelgesichtig« (kamelfarbig).

Thailand-Teppiche In jüngster Zeit kommen aus Thailand Teppiche zu uns. Sie tragen Gold- und Silberfäden eingewirkt. Ihre Musterung mit indisch-chinesischem Einschlag spricht uns aber nicht so sehr an. Als Orientteppiche im eigentlichen Sinn gelten sie nicht.

Thematische Teppiche Das sind Teppiche, die keinen unendlichen Rapport zeigen, sondern die ein Geschehen, eine Szene, eine Legende zum Ausdruck bringen. So gibt es u. a. Teppiche mit Darstellungen aus dem »Golistan« (zu deutsch »Rosenland«; eine Sammlung von Poemen und Lebensweisheiten des persischen Dichters Scheich Muslih Saadi, der im 13. Jahrhundert lebte; er gilt als einer der bedeutendsten persischen Dichter), mit Glorifizierung von Rustam und Roxane (= persische Siegfriedsage). Siehe hierzu die Bemerkung unter *Azerbeidschan*.
Das Bild hier rechts zeigt einen um 1900 hergestellten thematischen Teppich aus Azerbeidschan, der anscheinend von christlichen Armeniern geschaffen wurde. Er ist an sich ein sogenannter »Jahreszeitenteppich« mit orientalischen und biblischen Motiven in der Bordüre. Dieser Teppich hängt im Staatsmuseum zu Baku. Seite 344 zeigt einen angeblich um 1810 angefertigten Teppich mit Themen aus der orientalischen Sage »Leila und Medschnun«. Auch dieser Teppich befindet sich in dem vorerwähnten Museum in Baku.

Thematischer Teppich,
sogenannter »Jahreszeitenteppich«,
Azerbeidschan

Thematischer Teppich
(Leila- und Medschnun-Sage),
Azerbeidschan

Tientsin Sammelplatz für China-Teppiche, die von dort nach Europa oder in die USA exportiert werden.
Tier-Teppiche In der Zeit der Hochblüte der Teppichknüpfkunst wurden in vielen Teppichen Tierbilder eingebracht, oft in verblüffender Natürlichkeit und Meisterschaft. Auch unter den persischen Gegenwartserzeugnissen findet man zunehmend wieder Tierteppiche, besonders im »Täbriz« und »Ghom«.
Tiflis (Tbilissi) Sammelplatz für Teppiche aus dem Kaukasus. Eine eigene nennenswerte Teppicherzeugung ist dort aber nicht vorhanden.
Tiraz (persisch »teraz«) Stickerei, Schriftbänder.
Tirme Eine Palas-Unterart. Siehe unter *Palas* und im 8. Hauptabschnitt.
Torba Kleiner Sack, dessen Vorderseite meist ein Knüpfmuster aufweist. Siehe unter *Kameltaschen.*
Torontal-Kilim In dem ungarischen Komitat Torontal wurden und werden Kilims erzeugt. Sie sind in neuerer Zeit in unseren Breiten beliebter geworden. Seinerzeit empfand man ihre Farben als zu grell. Die jetzt aus Ungarn kommenden Torontal-Kilims zeigen jedoch ansprechende Farbharmonie. Die ungarischen Teppiche gelten nur bedingt als Orientteppiche.
Das ungarische Außenhandelsunternehmen »Artex« (staatlich) exportiert seit Jahren Gebetteppiche aus Baumwolle und Zellwolle in der Größe von 35 × 110 cm in den Orient. Diese Teppiche sind meist mit Moscheen- oder Minarettmotiven bemustert, in den Farben Bordeauxrot, Grün oder Bläulich. In Abony, in der Pußta, stellt man seit einigen Jahrzehnten Kilims her. Auch mit dem Knüpfen versucht man sich in der Pußta. Die Produktion war bisher gering, nur etwa 6000 m² im Jahr (steigt aber langsam). Hauptabnehmer sind die Ostblockstaaten, ein wenig auch Österreich und die BRD.
Schon ab 1977 sehen die Ungarn (durch die staatliche Außenhandelsgesellschaft Artex), die in Pistoia (Italien, westlich Florenz) eine eigene Generalvertretung für Italien und für den Export nach dem Orient errichteten, die Steigerung ihrer Teppichproduktion vor. Außer Jute, Sisal (Fasern aus Agavenblättern) und Kunstseide werden auch verschiedene Arten von Kunstfasern mitverwendet. Siehe Text und Bilder im 8. Hauptabschnitt.
Transkaukasien In der UdSSR bestehen Pläne, die Republiken Georgien, Armenien und Azerbeidschan zu einer »Transkaukasischen Föderation« zu vereinen.

Troddeln Besonders lange und mit Bedacht ausgestattete, abgeknotete überlange Fransen, meist mit bunten Wollfäden verstärkt (die auch mit Glasperlen besteckt sein können). Man findet sie an Zelt- und Reittaschen, an Pferde- und Kamelschmuckbehängen, auch an Kilims, die als Vorhänge oder Überwürfe dienen.
Tschalechotor Eine sehr gute Bachtiari-Sorte. Kette und Schuß sind aus Baumwolle, der Flor ist aus Wolle. Kleine Brückenformate werden seltener hergestellt, meist haben die Teppiche 7 bis 10 Quadratmeter. (Der Ortsname wird auch »Tschalschotor« geschrieben.)
Tscharhadd (persisch richtig: Tschahar-hadd) Das Wort bedeutet »die vier Himmelsrichtungen«, ist ebenso aber auch Ausdruck für »kleines Teppichstück«.
Tscharpai (zu deutsch etwa »Vierfüßler«) So werden von den orientalischen Händlern jene Teppiche genannt, die nicht größer sind als etwa 70 × 120 cm. Das Wort kommt von »tscha-har« = vier und »pa« = Fuß.
Tschelabord (Tschelabird, Tjelabird) Siehe unter *Kasak.*
Tscherkessen Völkerschaft, die vornehmlich den Kaukasus und dessen Ausläufer bewohnt. Sie stellt vorzügliche Teppiche her, vor allem den Kasak (siehe dort!). Restgruppen der Tscherkessen leben auch in Ostanatolien.

TSCHETSCHE (Khisten, Mizdscheghen, Cici, Tschitschi, meist aber Tschetschenzen genannt) Eine Völkerschaft an der nordwestlichen Grenze von Dagestan, im Terek-Gebiet hausend. Sie selber nennen sich Nachtschoúi. Abgesprengte Volksteile der Tschetsche siedeln noch weiter südlich des Tschetschenzengebietes, und zwar südöstlich von Kuba, vornehmlich in den Aulen (Dorfschaften) Tschetsche und Dara-Tschetsche.
Von ihrem georgischen Namen Khisten leitet sich auch der Name Tschitschi oder Tschetsche für sie ab, wie auch ihr Teppich so genannt wird. Dieser ist dünn, aber gut, hat kurzen Flor, Kette und Schuß aus Schafwolle. Die Webborte ist sehr schmal, die Fransen sind lose. Kennzeichen für den Tschetsche ist hauptsächlich die Bordüre: sie trägt meist 3 bis 6 Streifen, der breiteste zeigt ein Rosettenmuster, jede Rosette ist von der anderen durch einen oft breiten geblümten oder besternten Schrägsaum getrennt. Die Hauptbordüre ist gern in brauner Farbe gehalten. Das Innenfeld zeigt meist ein dunkles Blau und hat, horizontal oder schräg angeordnet, zahllose kleine geometrische, blumige Motive, die alles füllen, oder Stufenmedaillons. Das häufigste Maß des

 Tschetsche, Kaukasus

Tschetsche ist etwa 100 × 140 cm, geknüpft ist er mit dem türkischen Knoten. Das Bild hier links stellt einen Tschetsche bester Qualität vor.

Tschetschenzen Siehe unter *Tschetsche.*

Tscheyrek (türkisch: ceyrek = ein Viertel) Man bezeichnet damit kleine Brücken von etwa 90 × 140 oder 80 × 140 Zentimeter.

Tschintamani-Teppiche Siehe hier unter *Kugelteppiche* und im Hauptabschnitt *Motive, Ornamente, Symbole* unter *Tschintamani.*

Tschitschi Siehe unter *Tschetsche.*

Tschowal Turkestanische Aufbewahrungstaschen, die zumindest auf einer Seite Knüpfmuster zeigen. Türkisch »çuval«. Siehe unter *Kamel- und andere Taschen.*

Tuchmosaik-Teppiche Diese in verschiedenen Gegenden des Orients vorkommenden Teppiche sind weder geknüpft noch gewirkt, sondern genäht. Auf den vorhandenen Stoff wird die Zeichnung aufgetragen und dann mit zurechtgeschnittenen Stoffflecken übernäht. Diese Teppichart kommt in Größen bis zu 150 × 200 cm vor, ist im Handel aber nur selten anzutreffen.

Turchis (Turchtschis, Turschis) Städtchen in Chorassan (Iran), ungefähr am 35. Breiten- und 58. Längengrad, südwestlich von Maschhad. Früher hieß es Sultanabad, jetzt führt es wieder einen neuen Namen: Kaschmar. Siehe unter *Chorassan, Maschhad* und *Kaschmar.*

Turkbaf (Torkbaf, Turkbaw) Dieser Ausdruck bedeutet ungefähr »auf türkische Art hergestellt« (mit dem türkischen Knoten). »Baf« heißt »Knüpfung« oder »Webung«; der Knoten selbst heißt »gereh«. Auf solche Art hergestellte Teppiche werden zur Kennzeichnung in jenen Gebieten »Turkbaf« genannt, in denen normalerweise sonst der persische Knoten verwendet wird, also vornehmlich im Chorassan-Gebiet.

Als »Farsibaf« wird der persische Knoten bezeichnet. Der Name »Taibaf« kennzeichnet »die gute Knüpfung« (im Gegensatz zur Schluderknüpfung). Ein »Armenibaf« ist von Armeniern geschaffen.

Turkestan (Turkistan = »Land der Turkvölker«, z. T. auch Tschagatai genannt) Name des Gebietes in der großen Längssenkung des Tarim-Beckens in der östlichen Hälfte Innerasiens und der Flußsysteme des Amu-Darja und Sir-Darja in der westlichen Hälfte Innerasiens. Sitz vieler Nomadenstämme (Saloren, Teke-, Jomud-, Saryk-Turkmenen, Tschaudoren, Arwatschi usw.), die ausgezeichnete

Teppiche herstellen. Siehe unter *Turkmenen* auf den Seiten 357 bis 360 und im 11. Hauptabschnitt die ausführliche Abhandlung *Von den Turkmenenstämmen.* Lange hindurch war für Turkestan auch der Name »Mittelasiatische Tatarei« gebräuchlich.
Turkestan ist unterteilt in West- und Ostturkestan. Westturkestan gliedert sich in folgende sowjetische Republiken auf: Turkmenskaja SSR (Hauptstadt: Aschchabad), Uzbekskaja SSR (Hauptstadt: Taschkent), Tadschikskaja SSR (Hauptstadt: Duschambe), Kirgiskaja SSR (Hauptstadt: Frunse). Weiter gehören noch die Gebiete Kazachskaja SSR (Hauptstadt: Alma Ata) und Karakalpakskaja ASSR (Hauptstadt: Nukus) dazu.
Ostturkestan ist seit 1763 chinesischer Besitz. Es wurde vom Westen Kaschgarien genannt, auch Hohe Tatarei, Kleine Bucharei oder auch Tarim-Becken. Die Chinesen haben das Gebiet einfach »Sinkiang« (Hsinkiang) bezeichnet, zu deutsch: »die neuen Flächen«.

TÜRKEI (ANATOLIEN) In der Zeit der Völkerwanderung hatten sich verschiedene, aus den mittelasiatischen Gebieten gekommene Stämme der Turkomanen im Inneren der heutigen Türkei, im Zentralgebiet Phrygien (westliches Kleinasien) inmitten der dort noch ansässigen Bevölkerung niedergelassen und gingen Verbindungen mit ihnen ein. (Näheres siehe Literatur über phrygische bzw. anatolische Geschichte.)
Das Gebiet hatte dann im Verlauf der Jahrhunderte viele Kriege, viele Herrscher (aus vielen Völkern) über sich ergehen lassen müssen, darunter auch jene der Seldschuken, eines ihnen nahe verwandten turkomanischen Volkes. Diese Seldschuken dehnten ihre Herrschaft (allerdings in verschiedene Dynastien aufgesplittert) im 11. und 12. Jahrhundert über Persien, Mesopotamien, Syrien und Kleinasien aus. Nur die kleinasiatischen Seldschuken hielten sich über das 12. Jahrhundert hinaus in ebendiesem Kleinasien. Inzwischen entstanden durch den tatkräftigen Osman I. (1288–1326, er war 1259 zu Sukut in Bithynien als Sohn des turkomanischen Stammesführers Ertogrul geboren worden) die Anfänge des Osmanischen Reiches.
Dieses Osmanenreich erreichte schließlich gegen Ende des 16. Jahrhunderts den Höhepunkt seiner Macht. Es umfaßte damals in Asien nicht nur ganz Anatolien (die Seldschukenherrschaft war hinweggefegt worden) samt Konstantinopel (heute Istanbul), sondern auch Syrien, Mesopotamien, Arabien und die Kaukasusländer (die dann nach und nach an die Russen verloren wurden). In Europa besaßen die Osmanen die gesamte Balkanhalbinsel und den größten Teil Ungarns; in Afrika gehörte Ägypten völlig den Osmanen, und das ganze Küstengebiet bis Marokko (1580) unterstand ihnen weitgehend in Abhängigkeit. (Siehe hierzu die Geschichtswerke und alte Landkarten.)
Mit dem Tode des Osmanen-Sultans Suleiman II. (1566) begann allmählich der Abstieg dieses bis dorthin gewaltigen Reiches. Stück um Stück fiel im Laufe der nächsten drei Jahrhunderte; der Balkankrieg 1911/12 schließlich beschränkte die Türkei (wie das Osmanenreich nun schon lange genannt wurde) in Europa auf das kleine Stück Ostthrazien (Thrakien) zwischen Adrianopel (heute Edirne) und Istanbul sowie auf jene Ausdehnung in Kleinasien, wie das jede neuzeitliche Landkarte zeigt.
Der Niedergang des einstmals ungemein großen Reiches spiegelt sich in uns so, als sei die Türkei zu einem unwesentlichen Land abgesunken, das nun weder in der Weltwirtschaft noch im geschichtlichen Ablauf zukünftiger Zeiten jemals eine Rolle spielen könne. Dem ist aber nicht so! Man bedenke: Die Türkei, seit 1923 eine Republik, ist mit 780 000 km² mehr als dreimal so groß wie die Bundesrepublik Deutschland. Verwaltungsmäßig eingeteilt in 67 Provinzen, hat sie (der Volkszählung vom Oktober 1975 zufolge) ca. 40,6 Millionen Einwohner. Von diesen sind 98 % Mohammedaner (meist sunnitischer Zugehörigkeit). In ethnisch-linguistischer Hinsicht gibt es in der Türkei 90 bis 91 % Türken, 7 bis 8 % Kurden (vornehmlich in der Osttürkei), der Rest der Bevölkerung ist arabisch, persisch, tscherkessisch, georgisch, armenisch, griechisch usw.
In der Türkei zählt man mehr als 20 Großstädte, die jeweils über mehr als 100 000 Einwohner aufweisen. Das Land ist verkehrsmäßig durch Straßen, Eisenbahnen (diese spielen gegenüber dem Lkw noch immer keine bedeutende Rolle) und Flugverbindungen schon weitgehend gut erschlossen, so daß es in den jüngstvergangenen Jahren zunehmend das Ziel westeuropäischer und USA-Touristen wurde.
Schon Marco Polo, bedeutender Reisender des Mittelalters (1254–1324) schildert in »Le livre de Marco Polo« bewundernd die Kunst des Teppichwebens und Teppichknüpfens in der damaligen Türkei; wobei er vor allem die seldschukischen Erzeugnisse gemeint haben wird, die er in Sivas und in Konya, der damaligen Seldschukenresidenz, angetroffen hatte. (Siehe die Marco-Polo-Literatur.)

Die ersten Orientteppiche, die Europa kennenlernte, werden zweifellos türkische gewesen sein. Freilich hatte z. B. auch Attila, der Hunnenkönig (er regierte von 445 bis 453 sein vorübergehend großes Reich, das sich von Südrußland über Ungarn bis nach Süd- und Mitteldeutschland erstreckte), Teppiche besessen, die vermutlich frühtürkischer, turkmenischer oder medischer Herkunft gewesen waren; also lediglich als Vorläufer und Einzelstücke angesehen werden können.

Da die Türkei so europanahe lag, bahnten sich zwischen ihr und den Stadtstaaten des jetzigen italienischen Raumes (Venedig, Genua, aber auch Ragusa, Spalato usw.) schon früh engere Wirtschaftsbeziehungen an. Als sich ab der Zeit der Kreuzzüge (1096–1291) der Handel mit den »Heiden« immer mehr verdichtete, gewann auch der europäische Geschmack vermehrt Einfluß auf die türkischen Teppichhersteller. (Siehe dazu den Briefwechsel Albrecht Dürers mit Willibald Pirkheimer im 9. Hauptabschnitt). Europa verlangte nach Teppichgrößen, die für die Wohnräume im Westen paßten. Die Türken stellten sich auf diese Wünsche ein und erfüllten dann auch noch weitergehende Anliegen in bezug auf Muster und Farben.

In jüngerer Zeit, im 19. Jahrhundert, als die europäische Nachfrage nach türkischen Teppichen rasch stieg, setzte auch die weitere Vereinfachung der Musterbildungen ein, was in Europa absurderweise sogar begrüßt wurde. Konnte man doch die immer billiger werdenden Teppiche (vereinfachte Arbeits-, kürzere Herstellungszeit) einem immer größer werdenden Käuferkreis mit hohem Gewinn anbieten!

Sogar in guten deutschen Kaufmannskreisen war man es zufrieden, türkische Teppiche (wenn auch mit vereinfachter und mit unrichtiger Einfärbung – letzteres bedingt durch das von den Türken technisch noch nicht beherrschte »Anilinfärben«) immer billiger einzukaufen. Gewiß gab es auch damals schon kunstliebende und verständige deutsche Teppichkaufleute, die in jenen achtziger Jahren des vorigen Jahrhunderts mit wachsendem Entsetzen den Verfall der türkischen Teppichknüpfkunst bemerkten und dagegen auftraten.

Einer von diesen tat mehr, als nur Entsetzen zu zeigen; er wollte den türkischen Teppich in seinen altüberlieferten Farben und Mustern und auch in seiner traditionellen Knotendichte regelrecht retten. Dieser Mann hieß Carl Hopf. Er betrieb in Reutlingen um 1890 ein Teppichgeschäft; seine Enkel führen es auch jetzt noch unter der Firmenbezeichnung »Teppichhaus Hopf« in Stuttgart fort. Voll Zuversicht fuhr Carl Hopf im Winter 1895 nach London, um sich dort mit Berufskollegen zu besprechen, und ebenso voller Zuversicht schrieb er am 24. November 1895 seiner aus Schweden stammenden Frau Ebba im Schlußsatz des Briefes: »Morgen also werde ich mein ganzes geschäftliches Ungestüm gegen die Welt der Teppiche loslassen!« Er glaubte fest daran, dieses Ziel erreichen zu können.

Doch erst fast vier Jahre später, im September 1899, kam er im damaligen Konstantinopel (Istanbul) an, nachdem er vergeblich versucht hatte, die deutschen und englischen Teppichimporteure dafür zu gewinnen, stets nur solche Teppiche zu kaufen, die in Machart, Farben und Musterung der alttraditionellen, ortsgebundenen Sorte entsprachen, so also, daß minderwertige Teppiche nicht mehr eingeführt werden sollten. Nun, da es ihm nach fast vierjährigem Bemühen nicht gelungen war, die Branchenkollegen für den Plan zu gewinnen, wollte er es durch seinen persönlichen Einsatz im Alleingang erzwingen.

Ein freundlicher Zufall begegnete ihm schon auf der Fahrt in den Orient: Im Orientexpreß stellte sich ihm sein Sitznachbar als »Oberbaurat von Kapp« vor und der andere Mitreisende als Dr. Stemmerich, Generalkonsul Deutschlands für die Türkei. Hopf war entzückt, solche Reisegefährten zu haben: Kapp kannte die Türkei gut, er hatte dort schon mehrere Eisenbahnen gebaut, zuletzt die Linie von Eskişehir nach Konya, und Dr. Stemmerich amtierte seit vielen Jahren in Konstantinopel. Und überdies lud er Hopf bereits für den nächsten Tag ein, seine Teppichsammlung zu besichtigen.

Hopf war hoch beglückt, doch am Tag darauf auch wieder schwer enttäuscht. Denn was ihm der Generalkonsul an Teppichen zeigte, war zwar sehr beachtlich, was er aber über die Lage des türkischen Teppichmarktes sagte, veranlaßte Hopf, seiner Frau am 6. September zu schreiben: »Meine Hoffnungen für günstige Einkäufe sind ziemlich herabgedrückt worden durch das, was mir die Herren sagten. Sie sind zwar nur Laien, haben aber doch manche Einsicht in die hier sehr eigentümlichen Verhältnisse.«

Aber schon am 17. September konnte er Frau Ebba berichten: »Meine Geschäfte nehmen guten Fortgang. Erst jetzt ist die richtige Grundlage für mein Unternehmen als Großhandlung gefunden. Nun bin ich von den Engländern unabhängig.«

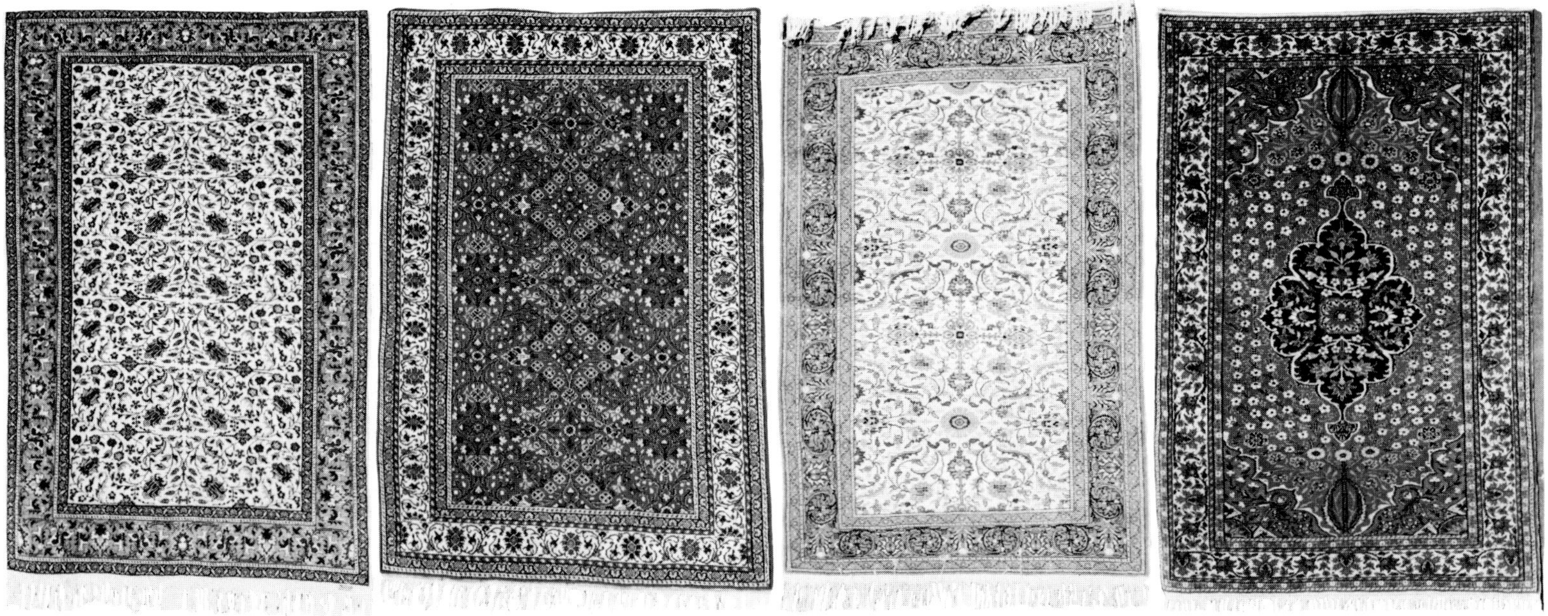

Bildbeispiele für die in den Manufakturen von Isparta und Kayseri in großen Mengen hergestellten Teppiche. In der oberen Reihe sieht man Kayseri-Teppiche (sie sind mit einheitlich 2250 Knoten je 1 dm² gut geknüpft). In der unteren Reihe sind Isparta-(Sparta-)Teppiche abgebildet, die einheitlich nur 858 Knoten je 1 dm² aufweisen, qualitativ also gegenüber den Kayseri-Teppichen sehr abfallen.

Und im Brief vom 25. September schrieb Hopf (nachdem er Hunderte Teppiche durchgemustert hatte) seiner Ebba: »Es ist nur schade und für den weiteren Bestand dieser Branche geradezu drohend, daß die Knüpferinnen mehr und mehr ihre alten Muster verlassen, indem sie dem abendländischen Geschmack entgegenkommen. Auch die Färberei, früher ein wahres Kunsthandwerk hier, befindet sich auf abschüssiger Bahn. Statt der alten abgeklärten und wohltuenden Zusammenstellung werden modische ›Kolorits‹ geschaffen. Die Überlieferung geht zugrunde. Niemand scheint sich gegen diesen allgemeinen künstlerischen Niedergang stemmen zu wollen.«

Als Carl Hopf im Frühjahr 1901 seine zweite Orientreise antrat, führte er eine größere Anzahl von Musterzeichnungen mit, die er nach alten, in seinem Besitz befindlichen Teppichen hatte machen lassen. Am 1. April 1901 besuchte ihn Generalkonsul Dr. Stemmerich, um diese Musterzeichnungen zu sehen. Er wunderte sich sehr, daß die türkischen Zöllner die Zeichnungen nicht beschlagnahmt hatten (etwa in der Meinung, es handle sich um geheime Festungspläne!!!).

In einem Brief an Frau Ebba schrieb Carl Hopf am 2. April: »Ich setzte dem Generalkonsul auseinander, daß die türkische Teppichwerkerei vor der Gefahr stehe, unterzugehen. Eben deswegen will ich in die Erzeugungsgebiete selber gehen, um den Leuten womöglich die Augen zu öffnen und um ihnen die von ihnen verlassenen Muster zurückzubringen. Verliere der orientalische Teppich sein Besonderes im Geschmack, in der Güte, namentlich aber in der Färbung, so könne er sich neben den mechanischen Fabrikaten des Abendlandes nicht halten.«

Es ist nicht möglich, hier noch weiter auszubreiten, was Hopf erlebte. Nur noch kurz dies: Er zeigte am 5. April 1901 die Musterentwürfe einer Teppich-Exportfirma in Smyrna. Dort wurden die Entwürfe angestaunt – aber nichts sonst! Hopf schrieb noch am selben Tag an seine Frau Ebba: »Nun, da ich diese Nachkommen vom Blute der kleinasiatischen Kunst zurückführe in das Land ihrer Vorfahren, werden sie wie bessere Fremdlinge angestaunt. Ein Beweis, wie stark entgleist dieses für die Türkei so wichtige Gewerbe ist.«

Deutlich erkennt man daran, daß die Türkei dem massiven Einfluß der westlichen Welt damals nicht gewachsen war.

Von Smyrna (Izmir) reiste Hopf nach Uşak, wo er »unglaubliche Schlichtheit und Armut« antraf. »Das Knüpfen wird schlecht bezahlt, die Arbeiterinnen können kaum ihr Leben fristen. Man schätzt die Zahl der hier in Betrieb befindlichen Knüpfstühle auf fünftausend. Für meine Zwekke ist wenig zu erreichen«, schrieb Hopf enttäuscht nach Hause.

In einem anderen Brief schildert er, wieder hoffnungsfreudiger, daß »die Webstühle auf tausend Häuslein verteilt sind, so daß noch keine schablonenmäßige Einförmigkeit entsteht«.

Er reiste nach Kutahya weiter und konnte von dort am 12. Mai 1901 schreiben: »Die Teppiche, die durch mich an die Knüpfstühle gegeben wurden, sind schon soweit, daß man beurteilen kann, ob sie gut wirken werden. Ich bin bis jetzt sehr befriedigt, aber die Färber fahren fort, mit Anilin zu färben. Hier muß unbedingt Wandel geschaffen werden!«

Die dritte Orientreise, diesmal nach Demirci und nach Kula, begann Hopf im Mai 1903. Er hoffte in Kula auf das Geheimnis des dort verwendeten herrlichen Blau zu kommen. Die Reise mußte karawanenmäßig mit Hilfe von Pferden zurückgelegt werden. Erst im Schreiben vom 22. Juni berichtet er von seiner Ankunft in Kula, wo er verschiedene teppichkundliche Abenteuer zu bestehen hatte und auch einen alten Färber kennenlernte, der angeblich das Farbgeheimnis des schönen Kula-Blau besaß.

Um es kurz zu machen: Hopf bekam von dem alten Mann Wolle in Blaueinfärbung. Er war überglücklich. Als aber diese Wollproben sechs Monate später in Stuttgart eintrafen und Hopf die chemische Untersuchung einleitete, kam man darauf, daß all diese Wolle zwar mit Indigo gefärbt worden war, dies aber nach einem schädlichen, um 1850 in Sachsen erfundenem Verfahren, wobei ein vereinfachtes Farbmittel die zeitraubende Zubereitung des Farbbades ersetzte.

Der tief Enttäuschte sandte einige seiner (guten!) Teppiche und die erhaltenen Wollproben nach Ludwigshafen zur BASF (Badische Anilin- und Sodafabrik) und fuhr dann selber hin. Dort erklärte man ihm nach den ersten Untersuchungen: »Mit Anilinfarben kommen wir hier nicht durch, da müssen wir auf Indigo und Krapp zurückgreifen!«

Nach einigen Monaten waren von der BASF einhundertundfünfzig orientalisch empfundene Farbschattierungen zusammengestellt, und Hopf konnte mit einem der erfahrungsreichsten Echtfärber der BASF, einem Dr. Sch., der in früheren Jahren in der Hofmanufaktur des türkischen Sultans (zu Hereke) die BASF-Farben durch praktischen Un-

terricht eingeführt hatte, am 18. April 1906 seine vierte Türkeireise antreten.
In treudeutscher selbstloser Weise wurden in vielen Orten allgemeine Unterrichtskurse für Färber eingerichtet. Und tatsächlich: in kurzer Zeit ließ sich eine radikale Hinwendung zu den älteren Teppicharten erkennen. Tausende Knüpfstühle mußten errichtet werden; die türkische Teppichausfuhr stieg auf nie geahnte Höhen – Smyrna (das heutige Izmir) war Hauptstapel- und -verschiffungsplatz für türkische Teppiche geworden. Allerdings machte sich Konstantinopel auch auf diesen Weg und entwickelte sich noch besser. So war dieser aufopfernde Einsatz, den Carl Hopf gewagt hatte, doch von Erfolg für die Türkei gekrönt.
Sowohl in Izmir wie auch in Istanbul lagerten Unmengen an Teppichen, nicht nur aus dem eigenen, türkischen Bereich, sondern auch vielfältigste Sorten aus Persien, aus Afghanistan und aus dem Kaukasus. Die großen Transitlager bei den Zollämtern waren kaum imstande, die Exportmengen zu bewältigen. Teppichbeladene Schiffe brachten die vielbegehrte Fracht nach dem europäischen Westen oder in die USA. Das blieb so bis wenige Jahre vor dem Ersten Weltkrieg. Inzwischen hatte Istanbul gegenüber Izmir eindeutig die Oberhand gewonnen. (In der vorangegangenen Zeit waren Kairo, Port Said und Alexandria die Haupthandelsplätze für Orientteppiche gewesen.)
Carl Hopf war sich bewußt, aus all seinen Bemühungen nur einen winzigen Vorteil ziehen zu können: einen kleinen Vorsprung vor den anderen Branchenkollegen zu haben. Denn das BASF-Verfahren wurde natürlich allen Interessierten zugänglich gemacht. Eine bei Izmir eingerichtete Großfärberei übte auf die Färber der Türkei magischen Einfluß aus – es kamen (abgesehen von den ganz billigen Erzeugnissen) immer mehr türkische, schnell aber auch immer mehr persische (Ferahan-Muster), kurdische und sogar mittelasiatische und kaukasische (darunter auch Kasak in nie vorher gesehenen Übergrößen) Teppiche in den alttraditionellen Musterungen und unter Verwendung der neuen Farbarten auf den Markt.
Dennoch: Verführt von den leicht errungenen Riesengewinnen (Gewinne der Exporteure und nicht etwa der arm gebliebenen Knüpferinnen!) sank man kurz vor dem Ersten Weltkrieg vielenorts bei den Teppichmustern in die frühere Schlampigkeit und künstlerische Verarmung zurück. Und dazu: Die Bemühungen, den erst vor kurzem erreichten Hochstand der Teppichkunst zu erhalten, wurden urplötz-

Avunya, Kleinasien

lich durch den 1914 ausgebrochenen Ersten Weltkrieg grausam zerstört.

Dieser Weltkrieg, der von 1914 bis 1918 dauerte, ruinierte die Teppichherstellung in allen orientalischen Ländern. Hernach hatte die Türkei noch ihre inneren Wirren zu überstehen. Erst nach der Festigung der innerpolitischen Lage durch Mustafa Kemal Pascha (Ata-Türk = Vater der Türken, dem auch der Ehrentitel »Gasi« = »der Siegreiche« verliehen wurde) und nach dem rücksichtslosen Vertreiben von vielen Zehntausenden Griechen aus der Türkei (die seit Generationen dort ansässig waren) und ebenso durch die energische sogenannte »Befriedung« der Kurden und Armenier (siehe hierzu die Geschichtswerke) begann mit der 1923 erfolgten Ausrufung der Türkei zur Republik zaghaft ein Wiederaufstieg des Landes.

Auch die Herstellung von Teppichen wurde wieder verstärkt aufgenommen, aber – leider! – vielenorts mit dem Bestreben, »billig« zu sein. Dies führte immer wieder zu Stükken mit schlechter Färbung, schütterer Knüpfung, entstellten (um nicht zu sagen: »verfälschten«) Mustern. Auch nach dem verlorenen Krieg konnte Deutschland vorerst lange hindurch den früher gewonnenen hohen Stand auf dem Gebiet der Farben nicht aufholen, denn andere, außerdeutsche Farbenwerke versuchten mit verständlichem Erfolg (denn Deutschlands Hände waren auf lange Zeit durch die absurden »Friedensbedingungen« gebunden) im Orient an Boden und Bedeutung zu gewinnen. Sie nützten diese Gelegenheit auch weidlich aus.

Die kräftige, durch Carl Hopfs Bemühungen und auch durch andere weitblickende deutsche Teppichkaufleute vordem erzielte Förderung der türkischen Teppichkunst war soviel wie vertan und verloren. Immerhin: Langsam und zögernd setzte eine Erneuerung ein, da und dort eine Wiederbesinnung auf gute, alte Handwerkskunst.

Doch diese Erholungsfrist war zu kurz gewesen, denn kaum, daß sie begann, tragend zu werden, wurde durch den Ausbruch des Zweiten Weltkrieges alles bis dorthin mühsam Aufgebaute brutal zerstört.

Auch nach dem Ende dieses zweiten Völkerringens schien es vorerst, als könne sich der türkische Teppich weder im europäischen Westen noch sonst irgendwo Bedeutung und Ansehen verschaffen.

Noch im Jahre 1958 betrug die türkische Gesamtteppichausfuhr lediglich 4966 m², und davon gingen 1900 m² im Wert von 64 000 US-Dollar zu den alten Freunden der Türkei, nämlich in die Bundesrepublik Deutschland. Aber kaum neun Jahre später, 1967, nahm die BRD schon 15 900 m² türkische Teppiche auf (521 000 US-Dollar). Im Jahr 1972 waren es schon 32 000 m² im Wert von 6 503 000 DM; der Export stieg auch weiterhin an, und in der Zeit von Januar bis Dezember 1975 führte die BRD aus der Türkei 69 273 m² im Wert von 23 666 000 DM ein. Davon entfielen auf den Ausfuhrhafen Izmir gut 20 bis 25 % des türkischen Gesamtexportes an Teppichen (Izmir ist längst nur noch Handels- und Umschlagplatz, der Autor fand dort keine Knüpferei vor). Zu diesen offiziellen Exportziffern sind aber auch noch die »stillen« Exporte zu rechnen, denn kaum einer der Zehntausenden Ferienreisenden, die in der Türkei weilten, fuhr heim, ohne einen Teppich oder Kilim mitgenommen zu haben.

Auch ab 1976 konnte die Türkei die Teppichausfuhr in die BRD weiter steigern.

Abgesehen von den ständig steigenden Ausfuhrmengen in die BRD: auch in allen sonstigen westlichen Staaten und in den USA stieg das Interesse für den türkischen Teppich sprunghaft an, und es steigt immer weiter. Dieser türkische Teppich ist nicht mehr das, als was man ihn schon im eigenen Volk gesehen hatte, nämlich »ein Stiefkind der Nation«. Er gibt jetzt immer mehr türkischen Menschen Arbeit und Brot, zumal auch die Regierung der Türkei alles tut, um den guten Ruf dieses alten türkischen Kunsthandwerkes immer mehr zu festigen. Von Carl Hopf, diesem so unerhört tatkräftigen Manne, der sich restlos der Förderung des türkischen Teppichs verschrieben hatte, ist hier noch zu berichten: Er führte sein eigentliches Teppichgeschäft, das er von Reutlingen nach Stuttgart verlegte (und vorübergehend betrieb er auch in Berlin ein solches Geschäft), mit Besonnenheit erfolgreich fort. Er reiste noch wiederholt in den Orient (seine Frau Ebba hatte er im Mai 1914 verloren) und starb schließlich 1929.

In den vorhergehenden Auflagen dieses Buches sagten wir, in der Handknüpfung und Kilim-Herstellung seien in der Türkei etwa 150 000 Frauen und 5000 Männer beschäftigt. Diese Zahlen, die dem Autor von offizieller türkischer Seite mitgeteilt worden waren, sind offensichtlich überholt. Dennoch liegt keine amtlich zuverlässige Zählung oder wenigstens Schätzung vor, wie viele Menschen in der Türkei »vom Teppich leben«. Es gibt auch keine Übersicht über die Zahl der vorhandenen Knüpfstühle. (Man schätzt, daß 1973 insgesamt ca. 160 000 Knüpfstühle vorhanden waren und daß

Karakeçili, Türkei

Döşeme-Alti, Türkei

Karapınar, Türkei

man jetzt mit ca. 250 000 rechnen kann.) Solche Zahlen zu ermitteln wird auch den Behörden schier unmöglich gemacht, denn es müßte – um bei deutscher Gründlichkeit zu bleiben – getrennt erhoben werden: wer ist im Teppichfach voll beschäftigt, wer hat einen eigenen Knüpfstuhl (und allenfalls: wie viele?), wer ist Lohnarbeiter, wer Heimarbeiter, wer Gelegenheits- oder nur Saisonarbeiter(in) – z. B. bei den Nomaden. Eine korrekte Zahl anzugeben, wird hier zur Unmöglichkeit.

Versuchen wir es damit, eine ungefähre Übersicht zu bekommen: Die staatliche »Sümerbank« ist für alles, was mit Teppichen und deren Erzeugung zusammenhängt, leitend und verantwortlich. Sie tritt als Auftraggeber, als Vermittler und Großhändler auf, läßt aber dem privaten Hersteller und auch privaten Großhändlern genügend Betätigungsfeld und Freiheit, allerdings übt sie dabei vorsichtig die halbstaatliche Funktion der Produktionslenkung und -leitung aus. Sie unterhält auch Designer-Ateliers und Knüpferschulen. In kleineren Orten richtet sie zumindest Knüpfkurse ein, sie vermittelt Lohnknüpfverträge ebenso wie den An- und Verkauf von Knüpfmaterialien und Bedarfsgegenständen (bis zum Knüpfstuhl), desgleichen kauft sie von Lohnknüpfereien oder Heimwerkern fertige Teppiche an. Diese Sümerbank hat im Teppichsektor ca. 10 000 Personen mehr oder weniger fest angestellt. Außer der Sümerbank bemühen sich um die Förderung des Teppichknüpfens noch das türkische Planungsministerium, die Industrie- und Handelskammern, die Provinzial- und Stadtverwaltungen und das Ministerium für die Dorfentwicklung. Die Herstellung von Teppichen steht aber jedermann frei, sie ist kein Staatsmonopol.

Nach türkischer Statistik leben etwa 40 % der Gesamtbevölkerung in Städten über 10 000 Einwohner, die restlichen 60 %, also rund 24 Millionen Menschen, in ländlichen Gemeinden und Dörfern. Rechnet man die Kleinstädte von 6000 bis 10 000 Einwohner ab, läßt man auch den europäischen Teil der Türkei unberücksichtigt (alles zusammen mit etwa 8 bis 10 Millionen Menschen), dann bleiben für die sogenannten ländlichen Gebiete, Dörfer und Nomadensiedlungen etwa 11 bis 16 Millionen Menschen. Die Türkei hat insgesamt über 83 000 Orte. Man kann annehmen, daß mindestens in 2000 Dörfern oder Siedlungen Teppiche geknüpft oder gewebt (Kilim) werden. Etwa 500 davon sind den Kennern als »knüpfende Dörfer« bekannt. Nicht wenige davon knüpfen nicht nur für den Großhandel und nicht nur für die Sümerbank, sondern sie versuchen, ihre Teppiche unter eigenem Namen den Abnehmern begreiflich zu machen. Es gibt z. B. mindestens 20 Dörfer, in denen der »Yağcebedir« hergestellt wird.

Nicht nur der Staat allein fördert (durch die Sümerbank) nach wie vor Herstellung und Ausfuhr (auch durch Ausfuhrprämien, gestaffelt bis zu 30 % des Wertes), sondern auch die Provinzial- und Stadtverwaltungen unterhalten Knüpf-, Web- und Färberschulen.

Der türkische ländlich-dörfliche und nomadische Teppich wird auch heute noch überwiegend ganz aus Wolle hergestellt. Die Türkei verfügt über größere Schafbestände als etwa Persien. Die türkischen Wollsorten sind (im Schnitt) sehr gut und nicht selten sogar beser als die Wolle verschiedener persischer Provenienzen. In einigen Fällen kann man sogar von ganz hervorragender Wollqualität sprechen. Minderwertige Sterblingswolle (Gerberwolle) findet man in Teppichen, die zur Ausfuhr kommen, selten. In werkstattmäßigen Teppichmanufakturen wird allerdings viel Baumwolle für Kette und Schuß verwendet (so etwa in Hereke, Sivas, Kayseri, Bünyan, Isparta, Ürgüp, Konya, Avanos, Kırşehir, Bor, Uşak, Demirci und noch anderen Plätzen). In den »Türk Standarts« (Richtlinien des Ministeriums von Ankara) sind Knüpfdichten für Wollteppiche von 3600 Knoten je 1 dm² vorgesehen für: Hereke, Extra-Sivas und Extra-Yağcebedir. Teppiche aus Bünyan, Kayseri, Sivas, Taspınar, Yahyali, Niĝde sollen 2500 bis herunter zu 1800 Knoten aufweisen. Unter 1500 Knoten können dann die einfacheren Teppiche aufscheinen. Die schlechtesten Sorten sinken bis auf 250 Knoten je 1 dm² ab; sie gehen jedoch nur selten in den Export, es sei denn in den »stillen« (Verkauf an Ferienreisende). Sosehr im dörflich-ländlichen Bereich durchwegs der türkische Knoten verwendet wird, ist bei Manufaktur- und Werkstatt-Teppichen überwiegend der persische Knoten üblich (vor allem bei den Teppichen von Hereke, Kayseri, Sivas und Isparta). Die Türken nennen den »türkischen« Knoten nicht so, wie wir von ihm sprechen, sondern für sie ist es der »Doppelknoten«. Für den »persischen« haben sie den (etwas abschätzig klingenden) Namen »einfacher Knoten« geprägt.

Natürlich üben sich die Türken auch an Nachknüpfungen persischer und turkmenischer Muster, auch wird da und dort Kunstseide verwendet, bedauerlicherweise neigt man nicht überall und nicht allerorten dazu, auf die große türkische Teppichtradition zurückzugreifen und die opfervoll begon-

Dashgır, Türkei

Hereke, Türkei

 Ezine, Kleinasien

nene Arbeit Carl Hopfs und ein paar Gleichgesinnter wieder zielmäßig aufzunehmen. Doch einige Manufakturen, wir wollen hier nur jene von Kum-Kapu und von Hereke nennen (und es gibt noch andere), bringen auch heutzutage großartige Leistungen, ja Spitzenleistungen zustande, also wirkliche »Teppichkunstwerke«.

Ergänzend seien noch die sogenannten »Düz« erwähnt; es sind Uni-Teppiche (auch meliert) in Zimmerteppichgrößen oder in Läuferformaten. Teils sind sie handgeknüpft, mehr aber kommen sie schon als Maschinenteppiche vor, hauptsächlich für das Inland. (Der wirtschaftliche Aufschwung machte die Türken »teppichfreudig«.)

Es ist unmöglich, hier alle türkischen Ortschaften anzuführen, in denen (oder in deren Umgebung) Teppiche hergestellt werden. Wir haben in diesem 6. Hauptabschnitt, meist alphabetisch oder aber hier bei diesem Text stehend, zur Veranschaulichung der türkischen Produktion folgende türkische Teppichsorten abgebildet und mit Besprechungen versehen:

Bandirma (Panderma), Bergama, Dazgırı, Döşeme-alti, Ezine, Fethiye (das früher Meĝri hieß), Gördes, Hereke, »Smyrna« (Izmir), »Sparta« (Isparta), Karakeçili, Karaman, Karapınar, Kayseri, Kırşehir (von dort kommen schöne Kilims, »Çiçekli« genannt), Konya, Kula, Kum-Kapu, Lâdik, Milas, Mucur, Taşpınar, Uşak, Yağcebedir, Yahyalı, Yürük, »Siebenbürgen«- sowie sogenannte »Holbein«- und »Lotto«-Teppiche. Zu letzteren zwei Arten siehe die Bilder auf den Seiten 44, 45 und 263.

Weitere beachtenswerte türkische Teppichorte sind:

Afyon-Karahisar, Akhisar, Akşehir, Avanos, Aydin, Balıkesir, Beyşehir, Bünyan, Burdur, Canakkale, Demirci, Denizli, Diyarbakır, Doğubayazıt, Eskişehir, Güney, Incesu, Kağızman, Kars (Kasak-ähnliche Teppiche), Kemerhisar, Maden, Malatya (Kurdenteppiche), Nevşehir, Niğde, Obruk, Sivas, Ürgüp, Van, Zara.

Erwähnenswert sind noch folgende Orte: Akpınar (bei Niğde), Arısman, Ayvacık, Balya, Banaz, Bektaş (Mischung aus Gördes-Kula-Bergama-Mustern), Bitlis, Bozahan (bei Milas), Bucak, Cal, Çamurlugiret, Can (sog. »Dardanellen-Teppiche«), Datça, Develi, Dikili (Kilims in turkmenischem bzw. kaukasischem Charakter), Dinar, Edremit (Nachknüpfung von Kaukasiern), Egin (Perser-Nachknüpfungen), Eğredir, Elazig, Erzerum (Kilims aus der Umgebung), Erzincan (Kurden-Kilims), Fertek bei Niğde, Imranli (Kurdenteppiche), Innice (ladikähnlich), Kangal (Sivas-ähn-

lich), Karacahisar (Milas-ähnlich), Kas (bäuerliche Teppiche), Katamonu (kein Eigenstil), Kavak, Keçiborlu, Kemaliye (früher Egin genannt, Kerman-Nachahmungen), Kirne (Dagestan-ähnlich), Manisa, Manyas (kaukasische Muster), Mihaliççik (schöne Gebetteppiche), Mumcular (Milas-ähnlich), Ortaköy.
Der obengenannte Milas-Teppich wird zuweilen mit einem Doppelnamen bezeichnet, wie etwa »Ada-Milas«, »Kemer-Milas«, auch »Karaova-Milas« hört man. Es sind dies Ortsbezeichnungen aus der Umgebung (Ada = Insel bzw. Halbinsel; Karaova = Schwarzerde).
Wird ein türkischer Teppich als »Ipek« oder als »Ipekli« angeboten, dann sei man vorsichtig. Ipek heißt Seide.
Aus Hereke und Kum-Kapu kommen auch heute noch wirkliche Seidenteppiche (und dies bis zur höchsten Qualität). Auch in Kayseri macht man zuweilen Seidenflorteppiche, worin »wirklich« und »wirkliche« Seide verwendet wird. Aber noch häufiger findet man – auch in Kayseri-Teppichen – Seide nur vorgetäuscht.
Es wird mit seidenglänzender merzerisierter Baumwolle geknüpft oder mit Abfallseide oder gar mit irgendeiner Kunstseidenart. Im Handel hat sich für solche Knüpfungen die Bezeichnung »Kayseri-Flosch« herausgebildet. Solche unechten »Seiden«-Teppiche brauchen sich ziemlich rasch auf, werden unansehnlich und machen dem Besitzer wahrlich keine Freude!
Turki Sprache der turkmenischen Völkerfamilie, in viele Untersprachen unterteilt. Immerhin sind die Turkmenen auf ihre Sprache außerordentlich stolz. Eines ihrer Sprichwörter sagt: »Arabisch ist Wissenschaft, Persisch ist Zucker, Hindi ist Salz, Turki aber ist Kunst!«

TURKMENEN (Turkomanen, Turkmen, chinesisch Tu-kiu = soviel wie »Türkenschaft«) Verschiedene Volksstämme von vielfältiger Differenziertheit, die in den Sowjetrepubliken Turkmenistan, Uzbekistan, Kirgisistan, Tadschikistan, Kasachstan und im autonomen Gebiet Karakalpakien ihre Heimat haben. (Zum kleinen Teil siedeln Turkmenen auch in Nordostiran und in Nordafghanistan.) Es waren und sind noch z. T. Hirten- und Wandervölker, die erst in letzter Zeit unter dem russischen Einfluß seßhafter wurden und sich nun hauptsächlich dem Ackerbau (Baumwolle, Obst), der Tierzucht und den inzwischen wachsenden Industrien zuwenden. Das Gebiet, in dem Turkmenen wohnen, dehnt sich vom Kaspischen Meer nach Osten bis tief hinein nach China (Chinesisch-Turkestan) und zur Mongolei hin aus (bis etwa zum 90. Längengrad).
Die Turkmenen gliedern sich in mannigfache Stämme, so, um nur einige anzuführen: in die Jomuden am Fluß Atrek; in die Ogurdschalen, die an der Küste der Kaspi-See hausen, aber auch auf den Inseln Tschaleken und Ogurdschinsky. Dann gibt es die Goklanen, die mehr im nordöstlichen Iran daheim sind; die Schichzen aus dem Perkowitsch-Gebiet; die Tschoudoren aus dem Raum Chiwa; die Sakar-Turkmenen am Amu-Darja; die Ersari, die, soweit sie die Sowjets nicht schon seßhaft machten, im Buchara-Gebiet (und im nördlichen Afghanistan) nomadisieren. Die Ersari-Teppiche gehen in Handel meist unter der Bezeichnung »Afghan«.
In den Oasen von Achal und Merw findet man die Teke, die sich selber aber Tekini, Tekinski nennen. Die Teke-Turkmenen zerfallen wieder in drei Hauptstämme: Achal-Tekinzen, Tetschen-Tekinzen und Merw-Tekinzen. Diese alle untergliedern sich abermals in verschiedene Zweige (Tire). So stammen von den Merw-Tekinzen die Bachschi (Baschir, Beschir, siehe dort) ab. Die Saryk sind ein Turkmenenstamm, der die südöstlich von Merw am Murghab gelegene Landschaft Juletan und Pandsch-Dech (Pendeh) bewohnt; sie sind die eigentlichen Hersteller des Pendeh-Teppichs. Fast jeder Stamm hat Unterstämme mit eigenem Namen, wie Kara-Tschuka, Dschafarbei, Atabei usw. Weitere Turkmenenstämme sind (um nur einige anzuführen): Seïden, Ata, Nuschuren, Murtscha, Alielen, Machtumen, Karadaschlen usf.
Jene seßhaften Bewohner Turkestans, die Ackerbau und Handel treiben, die persischer Abstammung sind und auch noch persisch sprechen, werden von den Russen »Sarten« genannt, sie zählen nicht als Turkmenen. Durch ihre Hände gingen früher zahlreiche Nomadenteppiche in den Handel. Heutzutage verwischen sich die Unterschiede, denn die Sowjetregierung ist eifrig daran, alle Stämme seßhaft zu machen und sie in Großlandwirtschaften und in den entstehenden Industrieanlagen planmäßig als Arbeitskräfte einzusetzen. Im 11. Hauptkapitel darüber mehr!
Alle Turkmenenstämme sind berühmt ob ihrer Teppichknüpfkunst. Die Teppiche sind von bester Wollqualität, dicht und sorgfältig geknüpft, auch in einer Musterung gehalten, die uns in ihrer »herben Freundlichkeit« sehr anspricht. Alle Turkmenenteppiche eignen sich sehr für ernst-behagliche Räume, also für Herrenzimmer, Chef-

358 Tschoudor, Turkmene

zimmer und Räume in ähnlicher Art. Siehe unter *Buchara, Jomud, Teke-Turkmenen* und *Beschir*. In Zentralasien heißt der Turkmenenteppich im allgemeinen »Dschujuabe«.
Die Turkmenenteppiche lassen sich im wesentlichen in drei Gruppen einteilen: in die erste (und beste) gehören der Tekini (wir nennen ihn fälschlich »Buchara«), der Achal-Tekini und der Pendeh. Diese Gruppe umfaßt etwa 75 % aller im Turkmenengebiet hergestellten Teppiche. Sie sind in der Regel mit dem Salor-Gül oder dem sogenannten »Buchara«-Gül ausgestattet, den künstlerisch edelsten Gül-Arten (siehe auch im 11. Hauptabschnitt).
In der zweiten Gruppe finden wir den Jomud und den ihm nahe verwandten Tschoudor (Bild links) sowie Ogurdschali, Goklen, Gasanuli, Igdyr, Basuischli und fast alle Engsi-Arten (Palase, Zeltvorhänge). In den Musterzeichnungen dieser Gruppe sieht man oft ankerartige Figuren (Akmak), architektonisch anmutende Gebilde (Karsa-Göllja), und das Muster »Darnak-Gölj« (= Vogelklaue, Kralle), außerdem stilisierte Tier-, Pflanzen- und andere ornamentale Teile. In den Bordüren kann man verschiedene Mustergestaltungen als Weinstöcke, Schiffchen, Schmetterlinge, Kokons usw. auslegen. Alle Teppiche dieser Gruppe verfügen über hohe dekorative Eigenschaften, vor allem, wenn man sie als Wandbehang verwendet.
Zur dritten Gruppe, die nicht so viele Farbnuancen besitzt und meist auch nicht so dicht geknüpft ist (meist 900 bis 2000 Knoten je 1 dm^2), gehört z. B. der Kerki, der Kysil-Ajak; es sind überhaupt die Teppiche der Völker, die längs des Amu-Darja hausen. Sie alle zeigen einfachere und (teils!) auch wesentlich größere Güls, oft so groß, wie die der Afghan-Teppiche. Nebenstehend rechts ein Teppich des Teke-Stammes der Arawatschi (Arwatschi).
Im Turkmenenteppich sieht man in der Regel in den Bordüren die gleiche Hauptfarbe, wie sie das Mittelfeld bringt, also meist Rot. Andere Teppichsorten (Kaukasus usw.) zeigen in der Bordüre eine zur Hauptfarbe des Mittelfeldes komplementäre Farbe. In Turkmenenteppich-Güls bemerkt man oft auch ein sehr schönes, tiefes Blau, das man beinahe ein Schwarzblau nennen möchte. Wenn dieses mit einem helleren Ton wechselt, der einen Stich ins Grüne hat, dann finden solche Stücke ihre besonderen Liebhaber. Der Zeltrauch verfärbt das Weiß im Teppich einigermaßen schnell. Um das zu verhindern, knüpfen die Turkmenen die weißen Linien oder die kleinen weißen Flächen (große weiße Flächen kommen in ihren Teppichen ohnehin nicht

Arawatschi (Arwatschi), Turkmene

Wappen der Turkmenischen SSR (unterer Teil, mit dem Teppich-Gül)

Besprechung in einer turkmenischen Manufaktur
(in Bildmitte Frau Minister Nurtatsch Annamuradowa)

vor) oft in Baumwolle, denn diese wird vom Zeltrauch nicht so rasch verfärbt wie Schafwolle. Obgleich im Turkmenengebiet ohne Zweifel seit undenklichen Zeiten das Teppichknüpfen bekannt ist (siehe auch unter *Seldschuken-Teppiche*), gibt es infolge der Abgelegenheit des Gebietes bei uns kaum einen Turkmenenteppich, dessen Herstellungsjahr mit Sicherheit als vor 1800 liegend anzunehmen ist.
Die auf iranischem Boden hausenden Turkmenen (vor allem die Goklanen) bringen ihre Teppiche meist über Gorgan oder über Gondadeghaboos (Gombad-i-Kabus, Gonbad-e-Kavus) in den Handel.
Die Turkmenen sind nicht nur als tapfere Menschen, sondern auch als solche von besonderer natürlicher Intelligenz und rascher Auffassungsgabe bekannt. Auch die Turkmenenfrauen zeichnen sich durch hervorragende Intelligenz aus. Ein Beispiel hierfür ist der Lebenslauf einer Knüpferin: Die 1920 zu Kisil-Arwat geborene Nurtatsch Annamuradowa war eines der zwölf Kinder eines Bahnarbeiters. Da sie bald mitverdienen mußte, arbeitete sie als Teppichknüpferin. Anfang 1936 wurde in Aschchabad eine Kunstgewerbewerkstatt eingerichtet. Man holte aus der Republik die fähigsten Knüpferinnen zusammen. Auch die 16jährige Nurtatsch war dabei, zwar die jüngste unter allen, aber auch die geschickteste. Als Ende 1936 zum erstenmal der Titel »Verdiente Teppichknüpferin« vergeben wurde, befand sich Nurtatsch unter den zwölf Ausgezeichneten. Sie hatte einen Lenin-Porträtteppich geknüpft, dann folgte u. a. ein Porträtteppich »Henry Barbusse«, für den sie auf der Pariser Weltausstellung 1937 eine Goldmedaille bekam. Noch nicht 20 Jahre alt, wurde Nurtatsch Vorsitzende des Turkmenischen Teppichknüpfverbandes. (Übrigens scheint im Wappen der Turkmenischen Republik ein Teppich auf, siehe Bild links oben.) Nurtatsch Annamuradowa war auch bei der Herstellung des (angeblich) größten Teppichs der Welt führend beteiligt. Dieser Teppich weist 252 m² auf und wiegt fast 1000 kg. Sein Muster stellt ein blühendes Tulpenfeld dar. Der Teppich hängt jetzt im »Großen Theater« in Moskau.
Nurtatsch arbeitete in der Freizeit viel an sich, besonders durch Fernstudium. Inzwischen wurde sie Direktorin einer Textilfabrik zu Aschchabad, ab 1961 stand sie einem Textilkombinat vor, das außer 43 000 Spindeln auch 880 Webstühle in Betrieb hatte. Und 1965 wurde diese Turkmenin Minister für Industrie der Turkmenischen Republik, der mehr als 40 Großbetriebe (Kombinate) unterstehen.

Tusla-Gebetteppiche (Tuzla) Diese Teppiche werden in der Gegend des türkischen Tuz gölu (»Salzsee«) in ansprechenden Farben und guter Knüpfung hergestellt.
Tuster Name einer altpersischen, berühmten Hofmanufaktur für Teppiche in Chusistan.
Ungarische Teppiche Das Teppichgewerbe kann auch in Ungarn auf jahrhundertealte Tradition zurückblicken. Es wurde von den Türken (die das Land 150 Jahre lang, bis zur Mitte des 17. Jahrhunderts, besetzt hielten) nach Ungarn gebracht. Seither wird in einzelnen Gegenden, insbesondere in den südlichen und südöstlichen Komitaten, die Teppichherstellung sehr gepflegt. Der ungarische Teppich erfreut sich in Westeuropa und auch in Übersee nicht geringer Beliebtheit. Es gibt sogar Länder im Nahen und im Mittleren Osten, also in der klassischen Heimat der Orientteppiche, die in bedeutenden Mengen ungarische Teppiche beziehen. In Ungarn werden sowohl Knüpfteppiche als auch gewebte (gewirkte) Teppiche (siehe unter *Torontal-Kilim* und Bilder im 8. Hauptabschnitt) hergestellt. Die Knüpfteppiche gibt es in vielerlei Mustern, die sich noch von den aus der Türkenzeit stammenden Vorlagen ableiten. Seit einigen Jahren werden die altgewohnten Muster allerdings »modernisiert«. Im allgemeinen ist die verwendete Wolle gut. In jüngster Zeit gewinnen die in Abony und Umgebung (Ungarische Tiefebene) hergestellten Knüpfteppiche mehr Bedeutung, auch für den Export nach Westeuropa. Die Ausfuhr der Teppiche liegt in der Hand des staatlichen ungarischen Außenhandelsunternehmens »Artex«. Siehe auch die Einleitung zu diesem Kapitel sowie unter *Balkanteppiche.* Als »Orientteppiche« gelten diese Teppiche aus Ungarn natürlich nicht, sondern, da sie Orientmuster zeigen, als Nachahmungen. Siehe auch die Bemerkungen unter *Gebetteppiche* auf Seite 190!
Urfa (Orfa, auch Ruha genannt) Türkische Stadt im oberen Mesopotamien. Urfa ist das Kallirhoe der Griechen und das Edessa des Mittelalters. Hier wurden vor der Jahrhundertwende bis zum Ersten Weltkrieg über Veranlassung deutscher Fabrikanten sehr gute Nachahmungen alter Teppiche hergestellt, auch Kasaks in Übergrößen, wie man sie im eigentlichen Kasak-Gebiet nie kannte.

USCHAK (türkisch amtlich: Uşak) Stadt in Westanatolien, bei den Teppichliebhabern durch die dort zwischen 1500 und 1750 erzeugten Teppiche von hoher Qualität bekannt. Der alte Uşak hat oft fast kreisrunde, feinst ranken-

Uschak, Kleinasien

gemusterte Medaillons mit Zackensäumen, im unendlichen Rapport mit Großsternen wechselnd, in den Hauptfarben Rot und Blau; oder er zeigt große strahlende, verschieden geformte, ebenfalls mit zarten Arabesken und Ranken durchzeichnete Sternfiguren oder einen Sternen-Rhomben-Medaillon-Rapport (Sternen-Uşak, Bilder auf den Seiten 30 und 31), der gitterartig wirkt. Oder er sieht so aus, wie das Bild auf der vorhergehenden Seite es zeigt. Dieses Muster aber wird heutzutage von südosteuropäischen Knüpfereien gern nachgemacht. Siehe z. B. unter *Rumänien* das Bild einer solchen Imitation. Die verwendeten Hauptfarben Rot, Blau, Grün sind voll und stark und doch verhalten. Im Handel gibt es solche alten Uşaks nicht mehr, es sind Museumsstücke.

So vornehm und gut die Uşaks in ihrer klassischen Zeit auch geknüpft wurden, so bedauerlich groß zeigt sich die Diskrepanz zu jenen Erzeugnissen schon ab 1850. Diese sanken immer mehr bis zum minderen Smyrna-Charakter ab.

Die neuen Uşak-Teppiche werden in allen gebräuchlichen Größen hergestellt. Der mit dem türkischen Knoten gearbeitete Flor ist sehr lang, um die Schwäche der Knüpfung zu verdecken. In diesem Uşak sieht man blattartige Medaillons gereiht. Das hat dieser Ware den Namen »Yaprak« oder »Uşak-Yaprak« (»yaprak« = Blatt) eingebracht. Es gibt jetzt auch eine ziemlich kleine, oft quadratisch gehaltene Uşak-Art, deren Musterung ganz ansprechend, deren Knotendichte aber sehr gering ist. Im Uşak werden jetzt als Hauptfarben neben Blau und Rot (in Tönungen) viel Gelb und etwas Grün verwendet.

Alte Stern-Uşaks aus dem 17. Jahrhundert werden hoch bezahlt. In London wurden bei einer Versteigerung im Auktionshaus Christie's (1975) für einen Sternen-Uşak nicht weniger als 14 700 £ bezahlt. Gegenüber den Versteigerungsergebnissen im Jahr 1970 wurden alle Teppichangebote um das Doppelte bis Vierfache überboten. Siehe auch unter *Vogelteppiche* sowie unter *Holbein-* und *Lotto-Teppiche.*

Uzbeken (Usbeken, Ösbeken, Özbegen) Ein Turkvolk (ca. 5 Millionen) in der Uzbekischen SSR (Sowjetunion) mit Minoritäten in Kasachstan, Kirgisistan und Nordafghanistan, dessen Entstehung auf politische Vorgänge zurückführt. Ihren Namen tragen die Uzbeken von Uzbeg Khan (1313–1341, Nachkomme des Dschingis Khan), der den Islam in Nordwestturkestan ausbreiten half und verschiedene Turkstämme zusammenschloß. Die Uzbeken eroberten unter Schaibani Khan zu Beginn des 16. Jahrhunderts das alte Kulturland Transoxanien, das bereits seit langem türkisiert war. Sie vertrieben Barbur, den letzten Herrscher der Timuriden-Dynastie, der nach Indien zog und dort die Mogul-Dynastie begründete. Siehe hierzu im 7. Hauptabschnitt ab Seite 405 die dortigen Ausführungen.

In den Khanaten Buchara, Chiwa und Fergana blieb die blühende Zivilisation dieses Raumes auch unter den Uzbeken erhalten. Buchara hatte zumeist die Vorherrschaft, wie es auch heute eine gewisse Autonomie besitzt. Die Uzbeken sind Sunniten. Sie leben heute als seßhafte Ackerbauern (Oasenkultur), nur relativ selten trifft man noch halbnomadische Viehzüchter.

Ihr Idiom wurde ca. seit 1920 zur Schriftsprache entwickelt und verdrängte das Tschaghataiische, eine alttürkische Schriftsprache, der sich die gebildeten Schichten bedienten. Die unter den Uzbeken meist in den Städten lebende iranische oder türkisierte Vorbevölkerung wird Sarten (»Kaufleute«) genannt; sie ist durchweg zweisprachig und bedient sich z. T. des iranischen Idioms der benachbarten Tadschiken. Siehe auch im 11. Hauptabschnitt *Von den Turkmenenstämmen.*

Varamin (Veramin) Siehe unter *Waramin.*

Vasen-Teppiche Siehe unter *Ghom.*

Verne (Verneh) In normales Palas-Grundgewebe, wie es die ländliche Bevölkerung herstellt, werden schon während des Webvorganges farbige Fäden eingezogen, um mit ihnen in besonderer Technik hübsche Musterwirkungen zu erzielen. Verne-Gewebe zeigen häufig Quadrate, die in sich immer kleiner werdende Quadrate tragen. Ebenso häufig sieht man auch sehr ansprechende, naive Tierdarstellungen. Durch festes Anschlagen des Schusses treten die Musterfäden etwas aus dem Gewebe hoch, so daß sich die Verne-Gewebe ripsig anfühlen. Das Hauptherstellungsgebiet ist der Karabagh. Doch findet man diese Webetechnik gelegentlich auch im Turkmenengebiet sowie in Nordpersien und in Anatolien, wo sie Çiçim (gesprochen »Tschitschim«) heißen. Sie kommen sowohl im Raum Bergama wie auch im äußersten Osten als kurdische Arbeiten vor. Verne-Gewebe dienen als Zelt- und Zimmervorhänge (Palasse), ebenso aber auch als Überwurfdecken oder zur Anfertigung von kleinen und großen Aufbewahrungstaschen. Im 8. Hauptabschnitt findet man weitere Angaben und Bilder zweier sehr schöner Verne-Gewebe.

Vogel-Teppiche Im 16., über das 17. bis zum Anfang des 18. Jahrhunderts wurden in Uşak u. a. auch sehr schöne weißgrundige Teppiche angefertigt. Sie zeigen einen Rapport von versetzt gereihten Rosenblüten mit an ihren Enden geknickt aussehenden anknüpfenden Blättern, die fast überstark stilisiert sind. Diese Blätter erinnern an Vogelkörper. Siehe das Bild hier rechts. Dieses sogenannte Vogelmuster wurde sehr häufig auch in den »Siebenbürgen-Teppichen« verwendet. Mit Anfang des 18. Jahrhunderts nahm diese Musterung ziemlich plötzlich ein Ende. Allerdings tauchen in letzter Zeit wieder solche weißgrundigen Vogelteppiche auf. Fast in allen Fällen handelt es sich aber um Nachahmungen! Vorsicht ist geboten! Siehe auch unter *Siebenbürgen-Teppiche,* unter *Uschak* sowie unter *Holbein-* und *Lotto-Teppiche.*

Wagireh So werden kleine Versuchs-Musterknüpfungen genannt, die dann als Vorlage für die Anfertigung großer Teppiche dienen. Sie sind meist nur in Manufakturen vorhanden und gelangen selten in den Handel. Statt Wagireh sagt man in einzelnen Gegenden auch »ormakh«. Siehe das Bild hier rechts unten.

Wandteppiche Schon in frühesten Zeiten wurden sowohl in Knüpf- als auch in Wirktechnik hergestellte Teppiche als Wandbekleidung und Wandschmuck verwendet. Auch heutzutage liebt man es, schöne Teppiche an den Wänden zu haben. Vor allem eignen sich antike Stücke für solche Zwecke, dann aber auch sehr feingeknüpfte jüngere Teppiche, etwa wie der Teke (sogenannte »Buchara«), der Yomud, der Nain, Ganzseidenteppiche oder aparte Kilims. Siehe auf Seite 177 unter *Duruje* und auf Seite 339 den Gol-barjesteh sowie im 8. Hauptabschnitt die Bilder zweier Ganzseiden-Teppiche. Siehe auch auf Seite 411 den dort abgebildeten Bargasla, der sich aufgrund seiner Schmiegsamkeit und der reliefartigen Gewebestruktur geradezu als Wanddekoration anbietet. Im 10. Hauptabschnitt findet man einige Hinweise über die Behandlung von Wandteppichen.

Wappen-Teppich Es gibt Orientteppiche mit eingeknüpftem Wappen. Eine solche Wappeneinknüpfung geschah entweder auf Wunsch des europäischen Auftraggebers (siehe auch unter *Polenteppiche*) oder auf Befehl eines hochgestellten Orientalen, der einem Europäer einen solchen Teppich zum Geschenk machen wollte. Auch bezeichnet man manche Kasaks (siehe dort!), deren Mittelstücke wappenähnlich aussehen, als Wappenteppiche.

Vogelteppich, 16. bis 18. Jahrhundert

Wagireh, Karadagh, Persien

 Waramin, Persien

Waramin Stadt südöstlich von Teheran; am Rande der großen Salzwüste (Dascht-i-Kevir). Der Teppich »Waramin«, meist im Läuferformat, zeigt bei mittelhohem Flor viel Glanz. Aber seine Farben sind in der Regel ziemlich düster. Sein Rot zeichnet sich durch eine eigenartige bläuliche, das Auge sehr ansprechende Nuancierung aus. Das Muster ist vielgestaltig, aber meist kleinblütig. In neuester Zeit kommen aus Waramin Teppiche in Zimmergrößenformat – also ca. 250 × 350 bis 300 × 400 cm – in ganz hervorragender Qualität. Kette und Schuß sind aus Baumwolle, der Flor aus sehr feiner Schafwolle. Die Dessinierung des Fonds ist meist durchgehend in zartem Rot, kleinen sternartigen Mustern, die von einer Art Wellenlinie immer wieder unterbrochen werden, oder sie zeigt das Minak-hani-Muster, wie man es auch im Dschouschegan und in anderen Teppichen des Ferahan-Gebietes findet und sogar in neueren sowjetischen Karabagh-Teppichen (siehe Bilder auf Seite 228). Die Bordüre ist in Kontrastfarbe, oft in Beige oder in Blau, gehalten und trägt ebenfalls zarte Motive. Anfänglich gab es nicht viele dieser Teppiche, jetzt ist das Angebot größer, die Qualität jedoch läßt nach. Es gibt auch einen Ort Farmahin, nahe den Saruk-Bergen, südöstlich von Zagroz. Die Teppiche von Farmahin (das zuweilen mit Waramin verwechselt wird!) zeigen Kurdencharakter.

Wartche (Varchin, Varche) Ort an der Straße zwischen Arak (früher Sultanabad) und Khomeyn. Dort werden die derzeit besten Mahal-Teppiche hergestellt.

Westturkestan Siehe unter *Turkestan.*

Wirkteppiche Siehe unter *Kilim, Sumakh, Karamanie »und dergleichen«* ausführlich im 8. Hauptabschnitt.

Wiss (Wisch, Wisme) Eine ziemlich junge Teppichart aus dem Hamadan-Gebiet. Viel Dunkelblau und Rot, geometrische Formen des Medaillons und der Füllblumen. Der Flor ist ziemlich hoch. Der Wiss erinnert entfernt an Kasak-Formen. Zu Beginn waren die Wiss mit echtem Krapp (persisch »runaß«) gefärbt, man nannte sie Runassi-Wiss. Die Krappwurzel ist teuer (sie muß 7 Jahre alt sein, ehe man guten Farbstoff aus ihr gewinnt).

Der Wiss-Teppich war inzwischen sowohl in Europa als auch in Amerika sehr beliebt geworden, die Nachfrage stieg und stieg. Also nahmen die Hersteller, um das aussichtsreiche Geschäft nicht zu verlieren, ihre Zuflucht zu chemischen Farben, die nicht nur billiger, sondern auch leichter anzuwenden sind. Solcherart konnten die Exportwünsche dann in vollem Umfang befriedigt werden, freilich einigermaßen auf Kosten der gewohnten Qualität. Aber immerhin ist der Wiss auch heute noch ein guter Strapazierteppich, der viele Freunde hat. Hier rechts bringen wir das Bild eines typischen Wiss-Teppichs.

Yağcebedir Dieser türkische, zwischen Balikesir und Bergama angefertigte Teppich hat bei dichtem (nicht immer langem Flor) meist ca. 2000 Knoten je 1 dm² und ist selten größer als 100 × 120 cm (oft auch quadratisch). Er ist einer der besten Anatolier. Ob seiner dunklen, oft düsteren Farben (Dunkelblau, Dunkelrot, Lilarot) bekam er im Handel den Namen »Köhlerteppich«, was aber eine Verballhornung des Wortes »köylu« darstellt, das »Bauer« bedeutet, so daß eigentlich ein Bauernteppich damit gemeint ist (Köhler heißt türkisch »kömürdschi«). Das Bild auf Seite 366 links zeigt einen solchen Köhlerteppich. Es gibt aber auch »Galerien« (Läufer), etwa 70 bis 80 cm breit und bis 300 cm lang.

Yahlameh Die sogenannten Yahlameh, bei uns ob ihrer Billigkeit und durch die sparsame sowie dennoch hübsche Musterung beliebt, werden meist von den Lori-Baft- oder von den Turk-Baft-Stämmen hergestellt. Beide leben als Wandernomaden im Raume zwischen Abadeh (Tschahardong) bis Behbahan und bis zum Persischen Golf. Der Yahlameh, der an sich zu den Ghaschgha'i-Sorten gezählt wird, kommt meist über Schiraz zu uns, seltener über Isfahan (siehe unser Bildbeispiel auf Seite 366 rechts.

Yahyalı Ort, 80 km südlich von Kayseri mit guten Knüpfereien. Siehe Seite 367 das Bild eines neueren Yahyalı.

Yaprak Siehe unter *Uschak*. Der Musterbegriff »Yaprak« (Blatt) gilt nicht nur für den Uşak, sondern er kommt als Ornamentenname auch bei anderen Teppichen vor.

Yastik Siehe unter *Jastik*.

Yesdz (Yazd) Siehe unter *Jesd*.

Yerkand Siehe unter *Jarkent*.

Yomud Siehe unter *Jomud*.

Yoraghan Siehe unter *Joraghan* und unter *Heris*.

YÜRÜK (Jürük, Jurak) Yürük bedeutet soviel wie »Nomadenhirte« oder »Wanderer«. Es handelt sich also bei dem Teppichnamen Yürük um Teppiche von Nomaden oder Halbnomaden, vor allem im Gebiet um den Van- (Wan-)See, im wesentlichen um richtig ländliche Erzeugnisse, die im Handel früher auch »Montagnard« (»von Bergbewohnern«) genannt wurden. Diese Teppiche kommen aus dem südlichen und insbesondere auch aus dem östlichen

Wiss, Persien

Yahlameh (Jalameh), Iran

 Yağcebedir (Yakschybeydir, sog. Köhlerteppich), Kleinasien

Yahyalı, Kleinasien

Anatolien. Sie halten sich in bescheidenen Größen wie 100 × 200 cm, 115 × 260 cm, zuweilen gehen sie bis auf 130 cm Breite und besitzen dann Längen bis 300 cm, selten mehr. Die Kette besteht aus Schafwolle oder Ziegenhaar (den Nomaden steht gemeinhin keine Baumwolle aus eigener Ernte zur Verfügung), auch der Schuß ist aus Schafwolle oder Ziegenhaar. Der sehr hohe, seidig glänzende Flor wird mit dem türkischen Knoten aus Schafwolle geknüpft. Der Yürük hat in der Regel lange zottige oder auch geflochtene Fransen, die (bei Ziegenhaar) braun oder schwarz sind. Die Knotenzahl beträgt 600 bis 1400 je 1 dm^2. Die Hauptfarben des Yürük sind Braun, Rot oder Blau. Er zeigt im Gegensatz zu anderen anatolischen Teppichen nur eine Hauptbordüre und meist nur je eine Nebenborte. Die Nebenborten tragen Wellenlinien, auch Rosettchen oder stilisierte Sterne bzw. diese abwechselnd. Die Hauptborte führt Zickzackstreifen, oft mehrschichtig, entweder in glatter Linienführung oder (öfter) mit sägezahnartiger Ausbildung oder auch Stern- und Blattblüten. Haupt- und Nebenborten sind voneinander durch farbige Säume (winzige Barbierstangenmuster) getrennt. Im Fond sieht man meist drei, manchmal zwei Achteckmedaillons oder rhombenartige Gebilde, die mit immer kleiner werdenden Rhomben oder ähnlichen Mustern gefüllt sind. Die großen Rhomben sind untereinander verbunden, als habe man ein Rechteck an mehreren Stellen beiderseits stark eingeschnürt. Alle Rhomben zeigen sich mit Haken nach kaukasischer Art besetzt. Dann sieht der Yürük oft aus, als bestehe er aus lauter Rhomben. Oft sind Yürükteppiche mit überlangen Fransen ausgestattet, in die bunte Quasten eingearbeitet wurden.

Der sehr farbenfreudige Teppich, voll naiver Unsymmetrie, ist sehr beliebt, nur schon schwer in voller Echtheit zu erhalten. Siehe auch unter *Sultan.*

Den Yürük-Teppich im einzelnen zu beschreiben ist praktisch unmöglich, denn es gibt kurdische Yürüks ebenso wie turkmenische, alttürkische und sonstige Yürük-Arten, angefangen von Ezine bis Doğubayazit – also vom äußersten türkischen Westen bis in die weitab östlich gelegenen Orte. Aber immer sind sie zur Gänze aus Wolle gefertigt, immer tragen sie geometrische Musterung und fast immer langen, dichten Flor.

Unter Berücksichtigung des weiten Bereiches und aufgrund der Beliebtheit dieser Teppichart bringen wir nachfolgend einige Bildbeispiele; sie lassen die Vielfalt der Yürük-Muster erkennen.

Yürük, Westanatolien

Yürük, Westanatolien, 18. Jahrhundert

Yürük, Ostanatolien

Yürük, Ostanatolien

Yürük, Taurus-Gebiet

 Yürük, Ostanatolien

Wird ein Yürük als »Yün-Yürük« angeboten, so bedeutet das nur, daß der Teppich ausschließlich aus Schafwolle (»yün« = Wolle) angefertigt wurde, also auch kein Ziegenhaar in sich trägt.
Adana, die nahe dem Golf von Iskenderun gelegene Stadt, ist ein Hauptsammelplatz für Yürük-Teppiche, auch über Balikesir und über Kütahya kommen diese Teppiche in den Handel.
Zaman Siehe unter *Saman.*
Zandschan (Zanjan, Sendschan, Sendjan, Zandjan) Ort an der Straße, die von Ghaswin nach Täbriz führt. Dort und in der Umgebung werden Teppiche gefertigt, die dem Hamadan ähneln und zuweilen auch als »Mossul« in den Export gehen. Siehe das nebenstehende Bildbeispiel.

ZAR (aus dem Arabischen, anglisiert: »Zär«) Ein Längenmaß Persiens, auch »Göß« genannt und oft auch als »Sar« geschrieben. Das Zar hatte bis in das 20. Jahrhundert herein drei Hauptmaße: das »Zar-i-Schahi« war mit 104 cm gerechnet, das »Zar von Täbriz« mit 110,5 cm und das »Zar von Yazd« mit 97,5 cm.
Die im Teppichhandel noch immer übliche Bezeichnung von Zar (oder falsch »Zär« oder gleichfalls falsch »Sar«) meint gemeinhin ein Stück Teppich von rund einem Meter Länge. Die Bezeichnung »Zar-o-nim« (fälschlich: Saronim oder Zaronim) bedeutet: ein Zar und ein halbes (»nim« = halb). Es gibt noch den Begriff »zera« als Benennung für die Maßbezeichnung »Elle« (schon weniger gebräuchlich). Das persische Wort »Sar« hängt mit diesen Maßbezeichnungen nicht zusammen. Sar ist ein persisches Universalwort und bedeutet als Leitwort »Kopf«, »sar-neschin« aber ist der Reisende, der Fahrgast (anglisiert auch »sär-nischin« gesprochen); jedoch »schah-neschin« ist der Ehrenplatz im persischen Haus (für den Hausherrn und seine engsten Gäste).
Im wesentlichen hält man sich im Orient jetzt schon an das metrische Maßsystem (oder ans englische).
Zarand Es gibt in Persien mehrere Orte dieses Namens (Sarand gesprochen). In dem nordwestlich von Kerman gelegenen Zarand werden Teppiche in Kerman-Art geknüpft. In Zarand-e-Koneh, südwestlich von Teheran, stellt man Teppiche her, die vorwiegend Hamadan-Charakter besitzen.
Zarbyia Im allgemeinen ein gestreifter, mehrfarbiger Teppich.

Zanjan, Persien

ZEITGENÖSSISCHE SONDER-TEPPICHE

Bei einer Besprechung, die der Autor mit Teppichfreunden hatte, tauchte der Gedanke auf, ob es nicht angebracht sei, wenigstens kurz über frühere oder zeitgenössische, aus dem Rahmen des Üblichen fallende Teppiche zu sprechen – also über Teppicherzeugnisse, die für einen besonderen Zweck hergestellt wurden und entweder in der Erzeugungsart, im Format oder in der Musterung, in der Motivwahl usw. die Tradition verlassen haben und eben dadurch besonders auffallen.

Nun kamen (und kommen) solche Sonderanfertigungen in allen Teppichgebieten vor. Hierher rechnet man z. B. (wenn man in der Teppichgeschichte zurückgeht) die runden und die kreuzförmigen Teppiche aus dem 16. und 17. Jahrhundert, vermutlich in den Werkstätten von Kairo angefertigt, und zwar – ebenso vermutlich – schon von vornherein für europäische Bedürfnisse (Tischdecken) zurechtgemacht. Zwischen Europa und Kairo bestanden schon sehr früh Kontakte. Auch achteckige, sogar zwölfeckige Teppiche sind bekannt, sowohl aus den Werkstätten Kairos als auch aus Indien und natürlich ebenso aus Persien.

Derzeit gibt es Beispiele (im sowjetischen Raum) dafür, daß nicht nur die Stellungnahme zu den Daseinsbedingungen, zur Umwelt, sondern nun auch zum politischen Geschehen durch die Teppichart deutlich gemacht wird.

Man darf dabei nicht übersehen: Im Gebiet der heutigen südlichen Republiken der UdSSR, also im Kaukasus und in Turkmenien usw. (wo immer schöne, vorzügliche Teppiche hergestellt wurden), war die Masse der Bevölkerung, als diese Räume noch nicht zu Rußland gehörten, seit eh und je von den Emiren und Khanen schwer bedrückt worden. Oft lebte sie ein Leben der Sklaverei und beispiellosen Armut, ohne jede Aussicht auf Besserung der kaum unterbietbar tristen Verhältnisse. Diese Völkermassen (man versuche das zu verstehen, indem man die Geschichte der kaukasischen und turkmenischen Völker in der Fachliteratur nachliest) empfanden die Russen, als diese in die Gebiete einrückten, tatsächlich als Befreier, die ihnen den Weg in ein – immer von ihnen aus gesehen! – besseres Dasein eröffneten. Daher ließen sich dann diese Randvölker von den Parolen Stalins (der zudem ein Georgier, also sozusagen ihr Landsmann war) schnell gewinnen. Sie wurden trotz des Widerstrebens ihrer (sehr dünnen) führenden und besitzenden Schicht schließlich die getreuesten Sowjetmenschen. So stellten diese Gebiete im letzten Krieg auch die meisten Freiwilligen (gewiß spielte hier allerdings auch der kämpferische Sinn dieser Grenzvölker eine wesentliche Rolle). Um ein Beispiel anzuführen: Allein aus Dagestan, dieser kleinen, kaum 950 000 Menschen zählenden kaukasischen Republik, wurden über 10 000 Mann mit Orden ausgezeichnet, und 39 von ihnen erhielten den stolzesten Titel, den die Sowjetunion zu vergeben hat: Held der Sowjetunion.

Diese Zuneigung der vielen Völker jener genannten Gebiete zu den Sowjets manifestierte sich verschiedentlich auch in den Teppichen. Da es auf dem Gebiet der roten Farbe (Farbe der Roten Fahne) nichts zu übersteigern gab – seit je dominierte z. B. in den Turkmenenteppichen das Rot aller Stufen –, wandte sich der neue Ausdruckswille den Motiven und Mustern zu: immer mehr gestaltete man ab ca. 1930 auch Teppiche, die irgendwie in ihren Mustern von »dem Neuen« sprachen.

So bringen wir auf Seite 294 den Porträtteppich »Lenin«. Er ist mit einer schmalen Innenbordüre ausgestattet, die aus einer Reihe von Sowjetsternen besteht. Nach dieser Borte sieht man eine andere, etwas breitere Borte, die abwechselnd Blätter der Baumwollstaude und aufbrechende Baumwollsamenkapseln zeigt. Die äußerste schmale Borte besteht aus winzigen Flugzeugsilhouetten. Das ist das eine Beispiel dafür, wie politische und wirtschaftliche Belange auf die Motivwahl bestimmend wirken. (Turkmenien ist ein großes Baumwollgebiet geworden.)

Um diese Darlegung zu vervollständigen, führen wir nebenstehend noch zwei Teppichbilder vor, von denen das erste einen 1951 verfertigten Porträtteppich zeigt. Dieses Porträt in Wolle stellt den Aschugen Suleiman Stalski dar, einen Lesgier, der von 1869 bis 1937 lebte. (Aschug, von arabisch »ashig«, was ungefähr »der Liebende« bedeutet, eine Bezeichnung für Dichter, die zugleich Sänger ihrer Lieder sind.) Stalski erregte als junger Mensch Aufsehen, als er 1905, beim Streik der Bakuer Erdölarbeiter, gegen den damals berühmten Dichter Hadschi Achtynski (1865–1914) auftrat, der den Streik öffentlich in einem Epos verurteilt hatte. Eindeutig vertrat Stalski die Ziele der Bolschewiken und begeisterte als Volkssänger seine Landsleute für diese neue politische Richtung. Seine Lieder »Suleiman, wart auf die Bolschewiki«, »Das Lied vom Genossen Stalin«, »Ich werde die Bolschewiki besingen« und »Geliebter Stalin, Fackel des Friedens« wurden damals in ganz Rußland gesungen. Maxim Gorki feierte Stalski als den »Homer des 20. Jahrhunderts«, und Stalski stand damit an der Spitze des

Porträtteppich (Stalski), Dagestan

Knüpfteppich (Wappen der UdSSR), Dagestan

 Gasbil, Azerbeidschanische SSR

Ruhmes. Seine lesgischen Landsleute errichteten ihm Gedenktafeln, in öffentlichen Gebäuden Dagestans gibt es Großgemälde, die ihn darstellen (so etwa von J. Mollajew: »Suleiman Stalski beim Kongreß der Viehzüchter im Kreml«), und schließlich wurde sein Porträt auch in Wolle geknüpft, und zwar in feinster Arbeit, ausgeführt nach einer Teppichmusterzeichnung, die von dem Maler W. Nowikow stammt. Bemerkenswert ist bei diesem Teppich vor allem die Umrahmung des Porträts. Sie zeigt als Basis ein Rechteck, das drei Kartuschen enthält. Die mittlere Kartusche bringt den Namen Stalski und seine Lebensdaten, die rechte und die linke Kartusche tragen das Symbol des sowjetischen Staates: Hammer und Sichel. Die schmalen Nebenbordüren sind kaukasisch-lesgisch gehalten, aber in der Hauptbordüre brachten die Knüpfer sechzehn Kartuschen unter. In der Mitte der oberen Querbordüre sieht man in einer dieser Kartuschen wieder das lorbeerumkränzte Hammer-Sichel-Zeichen, indes die anderen fünfzehn Kartuschen sowohl industrielle als auch landwirtschaftliche Sinnbilder (Traktor, Schiff, Hüttenwerk, Baukran, Hochspannungsleitung, Erdölbohrturm, Tiere, Ährenbündel) sowie tätige Menschen zeigen. Die Kartuschen sind durch Achteckformen verbunden, von denen jede den fünfzackigen Sowjetstern in sich trägt.

Also sozusagen allen Sparten des sowjetischen Lebensbereiches ist hier Raum gegeben; von den alten angestammten kaukasisch-lesgischen Motiven und Mustern sieht man nur noch Rudimente in den Nebenborten.

Noch deutlicher und umfassender dokumentiert der zweite Teppich auf Seite 373 diese geistige Haltung. Er wurde 1954 nach einer Teppichzeichnung der Malerin P. Muslimowa ausgeführt. Die Mitte des Grundes stellt eine Fahnenanordnung dar, aus der ein Strahlen- und Ährenkranz wächst, der die Weltkugel umschließt. Es ist dies die Grundform des sowjetischen Staatswappens. Die Weltkugel trägt in sich Hammer und Sichel, im freien Raum über ihr befindet sich der Sowjetstern. Das Stufenmedaillon ist mit Fruchtbarkeitszeichen gefüllt, die oberen Fond-Ecken zeigen Flugzeuge, in den unteren Fond-Ecken stehen Bohrtürme. In der Hauptbordüre sind in Kartuschen und Rundblättern Haustiere, Fische, Früchte und Ährenbündel zu sehen, zwischendurch ist immer wieder der Sowjetstern angebracht. Einzig und allein die schmalen Nebenborten zeigen alte kaukasisch-dagestanische Musterelemente. Natürlich kommen solche Teppiche nicht in die Serienproduktion, sie

hängen als Einzelstücke in einem Museumssaal oder dergleichen.
Auf Seite 374 sieht man als weiteres Beispiel eines zeitgenössischen Teppichs den Gasbil, zu deutsch »der goldene Teppich«. Wieder sieht man eine Fülle von Hinweisen auf Werktätigkeit, auf Industrie und Landwirtschaft, insbesondere auf die Baumwolle. Und im Teppich auf Seite 376 dominiert gleicherweise die aufgebrochene, reife Baumwollkapsel – dieser Teppich wirkt (auch in ihm fehlen nicht die Sowjetsterne) trotz der Flieseneinteilung sehr lebendig, da die Wipfel der Pflanzen sich abwechselnd nach rechts bzw. nach links neigen. Sowohl der Gasbil als auch dieser Baumwollkapsel-Teppich, ebenso aber auch der Teppich »Zoo« auf Seite 302, wurden von Prof. Ljativ Kerimov entworfen. Kerimov, der aus Schuscha gebürtig und abstammungsmäßig Azerbeidschaner ist, hat auch ein sehr umfangreiches Werk und mehrere kleinere Bücher über azerbeidschanische Teppiche geschrieben. Seine besondere Aufmerksamkeit gilt der Schaffung von Porträt- und thematischen Teppichen. Beide letztgenannten Arten werden nach seinen Entwürfen jedoch nur in Einzelstücken angefertigt. Sie wandern dann in die Museen oder werden hochgestellten Persönlichkeiten geschenkt. Wir zeigen als Musterbeispiel hier rechts den von Kerimov geschaffenen »Gagarin«-Teppich. Das Bild auf Seite 376 rechts zeigt Prof. Ljativ Kerimov, der 1970 mit dem Titel »Dr. h. c.« ausgezeichnet wurde, beim Studium alter Palastornamente.
Alle diese Teppiche werden in feinster Knüpfung und überaus sorgfältig ausgeführt, sie entsprechen in ihrer Art auch durchaus der russischen Mentalität (Ljativ Kerimov ist für seine Arbeiten wiederholt ausgezeichnet worden, er war auch Mitgestalter des sowjetischen Staatswappens und der Wappen der einzelnen Sowjetrepubliken). Jedoch vermögen sie uns nicht so warm und freundlich anzusprechen, wie es durch die reinen Volkskunstteppiche der alten Art aus Azerbeidschan-Dagestan geschieht: ein Kasak, Gendje, Schirwan, Lesgistan, Talisch oder wie immer die dortigen Sorten heißen mögen, macht den Menschen Westeuropas mehr Freude als die neuzeitlichen Teppichkonstruktionen. Der turkmenische Bildteppich »Reiterzug« auf Seite 377 ist in hellen und bunten Farben gearbeitet, etwas, das sonst im Turkmenenteppich nicht vorkommt, denn dort überwiegt stets das dunkle und satte Rot. Dieser Teppich ist, vor allem was die Darstellung von Pferd und Reiter betrifft, ausgezeichnet gearbeitet (er hat auch 3900 Knoten je 1 dm^2).

Gagarin-Teppich, Azerbeidschanische SSR

Professor Dr. h. c. Ljativ Kerimov

Teppich »Lob der Baumwolle«,
Azerbeidschanische SSR

Bemerkenswert bleibt, daß der landesunkundige Russe hier in der turkmenischen »Wüste« führend voranreitet, indes die turkmenischen (landeskundigen) Begleiter hinterher folgen.
Überhaupt: Je näher die in Bildteppichen dargestellten Themen (Personen) zur Gegenwart stehen, um so kritischer werden sie betrachtet. Der Beschauer empfindet es oft als körperliches Unbehagen, einen Teppich zu sehen, in dessen Feld eine noch allgemein bekannte (oder sogar noch lebende) Person zu sehen ist. Es muß ein solches »Bild aus Wolle/Seide« schon sehr subtil geschaffen worden sein, um vom Betrachter bewundert zu werden. Dieses Ziel kann man (außer durch Porträttreue) durch die umgebenden Bildbeiwerke fallweise erreichen. Auch in alten Bildteppichen vermißt man diese so notwendige Harmonie; allerdings weiß man fast nie, ob der Dargestellte wirklich so aussah (siehe z. B. Seite 49). Man sagt sich dann, jene Darstellung entstamme eben dem Stil von damals und nimmt das Geschaffene so hin, wie es sich darbietet. Ist ein Bildteppich aber gegenwartsnahe, wird man kritischer: siehe z. B. die Seiten 294, 295 und 375. Einigermaßen neutral und »historisch« wirkt dagegen das Bild von Seite 397.

Zentralasien – Mittelasien Zentralasien umfaßt als geographischer Begriff die »abflußlosen« Hochländer Innerasiens mit einer Ausdehnung von etwa 6 Millionen km².
Die südöstlichen abflußlosen Gebiete der Sowjetunion um das Kaspische Meer, den Aralsee und den Balchaschsee werden russischerseits nicht mehr zu Zentralasien gezählt, sondern unter dem Namen Mittelasien zusammengefaßt.
Charakteristisch für den zentralasiatischen Raum ist die Nachbarschaft von verschieden hoch gelegenen abflußlosen Beckenlandschaften, die voneinander durch hohe Kettengebirge getrennt werden. Infolge des kontinentalen Trockenklimas handelt es sich meist um Wüsten- und Halbwüstengebiete (Wüste Takla-Makan im Tarim-Becken, Wüste Gobi usw.) bis 6000 m Höhe (Tibet) mit alpiner Vegetation. Die in den Randgebieten entspringenden Flüsse enden entweder in ausgedehnten Binnendeltas oder in Seen mit periodisch unterschiedlichem Wasserstand. Bewohnt von Mongolen, Turkvölkern, Tibetern, Tadschiken war Zentralasien Schauplatz zahlreicher Völkerwanderungen und -verschiebungen, bereits lange in vorchristlicher Zeit.
Die Größe des Gebietes und das Fehlen natürlicher Verbindungswege hinderten den direkten Kontakt der Kulturen, wenn auch über die großen transkontinentalen Handels-

»Reiterzug«, Turkmene

 Sarab (Sirap, Serab), Nordwestpersien (siehe Seite 305)

wege zwischen Ostasien und Mittelmeer ständig ein indirekter Austausch stattfand.
Wurden die Oasen von den Kulturen Chinas und des Irans bestimmt, so besaß bei den Hirtennomaden der Sippenfeudalismus eine lange Tradition, wobei dem einzelnen ein fester Platz im Familien-, Clan- und Stammesverband zukam. Seit dem 8. Jahrhundert fand der Islam bei den Turkvölkern und seit dem 13. Jahrhundert der Buddhismus bei den Mongolen Eingang, jeweils durchsetzt mit Elementen des ursprünglichen Schamanismus.
Seit der russischen Eroberung des innerasiatischen Raumes (18./19. Jahrhundert) spaltete sich Zentralasien immer mehr in russische und chinesische Einflußgebiete und verlor so die bisherige Eigenständigkeit. 1918 bis 1921 kam es zur Bildung der heute bestehenden mittelasiatischen Sowjetrepubliken: Kasachstan, Kirgisistan, Tadschikistan, Turkmenistan, Uzbekistan und der in diese Republiken eingegliederten sogenannten »autonomen« Gebiete (bzw. »Oblasti«, das sind größere eigenständige Bezirke). Die bei uns bekannteste »autonome« Republik ist die ASSR Karakalpakien. Tibet ist, nach vorübergehender De-facto-Unabhängigkeit, seit 1950 »autonome« chinesische Provinz, wie auch die Innere Mongolei. Sinkiang ist seit 1763 in chinesischer Hand, während die Mongolische Volksrepublik seit 1946 bedingt unabhängig ist. Afghanistan ist seit 1974 Republik.
Ziegler-Teppiche Siehe unter *Hotz-Teppiche.*
Zweigesichtige Teppiche Wie schon auf Seite 177 unter *Duruje* (druja) erwähnt, gibt es Teppiche mit doppelseitigem Flor, also regelrecht »zweigesichtige« Teppiche, denn die Musterknüpfung der Rückseite kann unabhängig von jener der Vorderseite ausgeführt werden und dadurch auch ein völlig anderes Aussehen haben, zumal die Farben unterschiedlich sein können. Die Knüpferin muß nach jeder Knüpfreihe den Platz wechseln, also abwechselnd eine Reihe an der Vorderseite, dann aber wieder an der Rückseite knüpfen. Um dennoch der Musterung jeder der beiden Florflächen gerecht zu werden, bedarf es eines sehr feinen Knüpffadens. Siehe die Bilder auf Seite 197.
Solche Teppiche sind selten, sie zeigen eine hohe Knotenzahl. Auch Kilim-Teppiche werden, wenn sie beiderseits gleichmusterig sind, »duruje« genannt.
Zuliya Im allgemeinen ein großflächiger Teppich.

Ausdrücke, die man hier nicht gefunden hat, suche man im Wort-Suchregister am Schluß des Bandes!

7. Hauptabschnitt

TEPPICHE AUS CHINA, INDIEN, PAKISTAN UND AUS NORDAFRIKA

EINFÜHRUNG

Ungefähr mit Beginn dieses Jahrhunderts gesellten sich – mit mehr oder weniger Recht – zu den bisherigen, schon traditionell gewordenen Orientteppichgebieten noch einige in Asien, in Fernost und in Nordafrika dazu, die vordem zwar auch schon Teppiche hergestellt hatten, jedoch in nur bescheidensten Mengen, nämlich für den eigenen Gebrauch. Als alle diese Völker oder Volksteile, insbesondere nach dem Zweiten Weltkrieg, nur wenige Devisen zum Ankauf lebenswichtiger Güter, dagegen aber viele Arbeitslose hatten (und in einzelnen Gebieten Schafwolle reichlich zur Verfügung stand), begann man, meist unterstützt von europäischen oder amerikanischen Unternehmern, die Teppichproduktion auszuweiten. In nachstehenden Ausführungen versuchen wir, ein kurzes Entwicklungsbild dieser Bestrebungen zu vermitteln.

CHINA, SINKIANG, TIBET

Wir beginnen mit China, das an sich vordem nie ein Teppichland war, aber seit 1763 das Gebiet Ostturkestan (Sinkiang) endgültig besaß und – im Erkennen der wirtschaftlichen Möglichkeiten – von dort her das Teppichmachen erlernte und übernahm, um es auf chinesische Art weiterzuführen und auszubauen, so daß man jetzt bei uns immer mehr vom China-Teppich spricht.
Jedoch nicht alles, was chinesisch aussieht, stammt wirklich aus der Volksrepublik China, denn es sind seit einigen Jahrzehnten die »Nachknüpfer« am Werke. Aus den indischen Teppichzentren Bhadohi und Khamaria kommen solche »China«-Teppiche, ebenso aus anderen indischen Provinzen, auch aus Pakistan, Japan und aus den Balkanländern.
Auf der Halbinsel Kowloun, die der (jetzt noch) englischen Kronkolonie Hongkong zugehörig ist, befindet sich die hochmoderne Tai-Ping-Teppichfabrik, gegründet 1956. Es werden dort von der 1200köpfigen Belegschaft »handgefertigte« (im Nadelstichverfahren, also doch schon einigermaßen mechanisch) Teppiche vom kleinsten bis zum derzeit größten Ausmaß (20×30 m = 600 m²) hergestellt. Diese Tai-Ping sind vortrefflich gearbeitet, haben gute und sogar beste neuseeländische oder australische Wolle. Die Nachfrage ist (vor allem aus den USA) so enorm, daß sich die Besteller oft mit langen Lieferfristen abfinden müssen.
Als »echter chinesischer Teppich« gilt jedoch nur jener, der aus der Volksrepublik China kommt, und dies ist aber – gemessen an der deutschen Teppichgesamteinfuhr – immerhin noch sehr bescheiden: 1972 wurden aus der VR China insgesamt 21 869 m² Teppiche im Werte von zusammen 3 823 000 DM eingeführt, das sind von der Gesamtteppicheinfuhr der BRD (4 905 500 m²) lediglich 0,445 %. Jedoch: war die VR China in bezug auf die m²-Anzahl das Schlußlicht in der Reihe der Teppichländer, so stand es mit einem Durchschnittspreis von rd. 175 DM/m² am dritten Platz.
Wir sagten schon in der 5. Auflage unseres Buches vorausschauend:
»Inzwischen hat aber der Teppich aus der VR China im Preis mehrmals ruckartig angezogen, er dürfte sich dank der vereinten Tüchtigkeit der chinesischen Teppichwirker und ihrer Wirtschaftsführer immer näher an die Wertspitze schieben.«
Diese unsere Voraussage hat sich nicht nur erfüllt, sondern übererfüllt:
Im Jahr 1973 stieg die Einfuhr auf 25 455 m² im Wert von 5 123 000 DM (womit China schon an 14. Stelle in der Gesamteinfuhrliste der BRD stand!), und im Jahr 1974 führte

die BRD 31 554 m^2 Wollteppiche im Gesamtwert von 7 002 000 DM aus China ein, womit sie sich an die 10. Stelle der bundesrepublikanischen Gesamteinfuhr an Orientteppichen vorschob, wozu noch (1974) 1697 m^2 Seidenteppiche im Gesamtwert von 656 000 DM kamen. Rechnet man den Durchschnittspreis für Seidenteppiche je Quadratmeter mit 386 DM, so kommen chinesische Seidenteppiche (die mit steigender Tendenz im Handel aufscheinen) ganz wesentlich billiger als iranische Seidenteppiche und auch billiger als Seidenteppiche aus der Türkei. Im Jahre 1975 kamen aus China 53 485 m^2 im Werte von 11 119 000 DM! Allein im ersten Vierteljahr 1976 kamen aus der VR China nicht weniger als 35 664 m^2 im Werte von 6 374 000 DM in die Bundesrepublik Deutschland.

Und diese steigende Tendenz hält überraschend auch weiterhin stark an, der Begriff »China-Teppich« scheint zu faszinieren, oder geht die Faszination vielleicht allein von dem Begriff »China« an sich aus? Denn es ist nicht so, daß ein Teppich aus China »auf alle Fälle« in jeden Wohnraum paßt. Doch hören wir vorerst einmal weiter:

Noch trachten die chinesischen beamteten Export-Unterhändler danach, möglichst großflächige Teppiche zu exportieren, um mit hohen Quadratmeterzahlen prunken zu können. Und nicht jeder westliche Einkäufer, der persönlich in die VR China fliegt, findet während der zäh geführten Verhandlungen den Verkaufsbeamten gegenüber jenen zielführenden Ausweg, wie das einem bekannten Mannheimer Teppichkaufmann gelang. Als man ihm fast nur große Teppiche anbot, meinte er, auch der »kleine Mann« in Deutschland solle ganz selbstverständlich in der Lage sein, einen echten Teppich aus der VR China kaufen zu können . . . ! Die beamteten chinesischen Unterhändler stutzten bei diesem sachlich begründeten Argument, und die Mannheimer Wünsche wurden erfüllt.

Doch zuvor ein wenig Geschichte: Für die Behauptungen mancher Autoren, die Chinesen hätten schon in der Zeit der T'ang-Dynastie (618–906) Teppiche geknüpft, konnte bisher noch kein Beweis erbracht werden. Allerdings weiß man, daß schon im 3. Jahrhundert n. Chr. im ostturkestanischen Tarim-Becken Filz- und Knüpfteppiche hergestellt wurden, in einem Gebiet also, das schon ab dem 2. Jahrhundert v. Chr. wiederholt über lange Zeiträume hin von China beherrscht wurde. Die angestammten Bewohner dieses weiten Gebietes waren aber keine Chinesen, sondern Turanier und Turk-Nomaden. Die chinesischen Besetzer beachteten die in Khotan, Kaschgar und in den anderen Oasenorten hergestellten Knüpfteppiche jahrhundertelang überhaupt nicht. Ihr Augenmerk war auf die Freihaltung der »Seidenstraße« gerichtet, auf der sie Seide und andere vom Westen begehrte chinesische Güter ausführten und dafür edle Pferde, Gold und den vielbegehrten Jadestein in ihr »Reich der Mitte« brachten. Eher fanden vor den Augen der China-Soldaten die Filze und Filzteppiche Beachtung, die von den Nomaden des Tarim-Beckens hergestellt wurden. Diese Filze boten guten Schutz gegen Kälte, als Decke sowohl wie auch, schnell zugerichtet, als Mantel.

Natürlich ist es nicht gänzlich ausgeschlossen, daß durch die schon sehr früh auf dem Seewege zustandegekommenen Handelsbeziehungen zwischen dem Vorderen Orient und zwischen Indien und dem Lande »Sera« (wie China damals genannt wurde) dann und wann auch ein Teppich ins Land gelangte. Aber: in den alten Schriften aus jener frühen Zeit findet man keinerlei Angaben darüber und man hat bislang auch in keinem Palast, in keinem Fürstensitz und in keinem Tempel solche Teppiche bzw. deren Überreste gefunden.

China, dieser volkreichste Staat der Welt (ca. 900 Millionen Einwohner und 9 736 000 km^2 Fläche), ist nicht so homogen und keineswegs eine »in sich gewachsene Einheit«, wie man dies bei uns im allgemeinen annimmt. Dieses China besteht aus einer Reihe von »Autonomen Gebieten«. Zu letzteren zählt auch Ostturkestan (chin. »Sinkiang« oder Hsin-chiang = »die neuen Grenzmarken«).

Nun wäre es gewiß reizvoll, anhand des Verlaufes der chinesischen Geschichte ausführlich aufzuzeigen, wie es kam, daß dieses »Reich der Mitte« (chin. Tschung-hoa = Mittelpunkt der Erde) ein Teppichland wurde, ohne es jemals zuvor in seiner langen Geschichte gewesen zu sein. Eine solche Ausführlichkeit würde aber den Rahmen des Buches sprengen. Wir wollen versuchen, diese Entwicklung in aller Kürze zu verdeutlichen, Details aber findet man in der Fachliteratur.

Ab dem 18. Jahrhundert v. Chr. entwickelten sich zwischen Hwangho und Jangtsekiang mehrere bäuerliche Feudalstaaten, aus denen ab dem 11. Jahrhundert v. Chr. die Tschou-Dynastie für einige Zeit zentrale Macht gewann. Als sie zerfiel, dauerte es bis 221 v. Chr., bis es Kaiser Schi-huang gelang, abermals ein Großreich zu gründen. Dieser Kaiser baute den »Großen Grenzwall« zum Schutze gegen die Nordvölker. (Aber erst von 1368 bis 1644 wurde dieses größte Bauwerk der Welt von der Ming-Dynastie auf eine Länge von rd. 2500 km hin so ausgebaut, wie sie als »Große

Mauer« auf uns überkommen ist: in ihren besterhaltenen Teilen bis zu 16 m hoch, mit Türmen und Toren versehen, mit Mauerbreiten an der Basis von ca. 8 m und von 5 m an der Krone; heutzutage ist sie jedoch auf weite Strecken hin zerfallen.)

Ein tatkräftiger Nachfolger Schi-huangs war Kaiser Wu (141–87 v. Chr.). Er rüstete mehrere Expeditionen aus, um zu den sagenhaften »himmlischen« (arabischen) Pferden zu kommen, durch deren Besitz man die eigene Unsterblichkeit erlangen könne. Erst der dritten Expedition nach Sogdiana (Hauptstadt Marakanda, heute Samarkand) gelang das Vorhaben: mit 3000 edlen Beutepferden begann Wu die Hochzucht einer neuen Pferderasse. Durch diese Expeditionen erfuhren die Chinesen bestürzt, daß zum Westen hin noch viele Völker wohnen und daß die Welt weitaus größer sei, als es sich damals die gelehrtesten Köpfe Chinas hätten träumen lassen. Auch erfuhren sie, daß die chinesische Seide bis an ein fernes Meer (Mittelmeer) verhandelt wurde und daß man dieses kostbare Gut noch weiter übers Meer bis in ein großes Reich mit gewaltiger Hauptstadt (Rom) bringe, wo die reichsten Frauen darin wetteiferten, sich in Seidengewänder zu kleiden.

Bestürzt waren die Chinesen ob dieser Erkenntnis deshalb, weil sie sich seit je für die einzige Kulturnation der Welt gehalten und alle sie umgebenden Randvölker als unwissende und verwilderte »Barbaren« verachtet hatten. Chinas Kaiser legten sich von allem Anfang an stolze Titel zu, so etwa »Sohn des Himmels« oder »Göttergleicher Erhabener« oder »Himmlischer Kaiser« – alles in dem eingewurzelten Glauben, es könne unter dem Himmel nur einen einzigen Kaiser geben. Schließlich nannten sie ihren Kaiser sogar »Alleiniger Beherrscher der Welt«.

Durch die Begegnung mit den anderen Völkern wurden ab nun von den geschäftstüchtigen Chinesen auch die Handelsbeziehungen ausgeweitet, die Wege von China nach dem Westen sahen immer mehr Karawanen, die von China kamen und vermehrt die im Westen vielbegehrte Seide sowie Tee und andere Dinge brachten, die alle von den Chinesen gegen Pferde, Felle, Gold und vornehmlich Jade einge-

China-Teppich aus dem 18. Jahrhundert. Ein schönes Exemplar wirklich »alter« China-Teppiche. Saubere doppelte Mäanderborte, zentrales Glücksmedaillon (Fo-ho und Fung-hoang = Hund des Buddha und Vogel Phönix), verschiedene andere Glückszeichen, dominiert vom Zeichen Schou (siehe zu allem im 5. Hauptabschnitt).

tauscht wurden, mit welchen Gütern die Karawanen dann nach China zurückkehrten. Durch diese Karawanen kamen aber auch Kulturwerte von China nach Indien, Persien, Kleinasien und in die griechisch-römischen Bereiche, wie auch umgekehrt aus dem Westen nicht nur z. B. die Walnuß, Granatäpfel, Feigen, Mandeln, Gewürze etc. erstmals in China bekannt wurden, sondern auch die griechisch-iranische Kultur, ebenso wie China aus Indien und über Persien den Buddhismus bekam.

Es gelang Kaiser Wu auch, die Hunnen aus Süd-Kansu zu vertreiben, wodurch die Wege zum und durch das Tarim-Becken für den Handel (mit dem Westen) frei wurden. Wu ließ die (von Kaiser Schi-huang begonnene) »Große Mauer« weiter nach Westen ausbauen, versah sie mit Wachttürmen und Unterkünften für Soldaten, wie er auch in die Oasensiedlungen des Tarim-Beckens als Besatzung chinesisches Militär (in bescheidenem Umfang) legte. Die Besatzungen und auch die in den besetzten Gebieten tätigen chinesischen Beamten kümmerten sich nicht um das Leben und um die Erwerbstätigkeit der Einheimischen, auch in religiöser Hinsicht wurden diese nicht belästigt – sie unterstanden in Rechts- und Streitfragen ihren eigenen kleinen Fürsten und Khanen –, Chinesen und Einheimische lebten Jahrhunderte hindurch im wesentlichen aneinander vorbei.

Doch wie die bisherige, so bestand auch die nachfolgende Geschichte Chinas aus Intrigen, aus ständigem Thron- und Dynastiewechsel, aus fortwährenden inneren Streitigkeiten, aus zahllosen Kämpfen untereinander und auch gegen äußere Feinde (vor allem gegen die Turk- und Hunnenstämme aus den nördlichen und nordwestlichen Gebieten), aus Morden und Untaten sonder Zahl. Erst unter dem Herrscherhaus der Sui (589–618) erfolgte die Wiedervereinigung zu einem großchinesischen Reich, und unter den T'ang-Kaisern (618–907) war dem Reich der Mitte eine glänzende Zeit an äußerer Macht beschieden.

Im Tarim-Becken (in Europa besser als Teil von Ostturkestan bekannt), vor allem im Oasenverband Khotan (auch Alty-Schehri-Khotan genannt, das heißt »die sechs Städte von Khotan«) wurden, wie schon erwähnt, nachweisbar etwa ab dem 3. nachchristlichen Jahrhundert in Heimknüpfereien Teppiche hergestellt, indes – auch schon in jener Zeit – die dort verstreut in den Bergen wohnenden Nomaden aus der Wolle ihrer Schafe größere und kleinere Filzteppiche machten. Sie verstanden es, die Filzteppiche mit bunten, aufgenähten Filzfiguren zu versehen. Dies war noch im 7. Jahrhundert so (siehe im Literaturverzeichnis unter *Bidder*).

Woher die Ostturkestaner ursprünglich die Kunst des Teppichknüpfens bezogen hatten? Wohl aus Westturkestan und aus Persien/Afghanistan, denn aus Indien konnte sie ebensowenig gekommen sein wie aus China. Indien besaß damals zwar ausreichend Schafe, aber solche der minderwertigen Rasse, deren Wolle rauh und grob war. Nur im gebirgigen Norden lieferten die dortigen Bergschafe feinere Wolle, die aber kaum ausreichte, um die im Volke beliebten »ŝal« – englisch »shawl«, deutsch »Schal« (in der Bedeutung von »langes, schmales Halstuch«) – zu verfertigen.

Und China? Ja, in China ist das Schaf in den Mittleren Provinzen noch heutzutage selten anzutreffen, und wenn doch, dann nur in geringer Anzahl. Die Mittleren Provinzen sind außerordentlich dicht besiedelt, man muß dort für unsäglich viele Menschen Nahrung schaffen, und das konnte man nur durch intensiven Ackerbau tun. Die Chinesen jener großen Provinzen sind keine Tierzüchter, sondern hochqualifizierte Ackerbauer und Pflanzenzüchter – auf jedem Stückchen Land bis in Höhen zu 4000 m und darüber (dort werden die Bergrücken terrassenartig ausgenützt), also in Höhen, die in unseren Breiten durchaus felsig und ohne Erde sind, wird Pflanzennahrung gewonnen. Für Schafe, die weite und ergiebige Weiden brauchen, gibt es keinen Platz und keine Nahrung. Natürlich hat auch dort der Bauer etwas Vieh, vor allem Schweine, Esel und Ochsen. Jedoch eine »Viehzucht« im Sinne dieses Wortes gibt es in den Mittleren Provinzen nicht. Schafherden findet man dort nur selten. Und auch dies eigentlich erst seit dem Ende des Ersten Weltkrieges (1918), als Flüchtlinge aus Rußland den staunenden Chinesen der Mittleren Provinzen zeigten, was man mit Wolle anfangen kann, beginnend von der Wolltuchweberei bis zum Stricken und Häkeln. Der Chinese kennt seit Jahrtausenden Hanf- und Seidengewebe (letztere als volkstümlich billige Nanking-Seide), er kennt auch seit Jahrhunderten die Baumwolle, aber Schafwollstoffe sind ihm selbst heute noch eine Rarität.

Allerdings: im Norden und Nordwesten des Riesenreiches, außerhalb der Mittleren Provinzen, findet man schon reichlichere Schafbestände. In Tibet gibt es Gebirgshänge, die bis 4800 m Höhe für Schafe sommersüber gute Weiden bieten. Und in Ostturkestan (Sinkiang), im Ordos-Gebiet und in der Inneren Mongolei gibt es seit alters her verhältnismäßig große Schafherden – darauf gründete sich ja die dortige

Knüpf- und Filzteppichherstellung. In der chinesischen Provinz Kansu dagegen – die doch schon sehr nördlich liegt – hatte man erst im 11. Jahrhundert mit der Einfuhr und Aufzucht von Schafen begonnen.
Rückgreifend muß hier vorerst noch erwähnt werden, daß inzwischen der Islam nach dem Osten vorgedrungen war. Schon 651 hatten arabische Armeen den ganzen Iran überrannt und Merw erreicht, 674 überschritten arabische Truppen den Oxus (Amu-darja), sie nahmen Samarkand ein und auch Schesch (Taschkent). Um 950 war auch das Gebiet um Kaschgar schon islamisch geworden (freilich gab es auch Rückschläge). Das damals noch China gehörende buddhistische Khotan sandte mehrmals Botschaften an den chinesischen Hof, um Hilfe gegen die anrückenden Araber zu erhalten, doch vergeblich. Die islamischen Eindringlinge waren zum Großteil jedoch selbst »Teppich-Menschen« und hatten für die Khotaner Knüpfungen wesentlich mehr Verständnis als die Chinesen.
Khotan (und das ganze Tarim-Becken) wandten sich immer mehr dem Westen zu, Handel und Wandel, Export, Import und Transit waren für das Leben und Überleben der dortigen Bewohner unabdingbar notwendig. China interessierte sich nach wie vor heiß für Jade, für edle Pferde und Gold, es war seinerseits sehr darauf bedacht, seine Seiden- und Teeausfuhr zu fördern. Für Knüpfteppiche hatte China – es benötigte noch immer keine! – all die Jahrhunderte hindurch kaum Interesse, wenngleich im Zuge des Warenaustausches gelegentlich auch ostturkestanische Knüpfteppiche an den chinesischen Hof oder sonst an eine hochgestellte Persönlichkeit kamen. Im allgemeinen wußte man mit solch gelegentlich gesandten Stücken nicht viel anzufangen. Man benützte sie mehr als Säulenverkleidung, als Altardecken oder als Wandbehang, aber eine regelrechte »Nachfrage« nach weiteren solchen Stücken bestand durch Jahrhunderte nie. Das Reich der Mitte besaß seit urdenklichen Zeiten feste Häuser, es besaß eine gewisse Wohnkultur, hatte Möbel und Sitzgelegenheiten, es standen hochgelagerte Bettstätten in Gebrauch, deren Liegefläche man durch Aufstieg über eine Bettleiste oder über einen Bettschemel bequem erreichen konnte, man »lebte nicht in Zelten und nicht am Erdboden«, wie das die »Barbaren« aus dem Norden zu tun pflegten. Man hatte weder damals noch bis in das 19. Jahrhundert herein für Knüpfteppiche richtig »regelrechten« Bedarf, indes die Chinesen, wie schon erwähnt, für die Filzteppiche und sonstigen Wollfilzerzeugnisse der barbarischen Noma-

China-Teppich, 19. Jahrhundert. In den Bordüren Tschi-(Wolkenhaupt-) Elemente, stark stilisiert, Blumenmedaillon, Eck- und Streublumen mit Tschi-Formen und Schmetterlingen (hu-dia = Wunsch für hohes Alter).

China, Drachenteppich, frühes 20. Jahrhundert. Zwei fünfklauige (nur dem Kaiserhaus vorbehalten, hier also Nachahmungen nach alten Vorlagen) Drachen spielen mit einer Perle, der »Wunschperle« für Wohlergehen und langes Leben.

den aus Nützlichkeitsgründen schon mehr Interesse zeigten. Tschingiss-Khan (Dschingis-Khan, Dschingiz-Chan, ursprünglich Temürdschin geheißen) war Herrscher aller Mongolen (»Mongole« = »der Tapfere«) und im Verein mit seinen Söhnen Begründer eines Weltreiches, sie machten sich auch China untertan. (Tschingiss-Khan, geb. um 1155, starb 1227.)

Aber bald nach Tschingiss-Khans Tod begann das Riesenreich zu zerfallen. Die Mongolen waren in jedem botmäßig gemachten Volke zahlenmäßig weitaus in der Minderheit. Sie bildeten sozusagen eine »Militäraristokratie« und mußten zu ihren vielen fremdartigen Untertanen »Abstand« halten. Dies machte sie in den besetzten Gebieten und Staaten verhaßt. Lediglich in China, dessen Kultur, Religion, tief eingewurzelte Traditionspflege und vor allem dessen Verwaltungsorganisation die Mongolen sehr beeindruckte, begann schon bei Lebzeiten von Tschingiss-Khan sozusagen die »unsichtbare Unterwerfung« der an sich in China nun herrschenden Mongolen unter die Kultur, unter die Religionen und unter die Verwaltungstüchtigkeit der Chinesen. China wurde nur spezifisch mongolisch, die im Lande befindlichen und herrschenden Mongolen dagegen wurden immer mehr sinisiert (chinesisiert).

Vor allem war es dann Tschingiss-Khans Enkel Kubilai mongolisch= Chubilai), der mehr nach chinesischer als nach mongolischer Tradition regierte. Er nahm 1271 für seine

Dynastie den chinesischen Namen Yüan (= »Uranfang«) an und ließ seinen Bruder und Gegenspieler Ariq-buqa ermorden. Er förderte in überaus hohem Maße chinesische Künste und Wissenschaften, hielt prächtig Hof, ließ alle seine Kinder chinesisch erziehen und sorgte dafür, daß sie mehr die chinesische als die mongolische Kultur liebten.
In der Zeit, da in China die Mongolen regierten (1260 bis 1368), wurde der in ihrer mongolischen Heimat gebrauchte Filzteppich auch den Chinesen weitaus bekannter, als er es vorher gewesen war. Die mongolischen Besetzer Chinas konnten sich nicht genug damit tun, sich viele (immer luxuriöser werdende) Teppiche zuzulegen. Auch die begüterten Chinesen fanden an den oft kostbaren, mit Gold- und Silberfäden broschierten und mit bunten Filzapplikationen versehenen Filzteppichen (Blumenmuster, Symbole aus dem Schamanismus bzw. aus dem Lamaismus) großen Gefallen. Man färbte sehr bunt, dem Filz wurde – nach der Seide – der zweite Platz im Bedarf des Hofes und der sonstigen Hoch- und Bessergestellten eingeräumt, indes damals dem Knüpfteppich noch immer kein merkbares Interesse zugewendet wurde.
Dem einfachen Chinesenvolk blieben diese Erzeugnisse, ob aus Filz oder geknüpft, im allgemeinen noch Jahrhunderte hindurch so fremd, daß es den Begriff »Teppich« nur in Fremdwörtern ausdrücken konnte, z. B. mit »T'a-teng«, abgeleitet (nach Bidder) vom mittelpersischen Wort »tab« = spinnen. Es bürgerte sich dann für den Teppich das chinesische Wort »T'an-tze« als Allgemeinwort für »Teppich« ein, aber der Florteppich wird auch heute noch »Yang T'an-tze«, also »fremder Teppich«, genannt.
Es wäre kaum faßlich, sollten in der Mongolenzeit Chinas die Teppichhersteller im Ordos-Gebiet und im Tarim-Bekken, die gewissermaßen die Pufferzone zwischen der Mongolei und dem Reich der Mitte waren, aus diesem drängenden Verlangen der mongolischen Beherrscher Chinas und der besitzenden chinesischen Kreise keinen Nutzen gezogen haben, nämlich den: aus Gründen des Broterwerbes solche Filzteppiche selbst herzustellen und nach dem eigentlichen China einzuschleusen, die Knüpfteppicherzeugung aber deshalb einzuschränken, weil man sich in China für solche Teppiche noch immer sehr wenig interessierte.
Das Reich der Mitte zerfiel unter den neun nachfolgenden, wenig tatkräftigen Yüan-Kaisern immer mehr, und die Dynastie Yüan fand unter dem verweichlichten Kaiser Toghan-Temur (Shun-ti) 1368 ein unrühmliches Ende.

China-Teppich, 20. Jahrhundert, saubere Arbeit (Fünf-Medaillon-System, d. h. »unsäglich viel Glück«). Statt der sonst üblichen Mäanderborte ist hier eine ununterbrochene Blütenranken-Borte, mit teils voll erblühten, teils knospenden, wie auch die Medaillons und Vasen voll erblühte und knospende Blumen zeigen (Zeichen für Werden, Wachsen, Ausbreiten). Innerste Borte mit »Käsch«-Darstellungen (englisch »Cash«, chinesische Kleinmünze mit Loch, zum Auffädeln größerer Mengen). Ein auch den Europäer besonders ansprechendes China-Exemplar.

In den Kämpfen und Aufständen gegen die letzten Mongolenherrscher tat sich Chu Yuan-chang, Sohn einer verarmten Bauernfamilie aus Mittelchina, sehr hervor. Da sein Aufrührertum in wenigen Jahren den anfänglich vorhanden gewesenen sozialrevolutionären Charakter verlor und immer mehr das nationale Ziel der Vertreibung der mongolischen Fremdherren deutlich wurde, gewann er auch die Angehörigen der Intelligenz und der begüterten Schichten.

Peking-Teppich, mit Landschaft im Medaillon, 20. Jahrhundert. Das sehr freie Mittelfeld trägt als Eckfüllung Wolkensymbole (Glückwunschzeichen, auch Symbol für Unsterblichkeit). Die Bordüre zeigt auseinandergezogene (Wunsch für Langlebigkeit) Schou und ebenso verlängerte Päonien (Wunsch für Vornehmheit und Reichtum). Hier aber bedeuten die Muster offenbar nur Füllmittel und haben kaum mehr mythisch-religiöse Bedeutung.

Peking-Teppich, mit innerer Mäanderborte, als Hauptborte eine Blütenreihe, umrandet mit blauem bzw. schwarzblauem Fries. Feldfüllung schon sehr abstrahiert (Zeichen Schou, kaum erkennbare Drachen, in den Ecken Tschi-Gebilde), 20. Jahrhundert.

Paotou, 20. Jahrhundert, entfernt an Teppiche aus dem Tarim-Becken erinnernd, stark sinisiert. In den Längsseiten der Außenbordüre je ein vereinfachtes Schou-Zeichen. Die Wirkung des Teppichs geht vornehmlich von den drei doppelfärbigen Bortensäumen aus.

Paotou, 20. Jahrhundert, entfernt an Khotan-Teppiche erinnernd. Das Medaillon ist durch Hakenkreuz-Elemente (»Swastika«) belebt, die großen Blumensträuße im Feld deuten Drachendarstellungen an, die innere Borte trägt die reziproke Zinnenborte (»Wolkenband«), die Eckfüllungen im Feld sind Berg-, Blitz- und Wolkendarstellungen.

1368 fiel ihm Ta-tu (Peking) in die Hand, und der letzte Mongolenkaiser mußte in die Wüste flüchten, wo er 1370 starb. Noch im gleichen Jahr wurde Chu zum Kaiser aufgerufen; seiner Dynastie gab er den Namen Ming (ming =»hell«, »klar«). 1398 starb dieser erste Kaiser aus der Ming-Dynastie, die dann unter seinen Nachfolgern bis 1644 (nicht ohne zahllose Intrigen und zahlreiche Morde) bestand.

Den Herrschern dieser Dynastie ist der Endausbau der »Großen Mauer« zu danken, die damals einen echten Schutz gegen das Eindringen hunnischer und anderer Reitervölker gewährte. Ihr entlang lief ab Lan-tschou der wichtigste Karawanenweg aus China nach dem Westen, auf dem enorme Mengen Seide, Tee, Lacke, Porzellan usw. in die fernen westlichen Länder gebracht wurden, wie diese Karawanen auf dem Rückweg wieder für China wichtige Güter, vor allem Gold und Jade, ins Land schafften.

Bei uns ist dieser welthandelsmäßig einst bedeutsame Weg (samt seinen weiter im Westen befindlichen Verzweigungen) als »Seidenstraße« bekannt, jedoch von den Chinesen wurde er weder damals noch in jüngerer Zeit so genannt. Von Lan-tschou bis Chüa-yü-kwan (wo sich das äußerste Tor im Westen der »Großen Mauer« befindet) nannte man diesen Karawanenweg (der keine »Straße« im europäischen Sinn war) im Volke »Kaiserstraße«, also auf eine Länge von gut 750 km hin. Dieser Name ist sogar jetzt noch gebräuchlich. Von dort bis Kaschgar hieß der weiterführende Hauptkarawanenweg ebensowenig »Seidenstraße«, sondern »Tien-schan-nanlu«, also »Straße südlich des Himmelsgebirges«. Der an sich goldrichtige Begriff »Seidenstraße« wurde erst von dem deutschen Forschungsreisenden Ferdinand von Richthofen geprägt, der zwischen 1868 und 1872 diese Gebiete bereist hatte. Alle Fürstentümer und Khanate, die den Weitertransport der Güter besorgten, zogen aus dem Zwischenhandel enorme Gewinne. Schon an der kleinasiatischen Küste wurde Seide aus China buchstäblich mit Gold aufgewogen. (Doch dies nur nebenbei, denn wir halten erst im 16. Jahrhundert, und hier müssen wir fortsetzen, um aus den geschichtlichen Vorgängen heraus das Zustandekommen des »chinesischen« Teppichs zu erfassen.)

Kurz sei darauf hingewiesen, daß sich ab 1557 die Portugiesen in Macao niedergelassen hatten und daß ein mit ihnen gekommener Jesuitenpater, Matteo Ricci (chinesich »Li-Ma-Fou«), das Chinesische perfekt erlernte und ob seines Wissens (er starb 1610 in Peking) vom kaiserlichen Hof sehr geschätzt wurde. Auch andere Jesuiten, so der aus Köln stammende Adam Schall von Bell (1591–1666) wie auch der 1673 zu Linz a. d. Donau geborene Pater Ernbert Fridelli (das sei hier zeitlich vorgezogen, um den Zusammenhang zu wahren), kamen, letzterer 1706, nach Peking, wo damals schon 39 Jesuiten tätig waren und eine eigene Kirche besaßen. Fridelli betätigte sich als Kartograph, der nicht weniger als neun von den insgesamt 18 Provinzen Chinas kartographisch aufnahm und auch, vermutlich als erster Europäer, das Tarim-Becken und Sinkiang vermaß. Er starb, 70 Jahre alt, in Peking.

Inzwischen hatten in der Mandschurei, die vom Reich der Mitte lediglich militärisch verwaltet wurde, die dort hausenden Stämme tapfer einander bekämpft. Das aber wandelte sich, als der tungusische Stammesfürst Nurhaci (1559 bis 1626) schließlich als Sieger hervorging. 1616 proklamierte er sich zum Khan einer Dynastie Hou-Chin (»Spätere Chin«) und machte sich mit Erfolg daran, China zu erobern. Als er 1626 starb, führte sein Sohn Abahai die Kämpfe siegreich weiter. Die Ming-Regierung war nicht imstande, die durch vorangegangene Naturkatastrophen verursachten Mißstände in der Provinz Shensi (siehe zu allem die Atlanten) zu beseitigen, so daß dort Aufstände ausbrachen, die auch auf die benachbarten Provinzen Shansi und Kansu übergriffen.

Abahai nützte die Situation, er gab seinem Volk offiziell den Namen »Mandschu« und 1636 seiner Dynastie die Bezeichnung Daicing (chinesisch »Tai-Ch'ing« = »Große Klare«, abgekürzt Ch'ing) und stieß gegen Peking vor, das er einnahm, der letzte Ming-Kaiser hatte sich vorher erhängt.

Aber auch Abahai wurde vom Tode ereilt, sein Nachfolger Fulin bestieg noch 1644 den Kaiserthron Chinas und eröffnete damit die lange Zeit der Ch'ing-Dynastie (besser noch als »Mandschu«-Dynastie bekannt), die dann erst 1911 für immer endete. Sie hatte zeitweise gute Herrscher, unter denen China eine gewisse Blütezeit erreichte (und ab 1645 die alle Chinesen verpflichtende Verordnung, mandschurische Kleider und die mandschurische Haartracht – den Zopf! – zu tragen), war aber auch von vielen unguten Begleitumständen verfolgt.

Zur besseren Übersicht sei schon hier festgehalten: Vor allem waren es die Mandschu-Herrscher K'ang-hsi (1662 bis 1722), Yung-cheng (1723 bis 1735) und Ch'ien-lung (1736 bis 1795), die praktisches Verständnis für die besonderen Gegebenheiten Chinas hatten, Toleranz und Weitsicht be-

Oben: Ninghsia, 20. Jahrhundert, Zwei-Medaillon-Teppich, entfernt an alte Khotan-Teppiche (Tarim-Becken) erinnernd, im Inneren der Medaillons das Glückwunschzeichen Schou, umgeben von »Wolkenhäuptern« (Wolkenwirbel, chinesisch »Yün-Tsai T'ou«), altes, turkmenisch-mongolisches Schutz- und Glückszeichen. Die Eck-, Mittel- und Bordürenfüllungen zeigen samt und sonders »Tschi«, also Wolkenformationen, d. h. »Glück und Schutz ohne Ende«.
Rechts: Ninghsia, Sitzbankkissen, mit Schneelöwen und dem Buddha-Hund und mit einer Vielzahl an Motiven (Wünsche für persönliches und häusliches Glück).

wiesen, auch Eingehen (als Fremdlinge, die sie waren!) auf die bestehenden chinesischen Traditionen und auf die sozialen Bedingungen der chinesischen Gesellschaft.
Zwischendurch verursachten aber die Dsungarenstämme im Norden erhebliche Unruhen und zwangen die Mandschu (die ja jetzt »Chinesen« geworden waren) dazu, unter Aufwendung großer Kriegs- und Geldmittel diese Nord- und Nordwestgebiete nach und nach wieder unter chinesische Botmäßigkeit zu bringen.
Unter Kaiser Kao-Tsu, genannt Ch'ien-lung (1736–1795), wurde 1763 nach Kämpfen, die insgesamt fast ein Jahrhundert lang gedauert hatten, die Wiedergewinnung der Ostgebiete Zentralasiens mit der restlosen Besetzung Ostturkestans abgeschlossen (die Provinzen Kukunoor, Nordtibet, Kansu und Ning-Hsia waren schon vorher wieder unter die chinesische Zentralgewalt gekommen).
Abermals legte China zur Sicherung der Handelswege Garnisonen in die wiedereroberten Gebiete, ebenso führten chinesische Beamte die Oberaufsichten, aber die allgemeine Verwaltung verblieb (wie schon vordem) in den Händen der angestammten Fürsten und in jenen der Lokalbehörden. China sah – nach wie vor – diese Grenzgebiete lediglich als Vorfelder an, denen die Aufgabe oblag, das Reich der Mitte im Nordwesten und Norden gegen Feinde zu schützen. Das Eigenleben der einheimischen Bevölkerung in bezug auf Religion, Bildung, Kunst, Erwerbstätigkeiten usw. blieb seitens der Chinesen-Besatzung auch jetzt wieder so gut wie unberührt.
In den Oasensiedlungen des Tarim-Beckens hatte man inzwischen nicht geruht, sondern ungeachtet aller Kriegswirren Knüpf- und Filzteppiche angefertigt, hatte auch, so gut es ging, den Transitverkehr zwischen West und Ost betrieben, nur mußte man nun daran denken, daß man jetzt wieder unter chinesischer Oberhoheit stand – man sah immer öfter in die Richtung nach Peking ...
Da die Mandschu selbst vom Dasein im Zelt und in der Jurte herkamen und somit alle Formen dieses äußerst beweglichen Lebens (ohne viel Gepäck, ohne Möbel, mit leicht rollbaren Teppichen usw.) noch kannten, wird man den in den Gebieten Kansu, Ordos und Ning-Hsia damals sicherlich nur verstreut und in bescheidensten Größen vorhandenen Teppichwerkstätten erheblich mehr Aufmerksamkeit geschenkt haben als je zuvor, etwa ähnlich, wie es während der Mongolenherrschaft gewesen war. Es wurde in Hof- und Höflingskreisen sowie seitens wohlhabender Chinesen (so wie einst) zunehmend ein Teppichluxus entwickelt. Zweifellos betätigten sich damals auch schon arbeitsuchende, in diesen Gebieten eingestreut hausende Chinesen an dieser Verdienstmöglichkeit, für die sie große Geschicklichkeit zeigten. Als dann ab 1763 auch das Tarim-Becken wieder unter chinesische Oberhoheit kam, werden die Mandschu auch die dort inzwischen auf hohen Stand gebrachte (von den westlichen Timuriden-Herrschern angeregte) Broschierung der Knüpf- und Filzteppiche mit Silber- oder Goldfäden gern gesehen und zur weiteren Bereicherung ihrer höfischen Prachtentfaltung benützt haben.
Wiewohl durch die geschilderte Wiedereingliederung Ostturkestans nach China der Kontakt mit Westturkestan erschwert worden war, gelangten noch immer viele Knüpfteppiche aus den Oasen des Tarim-Beckens, vor allem solche aus Khotan (das auch Iltschi genannt wurde), in die westwärts gelegenen Khanate (Balch, Samarkand, Buchara, Chiwa usw.) und von dort (in der Regel unter dem Namen »Samarkand« oder »Margelan«) nach Europa.
Die erste Nachricht über das Bestehen einer hochausgebildeten Teppichknüpfkunst in Ostturkestan kam erst 1873 nach Europa, als eine englische Gesandtschaft Khotan besucht hatte. Erst von dort an wurde man in Europa langsam inne, daß der sogenannte »Samarkand«, den man kannte und den man wirklich als in Samarkand hergestellt angesehen hatte, »eigentlich ein China-Teppich« sei. Damit hatte man aber auch nicht recht, denn das Tarim-Becken unterstand zwar politisch China, doch waren seine Ursiedler Turanier, die sich ab etwa 500 n. Chr. mit eingedrungenen Turkstämmen vermischt hatten und die – der Hauptsache nach auch heute noch – Osttürkisch (Uigurisch) und nicht Chinesisch sprechen. Erst in den jüngstvergangenen Jahren tritt das Chinesische dort stärker hervor.
Seit 1763, als Ostturkestan politisch wieder zu China gehörte, vermehrte sich aus Erwerbsgründen der Zuzug ostturkestanischer Kaufleute nach dem Osten, in Richtung nach Peking hin. In den Zwischenstationen zu diesem angestrebten Ziele ließen sich zunehmend Osttürken nieder. Sie brachten mit ihrer Habe auch Teppiche mit, sowohl für den eigenen Gebrauch wie auch zum Weitervertauschen oder -verkaufen. Aber im chinesischen Handelsverkehr wurden diese Teppiche, gleichgültig ob sie aus Khotan oder von sonst einem Herstellungsort des Tarim-Beckens stammten, durchwegs entweder »Kansu« (nach der östlich an Sinkiang anschließenden Provinz) benannt oder auch nach der Stadt

(und Provinz) »Ning-Hsia« (jetzt auch Ying-chan geheißen), und schließlich kam als weiterer, noch näher bei Peking gelegener Umschlagplatz »Paotou« (neu: Baotu, auch But genannt) als Teppichname hinzu.
Auch werden die in den ostwärts gelegenen Provinzen und Gebieten zugezogenen Ostturkestaner ebenfalls wieder Teppiche angefertigt haben, und nicht selten wird man (es gab ja, je näher man dem eigentlichen Reich der Mitte wohnte, eine immer zahlreicher werdende chinesische Mitbevölkerung) Chinesen zum Teppichknüpfen angelernt haben. Diese gaben ihrerseits die (dank der den Chinesen angeborenen handwerklichen Geschicklichkeit) erlernte Kunst wieder an Landsleute weiter. Naturgemäß trachteten sie, ihren Erzeugnissen jenes Aussehen zu geben, das ihrem chinesischen Wesen, ihrer Kultur, ihrer Religion, Tradition usw. entsprach. Sie taten dies um so mehr, als sie mit Fug und Recht erwarten konnten, im eigentlichen China für ihre Erzeugnisse weitaus mehr Interesse zu finden als mit den rein ostturkestanischen Musterungen – also kurz: Die Teppiche bekamen ab etwa 1760 ein immer mehr »chinesisches Gesicht«, immer mehr aus dem chinesischen (buddhistisch-lamaistisch-taoistischen) Motivschatz schien in der Musterung solcher Teppiche auf. Ab dort gab es nun den »chinesischen« Teppich, der langsam in den gutgestellten Kreisen als Decke für den Ahnenaltar, als Wandschmuck oder als Säulenbekleidung, als Bett- oder Tischdecke und (zögernd) als Bodenbelag gebraucht wurde.
Soweit also unser sehr knapper, fragmentarischer Einblick in die Geschichte und in die Verhältnisse Chinas. Es ist erstaunlich, daß dennoch in all diesen durch Jahrhunderte, ja durch Jahrtausende sich hinziehenden Wirren, Kriegen, Umstürzen, Aufständen und Bedrohungen aller Art der Handel niemals völlig lahmgelegt wurde. Vor allem die Benützung der sogenannten »Seidenstraße« (mit ihren Verzweigungen), die schon lange vor der Zeitenwende begonnen hatte, riß niemals gänzlich ab. Unentwegt zogen Ka-

Ninghsia, 20. Jahrhundert. Das Muster wird nicht nur im ganzen nördlichen China, sondern auch in Kaschmir bzw. in Indien und Tibet genauso nachgeknüpft, es ist beliebt. Im Feld zwei kleine Schou-Zeichen, medaillonartig umgeben von einem Wolkenhäupterkranz, das Feld mit Blüten und Fledermäusen (siehe unter »Glückwunschzeichen«), die Perlenreihe der inneren Borte ist ebenso glückbedeutend wie die Mäander-Hauptborte. Die lichten (innere und äußere) Nebenborten unterstützen den guten Gesamteindruck genauso, wie es der schwarzblaue Fries tut, der den Teppich zur Gänze umgibt.

melkarawanen (je Zug bis zu 600 Tiere und auch mehr) aus dem Lande Sera nach dem Westen und Nordwesten, um dorthin vor allem Seide und Tee, aber auch sonstige typisch chinesische Güter, wie Lackarbeiten, Drogen, Bronzegefäße usw., zu exportieren und bei der Rückkehr vor allem Pferde, Gold und insbesondere Jade nach China mitzubringen – ja, diesen Halbedelstein (eine Nephrit-Art), der in China begierig verlangt wurde, vom Volk (als Amulett gegen viele Krankheiten), von der Priesterschaft für den Kult, von der Kunst und Wissenschaft nicht minder für viele Zwecke. Kein anderer Stein spielte und spielt in China allgemeinhin jene Rolle wie Jade. Der Stein kam der Hauptsache nach (es gibt auch andere Fundstellen) aus dem 1368 m hoch gelegenen Khotan, wo man ihn im Khotan-Fluß (auch Yurunkasch oder Jurunkash genannt) findet, heruntergespült aus den Gletscherrändern des bis 5500 m hohen Usutagh (auch Uzu-dag = »großer, hoher Berg« genannt). In den Vorbergen dieses Gebirgsstockes weideten früher turkmongolische (jetzt aber kirgisische bzw. uigurische alttürkische) Nomaden ihre oft großen Schafherden.

Khotan, interessanter alter Seidenteppich, vom Münchner Institut für Turkologie untersucht. Alter etwa 200 bis 220 Jahre. Rund 6000 Knoten je 1 dm². Maße: 185 mal 92 cm. Die Musterung ist ungewöhnlich: zwei verhältnismäßig zarte Säulen tragen nicht nur das Mihrab, sondern auch zwei senkrechte Kartuschen und gewissermaßen auch die Querkartusche. Links und rechts von den Säulen sieht man im ansonst leeren Raum Pfirsichblüten. Die senkrechten Kartuschen sind gefüllt mit stark abgewandelten (klammerhakenartig längsgezogenen) Wolkenhauptdarstellungen. Das Wolkenhaupt (alttürkisch »Uilgen«, chinesisch »Yün Tsai T'ou«, siehe hierzu auch beispielsweise die Zeichnung »Wolkenköpfchenborte« auf Seite 123) ist wohl eines der ältesten uigurischen Muster. Es kommt in unsäglich vielen Abwandlungen vor, auch heute noch. Man bringt es überall an, wo es nur anzubringen ist, auf Teppichen, Kleidern, Mützen, Zeltwänden, Sattelzeug usw. Die Querkartusche dieses Teppichs trägt eine Inschrift, in Seide eingeknotet, die in freier Übersetzung lautet: »Gepriesen sei Allah, der Allerhöchste, und Dank sei seiner Güte.« Über die Siebenzacksterne oberhalb der Querkartusche beachte man die Bemerkung auf Seite 114 unter »Pentagramm«. Sosehr die Musterzeichnungen das Islamische betonen: einige Details lassen die Vermutung aufkommen, daß hier auch nestorianischer Einfluß bei der Gestaltung mitgewirkt hat. Nestorianische Christen waren im Tarimbecken schon ab dem 7. Jahrhundert ansässig. Auch jüdischer Einfluß kann stattgefunden haben, denn ähnliche Teppiche (freilich mit Davidstern und Thora-Darstellung) fand man (selten) in Synagogen. Juden lebten vereinzelt und in Kleingemeinden in allen Handelsplätzen an der Seidenstraße.

KHOTAN-TEPPICHE Nun aber wird es Zeit, vom bisher nur angedeuteten Ursprung der heutigen chinesischen Teppichkunst zu sprechen, nämlich von den Teppichen aus den Oasengebieten im Tarim-Becken und vor allem im dortigen Hauptherstellungsgebiet Khotan.

Khotan (Chotan) ist der Hauptort des Oasenverbandes »Alty Schehri Khotan«, d. h. der »Sechs Städte von Khotan«. Die Stadt liegt am Südrand des Tarim-Beckens bzw. der Wüste Takla-Makan, südöstlich von Jarkend. Sie hieß früher Kiutan und Hotan, was ungefähr »Brust der Erde« bedeutet. Aus den Manufakturen des Gebietes selbst kommen jährlich etwa 4000 bis 5000 Knüpfteppiche, zusätzlich gibt es noch unterschiedliche Mengen von Nomadenteppichen, die aus den Weidegebieten in den Berghängen südlich von Khotan stammen. Diese Khotaner Teppiche (auch »Samarkand«, »Margelan«, »Jarkend« oder »Kaschgar« genannt, darunter auch nicht unerhebliche Mengen an Gebet- und Reihengebetteppichen, letztere als »Saf« bekannt) weisen im Schnitt 450 Knoten je 1dm² auf, es gibt aber auch Einzelstücke bis 1200 Knoten je 1dm² und sogar darüber. Der glanzreiche Flor ist 3 bis 5 mm hoch, die Knüpfarbeit wird meist von Männern geleistet, früher wurde der persische Knoten angewendet, jetzt ist der türkische Knoten gebräuchlich. Nach jeder Knotenreihe werden in der Regel drei Schußfäden eingetragen, entweder in naturfarbener Wolle oder in rot oder gelb gefärbter Baumwolle. Die Hauptfarben der Muster sind Rot, Weinrot, Braun, tiefes und helles Gelb, Weiß und Schwarz.

Früher konturierte man die Muster in verschiedenen Farben, in jüngerer Zeit machte man es sich leichter und konturierte nur noch in Schwarz. Seit der chinesische Einfluß im Tarim-Becken zunimmt, wird (in Anlehnung an die in China gewohnte Ton-in-Ton-Malerei) die Konturierung überhaupt weggelassen, sogar bei den großen Medaillons. Man wendet sich jetzt immer mehr von den altüberkommenen Turkmustern ab und zeigt zunehmend chinesische Motive, so auch Töpfe, aus denen Blumensträuße aufwachsen und sogar Teekannen mit Tassen (oft sogar auf einem Tablett stehend). Das beweist, daß der chinesische Bevölkerungsanteil in Ostturkestan zunimmt und damit auch sein Einfluß auf die Turkbevölkerung. Es beweist aber auch, daß sich diese zugewanderten Chinesen als gute Teppichlehrlinge auswiesen, daß sie ihre naturgegebenen Anlagen für Handfertigkeiten trefflich nützten und – in ihrem Sinne – auch schon im äußersten Nordwesten des Riesenreiches eine ge-

Khotan, Jahrhundertwende, Drei-Medaillon-Muster, das Mittelmedaillon symbolisiert den Lotosblumensitz Buddhas, die äußeren hingegen die Lotossitze der Bodhisattwas. Die Hauptborte zeigt Wolkenhäupter. Noch eine schöne, ausgewogene Arbeit.

Khotan, Ende des 19. Jahrhunderts.
Kette Baumwolle mit angeflochtenen Seidenfransen, Flor Naturseide, Farben des Stückes Blau, Gelb, Rot

Kaschgar, ältere nomadische Art, dreifach bordürt, mit diagonal angeordneten Vielecken, vermutlich Kirgisenarbeit

wisse Meisterschaft erreichten. Dazu kommt, daß der jetzt staatlich geleitete Export die Herstellung solcher für Ostturkestan untraditionellen Muster verlangt.

Im alten Khotan sah man häufig das Granatapfelmuster (es wurde im Tarim-Becken schon zu einer Zeit verwendet, da man in den »18 alten Provinzen« des Reiches der Mitte den Granatapfel überhaupt noch nicht kannte). Sehr dominierte das Medaillon-Muster (ein bis drei Medaillons, in etwas abgeplattet scheinender Form), diese Medaillons kamen aus dem Buddhismus, sie versinnbildlichten den Lotosblumensitz des Buddha bzw. (wenn drei Medaillons vorhanden) die Lotosblumensitze zweier dem Buddha beigegebenen Bodhisattwa (Vorstufe des Buddha). Auch das Rosettenmuster sah man, manchmal standen diese Rosetten in quadratähnlichen Umrahmungen, zumeist aber in senkrechten oder diagonalen Reihen. Auch die Herati-Blumenmusterung gibt es im älteren Khotan.

Chinesische Händler behaupteten etwa ab 1870, Kaiser Ch'ien-lung habe in seinem weitläufigen Palast zu Peking eine Teppichmanufaktur eingerichtet gehabt. Der überaus gewissenhafte Forscher Bidder (siehe *Literaturverzeichnis*) ging diesen Behauptungen an Ort und Stelle nach, er konnte aber trotz umfangreicher Erhebungen (er war der chinesischen Sprache mächtig, auch halfen ihm chinesische Wissenschaftler bei seinen Untersuchungen) keinerlei Beweise für diese Händlerbehauptungen finden.

Als zur Niederschlagung des Boxeraufstandes (1900/1901) fast 100 000 Mann europäische, amerikanische und japanische Truppen in die Provinz Pe-tschi-li einrückten und nach schweren Kämpfen auch die chinesische Hauptstadt Peking einnahmen, war es nach Beruhigung der Lage eine Hauptaufgabe dieser Pekinger Händler, den fremden Truppen alles Mögliche an chinesischen Dingen zu möglichst hohen Preisen zu verkaufen – und man bot unter anderem »Palastteppiche« aus dem »kaiserlichen Besitz« an. Auch in den nachfolgenden Jahren wurden europäischen und vor allem amerikanischen Besuchern Pekings solche Teppiche (meist mit dem fünfklauigen gelben Drachen) zu überhöhten Preisen angeboten. Die Pekinger Händler schworen Stein und Bein, daß es sich um Teppiche aus der Ch'ien-lung-Zeit (1736 bis 1795) handle. Manche dieser Kerle wagten es, die angebotenen Teppiche als noch aus der Zeit der Kaiser Shun-chih (1644 bis 1661) oder K'ang-hsi (1662 bis 1722) stammend anzubieten, immer mit dem Hinweis auf den im Teppich aufscheinenden fünfklauigen Drachen und auf die

kaisergelbe Farbe. (Sowohl Darstellungen des fünfklauigen Drachens als auch die kaisergelbe Farbe waren tatsächlich ausschließlich dem kaiserlichen Hof vorbehalten.) Das beeindruckte manchen Fremden sehr und veranlaßte ihn zum Kauf, wiewohl es sich zumeist um ziemlich schlecht gefälschte Erzeugnisse selbst dann handelte, wenn sie als Seidenteppiche (meist aus Abfallseide) angepriesen wurden.
Die wenigen Teppiche, die man aus jenen Epochen kennt, befanden sich längst im festen Besitz von Museen und waren nach 1920 nicht mehr im chinesischen Handel zu haben. Man bot damals auch Teppiche an, die unter den Kaisern Hsien-feng (1851 bis 1861), T'ung-chih (1862 bis 1874) oder Kuang-hsü (1875 bis 1908) »in deren Palast-Manufaktur« hergestellt worden seien, aber es waren alle Angaben falsch, man verkaufte den Gutgläubigen Fälschungen.
Das Ende Chinas als Kaiserreich kam durch die allgemeine Revolution im Jahre 1911 – am 1. Jänner 1912 wurde China zur Republik erklärt, am 12. Februar 1912 dankte der letzte China-Kaiser offiziell ab. Er wurde durch einen Präsidenten ersetzt. Dieser ließ sich 1915 zum »Kaiser« ausrufen, aber im Juni 1916 erlitt er einen tödlichen Nervenzusammenbruch, China verfiel in chaotische Zustände. (Siehe hierzu Geschichtswerke.)

CHINA-TEPPICHE AB 1900 Nach der Niederschlagung des Boxeraufstandes ließen sich viele Europäer, Japaner und Amerikaner in China nieder – Projektmacher aller Art, darunter auch Textilfachleute. Es kam in diesem Sektor zur Gründung von Webereien und Knüpfereien, in Peking, Paotou, Tientsin, Ning-hsia und an anderen Orten. Damit hatte (das damals bis 1911 noch kaiserliche) China für sich und seine Bevölkerung den Teppich als lohnenden Exportartikel entdeckt. Die Ausfuhr stieg rasch an, vor allem nach den Vereinigten Staaten, indes sich die Europäer mit dem Teppich aus China nicht so ohne weiteres befreunden konnten.
Erst seit die Volksrepublik China politisches Tauwetter eintreten ließ, als es sich aus der selbstgewählten Abschließung gegen die Welt befreit hatte und als es sich im »Konzert der Völker« allerorten bemerkbar machte, wurde dies anders. Es gibt im heutigen China (das bis ins 15. Jahrhundert herein in Europa »Sera« oder »Cathay« hieß, wie es auch jetzt noch im Russischen »Kataji« genannt wird) über fünfzig nationale Minderheiten. Sie sind (was hier besonders interessiert) vornehmlich über die (seinerzeit eroberten) Grenz-

Kaschgar, frühes 20. Jahrhundert, schon erheblich sinisiert

Khotan, schon erheblich sinisiert, mit einem Mittel- und vier beigegebenen kleineren Medaillons, keines mit dem Zeichen Schou, sondern aus verhüllten Tschi-(Wolkenhäupter-)Formen bestehend, mit gewollt überlangen Tschi- und Blüten-Darstellungen im Fond und in der Bordüre. Die überlangen Motive drücken den Wunsch nach langem, unbeschwertem Leben aus. Die innerste Nebenborte ist eine glückbringende und wunscherfüllende Perlenreihe, die Zwischenborte symbolisiert wolkenfreie Berge.

Khotan, schon stark sinisiert, mit überlangem (glückbringendem) Vasenmotiv samt Blätterzweig (»mögen die kräftigen Blätter ein Zeichen für Gesundheit und Gedeihen der Familie sein!«). Ein Kult-Bronzekessel, ein Blätter- und ein Blumentopf sowie Früchte und ein Opfertier füllen den Fond. Als angedeutete Innenborte ist eine glückbringende Perlenreihe vorhanden. Die abwechslungsreiche Hauptborte ist variabel mit Käsch-Mustern, Achtecksternen (für China ungewöhnlich), mit Wolkenhauptformen, Mäanderstern-Ecklösungen usw. ausgestattet. Schon deutlich merkbarer Hang zur Unsymmetrie, der in chinesischen Teppichen oft und oft auftritt.

»Die Große Mauer«. Sorgfältigste chinesische Arbeit, nach Ölgemälden und nach fotografischen Aufnahmen, plastische Wirkung, vor allem – teuer! – als Wandbehang gedacht. Ein Exemplar dieses 10 Meter breiten und fünf Meter hohen Wandteppichs wurde von der Volksrepublik China der UNO als Wandschmuck für einen Sitzungssaal des Hauptquartiers geschenkt.

gebiete des ganzen Reiches verteilt, vor allem in die großen Räume im Westen (Tibet) und Nordwesten (Ostturkestan) und im Norden (Innere Mongolei).
Von der nordchinesischen Ebene und vom ostturkestanischen Bergland samt dem Tarimbecken sowie vom gebirgigen Gebiet des »autonomen« Tibet aus (welche Gebiete zusammen zwei Fünftel des gesamten Chinesenreiches ausmachen) gibt es sowohl Grasland, Bergwiesen und weidefähige Steppen. Überall dort kann man (da Ackerbau nur beschränkt möglich ist) hauptsächlich Viehzucht betreiben. Dort hausen diverse »Brudernationalitäten« der Chinesen (oder, wie sich letztere stolz nennen, der »Han-Nation«). Diese sogenannten Brudernationalitäten betreiben (vor allem im tibetischen Raum) Yak-, Pferde- und Rinderzucht, in den ostturkestanischen Bereichen jedoch hauptsächlich Schafzucht, nebenher auch Kamelzucht. Die Sinkiang-Schafe (Ostturkestan) zählen zu den Schafen mit den feinsten Wollhaaren. Südsinkiang, das schon bis ins Tibetische reicht, ist Lieferant der Kucha-Lammfelle und der Chotan-(Hotan-)Grobwollschafe, deren Wolle vornehmlich zum Teppichknüpfen verwendet wird. Die in China zurückgebliebenen Kasachen (die anderen leben in der UdSSR) hausen und zelten vornehmlich im angestammten Ili-Tal und im Tienschan-Gebirgsgebiet. Von den rd. 350 000 km² dieses geografischen Raumes sind (alles nach chinesischen Angaben!) jetzt schon 330 000 km² bewässert und der Boden liefert dort sechsmal soviel an Körnerernte als es 1964 noch der Fall war. Die Zahl der festgebauten Häuser mehrt sich

»Sinkiang«. Im Gegensatz zu früher, da man nur Teppiche aus Ostturkestan mit mehr oder weniger Recht als »Sinkiang« bezeichnen konnte, werden jetzt alle Teppiche aus den nördlichen Gebieten, also auch jene aus Tibet, aus der Inneren Mongolei, aus dem Ordos-Gebiet, chinesisch-amtlich einheitlich als Sinkiang bezeichnet, die Namen Kaschgar, Khotan usw. sind verschwunden. Der neue »Sinkiang« ist ein Muster-Konglomerat (»von jedem etwas«), das den Europäer bei weitem nicht so anspricht, wie es bei den früheren Typen war.

zusehends, das Nomadendasein wird immer mehr eingeschränkt, doch nicht unterbunden, noch dominieren die Yurten bzw. die Kibitken.

Freilich sind alle vorgenannten Gebiete schon stark von chinesischen Siedlern unterwandert, die (der Viehzucht im allgemeinen abgeneigt) in dem für sie ungewohnten Klima mit mehr oder weniger Erfolg versuchen, Ackerbau zu betreiben. Die angestammten Ostturkestaner, Tibeter, Uiguren, Kasachen, Tadschicken, Calacha, Dunganen, Dsungaren usw. bleiben im wesentlichen bei der Viehzucht.

Übrigens: In den »18 alten Provinzen« Chinas ist das Eheschließungsmindestalter gesetzlich festgelegt. Um eine Überbevölkerung zu vermeiden, dürfen in den vorgenannten »alten Provinzen« Männer erst nach der Erreichung des 28. Lebensjahres heiraten, Mädchen können sich verehelichen, sobald sie das 25. Lebensjahr erreicht haben. Ein »Muß« zur Verheiratung besteht natürlich nicht. In den dünnbesiedelten Gebieten wie Tibet, Sinkiang, Ordos und Innere Mongolei gibt es keine solche Beschränkung. Freilich: teils die Steppen, zum anderen Teil die Hochgebirgsmassive lassen keine wesentliche Bevölkerungsdichte zu. Man bedenke: allein das Massiv des »Tscholmolungma« (d. i. der chin. Name für den Mount Everest, 8848 m hoch) hat 50 000 km² Umfang, ist also um gut 8000 km² größer als die gesamte Schweiz. (Allerdings: die Südhänge dieses höchsten Berges der Welt liegen auf dem Gebiete des Königreiches Nepal.) Die Nutzungsmöglichkeiten zahlreicher chinesischer Bergzüge sind wesentlich anders als in der europäischen Bergwelt: bis 4000 m Höhe sind sie für Feldfrüchte bepflanzbar oder sie tragen dichte Laubwälder, bzw. ab 3100 m herrschen die Nadelgehölze vor, ab 4000 m Höhe sind es die Birken, ab 4500 m die Sträucher, Feldjasmin und Hochgebirgskräuter. Die Gebirgswiesen tragen gutes Weidegras mit hohem Eiweiß- und Fettgehalt, vorzüglich geeignet für die Viehzucht, vor allem für die Schafweide. Die Schneegrenze liegt in 5600 m Höhe.

Über den derzeitigen Stand der Teppichherstellung in der VR China können wir zusammenfassend wie folgt berichten:

Es entstand nicht nur auf dem Wege zwischen Khotan bis Peking hin ein immer mehr chinesisch werdender Teppich, sondern auch alsbald in Peking selbst und zusätzlich in Tientsin, Tsing-tau, in Schanghai und Shantung.

Diese neueren und neuen Teppiche werden (es gibt Ausnahmen) hauptsächlich in zwei Ausführungen angefertigt,

Oben: Peking-Teppich, neueste Zeit. Im Fond Streublumen und auch hier das »Kwei-lung« (Mittelmedaillon) noch als »Schou« aufscheinend, umgeben von einem Blütenkranz, dessen acht Blätter noch glückbringende Fledermäuse andeuten.

Unten links und rechts: Die Chinesen ahmen hier frühfranzösische Savonnerie- und Aubusson-Teppiche nach und nennen sie »Ästhetische Teppiche«.

Oben: Peking-Teppich, neueste Zeit. Ein Muster, das auch den Europäer anspricht. Das Mittelmedaillon entspricht noch dem alten Glückszeichen »Schou«.

Oben: Reliefscherer bei der Arbeit.
Linke Spalte, oben: Diagonal-Eckmusterung (neues Pekinger Erzeugnis); Mitte: Drei-Blüten-Muster mit Falter (neues Pekinger Erzeugnis); unten: Reliefschnitt-Teppich.

nämlich als »open back« (einschüssig, mit 70 Knotenreihen auf 27,5 cm) und als »closed back« (doppelschüssig, mit 90 Knotenreihen auf 27,5 cm). Die Kette dieser Teppiche ist, je nach Teppichgröße, aus drei- bis sechzehnfädiger Baumwolle (also sehr stark), zum Schußfaden nimmt man weiße oder blaue Baumwolle, der Flor wird zwei- bis fünffädig gemacht, er erreicht Höhen von mindest 8 mm bis zu 16 mm, zuweilen sogar darüber. Es wird, mehr im Norden, soweit die Vorräte an guter Wolle aus den Nordgebieten reichen, solche verwendet. Wirklich ins Gewicht fallende Überschüsse an feinen Wollsorten, die man großzügig in das Innere Chinas abgeben könnte, hat man aber nicht. Die weiter ost- und südwärts gelegenen großen Manufakturen sind zu nicht geringem Teil auf die Einfuhr guter Wollsorten aus Neuseeland und aus Australien angewiesen.
Die Wollgarne werden mit Farbbeizen behandelt. Insgesamt verfügen die Chinesen über mehr als 300 Farben, alle von großer Dauerhaftigkeit, so daß ständiger Gebrauch solcher Teppiche und auch wiederholtes Waschen gut vertragen werden. Freilich: einem hochflorigen, viel benützten Chinateppich sieht man nach einigen Jahren die Gebrauchsspuren doch sehr an, zumal wenn er Reliefschnitt in seinen Mustern hat; einen intensiven Gebrauch hält ein solches Stück weniger lange durch wie ein guter »Perser«.

Rechte Spalte, oben: Blütenmuster, Rundentwurf, bordürenlos (neues Pekinger Erzeugnis); Mitte und unten: Tunhuang-Teppiche: ihre Musterung ahmt die Deckenmalereien nach, die man 1950 in den Schatzhöhlen von Tunhuang (Provinz Kansu) gefunden hat.

Die Teppiche der VR China werden für den Export derzeit in folgenden Sorten hergestellt: »Peking«, »Tun-huang«, »Ästhetische« (Annäherung an die französischen Aubusson-Teppiche), »Blütenteppiche«, »Relief- und Prägeteppiche« sowie der noch entfernt orientalisch gemusterte »Sinkiang«. Zusätzlich zu diesen gemusterten Teppichen für den Export gibt es ungemusterte einfärbige Teppiche.
Die bis dorthin gebräuchlich gewesenen Teppichnamen wie Kansu, Ning-hsia, Patou hat man aufgegeben, der Name Sinkiang gilt, wie schon erwähnt, gleichermaßen für Teppiche aus Ostturkestan, Tibet und der Inneren Mongolei.
Die Teppiche aller Sorten sind sorgfältig gearbeitet, freilich gibt es nicht jene Knoten, die man vom Mittleren Orient her gewohnt ist, sondern es wird mehr gewebt und geschlungen als geknotet. Bei diesen gewebten (geschlungenen) Teppichen wird der Florfaden in fixiertem Abstand über die Kettfäden gelegt, die hernach eingetragenen Schüsse schlägt man kräftig nieder, entfernt die Fixierung aus der Florfadenreihe und schneidet letztere auf. Wurde diese Arbeit nicht sehr genau durchgeführt, dann lassen sich diese aufgeschnittenen Schlingen (siehe hierzu auch unter *Kerman*, wo man zuweilen ähnlich manipuliert) mit einer starken Pinzette herausziehen. Bei Schlingenreihen, die durch die Schußfäden gut angeschlagen wurden, bedarf es allerdings schon erheblicher Kraft dazu. Und steht einmal ein solcher Teppich länger in Gebrauch, wodurch eine gewisse Verfilzung des Flores eintritt, dann wird es noch schwerer, Schlingen herauszuziehen. Kommt eine Knüpfung zustande, dann wird mit dem persischen Knoten geknüpft, doch meist mit einem kleinen Trick: man macht ihn (Zeitersparnis) mehrfädig, in der Regel vierfädig.
Das Peking-Muster ist unter den neuen Sorten das bekannteste. Es umfaßt eine große Spannweite von Motiven, auch solche aus der Architektur (kunstvolle Türen, Fenstergitterwerk, Deckenschnitzereien), chinesische Schriftzeichen, besonders das Fu und Schou (siehe unter *Glückwunschzeichen*), Fächer, Münzen, Porzellan, Blumen, Vögel, Schmetterlinge, Wolken, Sonne, Mond usw. Ausgeprägte Symmetrie und harmonische Farbwahl (immer im chinesischen Farbempfinden) zeichnen den »Peking« besonders aus.

»Tun-huang« nennt sich eine der neuen Sorten. Es gibt sie seit 1950. Der Name ist abgeleitet von der Tun-huang-Grotte in der Provinz Kansu, wo man alte chinesische Kunstgegenstände von unschätzbarem Wert fand, aber auch guterhaltene Wandgemälde, deren Elemente seit 1950 für die Musterung solcher Tun-huang-Teppiche verwendet werden, insbesondere im Mittelmedaillon (»kwei-lung«), das aus Blütenbüscheln besteht, indes der Teppich meist dreifach bordürt ist.

In »Ästhetischen« Teppichen versucht man, französische Aubusson-Teppiche neu zu gestalten und vor allem die Pfingstrose (Päonie, als Lieblingsblume der Chinesen) in voller Blüte, auch zusammen mit Knospen, zu zeigen, meist in ovalem Medaillon, umgeben von parallelen Blüten- und Blätterringen. Diese Teppichart zeigt meist eine doppelte oder dreifache Blumenbordüre.

Die »Blütenteppiche« entwickelten sich aus dem Peking-Muster. Dieses Muster besteht aus farbenfreudigen Blumenbüscheln samt Blättern und Stengeln. Es gibt sie mit einem Blumen-Mittelmedaillon oder mit Blumen in Dreieckform angeordnet oder Blumenbüschel verstreut über den ganzen Fond (ihn jedoch nicht füllend). Diese Blütenteppiche sind meist bordürenlos.

Die Relief- bzw. Prägetechnik ist vermutlich vom Filzteppich her angeregt worden, dessen bunte Applikationen (= Aufnähungen) an Motiven und Mustern auf den Beschauer reliefartig wirken, sich also aus der Fläche erheben oder in sie hineinreichen, in letzterem Falle wirken sie wie eingeschnitzt oder eingeprägt. Anfänglich hatte man damit viel Arbeitsaufwand (und Kosten). Es mußte das für die Blütenmuster bestimmte Wollgarn schon von vornherein höher geschnitten sein, damit dann das Muster plastisch »aus dem Teppichfond wuchs«. Die findigen chinesischen Teppichfachleute ersannen immer bessere und billiger kommende Methoden, die es zuließen, staunenswerte Reliefwirkung über den ganzen Teppich hin zu erzielen (vorher hatte man, zwecks Kostenersparung, jeweils nur eine Ecke des Teppichs damit geschmückt). Auch entwickelte man das versenkte (negative) Relief, das Aus- bzw. Einschneiden von Figuren, Blumen usw. aus dem bzw. in den Flor und schließlich die Prägung.

Der »Sinkiang« genannte Teppich ist nach wie vor geometrisiert, er hat sich aber in der neuen Musterung bedauerlicherweise schon sehr weit von dem entfernt, was man mit Sinkiang eigentlich bezeichnet, nämlich Ostturkestan. Die amtlichen chinesischen Stellen sprechen auch lediglich von »orientalischen« Mustern, die in geometrischen Formen mit kontrastierenden Farben (statt einer Farbe in verschiedenen Abstufungen) »klar und harmonisch« wirken, enge Schuß- und Kettenführung sowie eine »Vielzahl von Linien haben, so daß ein solcher Teppich das Gefühl eines ganz mit Blumen bedeckten Bodens gibt«. Von einem »Khotan«, einem »Kaschgar« usw. ist natürlich keine Rede mehr, auch nicht von einem »Ostturkestanischen Teppich«, sondern die Teppiche aus Ostturkestan sowie jene aus der Inneren Mongolei und selbst jene aus Tibet (!!) heißen nun einheitlich »Sinkiang«.

Immerhin: es ist der VR China gelungen, eine eigene, sehr leistungsfähige Teppichproduktion aufzubauen, man hat Nachfrage aus Europa und mehr noch aus Nordamerika, man gibt sich alle Mühe, die Interessenten zu befriedigen.

Auf Wunsch werden auch »antike« Teppiche hergestellt, nämlich aus Garnen, die mittels Pflanzenfarben gefärbt wurden. Ein solcher Teppich wird dann einer chemischen Spezialwäsche und -behandlung unterzogen und damit »antikisiert«. In solchen Teppichen dominiert dann in der Regel die gelbe bis goldbraune Farbe.

Es liegt zwar eine amtliche chinesische Liste für die lieferbaren Teppichgrößen vor, in der Praxis stellt sich aber heraus, daß man jede gewünschte Größe haben kann, von 61 × 61 cm an bis etwa 520 × 360 cm (und sogar darüber).

Es gibt auch chinesische Teppiche mit klassischen Landschaftsszenen, wie dies unser Bild »Große Mauer« dartut. Exemplare dieser Art sind Sonderanfertigungen für zahlungskräftige Interessenten. Unter diesen Erzeugnissen befinden sich Stücke von bemerkenswerter Qualität, sowohl in der Komposition als auch in der Farbharmonie (wer dafür ein Auge und ein Empfinden hat und auch: wer sich in chinesische Vorstellungen einzuleben vermag – das ist aber nicht jedem von uns gegeben).

Immerhin, wenn solche Wand- oder auch Bodenteppiche in Räumen hängen oder liegen, die mit erlesenem Mobiliar, mit gut gewählten Tapeten und ebenso gut gewählten Gardinen ausgestattet sind, dann kann sich auch für europäische Augen insgesamt eine zauberhafte Harmonie ergeben. Für sich allein verwendet (ohne Rücksicht auf die übrige Raumausstattung), wird der Teppich aus China jedoch, da er meist in seiner Blüten- und Motivpracht süßlich, weich und verspielt wirkt, mehr für Damenzimmer oder für familieninterne Wohnräume in Frage kommen.

TIBET-TEPPICHE Wie schon erwähnt, ist das einst unabhängig gewesene Hochland Tibet seit 1959 auf unabsehbare Zeit hin ein »autonomes Gebiet« der Volksrepublik China geworden. (Einzelheiten siehe Fachliteratur!) Der damals 24jährige Dalai-Lama (das weltliche Oberhaupt des in Tibet bis dorthin herrschend gewesenen Lamaismus) war nach Indien geflüchtet. Tausende Tibeter taten (mit Kind und Kegel) das gleiche. Indien und England errichteten in Nordindien große Flüchtlingslager, die auch heute noch bestehen. Auch andere europäische Staaten beteiligten sich an der Hilfe für die Flüchtlinge. Vor allem aber leisteten das Internationale Rote Kreuz und die Schweizer Regierung einen sehr wesentlichen Beitrag insofern, als sie jenen Flüchtlingen, die schon in der nun verlassenen Heimat Teppiche geknüpft hatten, durch Beistellung von Knüpfstühlen und von Wolle die Gelegenheit gaben, die aus der Heimat mitgebrachten Teppiche nachzuknüpfen. Durch Vermittlung eines angesehenen Schweizer Teppichhauses, das die Erzeugnisse aufkaufte und durch sorgfältige Waschbehandlung noch ansprechender machte, führten sich diese Teppiche in Europa überraschend gut ein. Auch in Nordamerika und in Australien finden sie ihre Käufer.

Viele Tibeter hatten als Fluchtland das Königreich Nepal vorgezogen (zwischen Indien und Tibet gelegen), andere wieder waren in Sikkim seßhaft geworden, diesem Nepal benachbarten indischen Protektorat (ein wichtiges Durchgangsland zwischen Indien und Tibet). Die Fürsorge der Schweizer erstreckte sich auch auf diese Flüchtlingsgruppen.

So also gerät es, daß der Tibet-Teppich, von Tibetern angefertigt, jetzt aus Indien, auch aus Sikkim und aus Nepal, zu uns kommt, hingegen der wirklich aus Tibet kommende von der VR China exportierte Teppich nunmehr »Sinkiang« heißt.

Das Teppichknüpfen war und ist in Tibet eine alte Handwerkskunst. Man knüpfte seit je sowohl in Heimarbeit als auch in kleinen Werkstätten. Größere, schwere Teppiche wurden nur in der kalten Jahreszeit im Innern des Hauses ausgebreitet. Die kleinen Formate dienten als Sitzunterlage, Aufleger, Sattelunterlage u. a. m. In den Tempeln stellte man auch sogenannte Säulenteppiche zur Schau. Hochzeitsteppiche wurden meist nur im engeren Familienkreis aufgelegt. Sie gelangten fast nie in den Handel. Am bekanntesten waren geknüpfte Teppiche aus Gyantse, Khampadzong, Lhasa und Shigatse.

Ein Sortiment größerer und kleinerer Tibet-Teppiche, wie sie in Indien, Nepal und Sikkim von geflüchteten Tibetern hergestellt werden.

Man arbeitet an senkrecht geneigten Knüpfstühlen. Der Knüpffaden wird in die baumwollene Kette (je ein Kettpaar) über einen etwa 5 mm dicken Metallstab geschlungen. Erst am Ende der Knotenreihe von gleicher Farbe wird der Florfaden ab- und aufgeschnitten. Dadurch wird die Knüpfleistung gesteigert und ein Wollverlust vermieden. Der so geknüpfte Teppich weist zwar keine feine Knüpfung auf (persischer Knoten, hochflorig, doch wird jede Knüpfreihe mit je einem türkischen Knoten begonnen und beendet), er ist aber dicht, da als Florfaden sechs- oder achtfädige Knüpfwolle verwendet wird. Nach jeder Knotenreihe wird ein baumwollener Doppelschuß eingetragen. Die Rückseite des tibetischen Teppichs zeigt mitunter »ungleichmäßige Punktierung«, d. h. Teppiche, deren Florfäden beim Schlingen um den Metallstab nicht straff genug angezogen worden sind, ergeben ein ungleichmäßiges Knotenbild.

Tibet-Teppich, 200 × 90 cm,
leise Erinnerung an den Buddhismus und an ostturkestanische Teppiche,
in den Feldecken Wolkenbänder mit dem Tschi, im Feld selbst
Streublumen (symbolisieren Fledermäuse = Glück).
Die innere Nebenborte, als Perlenreihe ausgebildet,
bedeutet (wie die doppelte Mäanderborte) »Glück über Glück«.

Tibet-Teppich, 90 × 60 cm, Mäanderborte einfach,
Perlen-Nebenborte, das tschi-ähnliche Medaillon,
die geometrisierten (mäanderisierten) Wolken in den Feldecken:
alles Glückwunschzeichen

Die in Indien ansässigen tibetischen Knüpffamilien (in Darjeeling, Dalhousie, Chandaghiri usw.) verarbeiten vornehmlich indische Wolle; jene Tibeter, die Sikkim oder Nepal (Kathmandu, Pokhara, Chialsa etc.) zur neuen Heimat erwählt haben, kommen noch immer auf irgendeine Weise zu original tibetischer Wolle (auch gelang es manchen Flüchtlingen, Teile ihrer Schafherden mit auf die Flucht zu nehmen und am neuen Wohnplatz wieder die Schafzucht fortzusetzen).
Als Musterung sieht man in den Tibet-Teppichen (gleichgültig, woher sie kommen) meist den Schneelöwen, den Wolkendrachen, den Urvogel Phönix, alle Swastika-(Hakenkreuz-)Arten (vor allem in den Mäanderbordüren), die Lotosblume, das tibetische Wolkenband, den Papagei, das Wasser- und Schlüsselmotiv, die »Vierzehn Kleinode« (Shih-ssu-pao) und viele andere mehr.
Anfänglich fertigte man fast nur Teppiche bescheidener Größe an (40 × 40 cm bis 60 × 90 cm), inzwischen hat man sich an Ausmaße bis 350 × 250 cm gewagt. Die hauptsächlichst verwendeten Farben sind (außer Naturwollfarbe) Grün, Blau, Rot, Creme, Braun und Schwarz, auch goldfärbige Wolle wird zuweilen verwendet.
Es kommen auch Teppiche auf den Markt, welche die aus Chinesisch-Turkestan (Ostturkestan) stammende Khotan-Musterung aufweisen, wobei mitunter eine der Borten nach alten anatolischen Bortenmustern gestaltet ist. Teppiche dieser Art werden von tibetischen Knüpfern in Nepal gefertigt. Es handelt sich hier durchwegs um gute, teilweise um sehr gute Erzeugnisse, die nicht nur als Bodenteppiche, sondern auch als Wandteppiche Verwendung finden. Was die Wollqualitäten anlangt, so sind tibetische Teppiche aus Nepal denen aus Indien vorzuziehen. In der Sorgfalt der Ausführung sind sie als gleichwertig anzusehen. Sie werden sich dank ihrer Güte einen festen Platz unter den anderen Provenienzen sichern.
Das tibetische Hochplateau (mit oft mehr als 4000 Meter Seehöhe) ist durchaus nicht unfruchtbar. 70 % der Ackererde liegen in nach dem Süden hin ausgerichteten Flußtälern in 3000 bis 4100 m Seehöhe. 1974/75 wurden 600 000 Khal (15 Khal entsprechen etwa einem Hektar) mit Winterweizen angebaut. Die Durchschnittsernte je 1 Khal betrug 200 kg Weizen, in günstig gelegenen Hochtälern überstiegen die Erträge sogar 500 kg pro Khal. Obstgärten liegen dort bis zu 3900 m hoch und bringen Frucht, etwas das für uns unbegreiflich ist.

Tibet-Teppich, 80 × 80 cm, Sitzkissen, mit vielen Glückszeichen (Rosetten in Kassetten, Käsch-Figurationen, schou-ähnliches Medaillon, darin das vierfache Wolkenhaupt, in den Ecken Tschi-Gebilde usw.)

INDISCHE TEPPICHE

Im alten Indien, damals ein Vielvölkerstaat, fand der Knüpfteppich nicht einmal in einfachsten Ausführungen im Volke Anklang und Aufnahme. Man bedurfte in diesem feuchtwarmen Lande keiner solcher Bodenbeläge, es genügten einfache Matten aus Bast, Schilf und dergleichen. Lediglich im kühleren indischen Norden wurden schon damals von den Hirten und Nomaden schlichte Knüpfteppiche und Kilims (siehe unter *Deri*) für den eigenen Gebrauch hergestellt.
Das änderte sich auch nicht, als ab etwa 650 n. Chr. die mohammedanisch gewordenen Araber da und dort in Indien einbrachen, als auch die Perser gewaltsam zu Anhängern

Indische Nachahmung eines (französischen) Aubusson-Teppichs, frühes 20. Jahrhundert

Mohammeds gemacht wurden und desgleichen mit den Turkvölkern geschah – und als alle drei (Araber, Perser und Turkmanen) zunehmend Gebiete im indischen Nordwesten an sich rissen und einander (ungeachtet dessen, daß sie nun gleicher Religion waren) mörderisch bekämpften.

Insoweit damals Araber, Perser oder Turkmanen in Indien seßhaft wurden (in Multan, Lahore, Delhi, Agra usw.), entwickelten die Sieger, die in den vielen indischen Tempeln reiche Beute gemacht hatten, an ihren Höfen (sich der persischen Hofhaltung erinnernd) unerhörte Prachtentfaltung. Ohne Zweifel hatten diese Fürsten außer anderem Luxus auch viel Kunsthandwerkliches, darunter auch persische Teppiche, in ihren Palästen.

Als dann, nach einigen Zwischenereignissen, 1526 die Moguln unter Fürst Babur, aus Afghanistan kommend, in Nordindien einbrachen und verhältnismäßig schnell fast den ganzen riesigen Subkontinent gewannen, nahmen sie vorerst für ihre Dynastie den Namen Großmoguln an, für sich persönlich jedoch, auch wieder in Vergötterung und Nachäffung alles Persischen, den Titel »Schah«. Als Hofsprache führten sie das Persische ein, ihre Hofhaltung wurde genauso üppig und luxuriös wie jene der Perser. Kein Wunder, daß sowohl diese Großmoguln wie auch deren Höflinge und die in dem weiten Reich verteilt herrschenden Unterfürsten in ihren Palästen nicht nur Luxusteppiche aus Persien haben wollten, sondern daß sie – vor allem unter Schah Akbar (1556 – 1605) und Schah Jahangir (Dschahangir, 1605 bis 1627) – persische Knüpferfamilien aneiferten, in Indien Manufakturen zu errichten und für die höfischen Bedürfnisse zu arbeiten.

Es entstanden dadurch prachtvolle Teppiche aus herrlich weicher und doch widerstandsfähiger Wolle, anfänglich noch im Herat-Stil oder in Kerman-Art gehalten. Später bildete sich ein eigenwilliger indischer Stil heraus, mit Vorliebe für naturgetreue Tier-, Blumen- und Pflanzendarstellungen, wechselnd mit einem Hang zur Unsymmetrie und zur phantastischen Bildwirkung (siehe Bilder auf den Seiten 34 und 35).

Teppiche aus dieser Hochblüte indischer Knüpfkunst kann man heute noch im Palast des Maharadschas von Jaipur sehen. Auch in Europa und in den USA findet man in Museen vereinzelt solche Kunstwerke.

Als ab 1600 die Engländer nach und nach die Herren Indiens wurden, versuchten sie wohl, die Produktion der bestehenden Manufakturen zu steigern, aber die frühere Qualität

wurde nicht wieder erreicht, im Gegenteil: sie sank ab. Später zeigte sich England am Import indischer Teppiche zwar zunehmend interessiert, jedoch im wesentlichen nur für billige oder mittelmäßige Nachknüpfungen persischer Muster. So also, daß es dann verschiedene »Indo-Perser« gab, unter denen noch der Indo-Isfahan so ziemlich der beste war.
Als Indien nach dem Zweiten Weltkrieg die Selbständigkeit erhielt und in zwei Staaten geteilt wurde, in die »Indische Union« (Land der Hindus) und in Pakistan (Land der Mohammedaner), zogen es viele Moslems vor, nach Pakistan abzuwandern. Das war, auf Teppiche bezogen, für das neue Indien ein Verlust. Dennoch wurde das Teppichknüpfen intensiviert. Allerdings versuchte man sich vornehmlich in der Erzeugung von guter (und weniger guter) Kommerzware für den europäischen Markt. Immerhin gibt es auch Manufakturen und Heimwerkstätten, die heute noch richtige Qualitätsware herstellen.
Indische Teppiche werden jetzt stetig zunehmend nach Europa, nach den USA, Kanada und Australien ausgeführt. Vor allem, als sich die Beziehungen der USA zu China abkühlten und der Export der in den Vereinigten Staaten ziemlich beliebt gewordenen echt chinesischen Teppiche zum Erliegen kam, griffen die Inder sogleich zu und stellten »chinesische« Teppiche her, auch mit dem tiefen Reliefschnitt, der den China-Teppichen zu eigen ist. (Inzwischen hat sich das Verhältnis China–Amerika wieder ziemlich normalisiert, und China liefert wieder Teppiche nach den Vereinigten Staaten.)
Gegenwärtig kann man von etwa zwanzig Zentren indischer Knüpfteppichherstellung sprechen. Sie verteilen sich über sieben Bundesstaaten. Allein Uttar Pradesh (Hauptstadt Lakhnau) weist etwa zehn Zentren auf, die zusammen fast 90 % des indischen Teppichgesamtaufkommens erbringen. Kette und Schuß bestehen beim indischen Teppich fast immer aus Baumwolle. Der Flor ist meist aus Wolle, seltener aus Seide oder Baumwolle. Für Teppiche guter Qualität verwendet man nicht selten vorzügliche einheimische Bikaner oder Joria-Wolle. Für besonders feine Teppiche (auch solche gibt es gelegentlich noch) wird Hochlandwolle aus Ladakh, Kaschmir, Kandahar etc. genommen, oft gemischt mit ausgezeichneter Crossbred-Wolle, die man aus Neuseeland und aus Australien einführt.
In Indien verwendet man heutzutage nur noch selten Pflanzenfarben, meist färbt man mit synthetischen Chromfarben.

Indien, schöner Teppich aus dem Gebiet Agra, 19. Jahrhundert.
Der persische Ursprung der Motive ist deutlich erkennbar.

Indien (Raum Kaschmir), feine Knüpfung,
vom Motiv her stark chinesisch beeinflußt.
Diese Musterung wird völlig gleichartig auch aus der VR China geliefert.
(Siehe im 5. Hauptabschnitt die Bemerkungen unter
Heiliger Schwamm [Tschi], Wolkenband, Phönix, Glückwunschzeichen.)

Die Musterung indischer Teppiche ist den persischen Teppichen nachempfunden, jedoch entdeckt man dann und wann auch eigenwilliges Schaffen – hat man auch noch nicht zu einem ausgeprägt indischen Stil gefunden, so übt man sich doch an der Weiterentwicklung fremden Gedankengutes.
Freilich, das muß man zugeben: die geringstwertige Ware kommt dermalen noch aus Indien, sie hat unter allen Teppicharten den niedrigsten Quadratmeter-Durchschnittspreis.
Es wird auch mancher Unfug getrieben, vor allem mit den Bezeichnungen. So gibt es im Handel indische Teppichnamen wie etwa: Nordik, Ranji, Sirdar, Radschastan, Tadsch-Mahal usw., wie auch Indo-Hamadan als »Hambaf« angeboten werden, von wo aus der Weg zum »Kerbaf« (Kerman), zum »Isbaf« (Isfahan) und »Kashbaf« (Kaschan) nicht mehr weit ist – der Teppichkäufer wird mit solchen Bezeichnungen nur verunsichert.
Aus Agra und Bikaner wanderten nach der Unabhängigkeitserklärung Pakistans viele moslemische Knüpfer nach Westpakistan ab, doch konnte die entstandene Lücke durch angelernte indische Knüpfer verhältnismäßig rasch geschlossen werden. In beiden vorgenannten Gebieten wird erfreulicherweise viel Qualitätsware hergestellt, unter anderem auch Teppiche in turkmenischer Musterung, die jeden Vergleich mit Teppichen aus den turkmenischen Stammländern bestehen können. Auch »China«-Teppiche fertigt man hier an, ebenso »Aubusson«- und »Savonnerie«-Teppiche (nach französischen Vorlagen).
In Amritsar steht den Knüpfern ausgezeichnete Florwolle aus dem Kaschmir-Gebiet zur Verfügung. Teils knüpft man nachempfundene persische Muster, teils turkmenische.
Bhadohi, im Bezirk Benares, ist eines der größten Teppichzentren Indiens. Hier wird der sogenannte »Indo«-Heris hergestellt, dann auch der Indo-Ferahan, Indo-Isfahan, Indo-Kerman, Indo-Saruk usw. Alle diese Nachahmungen sind von echten Stücken leicht zu unterscheiden, der Qualitätsabfall ist meist regelrecht »greifbar«, denn nur bessere Indo-Sorten kommen auf eine Dichte von 1000 Knoten je 1 dm^2, meist liegt die Knotenzahl weitaus niedriger. Dem prüfenden Auge fällt auch schnell auf, daß die Muster all dieser »Indos« wesentlich steifer ausgeführt sind als bei Originalen aus Persien. Geknüpft wird mit dem Senneh-Knoten oder mit dem »Dutapki« (= Doppelknoten). Außer diesen Perser-Nachahmungen stellt man im Raume Bhadohi sehr erhebliche Mengen an »China«-Teppichen her, ebenso ver-

sucht man, altfranzösische Teppiche (Aubusson, Savonnerie) nachzuahmen.
Im Raume um Elluru (Ellora) ist die Produktion (Knüpfung: grob bis mittelfein) nicht umfangreich, aber man übt sich in reichhaltiger Musterung. Die Teppiche dieses Gebietes werden unter Namen wie Pharsi, Babul, Shahnamal, Shahnawas, Hasham-Khani usw. angeboten. Es wird auch noch viel naturfarbene Wolle als Flor verwendet. In Ellura kennt man das Teppichknüpfen seit ca. 1600. Zugewanderte persische Knüpfer hatten den Einheimischen diese Kunst beigebracht.
Im nördlicher gelegenen Gwalior gelang es erst um 1900 dem tatkräftigen Maharadscha Madhavrao Scindia, das Leben seiner Untertanen durch das Einführen des Teppichknüpfens einigermaßen zu verbessern.
Im Bezirk Gwalior gibt es derzeit ca. 250 Stühle mit etwa 300 Knüpfern. Auch hier versucht man sich in Aubusson-Nachahmungen, man knüpft aber auch indo-iranische Muster. Aus dem Himalaja-Gebiet kommen Teppiche, meist in Brückengröße, die Knüpfdichte ist variabel. Der Florfaden wird jedoch nur selten in echter Knüpfung (dann meist im Senneh-Knoten) eingetragen, sondern man arbeitet mit Schlingen, die je nach gewünschter Florhöhe über einen dünneren oder dickeren Metallstab gezogen und dann (sobald der Schuß kräftig niedergeschlagen ist) aufgeschnitten werden. Als Florwolle dienen aber fast durchwegs erstklassige einheimische Wollsorten, die man noch mit Pflanzenfarben färbt. Zuweilen findet man Teppiche dieses Gebietes, deren Kette aus ungefärbter Wolle besteht. Die Teppichmuster sind altüberliefert, eine enge Verwandtschaft mit dem chinesischen Teppich kann nicht geleugnet werden.

Indischer Teppich mit China-Musterung
(aus dem Raume Bhadohi),
Beispiel einer guten indischen China-Nachknüpfung

Indo-Hamadan
In dieser Art werden viele persische Teppichsorten in Indien nachgeknüpft.
(Der reelle Handel bietet solche Stücke stets mit dem Beiwort »Indo« an.)

Jaipur, im Bundesstaat Rajasthan, ist ein traditionsreiches Knüpfzentrum. Im Palast des Maharadschas befinden sich die ältesten, noch gut erhaltenen indischen Knüpfteppiche, sie wurden 1689/1690 im jetzt pakistanisch gewordenen Lahore geknüpft. Auch das Stadtmuseum in Jaipur besitzt schöne altindische Teppiche. Heutzutage werden in Jaipur Teppiche aller marktgängigen Sorten hergestellt.
Aus Kaschmir und Jammu (Dschammu) bzw. aus Srinagar, der Hauptstadt dieses Gebietes, kommen derzeit die besten Teppiche des indischen Raumes. Die Teppichtradition reicht dort bis in das 15. Jahrhundert zurück. Man benützt auch heute noch meist persische Formelemente, zuweilen aber doch schon etwas indisch abgewandelt. Man findet hier feine und feinste echte Knüpfungen und ausgezeichnete Wollqualitäten. Diese Spitzenerzeugnisse indischer Teppichkunst werden auf etwa 1000 Stühlen in Manufakturen und in Heimarbeit geschaffen. Außerdem unterhält das Gesellschaftsunternehmen »Kashmir Arts and Crafts Emporium« vier Manufakturen mit knapp 200 Knüpfstühlen und etwa 700 Arbeitskräften, meist Männern. Kette und Schuß sind in der Regel aus Baumwolle, der Flor aus bester Ladakh-Wolle (und nur im Notfall mit erstklassiger australischer Crossbred-Wolle gemischt). Es werden auch Seidenteppiche angefertigt, ebenso Gebetteppiche mit völlig einfarbigem, seidig schimmerndem Innenfeld in sattem Blau auch goldenem Gelb oder strahlendem Grün.
Aber auch in Südindien (Malabar, Kerala, Madras, Mysore, Salem usw.) gab es in alten Zeiten gute Knüpfereien, jetzt sind nur noch wenige vorhanden, die Erzeugungsmengen fallen nicht ins Gewicht.
Zu den wichtigsten Teppichzentren Indiens zählt Mirzapore (Mirzapur). Da meist für den Export geknüpft wird, richtet man sich nach den Wünschen der Auftraggeber: Aubusson-, Savonnerie- und China-Muster überwiegen. Desgleichen entfällt ein nicht geringer Anteil auf musterlose Teppiche, die nichts sind als die Nachahmung einfachster Berberteppiche. Aus Mirzapore kommt immerhin außer billiger Ware auch ein Knüpfteppich aus guter Gebrauchswolle in schwerer Exportqualität. Seine Muster sind alten Teppichen des 18. Jahrhunderts entnommen und etwas abgewandelt. Diese Stücke werden in allen gängigen Größen hergestellt (von 60×90 bis 240×300 cm und auch noch größer), sie kommen unter den verschiedensten Namen (wie z. B. Kalabar oder Kandahar, um nur zwei zu nennen) auf den europäischen und amerikanischen Markt.

Im Kaschmir-Gebiet, dessen staatliche Zugehörigkeit zur Zeit noch immer nicht festgelegt ist, werden ebenfalls gute Teppiche angefertigt. Wir zeigen hier einen sogenannten Bargasla, der in der Machart jenen persischen Teppichen (siehe Seite 199) verwandt ist, die man Gol-barjesteh oder auch Nimbaf nennt (siehe Bilder Seite 339). Man findet sie zuweilen auch im Afschar-Gebiet. Die erste Bezeichnung bedeutet ungefähr »herausragende Blume«, die zweite (Nimbaf) soviel wie »halbgeknüpft«. Es sind dies an sich geknüpfte Teppiche, wobei die figuralen Motive in den Flor so eingebracht werden, daß sie aus dem Grundgewebe »aufwachsen«, also körperhaft hervorragen. Auch die Zelt- und Kamelschmuckbänder der Turkmenen zeigen gelegentlich diese eigenwillige Formgebung (siehe hierzu Bild: Teke-Bänder auf Seite 342). Wir zeigen hier diesen 120 × 190 cm großen, sehr sorgfältig gearbeiteten Bargasla aus Srinagar. Das weiße Grundgewebe ist 1,5 mm hoch, der Flor der Knüpfmuster hat 10 mm Höhe. Der nur drei Kilogramm wiegende, verblüffend schmiegsame Teppich trägt 3750 Knoten je 1 dm² (ein gleich großer »vollgeknüpfter« Teppich wiegt 7,0 kg). Die weißen Stellen in der Hauptbordüre und sämtliche weißen Aussparungen im großen Teppichfeld (siehe die Detail-Aufnahme) sind lediglich die Kett- und Schußfäden, die das Grundgewebe bilden. Die aus seidig schimmernder Wolle bestehenden Darstellungen der Hauptbordüre wie jene des Innenfeldes (zwei Lebensbäume gipfeln im Mihrab) »wachsen« aus dem Grundgewebe auf, was der Betrachter als unglaublich plastische Wirkung empfindet. Solche Teppiche können natürlich nur als Wandbehang verwendet werden.

Schließlich sei noch ein nicht unwichtiges indisches Knüpfgebiet erwähnt: Shahjehandpur (Saharanpur) im Bundesstaat Uttar Pradesh. Dort stellt man seit etwa hundert Jahren Teppiche her. Derzeit sind etwa 2500 Knüpfer an rund 1000 Knüpfstühlen beschäftigt, meist in Heimarbeit. Sie verarbeiten handgesponnene Wolle und fertigen, fast durchwegs in grober Knüpfung, Teppiche in persisch-indischer Musterung an.

In jüngster Zeit versuchen die Inder, auch komplizierte Muster (Kerman, Isfahan usw.) in wesentlich verfeinerter Art als bisher herzustellen. Man ist eifrig daran, in Knüpferschulen in Bhadohi, Gopiganj und Mirzapur junge Leute dafür auszubilden. Als Lehrer hat man für diese Schulen ausgezeichnete Knüpfer aus Kaschmir geholt (wo seit alters her die besten indischen Teppiche hergestellt werden). Im Wirtschaftsministerium der Indischen Union ist man davon überzeugt, es beruhe die Zukunft der indischen Orientteppiche darauf, möglichst feine Ware herzustellen und nicht (wie es jetzt noch vielenorts geschieht) billige Sorten. Augenblicklich ist man auch daran, zuverlässig festzustellen, wie viele Knüpfer (und Knüpferinnen, meist knüpfen ja Männer) und wie viele Knüpfstühle überhaupt in der Union vorhanden sind, man hatte es bisher verabsäumt, diese Zahlen zu bekommen. Man »nimmt an« (so über den Daumen gepeilt), daß in der Indischen Union etwa 80000 Menschen mit Teppichknüpfen ihren Lebensunterhalt verdienen. Man hat auch die Absicht, zu den »vermutlich vorhandenen« etwa 20000 Knüpfstühlen noch weitere 20000 verbilligt bzw. mit einem niedrig zu verzinsenden Kredit an Interessenten abzugeben. Außerdem will man von Regierungsseite die Schafzucht fördern und vor allem edelste australische Schafrassen für eine großangelegte Hochzucht im Raume von Benares erwerben, wo dann ein Bestand von 50000 Rasseschafen erreicht werden soll.

Wenn auch in Zukunft für den Teppich in Indien viel getan werden soll: solange man sich lediglich im Nachknüpfen persischer, kaukasischer, turkmenischer, chinesischer und französischer Muster übt, wird man rechtens nicht von einem »indischen« Teppich sprechen können. Erst wenn man lernt, aus dem ureigenen und uralten, reichen indischen Muster- und Motivschatz das Schönste und Ansprechendste herauszuholen und derart in Formen- und Farbenharmonie zu bringen, daß es in der westlichen Welt staunend und freudig anerkannt und gern aufgenommen wird – erst dann wird es mit vollem Recht einen »Indischen Teppich« geben, und erst dann wird sich die aufgewendete Mühe lohnen.

Rechte Seite: Teppiche aus Westpakistan. Oben links und unten rechts: sogenannte »Jaldar«, feine Nachknüpfungen in turkmenischen Musterelementen; oben rechts: sogenannter »Korangi«, türkisch-russischer Mischstil, sehr gute Knüpfung; unten links: sogenannter »Kafkazi« (»Kaukasier«), Anlehnung an kaukasisch-turkmenische Musterung. Alle Muster können in verschiedenen Größen geliefert werden, auch in verschiedener Knotendichte, die niederste ist etwa 1800, die sehr gern gewünschte hat ca. 3900 Knoten je 1 dm². Es werden sowohl einheimische wie auch Importwollen (aus Australien und Neuseeland) verwendet, nur ausgesuchte Qualitäten.

PAKISTAN-TEPPICHE

Seit einigen Jahren sieht man bei uns zunehmend »Buchara« mit cremefarbigem Grund und mit einer Linienführung, die weicher, gerundeter ist, als dies der aus dem Turkmenengebiet (Teke-Turkmenen) stammende »Buchara« zeigt. Auch afghanische und Belutschen-Muster, in abgewandelter Art und in anderer Farbenführung als gewohnt, treten auf. Ebenso ist dies bei anscheinend »iranischen« Brücken, Läufern und Teppichen mit Täbriz-, Kerman- und anderen persischen Mustern der Fall.

Es handelt sich hier um Teppiche aus Westpakistan, das ja an Afghanistan grenzt, ebenso an Iran und an das Gebiet Kaschmir. Die meisten Teppichwerkstätten liegen in den Räumen um Lahore und Karatschi. Die Hersteller sind fast durchwegs mohammedanischen Glaubens. Viele von ihnen wohnten vordem weiter östlich, im Gebiet der heutigen Indischen Union (genannt »Bharat« = »Land der Hindus«), als die bis dorthin britische Kronkolonie (das britische Königshaus trug zugleich die Kaiserwürde Indiens) 1947 durch die Teilung des riesigen Gebietes (vornehmlich aus religiösen Gründen) in zwei Staaten getrennt wurde: eben in die Indische Union und in Pakistan (»Land der Mohammedaner«). Die Gegensätze zwischen Hinduismus und Islam waren unüberbrückbar geworden. Heute ist die »Islamische Republik Pakistan« der größte Moslemstaat der Erde, wenngleich sich in jüngster Zeit auch Ostpakistan als eigener Staat »Bangladesch« (= Staat der Bengalen) selbständig gemacht hat. Jetzt sind unter den etwa 410 Millionen Einwohnern der Indischen Union nur noch kaum 10%, die der islamischen Religion anhängen. Westpakistan hat unter seinen etwa 50 Millionen Menschen 86% Mohammedaner und lediglich 13% Hindus, der Rest verteilt sich auf verschiedene Religionen.

Westpakistan, Nachahmung eines Gebetteppichs aus Anatolien, Gjördes-Muster

Die Qualitäten dieser westpakistanischen Teppiche reichen über alle Stufen: von normalgängiger Marktware bis zur feinsten Ausführung. Es gibt »Pakistan-Buchara«, die je 1 dm² 3500 bis 7200 Knoten aufweisen, also eine Flordichte haben, die heutzutage schon äußerst selten ist. Der Flor besteht aus Wolle, bei sehr guten Erzeugnissen aus feinst gezwirnter hochwertiger Kaschmirwolle. Vor allem ist das der Fall bei der seit etwa 1955 auf dem Markt befindlichen Qualität »Mori« mit Teke-, also mit (wie wir in Europa noch immer unrichtig sagen) »Buchara«-Musterung. Aber auch bei Nachahmungen von Perserteppichen wird oft beste Wolle in sorgfältigster Knüpfung verwendet. So sah man auf einer Übersee-Importausstellung in Hamburg die pakistanische Nachahmung eines Jagdteppichs (etwa von der Art, wie wir ein persisches Erzeugnis auf Seite 334 zeigen), die ca. 3000 Knoten je 1 dm² hatte. Aus Lahore (ebenfalls Pakistan) sah man die Nachknüpfung eines kaukasischen Teppichs, der mit 3000 Knoten je dm² mehr Knoten aufwies, als sie die kaukasischen Originale besitzen. Man sah auch einen pakistanischen »Buchara« mit 10 000 (!!) Knoten je 1 dm², geknüpft aus unvergleichlich weicher Kaschmirwolle (und daher schon aus diesem Grund nicht »stilgerecht«). Man konnte aber auch die pakistanische Nachknüpfung eines persischen Nain in Augenschein nehmen, der mit 5000 Knoten je 1 dm² immerhin auch eine sehr beachtliche Dichte hatte.

Es gibt auch pakistanische Seidenteppiche, ebenso Reihengebetteppiche (Saf), oft in feinster Knüpfung. Kette und Schuß sind bei solchen Exemplaren meist aus Baumwolle, bei feinsten Stücken wird aber auch das Grundgewebe (also Kette und Schuß) aus Seide hergestellt. Die Stuhlware veredelt man durch sorgfältiges Waschen zu noch mehr freundlicher Wirkung.

Die Florhöhe ist bei gut gearbeiteten Stücken ebenso gering wie beim echten Turkmenenteppich, also drei bis fünf Millimeter. Allerdings: bei gewöhnlichen Pakistan-Teppichen sieht man oft langen und zuweilen sogar überlangen Flor. Aus Pakistan kommen auch sehr hübsche Kilim-Teppiche.

Es ist ein Nachteil, sowohl für die Knüpfer in Pakistan als auch gleichermaßen für die Teke-Turkmenen, daß man in Pakistan keine ausgeprägt eigenständigen Knüpfmuster entwickelt, sondern fremde Muster nachahmt. Selbst wenn diese Nachahmungen hochwertiger Natur sind und wenn Wolle von hervorragender Qualität verwendet wird: man bedauert, daß im turkmenenfremden pakistanischen Raum uralte Turkmenen-Muster verwendet werden, ja daß man jetzt so-

gar persische Teppiche in bestechend guter Qualität nachknüpft.
Der Laie kann solche Erzeugnisse nicht von »echten Persern« unterscheiden. Auch hier hat sich (siehe hierzu unten) der Hamburger Verband der Teppichimporteure in dankenswerter Weise eingeschaltet. Er verlangt von den Regierungen: a) jeweils die klare Kennzeichnung des Herkunftslandes und b) nichtpersische Teppiche dürfen nicht mit persischen Provenienzbezeichnungen belegt werden. Bisher ist man allerdings mit diesen Forderungen noch nicht durchgedrungen.
Es wäre hoch an der Zeit, daß auch Pakistan zu echt eigenständigen Mustern findet, denn uralte lokale Motivschätze sind dort überall reichlichst vorhanden. Man müßte nur darangehen, sie zu heben und in den Teppichen zu verwenden. Dann würden pakistanische Teppiche, zumal wenn man die sehr beachtliche Knüpfdichte beibehält, noch mehr Anklang finden, als es jetzt bei diesen, im Grunde genommen »unberechtigten« Nachknüpfungen der Fall ist. Durch zwischenstaatliche Verträge müßte sich im Interesse aller Hersteller und im Interesse der Liebhaber von Orientteppichen diese unleidliche Angelegenheit zufriedenstellend regeln lassen.
In der persischen Hersteller- und Händlerschaft ist begreiflicherweise ob des indischen und pakistanischen Vorgehens ziemlich viel Unruhe entstanden. Dies nahm der obengenannte Hamburger Importeurverband zum Anlaß, um in Iran das Qualitätsbewußtsein der zuständigen Behörden und der dortigen Teppichhersteller aufzurütteln. Der Verband legte klar, es sei höchste Zeit, den persischen Knüpfteppich wieder als Qualitätsbegriff aufzubauen und die Herstellung billiger Massenware anderen zu überlassen.
»Noch ist der echte Perser der gefragteste Knüpfteppich der Welt«, erklärte Waldemar von Elsner, der Vorsitzende des Hamburger Verbandes, nachdrücklich, und er fuhr warnend fort: »Wenn er sich aber aus der Massenproduktion der Nachbarländer nicht entscheidend heraushebt, werden ihn Länder, wie z. B. Indien und Pakistan, die über ein weit größeres Reservoir von ungenützten Arbeitskräften verfügen als Iran, in nicht allzu ferner Zukunft überrunden.«
Das sind klare Worte, die man in Iran nicht überhören kann. Freilich wird die Angelegenheit für Iran immer schwieriger, wenn Pakistan solch hochwertige Erzeugnisse auf den Markt bringt, wie vorhin geschildert wurde (z. B. die frappierend gute Nachknüpfung eines iranischen Nain-Teppichs).
Wir zeigen auf den Seiten 413 und 414 einige Beispiele sehr guter Pakistan-Teppiche und verweisen auf den 11. Hauptabschnitt, wo ein Pakistan-Buchara abgebildet ist – wie gesagt: alles sehr gut gemacht, jedoch ohne eigenständige pakistanische Motivelemente, sondern anatolisch-kaukasisch-turkmenische Stilmischungen und obendrein auch in der Farbgebung miserabel und verfälscht.
Pakistan lieferte in die Bundesrepublik Deutschland im Jahre 1957 Teppiche im Werte von 28 000 DM; 1959 waren es schon 160 000 DM; 1968 stieg der pakistanische Erlös aus dem Teppichexport in die BRD auf 6 400 000 DM; 1970 erreichte dieser Export 13 870 000 DM und steigerte sich jährlich zunehmend so, daß die BRD im Jahre 1975 nicht weniger als 80 669 000 DM für Teppiche aus Pakistan bezahlte. Pakistan hatte dafür 582 679 m² Teppiche geliefert und stand in der Rangliste der Teppich-Lieferländer an zweiter Stelle. An erster Stelle steht – noch! – Iran, es lieferte der BRD im Jahre 1975 insgesamt 1 328 479 m² Teppiche und erhielt dafür 365 210 000 DM. Und im ersten Halbjahr 1976 waren es 296 875 m² im Werte von 44 264 000 DM.

BERBER-TEPPICHE

Bereits im 6. Hauptabschnitt erwähnten wir auf den Seiten 150, 225 und 266 ganz kurz die sogenannten Berber-Teppiche, die – so sie echt sind – aus Nordafrika kommen, und zwar aus Marokko, Tunesien und Algerien (»Berber«: die Gesamtheit der nichtsemitischen Stämme Nordafrikas, Reste der europiden Urbevölkerung, auch die Kabylen, die Rifkabylen, die Tuaregs usw. gehören dazu). Der »Kairuan« (siehe Bild Seite 416 oben) wird als der älteste und beste dieses Gebietes angesehen. Es gibt ihn in fünf Knüpfungsdichten von 200, 400, 650, 900 und 1600 Knoten je 1 dm².
Wie wir auf Seite 410 ausführten, werden auch in Indien und in Pakistan »Berber« nachgeahmt und in Massen hergestellt, die in Deutschland jedoch nicht einfach als »Berber« verkauft werden dürfen, sondern im Verkaufsgespräch die Bezeichnung »indischer (pakistanischer) Knüpfteppich im Berbermuster« haben müssen. Und in jüngster Zeit kommen »Berber« sogar aus – Japan auf den deutschen Markt, und zwar besteht bei dieser japanischen Ware der Flor zu 100 Prozent aus getufteten Nylonfasern, das rutschfest ausgerüstete Grundgewebe jedoch aus Baumwollzurichtung. Die Musterung dieser Erzeugnisse entspricht der einfachsten Bermusterung. Ergänzt und »übertroffen« werden kann diese Meldung noch dadurch: auch in der Schweiz, also mitten in Europa, werden »Berber«-Teppiche hergestellt; sie sind aus

Kairuan (Tunis)

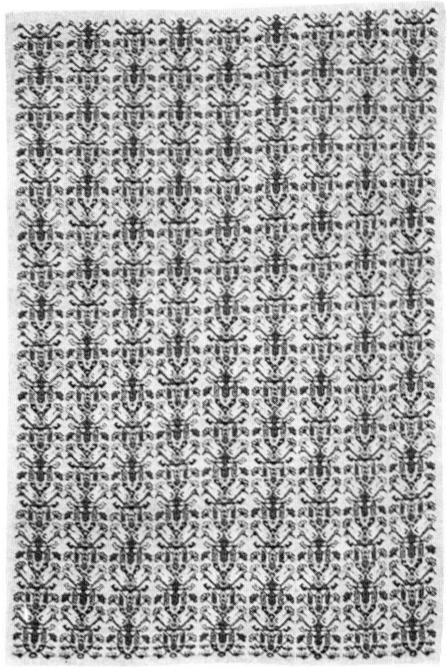

Sahel (Tunis)

Marokkanische Berber-Teppiche aus dem Hoch- und dem Moyen-Atlas

Schafwolle und »handgefertigt«. Laut Mitteilung einer deutschen Fachschrift unterscheiden sich diese schweizerischen Berber »im äußeren Bild kaum von einem Berber aus Nordafrika«. Auch aus Südafrika kommen »Berber«! Wenn wir diese Hinweise hier machen (obgleich der Berber in keinem Fall zu den eigentlichen »Orientteppichen« zählt), so soll dies die Aufmerksamkeit der Leserschaft darauf lenken, daß zwischen »Berber« und »Berber« himmelweite Unterschiede bestehen können.

Zur Unterscheidung: Wir Europäer sprechen vom »Orient«, lateinisch *oriens,* was »Aufgang« (der Sonne) bedeutet, und meinen damit das Morgenland, also jene Gegend, aus der, vom Mittelmeer aus gesehen, die Sonne aufgeht. Wir selber sind im Abendland, im Okzident (lat. = »Sonnenuntergang«). Der Araber und der Perser haben für den Osten das Wort »Maschrik« (vom arabischen und türkischen »schark«), für den Westen der mohammedanischen Welt jedoch die Bezeichnung »Maghreb« (auch Maghrib), was »Sonnenuntergang« bedeutet. Ägypten gehört nach arabischer Anschauung noch zum Maschrik (also Orient), alles, was weiter westlich liegt, wird jedoch dem Maghreb zugerechnet. In diesem Sinne ist Marokko »Al-Maghreb al-aksa«, also »der äußerste Westen« des Mohammedanismus.

Ein passionierter Berberteppich-Liebhaber, der sich viele Jahre lang in Nordafrika aufgehalten hatte und über alle Einzelheiten genau Bescheid weiß, widmete uns nachfolgende Ausführungen:

Das Heimatland der Berber sind der Mittlere und der Hohe Atlas (höchste Erhebung ist der Toubkal mit 4225 m), rauhe Gegenden, wo selbst im Frühsommer die schneebedeckten Zacken nach Marrakesch hinuntersehen. Auch im Mittleren Atlas kann man noch zu Ende Mai Schneestürme erleben, so stark, daß man kaum fünf Meter weit sieht.

In diesen Gebieten weiden wie in alten Zeiten auch heute noch die Schafherden, die der Bevölkerung Nahrung, Kleidung und die Einrichtung ihrer Kasbahs oder Zelte bieten, etwa wie in Gestalt der hochflorigen, weichen und wärmenden Berberteppiche, die nicht nur Ausstattung, sondern auch Lager und Decke zugleich bilden.

Wie es bei den Orientteppichen der Fall ist, besitzt jede Gegend, d. h. jeder Stamm (oder »Tribu«), unterschiedliche Teppichmuster, die sich – ausgenommen die Rabat-Teppiche – in der Hauptsache durch geometrische Figuren auszeichnen, wodurch sie vortrefflich zum gegenwärtigen modernen Möbelstil passen. Diese farbig gemusterten Berberteppiche

Aus dem Gebiet der
Berber-Teppiche:
Auf den Dächern von
Marrakesch (Marokko)
liegen die Hochatlas-
Teppiche (Ouzguits)

Auf einem Souk (Markt) jenseits des Atlas. In Bildmitte zuoberst ein Hambel – abwechselnd gewebt und geknüpft. Darunter und rechts: Ballen mit Hochatlas-Teppichen (Ouzguits)

haben anfangs nur langsam in Europa Fuß fassen können, aber in den jüngst vergangenen Jahren wurde die Nachfrage immer größer, und dieses zunehmende Interesse hält an.
Die Muster gehen von den etwas wildfarbigen Marmouchas bis zu den strengen Dessins der Chichouas mit vorwiegendem Rotgrund und einfachen Zeichnungen bis zu den interessanten, mehrfarbigen Hochatlas-Teppichen, die nicht nur als Fußteppiche, sondern auch als Wandbehänge außerordentlich beliebt geworden sind. Ein Großteil der Dessins des Mittleren Atlas ist weißgrundig, mit spärlicher Farbzeichnung. Dann sind noch hervorzuheben die Teppiche Zaiane, die auf der Sichtseite lange, gezwirnte Wollfäden aufweisen und auf der Rückseite ein mehrfarbiges Untergewebe zeigen. Es würde im Rahmen dieser Ausführungen zu weit führen, alle diese schönen Muster zu besprechen.

In Marokko wird auf jedem zum Export zugelassenen Teppich ein grün-weißes Etikett angeklebt und mit dem Teppich durch eine Plombe verbunden. Auf dem Etikett ist ersichtlich: Tag der Prüfung, Nennung der Provenienz, Qualitätsangabe, Teppichnummer und Teppichgröße. Für den Export bestimmte Ware muß als Mindestqualität in Kette und Schuß je 15 Knoten aufweisen, je Quadratmeter also zumindest 22 500 Knoten tragen. Es ist zugelassen, daß für Kette und Schuß auch Baumwolle verwendet wird. Geknüpft wird vornehmlich mit dem türkischen Knoten. Früher waren die Berberteppiche in Kette, Schuß und Flor zur Gänze aus Wolle, jetzt wird für das Grundgewebe zunehmend Baumwolle verwendet.
Natürlich ist die Zeit an den marokkanischen Teppichen auch nicht spurlos vorübergegangen, und die Muster haben sich immer wieder verändert. Da und dort wurden Motive von anderen Stämmen übernommen, so daß es manchmal schwierig ist festzustellen, welcher Art von Teppichen ein Stück zuzuordnen ist.
In Algerien ist die Teppichfabrikation ebenfalls sehr groß, weil dieser Staat für den Export nach EG-Ländern durch Zollvorteile begünstigt wurde, während zur Zeit die marokkanischen Teppiche zollfrei sind.
Die Anfertigung der algerischen Teppiche erfolgt hauptsächlich in Rohweiß, Beige-meliert und Grau-meliert. Die Knotenzahl reicht von 12 000 für die leichten Qualitäten bis etwa 25 000 je 1 m^2 für die besten Sorten. Es kommen auch Teppiche mit leichtem beige-braunem Muster auf den Markt, die an die Art des Chichouas (Marokko) erinnern. Selbstverständlich gibt es in Algerien auch noch genug bodenständige Muster, die aber in Europa kaum Anklang finden.
Als Berberteppiche werden im weiteren Sinne auch die tunesischen Teppiche, die sogenannten Kairouan, bezeichnet, die insbesondere bei den in großer Zahl ins Land kommenden Touristen lebhaften Anklang finden. Nach Möglichkeit versucht jeder Tourist, zumindest einen kleinen Teppich mit nach Hause zu nehmen.
Die echten Berberteppiche bieten ihren Besitzern Freude und Komfort, zumal sie durch ihre gute Wolle außerordentlich dauerhaft sind. Insbesondere passen sie, wie schon gesagt, vortrefflich zu den modernen Möbeln und schmücken den Raum, worin sie liegen. Nachgeahmte Berber, die den Namen »Berber« zu Unrecht führen, können in ihren Besitzern jedoch niemals jene Freude wachrufen, wie es der »echte Berber« vermag.

8. Hauptabschnitt

KILIM-TEPPICHE, SUMAKH, KARAMANIE »UND DERGLEICHEN«

Vorbemerkung: In diesem Kapitel wird versucht, in der schier unübersehbaren und kaum zu zergliedernden Vielfalt all dessen, was mit KILIM-TEPPICHE, SUMAKH, KARAMANIE »UND DERGLEICHEN« zusammenhängt, doch einigermaßen Ordnung zu schaffen.
Wer sich mit den Bemerkungen im 6. Hauptabschnitt über die nachstehend angeführten Teppichsorten begnügt hat, kann diesen 8. Hauptabschnitt ruhigen Gewissens überschlagen. Nur der speziell an diesen Sorten Interessierte beachte ihn.
Diese schon im 6. Hauptabschnitt kurz behandelten Stichworte sind etwa: »Arbabaschei«, »Çiçekli-Kilim«, »Djidjim«, »Dschule«, »Dum«, »Karamanie«, »Kilim«, »Mafrasch«, »Palas«, »Perdelik«, »Piroter Teppich«, »Schede« (»Schadda«), »Senneh-Kilim«, »Sileh«, »Sitara«, »Sumakh«, »Susandschird«, »Torontal«, »Verne«.

KILIM-TEPPICHE

Die Kilims (persisch »gelim«, türkisch »kilim«) sind Teppiche verschiedener Art. Sie entstehen weder aus »Knüpfung«, ebensowenig trägt die Oberfläche einen »Flor«. Unter dieser Allgemeinbezeichnung »Kilim« verbergen sich bestimmte Wirk- und Flachgewebe, also Erzeugnisse der offenen oder der verdeckten Schlitzweberei (wobei die Schlitze entweder sichtbar hervorgehoben oder durch unterschiedliche Techniken vermieden werden), sowie im weiteren Formen der Gewebebeschichtung durch Besticken oder Einbringen von anderen Elementen, die man ansonst in der Knüpftechnik nicht findet.
Einer der sachkundigsten Mitarbeiter des Autors sagt dazu bezeichnend: »Es handelt sich hier um ein außerordentlich vielschichtiges, kompliziertes und weitgehend unerforschtes Gebiet. Die lächerlichen fünf oder sechs Allgemeinbezeichnungen, die man gemeinhin für diese Gewebe hat, drücken nicht im entferntesten die wirkliche Vielfalt aus. Es gibt – ich möchte fast sagen: Hunderte (!) von Techniken und Methoden. Immer wieder bin ich erschrocken, wenn ich eine ›neue‹ Form entdeckte.«
Und der gleiche führende Fachmann schrieb dem Autor: »Die Kapitelüberschrift müßte eigentlich lauten: ›Web- und Wirkteppiche‹, denn Kilims stellen nur *eine* Art hiervon dar. Das bisherige Schrifttum hierzu ist miserabel; die Forschungen stecken in den Kinderschuhen; damit hängt auch zusammen, daß die einzelnen Termini technici unterschiedlich verstanden und unterschiedlich gebraucht werden. ›Kilim‹ ist die mit Abstand verbreitetste Webteppichform im einfachen Prinzip der Kette-Schuß-Kreuzung in Hamadan-Bindung – und hier kennt man schon zahlreiche Unterarten. Dann gibt es Kilims mit sich kreuzenden Schußfäden, mit stark gedrallten Schußfäden, mit dünnen, weichen Schußfäden, mit füllenden Zwischenschußfäden, mit einfacher, planliegender Kette und solche mit stark geschichteter Kette usw. usf.
Dann stoßen in diese schon umfangreiche und sicher unübersehbare Gruppe noch die Djidjim-Arten hinein, zusätzlich noch die Sumakh-Konstruktionen (in mannigfacher Ausfertigung, je nach Landschaft und je nach Volk), dann die unterschiedlichst gestickten, kilimartig bestickten und gestickten Vorhänge und Zudecken und – zusätzlich zu allem! – die vielfach vorkommenden kombinierten Techniken, bei denen auch verschiedene Nadelarbeiten auftreten: mit Plattstich, Kreuzstich, Festonstich, Kettenstich, versetztem Renaissance-Stich usw., die ebenfalls dieser fast unüberschaubaren Sortenvielfalt zugezählt werden.«
So die Äußerungen dieses führenden Teppichwissenschaftlers. Aber wir wollen dennoch versuchen, ein wenig Ordnung in diese Begriffe zu bringen, wobei wir uns bewußt werden, nur einen kleinen Anfang zu machen. Vielleicht gibt das Berufeneren Mut, diesen Wirrwarr zu entflechten – es wird auch notwendig werden, denn das, was bisher unter dem Sammelnamen »Kilim« geführt wird, war bis vor kurzer Zeit

Gebetteppich-Kilim, 19. Jahrhundert, Umgebung von Izmir

Dazkır-Kilim, Gegenwart

Djidjim (»cicim«), Anatolien

Çiçekli-Kilim, Raum um Kir-şehir, 19. Jahrhundert

 Wandteppich (Perdelik, Pardelik), Seide, Kirgisische SSR

in Westeuropa wenig beachtet worden (mit wenigen Ausnahmen, wie etwa beim »Sumakh«, welche Art doch langsam ein Wertbegriff geworden ist). Wie gesagt, erst in den jüngstvergangenen Jahren fand alles, was mit »Kilim« zusammenhängt, zunehmend Freunde, und ihrer werden zusehends mehr.

Wir glauben, schon mit nachfolgenden (gewiß nicht umfassenden) Ausführungen dartun zu können, daß Kilims beachtenswert und durchaus sammelwürdig sind. Dies auch aus einem besonderen Grund: Musterverschleppung und Musterverfälschungen (wie sie bei Knüpfteppichen durch dirigierte Manufaktur- und Hausarbeit vorkommen), können bei reiner Heimarbeit (wie sie bei Kilim-Arten erfolgt) in weit geringerem Maße wirksam werden.

Der Name »Kilim« kommt aus dem Persisch-Türkischen und bedeutet an sich »Decke«, wobei der Begriff Decke (je nach Gebiet und Sachverwendung) sowohl kostbare Decke für Ruhelager, für Vorhänge, für schmückende Wandbehänge, aber auch für Gebetteppiche gelten kann; desgleichen jedoch auch für Zelt- und Hausmatten besserer und gewöhnlicher Art, schließlich auch für Pferdedecke, Eseldecke, Zelt- und Satteldecke, ja auch für Wagenplache (Plane) und selbst sogar als Begriff für schmückende Zeltbänder.

In die Gruppe Kilims »und dergleichen« sind auch (wie eben vorhin erwähnt) gewisse Seidenstickereien einzureihen, die als Tisch- und Bettdecken, mehr aber noch als Vorhänge dienen. Wir bringen hierzu links und rechts zwei Bild-Beispiele.

Alle Kilim-Arten standen und stehen bei der einheimischen Bevölkerung stark in Gebrauch. Vor allem auch deswegen, weil ein Kilim in kurzer Zeit und bei sparsamem Wollverbrauch angefertigt werden kann, indes jeder Knüpfteppich ein Mehrfaches (oft Vielfaches!) an Arbeitszeit und auch an Knüpfmaterial erfordert.

Es sei erwähnt, daß in fast allen orientalischen Knüpfteppichgebieten auch Arbeiten in Kilim-Technik hergestellt werden. Ebenso geschieht dies aber auch in nichtorientalischen Ländern, so in Weißrußland, in Polen, Norwegen, Schweden, Finnland, Peru, in allen Balkanländern sowie in einzelnen Indianerreservaten der USA.

Kilim-Teppiche wurden vermutlich um gut eintausend Jahre eher hergestellt als Knüpfteppiche. Bei Ausgrabungen nächst Catel Hüyük (südöstlich von Konya, Türkei) hat man kilimartige textile Reste gefunden, die man (den bishe-

Buchara, Seidenstickerei
Solche Arbeiten (für Vorhänge, Decken etc.) werden auch gegenwärtig noch sehr gepflegt,
das Knüpfen von Buchara-Teppichen gibt es längst nicht mehr.
(Siehe hierzu in den Hauptabschnitten 6 und 11.)

Eine Überraschung: Diese Frau, die eben daran ist, einen Wirkteppich herzustellen, ist nicht in Kleinasien, nicht im Kaukasus, nicht in Persien und auch nicht in Turkestan, sondern in – den USA (!) beheimatet. Sie gehört dem Stamm der Navajo-Indianer an, der im Bundesstaat Arizona seine Reservate hat.

rigen wissenschaftlichen Untersuchungen zufolge) sogar auf etwa 7000 v. Chr. datiert (was man allerdings nur mit starkem Vorbehalt zur Kenntnis nehmen kann – es fehlen dafür noch schlüssige Beweise).

Der bisher (mit ziemlicher Sicherheit) »älteste datierbare« Kilim (ein Fragment) wurde 1903 in der Grabkammer des Pharao Thutmosis IV. gefunden. Die Anfertigung dieses Kilim-Gewebes muß noch vor der Thronbesteigung des Pharao Thutmosis III. erfolgt sein, also noch vor 1503 v. Chr., weil die Inschrift (soweit sie noch entzifferbar ist) einen Glückwunsch des Vaters, Pharao Thutmosis II., an den Sohn enthält. Dieser bis nun »älteste datierbare« Kilim, der sich im Arabischen Museum in Kairo befindet, ist zur Gänze aus Leinen gearbeitet. Die damals herrschende Religion verbot, Gegenstände tierischer Herkunft in die Grabkammer der Verstorbenen einzubringen, weil solche Fäulnisträger gewesen wären. Da Schafwolle tierischer Herkunft ist und überdies Ägypten die Schafzucht erst etwa hundert Jahre vor Christi Geburt kennenlernte (auch war der Widder ein heiliges Tier), war dieses Verbot verständlich.

Erst unter dem Einfluß der griechischen Einwanderer in Syrien und Ägypten änderte sich dies langsam. Die Kopten, als direkte Abkömmlinge des altägyptischen Volkes, führten die Textilerzeugung ihrer Vorväter fort, doch das war dann schon im frühen Christentum, und diese Kopten setzten die altägyptischen Formen in frühchristliche Ornamentierung um.

Es ist wahrscheinlich, daß dieser 1903 gefundene Kilim, entstanden um 1500 v. Chr., nicht in Ägypten (bzw. nicht von Ägyptern) angefertigt worden war, sondern von Sklaven, die man aus Syrien in großer Anzahl verschleppt hatte. In Syrien aber kannte man schon damals diese Webeart, die sich auch nordwärts in Vorder- und Mittelasien verbreitet hatte und von dort auch, etwa im 6. Jahrhundert v. Chr., über Hyrcanien, Baktrien und Sogdiana auch die Reitervölker des Altai und des Hoch-Altai erreichte. Denn just dort wurden in den Fürstengräbern des Pasyryk- und Baschadar-Gebietes bei den in unserem Jahrhundert erfolgten Ausgrabungen außer Skeletten, Waffen, Geräten aller Art auch Kilim-Reste gefunden und der inzwischen als »bisher ältester Knüpfteppich der Welt« berühmt gewordene Pasyryk-Teppich (siehe die Seiten 24 und 481). All diesen Funden gesteht die Wissenschaft (mit Hilfe der C-14-Carbon-Analyse) eine Entstehungszeit um mindestens 500 v. Chr. zu.

In der Zeit der Achämeniden (606–331 v. Chr.), die hauptsächlich in Susa (Persien) residierten und dort eine Hofmanufaktur unterhielten, wurden in feiner, kilim-ähnlicher Nadelstickerei (Susandschird-Arbeiten) sehr schöne Teppiche bzw. Wanddekorationen und Vorhänge hergestellt, die mit Silber- und Goldfäden broschiert und mit Edelsteinen besetzt waren.

In Bergama (Pergamon, Türkei) behauptet man, in dortigen Webereien seien bereits in vorchristlicher Zeit schöne Kilims entstanden, woraus sich die jetzige Kilim-Herstellung in dem vorgenannten Gebiet entwickelt habe. Sie ist nicht nur im ganzen dortigen Raum, sondern bis hinüber nach Kars (das schon nahe der persischen Grenze liegt) überraschend gut entwickelt. Doch auch Kars und das Kurdengebiet um Senneh in Persien pochen auf alte Traditionen in der Kilim-Herstellung; dazu gesellen sich auch noch die irakischen Kurden, sie prunken mit wirklich herrlichen, bestickten Kilims, die sie stolz »Babylonier« nennen.

Aber einen nahtlosen Übergang von der Zeit der Pasyryk-Teppiche (5. Jahrhundert v. Chr.) bis etwa zur frühen Christenzeit hat man bis jetzt weder aus dem türkisch-anatolischen noch aus dem persischen Raum durch Beweisstücke dokumentieren können.

Über die Entwicklung der Kilim-Kunst im mittelorientalischen Bereich wissen wir wenig. Unter den Sassaniden (226–642) dürfte diese Kilim-Herstellung aber auch sehr gepflegt worden sein – zumindest erfährt man das aus dem Schicksal des großen Prunkteppichs von Ktesiphon (siehe die Seiten 30 und 484). Er war 637 bei der Eroberung dieser letzten Sassanidenresidenz durch die islamischen Araber verbrannt worden.

Ein Kilim-Fragment wurde bei einer Ausgrabung in der Nähe von Isfahan vor einigen Jahrzehnten gefunden. Das kleine, aus Seide angefertigte Stück zeigt ein Sphinx-Motiv (Löwenleib mit Menschenkopf). Der ungarische Forscher Dipl.-Ing. A. Kiss meint, es handle sich um ein aus dem 10. Jahrhundert stammendes Erzeugnis.

Interessant ist noch dies: Man kennt norwegische Kilims, die nachweisbar im 12. Jahrhundert angefertigt wurden. Merkwürdig ist auch der Ursprung dieser nun schon uralten, über Norwegen, Schweden und Finnland verbreiteten Kunst des dortigen Hausfleißes, die übrigens auch heute noch gepflegt wird: Schon ab dem 9. Jahrhundert n. Chr. waren Wikinger von Norwegen aus bis ins Mittelmeer und bis an die Küsten Kleinasiens gelangt. Sie hatten bei ihren Raubzügen von dort nicht nur reiche Schätze, sondern auch Frauen mitgeschleppt. Unter diesen befanden sich solche, die das Spinnen und Weben wie auch das Herstellen von Kilims verstanden. Sie setzten auch im Norden ihre gewohnte Tätigkeit fort.

Im Orient konnte man erst in der Zeit der Safawiden-Dynastie im Gebiet dieser Herrscher (vor allem in Persien) eine großartige Entfaltung aller Künste, darunter auch jene des Teppichknüpfens mitsamt der Kilim-Herstellung, feststellen. Dies geschah in der Zeit von 1502 bis 1642, und es geriet deshalb derart überwältigend gut, weil diese Herrscher den schiitischen Islam als Staatsreligion eingeführt hatten. Die Schiiten kannten keine Beschränkung der freien Kunstentfaltung. Dies stand völlig im Gegensatz zum Osmanisch-Türkischen Reich, wo der überstrenge sunnitische Islam die Staatsreligion war. Man durfte dort keinerlei Bildnisdarstellung bringen, es waren nur Arabesken als künstlerische Ausdrucksformen erlaubt. Dagegen schwelgten die schiitischen Hofmanufakturen in bildnerischen Teppichen (Jagdszenen, Porträts usw.). Insbesonders die Hofmanufakturen von Kaschan, Yazd und Isfahan widmeten sich (neben der Knüpfteppichherstellung) der Erzeugung ganz ausgezeichneter Kilims. Natürlich wurden solche Stücke niemals als Bodenbelag verwendet, sondern als Vorhänge, Wanddekorationen und dergleichen. Leider sind uns aus dieser hohen Glanzzeit des »Teppichmachens« verhältnismäßig nur wenige Stücke erhalten geblieben.

Mit Ende des 17. Jahrhunderts war die Hochblüte der Teppichkunst im ganzen Mittleren und Vorderen Orient fast verschwunden, im besonderen die Herstellung von Kilims. Ab dem 18. Jahrhundert sank der Kilim noch weiter ab, er wurde nämlich »volkstümlich« und zur Handelsware, zum Tauschobjekt, für den Hausgebrauch und Aufbrauch hergestellt, für Decken, für Vorhänge und bestenfalls noch für Gebetteppiche. Nur in Anatolien, im Kaukasus und in den kurdischen Gebieten blieb man dem edlen Kilim einigermaßen treu.

Europa interessierte sich lange Zeit hindurch nicht sehr für Kilims, sondern eher für Knüpfteppiche. Kilims hielt man für minderwertig (teilweise waren sie es auch tatsächlich), und außerdem wußte man, daß auch die Balkanländer Kilims herstellten und solche dort in jedem bäuerlichen Haushalt zu finden waren, so daß jene Kilims (so stand es um die vorgefaßte Meinung) weder material- noch herstellungsmäßig, schon gar nicht aber künstlerisch gesehen, irgendwie »wertvoll sein konnten«.

Man wußte in Europa nichts davon, daß es im Osmanischen Reich bis zur zweiten Hälfte des 19. Jahrhunderts lediglich der muselmanischen Bevölkerung erlaubt war, Knüpfteppiche herzustellen. Die andersgläubigen Bevölkerungsteile (Armenier, Kurden, orthodoxe und römische Christen, Juden usw.) durften lediglich Kilims anfertigen. Dies war vermutlich mit eine der Ursachen, daß besonders im Kurdenbereich und bei den Armeniern sehr schöne Kilim-Arten geschaffen wurden (was auch heute noch der Fall ist). Nach und nach gelang es jedoch, in einzelnen Provinzen des Türkischen Reiches auch anderen Volksschichten das Recht zur Herstellung geknüpfter Teppiche einzuräumen. Im europäischen Teil des Reiches, der fast den ganzen Balkan und große Teile Ungarns umfaßte, blieb dieses Verbot, geknüpfte Teppiche herzustellen, bis zu den Befreiungskriegen bestehen.

Die Lage war für Deutschland und für den gesamten Westen so, daß noch 1953 (!!) in der deutschen »Zeitschrift für Zollfragen« ein Autor schrieb: »... daß zu Anfang des Zweiten Weltkrieges größere Mengen gewebter Teppiche (eine Art Kilim) eingeführt wurden, was aber nur als Kriegserscheinung zu werten ist. Die genannten Teppiche kamen mit der Qualitätsbezeichnung ›Piloty‹ auf den Markt. Für Kilims, die im Zolltarif nicht namentlich genannt sind, ist der deutsche Markt nicht aufnahmebereit.«

Nun, das hat sich längst geändert, der Kilim (und seine webetechnisch verwandten Arten) sind im westlichen Europa sehr willkommen. In den amtlichen deutschen Erläuterungen zu den Zollbestimmungen für Teppiche heißt es wortwörtlich: »Zu den Teppichen der Tarifnummer 58.02-B zählen Kilims, Sumakh, Karamanie *und dergleichen*.« (!!!)

Diese Erläuterungen bestimmen weiter: »... sind Kilims ripsartige Gewebe, in deren Kette farbige Schußgarne aus Wolle oder Haaren mit der Hand leinwandbindig eingearbeitet werden. Der Schuß geht nur innerhalb einer gewissen Anzahl von Kettfäden, dem Muster entsprechend, hin und her. An den Umkehrstellen des Schußfadens entstehen deshalb zwischen den benachbarten Kettfäden Spalten, die entweder offen bleiben oder vernäht werden. Die Musterung besteht in der Regel aus schräg oder in Zickzackform angeordneten geometrischen Figuren mit scharfen Farbgrenzen. Bei den Kilims hängen die Schußfäden auf der Rückseite meistens lose, oder sie flotten bis zur nächsten Figur. Karamanie sind Kilims aus der kleinasiatischen Stadt Karaman.«

Der vielsagende Schwerpunkt dieser amtlichen Äußerung liegt in den beiden Wörtern »*und dergleichen*«. Dies allein zeigt schon an, daß es viele verschiedene Arten kilimähnlicher Gewebe gibt. Bevor wir einige Hauptarten in bezug auf deren Herstellungsmerkmale schildern, sei gesagt, woher hauptsächlich die Kilim-Sorten kommen:

BALKAN **Albanien** liefert nicht viel an. Diese Kilims haben Kette und Schuß aus Wolle, geometrische Muster herrschen vor. Rot, Braun, Dunkelblau und Grün dominieren. – **Bulgarien:** Ältere Kilims haben Kette und Schuß aus Wolle, die neueren zeigen Baumwollkette. Zentren der Kilim-Herstellung sind Ciprovci, Sanokov und Kotel samt Umgebungsorten. Die Farb- und Motivskala ist vielfältig. (Siehe hierzu auch im 6. Hauptabschnitt unter *Bulgarische Teppiche*.) – **Griechenland:** Ältere Kilims haben Kette aus Wolle oder Ziegenhaar bzw. aus der Mischung von Ziegenhaar mit Wolle. Bei den neuen Stücken findet man nur Baumwollkette. Der Schuß ist stets aus Wolle. Die Muster sind geometrisiert und vielfarbig. In fast allen Dörfern Griechenlands werden Kilims hergestellt. – **Jugoslawien:** Ältere Kilims von dort haben Kette aus Ziegenhaar, oder das Ziegenhaar ist mit Wolle gemischt. Die neueren Kilims tragen Woll- oder Baumwollkette (aus Gründen der Aufforstung ist die Ziegenhaltung weithin verboten). Der Schuß besteht stets aus Wolle. Der jugoslawische Kilim wird in allen handelsüblichen Größen hergestellt. Die Muster sind weitgehend geometrisiert und farbenfroh. Hauptort der Erzeugung ist die Stadt Pirot samt Umgebung, es gibt aber noch viele andere Herstellungsorte. Kilims in alttürkischer Musterung stellt man in Stapar, Kumanovamin, Sandschak und in Novi-Pazar her. Aus Markovic, Janjevo, Prizren kommen Kilims, die altslawische Muster zeigen. – **Rumänien:** Die Kette ist fast immer aus Baumwolle, der Schuß stets aus Wolle. Man sieht sehr lebhafte Farben, zuweilen wirken sie grell. Neben türkischen Mustern findet man auch Blumenmotive, diese dann meist in zarten Pastellfarben. Eine Verschmelzung alttürkischer Ornamente mit ostslawischen Motiven bringt der sogenannte Hirski-Kilim. – **Ungarn:** Auch dieses Land war in weiten Teilen lange hindurch von den Türken besetzt. Der ungarische Kilim bestand früher ganz aus Wolle, jetzt hat er Baumwollkette, der Schuß ist aus Wolle. Die Musterung zeigt sich großflächig, sie erfolgte früher in starken, oft grellen Farben, jetzt sind die Farben der ungarischen Kilims, harmonisch abgestimmt, in Natur-

Kilim, Pirot, Jugoslawien

Kilim, jugoslawisch,
vermutlich anhand einer Vorlage der ehemals bestandenen
k. k. österreichischen Schulmanufaktur Sarajewo angefertigt,
sehr präzise Arbeit

Karaman (Karamani), Wirkteppich, Kleinasien

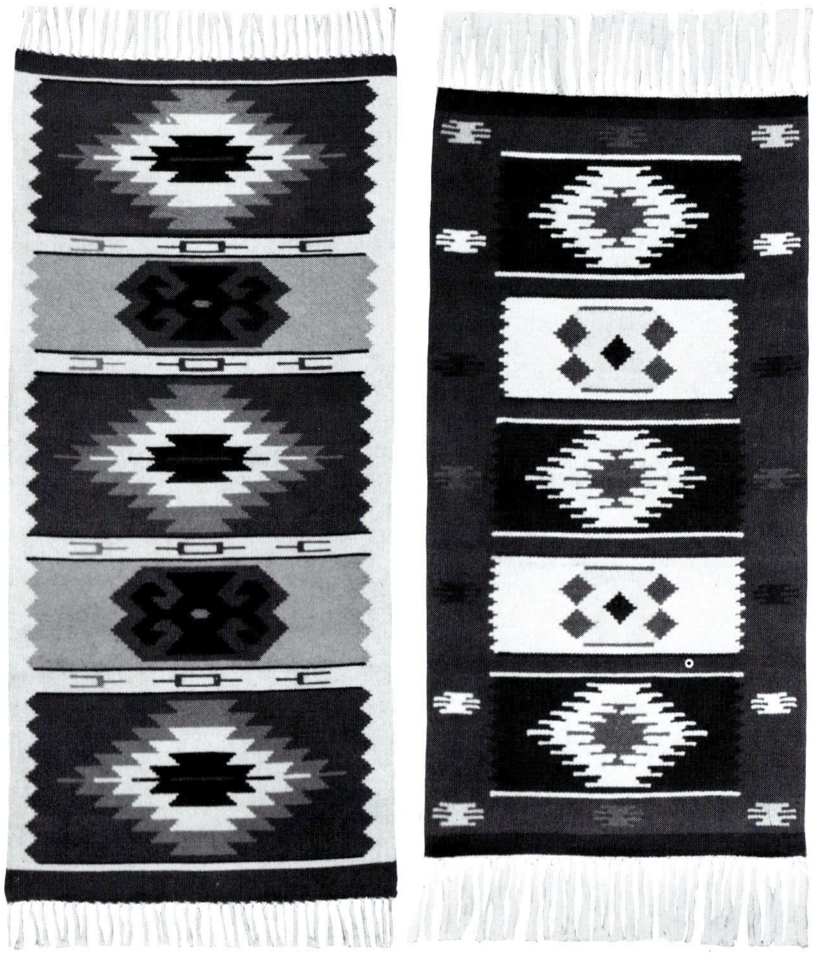

Torontal, Wirkteppiche, Ungarn

weiß, Grau und Braun eingebracht. Natürlich fehlen auch die Nationalfarben Grün und Rot nicht. Kilims aus dem Balaton-Gebiet und aus Balassagyarmat (samt Umgebung) zeigen Blumenmotive, zuweilen auch Tiere. – **Polen** und **Weißrußland** versuchen sich in der Kilim-Herstellung, doch mit wenig Exporterfolg. Beide letztgenannten Gebiete haben keinerlei Bezug zu dem Begriff »Orient«.

ANATOLISCHE KILIMS Sie werden in den verschiedensten Größen in fast allen Gegenden Anatoliens hergestellt. Die schönsten und interessantesten Stücke kommen aus Karaman und den östlichen Landesteilen. Sie bestehen oft aus nur einem Stück: dann sind es meist Gebetteppiche oder Decken. Mehrteilige Kilims können horizontal oder vertikal zusammengesetzt sein. Dies rührt daher, weil der Weberin bei der Herstellung nur ein schmaler Webrahmen zur Verfügung stand. Die einzelnen Teile werden für sich gewebt und sodann, dem Muster entsprechend, zu einem Stück zusammengenäht. Kilims kommen mit oder ohne Borte vor. Kette und Schuß sind stets aus Wolle.

Das ganze Feld ist in Quadrate, Rauten oder Streifen aufgeteilt, die wieder in sich durchgemustert sind. Bestimmte Musterelemente (Tamga), die in der Bordüre enthalten sind, können mitunter ein Fingerzeig für den Herstellungsort sein. Da sich beim Weben in einfacher Kilim-Technik senkrechte Öffnungen, also Schlitze, ergeben (sie fördern keinesfalls die Festigkeit und Haltbarkeit des Teppichs), werden Muster vorgezogen, die in kurzen Abstufungen und mit Schräglinien gezeichnet sind. Mit ihrem Farbenreichtum und den schier unzähligen Mustervarianten stellen anatolische Kilims ein reichhaltiges Angebot an Weberzeugnissen erster Güte vor. Es ist fraglich, ob es jemals gelingen wird, eine zutreffende schematische Klassifizierung all dieser vielen unterschiedlichen Stücke aufzustellen.

Da früher auf dem Teppichmarkt von Istanbul hauptsächlich Kilims aus dem Bezirk Karaman gehandelt wurden, pflegte man im Laufe der Zeit alle Kilims aus der Türkei mit der Sammelbezeichnung »Karamanie« zu belegen. Das Gebiet Karaman kann jedoch nicht nur mit Kilims, sondern auch mit hervorragend geknüpften Flor- und mit Filzteppichen aufwarten; die Bezeichnung Karamanie allein für Kilims zu verwenden ist daher nicht zutreffend.

Als Besonderheit unter den Kilim-Teppichen Anatoliens seien die Gewebe der Yürüken und jene der Kurden erwähnt. Neben gängiger Ware, die zum Verkauf bestimmt ist, stellen die Yürüken Kilims her, die nur selten in den Handel gelangen. Offenbar sind sich die Weberinnen der Schönheit und Exklusivität ihrer Erzeugnisse voll bewußt. Diese Stücke bleiben daher meist in Familienbesitz. In der Musterung sind die Stammessymbole enthalten, die, in Verbindung mit allegorischen Musterelementen, eine besondere Aussage für den Sachkundigen beinhalten. Sind schon die geknüpften Teppiche der Yürüken eine Augenweide für den Teppichliebhaber: um so mehr sind es die Kilims (und die Schlingsticharbeiten). Einmal im Jahr versammeln sich die Yürüken in Manavgat, einem Dorf bei Antalya, um dort drei Tage lang ihr Jahresfest zu feiern. Die Kilims, die man dann zu sehen bekommt, zählen zu den schönsten Nomadenarbeiten überhaupt! Die alttürkische Musterung von bester Tradition bietet eine bunte Farbenpalette dar, immer jedoch in einer Harmonie, die auch der Europäer als angenehm und reizvoll empfindet. Mor-Karaman- und Ak-Karaman-Schafe, zum Teil gekreuzt mit dem westanatolischen Merinoschaf, liefern hierzu beste Wolle von seidigem Glanz. Auch die Kurden stehen mit ihren Kilim-Erzeugnissen den anderen türkischen Provenienzen an Güte und Schönheit nicht nach. Die Muster sind jedoch schlichter und großflächiger und mehr in dunklen Farben gehalten. Wegen der weitverbreiteten Mustervermischung dürften klare Grenzen selbst innerhalb der einzelnen Stämme kaum noch zu ziehen sein.

KAUKASISCHE KILIMS UND PALASE Obgleich in vielen Orten Armeniens und im Kaukasus Kilims hergestellt werden, wird im Teppichhandel den Stücken aus dem südlichen und südöstlichen Kaukasus besondere Bedeutung beigemessen. Wie die dort geknüpften Teppiche, so führen auch die Kilims ihre Benennung meist nach den Landstrichen, in denen sie hergestellt werden (Kasak, Schirwan, Dagestan u. a. m). Am augenfälligsten ist die Musterung, die sich in kräftigen, satten Farben durchweg geometrisch darbietet. Diese Teppiche bestehen entweder aus *einem* Stück (zumeist sind sie dann Gebet-Kilims) oder sie setzen sich aus zwei vertikal verbundenen Teilen zusammen. Auf mancherlei Weise kann die Weberin viele Variationen eines Grundmusters herausarbeiten.

Nicht unbekannt sind Schlitzgewebe (Teppiche) der Völker Nordkaukasiens. Hierunter fallen Kilim-Arbeiten der Awaren und der Kumüken (z. B. Dawagin, Dum, Arbabasch), der Karatschaier, Balkaren, Lesgier, Tabassaraner usf.

Verne,
Kaukasus

Verne,
Kaukasus

Kumükischer Dum,
Kaukasus

Manchmal findet man im Handel für Kilim auch die Bezeichnung »Palas« vor. Es handelt sich dabei nicht immer um Kilims minderer Qualität (»Palaspare« genannt), sondern um schlicht breitgestreifte Stücke. Solche Streifen heißen auf Russisch »palasovye polosy«, die Kilims dagegen führen den Sammelnamen »polosatyje kilimy«. Daher kommt, abgekürzt, der Name »Palas« für diese allgemein anzutreffenden gestreiften Kilim-Arbeiten. Als »Dschule« benannt, kommt eine einfache Kilim-Art aus Dagestan. Siehe im 6. Hauptabschnitt unter *Dschule*. Es handelt sich hier um eine sehr einfache, ausgesprochen ländliche Kilim-Art.

KILIMS AUS IRAN Auch in Iran werden in fast allen Gegenden Kilims hergestellt. Zu den feinsten und herrlichsten Stücken zählen Kilims aus Sanandaj und Umgebung (sogenannte Senneh-Kilims). Bei ihnen findet man nicht nur die rein geometrische Musterung vor, sondern auch florale Ornamente (z. B. Tulpenmuster). In der technischen Ausführung ähneln sie zuweilen sogar Gobelin-Erzeugnissen. Senneh-Kilims haben nicht selten ein zentrales Rautenmuster (Rautenmedaillon), indes der restliche Fond das Mahi-Muster in seiner vielseitigen Gestaltung aufweist. Eine meist dreiteilige Borte umschließt das Mittelfeld. Die Abschlüsse sind elegant gestaltet, die Fransen in der Regel kunstvoll verknotet. Diese Kilims zählen, wie auch die sonstigen Teppiche dieser Provenienz, zu den Kostbarkeiten orientalischer Handarbeit. Solche Senneh-Kilims werden gern als Vorhänge bzw. als Zwischenvorhänge verwendet. Von den vielen sonstigen, ebenfalls interessanten iranischen Kilims seien nur ein paar Namen genannt: Damgan, Schahrud, Gonbad-i-Kabus, Turbat-i-Schaikjam, Kaschmar und im besonderen die schönen Kilims aus der Provinz Fars (Schiraz-Gegend).

AFGHANISCHE KILIMS Sie gelangen selten auf den europäischen Teppichmarkt. Wie die iranischen, so sind auch die afghanischen Kilims ganz aus Wolle. Die Musterung ist gleichfalls geometrisch. Dunkle Farben überwiegen: Dunkelrot, Dunkelblau, Dunkelbraun. Schwarz und Naturweiß kommen nur in den Konturen der Musterelemente vor. Die afghanischen Kilims werden fast nie als Fußbodenbelag verwendet, man benutzt sie als Wandbehang (Dekorationsfunktion), als Decke oder als Vorhang. Kleine Stücke dienen zuweilen als Gebetteppich, sie haben dann nicht sel-

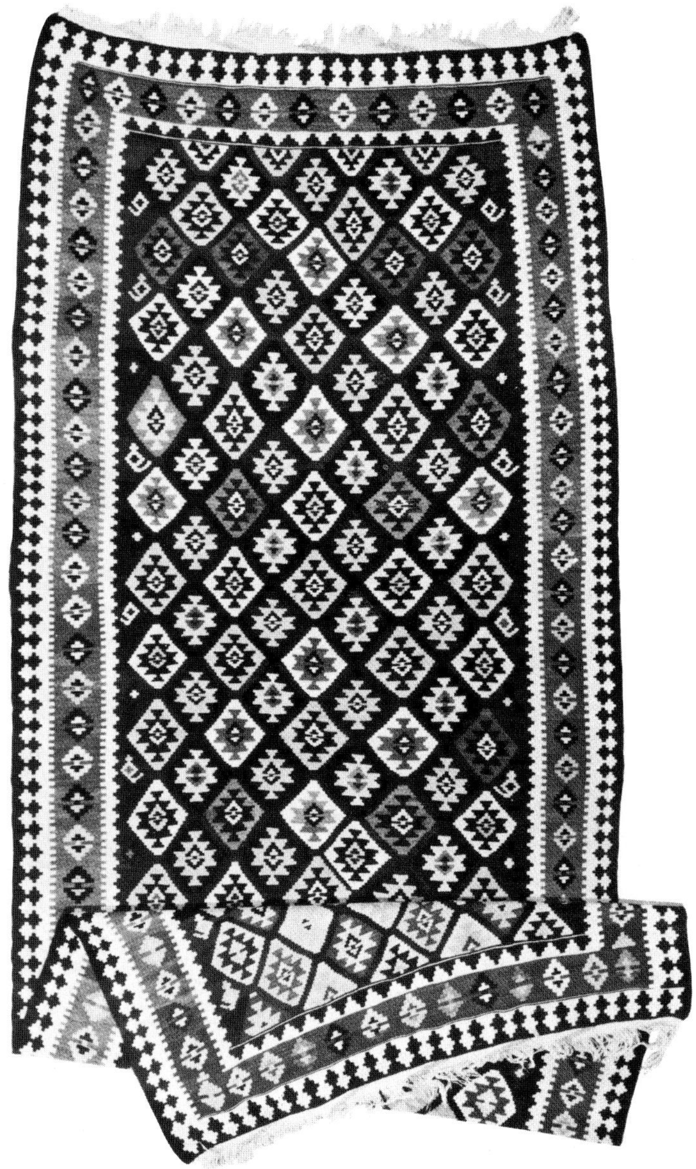

Schahsewanen-Kilim (Schastawan, Shavesan). Ein Nomaden-Turkstamm im nördlichen Persien, eingestreut in viele Gebiete anderer Stämme, stellt außer Knüpfteppichen auch Kilims her. Stark stilisierte Musterformen oder überhaupt (wie hier) Ausmusterung der Flächen mit verschiedenfarbigen Karos, meist schräglinig, unterbrochen durch sieben- oder achteckige Sternfiguren. Hamadan ist Hauptsammelplatz. Gebetteppiche kommen schon selten vor. Die Schahsewanen waren einst von der Nordgrenze Persiens bis hinunter nach Schiraz als Straßenräuber gefürchtet.

Ägyptischer Kilim (Bauernkilim), El-Nil

Senneh, Wirktechnik, wertvolle Arbeit, Persien

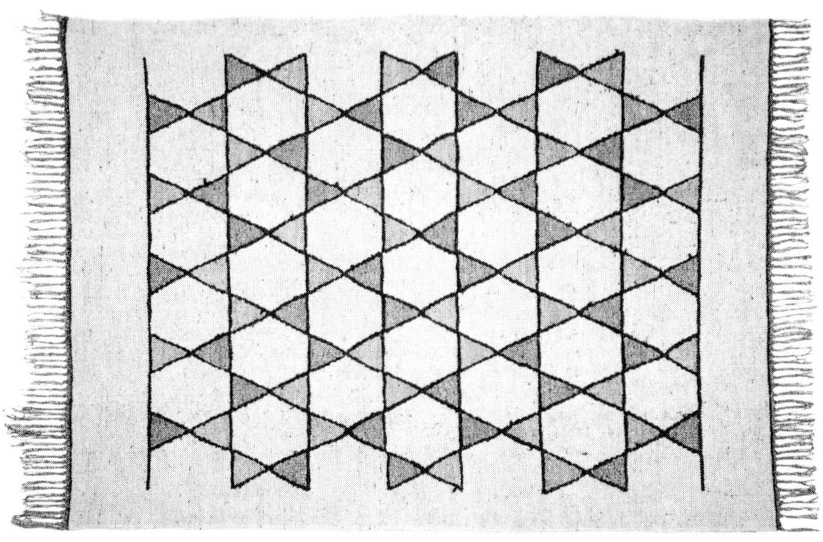

Ägyptischer Kilim (Manufaktur-Kilim), El-Nil

»Erntetanz«, Kilim, UdSSR, 1954
(kein Sumakh, sondern glatte Rückseite; außerordentlich präzise, künstlerische Arbeit)

Kilim, Kasachstan, Rußland

Teke-Turkmenen-Tschowal (Aufbewahrungstasche, 122 × 70 cm)

ten das in vielen Varianten vorkommende Gebetteppichmuster. Unter Liebhabern dieser Textilien erfreuen sich besonderer Wertschätzung die fein gearbeiteten Stücke der Gordesch, Kam, Madagul, Kafir sowie der Presun, Wai und Aschkund.

MITTELASIATISCHE KILIMS Sie sind ganz aus Wolle (die Kette ist zuweilen aus Kamelhaar), streng geometrisch gemustert. Sie zählen zum Besten, was von dieser Art überhaupt erzeugt wird. Die turkmenischen Musterelemente sind so typisch, daß in den meisten Fällen auch weniger Sachkundige diese Provenienz sogleich erkennen. Rot und Blau in allen Schattierungen sowie Weiß und Gelb herrschen vor. Die Schlitze werden sehr klein gehalten oder überhaupt vermieden. Zu den bekanntesten Erzeugnissen zählen hier die Kilims der Teke, Beschir, Ersari, Goklanen u. a. m. Hingewiesen sei hier auch noch auf die nicht unschönen Kirgisen-Kilims aus Kasachstan.

INDISCHE KILIMS (DERI) Kette und Musterschuß sind meist aus Baumwolle. Während bei Kilim-Arbeiten im allgemeinen die Musterelemente für sich gewebt werden, wird beim Deri jeder Florschuß mit dem der nebenliegenden Farbe vor seiner Umkehr im Gegenfach gekreuzt. An den Farbgrenzen sind daher keine Schlitze wahrnehmbar. Das ganze Stück wird in gleicher Höhe über die ganze Breite gearbeitet. Rauten, Blumen und andere asiatische Musterelemente bilden die geometrische Ornamentierung. Monochrome Stücke mit grober Struktur und spärlicher Musterung (Dschohoria, Athar, Dschemkhani, Farasi aus Jute [für die Kette] und aus Ziegenhaarschuß, Khirir) finden in der Regel Verwendung als Wagenplachen (Planen). Reichhaltig gemusterte, in mittelfeiner bis feiner Ausführung und meist aus fünf Streifen zusammengenähte Stücke (die Streifenbreite beträgt etwa 30 cm) werden als »Gedhar«, größere Stücke als »Satrandscha« gehandelt. Auch unter diesen Kilim-Erzeugnissen findet man mitunter interessante Stücke. Da sie aber einem großen Verschleiß ausgesetzt sind, ist ihre Haltbarkeit sehr gering. Von bester Ausführung sind zuweilen noch die als Bettdecken verwendeten »Deri« sowie die als Gebetteppich vorkommenden »Dschau-i-namaz«. Auf dem europäischen Kontinent haben all diese Sorten kaum Anklang gefunden. In England und in den Vereinigten Staaten sind sie dagegen nicht unbekannt.

KILIMS AUS BUTHAN, SIKKIM, NEPAL

Überall dort fertigt man Kilims an. Sie sind ganz aus Wolle und meist gestreift mit geometrischer Ornamentik. Rote, blaue, grüne und gelbe Farbtöne herrschen in der Musterung vor. Es handelt sich zumeist um kleinere Stücke, die hauptsächlich als Sattelunterlage und als Wandschmuck verwendet werden. Der auch dort aufkommende Tourismus »hebt« natürlich das Geschäft, aber ein »Sensationskauf« oder ein »Kauf fürs ganze Leben« wird dort nicht getätigt werden können. Im allgemeinen gilt der Rat: solche Stücke als »Andenken« nicht im Herstellungsort zu kaufen, sondern in einem renommierten Fachgeschäft in der Heimat. Man erspart sich damit die Transport-Unannehmlichkeiten (Zoll usw.), auch bekommt man im Heimatland den Teppich fachgerecht entkeimt und sorgfältig gewaschen – er macht dann gewiß mehr Freude als ein »uriges« Stück, das schlußendlich etwa Krankheiten verursacht.

CHINA, TIBET UND MONGOLEI Woher sie aus dem großen Gebiet auch kommen: sie sind ganz aus Wolle, aber – sie kommen im Handel fast nie vor. Wenn doch, dann sind es überwiegend Stücke, deren Fond einheitlich mit kleinen Hexagonen oder mit dem Swastika-Ornament ausgemustert ist. Indigo, Mittelblau, Braun, Gelb, Erdbeer- und Kupferrot überwiegen als Musterfarben. Die schönsten und feinsten Stücke haben mitunter Seiden- oder Metallbroschierung. Auch gibt es solche, die als einziges Muster nur den Mäander (mit Abarten) aufweisen, und auch dies lediglich in der Bordüre, indes der sonstige Raum musterlos ist.

DER AFRIKANISCHE KILIM In jüngster Zeit wächst bei uns das Interesse an Kilims afrikanischer Provenienzen. Solche Erzeugnisse **marokkanischer** Herkunft (oder aus anderen Berberstaaten) gelangen jetzt in verschiedensten Größen in den Teppichhandel, nachdem sie sich (aus verständlichen Gründen) zuerst in Frankreich eingenistet hatten. Erwähnt seien hier insbesondere Stücke aus den Souks (= »Märkte«) von Rabat, Casablanca, Marrakesch, Tetuan, aus dem Hohen und Mittleren Atlas sowie aus Ostmarokko (Quarzazate, Tinerhio, Azrou, Ihrane, Sefrou, Taroudant, Tafraut, Oujda usw.). Die Kette ist aus Baumwolle oder aus Wolle oder aus Wolle mit Ziegenhaar gemischt. Der Schuß ist stets aus Wolle. Geometrische Musterung ist die Regel.

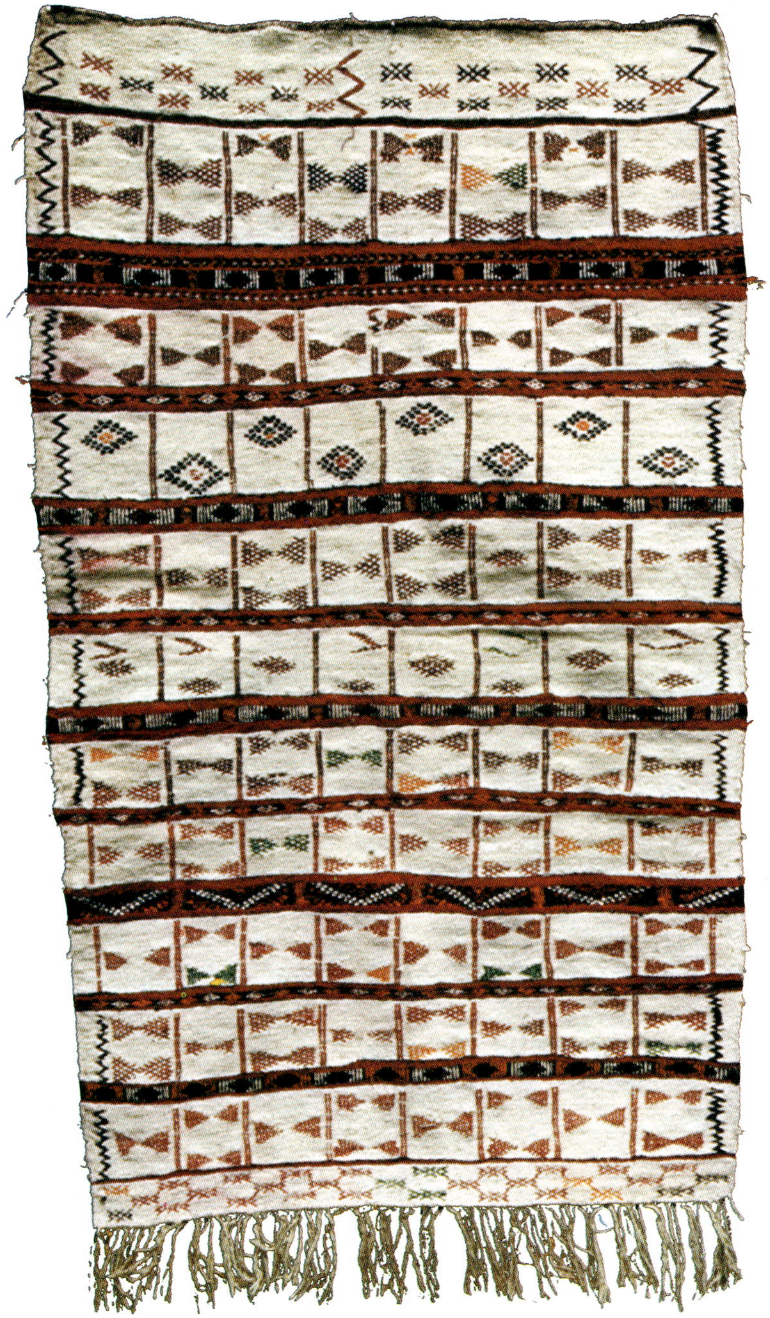

Kilim aus Marokko, Gegenwart

Nicht selten sind auch **algerische** Kilims anzutreffen, insbesondere solche aus dem Atlas Saharien. Neuere Stücke haben Baumwollkette. Bei älteren Exemplaren ist die Kette noch aus Wolle oder aus Wolle mit Ziegenhaar gemischt. Der Musterfaden besteht jedoch stets aus Wolle. Die schönen Stücke sind in den fünf klassischen Farben (Industriefarben) gehalten: Rot, Schwarz, Indigo, Grün und Orange. Die geometrische Musterung dominiert. Zu den feineren Stücken zählen insbesondere Ousada, Mekhada, Matrah und Kjerbi (die letzteren werden auf dem Flachstuhl hergestellt).
Auch in **Tunesien** werden bunt gemusterte Decken, Vorhänge und Teppiche (u. a. auch Gebetteppiche) in Kilim-Technik hergestellt. In den Souks von Tunis, Kairouan u. a. findet man Erzeugnisse aus eigener Herstellung ebenso wie Stücke aus den Oasen Gabes, Gafsa, Tozeur usw. Wie bei den Algeriern ist auch hier die Kette entweder aus Wolle oder aus Wolle/Ziegenhaar oder aus Baumwolle, der Musterschuß ist dagegen immer aus Wolle. Geometrische Muster in vielen Varianten bedecken den gesamten Teppichgrund. Als Schmuckmuster kommen in diesem Gebiet auch Tiere (Löwen, Kamele, Hunde, Vögel, Fische), Bäume (Palmen) und verschiedene Pflanzen vor. Sogar Menschendarstellungen (Krieger) sind mitunter anzutreffen. Siehe hierzu auch die Ausführungen über *Berberteppiche* im 7. Hauptabschnitt.
Mitunter kommen aus **Äthiopien** kleinere Kilims auf den Markt. Meist zeigen sie geometrische Motive, die der Folklore entnommen wurden. Rot, Gelb, Orange, Naturweiß, Grün und Schwarz überwiegen in der Farbhaltung.
Ägyptische Kilim-Arbeiten werden insbesondere den Reisenden in den Souks angeboten, hergestellt meist in Kairo, Helwan (Heluan), Assyut und anderen. In etwa 1000 kleinen Betrieben mit rund 6000 Beschäftigten werden diese und andere Teppiche, meist klein- oder mittelformatig, für den Eigenbedarf und für den Export hergestellt. Die Kette ist manchmal aus Wolle, meist aber schon aus Baumwolle, der Schuß dagegen immer aus Wolle. Neben türkischen Mustern kommen reine Phantasiemuster vor, letztere sind vornehmlich für die Touristen bestimmt. Erwähnt sei die Produktion von Harranie (unweit von Kairo), wo unter Anleitung von Pädagogen und Kunsthandwerkern Kilim-Gewebe hergestellt werden. Es handelt sich um Stücke mit Pflanzendarstellungen, Tieren oder Personen sowie um Motive aus der dörflichen Umgebung.

Meschkin-Sumakh. Diese Sumakhs kommen aus Nordwestpersien. Die Kette ist aus Baumwolle, daher sehr strapazierfähig. Gute Stücke sind schon selten. Dieses hier mißt 275 × 126 cm.

SUMAKH-TEPPICHE

Nun soll hier näher auf Sumakh-Teppiche »und dergleichen« eingegangen werden. Nach den deutschen Zollerläuterungen »... bestehen Sumakh aus einem leinwandbindigen starkfädigen Grundgewebe. Zwischen die Grundschüsse sind in der Schußrichtung fest gedrehte, farbige Wollgarne musterbildend so eingeschlungen, daß ein Musterfaden fortlaufend immer einen Kettfaden oder zwei Kettfäden umschlingt. Bei manchen Sumakh-Teppichen wird nach jedem Musterfaden, bei anderen jeweils nach zwei Musterfäden, ein Grundschuß eingelegt. Auch diese Teppiche weisen meistens geometrische Musterung auf. Bei den Sumakhs hängen die Schußfadenenden auf der Rückseite meist lose, oder aber sie flotten bis zur nächsten Figur.«
Diese »Erläuterungen« enthalten lediglich eine allgemeine Definition, was allein schon aus den Worten: »... Sumakh *und dergleichen*« bzw. »*und ähnliche Teppiche*« geschlossen werden muß. Sie beschreiben damit die einfachste Strukturart der Schlingstichgewebe. Es gibt jedoch auch »Sumakh-Teppiche *und dergleichen*« mit abweichender Struktur. Die folgenden Ausführungen sollen daher für den Teppichfreund im wesentlichen darlegen, welche Gewebe als Sumakh-Teppiche im Sinn der Zollbestimmung anzusehen sind.
»Sumakhs *und dergleichen*« werden in der Technik des sogenannten »zusammengesetzten Umlaufs« hergestellt. Man könnte auch von versetzter Schlingentechnik sprechen. Im Aufbau sind diese Teppiche den Knüpfteppichen am ähnlichsten. Mit dem Namen der Färberpflanze Sumach hat der Teppich Sumakh nichts zu tun. (Siehe auch im 6. Hauptabschnitt unter *Sumakh*.)
Diese Erzeugnisse sind an Festigkeit den meisten Kilim-Geweben überlegen, denn sie enthalten nicht nur die an der Oberfläche zeichnenden Musterschüsse, sondern auch im Innern verborgene Grundschüsse. Sie tragen auf der Vorderseite keinen samtartigen Flor (wie geknüpfte Teppiche); statt dessen weisen bei ihnen die musterbildenden farbigen Schlingschüsse nicht selten eine zöpfchenähnliche Bordüre auf. Die Rückseite ist bei neueren, insbesondere bei den als Fußteppich gewebten Stücken zottig. (Bei älteren Exemplaren sind diese sonst lose herabhängenden Fadenenden meist schon abgewetzt.)
Die Herstellung: Die Kette, in der Regel aus Wolle, wird wie bei Knüpfteppichen aufgebäumt und mit einem Fadenwech-

Sumakh, Kaukasus

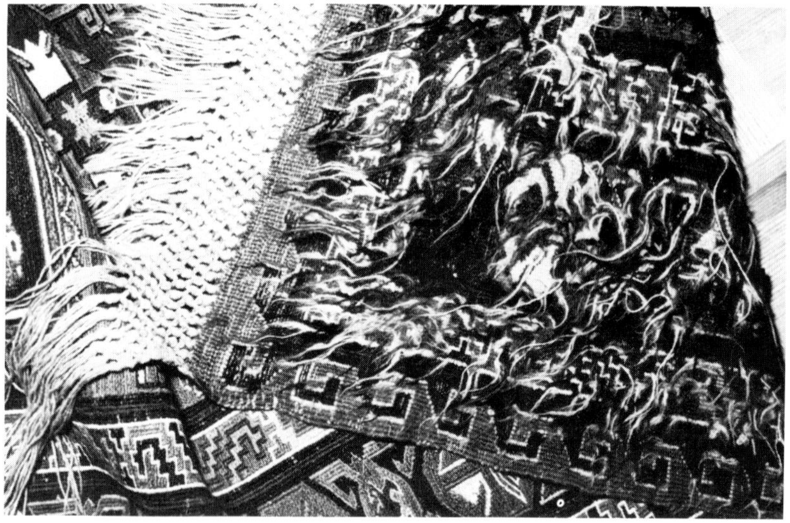

Sumakh-Rückseite

 Sumakh-Detail

sel versehen. Sie besteht meist aus zwei- oder mehrdrähtig gezwirntem Garn und ist in der Regel weiß oder naturbraun (selten blau oder rot angefärbt). Ansätze (Kilimlik) werden meist fehlen. Mit der Eintragung der Musterschüsse wird in der Regel unmittelbar hinter den »Fransen« begonnen. Der farbige Musterschuß wird mit Schlingstich von der Rückseite zwischen zwei Kettfädenpaaren auf die Vorderseite heraufgeführt. Er verläuft dann schräg aufwärts, und zwar über vier Kettfäden hinweg, geht hinunter, läuft auf der Rückseite zwei Kettfäden zurück, steigt wieder herauf auf die Vorderseite, geht schräg hinauf, gleichfalls über die nächsten vier Kettfäden hinweg, wird sodann hinuntergezogen, kehrt auf der Rückseite über zwei Kettfäden zurück, um dann wieder auf die Vorderseite heraufzugelangen und den beschriebenen Weg so lange zu wiederholen, bis das ganze Stück in seiner Musterung vollendet ist. Wir haben es dabei mit einem fortschreitenden Überwickeln der Kettfäden nach bestimmtem Rhythmus zu tun. Die Fadenenden der Musterschüsse läßt die Weberin auf der Rückseite entweder lose herabhängen oder sie zieht diese (bei feineren Stücken) in das Gewebe ein. Für feinere Einzelheiten (Punkte, Linien etc.) wird der beschriebene Vorgang den Erfordernissen angepaßt. Die Weberin kann aber den Musterschuß auch in gleicher Richtung über die Kettfäden schlingen und dadurch die vorher erwähnte Struktur vermeiden. Beide Arbeitstechniken können mitunter auf *einem* Teppich vorkommen. Nach jedem oder nach jedem zweiten Musterschuß wird ein Grundschuß, einfach oder doppelt, eingelegt (eingetragen) und mit dem Kamm niedergeschlagen. Dieser Grundschuß verläuft im Innern des Gewebes und ist von außen nicht sichtbar. Er ist naturfarbig oder braun. Diese Teppichstruktur findet man bei älteren, noch sorgfältig gearbeiteten Exemplaren. Bei Erzeugnissen neueren Datums wird meist erst nach jeder zweiten oder dritten Musterschußreihe ein Grundschuß eingelegt. Bei senkrechten, schmalen Konturen umwickelt die Weberin aufsteigend nur ein Kettfadenpaar oder auch nur einen Kettfaden.

Mehrere Reihen Fransenknoten am Anfang und am Ende des Teppichs verhindern, daß der Teppich »aufgeht«. Randleisten kommen im allgemeinen nicht vor. Bei sehr feinen Stücken wird jedoch auch hierauf nicht verzichtet. Die oft sehr zierlichen Zeichnungen bedingen einen häufigeren Farbwechsel. Man läßt hierbei die Enden der farbigen Musterschüsse auf der Rückseite des Teppichs lang herabhän-

Sumakh, Kaukasus

gen, wodurch diese Seite die bereits erwähnte zottige Beschaffenheit aufweist.
Der Teppich, obwohl nicht derart kompakt wie ein geknüpfter, gewährt bei guter Haftung am Boden dennoch fast gleichen Kälteschutz wie ein Knüpfer.
Mitunter handelt es sich jedoch um feine oder sehr sorgfältig gearbeitete Stücke, bei denen die herabhängenden Fadenenden im Zuge der Anfertigung in das Gewebe eingezogen worden sind. Diese farbigen Musterschüsse werden dann gut angezogen, wodurch der Teppich einen festen Griff erhält und der Teppichspiegel ein reliefartiges Aussehen mit feinsten Farbnuancen aufweist. Sumakh-Teppiche bestehen meist nur aus Schafwolle. Feine Stücke haben geschlungene, geknotete oder durch Flechtborte abgebundene Fransen.
Beim **kaukasischen Sumakh** kommen als Muster große, in der Färbung gut abgestimmte Medaillons vor, die gleich dem Grund mit kleineren und größeren geometrischen Motiven bedeckt sind. Man begegnet häufig dem stilisierten Schicksalsknoten, dem Uilgen mit seinen vielen Varianten, drei- und mehrzackigen Sternen u. a. m. Bei kleineren Stükken erscheinen auch in Reihen gesetzte Streumuster. Die drei- bis fünfstreifige Bordüre enthält fast immer die Georgische Borte. Bei älteren Stücken ist die Grundfarbe meist ein schönes, sattes Ziegelrot, aus dem sich eine sanftgelbe oder blaue Zeichnung heraushebt. In den Konturen finden wir ein dunkles Flaschengrün. Bei neueren Stücken ist der Grund stumpf in Braunrot, in das die Weberin dunkelblaue, grellgrüne und grellgelbe Motive eingefügt hat. Blau als Grundfarbe kommt ziemlich selten vor.
Obgleich Sumakh-Erzeugnisse florloses Gewebe sind, erzielen sie im Handel nicht selten den Preis von guten geknüpften Teppichen. In der Größe sind sie verschiedenartig, wobei man feststellen kann, daß die kleineren Stücke zumeist sorgfältiger und feiner gearbeitet sind; manche sind mit Seiden- oder Metallfäden broschiert.

ANDERE SUMAKH-ARTEN Hier sei noch auf weitere häufiger vorkommende Strukturformen hingewiesen:
1. Der festgedrehte farbige Schußfaden, fast stets in der gleichen Schußrichtung verlaufend, wird auf der Vorderseite schräg nach oben um zwei Kettfäden vorgezogen, auf der Rückseite dagegen nur um einen Kettfaden zurückgeführt. Da in der Regel die gleiche Richtung eingehalten wird, entsteht in der Musterung keine Grätenstruktur. (Man trifft jedoch auch Stücke mit grätenartigen Schlingstichen an.) Nach jeder (oder nach jeder zweiten) Musterschußreihe wird über die gesamte Breite des Gewebes ein dünner, meist aus ungezwirnter Wolle (Vorgarn) bestehender, gerader Schußfaden eingetragen. Den Anfang des neuen Musterteiles beginnt die Weberin sodann mit einem neuen Musterschuß in der gewünschten Farbe. Die Fadenenden der Musterschüsse werden meist – wie beim eigentlichen Sumakh – nicht abgeschnitten, man läßt sie auf der Rückseite lose herabhängen. Bei feingemusterten Stücken jedoch, wenn die Weberin die losen Fadenenden des Musterschusses zum nächsten gleichfarbigen Musterelement weiterzieht, ähnelt die Rückseite jener eines geknüpften Teppichs. Teppiche dieser Struktur, in der Regel vertikal gestreift und ausgemustert, nennt man im Handel Dschidschim. Als Dschidschim (türkisch »çiçim«) bezeichnet man aber auch: a) zusammengenähte Kilims (Palase) mit vertikal gemusterten oder ungemusterten Streifen; b) vertikal gestreifte, gemusterte Sumakhs *»und dergleichen«* und c) gestickte, aus Einzelteilen (Streifen) vertikal zusammengenähte Kilims. Man findet die Dschidschim in grober bis feinster Ausführung vor (Karabagh, Moghan, Talisch). Siehe hierzu auch im 6. Hauptabschnitt unter *Djidjim.*
2. Bei einer anderen Strukturform – auch hier verläuft der Musterfaden in gleicher Richtung – wird der Musterschuß auf der Vorderseite des Gewebes um vier Kettfäden vorgezogen, auf der Rückseite jedoch um einen oder um zwei Kettfäden zurückgeführt. Die Arbeitsweise ist ansonsten wie beim Dschidschim. Auch hier überwiegen Erzeugnisse, an deren Rückseite die Fadenenden der Musterschüsse lose herabhängen. Bei anderen wieder werden die Fadenenden auf der Rückseite bis zum nächsten Musterelement geführt. Teppiche dieser Strukturform nennt man »Sileh«, insbesondere dann, wenn der Teppichfond in der Hauptsache aus einer (oder mehreren) Reihe(n) großer »S«- oder »Z«-Zeichen besteht, die abwechselnd in hellen und dunklen Farben gehalten und in sich ausgemustert sind. Die Teppiche können entweder aus einem Stück bestehen oder aus zwei Bahnen der Länge nach zusammengesetzt (genäht) sein. Die bekanntesten Muster dieser Art kommen gleichfalls aus dem Kaukasus (Kasak, Gendje, Nachitschewan etc.). Nicht minder schöne Stücke, jedoch in anderer Musterung, werden im nördlichen Iran gewebt. Auch bei einigen Kurdenstämmen in Syrien, im Irak und bei der bäuerlichen und heute noch zum Teil nomadisierenden Bevölkerung in Mit-

tel-, Süd- und Ostiran sind sie anzutreffen. Da diese Stücke einem großen Verschleiß ausgesetzt sind, haben sie natürlich eine verhältnismäßig kurze Lebensdauer.

VERNE- oder SCHADDA-DECKEN Während beim Sumakh, Dschidschim und Sileh das Grundgewebe unsichtbar bleibt, bildet es hier den sichtbaren Fond. In die meist in Ziegelrot, in braunen oder in gelblichen Tönen gehaltene Teppichstruktur werden während des Webens die Musterschüsse im Schlingstich eingefügt. Stücke dieser Art, meist mit geometrischen Figuren ornamentiert, bestickt man mitunter, was oft erst nach näherer Prüfung zu erkennen ist. Das Teppichfeld ist in horizontale Streifen aufgeteilt, die mit Symbolen oder Darstellungen aus der Tierwelt ausgefüllt sind. Die zweigliedrige Borte überwiegt. Weiße Musterelemente können aus Baumwolle bestehen. Vorherrschende Farben sind Rot, Blau, Beige. Stücke dieser Strukturform, vor allem mit Seiden-Musterschuß, zählen für Liebhaber orientalischer Gewebe zu den interessantesten Sammelobjekten. Sie gelangen jedoch nicht häufig in den Handel, da sie meist für den Eigenbedarf hergestellt und gehütet werden.

PROVENIENZEN Eine genaue Trennung und Abgrenzung der einzelnen Provenienzen ist auch für den Fachmann schwierig. Die Stücke kommen jetzt überwiegend in mittleren und kleinen Ausmaßen vor (Taschen, Satteldecken usw.). Als Ornamente sieht man kleine Medaillons, Mir-i-botas, Tiere oder anthropomorphe Figuren in geometrischer Musterung. In der Regel überwiegen in der Ornamentik Quadrate, Rauten, Vierecke und kleinere Stangenmedaillons.

Dagestan Hier überwiegen kilimartige Teppiche (Sumakh, Verne) kleineren Ausmaßes. Braun, Braungelb und Gelb sind vorherrschend; Rot, Grün und Blau kommen nur spärlich vor. Die Borte ist meist viergliedrig. Geometrische Musterung überwiegt sogar bei Blattdarstellungen.

Kuba-Schirwan-Gebiet Die hier vorkommenden kilimähnlichen Teppiche (Sumakh, Verne, Sileh, Schadda/Schede) erinnern im Aussehen in vielen Fällen an die geknüpften Teppiche dieses Gebietes. Neben abstrakt geometrischen Mustern kommen auch vegetabile und zoomorphe Figuren vor. Bei den Farben dominieren Blau und Rot. Teppiche dieser Provenienzen weisen die feinste Struktur aller kaukasischen Stücke auf.

Sileh (Silé), Kaukasus

Karabagh Von hier kommen Stücke in kleinen, mittleren und auch großen Formaten (Sumakh, Sileh, Verne, Schadda/Schede, Dschidschim). Die Struktur ist meist auffallend gröber, als bei Stücken aus dem Kuba-Schirwan-Gebiet.
Armenien Hier handelt es sich meist um ältere Exemplare aus der Zeit vor dem Zweiten Weltkrieg (Sileh, Verne). Die Struktur ist mittelfein bis fein, die Bordüre zeigt sich meist zwei- oder dreigliedrig. Dunkelrot und Blau sind die vorherrschenden Farben. Kleine und mittlere Stücke überwiegen.
Iranisch-Azerbeidschan Von dort kommen Verne, Sileh, Schadda/Schede und ähnliche, wie sie aus dem sowjetischen Azerbeidschan geliefert werden. Zu den wichtigsten Herstellungsorten zählen Täbriz, Bakschaich, Heris, Ardebil und Umgebung.
Kurdische Sumakh Solche tragen auch den Sammelnamen »Emenil«, es sind Stücke aus Qorveh und den Qulyahi-Dörfern, meist in kleineren Ausmaßen. Mittelfeine bis feine Stücke kommen bei den Stämmen Herki, Sendschabi, Gurani, Dschaffi und Kalhors vor. Auch hier überwiegt die geometrische Musterung. Die Bordüre ist meist dreiteilig. Das Mittelfeld zeigt sich in Quadrate, Rhomben und Vierecke aufgeteilt und ausgemustert. Seltener trifft man streng geometrisch gehaltene Medaillonmuster an. Dunkelbraun, Dunkelblau, Dunkelrot überwiegen. Die Konturen, meist in Weiß, wirken plastisch. Auch in den Hauptbordüren kommt mitunter Weiß als Grundfarbe vor. Die Stücke erreichen oft eine erstaunliche Feinheit, wobei die Techniken untereinander wechseln und manchmal durch Stickerei ergänzt werden.
Belutsch-Chorassan-Sumakh An erster Stelle seien die Erzeugnisse der Alt-Belutschen aus Turbai-i-Haideri erwähnt. Sie werden insbesondere von den Bahluli, Kolahderazi, Kurkheilii hergestellt. Daneben sei auch auf die Erzeugnisse der Hassanzai und Jan-Begi hingewiesen. Die gleichfalls kleinformatigen Stücke werden meist nur für den eigenen Bedarf hergestellt. Nicht unerwähnt seien noch die Stücke der Belutschen aus Kaschmar, Turbat-i-Schaikhjam und Nischapur. Zu den seltensten Stücken, die jedoch kaum auf europäischen Teppichmärkten angeboten werden, zählen die Arbeiten einiger Belutsch-Stämme aus Afghanistan, wie Reschkhani, Zaruzei, Sarni, Riki und Narui.
Ghaschgha'i-Sumakh Auch diese Sumakh-Arbeiten sind ganz aus Wolle. Es seien hier insbesondere die Erzeugnisse der Schisch-Buluki, Daraschuri und Farsi-Madan erwähnt. Es überwiegen Stücke mit Zentralmedaillon und ausgemusterten Ecken. Stangenmedaillons, linear aufgereihte Oktogone, Quadrate und Polygone trifft man dagegen seltener, Rotbraune, braune und dunkelblaue Farbtöne überwiegen.

TURKMENISCHE SUMAKH Diese zählen zu den feinsten Schlingsticherzeugnissen überhaupt. Nicht selten trifft man einteilige Stücke an, deren alleiniges Muster, außer der eingliedrigen Bordüre, aus Rhomben und Polygonen besteht, die diagonal gestaffelt werden. Die Kette ist aus Wolle oder (seltener) aus Kamelhaar. Die breiten Kilimliks sind mitunter fein bestickt. Dunkelrot und Dunkelblau überwiegen, Naturweiß, Schwarz und Grün kommen nur spärlich vor. Experten glauben, auf Grund der Musterung, Struktur, Färbung zwischen Geweben der Alieli, Ersari, Göklen (Goklanen), Yomuden, Karakalpaken, Salor, Saryk, Teke, Tschaudor usw. unterscheiden zu können. Dem ist jedoch mit erheblichem Zweifel zu begegnen. Denn allein die Erzeugnisse der Göklen (und ihrer vielen Stämme und Unterstämme), deren Muster z. T. auch von anderen Turkmenen übernommen worden sind, können heute infolge umfangreicher Musterverschiebung bzw. Musterverschleppung nicht mehr genau abgegrenzt werden.

NACHKLANG In diesen Ausführungen ist dargelegt, daß Kilims und Palase *»und dergleichen«* Erzeugnisse in verschiedensten Herstellungstechniken sein können. Die Zahl und Anzahl dieser verschiedenen Techniken ist selbst für den Fachmann so gut wie unüberschaubar, wenngleich die aus Schlitzweberei hervorgegangenen Stücke am zahlreichsten vorhanden sind. Deshalb wählte auch der sonst so hypergenaue deutsche Zolltarif den Ausweg zu sagen: *». . . und dergleichen«*.
Beim gewebten Sumakh und bei seinen ihm ähnlichen Arten wurde ausgeführt, weshalb diese Erzeugnisse der Schlingstichweberei (mit ihren verschiedenen Arten) zuzurechnen sind. Wenn der Zolltarif für eine Strukturart den Namen einer einzelnen Provenienz (Sumakh) wählte, so offenbar nur deshalb, weil diese Bezeichnung auch in der gesamten Teppichliteratur aufscheint. Der Teppichkenner aber wird mit »Sumakh« eine Provenienz bezeichnen, in der Teppiche *mehrerer* Strukturarten hergestellt werden können: er wird den gewebten, geknoteten, geknüpften, bestickten, gefilzten und applizierten Sumakh und auch den in Mischtechnik hergestellten Sumakh zu unterscheiden wissen.

9. Hauptabschnitt

UNSER TEPPICHFREUDIGES EUROPA

Der Pasyryk-Knüpfteppich und seine in den anderen Kurganen gefundenen Artgenossen in Knüpf-, Wirk- oder Filztechnik sind einige Jahrhunderte vor Christi Geburt entstanden. Die uns erhalten gebliebenen Fragmente zeigen sich sowohl in ihrer Musterung als auch in der Herstellungsgenauigkeit schon so erstaunlich gut ausgereift, daß man die Anfänge der Teppich-Herstellungskunst noch um zumindest einige Jahrhunderte früher ansetzen muß. Da wir (bis jetzt) keine Funde aus noch früherer Zeit besitzen, können wir die Spuren dieser und anderer damaligen Künste einstweilen nicht weiterverfolgen, sie verlieren sich im früh- bzw. im vorgeschichtlichen Dunkel der betreffenden orientalischen Völker. Wir wissen lediglich (aus der griechischen Mythologie bzw. aus deren dichterischer Verarbeitung durch antike Schriftsteller), daß man in Griechenland schon in der Zeit um 800 vor Christi die Webkunst beachtlich gut beherrschte und auch Teppiche herstellte.

Homer (der um 800 v. Chr. lebte) berichtet in der Odyssee von einem Teppich, der vor Helena ausgebreitet wird (in der Übersetzung J. V. Voss), mit folgenden Worten: »... und Alkippe brachte den weichen, wollichten Teppich.«

Äschylos (525–456 v. Chr.) berichtet in seinem Trauerspiel »Agamemnon« von der siegreichen Rückkehr dieses Königs (er hatte Troja zerstört) und von dem glanzvollen Empfang durch seine Gemahlin Klytämnestra, die ihm damals als besondere Auszeichnung, wie sie sonst nur Göttern zukam, Teppiche unterbreiten ließ (was sie nicht hinderte, später den Befehl zu geben, Agamemnon zu ermorden). Agamemnon wehrt sich gegen das Ansinnen, einen Teppich mit Füßen zu treten, denn das sei nur ein Recht der Götter. Äschylos läßt ihn sagen: »Ich will geehrt sein wie ein Mann, nicht wie ein Gott. Auch ohne Fußteppiche, ohne Prachtgeweb' erhallt der Nachruhm!«

In der Bibel finden sich (siehe Seite 27) verschiedentlich Hinweise auf Teppiche, wenngleich in ihr nirgends der Gebrauch als Fußbodenbelag erwähnt wird, sondern deren Verwendung ausschließlich als Wandbehang und zur Teilung von Räumen sowie als Decke für die Lagerstätte aufscheint. So heißt es z. B. in den Sprüchen Salomons 7, 16: »Ich habe mein Bett schön geschmückt mit bunten Teppichen aus Ägypten.«

Man weiß, daß schon im alten, vorchristlichen Rom damit begonnen wurde, die assyrische, babylonische und persische Sitte nachzuahmen, große Palast- und Tempelräume durch Verwendung von bunten Wandteppichen zu unterteilen und zugleich im allgemeinen die Innenwände solcher Bauten damit zu schmücken.

Von Rom aus verbreitete sich in christlicher Zeit, zwar langsam, aber stetig, dann die Sitte, Teppiche in den Kirchen zur Schmückung der Wände, zum Umkleiden von Säulen des Kirchenschiffes sowie auch als Türschließe zu verwenden.

In Byzanz, das natürlich auch als zu Europa gehörig betrachtet werden muß, hatte man aus den benachbarten vorderasiatischen Räumen schon lange vor der Zeitenwende Buntwirkereien kennengelernt und diese Kunst alsbald selbst so sehr gepflegt, daß sich nicht nur edle Frauen damit beschäftigten, sondern auch überhaupt staatliche »Gynäceen« (Frauenhäuser) eingerichtet wurden, in denen Arbeiterinnen solche Gewebe herstellten, vorerst aus Leinen oder Wolle, ab dem vierten Jahrhundert n. Chr. auch aus Seide. Als der Feldherr Phokas des oströmischen Kaisers Romanus im Jahre 960 Kreta den dort herrschenden Arabern entrissen hatte und mit reicher Beute nach Byzanz heimkehrte, berichtete Leon Diakonos darüber wie folgt: »Man sah Gold und Silber in großen Mengen, barbarische Münzen aus reinem Golde, goldbestickte Gewänder, purpurfarbene

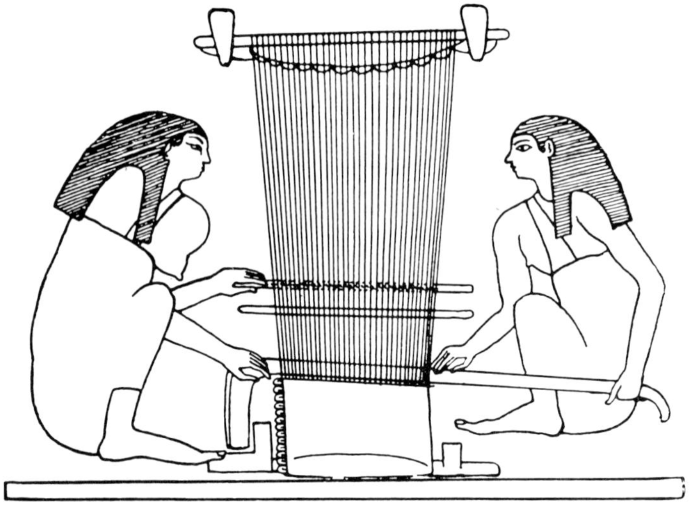

Altägyptischer Handwebstuhl aus Chuum-hotap, Grabmalerei, ca. 2300 vor Christus

Teppiche, allerlei Gegenstände, mit höchster Kunst verfertigt, funkelnd von Gold und Edelsteinen.«
Im Jahre 978 hatte der oströmische Kaiser Johannes die Tauroskythen (wie man damals die südrussischen Völker nannte) besiegt. Über den Einzug des siegreichen Kaisers in seine Residenz gibt der vorgenannte Leon Diakonos eine Schilderung, in der er u. a. sagt: »Er ritt im Triumph mitten durch die Stadt, welche überall mit *purpurnen Teppichen* geziert und wie ein Brautgemach mit Lorbeerzweigen und *golddurchwirkten Wandbehängen* geschmückt war.«

Die mir zugängliche, erste geschichtlich belegte Nachricht über die Verwendung von Teppichen als Fußbodenbelag im europäischen Raum stammt ungefähr aus dem Jahre 450 n. Chr. und betrifft den Hunnenkönig Attila:
Im Jahre 434 n. Chr. hatten rhomäische Gesandte (die Byzantiner wurden damals Rhomäer genannt) nach dem Tode des Hunnenkönigs Ruas mit dessen Nachfolger Attila Frieden geschlossen und sich zu Tributzahlungen bequemt. Diese Tributverpflichtung drückte und empörte sie so sehr, daß sie den Plan faßten, an Attila eine Gesandtschaft zu senden und ihn im Zuge der Verhandlungen zu ermorden. Der Sekretär dieser Gesandtschaft, ein sprachkundiger Thrakier namens Priskos, berichtete über den Verlauf des Unternehmens (übrigens: der Mordplan mißglückte) in seiner 472 n. Chr. von ihm selbst verfaßten »Gotengeschichte des Priskos« ausführlich. Priskos schreibt u. a.: »Tags darauf ging ich in den umfriedeten Wohnbezirk Attilas und brachte seiner Frau Kerka Geschenke. Ich traf Frau Kerka auf einem weichen Lager ruhend. Der Boden war mit *wollenen Teppichen bedeckt,* über die man *schreiten mußte.*«
Priskos, der aus dem üppig lebenden Byzanz gekommen war, wo man (wie früher erwähnt) damals schon herrliche Wandbehänge verfertigte, war es also völlig ungewohnt, Teppiche auf dem Fußboden liegen zu sehen. Sonst hätte er nicht ausdrücklich erwähnt: »... über die man *schreiten mußte.*« Wie jene Bodenteppiche ausgesehen hatten, wie sie gemustert und aus welchem Material und in welcher Technik sie hergestellt waren – davon wissen wir nichts.
Die nächsten europäischen Nachrichten über teppichähnliche Gewebe betreffen einen um das Jahr 840 verstorbenen Bischof von Auxerre in Frankreich, der Teppiche besessen haben soll. Mit dem Beginn des 11. Jahrhunderts beschäftigten sich die Laienbrüder der Klöster Europas viel mit Weben, die Nonnen dagegen mit dem Sticken von Teppichen, meist auf grober Leinwand oder auf Stramin.
Aus dem deutschen Raum kennt man unter anderen textilen Erzeugnissen die Tapisserien von Sankt Gereon (Köln), die um 1200 entstanden, ebenso den »Quedlinburger Knüpfteppich« der Äbtissin Agnes († 1203), der heute noch in Quedlinburg aufbewahrt wird (Teilbild hier rechts).
Durch die Kreuzzüge, deren erster (1096–1099) die Eroberung Jerusalems brachte, wurde Europa mit den orientalischen Kultur- und Kunstgütern bekannt, damit auch mit dem Teppich, wenngleich dieser fast nur als schmückender Wandbehang verwendet wurde (es gab kaum gemalte Bilder in unserem Sinne). Ähnliche Impulse gingen auch von Spanien aus, das sich in wesentlichen Teilen seit 711 n. Chr. in der Hand der mohammedanischen Araber (Mauren) befand.
Eine spärliche Nachricht über die Verwendung von Teppichen im südosteuropäischen Raum findet sich in dem Augenzeugenbericht des Bischofs Eustathios, der im Jahre 1185 die Eroberung und Zerstörung seiner Bischofsstadt Thessalonika (heute als Saloniki bekannt) durch die Normannen mit erleiden mußte. Er schreibt darüber: »Etwas, das man uns geraubt hatte, dem feindlichen Chaos wieder zu entreißen, brachten wir nicht zuwege, ich meine, einen Maulesel oder auch nur ein Buch, einen Teppich oder sonst etwas

aus unserem Besitz.« Aus der dürftigen Angabe ist auch nicht entnehmbar, um welche Art Teppich es sich gehandelt hat und in welcher Verwendung solche standen.

In Flandern und in Frankreich wurde das Teppichwirken ab etwa 1290 gepflegt. Vor allem war es in Arras gelungen, herrliche Teppiche (Tapisserien) herzustellen, die man in Rom gern kaufte und »Arrazzi« benannte. Der Höhepunkt dieser Kunst war erreicht, als Papst Leo X. nach Entwürfen von Raffael (1483–1520) »Arrazzi« in Brüssel bestellte (Bild rechts).

Um jene Zeit erwarb sich auch die Werkstätte von Aubusson (Frankreich) schnell hohen Ruf. Es wurden dort Tapisserien nicht nur zum Schmücken von Wänden, sondern auch als Decken und als Fußbodenbelag in hervorragender Qualität hergestellt.

Quedlinburger Knüpfteppich (Ausschnitt), Domschatz Quedlinburg

Raffael: »Der wunderbare Fischzug«, Teppich-Karton (London)

Im Jahre 1604 hatte der Franzose Pierre Du Pont eine Abhandlung über das Knüpfen von Teppichen nach orientalischer Art geschrieben, die er König Heinrich IV. widmete. Den König interessierte die Angelegenheit, und er errichtete für Du Pont im Louvre zu Paris eine Werkstätte. Unter Du Ponts Schülern war ein Simon Lourdet, der dann später in der damaligen Pariser Vorstadt Chaillot einen Zweigbetrieb aufmachte, und zwar in einer ehemaligen Seifenfabrik, die als Kinderheim eingerichtet war: im sogenannten »Hospice de la Savonnerie«. Die Kinder wurden für die Arbeit angelernt, das Hospiz bezog aus dieser Kinderarbeit so viel an Einnahmen, daß sich die Anstalt gut erhalten konnte. Die Erzeugnisse aber, die aus dieser Seifenfabrik kamen, wurden in aller Welt als »Savonnerien« bekannt und geschätzt. Ludwig XIII. (1601–1643) verbot die Einfuhr von Orientteppichen, um die einheimische Teppichindustrie zu fördern. Durch die Aufhebung des Edikts von Nantes (Heinrich IV. hatte am 13. April 1598 den Hugenotten freie Religionsausübung zugesichert, doch Ludwig XIV. hob dieses Edikt am 23. Oktober 1685 auf) wanderten viele reformierte Weber und Künstler aus Frankreich aus, sie ließen sich teils in England, teils in Deutschland und in anderen Staaten nieder. So wirkten französische und flandrische Teppichmacher unter dem Großen Kurfürsten und unter Friedrich I. für die preußischen Schlösser.

Der Teppichmacher.

Ich mach der Teppich mancherley/
Köſtlich/ mittel/ vnd rein darbey/
Auß wüllem Garn vber Bett vnd Tiſch/
Von farben ſchön/tunckel vnd friſch/
Mit Bildung/ gwächß vñ ſchön blumen/
Die in Egypten ſeind auff kummn/
Vor vil jaren vnd langer zeit/
Der jetzt auch vil das Teutſchland geit.

Als Eleonore von Kastilien im Jahre 1255 König Eduard I. von England heiratete, brachte sie mit ihrem Heiratsgut auch Teppiche in die neue Heimat mit. Solche Gewebe waren dort damals noch wenig bekannt, wiewohl Seefahrer und Kreuzzugteilnehmer vereinzelt solche Stücke aus dem Orient schon mitgebracht hatten. Sie fanden aber nur langsam in den begüterten Kreisen Englands Eingang. Um 1500 nannte man die Orientteppiche meist »Damascus carpets« (Teppiche aus Damaskus), späterhin aber »Tapis of Turque«.

Auch an den anderen Höfen Europas hatte man ungefähr um die gleiche Zeit die Liebe für den Orientteppich entdeckt. In Verbindung damit wurden solche Teppiche beliebte Geschenke der hohen Herren.
Eine Botschaft, die Kaiser Karl V. im Jahre 1549 dem Kurier Sinkhmoser für den kaiserlichen Residenten Manetius in Konstantinopel mitgab, besagte, Manetius möge »zehen der gueten und schoenisten türkhischen Tischthebichten, so du bekommen magst, darunter aber zween oder drei seiden sein sollen« beschaffen und nach Wien schicken.
Und in zeitgenössischen Berichten wird immer wieder erwähnt, daß dieser oder jener Fürst türkische Teppiche verschenkte oder geschenkt bekam. Siehe hierzu unter *Polenteppiche* im 6. Hauptabschnitt. Bei den Habsburgern in Wien mehrten sich die Teppiche, oft kostbarster Art, dermaßen, daß dieses Herrschergeschlecht wohl die bedeutendsten Teppichbestände der Welt besaß, nicht allein an Orientteppichen, sondern (aus der Zeit seiner flämisch-burgundischen Verbindungen her) auch an Bildteppichen und Gobelins. (Abgerundet wird das Bild der Zustände vielleicht am trefflichsten mit der Erwähnung, daß schon zu Ende des 14. Jahrhunderts in Brügge vor der Kirche des heiligen Donatus türkische Teppichhändler ihre Standplätze gehabt hatten.)
Aber auch das reiche Bürgertum gewann an Teppichen Freude, und noch jemand tat dies (was nicht verwunderlich ist): die Maler des 14., 15. und der späteren Jahrhunderte. Nicht wenige von ihnen bildeten auf ihren Gemälden als dekoratives Beiwerk Orientteppiche ab.
Von Albrecht Dürer wissen wir aus seinen Briefen, daß er sich um Orientteppiche bekümmerte, wenngleich auch nur für seinen Freund Willibald Pirkheimer. Als Dürer 1505 nach Venedig reiste, bat ihn Pirkheimer, ihm zwei Teppiche von dort mitzunehmen. Dürer war dem Freunde gern gefäl-

lig, aber das hatte vorerst seine Schwierigkeiten, denn Pirkheimer wollte ausdrücklich »viereckige« (Dürer hatte damit »quadratische« gemeint) Teppiche, die es damals so gut wie nicht gab, denn die Wohnverhältnisse im Orient verlangen mehr nach Teppichen von länglichem Format. Und damals arbeitete der Orient eben noch nicht für europäische Bedürfnisse. So also berichtete er Pirkheimer am 8. September: »Item allen fleis hab jch an kerrt mit den tewichen, kan aber kein preiten an kumen. Sy sind al schmall vnd lang.« Im Brief am 23. September wiederholt er sein Bedauern, noch nicht das Richtige gefunden zu haben: »... kan kein vyreckten zv weg pringen, was sy sind all schmall vnd lang.« Aber am 13. Oktober berichtet er von einem gelungenen, aber nicht wohlfeilen Kauf: »Jch ha awch zwen dewich bestelt, dy würd jch morgen tzalen. Aber jch ha sy nit wolfell kunen kawffen.«

Zuerst pflegte man in England noch die orientalischen Muster, dann aber kam man im 17. Jahrhundert, einer Modeströmung folgend, von diesen ab und bevorzugte naturalistische Blumendarstellungen (eine Darstellungsart und Musterung, die auch heute noch Englands moderne Teppiche weitgehend beherrscht).
In deutschen Landen war der Fußteppich ungefähr ab dem 15. Jahrhundert in adeligen und gutbürgerlichen Häusern dann und wann zu sehen, allgemein gebräuchlich wurde er damals auch in diesen vornehmen Kreisen noch nicht. Im Gegenteil: er kam dann vorübergehend wieder ziemlich ab. Für den deutschen Bereich waren Kunz Mair, Bernhard Müller und Hans Nöckl, alle aus Nürnberg und um 1530 lebend, als Teppichmacher berühmt.
Mit Verwunderung stellte der türkische Reisende Evliya Çelebi, der als Begleiter des türkischen Gesandten 1665 nach Wien gekommen war, nach einem Besuch in der Kaiserburg fest: »Sämtliche Wände in der ganzen Burg sind mit buntgewebten Teppichen (Gobelins) geschmückt. In diesen Prunksälen und überhaupt in allen Giaurenhäusern [Giaur = Ungläubiger] ist nicht der Fußboden mit Teppichen oder Kilims oder Strohmatten bedeckt, sondern sämtliche Teppiche sind dort an den Wänden aufgehängt. Der Boden aber ist mit winzigen kleinen Marmorsteinchen gepflastert, daß es aussieht wie ein indisches Mosaik.«
Als Fußbodenbelag kam der Teppich im deutschen Bereich erst im letzten Drittel des 18. Jahrhunderts wesentlicher in Gebrauch. Anfänglich durfte in Fußteppiche als Muster nur »allerley gräuliches Gewürm« eingewebt werden; man scheute sich, etwas anderes mit Füßen zu treten. Dann aber versuchte man sich damit, das Deckengebälk, das in vornehmen Häusern vielmusterig getäfelt war, auf die Teppichfläche zu projizieren, so daß solche Teppiche architektonische Flächenmusterungen zeigten. Schließlich wurde die Darstellung von Blumen und Blumengewinden »modern«, und alsbald hatte man auch jene Musterungen, die wir als Kitsch bezeichnen: Jagd- sowie Liebes- und Familienszenen.
Der Bedarf an Teppichen wurde auch im 18. Jahrhundert vornehmlich noch aus Flandern und Frankreich gedeckt. Wer weniger ausgeben wollte, der begnügte sich mit wohlfeiler englischer, mechanisch hergestellter Ware, die ab 1780 schon preiswert aus England angeliefert wurde.
Es ist bei dieser Gelegenheit erwähnenswert, wie Johann Wolfgang von Goethe einen Teppichwunsch äußerte. Er schrieb am 11. November 1830, also schon tief im 19. Jahrhundert, an Marianne von Willemer einen Brief, worin er die Bitte ausspricht: »Meinem letzten Schreiben Gegenwärtiges nachzusenden, veranlaßt mich eine häusliche Verlegenheit. Ich bedarf diesen Winter einen Fußteppich; die von Leipzig eingegangenen Muster sind alle zu prächtig und bunt und würden das Zimmer zum Zimmer hinausjagen. Wollten Sie deshalb mir einige Muster der allerbescheidensten Fußteppiche zusenden, weder auffallend durch Farbe und Dessin, so mäßig, daß man gern darauf hingehen mag, und daß es die übrigen Möbels nicht beschämt, so tun Sie mir einen sehr großen Gefallen und geben Gelegenheit zu freundlichem dankbarem Erinnern.« Also selbst Goethe zögerte, einen zu prächtigen Teppich zu besitzen, er würde ihn gehemmt haben, ihn zu begehen.
Bezeichnend ist, daß man damals, als der mechanisch hergestellte Teppich immer mehr Verbreitung fand, glaubte, dem Orientteppich dadurch ein für allemal den Todesstoß versetzt zu haben. In Meyers Konversations-Lexikon, Ausgabe 1867, kann man dies sozusagen dokumentarisch festgehalten sehen. Wortwörtlich liest man: »... In der Teppichfabrikation steht in Bezug auf künstlerische Leistung und große Verbreitung Frankreich, hinsichtlich der Masse der Produktion und des Verbrauches England obenan, aber auch Belgien und Deutschland liefern viel und vortreffliches Fabrikat, welches dem französischen zum Theil gar nicht nachsteht. Die orientalischen, türkischen und indischen Teppiche *haben in Europa ihre Bedeutung verloren und sind*

Wandteppich der Kathedrale von Coventry

ganz aus dem Handel verschwunden«. Daß der »Meyer« in diesem Fall ganz und gar nicht recht hatte, das wissen wir! Daß das Teppichweben und das Teppichknüpfen heutzutage auch in den Städten gepflegt und als Liebhaberei und »Freizeitgestaltung« von Frauen und Männern aller Stände betrieben wird, bedarf wohl keiner näheren Erörterung, es ist jedermann bekannt. Auch gibt es gewerbliche Betriebe, in denen nach Entwürfen, die Künstler schufen, moderne Teppiche in Handarbeit hergestellt werden. Ein besonderes Beispiel aus diesem Bereich ist der Bildteppich für die Kathedrale in Coventry (Bild oben):
Die englische Stadt Coventry war während des Zweiten Weltkrieges weitgehend zerstört worden. Für die neue Kirche schuf der englische Künstler Graham Sutherland den Entwurf eines Bildteppichs in der Größe von 21 × 12 Meter. Die Ausführung dieses Gobelins übertrug man zwölf Gobelinwebern in dem Dörfchen Felletin bei Aubusson (Frankreich). Der Wandteppich wurde in 30 Farben aus reiner Wolle hergestellt, sein Gewicht beträgt mehr als 1000 Kilogramm, sein Wert etwa 170 000 DM. Der Teppich, der überlebensgroß Christus darstellt, umgeben von allegorischen Figuren, wurde beim Hochaltar angebracht.
Werfen wir, ehe wir diese geschichtliche Übersicht abschließen, noch einen Blick auf die Teppichverhältnisse in Deutschland und Österreich.

DER DEUTSCHE TEPPICH

Um 1790 wurde in Berlin die Teppichfabrikation aufgenommen. Sie breitete sich dann rasch in der Mark Brandenburg und auch in anderen deutschen Gegenden aus.
Die damaligen deutschen Teppichfabriken waren anfänglich sehr von England abhängig, sowohl maschinentechnisch als auch arbeitstechnisch, nicht minder auch in der Wollebelieferung. Alsbald aber machten sie sich frei, entwickelten neue Methoden und neue Maschinen. Im Jahre 1861 befanden sich im Gebiet des deutschen Zollvereines schon 45 Fabrikationsstellen mit 1249 Arbeitern, 293 Hand- und 250 Maschinenstühlen. Von den Handstühlen waren rund 10 % richtige Knüpfstühle. Es sah aus, als sollte in Deutschland der orientalische Knüpfstuhl heimisch werden. Das preußische Handelsministerium hatte nämlich in den fünfziger Jahren die Teppichfabrikanten Böhm aus Schmiedeberg und Kuhn aus Cottbus nach Kleinasien geschickt, mit dem Auftrag, dort das Knüpfen zu studieren. Dieser Vorstoß glückte: sowohl in der Mark Brandenburg als auch in Hannover, Sachsen und Nordbayern richtete man sich immer mehr auf die Herstellung von handgeknüpften Teppichen ein. Tatsächlich gingen viele deutsche Knüpfteppiche auch in den Export, vor allem nach den USA und nach Kanada. Da aber die gewöhnlichen Arbeitslöhne in Deutschland ab zirka 1890 zu steigen begannen, wurde der Knüpfteppich teurer.
Im Jahre 1894 schlossen sich die drei größten Knüpfteppich-Manufakturen zur »Vereinigten Smyrna Teppich A. G.« in Berlin zusammen. Noch frettete man sich einige Jahre lang fort, aber die Nachfrage nach deutschen Knüpfern ging immer weiter zurück.

Dazu kam, daß ab 1894 die Einfuhr echter Orientteppiche, vor allem aus der Türkei, sprunghaft anstieg. Waren vorher jährlich kaum 80 bis 90 Doppelzentner aus dem Orient gekommen, so betrug die Einfuhr aus der Türkei allein zum Beispiel im Jahre 1912 schon 7767 Doppelzentner, wozu noch Einfuhren aus Persien, Indien und Rußland sowie aus China kamen. Noch versuchte sich der deutsche Knüpfer zu halten. Zwischen 1907 und 1913 wurden jährlich etwa 5500 bis 5800 Doppelzentner hergestellt. Aber im Durchschnitt kam im Orient ein Quadratmeter auf 60 Mark Arbeitslohn, in Deutschland jedoch auf 250 Mark, d. h. der deutsche Teppich war nun endgültig zu teuer geworden. Die Herstellung hörte (abgesehen von Liebhaberarbeit) zur Gänze auf. Inzwischen hatte der deutsche mechanisch gewebte Teppich einen Siegeszug ohnegleichen angetreten. Schon auf der Pariser Ausstellung von 1867 wurden deutsche Teppiche ausgezeichnet. Bereits bei der Wiener Weltausstellung 1873 stellte die Teppichfabrik Schoeller (Düren in Westfalen) den ersten nahtlosen, kettgemusterten Wollteppich aus; er maß 333 × 435 Zentimeter, das war eine aufsehenerregende Leistung. Auf den Weltausstellungen in Sydney (1878) und in Melbourne (1880) erregten deutsche Teppiche nicht minder großes Aufsehen. Die Kritik gab ihnen den Vorzug vor den englischen und französischen Teppichen.
In den Orient – das ist sehr bemerkenswert! – lieferte Deutschland schon seit 1890 maschinengewebte Teppiche mit Orientmuster, vornehmlich im Gebetteppichformat. Seit der Jahrhundertwende hat dann der Export deutscher mechanisch gewebter Teppiche praktisch die ganze Welt erfaßt.

ÖSTERREICH

Wie in Deutschland, so wurde auch in Österreich der Teppichherstellung schon verhältnismäßig früh besonderes Augenmerk zugewendet. Von den österreichischen Unternehmungen ist in historischer Hinsicht die »Linzer Wollenzeug- und Teppichfabrik« besonders erwähnenswert. Sie wurde als Wollenzeugfabrik in Linz/Donau schon im Jahre 1672 von privater Seite gegründet, befand sich ab 1722 im Besitz der »Privilegierten Orientalischen Companie«, ab 1754 aber in Staatsbesitz und hatte sehr bedeutenden Umfang dadurch, daß sie zuweilen bis zu 40 000 Menschen in Heimarbeit beschäftigte. Damals konnte nicht mehr, wie noch einige Jahrzehnte vorher, jedermann spinnen. Um die

»Linzer Teppich«, gezogener Flor (um 1820)

Kunst des Spinnens wieder allgemein im Volke zu verbreiten, wurde Kaiserin Maria Theresia gebeten, ein Gesetz zu erlassen: die Priester sollten (ähnlich wie es in Preußen der Fall war) verhalten werden, die Kopulation jenen Brautpaaren zu verweigern, bei denen weder Mann noch Frau spinnen konnten. Die Kaiserin lehnte jedoch dieses Ansinnen ab.
Im Jahre 1795 wurde in der Wollenzeugfabrik auch eine Teppichmanufaktur eingerichtet, in der sechs Webstühle liefen, von 12 Arbeitern bedient. Die Weber wurden nicht nach der von ihnen aufgewendeten Zeit, sondern je angefertigter Elle bezahlt. Die Jacquard-Maschine war um jene Zeit noch nicht erfunden, so daß man noch auf den sogenannten Zug- oder Zampelstühlen weben mußte. Das Einrichten eines Musters und das Aufbäumen dauerte oft sechs bis acht Wochen. Nach jedem Schußdurchführen mußte ein »Zampelzieher« die Ruten von Hand aus ziehen und richten. Dieser »Zampelbub« (der oft sechzig und mehr Jahre alt war) wurde nicht von der Fabrik entlohnt, sondern mußte vom Weber bezahlt werden. Ab 1822 aber arbeitete man in Linz schon mit der Jacquard-Maschine, also sehr früh! Die Teppiche wurden in Teilen gewebt, die Bordüren separat, dann wurden die Stücke von einem eigenen »Teppichschneider« so kunstfertig zusammengenäht, daß man kaum eine Spur von Nahtstellen entdecken konnte. Der größte so hergestellte Linzer Teppich maß 896 Quadratschuh (zirka 88 m^2) und war 500 Pfund schwer.
Die Musterung des Linzer Teppichs bestand anfangs aus architektonischen Linien; man hatte sich die Gliederung der Zimmerdecke zum Vorbild genommen. Später schuf man Blumen- und Blumengewindemuster, auch Tiere, Jagdszenen usw. verstand man einzuweben. Orientalische Muster findet man im Linzer Teppich niemals, die Direktion der Fabrik übernahm sie nicht, sie bezeichnete orientalische Muster vielmehr als »geschmacklos«. Der Verkauf der Teppiche ließ sich sehr gut an, die Zahl der Webstühle stieg und überschritt schließlich 30, doch konnte sich in dieser staatlichen Fabrik kein richtiger kaufmännischer Geist entwikkeln, so daß sie trotz aller Erfolge um das Jahr 1870 den Betrieb völlig einstellte (Bild Seite 449).
Um diese Zeit war es aber schon einigen anderen österreichischen Unternehmungen gelungen, mit ihren Teppichfabrikaten im Wettbewerb um die Gewinnung des Weltmarktes außerordentlich gute Erfolge zu erzielen. Die Entwicklung der österreichischen Teppichindustrie, vornehmlich jener in den deutschböhmischen Gebieten, stand keinesfalls hinter jener Deutschlands oder Englands zurück.
Ein Orientteppichbuch hat nicht die Aufgabe, lang und breit über moderne maschinengewebte Teppiche zu berichten, selbst dann nicht, wenn diese Fabrikerzeugnisse »Orientmuster« zeigen. Da aber im allgemeinen menschlichen Wohnbereich die »Teppichkultur« eine wesentliche Rolle spielt, muß wohl auch in unserem Buch dem maschinengewebten Teppich, nach dem geschichtlichen Überblick, den wir über ihn eben vorhin gaben, nun auch noch ein kurzes Wort gewidmet sein.

MASSENPRODUKTION

Der erste Teppich, der in die Massenproduktion ging, war der englische »Kidderminster«. Das war um 1765. Er fand schnell Aufnahme und auch Nachahmung sowie auch Vervollkommnung in anderen Ländern. Es entstand seither eine fast unübersehbare Vielfalt an Teppichwebarten, insbesondere nach dem Zweiten Weltkrieg, als das Nadelflor-(Tufted-)Verfahren aufkam, das gleich wieder die Textiltechniker veranlaßte, immer noch bessere und käufergewinnende Teppichbodenerzeugnisse zu schaffen. Zu Hilfe kam diesen Vorhaben auch eine Vielfalt an neuen chemischen (synthetischen) Fasern. Man kann sagen, daß fast täglich eine »noch bessere« oder »noch billigere« neue Faser auf den Markt geworfen wird. Die Teppichindustrie, die praktisch nur noch mit Kunstfasern arbeitet (der Wollvorrat bzw. die Welterzeugung an Wollen und Haaren aller Art wäre längst nicht mehr imstande, auch nur annähernd den Bedarf zu decken), hat hohe Bedeutung gewonnen. Siehe hierzu die Fachliteratur über mechanisch hergestellte Teppiche!
Alles in allem genommen, kann man wohl vorbehaltlos sagen: Hut ab vor dieser Kunst des Teppichwebens! Hut ab auch vor dem Erfindungsgeist auf diesem Gebiete und nicht minder vor dem Wagemut der Webereibesitzer – denn die Einrichtung einer Teppichweberei kostet unerhört viel Geld und bringt viele Sorgen. Das Herstellen eines maschinengewebten Teppichs erfordert eine Vielfalt an technischer Ausrüstung, an manueller Fertigkeit und an geistiger Mitarbeit der Arbeitskräfte.
Was alles an Personal, an bestens ausgebildeten Fachkräften ist für die Teppichweberei erforderlich (ganz abgesehen von den Ingenieuren und Facharbeitern, die die Webstühle und

Ein (nach einem als Vorlage dienenden kostbaren altpersischen Knüpfteppich hergestellter) maschinengewebter Teppich (19. Jahrhundert). Man sieht, wie außergewöhnlich leistungsfähig die Hersteller mechanisch gewebter Teppiche schon damals waren.

Pasyryk-Nachknüpfung, moderner Handarbeitsteppich der »Tetex« (siehe hierzu die Seiten 21 ff.)

Banyai-Knüpfmaschine

Banyai-Maschinknüpfer, Form »Kasak«

das andere technische Zubehör bauten): Musterzeichner, Patroneure, Koloristen, Chemiker, Laboranten, Dämpfer, Wäscher, Schlichtekocher, Schlichter, Weber, Scherer, Trommelwärter, Spanner, Kartenschläger, Rutenschlosser, Zwirnerinnen, Doubliererinnen, Kettenschärerinnen, usw. usf.

KNÜPFMASCHINEN

Den Orientteppich nachzuahmen, die teure knüpfende Hand durch Knüpfmaschinen zu ersetzen, war das Ziel vieler Konstrukteure. Man kennt einige Arten von Maschinenknüpfstühlen.

Als einer der leistungsfähigsten gilt der sogenannte Banyai-Stuhl, benannt nach dem Erfinder, dem Österreicher Dr. Maurus Banyai, der in den zwanziger Jahren diese Apparatur technisch bemerkenswert trefflich entwickelte, so daß der Banyaiteppich ein internationaler Begriff wurde. Ein solcher Stuhl mittlerer Breite knüpft je Stunde 70 000 bis 80 000 Knoten, wozu eine geübte Knüpferin sechs bis neun volle Arbeitstage brauchen würde. Die Knotendichte beträgt etwa 53 000 Knoten je Quadratmeter.

So kunstvoll alle in diesem Zusammenhang genannten Konstruktionen sind und sosehr sie mithelfen, den Teppich als unbedingt notwendigen Bestandteil guter Heimkultur und behaglichen Wohnens zum begehrten Allgemeingut zu machen: den echten, handgeknüpften Orientteppich wollen und können sie natürlich nicht »ersetzen«. Es besteht aber auch keine Verwechslungsgefahr, und der von seriösen Firmen hergestellte maschinengeknüpfte Teppich wird sich nie anmaßen, als Handknüpfer zu gelten, zumal man bei nur einiger Aufmerksamkeit diese beiden Herstellungsarten sogleich zu unterscheiden vermag.

Auf eines nur wollen wir noch die Aufmerksamkeit lenken: Es wurde also im europäischen Raum die Kunst des Teppichwebens (vorerst für Zwecke der Wandverkleidung und -schmückung) seit dem 12. Jahrhundert geübt. Und es werden, wie wir berichteten, sowohl in Europa wie auch in den USA seit gut zweihundert Jahren Teppiche in Maschinenarbeit erzeugt. Daß die einstige Herstellung bei Kerzen- und Funzellicht geschah, daß auch die europäischen Teppichweber – nicht anders als die Orientalen – mit natürlichen Farbstoffen färbten, denn auch für den Europäer war das Anilin und waren alle anderen synthetischen Farbstoffe noch nicht erfunden: das sei nebenher bemerkt.

10. Hauptabschnitt

PRAKTISCHER UMGANG MIT ORIENTTEPPICHEN

DER TEPPICH-WUNSCH

Im heutigen modernen Haus, im modernen Heim, von dessen Bauelementen und Bestandteilen ein Großteil vorfabriziertes Massenmaterial ist (so daß das Haus und die Wohnung hundertfach mit anderen »Heimen« konform gehen und sie alle außen und innen einander gleichen wie ein Ei dem anderen), kann das Subjektive, das Persönliche und die Persönlichkeitsstärke des Wohnungsinhabers kaum noch durch die baulichen Elemente oder durch die Möbel an sich bestimmenden Ausdruck finden. Denn auch diese Möbel sind in der Regel – eine Folge der Massenerzeugung – schon uniform. Den Persönlichkeitsgeschmack, die Lebensart des Wohnungseigners kann man daher nur daran erkennen, *wie* er die Räume bewohnbar gemacht hat: welcher Art ist die *Anordnung* der Möbel, welche Bücher, Bilder, Kleinkunstwerke usw. befinden sich in dem Raum und wie sind sie verteilt und angebracht bzw. gestellt, welche dekorativen Elemente (Gardinen etc.) sind vorhanden, und welche Teppiche beleben den Raum.
Wir haben also viele praktische Einrichtungsstücke in unseren Räumen, sie wirken aber oft kalt, fremd und nicht selten auch regelrecht abweisend. Man muß ihnen das nehmen, man muß sie lebendig-freundlich machen, und man kann es durch – wie eben gesagt – Bücher, Bilder, Kleinkunstwerke, durch Gardinen und durch Teppiche. All diese eben genannten Dinge – mit wachem Sinn gewählt und richtig im Raum untergebracht – ergeben die freundliche Einheit.
Damit versuchen wir, das im menschlichen Gemüt liegende Bestreben zu erfüllen, jeder Form den ihr gemäßen Inhalt zu geben. Wir erreichen bei solchen Versuchen schon viel, wenn wir im Raum einen Farbenklang zustande bringen, den das Auge als wohltuend empfindet.
Es gibt kalte und warme Farben. Die kalten Farben führen mehr zu den Blautönen, die warmen zu rötlich-gelben Nuancen (was nicht heißen soll, daß wir kein warmes Blau oder kein kaltes Gelb usw. kennen!). Eine Häufung von kalten Farben macht den Raum streng, kühl und unter Umständen regelrecht unbehaglich. Wohlausgewogene warme Farben dagegen verbreiten Behaglichkeit und das Gefühl des Geborgenseins. Werden warme Farben aber gehäuft und durch nichts in der Umgebung gemildert, dann erregen, dann »ärgern« sie und sie bilden keineswegs mehr »ein Fest für die Augen«.
Und hier erleben wir das Wunderbare: im echten, guten Orientteppich wirken seine Farben und seine Muster in sich harmonisch zusammenklingend, und diese Harmonie strahlt auf alle Umgebung aus, mildert und glättet dort Gegensätze, verweist das Unruhige und das Kalte aus dem Raum und hebt ihn zugleich entweder in das Freundlich-Volksliedhafte oder (je nach Musterzeichnung und Farbenakkord) in das Freundlich-Vornehme.
Daß Farben und Muster im guten Orientteppich so unerhört trefflich harmonieren (allerdings gehen Gegenwartserzeugnissen, soweit sie auf schnellen Verkauf hin in Massen hergestellt werden, diese hohen Eigenschaften leider oft genug ab), findet seine Ursache in bezug auf die Farben wohl im ausgeprägten Farbensinn der Orientalen, insbesondere bei den Hirtenvölkern, und in bezug auf die Musterung in dem – trotz aller Musterverschleppung – noch immer spürbaren Ursprung dieser Ornamente und Zeichnungen aus uralten kultisch-mystischen Bereichen.
Unter dem weiten Himmel der Steppen und Wüsten, in dieser gleißenden und flirrenden Luft, wurden die Nomadenvölker zu ausgeprägt scharfen Naturbeobachtern, da durch Tag und Nacht ihr Dasein und auch das ihres wichtigsten

Eigentums, ihrer Herden, von solchen Beobachtungen abhing. Feinste Licht- und Farbenunterschiede nahmen sie wahr, sie verstanden, was diese bedeuteten, was sie ankündigten, Sturm, Wetter, Gefahr, Feinde und vieles andere noch, das ihr Leben bedrohte oder für sie wichtig war. Weit mehr als die Europäer waren und sind die Orientalen in der Lage, feinste Differenzierungen der Farben – die vielen Tonwerte! – zu sehen und nicht nur zu sehen, sondern auch harmonisch zusammen- oder gegeneinanderzustellen bzw. intensive Grundfarben durch Umgeben mit Tonwertfarben (Nuancen) angenehm zu mildern.

Dies in aller Kürze über den Einfluß der Farbenharmonie auf unser Gemüt. Und jetzt noch ein paar Worte über die Mustermotive, über die Gesamtwirkung der Ornamente und Arabesken. Schon im Abschnitt *Motive, Ornamente, Symbole* wurde darauf eingegangen, daß jedes Zeichen an sich Bedeutung hatte und auch heute noch »für etwas dasteht«, obgleich das jetzt kaum noch ins Bewußsein dringt. Diese alten Motive, Ornamente usw. waren ursprünglich Sinnzeichen für Ehrwürdiges, für Glückerflehendes, Glückverheißendes oder für aus Furcht zu Verehrendes, durch Ehrerbietung zu Begütigendes usw. Diese Sinnzeichen, mögen sie aus dem astrologisch-kultischen, dem animalischen, floralen oder sonst einem Bereich gewonnen worden sein, begleiteten die Menschen durchs Leben. Das setzte sich durch unzählige Generationen hin fort und führte zu einer gefestigten Daseinshaltung. Alles hatte dadurch sein Warum und Darum, wenn auch im Verlauf der Zeiten die Ursprünge langsam in Vergessenheit gerieten oder ganz anders ausgedeutet wurden.

Die Äußerungen des Kunstwillens, des Schmuckbedürfnisses usw. waren also übernommen und weitergeleitet worden und bekamen somit Tradition. Selbst später, als es durch das Aufkommen und Vordringen des Islamismus verpönt wurde, Menschen, Tiere und Blumen naturalistisch darzustellen, als unter dem Zwang der Religionsvorschrift alle Schmuckformen sich vom Lebendigen abwandten und in der Arabeske wie im Ornament einen seitens der Religion gestatteten Ausweg und neuen Ausdruck zur Betätigung des Kunstwillens suchten und fanden: auch da scheinen in den ornamentalen und arabesken Darstellungen – raffiniert verborgen – noch die alten geliebten Vorbilder auf. Insbesondere die gefangenen und an die kleinasiatische Küste zwangsverschickten persischen Teppichknüpfer wollten (wie schon früher wiederholt erwähnt) nicht davon lassen, naturalistische Elemente verschiedenster Art in die von ihnen im orthodoxen sunnitischen Kleinasien geknüpften Teppiche einzuschmuggeln, wenngleich meist nur noch (es drohte ja Lebensgefahr) in einer, man möchte fast sagen, aufs äußerste konzentrierten graphischen Formel. Man erinnere sich hier auch der im 1. Hauptabschnitt gebrachten, noch weitergehenden Darlegungen. Wenn uns soviel des Wägbaren und Unwägbaren aus dem Orientteppich anspricht, ist es da nicht selbstverständlich, daß wir uns gern seinem Zauber hingeben?

Wirkt in uns nicht zuweilen sogar ein Verlangen, auf Stuhl und Tisch zu verzichten und sich auf einen solchen Teppich zu lagern – in aller befreienden Bequemlichkeit, sich auf ihm zu dehnen, zu räkeln, völlig nach Herzenslust? Ein Stück Teppich allein ist schon »ein Stück Zuhause«, ein Teppich vermittelt das Gefühl der Geborgenheit, des Warmen und Trockenen. Kleine und auch größere Kinder, die auf einem Sessel keine Minute lang ruhig sitzen können, auch nicht auf einem eigens für sie gebauten – setzt sie auf einen Teppich, und siehe, das Wunder geschieht: das im Sessel ruckende, zuckende, unruhige und unbefriedigte Menschenbündlein wird ruhig und vergnügt, so richtig eins mit sich selbst und mit aller Umgebung. Und wer hat nicht schon – vor allem in den letztvergangenen Jahrzehnten – beobachtet, daß Halbwüchsige oder Jungverheiratete am liebsten auf dem Teppich sich hinstrecken, in wohligem Behagen dabei ihr Buch lesen, ihren Plattenspieler neben sich auf dem Teppich haben; oder anderes junges Volk, mit dem es sich auf einem Teppich vergnüglicher plaudern läßt als bei Tisch; oder aber auch, daß junge Leute auf dem Teppich hingestreckt sind, ringsum Bücher, Hefte und Schreibzeug ausgebreitet haben und eifrig lernen? Viele werden sich an ein Foto in den Illustrierten des Jahres 1960 erinnern, das den damals im 85. Lebensjahre stehenden Bundeskanzler Adenauer in seinem Heim zeigt: vor dem Bücherschrank auf einem Teppich bequem sitzend und in einem Buche schmökernd. Teppiche haben also nicht nur für die Jugend, sondern auch für reifere Jahrgänge ihre eigenartige Anziehungskraft!

Darum: Der Wunsch, einen ansprechenden Teppich, besonders gern einen Orientteppich, zu besitzen, ist verständlich. Geben wir dem Wunsche nach – machen wir es aber mit Bedacht. Die späteren Ausführungen sollen dazu dienen, einen beabsichtigten Orientteppichkauf so richtig durchzuführen, daß hernach der Besitz auch wirklich volle Freude macht.

DER KAUF

Dieses Buch ist – da der Orientteppich im Okzident immer mehr Gebrauchsgegenstand geworden ist – wie schon eingangs gesagt, auch weitgehend auf den praktischen Zweck des Orientteppichs hin ausgerichtet. Deshalb wurden antike, seltene Teppiche, die in ihrer Köstlichkeit und Kostbarkeit für den Gebrauch in der Wohnung kaum in Frage kommen, wohl zwar im Bild und mit Erläuterung gebracht, aber doch sozusagen nur am Rande behandelt. Der Autor verweist hier auf die vorhandene ausführliche Literatur, die sich mit antiken Teppichen wissenschaftlich beschäftigt. Diese antiken Teppiche sind hauptsächlich für Museen und dergleichen bestimmt. Zum einen, weil sie ob ihres Alters den richtigen »Gebrauch« des Teppichs als Bodenauflage und damit ein sich ständig wiederholendes Betreten seiner Fläche nicht mehr lange aushalten würden; zum anderen, weil solche Teppiche preislich für fast alle Teppichfreunde unerschwinglich bleiben.
Durchgängig wird man sich als Käufer demnach mit neuen bzw. mehr oder weniger älteren Teppichen zu befassen haben. Normalerweise wird man einen solchen Kauf bei einem ortsansässigen Orientteppichkaufmann tätigen. Nicht selten aber bieten sich dem Teppichfreund sogenannte Gelegenheitskäufe dar, die vorerst etwas Verlockendes an sich haben. Wer möchte ein verzichtendes Nein sagen, wenn ihm ein gutes Stück preisniedrig angeboten wird? Aber ist es auch wirklich gut, und ist der Preis tatsächlich niedrig? Nicht eindringlich genug kann hier zur Vorsicht gemahnt werden! Geradezu gefährlich aber sind Gelegenheitskäufe, die irgendein Unbekannter, ein durchziehender Agent oder ein »armer, persischer Student« wortreich als »einzigartig und einmalig« anpreist. Man falle nicht auf die Finten und Tricks hinein, die da ausgeklügelt werden, um Minderwertiges für Echtes und Wertvolles anzugeben.
Für den Käufer irreführend sind nicht selten Bezeichnungen etwa wie »Royal-«, »Spezial-«, »Extra-«, »Sultan-«, »Moschee-«, »Laver-« und andere »Voraus«-Worte, die dem eigentlichen Namen des Teppichs vorausgesetzt werden, also etwa »Royal-Teppich« oder »Prinzeß-Buchara« usw. Diese Händlerbezeichnungen, die oft schon in der Rechnung des orientalischen Handelsmannes stehen, sind »mit Vorsicht« zu werten. Auch Bezeichnungen mit Doppel-Namen von Orten wie »Saruk-Mahal« oder »Afghan-Extra«, »Luri-Isfahan« (oder umgekehrt: »Isfahan-Luri«) nehme man nur dann für wahr an, wenn man schon einigermaßen Teppichkenner ist, bzw. wenn man in einem seriösen Teppichgeschäft bedient wird, wo man auf die besondere Qualität des betreffenden Stückes hingewiesen wird. Aber Bezeichnungen etwa wie »Prinzeß-Buchara« oder »Moschee-Teppich« sind durchaus irreführend.

»GELEGENHEITSKÄUFE«

Was alles wird als »Gelegenheitskauf« von unversehens auftauchenden, uns bisher nicht bekannten Leuten angeboten! Diese Teppichnepper (neppen, vom mittelhochdeutschen »nippen« = zupfen, das ist betrügen, unberechtigt Vorteil herausholen) gliedern sich in zwei Gruppen. Beide »arbeiten« in »echten Persern«. Die eine preist tatsächlich echte Knüpfteppiche an, sie fühlt sich über die zweite Gruppe, die maschinengewebte Teppiche als »echte Perser« verkaufen will, sozial und sittlich so weit erhaben, daß sie sie verächtlich »Schwindler« und »Gauner« nennt, die dem »ehrlichen Händler mit echten Persern« arg ins Handwerk pfuscht. Die »echten Perser« dieser plötzlich wieder verschwindenden »ehrlichen Händler« sind aber meist minderwertig. In der Regel sind diese Teppiche nicht im Orient hergestellt worden, sondern im Inland oder am Balkan, natürlich mit inländischer oder mit Balkanwolle. In der Knotenzahl gehen solche Stücke selten über 300 bis 400 je 1 dm^2 hinaus. Die schüttere Knotung wird durch längeren Flor und auch durch sehr dicke Schußfäden aus miserablem Garn verdeckt. Die Knüpfmuster sind meist großflächig (weil sie bei kleiner Zeichnung mit so wenig Knoten nicht präzise herausgearbeitet werden könnten und weil das Knüpfen bei großen Musterflächen rascher vorangeht). In der Regel zeigt ein solcher Teppich auch nur wenige Farben. Er ist also wohl handgeknüpft, aber unbestimmbarer Herkunft und (was sich besonders unangenehm auswirkt) mit Wolle von zweifelhafter Qualität. Oft besteht die Kette sogar aus Jute. Aber Jute, selbst solche von bester Qualität, hält bei weitem nicht das aus, was gute Baumwolle aushält; Jute im Grundgewebe bedeutet, daß dem Teppich unmöglich lange Lebensdauer beschieden sein kann.
Solche Teppiche werden in verschiedenen »Manufakturen« hergestellt und durch Agenten direkt an den Einzelkunden vertrieben. Die Teppiche sind in den Farben immerhin verlockend aufgemacht, sie bestechen den Laien durch dieses »strahlende« Aussehen, der Preis ist (obgleich der Agent

Teppichbazar anno 1900
Handel und Handwerk in engen Gäßchen oder kühlen Gewölbestraßen, wo der Warenmarkt vom billigsten Talmi bis zum teuersten Teppich einlädt, um zu feilschen und um zu reden, reden! Bei Geschwätzigkeit von morgens bis abends gilt der Kunde als Gast; so zeigt sich der Bazar auch als Seismograph der Volksstimmung.

Teppichbazar der Gegenwart

Ruhe und Gelassenheit wandeln sich immer mehr von beschaulicher Geschäftigkeit zum überstürzten Erwerb. Die beengenden Verkaufsräume im Bazar hindern die geschäftliche Entfaltungsmöglichkeit. Dagegen bieten Häuser an verkehrsoffenen Straßen weiteren Aufschwung. In einzelnen Städten (vor allem in Iran) plant man, überalterte Bazare abzureißen und die so gewonnenen Flächen in Parks oder Autoparkplätze umzuwandeln.

dabei noch gut verdient) auffallend niedrig. Dazu kommt der Wortschwall des Verkäufers, der seine Ware himmelhoch lobt und beschwörend auf diesen »einzigartigen Zufall« verweist, auf diese »unerhörte, einmalige Gelegenheit« – kurz und gut, diese Leute machen immer wieder ihr Geschäft, und das sogar (oder just meist!) dort, wo man echte Orientteppiche schon im Hause hat und sie liebt, ohne aber Kenner zu sein. Man erinnert sich, wie »teuer« man seinen Teppich im Geschäft gekauft hat, man läßt sich von dem Preisunterschied bezaubern, man erliegt dieser »günstigen Gelegenheit« und man – kauft!

Die andere Neppergruppe führt keine handgeknüpften, sondern maschinengewebte Teppiche. Diese zeigen ebenfalls Orientmuster. Trifft ein Agent, der solche Ware führt, auf einen Kunden, von dem er annimmt, daß dieser eine Spur von Wissen über echte Orientteppiche besitzt, dann hütet er sich, seine Ware als echte Orientware anzubieten. Er wird vielmehr versuchen, mit all seiner Redegewalt den Überfallenen davon zu überzeugen, daß es doch unsinnig sei, in vielbegangenen Räumen, im Arbeitszimmer, im Büro, im Wohnzimmer usw. »echte Perser« aufzulegen: »Sehen Sie diese herrlichen, absolut strapazfähigen und genauso wie echte Perser aussehenden Maschinenteppiche, die weitaus billiger sind – bitte, greifen Sie doch zu, denn wir haben eine ganze belgische Fabriksproduktion aufgekauft, hatten niedrigen Vorzugszoll und können dadurch um die Hälfte billiger liefern als die Geschäfte hier am Platz!« So oder so ähnlich argumentiert der Agent.

Der Kunde überlegt, er weiß ungefähr, was Axminster-, Tournay- und andere maschinengewebte Teppiche kosten. Tatsächlich, was der Mann hier zeigt, ist wesentlich billiger als in den Geschäften. Das vom Aufkauf einer ganzen Fabriksproduktion und einer Hereinnahme mit verbilligtem Zollsatz kann stimmen, warum also nicht zugreifen, zumal die gezeigten Stücke (der Agent hat sie inzwischen schon aus dem Auto in die Wohnung geschleppt und breitet sie geschäftig aus, eines mehr als das andere lobend) sehr ansprechend aussehen?

Noch handelt man etwas ab (und kommt sich sehr gerieben vor!), man zahlt, und der Agent verschwindet. In einem halben Jahr darauf sind die Farben verblaßt, der Teppich beginnt sich aufzulösen. Man rätselt, wieso das geschehen kann. Dann aber kommt eines Tages ein Bekannter vorbei, der einiges von Teppichen versteht, und der sagt zur Bestürzung des Teppichbesitzers, daß als Grundgewebe für diesen »echten Wollteppich aus bestem Material« minderwertige Jute oder etwa gar vertorftes Wollgras, also das Billigste vom Billigen, genommen wurde und daß die angeblich »reine Wolle« (über die Wollbezeichnungen sprachen wir schon) letztklassig ist und aus Reißwolle besteht.

Kommt ein solcher Agent mit maschinengewebten Teppichen zu einem Kunden, von dem er annimmt, daß dieser echte Perserteppiche lediglich vom Hörensagen her kennt, daß er einen solchen aber als unerreichbaren Wunschtraum ansieht (nach wenigen gewechselten Worten ist der gefinkelte Verkäufer im Bilde!), dann wird der miserable Wollgemischteppich mit Juteuntergewebe sogar als »orientalisch« ausgegeben oder, mit noch mehr Frechheit, als »durchgewebt und orientalisch«. Das eigene Erscheinen preist der Agent als besonderes Glück für den Kunden an, der genannte Preis sei schon gar kein Preis mehr, sondern der Betrag decke kaum noch die Reisespesen: der Teppich werde, genaugenommen, geradezu verschenkt! Der Kunde, der nun doch endlich zugreifen möge, könne nunmehr gegenüber seinen Nachbarn mit einem herrlichen Stück prunken...

Kurz und gut, auf solche und ähnliche Art machen diese Agenten ihre Geschäfte, oft ein halbes Dutzend am Tage, mit 100 bis 400 Prozent Gewinn. Und in bezug auf Anpreisung der Ware mit »durchgewebt und orientalisch« können sie nicht einmal gerichtlich belangt werden, denn der Teppich ist wirklich durchgewebt, und er zeigt wirklich orientalische Muster (denn der Agent wird sich hüten zu sagen, der Teppich sei ein »echter Orientteppich«). Und manch naiver Käufer lebt dann tatsächlich einige Zeit hindurch in dem Glauben, er habe ein gutes Zufallsgeschäft gemacht und er besitze nun einen »echten Perser«. Wie tröstlich, wenn ihm niemand diesen Glauben zerstört und wenn er das schnelle Unansehnlichwerden und schließliche Auflösen des Teppichs als unvermeidliche Tatsache hinnimmt und dann noch lange seinem »echten Perser« nachtrauert!

Auch »Austellungen« inszenieren solche Nepper in kleineren Orten. Die Besucher kommen, weil man um jede Abwechslung froh ist. Irgendeiner kauft einen Teppich, und schon geht es reihum: »Wenn *der* kauft, kaufen auch wir!« Und der Aussteller und »Teppichexperte« kann sich die Hände reiben, denn er hat minderwertige Ware um hohes Geld an den Mann oder an die Frau gebracht.

Unter einem sei aber ebenso dies gesagt: Ausstellungen in kleineren Orten werden immer mehr auch von guten, ernst-

Verladen der Teppiche des Dorfes zum Transport in den Basar (Persien)

haften Teppichkaufleuten, die ihren Firmensitz in größeren Städten haben, veranstaltet – der reelle Kaufmann sucht also Kunden in dieser Form auf. In der Regel ist dann aber der Firmenname des Ausstellers nicht nur für jedermann sichtbar angeschrieben, sondern er ist oft dem dortigen Interessenten überhaupt schon ein Begriff. Man weiß, daß man von dieser Firma gut bedient wird und keine Nepperei zu gewärtigen hat.

Bekannt ist auch jener Dreh, daß ein sehr gut gekleideter Mann an der Wohnungstür läutet, höflichst grüßt (natürlich spricht er schlecht Deutsch, also ist er ein »vornehmer Ausländer«) und angibt, er habe mit seinem Wagen eine Panne gehabt, die Reparatur koste soundsoviel, die Werkstätte wolle keine Dollar nehmen (und dabei weist er ein Bündel Dollarnoten vor). Da auch keine Bank im Orte sei, bitte er, ihm mit einem Betrag von soundsoviel auszuhelfen, er lasse als Pfand gern einen seiner kostbaren Gebetteppiche da, auf der Rückreise hole er ihn wieder ab und bringe dann das Geld – auch ein Geschenk für die Freundlichkeit werde er natürlich mitbringen – alles weitere vermag man sich auszumalen: der so wertvolle Gebetteppich ist in Tatsache ein minderwertiger Andenkenteppich aus der Massenproduktion, und jene, die Geld geliehen haben, sehen es nie wieder!

Bedauerlicherweise lassen sich aber auch gewisse Orientteppichhändler hinreißen, zu versuchen, ihr Geschäft »um jeden Preis« zu machen. Dazu gehört auch, die Teppichverkaufspreise überhöht zu kalkulieren und dann als Anreiz hohe Rabatte anzubieten.

Der Vorsitzende des Fachverbandes des Deutschen Teppichhandels, H. Pelzer, dem an der Sauberkeit der Handelsusancen liegt, hatte in einer Pressekonferenz zu solchen Methoden deutlich genug mit folgenden Worten Stellung genommen:

»Wenn einer für seinen Ausverkauf einige tausend Teppiche bestellt und bei Eingang zunächst mit einem Aufschlag von 200 % kalkuliert, um diesen Preis sodann für den Ausverkauf nach vielleicht zwei Wochen um 33 % zu ermäßigen, bleibt ihm immer noch ein lukrativer Bruttogewinn von 100 %. Diese Praktiken und die hierauf basierende Werbung sind äußerst wirkungsvoll. Die völlig unkontrollierbaren und willkürlichen Preisnachlässe stellen eine grobe Irreführung des Publikums dar. Dem Publikum werden in den fraglichen Ausverkäufen Preise abgefordert, bei denen nichts geschenkt wird und die mindest so hoch sind wie im sonstigen Handel. Das Publikum sieht nicht auf den Preis, wenn ein hoher Rabatt geboten wird. Die Flut der *Ausverkäufe* und *Räumungsverkäufe* von Orientteppichgeschäften ist eine üble Spekulation auf die Rabattpsychose. Auch hier gilt: Hohe Preisnachlässe auf Orientteppiche bedingen entsprechend überhöhte Kalkulationen. Ob der Preisnachlaß an der Haustür, in den Versteigerungen oder im Ausverkauf angeboten wird, ist im Prinzip ein und dasselbe. Man kann nichts Besseres tun, als sich von solchen ›Geschäften‹ oder ›Gelegenheiten‹ fernzuhalten. Man erspart sich Verluste, Ärger und auch Spott.

Der Orientteppich ist heute kein Luxusgut mehr, er wird von breitesten Bevölkerungsschichten gekauft. Der Orientteppich ist ein gefährliches Objekt, weil nur die wenigsten etwas hiervon verstehen und weil diese Unkenntnis raffiniert ausgebeutet wird. Die Gesetze bieten hiergegen kaum Schutz. Die Öffentlichkeit kann also nur gewarnt werden.«

Zunehmend kommen auch gestohlene Teppiche auf den Markt, natürlich auf den »Schwarzmarkt«. Es hat den Anschein, als gäbe es eine (oder mehrere?) gut eingearbeitete, fachmännisch geschulte Bande, die es darauf angelegt hat, Orientteppichgeschäfte zu plündern. Die Zahl der Einbrüche in solche Fachgeschäfte hat sich in fast allen europäischen Staaten beträchtlich vermehrt. Die Täter raffen meist nicht irgendwelche Dutzendware zusammen und verschwinden damit, sondern sie wählen (so sie dazu Zeit haben) mit Kennerblick aus dem Vorrat die besten Stücke. Es sei auch aus diesem Grunde davor gewarnt, von Unbekannten Orientteppiche zu kaufen.

NUR ZUM FACHMANN!

Mehr noch als sonst bei einer Ware möchte man bei Auswahl und Kauf eines Orientteppichs gut beraten und im dargebrachten Vertrauen nicht enttäuscht werden. Diese Erwartungen zu erfüllen, sollte jedem Orientteppichkaufmann liebe Pflicht sein. Ein reeller Orientteppichkaufmann wird schon aus Gründen der Selbsterhaltung darauf bedacht sein, seine Kunden nicht nur für den Augenblick, sondern für ständig zufriedenzustellen. Natürlich muß er auch verdienen. Er muß sogar gut verdienen, denn er hat hohe Spesen und nicht geringe Risken zu tragen. Aber er wird seine Kunden nicht falsch beraten, und er wird nicht versuchen, ihnen zweifelhafte Teppiche »anzudrehen«.

Ergibt sich für den Teppichinteressenten aber einmal ein echter Gelegenheitskauf, etwa, daß aus privater Hand we-

Teppich-Großlager im Hamburger Hafen

gen Übersiedlung Teppiche abgegeben werden oder daß Teppiche aus einem Nachlaß zu haben sind (doch just dies ist etwas, das gern von zwielichtigen »Auch-Händlern« als Anreiz vorgegeben wird – also Vorsicht!), dann prüfe man ohne Scheu den Teppich genau. (Siehe hierzu die nächsten Seiten.) Falls man aber doch unsicher ist, ob das angebotene Stück, das man an sich gern erwerben möchte, auch preisgünstig ist, riskiere man die Gebühr, die ein Sachverständiger für eine Schätzung verlangt. Sie kann immer noch getragen werden, wenn es sich tatsächlich um einen vorteilhaften Gelegenheitskauf handelt.
Wenn man zufällig mit einem Orientalen bekannt ist, etwa mit einem Studenten aus Iran oder aus der Türkei, so verlasse man sich *nicht* auf dessen Auskünfte. Denn nicht jeder Orientale ist Teppichkenner.
Auch bei Auktionen sei man vorsichtig. Man besehe sich die dort zur Versteigerung ausgeschriebenen Teppiche an den Besichtigungstagen vor der Versteigerung. Erst wenn diese Prüfung zufriedenstellend ausgefallen ist, beteilige man sich an der Versteigerung. Man bedenke, daß es bei Auktionen nach erfolgtem Zuschlag keine Reklamationsmöglichkeiten mehr gibt.
Nebenbei: Seit wenigen Jahren kommen aus den jungen, selbständig gewordenen südafrikanischen Staaten zuweilen Knüpf- und auch Kilim-Teppiche zu uns. In jüngster Zeit hat man überdies auch in Mexiko das Teppichmachen »entdeckt« und schon führt man Knüpfteppiche und Kilims nicht nur nach den USA aus, sondern auch schon nach Europa. Diese mexikanischen »Knüpfer« haben 1800 bis 2000 Knoten je 1 dm^2. Man verwendet durchwegs den »persischen« Knoten. Mit dem Begriff »Orientteppich« haben aber weder die mexikanischen noch die südafrikanischen Sorten etwas zu tun. Ein »Lesotho« (Südafrika) oder etwa ein »Otomi« (Mexiko): beide können nett sein, aber: sie sind keine Orientteppiche!

NIE ZU PLÖTZLICH!

Man kaufe einen Orientteppich nie aus einer plötzlichen Laune heraus, etwa weil einem das Stück in der Auslage auf den ersten Blick »so gut gefällt«.
Wer einen solchen Teppich kauft, muß wissen, welchen Zweck gerade dieser Teppich zu erfüllen hat. Soll er im Arbeitszimmer liegen, im Schlafraum, im Empfangsraum oder im Wohnzimmer? Soll er ein Läufer für ein vielbenütztes Vorzimmer sein, ein Prachtteppich für einen Saal, worin dann und wann einmal eine Feier abgehalten wird? Es ist nicht gleichgültig, sondern sehr wichtig, den Fußboden, den man mit Recht »die fünfte Wand« nennt, richtig zu schmükken.
Ein stark quer- oder schwach schräggestreifter Läufer (z. B. gibt es solche Hamadan, Gendje, Talisch, Schiraz usw.) läßt den Raum, worin er liegt, verkürzt erscheinen, was aus optischen Gründen für ein langes, schmales Vorzimmer oft vorteilhaft ist. Ein längsgestreifter Läufer ruft die gegenteilige Wirkung hervor: er läßt den Raum länger erscheinen. Dunkelfarbige Teppiche »ziehen den Raum zusammen«, sie lassen ihn verkürzt erscheinen, hellfarbige Teppiche weiten den Raum. Ähnlich verhält es sich mit den Knüpfmustern: kleine, vielfältige Muster machen den Raum optisch größer, auffallend große Muster verkleinern den Raum, sie »stehlen« ihm seine Größe. Zu großgemusterten warmfarbigen Teppichen passen in der Regel einfarbige Gardinen und einfarbige Polstermöbel besser als gemusterte. Helle Räume vertragen Blau und Grün recht gut, nach Norden gelegene Zimmer verlangen lebhafte, warme Farben, sonst wirken solche Räume kalt und nüchtern.
Ist ein Raum zu hoch, dann kann man die Decke »herunterholen« indem man sie 1. nicht weiß läßt, sondern einfärbt. Je höher die Decke, um so voller und satter halte man die Dekkenfarbe. Und 2., je farbbetonter der Teppich in diesem Raum ist, um so nachhaltiger »holt« er die Decke herunter. Große Räume, wo die Wände davonzulaufen scheinen, werden durch einen Orientteppich geschlossen und zusammengehalten. Höhe und Länge des Raumes können also in jedem Fall durch einen wohlüberlegt gewählten (ausprobieren!) Orientteppich in ihrer optischen Wirkung in dem von uns gewünschten Sinne beeinflußt werden. Auch harmonisch teilen und aufteilen läßt sich ein großer Raum mit Hilfe von Teppichen, und zwar, wenn man zwei in Farbe und Musterung wesentlich voneinander verschiedene Stücke auflegt.
Oft erweist es sich als zweckmäßig, in großen Räumen nicht *einen* großen Teppich, sondern zwei kleinere, farblich und mustermäßig stark voneinander verschiedene Teppiche aufzulegen. Stellt man noch ein längliches Schränkchen, eine Anrichte, einen Schreibmaschinen- oder Fernsehtisch etc. dazwischen, so verstärkt sich der Eindruck noch mehr, daß man aus einem Raum deren zwei gemacht und damit »Wohninseln« geschaffen hat, die oft eine freundliche Inti-

Nun liegen die »Märchen aus dem Morgenlande« bereit und warten auf ihre neuen Besitzer

mität und ein Wohlbehagen verströmen, was der zuerst vorhandene große, ungeteilte Raum nicht bieten konnte.
Überhaupt muß man sich von der gewohnten Art, wie man sein Heim betrachtet und es »in sich trägt«, völlig lösen, und man muß sozusagen mit den Augen des Besuchers, mit den Augen des Fremden, der zum erstenmal diese Räume betritt, durch die Wohnung gehen. Man wird staunen, was man alles entdeckt, was alles besser gemacht werden kann! Von wo fällt in dem betreffenden Raum das Licht ein: von Norden, Süden, Osten oder Westen? Wird der Teppich mehr bei Tageslicht oder mehr bei künstlichem Licht seinen Zweck zu erfüllen haben? Soll der Teppich den Raum heller, freundlicher, aufgelöster, geweiteter machen, oder soll er festlich, gesammelt und sammelnd, ernster wirken?
Für die Beantwortung all dieser Fragen kann man von vornherein kein allgemeingültiges Schema aufstellen, da zu viele Dinge mitspielen: die Raumgröße, die Höhe des Raumes, die Art der Malerei oder der Tapete, wie die Fenster verteilt sind und auch, wo und wie der (oder die) Beleuchtungskörper angebracht ist (sind), welcher Art die Möbel zugehören, die sich im Raume befinden, wie die Heizkörper oder Öfen aussehen usw.
Auch dies ist bemerkenswert: Ein Orientteppich auf Linoleum oder auf Kunststoffböden gelegt, die linoleumähnlich aussehen, verliert sehr von seiner Wirkung. Auf Natursteinfußböden kommt er noch zur Geltung, wenn es sich um einen Teppich mit mehr geometrischen Mustern handelt. Man kann aber bei linoleum- oder kunststoffbedeckten Böden einen guten Übergang schaffen, indem man als Hauptbelag einen nicht zu großen, ruhig gehaltenen, handgewebten oder mechanisch hergestellten Teppich wählt und auf diesen sowie auf die restliche freie Fußbodenfläche echte Orientbrücken plaziert. Auch hier werden kaum zentralpersische Muster zu bevorzugen sein, sondern eher Kurdenläufer, kaukasische, turkmenische oder kleinasiatische Exemplare.
Von den Ausstattungsstücken darf nicht das eine das andere schlagen und erschlagen, sonst wird der Raum allen, die ihn benützen, keine volle Befriedigung bringen. Er wird irgend etwas zu wünschen übrig lassen, ohne daß man sich vielleicht sagen kann, wo der Fehler liegt.
Orientteppiche sollen möglichst nur auf Holzfußböden liegen.
Heutzutage ist der Spannteppich von Wand zu Wand noch immer üblich. Ein solcher Spannteppich, so gut er auch sein mag und so vortrefflich vielleicht auch seine optische Wirkung ist, erübrigt keinesfalls die Anschaffung eines Orientteppichs (wie oft geglaubt wird), sondern all diese Bodenbeläge, die von Wand zu Wand gehen, vertragen Orientteppiche als Zugabe nicht allein ausgezeichnet, sondern sie verlangen nachgerade nach solcher Ergänzung. Brücken oder Verbinder, auf Spannteppiche (oder auf andere textile Bodenbeläge) gelegt, geben dem Raum, so sie richtig gewählt und im Raum richtig verteilt werden, erst endgültig die freundliche Heim-Atmosphäre, sie erst schaffen die erwünschte Behaglichkeit. Außerdem: Ist nur der Spannteppich allein vorhanden, dann vermag man nicht, dem Raum vom Fußboden her ein »neues Gesicht« zu geben. Sind aber Orientbrücken vorhanden, dann kann man, verändert man die Lage dieser Stücke, schon allein dadurch dem Raum wieder eine neue Note abgewinnen und zu einem neuen »Wohnerlebnis« kommen.
Zumal die Anschaffung eines Orientteppichs immerhin meist eine bedeutende Haushaltsausgabe erfordert, möchte man diese so gut wie möglich angelegt wissen und mit dem Stück, das mit seiner Lebensdauer über unser eigenes Leben noch hinausreichen soll, auch wirklich Wohlbehagen und Freude haben und gleichermaßen auch anderen Wohlbehagen und Freude bereiten.
Es sieht aus, als sei die Erfüllung all dieser Vorbedingungen unsäglich schwierig – ja vielleicht gar nicht möglich; als müsse man fürchten, es werde immer noch – bei aller Vorsicht und Umsicht, die man beim Einkauf zeigt – ein ungelöster Bestand an Fragen übrig bleiben und einem dann die Freude an dem Besitz des Stückes nur halb werden lassen oder sie sogar vergällen.
Nein – so ist es glücklicherweise nicht! All diese Fragen erledigen und lösen sich sozusagen von selbst, wenn man ... ja wenn man den Teppich nicht überstürzt wählt!

PROBE IM HAUS

Der wirklich um sein Geschäft bemühte Orientteppich-Kaufmann wird es gar nicht zulassen, daß man den Teppich kurz ansieht und schon – schnell entschlossen – auch kauft. Er wird vielmehr fragen, welcher Zweck dem Teppich zugedacht ist, er wird sich nach der Zimmerform, den Lichtverhältnissen erkundigen und nach all dem fragen, was eben vorhin als Fragenkomplex angeführt wurde. Dann wird er aus seinem Vorrat all das zeigen, was seiner Erfahrung nach für diesen Fall in Frage kommt. Aber auch jetzt wird er zu

SCHWARZES MEER
KAUKASUS
TÜRKEI
TURKESTAN
CHINA
MITTEL-
LÄNDISCHES
MEER
ARABIEN
INDIEN
Teppichgebiete

keinem bestimmten Stück raten, sondern nur jene Exemplare aussondern, die dem Kunden von vornherein nicht gefallen. Merkt er aber, daß der Kunde völlig unerfahren ist, wird er solche Stücke, die dem Kunden nicht gefallen, die ihm (dem Kaufmann) aber eventuell tauglich scheinen, nicht zur Seite legen, sondern im Stapel lassen. Schließlich wird er sagen: »Kommen Sie, wir nehmen diesen Stapel Teppiche und fahren damit in Ihre Wohnung – dort gustieren wir!«

Und hier in der Wohnung lösen sich alle Fragen, alle Probleme, alle Komplexe: Jeder mitgebrachte Teppich wird aufgelegt, und so sieht der Interessent an Ort und Stelle, ob der Raum durch den Teppich gewinnt oder verliert, ob der Teppich Harmonie und Ausgewogenheit beschert, ob er in das Arbeitszimmer paßt, ob man für das Schlafzimmer gut gewählt hat usw. (Solche »Legeproben« oder »Ansichtssendungen« sind bei seriösen Teppichkaufleuten sozusagen selbstverständlich, in der Regel wird der Orientteppich-Kaufmann, wie vorhin erwähnt, solches »Probeauflegen« in der Wohnung schon von sich aus vorschlagen und nichts dagegen haben, sollte man dieses Probeauflegen für 48 oder 96 Stunden erbitten.)

So deutlich zeigt sich dies, daß es auch das minder geschulte Auge merkt und daß man dann, weil aus den mitgebrachten Stücken nun doch die meisten ausscheiden, nur zwischen sehr wenigen zu wählen hat oder daß vielleicht überhaupt nur ein Teppich bleibt, der völlig zusagt. Immer und immer wieder kommt es dabei vor, daß letztlich just jenes Stück gefällt, gegen das sich der Kunde im Geschäft mit Eifer gewehrt hat und das er eigentlich gar nicht zum Probeauflegen mithaben wollte.

Und immer wieder wird man bei einer solchen Gelegenheit zu seiner eigenen Überraschung auch gewahr, daß dem Orientteppich etwas Besonderes zu eigen ist: man kann in vielen Fällen mit ihm (im Vergleich zu der übrigen vorhandenen Einrichtung) ruhig »aus dem Stil fallen«, und er wird sich bei überlegter Wahl doch gut in den Raum einpassen. Es ist nicht nötig, für einen großen Raum einen großen Teppich zu wählen, um ihn als einziges Stück aufzulegen. Vielmehr gilt zu bedenken, ob nicht etwa ein mittelgroßes Stück besser wirkt, wenn es zusammen mit Brücken und Läufern (Galerien) geschickt gelegt wird. In der Regel wirkt es überhaupt freundlicher und heimeliger, wenn man einen Raum nicht mit einem einzigen Teppich schmückt, sondern mehrere kleine Teppiche verwendet, die man mit kundiger Hand

so legt, daß sie den Raum »lebendig« machen. Man probiere mit den gleichen Teppichen immer neue Möglichkeiten von Zusammenstellungen aus, man wird überrascht sein, wie sehr oft nur ein anderes Anordnen der Teppiche (wir sagten es schon) dem Raum ein neues Aussehen gibt.
In festlichen Räumen, die ja auch meist großflächig sind, paßt es natürlich gut, wenn dort *ein* Teppich deutlich dominiert. Man soll aber vermeiden, in die Mitte eines Medaillonteppichs einen Tisch zu stellen. Ein Medaillonteppich soll möglichst frei liegen und mit seiner Schönheit prangen können.
Auch in all diesen Überlegungen wird der erfahrene und gewissenhafte Orientteppich-Kaufmann gut raten können. Natürlich gibt es auch Interessenten, die genau wissen, was für einen Teppich sie haben wollen – etwa einen reich bordürten Jomud mit vollem Rot für ein Arbeitszimmer oder einen Kaschan für das Wohnzimmer. Hier ist dann die Wahl nicht so schwierig. Aber ob so oder so: Auch der schon etwas erfahrene Käufer läßt den Teppich zur Probe ins Haus kommen.

FARBPRÜFUNG

Ist man daran, den Teppich zu kaufen, so prüfe man – wenn man mit dem Muster, der Größe und dem Preis einverstanden ist – vor allem das, was am meisten Sorgen macht: die Farbe. Ist der Teppich anscheinend neu, und zeigt sich dennoch die Unterseite in den Farben auffallend dunkler als die Oberseite – so daß diese wie sonnengebleicht aussieht –, dann wurde der Teppich entweder chemisch behandelt (Englische Wäsche), oder aber seine Farben sind wenig lichtecht.
Ein mit minderwertigen Farben hergestellter Teppich verliert beim Waschen (schon im Ursprungsland) allerlei an Farbe. Diese dünne Farblösung setzt sich sowohl in den Webborten wie auch in den Fransen ab und verfärbt sie. Auch weiße oder sonstige helle (z. B. hellblaue) Knüpfstellen nehmen solche Lösung an und verfärben sich mehr oder weniger merkbar.
Gesagt sei aber auch dies: Verschiedene »echte Farben« (gemeint sind damit immer die Pflanzen- und sonstigen Naturfarben des betreffenden Teppichherstellungsgebietes) sind weder unbedingt auslauf- oder reibecht, noch können sie von der Wolle in jeder Menge aufgenommen werden. Zuweilen wird Wolle mit Farbe so »übersättigt«, daß ein Farbüberschuß bleibt (besonders Krapp, Indigo und Rote-Rüben-Saft sind dafür anfällig), der dann, wenn man solche Farbstellen mit nassen Fingern oder mit einem feuchten Tuche reibt, Farbe abgibt.
Die »echten Farben« (Naturfarben) haben die Eigenschaft, dem zunehmend älter werdenden Teppich eine gewisse Farbmilde (Patina) zu geben, Farben der modernen Chemie hingegen werden im alternden Teppich härter, oder aber – im Gegensatz – sie »verschwinden« im Laufe der Jahre.
Es ist aber ein Irrtum zu glauben, Naturfarben seien unbedingt wasserunempfindlich. Warum soll der Saft von roten Rüben, vom Sumachstrauch, warum sollen Kamelurin, Galle, Schafblut (die neben vielen anderen Ingredienzen als Färbemittel mitverwendet werden) in solcher Verbindung auf einmal völlig wasserecht sein? Vor allem sobald man warmes oder stärker seifenhaltiges Wasser nimmt und damit den Teppich »behandelt«, können die Farben zu »bluten« beginnen. Aber immerhin: Echte, gute Farben, vor allem die Naturfarben der Nomadenvölker, halten bei guter Behandlung jahrzehntelang ziemlich genau die gleiche Tönung bei, es treten bei normaler Lichteinwirkung nur geringe Abweichungen auf. So verblassen auch bei Naturfarben Lichtblau, Violett, Hellgrün und Rosa nach und nach, indes Rot, Gelb und Dunkelblau fast unverändert bleiben. Man bedenke auch, daß eine Farbe wohl lichtecht sein kann, daß sie aber deshalb nicht auch waschecht sein muß. Hauptsache ist aber die Lichtechtheit. Viel Sonne tut jedenfalls keinem Teppich gut. Überdies: Absolut und streng genommen gibt es vollkommene Lichtechtheit auch bei besten Kunstfarben nicht! Dauereinwirkung von praller Sonne bleicht auch beste Farben mit der Zeit aus.
Bei schlechter Färbung, gleichgültig ob mit Natur- oder Kunstfarben, ist der Flor an seinen Enden, wo er mehr dem Lichte und der Abnützung ausgesetzt ist, deutlich wahrnehmbar heller als beim Gewebegrund. Allerdings: Ist der Teppich einige Jahrzehnte alt, dann tritt der gleiche Fall ein, auch wenn die Farben gut waren. Aber ein Unterschied bleibt doch: Beim wirklich »älteren« Teppich ist auch die Rückseite schon etwas eingeblaßt (wenn auch nicht so stark wie die Vorderseite, weil sie nicht wie diese direkt dem Lichte ausgesetzt war), hingegen ist die Rückseite des neuen Teppichs in den Farben meist ziemlich hart, wenn nicht überhaupt grell. Aber auch hier kann man getäuscht werden – der Orientale »behandelt« oft genug auch die Rückseite des Teppichs »auf alt«.

PRÜF-HINWEISE

Hat man die Farben geprüft (man überzeuge sich dabei auch, ob nicht einzelne Stellen des Flors ausgebessert oder ob nicht etwa verblaßte Nachknüpfungen nachgemalt sind!), dann lasse man sich den Teppich so vorführen, daß er mit der Florseite senkrecht gegen starkes elektrisches Licht gehalten wird. Man überblickt dann von der Rückseite her den Teppich und kann allfällige dünne oder schon schadhafte Stellen, Mottenfraß usw. ebenso leicht erkennen, wie auch den Umstand, ob Stücke aus dem Teppich herausgeschnitten und durch andere ersetzt wurden und ob die Stükkelung nur in Vernähung geschah, die einer stärkeren Beanspruchung nicht standhält oder ob das Ersatzstück fachgerecht eingeknüpft wurde. Jeder Teppich wird durch Schadhaftigkeit in seinem Wert herabgesetzt, aber ein an sich wertvolles Stück wird bei gut durchgeführter Reparatur noch immer Anreiz zum Kauf bieten. Freilich muß es entsprechend billiger abgegeben werden, als ein unlädiertes Exemplar der gleiche Klasse.

Anschließend soll man bei gebrauchten Teppichen auch die Kett- und Schußfäden auf Festigkeit prüfen. Man findet bei solchen Teppichen oft eine Stelle, wo solche Fäden freiliegen. Meist ist es an den Längsseiten. Läßt sich ein solcher Faden ohne jede Kraftanstrengung zerreißen, dann ist der Teppich brüchig und morsch. Ohne einen verläßlichen fachmännischen Rat kaufe man das Stück nicht, auch wenn es noch so preiswert zu sein scheint, weil es vermutlich keine längere Lebensdauer mehr hat. Schimmelig gewordene Teppiche kann man (obgleich der Teppich ansonst nicht der prallen Sonne ausgesetzt werden soll) zur Vernichtung des Schimmels eine Zeit hindurch an die Sonne legen, abwechselnd mit dem Flor oder mit der Unterseite nach oben.

Wenn die Knüpferin, was vorkommt, nicht über die volle Breite knüpft, sondern in Zwickeln (dies kann aber rechtens nur bei anatolischen Teppichen vorkommen), dann kann auch der Schußfaden nicht über die ganze Breite, sondern eben nur über die jeweils tatsächliche Knüpfbreite geführt werden. Auf der Hinterseite des Teppichs ist das dann in Form schräg verlaufender Linien (Narben) zu sehen. Das hat weiter nichts auf sich und ist kein Fehler. Besitzt aber diese schräge Linie stärkere senkrechte Abstufungen, dann untersuche man diese senkrechten Stellen, ob dort nicht zwischen den Kettfäden ein Schlitz ist. Solche wurden und werden manchmal von der Knüpferin aus abergläubischen Rücksichten angebracht, denn (wie schon früher erwähnt) nur Allah ist vollkommen, und es wäre eine Herausforderung, ihm nachzueifern. Geht der Schlitz über nicht mehr als vier oder fünf Schußfädenbreiten, dann ist er harmlos.

Bezüglich der Qualität der Wolle muß man sich auf die Beteuerung des Verkäufers verlassen, außer man ist Chemiker und man hat die Möglichkeit, eine Faserprobe nach allen Richtungen hin im Laboratorium zu untersuchen. Ziegenhaar kann man zwar von Schafwolle auch als Laie unterscheiden, aber die einwandfreie Feststellung, ob man Schafwolle oder Baumwolle vor sich hat, wird für den nicht Sachkundigen in manchen Fällen schon schwieriger. Da vermag noch einigermaßen die Brennprobe zu helfen:

Zündet man eine Schafwollfaser an, so kräuselt sie sich unter leisem Geräusch, brennt aber nicht weiter, sondern schmilzt zu einem koksartigen Kügelchen zusammen. Sie verbreitet den bekannten Geruch verbrannter Haare oder verbrannten Horns und hinterläßt so gut wie keine Asche. Eine Wollfaser, die eventuell weiterbrennt, hat Zellwolle beigemischt. Zündet man eine Baumwollfaser an, so verbrennt sie, leisen Holzgeruch gebend, und hinterläßt sozusagen ihr Skelett als nachglühende weiße Asche.

Bei der Brennprobe soll man nicht einzelne Fasern verwenden, sondern es soll das Probestück mindest die Stärke eines Streichholzes haben. Man halte das Probestück waagrecht in eine Feuerzeug- oder Spiritusflamme. Zündholz- oder Leuchtgasflammen eignen sich nicht, da der Geruch des Holzes (bzw. des Gases) den auftretenden Fasergeruch übertönt. Es seien auch einige allgemeine Unterscheidungsmerkmale hier angegeben:

Wolle hat Glanz und Kräuselung verschiedenen Grades. Wollflocken fühlen sich weich und warm an. Unter einer guten Lupe zeigt die äußere Hülle deutlich eine Art Schuppenstruktur, bei grober Wolle ist auch der Markkanal sichtbar. Schafwolle hat annähernd kreisrunden Querschnitt.

Kamelhaar glänzt wie Schafwolle, besitzt aber keine oder fast keine Kräuselung, fühlt sich meist gröber an als Schafwolle. Unter der Lupe zeigt sich die Oberfläche längsfurchig und nur selten leicht geschuppt. Der Markkanal ist fast immer gut sichtbar.

Seide zeigt unter der Lupe eine strukturlose, glatte Oberfläche. Eine Brennprobe hinterläßt bei Seide einen ähnlichen Geruch wie bei Schafwolle, aber nicht so intensiv. Das Fadengerüst bleibt erhalten, es zerfällt aber bei der leisesten Berührung.

Baumwolle Die Baumwollflocke ist kühl im Griff, der Faden reißt kurz ab. Im Naturzustand ist sie stumpf oder leicht glänzend, merzerisiert (zugerichtet) bekommt sie hohen Glanz. Naturbelassene Baumwolle hat bohnenförmigen Querschnitt, merzerisierte dagegen fast kreisförmigen. (Über »merzerisieren« siehe im 3. Hauptabschnitt Näheres).

Jute Unter der Lupe zeigt sich ein ineinandergeschachteltes Faserbündel mit knötchenartigen Verdickungen der Einzelfaser. Der Querschnitt ist wabenförmig. Die Brennprobe: wie bei Baumwolle.

Im übrigen zeigt das Verhalten der einzelnen Faser des Flors (wenn es möglich ist, eine solche Faser auszuziehen, ohne die Knüpfung zu beschädigen), ob man es mit einem alten oder neuen Teppich zu tun hat: Beharrt die Faser trotz wiederholter Bemühungen, sie auszustreifen und »gerade« zu machen, in ihren durch die Knotenform bedingten Krümmungen, dann ist sie lange Zeit im Teppich gewesen, der Teppich ist also nicht neu. Verliert sie die Krümmungen, besonders wenn man sie anfeuchtet und mehrmals ausstreift, dann handelt es sich um einen ziemlich neuen Teppich.

SCHLEUDERWARE ABLEHNEN!

Schon im 6. Hauptabschnitt, bei den einzelnen Teppichbesprechungen, ist fallweise darauf hingewiesen worden, daß außer vortrefflichen und guten Teppichen auch mindere oder gar schlechte Sorten hergestellt werden. Beim »Kerman« verwiesen wir auf nähere Einzelheiten in diesem Hauptabschnitt. Hier sind sie:

Im seiner erstklassigen Teppiche wegen altberühmten Kerman-Gebiet haben sich Hersteller und persische Händler, im Trieb nach raschem Gelderwerb, in letzter Zeit dazu verleiten lassen, neben guten auch sehr minderwertige Teppiche herzustellen und zu exportieren. Seit Anfang der dreißiger Jahre sind die Kerman-Knüpfer (und nicht nur sie: diese Knüpfart ist auch im Chorassan-Gebiet seit langem verbreitet und auch bei Täbriz-Teppichen kennt man sie!) dazu übergegangen, den sogenannten »dschufti« (Zwillingsknoten, auch »jufti«) herzustellen, indem sie den bisher üblichen Senneh-Knoten nicht wie bisher um zwei Kettfäden, sondern um vier Kettfäden führen. Diese Untugend ist heutzutage nur sehr schwer auszurotten.

Neuerdings verwenden vor allem die Kerman-Knüpfer da und dort (gottlob nicht überall!) rein aus dem Bestreben, möglichst viel Arbeitszeit und Geld zu sparen, neben schlechtem Wollmaterial auch folgende Arbeitsmethode: a) man »knüpft« den Teppich nicht mehr (!), sondern *schlingt* ihn, und b) man übertreibt dieses Schlingen insofern, indem man den Schlingfaden nicht über zwei Kettfäden führt, sondern über drei oder gar fünf (!!) Kettfäden. Unsere beigegebenen schematischen Zeichnungen und das Bild verdeutlichen diese Methoden. Zeichnung 1 zeigt den normalen Senneh-Knoten beim gewohnt guten Kerman. Der Knüpffaden wird ordnungsgemäß über zwei Kettfäden geführt. Zeichnung 2 zeigt den Senneh-Knoten, wie er (zeitsparend und qualitätsmindernd) über vier Kettfäden geht.

Die Zeichnungen 3, 4 und 5 lassen erkennen, »wie fortschrittlich« die Kerman-Knüpfer geworden sind: Zeichnung 3 zeigt die Schlinge, wenn sie V-förmig über zwei Kettfäden

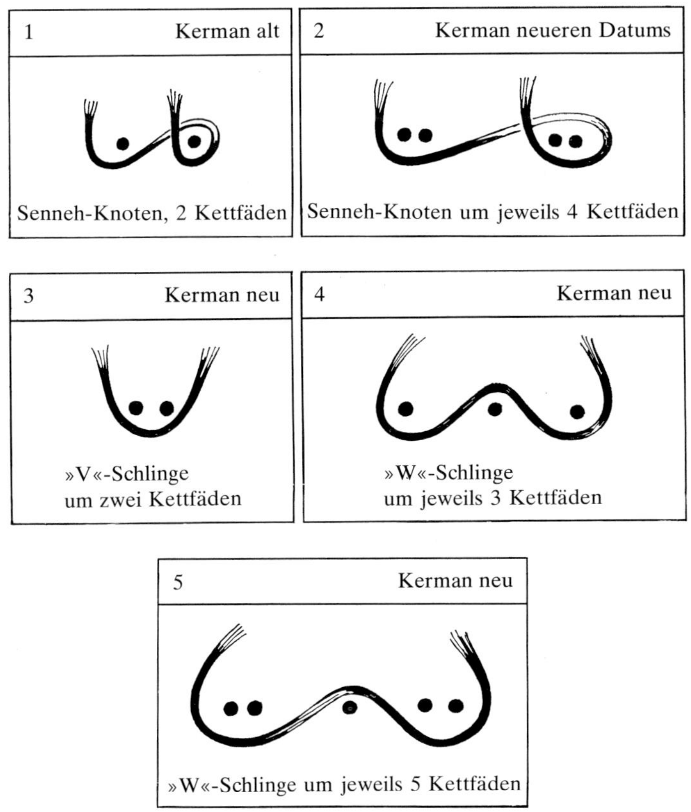

Gute alte Kerman-Knüpfung: Bild 1. – Minderwertige neuere Kerman-Knüpfungen: Bilder 2–5.

geführt wurde; bei Zeichnung 4 wurde der Schlingfaden W-förmig über drei Kettfäden geführt; Zeichnung 5 vermittelt die krasseste Arbeit: hier wurde der Knüpffaden, auch in einer Art »W«, sogar über fünf Kettfäden geführt. Von einem »Knoten« kann in solchen Fällen überhaupt nicht mehr gesprochen werden, den Halt im Grundgewebe vermittelt nur noch der auf die Schlingung geschlagene Schuß. Dies gibt aber so wenig Festigkeit, daß man mittels einer guten Pinzette aus der Rückseite des Teppichs Schlinge um Schlinge mit mehr oder weniger Mühe herausziehen und damit einen solchen »Kerman« in seine Bestandteile »zerlegen« *kann* (Bild unten).

Unser beigegebenes Bild läßt deutlich die herausgezogenen V-förmigen Wollfäden erkennen. Ein solcher »Kerman« verdient natürlich nicht seinen Namen, es sei vor dieser Kerman-Ware ausdrücklich gewarnt!

Die europäische und amerikanische Teppich-Kaufmannschaft wurde von solcher Ware geradezu überrannt. In manchen Fällen griff man – der Billigkeit wegen – auch zu. Es

Mit der Pinzette lassen sich diese Kerman-»Knoten« herausziehen

schien, als sollte man diese neue, wertmindernde Methode widerspruchslos hinnehmen müssen, wie man schon manche Auswüchse im orientalischen Teppichhandel verkraften mußte.

Diesmal aber erfolgte von seiten des deutschen Orientteppich-Kaufmannes ein so energischer Protest, daß zu hoffen steht, man werde sich dies in Hersteller- und Händlerkreisen Persiens zu Herzen nehmen:

Die vom rührigen Verband der Teppichimporteure in Hamburg ergriffene Initiative zur Abwehr der Qualitätsverschlechterung begann im Mai 1966 mit einer in Teheran veranstalteten Pressekonferenz, an der außer den Vertretern der iranischen Presse auch der Präsident der Handelskammer von Teheran und der Handelsattaché der Deutschen Botschaft teilnahmen. Der Präsident der genannten Hamburger Vereinigung, Herr Waldemar von Elsner, und das Vorstandsmitglied, Herr Richard Kiens (beide sind Inhaber bekannter deutscher Teppichfirmen), legten klar, daß der Nimbus des persischen Teppichs im Schwinden sei, und sie begründeten dies auch ausführlich: Persien verwende immer mehr Kunst- und weniger Naturfarben. Die Herstellung und der Verbrauch von Naturfarben müsse gehoben, die richtige Anwendung von Kunstfarben in zu errichtenden Kursen und Schulen gelehrt werden. Weiters sollte für den persischen Teppich keine Import- und auch keine Schlachthauswolle (Wolle von toten Tieren) verwendet werden, ebenso soll der Musterverschleppung behördlicherseits strikt Einhalt geboten werden.

Insbesondere traten die Hamburger gegen die zumeist aus Kerman stammenden Schlingteppiche auf, denn schon nach ein- bis zweijährigem Gebrauch zeigen solche Teppiche abgetretene Stellen und struppiges Aussehen. Nur die Verwendung bester Florwolle und bester feingezwirnter Baumwolle für Kette und Schuß sowie festes Niederschlagen des Schusses (was den Teppichrücken glatt macht) könnte die Haltbarkeit der Schlingteppiche verbessern, doch müßten sie ausdrücklich als »Schlingteppich« gekennzeichnet und entsprechend billiger verkauft werden. Persien kann seinen Ruf als Teppichland nur halten, wenn die Herstellung von Massenware weitgehend eingeschränkt, dafür aber Qualitätsware hergestellt wird.

(Aber auch jetzt kommen immer noch sehr viele ausgesprochen nicht vollwertige »Kerman«-Teppiche in den europäischen Handel. Sie sind geschlungen, haben dicke, ungezwirnte Baumwollfäden als Untergewebe, und der Flor be-

steht oft aus Gerberwolle, also Wolle von toten Tieren. Solche Pseudo-Kermans fühlen sich hart und brettig an und haben wenig Haltbarkeit.)
Desgleichen wurde von den Hamburger Importeuren eindringlich die Gefahr aufgezeigt, die einem, vom persischen »Bureau for Standards and Research« (eine Sonderabteilung des persischen Wirtschaftministeriums) ausgeheckten Plan innewohnt, nämlich den persischen Teppich zu standardisieren. Eine Standardisierung würde den Tod des persischen Teppichs bedeuten.
Die ernsthaften Ausführungen der Hamburger Abordnung hatten auf die amtlichen persischen Stellen solchen Eindruck gemacht, daß sie im Herbst 1966 eine große Konferenz der Knüpfer, Manufakturinhaber und Händler nach Maschhad einberiefen, an der auch Delegierte des wiederholt genannten Hamburger Importeure-Vereins teilnahmen. Es gelang, die beabsichtigt gewesene Standardisierung des persischen Teppichs zu verhindern, und es gelang ebenso, in den Versammelten das Verständnis für das zu wecken, was zu tun notwendig ist: Verwendung guter einheimischer Wolle, saubere Knüpftechnik, vermehrter Verbrauch von Naturfarben, Einfuhrverbot für minderwertige Kunstfarben, Errichtung von Kursen und Schulen für Färber und Zeichner, die Wiederbelebung traditioneller Farbkompositionen und ortsgebundener Musterzeichnungen. Es wurde beschlossen, eine Dachorganisation aller Interessentenkreise zu gründen, untereinander Fühlung zu halten und darauf hinzuwirken (im Verein mit den Behörden), das erwähnte Fernziel zu erreichen.
Im Orient bedarf es, dies weiß man, vieler Zeit und vieler Geduld, um bestimmte Ziele zu erreichen. Aber da die Arbeit des Hamburger Verbandes gleichzeitig auch dahin zielt, den deutschen Orientteppich-Kaufmann dafür zu gewinnen, auf den Kauf minderwertiger Orientteppiche zu verzichten (schlechte Teppiche werden ja nur dann hergestellt, wenn sich dafür Abnehmer finden), kann man doch mit einiger Sicherheit erwarten, daß der Ruf des persischen Teppichs von seinen Herstellern nicht noch weiter untergraben, sondern gefestigt werden wird.
Erneut entstehen Gefahren für den persischen Teppich durch die plötzlich einsetzende (Ölboom!) weitgehende Industrialisierung Irans. Durch sie werden ungemein viele Arbeitskräfte beansprucht. Dies veranlaßt die Obrigkeit, die Obsorge für das Gewerbe der Teppichknüpfkunst zu vernachlässigen. Siehe hierzu die Bemerkung auf Seite 55.

JAHRESZAHLEN IM TEPPICH

Manche Teppiche zeigen als Knüpfmuster (meist in den Bordüren) Inschriften, die oft einen Koranspruch, einen Dichtervers oder aber auch nur den Namen desjenigen bedeuten, der den Teppich schuf (oder schaffen ließ). Diese Inschriften sind entweder in altem Türkisch, in Arabisch oder in Persisch gehalten bzw. (bei Turkmenen, wo sie selten vorkommen) in einem turkmenischen Dialekt.
Manchmal ist in Orientteppichen auch eine Jahreszahl eingeknüpft. Gleichen ihre Zeichen unseren abendländischen »arabischen« Ziffern, so ist bei der Herstellung abendländischer Einfluß in irgendeiner Art maßgebend gewesen oder aber der Teppich war von vornherein für den Export bestimmt und man wollte dem zukünftigen Käufer gefällig sein. Auch armenische Teppiche (aus dem »russischen« Kaukasus) haben unsere Ziffern, da sie in jenen Gebieten schon früh (christlicher Einfluß) gebräuchlich wurden.
Auf keinen Fall kann jedoch eine eingeknüpfte Datumsangabe ohne kritische Untersuchung als wahrheitsgetreu angesehen werden!
In der Regel besteht die Datumsangabe (Jahreszahl) aus den altüberkommenen arabischen Zeichen für die Ziffernreihe von der Eins bis zur Null, die (mit kleinen Schwankungen in der Ausführungsart) so aussieht, wie es die Zeichnungen zeigen: die obere Reihe bringt die geschriebenen Ziffern, die untere dagegen (weil sich beim Knüpfen die Rundungen nicht so fein herausarbeiten lassen) die Ziffern, wie sie so oder so ähnlich im Teppich aufscheinen.

Im islamischen Raum rechnet man jedoch nicht in unserer Zeitrechnung (»nach Christus«), sondern nach der »Hedschra« (Hidschra, Hegira = »das Fortgehen des Propheten«). Es sei hier kurz eine Erklärung gegeben, die zum besseren Verständnis beitragen wird:

Mohammed selbst hat weder im Koran noch sonst irgendwo eine eigene muselmanische Ära festgelegt. Es war im Koran lediglich die schon von früher her im Orient gewohnte Monatseinteilung beibehalten. Zum ersten Monat eines Jahres wurde der Muharram gemacht, weil mit ihm die Geschäfte nach der Pilgerfahrt wieder ihren Anfang nahmen. Mehr war zu Mohammeds Lebzeiten nicht geschehen.

Durch ihre Eroberungszüge hatten Mohammed und seine Scharen viele Kontakte mit anderen Völkern bekommen, und es entstand auch eine Art Hofhaltung und ein Schriftverkehr von Land zu Land bzw. von Mohammed, als dem moslemischen Herrscher, zu den anderen Herrschern und Fürsten. (Zu Lebzeiten Mohammeds soll es in seiner Residenz allerdings außer einigen schreibkundigen Frauen nur 17 Männer gegeben haben, die der Schreibkunst mächtig waren.)

In diesem diplomatischen Schriftverkehr wurden alsbald Klagen der anderen Fürsten laut, die (an die Moslems gerichtet) besagten: »Du schickst uns Briefe ohne Datum, das führt uns irre!« (Jedes Volk hatte damals schon seine bestimmte »Ära«, nach der es seinen Schriftverkehr, seine Steuertermine, Verfügungen, Gesetze, Testamente usw. richtete; man lese darüber in der Fachliteratur.) Mohammed hatte seine Briefe stets lediglich mit dem Beginn versehen (ohne jede Datumsangabe): »Von Muhammed, dem Gesandten Allahs, an N. N.« So hielt er es zu seinen Lebzeiten, und so hielt es auch noch sein Nachfolger, der Kalif Omar, bis sich jene vorher geschilderten Klagen mehrten.

Omar befahl daher, die Gewohnheiten der fremden Völker zu studieren und ebenfalls eine »Ära« einzuführen. Es lag bei dem unerhörten Macht- und Alleinherrschaftstreben der Moslems der Gedanke nahe, sich eine eigene Ära einzurichten. Mohammed war, wie gesagt, damals schon tot. Man dachte daran, den Geburtstag des Propheten als ersten Tag der Ära einzuführen und Mohammeds Geburtsjahr als erstes Jahr der muselmanischen Ära zu bestimmen. Doch weder Tag noch Jahr dieses Ereignisses waren bekannt. Man wußte nur, Mohammed sei an einem Montag geboren worden, denn er selbst hatte verkündet: »An einem Montag bin ich geboren, an einem Montag habe ich meine prophetische Sendung erhalten, und an einem Montag bin ich auch ausgewandert.« Dieses »Auswandern« bezog sich auf »das Fortgehen des Propheten« aus Mekka, es soll am 8. Rabi des Jahres 1 der Hedschra (das ist: 20. September 622 n. Chr.) erfolgt sein.

Insoweit die Historiker das überprüfen konnten, war aber der 8. Rabi nicht der Tag der Abreise aus Mekka, sondern jener der Ankunft in Medina. Aber so übergenau nahm man es damals nicht, und so sind auch heute die muselmanischen Gelehrten noch nicht einig, welcher Tag als das »Abbrechen der Beziehungen zu Mekka« bzw. als »Tag des Weggehens des Propheten« tatsächlich in Frage kam. Jedenfalls liegt jener Tag zwischen dem 28. Juni und dem 20. September 622 n. Chr.

Ali, der Schwiegersohn Mohammeds, soll vorgeschlagen haben, diese »Auswanderung« Mohammeds als Beginn der muselmanischen Zeitrechnung anzusehen, mit der Begründung, an jenem Tage habe sich Mohammed wirklich zum Regenten gemacht.

Diese Entscheidung, eine eigene Ära einzuführen, wurde im Jahre 17 oder 18 (genau weiß man es nicht, einige Forscher nehmen das Jahr 16 an) nach Mohammeds Tod vom Kalifen Omar getroffen. Man hat aber nicht den (unsicheren) Tag der Hedschra als Beginn der muselmanischen Ära gewählt, sondern den ersten Tag des Monats Muharram. Dieser fiel auf einen Freitag und entsprach dem 16. Tamuz (Juli) 933 der seleukidischen Ära bzw. dem 16. Juli 622 des Julianischen Kalenders. (Der 15. Juli 622 war der Tag des Neumondes.)

Das Hedschrajahr ist ein reines Mondjahr von 354 (Schaltjahr: 355) Tagen in zwölf Monaten. Dadurch stimmt die Dauer des Hedschrajahres nicht mit jener unseres Jahres überein. Will man Hedschra-Jahreszahlen in unsere Jahreszahlen umrechnen, dann ziehe man von der Hedschra-Zahl ein Dreiunddreißigstel ab und zähle 622 hinzu.

Nicht übersehen werden darf aber dies: in Iran (Persien) wurde mit Gesetz vom 31. März 1925 vom Mondjahr zum Sonnenjahr übergegangen. Das persische Sonnenjahr beginnt bei Eintritt der Sonne in das Zeichen des Widders (meist am 21., hin und wieder am 22. März). Dieser Tag ist der persische Neujahrstag (Nouruz). Das Jahr 1 bleibt aber unverändert der Hedschra verbunden. Die Umrechnung eines persischen Jahres (nach dem neuen Kalender) erfolgt durch Hinzuzählung von 622, wenn es sich um Datumsangaben zwischen dem 21. März und dem 31. Dezember handelt, oder von 621, so es Datumsangaben zwischen dem 1. Jänner und dem 20. März betrifft.

Im Jahre 1976 verfügte der Schah für Iran überraschend die Einführung einer völlig neuen Zeitrechnung. Bisher war z. B. nach dem gregorianischen Kalender das Jahr 1976 in

Iran (und in der Türkei) das Jahr 1355 nach der Hedschra. Die neue iranische Zeitrechnung (sie gilt nur für Iran) geht auf die Thronbesteigung von Kyros II. (Kyros der Große) zurück, der von 559 bis 529 vor der Zeitenwende (also vor Christus) regierte. Kyros (Cyrus) ist der Herrscher, der zum erstenmal den persischen Stamm an die Spitze der iranischen Völkerfamilie geführt hat. Mit der Erhebung des Kyros gegen die Vorherrschaft der Meder begann der Aufstieg des Persertums unter der Herrschaft der Achämeniden, was nicht heißt, daß die Meder vernichtet wurden. Im Gegenteil: es entstand die iranische Doppelnation Perser-Meder und Kyros II. ging als das leuchtende Vorbild der persischen Herrscher auch in die griechische Überlieferung ein. Diese frühe iranische Glanzzeit nahm der jetzige Schah zum Anlaß, für Iran eine neue staatliche Zeitrechnung einzuführen. Der Zeitrechnungsunterschied des früheren persischen Kalenders (Sonnenkalender) zum nun eingeführten »Schahan-Schahi« beträgt 1180 Jahre. Addiert man diese Zahl zur Jahreszahl des früheren Kalenders, der nun 1355 anzeigen würde, so erhält man als neue Jahresangabe (für das Jahr 1976) das neue iranische Datum 2535, das (nach unserem Kalender) am 21. März 1976 begann. Jahresbeginn, Frühlingsbeginn, Monatsdauer etc. bleiben wie bisher unverändert bestehen. In bezug auf den Mondkalender (dem religiösen Kalender Irans) wurden keinerlei Neuerungen getroffen. Das bedeutet, daß alle religiösen Festtage genau wie bisher nach diesem religiösen Kalender begangen werden. Irgendwelche, den Warenverkehr zwischen Iran und Europa behindernde Auswirkungen sind aus der Einführung der neuen iranischen Zeitrechnung kaum zu erwarten. Auf alle Fälle hat der Schah mit diesem Kunstgriff das Gefühl seines Volkes für Tradition sehr gestärkt und ihm zusätzlich Zuneigung seiner Getreuen gebracht.

Will man eine neue iranische Jahreszahl umrechnen auf unsere Ära, dann muß man von der neuen iranischen Jahreszahl 558 abziehen, wenn unser Datum in der Zeit zwischen dem 1. Jänner und 20. März liegt. Sollte unser Datum zwischen dem 21. März und dem 31. Dezember liegen, dann sind 559 Jahre abzuziehen.

Im Zusammenhang mit Datierungen, die in Orientteppichen aufscheinen, ist es angebracht, auch darüber einige Worte zu sagen:

In Teppichen, die vor dem 18. Jahrhundert entstanden sind, findet sich höchst selten eine Datumeinknüpfung, erst in jüngerer Zeit wurden solche Einknüpfungen häufiger. Ein im Teppich eingeknüpftes Datum ist aber, wie schon erwähnt, stets mit einiger Vorsicht zu beurteilen. Erstens läuft man Gefahr, es nicht richtig zu lesen, denn die Knüpfung macht es oft nicht deutlich, ob eine Zwei oder eine Drei usw. gemeint ist; vor allem: die Vier wird verschieden geschrieben. Zum anderen: es läßt sich manche Ziffer durch Ausziehen von Wollfäden gar zu leicht verändern (vor allem kann man aus der Zwei eine Eins machen) und dadurch vortäuschen (wenn es sich um eine Hunderterstelle handelt), daß der betreffende Teppich um rund 100 Jahre älter ist. Desgleichen beachte man, ob die Wolle der eingeknüpften Jahreszahl jener der übrigen Knüpfung gleicht oder wesentlich anders ist (also vielleicht nachträglich eingebracht wurde). Auch bleibt zu überlegen, ob die Ziffern nicht spiegelverkehrt dargestellt sind. Das kommt, wenn es zutrifft, in der Regel davon, daß die Knüpferin als Vorlage einen Teppich hatte, den nachzuknüpfen ihr aufgetragen wurde. Um das Muster, bzw. um die einzelnen Knoten und Farben besser sehen und besser zählen zu können, drehte sie den Vorlageteppich um – und auf diese Weise kommt es (da die Knüpferin, die nur zu oft Analphabetin ist und daher die Bedeutung der Ziffern nicht kennt) zur spiegelverkehrt stehenden Zahl. Der Vorlageteppich kann natürlich ein wesentlich älteres Stück gewesen sein, die Knüpferin knüpfte es nach, sie knüpfte (vom Auftraggeber dazu verhalten oder weil sie weder lesen noch schreiben konnte) dann die Jahreszahl des weitaus älteren Teppichs richtig (und nicht etwa spiegelverkehrt) ein – diese Jahreszahl ist dann natürlich kein Beweis, daß der Teppich wirklich in dem angegebenen Jahr begonnen oder beendet wurde. Der eben geschaffene Teppich ist eine Nachknüpfung mit (für die tatsächliche Knüpfung) nun falschem Datum. Selbst bei jenem Stück, das als Vorlage diente, weiß man nicht, ob es nicht schon selbst die Nachknüpfung nach einem alten Stück war...

Eine eingeknüpfte Jahreszahl muß also nicht unbedingt zuverlässig sein. Auf sie allein kann man sich bei der Bewertung und Klassifizierung eines Teppichs nicht verlassen.

DIE KNOTENART

Will man untersuchen, mit welcher Knotenart ein Teppich geknüpft wurde, so legt man das zu untersuchende Stück in der Längsrichtung Rücken an Rücken. Man sieht dann auf der Vorderseite durch den »Knick« tief in den Flor. Läuft dort der »Knoten« immer quer über je zwei Kettfäden und kommen die beiden Enden des Florfadens gemeinschaftlich aus dem Grundgewebe hoch, so handelt es sich um den Gördes-Knoten (türkischer Knoten). Ist der Zustand nicht so, wie eben geschildert, dann schiebe man zwei Florfadenenden auseinander; sieht man dann die Kette, so handelt es sich um Senneh-Knüpfung (persischer Knoten). Bei sehr fein geknüpften Teppichen wird es oft schwer oder gar unmöglich, die Untersuchung durchzuführen, denn der Knoten ist sozusagen »verschwunden«, er verbirgt sich im Grundgewebe. Das kommt vornehmlich (aber nicht immer) bei großen Teppichen vor. Meist ist in solchen Fällen in den Längs-Randpartien die Knotenzahl je 1 dm^2 etwas höher als im inneren Teppichfeld. Dies soll den Teppich stabiler machen.

KNOTENZAHL

Nun will man schließlich doch wissen, wie viele Knoten der Teppich hat, ob er wirklich so außerordentlich dicht geknüpft ist, wie angegeben wurde. Zwar fühlt man das schon ungefähr im Greifen, man spürt, ob der Teppich weich, hart, steif oder gar brettig ist. Aber man wünscht doch die Knotenanzahl je Quadratdezimeter zu wissen. Das kann man auf mehrere Arten feststellen, am leichtesten etwa so:
Zuerst wird in einem Vorverfahren nachgeprüft, ob der Teppich eine stark gestaffelte Kette hat, so daß der Knoten auf der Rückseite des zu prüfenden Stückes nur mit *einem* Höcker sichtbar wird, oder ob er völlig flache bzw. nur ganz geringe Kettfadenstaffelung aufweist, bei der man auf dem Teppichrücken stets *zwei* Höcker für einen Knoten erkennt. Dies gilt sowohl für die türkische als auch für die persische Knüpfungsart ohne grundsätzlichen Unterschied.
Ist dies vorweg geklärt, dann zählt man einfach (auf der Rückseite) in 10 cm Höhe die Knüpfreihen und in 10 cm Breite die Anzahl der Knotenhöcker. Beim völlig planliegenden oder nur leicht gestaffelten Teppich zählt man für je *zwei* Höcker *einen* Knoten. Das kann man bei den meisten türkischen und kaukasischen Teppichen so machen.
Bei stark gestaffelter Kette (z. B. bei allen hochwertigen Persern und Turkmenen) ist *ein* sichtbarer Höcker zugleich *ein* Knoten, da der zweite, jeweils zugehörende Höcker sich im Inneren des Gewebes befindet, er also von der Rückseite her gar nicht zu sehen ist.
Im übrigen soll man es vermeiden, die Knotenanzahl als alleinigen Wertmesser für die Qualität des Teppichs anzusehen. Die Knotenanzahl ist lediglich ein mitbestimmender Faktor, nicht aber entscheidend. Wollqualität, Zustand des Grundgewebes und des Flors, Farbgüte, Harmonie der Farben, traditionsgebundene Knüpfmuster, exakte Knüpfarbeit usw. müssen ebenso berücksichtigt werden. Manche Teppiche, so vor allem jene der Heris-Gruppe, besitzen traditionsgemäß keine »feine« Knüpfung, sie sind aber deswegen nicht minderwertig, sondern oft sehr strapazierfähig und langlebig, wie sie auch optisch sehr gut wirken.
Nun betrachte man den Teppich, der völlig glatt aufliegen soll, ob er gut liegt, ob er ohne Blasen, Hauben, Falten ist, ob er nicht »zipft«. Beim Nomadenteppich kann man solche Fehler, die man sozusagen als angeboren ansehen muß, noch hinnehmen, denn man weiß, der Nomade bricht oft seine Zelte ab, und damit unterbricht er auch das Knüpfen, wandert weiter und knüpft am neuen Ort fort. Da ergeben sich Unebenheiten des Teppichs und seines Musters, die oft sogar als reizvoll empfunden werden können. Der gute Manufakturteppich hingegen muß glatt aufliegen, er muß mustergenau sein und gleichmäßiges Maß haben.
Des näheren prüfe man noch den Flor, wie dieser erhalten ist. Bei Teppichen mit viel Schwarz, Dunkelgrün und Dunkelbraun läuft man, wie schon früher erwähnt, Gefahr, daß diese Farben infolge der Beizbehandlung, die die Wolle vor dem Färben mitzumachen hatte, schon ausmodern, also daß solche Stellen auszufallen beginnen.
Zeigen sich solche Stellen bei älteren Teppichen schon ausgefallen und wurde eine Nachknüpfung vorgenommen, so ist das bei einiger Aufmerksamkeit zu sehen. Es muß nicht sein, daß ein älterer Teppich durch eine solche Einknüpfung entwertet wird. Wurde sie fachmännisch geschickt gemacht, dann ist sie eine werterhaltende Konservierung des Stückes. Beschädigte Florstellen können auch übermalt oder nachgemalt sein (was meist mit Hilfe von Spezialfarben erfolgt). Man achte darauf, ob sich solche nachgemalte Stellen im Flor oder auf der Hinterseite des Teppichs befinden. In letzterem Falle sind vielleicht die Knotenhöcker abgewetzt, so daß die Gefahr besteht, der Florfaden sitze nur noch locker im Grundgewebe. Vom Kauf eines solchen Teppichs sehe man ab.
Wenn man dann noch die Längsseiten und auch die Schmalseiten des Teppichs daraufhin angesehen hat, ob sie sich in guter Verfassung befinden, dann hat man von sich aus so ziemlich alles getan, um den Teppich, wenn er allem kritischen Besehen und Befühlen standhielt, ruhigen Gewissens in Besitz und Gebrauch nehmen zu können.

DER TEPPICH IM HAUS

Nun hat man den Teppich im Haus, er liegt an dem ihm zugedachten Platz, und wir wollen annehmen, daß man sehr vorsichtig und bedacht, somit in jeder Weise vortrefflich, gewählt hat. Der Teppich macht also richtig Freude, und er soll nun seinen Zweck erfüllen.

Im Orient kann er es leicht. Bis vor wenigen Jahrzehnten hat selbst der Schah von Persien (eigentlich der »Schah-in-Schah« = König der Könige), der »Kaebleh alem« (»Der, vor dem alle Welt sich neigt«) oder auch »kurban schaewam« (»Dein Opfer will ich sein«) – so und nicht »Majestät« lautet die persische Anrede für den Herrscher – seine Teppiche nicht mit Schuhen betreten. Die ausländischen Gesandten und sonstigen Ausländer mußten, ebenso wie die Einheimischen, die Schuhe ausziehen, ehe sie sich in einen teppichbelegten Raum des kaiserlichen Palastes begeben durften.

Jeder echte, traditionsgebundene Orientale (der im übrigen einen wirklich wertvollen Teppich eigentlich nur zu Schmuckzwecken auflegt und ihn dann überhaupt nicht betritt) wird es auch heute noch als barbarisch empfinden, den Teppich mit Schuhen zu betreten. Bei uns ist das anders. Bei uns hat der Teppich viele Strapazen zu erleiden: er wird mit leder- und gummibesohlten Schuhen begangen, die den Straßenstaub auf ihm ablagern. Und man legt Orientteppiche gern vor Schreibtische und unter Eßtische, also just dorthin, wo nicht allein die Füße des dort Sitzenden immer wieder wetzende Drehungen machen, sondern es werden auch die Stühle selber – oft sind es schwere Fauteuils – immer wieder hin- und hergeschoben und hart aufliegend gedreht. Das beansprucht den Teppich außerordentlich.

Da sich unsere Wesens- und unsere Lebensart des Teppichs wegen kaum ändern kann, bleibt nur übrig, ein solch morgenländisches Stück, so man es lange besitzen und lange ungeschmälert Freude an ihm haben will, doch nach Kräften zu schonen und es überdies wohlüberlegt zu pflegen. Denn – Wolle lebt! Sie lebt auch im fertigen Teppich, sie ist ein organischer Stoff, der gut behandelt werden will!

Das allein schließt auch schon aus (abgesehen von den früher angeführten Raum- und Harmoniefragen), daß man empfindliche Stücke im viel begangenen Vorzimmer oder im Arbeitszimmer auflegt. Für solche Räume wählt man strapazierfähige Knüpfer wie etwa einen Sarab, Heris, Ahar, Meschkin, Mossul, Bidjar etc. Gewirkte Orientteppiche (Kilim, Sumakh, Verne usw.) verwende man nicht als Bodenbelag, sondern als Wandbehang oder als Überwurf bei Polster- oder anderen Möbeln. Es sei denn, der Teppich solcher Art liegt lediglich zur Zierde an einer Stelle, die kaum begangen wird.

Wenn es irgendwie angeht, dann vermeide man, schwere Möbel auf den Teppich zu stellen. Der dauernde Druck tut dem Teppich nicht gut, an den Randstellen wird irgendwie doch gezerrt, und die verdeckten, für die Reinigung unzugänglichen Stellen sind stark mottengefährdet. Läßt es sich aber nicht vermeiden, daß ein Schrank usw. auf den Teppich zu stehen kommt, dann bringe man zwischen dem Teppich und diesem Möbelstück (oder dessen Füße) eine ebenflächige Unterlage aus Gummi, Linoleum, Plexiglas oder ähnlichem Material an. Man schiebe das Möbelstück auf dem Teppich nicht herum, es ist für letzteren eine Tortur; auch das Befahren, etwa mit einem Fernsehtisch, der seine schmalen Rädchen hart in den Flor eingräbt, ist nichts anderes als eine Marter.

Diejenigen Stellen des Teppichs, die wesentlich öfter begangen werden als die anderen Teppichflächen, leiden natürlich mehr. Um die Abnützungserscheinungen auf Jahre hinauszuzögern, empfiehlt es sich, solche Stellen (Durchgang von einem zum anderen Zimmer, ständiges Sesselrükken beim Eß- oder Schreibtisch usw.) für den täglichen Gebrauch mit einem weniger wertvollen Stück oder mit einem passenden Läufer zu bedecken. Will man – etwa beim Eintreffen eines Besuches – den Raum besonders schmuck haben, dann ist ein solches Deckstück mit einem Handgriff leicht entfernt und hernach ebenso leicht wieder aufgelegt. Erinnern wir uns: Auch der Orientale deckt seine wertvollen Stücke mit minder wertvollen ab und läßt die freigebliebene Fläche des wertvollen Stückes kaum jemals mit bloßen oder pantoffelbewehrten Füßen, geschweige denn mit Schuhen betreten.

Eigentlich ist es selbstverständlich, aber vielleicht muß es doch gesagt werden: Die Lage des Orientteppichs im Raum soll von Zeit zu Zeit geändert werden, so daß er sich möglichst gleichmäßig abnützt, und auch, wie schon früher erwähnt, weil sich dadurch neue Wirkungen des Raumes ergeben.

Je besser, fugenloser und glatter die Bodenfläche des Raumes ist, ebenso je luftiger der Raum sich erweist: um so besser für den Teppich. Im begangenen Teppich halten sich die Motten weniger gern auf, als im Teppich, der an der Wand

hängt. Der Motten (sie bevorzugen weiße und rote Wolle) wegen bürste man einen Wandteppich öfter als einen Bodenteppich. Vor Mottenfraß schützt am sichersten das Eulanisieren. Eulan ist ein seit mehr als 40 Jahren erprobtes Bayer-Leverkusen-Präparat, das (völlig farblos) auf der zu schützenden Faser aufgetragen wird. Es ist dann unlöslich und bleibt sehr lange wirksam, selbst dann, wenn der Teppich gewaschen oder chemisch gereinigt wird. Eulan wirkt nicht dadurch, daß die Motten vernichtet werden, sondern dadurch, daß die Motten die eulanisierte Wolle »nicht mögen« (sie können sie nicht verdauen) und lieber verhungern, als solche Wolle anzuknabbern. Eulan übt also keine Giftwirkung aus, ebensowenig werden durch das Eulanisieren die Farben des Teppichs verändert. Man übertrage die Arbeit des Eulanisierens jedoch nur einer bewährten Firma.
Eine andere Gefahr für den Teppich sind junge Hunde. Wolle ist tierische, organische Substanz, sie enthält Fett und auch noch tierischen Geruch. Das verführt insbesondere junge Hunde dazu, an wollenen Teppichen mehr oder weniger heftig zu knabbern. Die größte Gefahr droht dem Knüpfteppich jedoch von dem Sand, den man ungewollt mit den Schuhen in die Zimmer bringt. So fein solcher Sand auch meist ist: er wirkt wie Mahlsteine und zerreibt die Wollfasern! Diesem Feinsand und Sandstaub kann man am besten nur durch die vorsichtige Arbeit mit dem Staubsauger beikommen.
Eine weitere Gefährdung (bei uns selten) droht dem Teppich durch den 8–10 mm langen Teppichkäfer (*Anthrenus scrophulariare*), eine Speckkäfer-Abart. Sollte er sich zeigen: der Drogist hat Mittel gegen ihn.

DER WANDTEPPICH

Es hat sich eingebürgert, Orientteppiche – und zwar kilimartige wie auch Knüpfer – an die Wand zu hängen. Nur wer grausam ist, macht das so, daß er dem Teppich an einer Längsseite in Abständen Schlupfen oder Ringe annäht und sie alle Last des Teppichs tragen läßt. Es ist auch weder schön noch gut, eine Leiste zu nehmen und sie auf den Teppichrand zu nageln. Die einzige richtige, den Teppich schonende Art ist die: Man nähe (mit der Hand, nicht etwa mit der Maschine!) eine breite, feste Borte aus Leinen oder Hanf an den oberen Teppichrand (wo sie aber nicht vorstehen soll). In kurzen Abständen – bei leichten Teppichen etwa 20 cm, bei schwereren Stücken noch enger – nähe man an diese Borte Ringe oder Schlaufen an, durchziehe sie mit einer Leiste oder mit einem Bambusstab und befestige diese unsichtbar bleibende Leiste oder den Bambusstab dann an mehreren Stellen an der Wand. So verteilt sich die Last des Teppichs gleichmäßig auf seine gesamte Aufhangbreite.
Der Wandteppich wird (wie schon erwähnt) von den Motten lieber als der Bodenteppich angegangen (weil sie in ersterem mehr Ruhe und auch weniger Zugluft haben). Man untersuche (und lüfte) daher den Wandteppich nach Mottenbesatz öfter als den Bodenteppich. Nach Möglichkeit hänge man den Wandteppich so, daß sein Strich nach unten verläuft und nicht nach oben, denn bei solchen nach unten gerichtetem Strich nimmt der Teppich weniger Staub auf.
Nur wenn es bemerkenswert ist, daß ein Teppich, wenn er mit dem Strich nach oben zu hängen kommt, bedeutend mehr Licht- und Freundlichkeitszeichen abgibt (als geschähe es umgekehrt), dann hänge man ihn mit dem Strich nach oben, vergesse aber nicht, daß er um so mehr sorgfältiger behandelt werden soll.
Weder dem Boden- noch dem Wandteppich ist es zuträglich, lange Zeit hindurch prallem Sonnenlicht ausgesetzt zu sein. Und sozusagen selbstverständlich ist, daß man Orientteppiche nicht an feuchte Wände hängen wird.

REINIGEN

Der Orientteppich verlangt trockene, staubfreie Luft, und im übrigen will er in bezug auf Reinigung möglichst in Ruhe gelassen werden. Da man ihm diese Wohltat aber vor allem in rauch- und rußerfüllten Städten doch nicht angedeihen lassen kann, muß man ihn bürsten, staubsaugen, zuweilen klopfen und allenfalls auch einmal waschen. Man übertreibe aber diese Pflege nicht! Das Bürsten darf nur mit einer nicht zu harten Bürste und nur nach dem Strich erfolgen – nie gegen den Strich.
Kräftige Staubsauger sind zu mildern, indem man in die Saugdüse einen Papier- oder Tüllknäuel steckt, der allzu starken Sog verhindert. Neuere Staubsaugermodelle haben ohnehin Stufenschaltung. Man nimmt normalerweise für den Orientteppich die geringste Saugkraftstufe. Saugt der Apparat zu stark, dann reißt er unvermeidlich Wolle aus dem Flor. Sind es auch im einzelnen Fall nur kleinere Mengen, so schädigt das doch den Teppich im Laufe der Zeit außerordentlich. Wirklich »alte« Teppiche behandle man mit dem Staubsauger am besten überhaupt nicht.

Wird ein neuer Teppich mit dem Staubsauger behandelt, so erschrecke man nicht, wenn sich in dem Staubbehälter nach dem Saugen ziemlich viele Wollfragmentchen befinden. Es sind dies die von der Schur im Flor zurückgebliebenen Reste, die durch die Saugwirkung herausgeholt wurden. Freilich, wenn sich das bei diesem Teppich auch später bei jedem Saugen wiederholt, dann sei man vorsichtig und sauge besonders behutsam. Es mag sein, daß (wenn Seide im Flor ist) es sich um kurzfaserige Abfallseide handelt, die auszufallen beginnt, oder daß (bei Wollflor) minderwertige Wolle verwendet wurde.

Das Saugen kann gelegentlich in leichter Art auch gegen den Strich geführt werden, doch übertreibe man nicht. Die letzten Saugstriche müssen immer im Strich laufen. Nach dem Saugen überbürstet man den Teppich leicht, und zwar wieder nur im Strich.

Wer seinen Orientteppich klopft und dies so tut, daß er ihn über eine Klopfstange wirft und daß er nun energisch drauflosschlägt, martert den Teppich und schädigt sich selbst. Wenn es irgendwie möglich ist, vermeide man bei nicht ganz geringgewichtigen Teppichen das Überlegen über eine Klopfstange, denn Schuß und Kette werden sonst an der Aufliegestelle überbeansprucht. Aber auch leichten Teppichen tut der Knick nicht wohl.

Wo es angängig ist, lege man den Teppich, mit dem Flor nach unten, auf eine Wiese. (Freilich: wo gibt es frei zugängliche und saubere Wiesen? Das müssen schon glückliche Menschen mit eigenem, genügend großem Grundstück sein, die über eine solche Gelegenheit verfügen.) Das Werkzeug, mit dem man klopft, soll ein fehlerloser, breitgerandeter Teppichklopfer sein, ein »Pracker«, wie man in Österreich sagt. Ein solcher Pracker aus spanischem Rohr, allenfalls noch mit Gewebe oder Gummi überzogen, ist bestens geeignet, allen Sand und Staub aus dem Teppich in die Wiese zu klopfen. Sollte der Teppich stark verstaubt sein, dann ist es nötig, ihn nach dem ersten Durchklopfen einzurollen, ihn dabei leicht abzubürsten und ihn an anderer Wiesenstelle nochmals aufzulegen und das Klopfen zu wiederholen.

Ein erfrischendes Bad von wohltätiger Wirkung ist es für den Teppich, wenn man die eben geschilderte Reinigung winters in gleicher Art auf trockenem Schnee (bei Frost!) vornehmen kann: auch wieder (mit dem Flor zum Schnee) ausklopfen, abbürsten und, wenn nötig, den Teppich an anderer reiner Fläche nochmals auflegen, abermals klopfen und bürsten.

Die Orientalen waschen ihren Teppich regelrecht, indem sie ihn in einen mäßig fließenden klaren Bach legen. Wer einen solchen Bach in der Nähe hat, darf das – falls dem Teppich eine solch gründliche Reinigung nottut – gerne nachmachen, wenn er sich vergewissert hat, daß sein Teppich farbecht ist und daß der Bach wirklich kein zu schnelles, sondern mäßig fließendes Wasser führt.

Wird ein Orientteppich zum erstenmal gewaschen und läßt man ihn dabei länger im Wasser, dann geht er ein; er wird nach der Quer- wie nach der Längsseite hin bis zu 10 Prozent kürzer. Da aber jeder Orientteppich schon vom Hersteller oder vom Importeur gewaschen wurde, ist die Gefahr eines noch weiteren starken Eingehens bei abermaligem Waschen nicht groß.

Eine gute Teppichwäsche ist auch, den Teppich bei länger andauerndem Landregen mit dem Flor nach unten voll ausgebreitet ins Gras zu legen, aber nur dort, wo anschließend kräftiger, lange anhaltender Sonnenschein zu erwarten ist!

Bei Reinigung mit Schaumwaschmitteln sei man vorsichtig und tue lieber zuwenig als zuviel, damit nicht im Teppich verbleibende Schaumrückstände schädigend auf Farbe, Wolle und Gewebe einwirken.

Siemens hat eine Teppichklopfmaschine »Vibromatik« herausgebracht. Durch leise Vibration (zirka 7000 zarte Vibrationen pro Minute) werden die Sand- und Staubteilchen im Teppich gelockert und zugleich durch Saugwirkung entfernt. Auch andere Firmen bauen seit neuestem solche Apparate. Zum Reinigen an Ort und Stelle, im Zimmer also, eignet sich ein leichter Seifenwurzelabsud. Von dem früher üblichen Abreiben des Teppichs mit feuchten Teeblättern sehe man lieber ab.

Will man den Teppich auf neuen Farbenglanz bringen, so kann man den gesäuberten (geklopft – gesaugt – gebürstet) Teppich mit stark verdünntem Essig (Essigwasser) behandeln. Man nimmt ein weißes Leinentuch, leicht angefeuchtet mit Essigwasser, reibt sanft in Strichrichtung über den Teppich und anschließend putzt man trocknend mit einem Tuch nach. Aber einen Teppich »reinigen«, im Sinne von Saubermachen kann man mit Essig nicht, auch nicht, wenn der Essig in verdünnter Form angewandt wird. Die fixierende Wirkung der Essigsäure hat nämlich zur Folge, daß vorhandener Schmutz auf dem Teppich (d. h. im Wollgewebe) stabilisiert wird.

Auch Salmiakgeist (und dabei in reichlich Wasser verdünnt) soll man sparsam verwenden, nur zum gelegentlichen Ent-

fernen eines Fleckes. Salmiakgeist oder Salmiak eignen sich zur Teppichreinigung nicht, auch nicht in stark verdünntem Zustand. Zwar reinigt Salmiak vorzüglich, doch durch seine fett- und schweißlösende Wirkung kann die Farb-Woll-Bindung Schaden erleiden. Überhaupt sei man vorsichtig mit Säuren und Laugen, bei den chemischen Reinigungsmitteln – sie könnten zu Teppich-Reizmitteln werden!
Schüttet man durch Unvorsichtigkeit Wasser oder sonst eine Flüssigkeit auf einen Teppich, dessen Grundgewebe aus ungebleichter Baumwolle (oder aus Jute) besteht, und trocknet man das verschüttete Wasser nicht sogleich mit saugenden Tüchern, Löschpapier usw. gut auf, dann können im Flor Flecke entstehen, die sich kaum noch entfernen lassen. Das Wasser dringt nämlich in das Grundgewebe ein, löst dort den Schmutz auf und steigt dann, schmutzig geworden, an die Oberfläche. Verdunstet nun das Wasser (oder eine sonstige Flüssigkeit), so bleibt der mit hochgestiegene Schmutz im Flor sichtbar zurück. Gründliches Auftrocknen sofort nach dem Verschütten bewahrt vor diesem ansonst sehr unangenehmen Schaden.
Man kann die Reinigung eines Teppichs auch durch eine dafür eingerichtete Firma besorgen lassen, doch muß man die Gewähr haben, daß man dort mit Orientteppichen wirklich sachgemäß umzugehen versteht und daß man solche nicht auf die gleiche Art wäscht, wie man etwa einen gewöhnlichen Bouclé- oder Axminster-Teppich behandelt. Die Orientteppichgeschäfte selbst befassen sich zumeist auch mit der sachgemäßen Reinigung.

REPARATUREN

Man lasse, wenn es sich nicht um Kleinigkeiten handelt, die Finger von Reparaturen und übergebe den Teppich rechtzeitig einer Orientteppich-Werkstätte. Hat der Orientteppich-Kaufmann, bei dem man in der Regel einkauft, selber keine Werkstätte, so wird er dennoch eine verläßliche wissen, den Teppich übernehmen und dorthin weiterleiten.
Will man im Teppich einen kleinen Schaden selber vernähen, dann verwende man entweder Wolle oder Leinengarn bzw. Baumwollgarn. Zur Not läßt sich bei kleinen Eingriffen Perlon- oder Nylongarn verwenden. Es empfiehlt sich in jedem Fall, den Faden vorher durch Wachs oder durch Paraffin zu ziehen; es erleichtert die Arbeit, und der Faden wird widerstandsfähiger. Bemerkt man, daß sich in einem abgenützten Teppich Knoten zu lösen beginnen, so kann man einem solchen Vorgang beikommen: man bereitet aus säurefreiem Leim eine nicht zu dicke Lösung und bestreicht damit die Stelle, läßt sie eintrocknen und überstreicht dann nochmals; natürlich nur die Rückseite und nicht etwa im Flor!
Ist ein Teppich sehr lappig geworden und möchte man ihn steifer haben, dann kann man das auf diese Art erzielen: man bürstet den Flor sorgfältig nach dem Strich, feuchtet ihn etwas an und bügelt dann den am glatten Boden ausgebreiteten Teppich nach dem Florstrich mit einem nicht zu warmen Eisen. Sofort nach dem Bügeln, wenn der Flor noch etwas feucht ist, dreht man den Teppich um, spannt ihn nach jeder Richtung hin sorgfältig aus und sichert die Spannung, indem man sie durch einige mit Bedacht eingeschlagene Reißnägel fixiert. Dann bestreicht man die Rückseite des Teppichs mit einer nicht dicken Lösung von säurefreiem Leim und läßt den Teppich so liegen, bis er völlig trocken ist. Anschließend entfernt man vorsichtig die Nägel, dreht den Teppich um, legt ihn auf und bürstet den Flor nochmals mit leichter Hand durch.
Das eben Gesagte ist ein Experiment; es empfiehlt sich nur, wenn der Teppichbesitzer schon einige Erfahrung und dazu die Gewißheit hat, säurefreien Leim benutzen zu können. An sich soll jeder Teppich möglichst in seinem natürlichen Zustand belassen werden. Und im übrigen nochmals der Rat: Man überlasse jeden stärkeren Eingriff lieber dem bewährten Fachmann!

AUFBEWAHREN

Soll der Teppich sommersüber oder sonst aus einem Grund aus dem Raum entfernt und für längere Zeit aufbewahrt werden, so soll das allerdings nur nach gründlichem Reinigen geschehen.
Teppiche lassen sich am besten aufbewahren, wenn man sie rollt – immer gegen (!!) den Strich rollen! Bei eulanisierten Teppichen sind weiter keine Schutzmaßnahmen notwendig, aber man wird die Teppiche doch mit einer Schutzhülle aus Papier (Mottensack) umgeben, um sie vor Staub und Schmutz zu schützen. Nichteulanisierte Teppiche belege man vor dem Rollen mit Zeitungspapier, gebe reichlich ein gutes Mottenschutzmittel bei, umhülle auch die Teppichrolle mit Zeitungspapier und erst dann mit Packpapier oder Leinen. Plastik verwende man nur, wenn der Teppich für kurze Zeit aufbewahrt werden soll. Bei längerer Lagerung »erstickt« der Teppich bzw. dessen Wolle im Plastiksack.

Es ist ratsam, den Teppich über eine Einlage aus Pappe zu rollen oder über eine Stange. Hat man es mit dichtgeknüpften harten Teppichen zu tun, dann empfiehlt es sich, zuerst einen weichen Teppich über die Stange (oder Papprolle) zu legen und dann erst den anderen harten Teppich darüberzugeben. Noch besser ist, den Teppich mit dem Flor nach außen zu rollen. Dieses »Flor-nach-außen-Rollen« ist bei Teppichen aus dem Bidjar-Bereich und anderen sehr festen und »dicken« Teppichen anzuraten.

HANDELSPLÄTZE

Für Europa sind wohl Hamburg und London die bedeutendsten Einfuhr- und Handelsplätze. Vorerst (nach dem Zweiten Weltkrieg) versuchte London an der Spitze zu sein. Doch dann schob sich Hamburg immer deutlicher ein, zumal die »Märchen aus dem Orient« nicht nur in Form von Schiffsladungen die alte Hansestadt erreichten, sondern – immer mehr zunehmend – auch die unzähligen großräumigen Fernlaster die kostbare Ware heranschaffen, sozusagen »von Haustür zu Haustür«, nämlich von der orientalischen Manufaktur bis zur Lagerhalle in Hamburg. Auch Sowjetrußland, das vorerst London als den Hauptvertreter für kaukasische und turkmenische Teppiche gewählt hatte, ist zur Einsicht gekommen, daß Hamburg *die* Teppichstadt Europas ist. Die sowjetische staatliche Exportkommission »Novoexport« hat daher in Hamburg eine eigene Niederlassung unter dem Titel »Deutsch-Sowjetische Teppichhandel GmbH.« gegründet, um den deutschen Teppichhandel und darüber hinaus den gesamten europäischen Handel mit handgeknüpfter Ware versehen zu können.
In Hamburg, das wohl die Spitze hält, lagern ständig bis zu 80 000 Teppiche, von gängiger Kommerzware bis zu feinsten und auch sogar zu richtig antiken Exemplaren. Die von Hamburg aus vorgenommenen Verschiffungen und Verfrachtungen gehen in die verschiedenen Länder Europas und nach Übersee.

PREISE

Der Leser hat vielleicht schon mehrmals ungeduldig gefragt: »Wann lese ich endlich etwas über die Preise der Orientteppiche? Ich will wissen, was ein Quadratmeter vom Bachtiari oder vom Täbriz, vom Schiraz oder vom Jomud kostet!« Darauf muß (und es soll den freundlichen Leser dennoch nicht enttäuschen) gesagt werden, daß es in einer Zeit, in der sich just auf dem Gebiete der Preisbildung fortwährend Änderungen ergeben, keinen Zweck hat, in einem Buche Preise zu nennen. Das Buch ist keine täglich erscheinende Zeitung mit einem Börsenteil, sondern es liegt jahrelang auf. Der längst weniger Kunst- als vielmehr Gebrauchsgegenstand gewordene Orientteppich ist starken Preisschwankungen unterworfen. Diese wieder sind regional verschieden, denn jedes Gebiet bevorzugt bestimmte Teppichsorten. Der Franzose liebt eine andere Gattung von Orientteppichen als der Deutsche, der Italiener bevorzugt wieder andere als der Franzose, ganz zu schweigen von den Nord- und Südamerikanern, mit deren Geschmacksrichtung ganz Europa nur dann und wann auf kurze Strecken hin einig geht.
Es darf also schon allein aus diesem Grunde nicht Angelegenheit und Aufgabe des Buches sein, Preislisten zu veröffentlichen, die trotz aller ernsten Bemühungen schon wenige Wochen nach Erscheinen des Werkes nicht mehr hieb- und stichfest sein könnten.
Zudem: der Preis eines Orientteppichs richtet sich ja, wie wir wissen, nicht allein nach seinem Alter, seiner Art und seinem Namen, sondern auch nach seiner Ausführung. Es gibt von jeder Art leichtere und schwerere Ausführungen, dichtere oder weniger dichte Knotung, saubere, präzise Arbeit und solche, die offensichtlich lässiger durchgeführt wurde. Weiters spielt der Erhaltungszustand eine große Rolle – kurz und gut, es ist unmöglich, auf weite Sicht Preise zu nennen, die einigermaßen Anspruch auf Richtigkeit erheben könnten.
Die Preise werden also aus diesen Gründen nicht im Buche angeführt. Um über sie etwas Sicheres zu erfahren, bleibt aber ein einfacher Weg: man wandere durch die Stadt, besehe sich die einschlägigen Auslagen, betrete die Teppichgeschäfte und erkundige sich nach einigen Preisen, lasse sich aber auch die Größen der betreffenden Teppiche angeben und befühle ihre Qualität, um dann daraus den Quadratmeterpreis berechnen zu können. (Die Berechnung des Quadratmeterpreises gilt nur für die geknüpfte Fläche! Fransen und allfällige Webborten werden nicht berechnet!) Solcherart gewinnt man bald Übersicht über die Preisgestaltung der einzelnen Sorten. Die erhobenen, augenblicklich geltenden Preise sowie das erworbene Teppichwissen lassen jedermann nach kurzer Überlegung erkennen, ob ein angebotener Teppich gut und preiswert oder ob er zu teuer ist.

11. Hauptabschnitt

BLICK IN ZUSAMMENHÄNGE UND NACHLESE

DIE PASYRYK-TEPPICHE

Hier, in diesem Schlußkapitel, bieten wir noch einigen Einblick in Zusammenhänge, die den Teppichfreund interessieren werden und Anreiz geben, weitere Fachliteratur zu studieren oder selbst auf Entdeckungsreisen zu gehen:
Die Pasyryk-Teppiche erfreuen sich nach wie vor der ungeteilten Aufmerksamkeit der Teppichfreunde. Die Meinungen, es handle sich bei der Figur auf dem Filzteppich (Bild Seite 22) um eine auf dem Thron sitzende Göttin, wird von einigen Forschern bezweifelt. Sie nehmen als wahrscheinlicher an, daß es sich um einen Stammesangehörigen der Argipäer handelt. Diese waren Nachbarn der Skythenstämme und saßen wahrscheinlich im Hohen Altai. Nach Herodot (4, 23) sollen Männer wie Frauen dieses Volkes von Geburt an kahlköpfig gewesen sein und dadurch den Ruf besonderer Weisheit erlangt haben. Sie wurden in Streitfällen als Schlichter tätig und genossen die Achtung aller umliegenden Stämme.
Was die »Satteldecke« (Bild Seite 21) anbelangt, so dürfte es sich vielleicht um einen sogenannten Spielteppich (Spielbrett) gehandelt haben. Dafür sprechen a) die Spielmarkierungen (runde Scheiben und Kreuz in einer Ecke der äußersten Borte sowie zwei runde Scheiben in der Reiterborte, ferner die Querstreifen in der Ecke der dritten Borte); b) die Einteilung des Teppichs (Spielbrettes) in Spielfelder, die durch Rosetten/Reiter, Rosetten/Elche sowie Rosetten/Blütenfelder sozusagen »Stationen« im Spielverlauf darstellen.
Auch wird von verschiedenen Forschern angenommen, daß der Pasyryk-Knüpfteppich kein Erzeugnis der Skythen sei, sondern man glaubt annehmen zu dürfen, er sei ungefähr dort entstanden, wo heute Rußland, die Türkei und Persien (Iran) aneinandergrenzen, also etwa in Azerbeidschan-Armenien. Die Verfechter dieser Ansicht sind der Meinung, der Pasyryk-Knüpfteppich sei ein Gastgeschenk, eventuell ein Gesandtengeschenk an den Skythenfürsten, gewesen, allenfalls sei er vielleicht vorher für den persischen Herrscher bestimmt gewesen, und dieser habe ihn dann, im Zuge einer Gesandtensendung, an den Skythenfürsten weitergegeben. Nicht nur die Farbstellung und die Herstellungstechnik des Teppichs sprechen für seine Herkunft aus der Gegend des heutigen Nordwestpersien bzw. aus dem südöstlichen Kaukasusgebiet (auch Schah Abbas holte sich von dort die schon damals hohen Ruf besitzenden Teppichknüpferfamilien nach Isfahan und Chorassan), sondern auch die Motivgestaltung läßt an ein Gastgeschenk denken: einige der im Teppich als Knüpfung gezeigten Pferde werden geführt, obgleich sie keine Lasten tragen. (Es war damals ungewöhnlich, Pferde Lasten tragen zu lassen. Wohl aber war es Sitte, Pferde, die man als Gastgeschenk brachte, zu führen!) Immerhin mag es auch sein, daß der Teppich eine ganz andere Bestimmung hatte und von den Skythen bei einem Kriegszug erbeutet worden war. Als »Satteldecke« hatte der Teppich erst gedient, als der Skythenfürst tot war. Wäre er vorher als Satteldecke auch nur einige Zeit hindurch gebraucht worden: er besäße an bestimmten Stellen, die beim Reiten doch scheuern, Abnützungserscheinungen. Solche aber sind nicht vorhanden.
Wenn wir vorhin von Nordwestpersien als dem wahrscheinlichsten Herkunfts- und Entstehungsort der Pasyryk-Teppiche sprachen, so ist damit der Raum des antiken Medien gemeint. Es könnte die Urheimat dieser Teppiche aber auch weiter südwestlich zu suchen sein, in Mesopotamien. Der Entdecker der Teppiche, der russische Archäologe S. J. Rudenko, spricht in seinem 1968 in Moskau erschienenen

Prachtwerk über die Altai-Ausgrabungen meist nur allgemein von Vorderasien, doch sagt er an einer Stelle: »Daß es in Mesopotamien solche Teppiche gab, wußte man schon vor ihrem Auffinden in Hügelgräbern des Hochaltai, da sie auf Alabaster-Basreliefs dargestellt sind, die einstmals in Ninive die Wände des Palastes bekleideten. Aus dem Stil dieser Reliefs, für Wandteppiche usuell, schloß man, daß da das älteste Zeugnis einer Teppichherstellung vorlag.«
Es wird also um die Pasyryk-Teppiche noch viel gerätselt werden!

VON »ALTEN TEPPICHEN«

In diesem Buche ist wiederholt die Rede von alten Teppichen. Es seien dazu noch einige Bemerkungen angebracht: Überreste von Häusern wohlhabender Sumerer von Ur, etwa aus dem 20. Jahrhundert vor Christi, bezeugen einen überraschend hohen Lebensstandard und unterscheiden sich nur unwesentlich von ihren späteren Gegenstücken in Assyrien und Babylon: »... die Kleidung bewahrte man in hölzernen Laden oder Weidenkörben auf. Teppiche bedeckten die Fußböden und farbige Behänge schmückten die Wände.«
Festzuhalten ist, daß Babylon schon vor dem 18. Jahrhundert vorchristlicher Jahre (auf Keilschrift-Tontafeln zu Hammurabis Zeit vermerkt), Webwaren und Teppiche kannte. Man sieht auf architektonischen Überresten, auf Reliefs, auch im Palast von Mari (Euphrat) auf Wandmalereien wiederholt Teppiche dargestellt. Wie auch Geographen und Geschichtsschreiber der Antike in ihren hinterlassenen Schriften Nachricht über den schon damals im Orient

Relief auf dem schwarzen Siegesobelisk des Salmanassar II., auf dem zwei Gefangene aus Judäa zwei langfransige Teppiche tragen. Niniveh (Kuyundschik), um 800 v. Chr.

Rechts: Pasyryk-Teppich (Detail)

sehr verbreiteten Gebrauch von Teppichen geben. In der weiteren Zeit wird die Aussage über Verwendung von Teppichen als Fußbodenbelag spärlicher; vielmehr werden sie angeführt als Altarschmuck oder zur Umkleidung von Säulen, brauchbar zur Unterteilung großer Räume, ebenso verwendbar als Türschließe wie auch als Zierdecke für edle Pferde. Desgleichen war es schon in jenen Vorzeiten Brauch, bei festlichen Anlässen Teppiche und teppichähnliche bunte Gewebe aus den Fenstern hängen zu lassen oder die Hauswände damit zu bekleiden (etwas, das in Iran und überhaupt im ganzen Orient auch heute noch gepflogen wird).
Die babylonischen, buntgewirkten Wandteppiche erfreuten sich schon damals hoher Wertschätzung, sowohl im Orient selbst als auch (es gab zwischen den Nachbar-Völkern des Mittelmeeres schon seit frühvorchristlicher Zeit mehr Handelsverkehr, als man das gemeinhin annimmt) in den aufgeschlossenen Hafenplätzen Italiens (von wo aus der Weg nach dem reichen Rom nicht allzuweit war). Im italienischen Südraum saßen, seitdem sich dort (vor allem in Sizilien) arabische Eroberer eingenistet und Siedlungen gegründet hatten, allerlei Gewerbsleute, unter denen sich auch »Buntwirker« befanden.
Zumindest sind solche Buntwirker für Palermo nachgewiesen, und zwar beginnend schon für die Zeit von ca. 1000 v. Chr. Damals hatten die Phönizier auf Sizilien eine Niederlassung gegründet, die der vielen Buntwirker wegen, die dort heimisch wurden und ihrem (für die phönizischen Handelsherren einträglichen) Gewerbe nachgingen, »Machanath choschbim« (zu deutsch: »Ort der Buntwirker«) geheißen wurde. Trotz der äußerst wechselvollen Geschichte dieses Platzes, der dann den Karthagern, später (254 v. Chr.) den Römern (diese nannten ihn Colonia Augusta Panormitanorum) untertan war, dann 515 n. Chr. von den Goten, 534 von Belisar (Byzanz) erobert wurde, bis ihn 831 die Sarazenen, 1072 aber die Normannen in Besitz nahmen, erhielt sich die Buntwirkerei durch all diese vielen Jahrhunderte. Und nicht nur dies, sondern Palermo (wie Panormus nunmehr hieß) besaß in diesem Gewerbe und in der etwa um 1150 n. Chr. hinzugekommenen Seidenweberei lange Zeit hindurch die führende Stellung im italienischen Raum, die es dann späterhin allerdings an Venedig und Lucca abtreten mußte. (Siehe auch Seite 29 und das Bild auf Seite 126.)

Teppich des 13. Jahrhunderts, 520 × 285 cm,
ehemals in der Seldschukenmoschee zu Konya, jetzt in Istanbul,
Türk ve Islam Eserleri Müzesi

Teppich aus der Seldschukenmoschee Konya, 608 × 240 cm,
13. Jahrhundert

Das Rohmaterial Seide konnte man in Byzanz bis in die Justinianische Zeit (Justinian I. lebte 483 bis 565, er regierte ab 527 bis zu seinem Tode) nicht im Lande selbst gewinnen, sondern man bezog es auf langen Karawanenwegen (und mit viel verteuerndem Zwischenhandel) aus dem Land »Sera« (wie China und die ihm unmittelbar vorgelagerten Provinzen damals hießen). Man brachte es aber in Byzanz in der Herstellung von bunten Behanggeweben und Bildwirkereien zu sehr bedeutender Fertigkeit.
Erst unter Justinian I. gelang es zwei nestorianischen Mönchen, unter unsäglichen Anstrengungen und unter Lebensgefahr, Seidenraupeneier und Maulbeerbaumsamen (auf die Ausfuhr beider Dinge stand unabwendbar die Todesstrafe!) aus dem serischen Raum nach Byzanz zu schaffen, so daß dann dort und in ganz Griechenland mit der Zucht der Seidenraupe begonnen werden konnte. Seide war damals so teuer, daß sie buchstäblich mit Gold aufgewogen wurde: ein Pfund Seide kostete ein Pfund Gold.
Maulbeerbäume gab es jedoch in Griechenland schon in vorgeschichtlicher Zeit. Theophrastus (* 372, † 287 v. Chr.) erwähnt sie ausdrücklich in seinen Schriften, auch hieß die peloponnesische Halbinsel im Altertum nach den dort vorkommenden Maulbeerbäumen »Morea« (der lateinische Name des Baumes ist »Morus«).
Erwähnt haben wir (siehe Seite 30) den Teppich von Ktesiphon. Als die Moslems die Stadt einnahmen, machten sie unermeßliche Beute, denn die Truhen der Schatzhäuser waren, einem alten Bericht zufolge, »gefüllt mit Prachtgewändern und Teppichen«. In den Gewölben standen mit Blei versiegelte Körbe, voll mit Gold- und Silbergeräten. Die Krone Chosrows, die auch erbeutet wurde, war so schwer, daß sie von zwei Eseln getragen werden mußte. (Bei der Krönung oder bei Festlichkeiten war die Krone an einem Seil hochgezogen und über dem Haupt des Königs schwebend gehalten worden.)
Das wertvollste Stück der riesigen Beute war, so sagt der Bericht, ein ungemein großer Teppich. Sein Gewebe stellte eine blühende Frühlingslandschaft dar; die Mitte zeigte einen von Kanälen und Wegen aus Silber durchschnittenen Park; um ihn legten sich an den Rändern Saatfelder und Obstgärten. Goldene und silberne Blumen mit Blättern aus Seide, mit Früchten aus Edelsteinen hoben sich wirkungsvoll vom grünen Grunde ab. Dieser Prunkteppich schmückte in den Wintermonaten den Speisesaal der Hofburg, um den König auch in der unwirtlichen Zeit an die hei-

tere Natur des Lenzes zu erinnern. Er hatte daher den Namen Behar-i-Kisra, was da heißt »Frühling des Koshrau« (die Araber nannten den Teppich, als sie ihn erbeuteten, »al-Kitf« = »abgeschnittene Blumen und Früchte«). Der Anführer der Eroberer, Sa'id, sandte dieses Meisterwerk an den Kalifen Omar in Medina. Dieser wußte nichts anderes damit zu tun, als es zerschneiden zu lassen und die Teile unter den engeren Gefährten des Propheten zu verschenken. Das Stück, das Ali, Mohammeds Schwiegersohn, dabei erhielt, war immer noch so kostbar, daß er beim Verkauf (es war sicherlich eine Verschleuderung) 20 000 Dirhem dafür bekam (was einem Gold-Reingewicht von 4250 Gramm entsprach). Im übrigen machten die Käufer kurzen und bündigen Prozeß: jeder schnitt sich die Edelsteine heraus, steckte dann seinen Teppichteil in Brand, und aus der Glut holte er sich das Gold und das Silber – ein unersetzliches Kunstwerk war damit auf schnelle und rohe Weise vernichtet.

Aber auch jüngere Teppichexemplare geben Rätsel auf, so etwa der sogenannte Ardebil-Teppich (siehe Bild auf Seite 23 und den Text auf Seite 138). Gemeinhin glauben die Teppichfreunde, es handle sich hierbei um das Einzelstück eines Teppichs, um ein Unikat. Tatsächlich verhält es sich damit anders, was nachstehend kurz geschildert sei, wobei ich mich im wesentlichen auf die Nachrichten der Leitung des Londoner Viktoria-und-Albert-Museums und an die Ausführungen des viel zu früh von dieser Welt abberufenen Orientteppichforschers Prof. Dr. Kurt Erdmann halte:

Eine der im vorigen Jahrhundert angesehensten Londoner Teppichfirmen, V. J. Robinson, veranstaltete im Jahre 1892 (sie hatte schon vorher des öfteren antike Teppiche nach Europa gebracht) eine Ausstellung, die sowohl in den »Times« als auch im »Manchester Guardian« werbemäßig sehr geschickt angekündigt worden war, und zwar schrieben die »Times« unter der Schlagzeile »Ein außerordentlicher Teppich«:

»In den Ausstellungsräumen der Firma Vincent J. Robinson & Co., in der Wogmore-Straße, wird in den nächsten Nachmittagen ein Teppich zu besichtigen sein, welcher ohne jede Übertreibung der schönste Perserteppich der Welt genannt werden kann. Es ist dies der Heilige Teppich der Moschee von Ardebil in Persien; ein Teppich, der hinsichtlich seiner Größe, Schönheit, Ausführung und seines authentischen Alters von keinem anderen Stück erreicht wird.« Ähnlich lautete die Meldung der anderen Zeitung.

Ein Detail aus dem Ardebil-Teppich:
die entzückend künstlerische Blumenrankenzeichnung

Dieser so ausgepriesene Teppich trägt eine Inschrift, die nach der Übersetzung von Prof. S. Beck lautet: »Außer Deiner Schwelle bin ich in der Welt hier ohne Zufluchtsort. Meinem Haupte ist außer dieser Pforte auch kein Anvertrauungsort. Verfertigt von dem Knecht der Schwelle, Maqsud Kaschani, im Jahre 946.«

Die Inschrift ist an sich merkwürdig, denn zu jener Zeit war es nicht üblich, in Teppiche Datierungen einzuknüpfen, das wurde erst ab dem 18. Jahrhundert gebräuchlicher. Das Jahr 946 der Hedschra entspricht (der christlichen Zeitrechnung nach) dem Jahre 1539/40. Nennt die Inschrift einen Maqsud Kaschani als »Verfertiger«, so kann das, wortwörtlich genommen, nicht stimmen. Es müssen mehrere Kräfte am Werk gewesen sein, denn ein einzelner Mensch vermag nicht, einen solch großen Teppich zu knüpfen, ganz abgesehen von jenen Künstlern, die den Teppich entwarfen, die die Kartons zeichneten usw. Vermutlich war Maqsud der Leiter der Werkstätte, indes als Auftraggeber wohl der damals regierende Schah Tahmasp in Frage kommt. Da »Kaschani« nichts anderes heißt als »aus Kaschan« (»Keschan«, wie wir leider falsch sagen), ist anzunehmen, daß es richtiger heißen wird: »Maqsud aus Kaschan.« Kaschan/Keschan war schon damals ein bedeutendes Teppichherstellungszentrum.

Nun hatte ein englischer Reisender namens Holmes im Jahre 1843 Ardebil und die dortige Moschee besucht, worüber er berichtete: »Auf dem Fußboden in dem langen hohen Vorraum der Fürstengräber befinden sich die *kümmerlichen* Reste eines einst prächtig gewesenen Teppichs. An einem Ende ist sein Entstehungsdatum eingewebt, er ist ca. dreihundert Jahre alt.«

Diese »kümmerlichen Reste« kamen dann durch Vermittlung der Firma Ziegler & Co. vermutlich um 1884 nach London. (Nebenbei: die Direktion des Viktoria-und-Albert-Museums teilte mir mit, der Teppich sei von vorgenannter Firma im Jahre 1880 dem Imam der Moschee von Ardebil abgekauft worden. Das kann nicht gut stimmen, denn die Firma war erst ab 1883 in Persien tätig, und zwar in Sultanabad, dem heutigen Arak/Erak.) Der Kauf kam deshalb zustande, weil er die einzige Möglichkeit war, Mittel für die Wiederinstandsetzung der schon sehr baufällig gewordenen Moschee zu erhalten.

In London wurde (so hieß es damals offiziell) in vierjähriger Arbeit der Teppich wieder instand gesetzt und um 2500 Pfund Sterling (50 000 Goldmark!) nun zum Verkauf ausgeboten. Man verstand es, das nationale Interesse wachzurufen, und durch eine Subskription kamen die Mittel zustande, die es dann dem Viktoria-und-Albert-Museum gestatteten, den Teppich in seinen Besitz zu bringen – es war damals eine Weltsensation, für einen Orientteppich einen derart hohen Betrag hinzugeben.

In Tatsache hatte es sich so verhalten: Ziegler & Co. erwarben aus dem Besitz der Moschee nicht einen, sondern *zwei* Teppiche völlig gleicher Art (es kam und kommt gar nicht selten vor, daß Teppiche in Paaren gearbeitet werden). In jahrelanger, mühseliger Arbeit entnahm man jedem Teppich die guterhaltenen Stellen und setzte daraus *»einen«* Ardebil-Teppich zusammen, was vorzüglich gelang. Auch die Reste konnten noch verwertet werden, insbesondere die Feldmitte des einen Teppichs, die bei einer respektablen Größe von 405 × 720 cm noch verhältnismäßig gut erhalten war. Diese Feldmitte wurde vorerst auf Lager gelegt, dann aber an einen amerikanischen Sammler namens Yerkes verkauft, und zwar unter der Bedingung, daß er dieses Teppichstück niemals in Europa und vor allem nicht in England zeigen dürfe. Man wollte solcherart die Einmaligkeit des Ardebil-Teppichs sichern. Yerkes hielt sich an diese Bedingung, doch später ging seine Sammlung in andere Hände über, und 1931 sah man dann öffentlich diesen »zweiten Ardebil-Teppich« in London ausgestellt, was in der Teppichfachwelt nicht geringe Aufregung verursachte.

Der Erwerber war der Ölmilliardär Jean Paul Getty, der das kostbare Stück (eine Million Dollar Schätzwert) dem Los Angeles Country-Museum schenkte. Andere, kleinere Reste dieses »zweiten« Ardebil-Teppichs befinden sich in verschiedenen Sammlungen, so u. a. im Rietberg-Museum in Zürich und im Museum in Glasgow. J. P. Getty verschied am 6. Juni 1976 im Alter von 83 Jahren an einer Herzattacke.

ORIENTTEPPICHE UND SYMBOLGEHALT

Von den vielen Völkern (und Stämmen), die wir im Orientteppichgebiet antreffen, hat jedes seine Geschichte, seine Tradition, seine spezifische Eigenart und (gar nicht selten) auch seine eigene Religion, wenngleich diese Religion, unter der Lupe betrachtet, etwa nur eine Sektenbildung aus dem Islam oder ein Überbleibsel aus dem Schamanismus darstellt. Schon im Jahre 1100 n. Chr. zählte man 73 islamische Sekten, und seither wurden ihrer noch wesentlich mehr. Aus Religion, Kult, Umwelt und Lebensgewohnheit wanderte mancher Teil auch in die Teppichkunst ein, vor al-

Tierritzung auf einem skythischen Tongefäß. Kopf-Schnabel, blütenkelchartig, etwa 7. Jh. v. Chr.

lem zeigt sich das in der Art der eingeknüpften Muster. Diese Muster bekamen dadurch starken Symbolgehalt. Freilich, wir Heutigen wissen nicht viel über die Herkunft und über die Bedeutung dieser Motive und Symbole, denn unsere Forschung hat erst in den neunziger Jahren des vorigen Jahrhunderts eingesetzt, und sie ist mit ihrer Arbeit schon deshalb nicht sehr vorangekommen, weil die orientalischen Völker selber nicht viel über das Werden ihrer Tradition wissen. Es wurden nie Aufzeichnungen über die Motivbedeutung gemacht, und mündliche Überlieferungen widersprechen einander und sind oft auch aus anderen Gründen unverläßlich. So steht unsere ganze Symbol- und Motivforschung noch auf sehr schwankendem und damit unsicherem Boden, es gibt mehr Vermutungen als exakte Beweise, und es bleibt noch viel Arbeit zu tun. Man wird gewiß Fortschritte machen. Resigniert die Flinte ins Korn zu werfen und zu behaupten, die im Orientteppich aufscheinenden

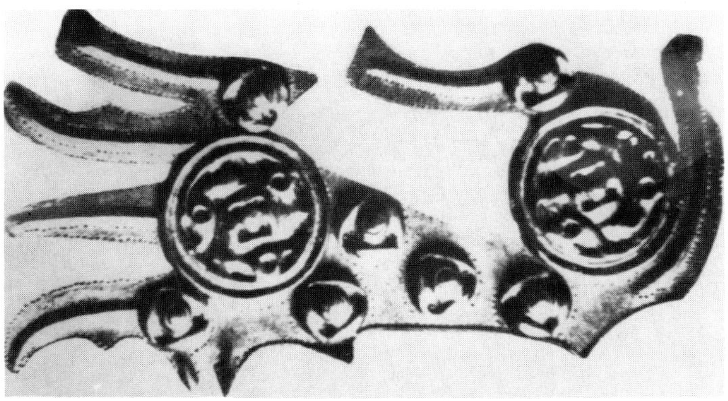

Goldblechverkleidung einer Fibel, etwa 7. Jh. v. Chr. Man beachte die vielen »Abwehraugen«, siehe hierzu auch nachfolgende Darlegungen (ab Seite 491) über *Mir-i-bota und Böser Blick.*

Beschlagblech aus Gold, Skythenzeit, ca. 4. Jh. v. Chr. Sehr aufgelöste Körperlichkeit des Hirsches. Geweih schlangenartig, trägt Abwehraugen in Form von Vogelköpfen; der Tierkörper hat zusätzlich Abwehraugen (siehe auch nachfolgenden Aufsatz).

eingeknüpften Muster seien im wesentlichen nichts als *florale* Füllungen, ohne jeden bedeutungsvollen Motiv- und ebenso ohne Symbolwert: das geht an vielem vorbei.
Was sollte diese wilden Reitervölker veranlaßt haben, wahllos Pflanzen- und Blütenformen als Schmuck für ihre Teppiche zu wählen? Es ist doch naheliegender, daß diesen Völkern – ihren Männern *und* Frauen – wichtiger war, durch Kultzeichen, Amulette und Talismane ihre Vermögen (Kamele, Pferde, Schafe, Ziegen usw.) vor Seuchen, vor Verhexung, vor dem »Bösen Blick« zu bewahren. (In den Ausführungen *Mir-i-bota und Böser Blick* gehen wir näher darauf ein – siehe dort!)
Wer also den Standpunkt vertritt, im Orientteppich gebe es keine symbolkräftigen Muster, der entzaubert den Orientteppich, er nimmt ihm Weithergekommenes; er zerstört die

Stilisierter Lebensbaum, assyrisch, oft auf skythischen Waffenbeschlägen zu finden.

Heftplatte eines skythischen Kurzschwertes. Lebensbaumszenerie, etwa 575–500 v. Chr.

metaphysische Verbindung, deren sich der Okzident jahrhundertelang zum Orient hin erfreut hat und an der er heute noch hängt. (»Alles Licht kommt aus dem Osten.«) Das Fluidum des Märchenhaften, des Zauberischen des Orients, das eben ist es ja vornehmlich, das den Europäer veranlaßt, einen Teppich »von dort« zu kaufen – es ließe sich allein über dieses Thema eine herrliche Dissertation schreiben!
Im übrigen aber gibt es unzählige Beweise dafür, daß aus vielen Teppichmustern eine Symbolkraft sondergleichen spricht, selbst dann noch, wenn (was ohne weiteres zugegeben wird) die Knüpferin von dieser Symbolkraft heutzutage nichts mehr ahnt und sie die Muster nur aus Tradition einknüpft, »weil die Mutter, die Großmutter, die Ahne es schon so gemacht haben«. Neben solch echten Symbolen – ob verstandenen oder unverstandenen, das ist gleichgültig – treten immer mehr Füllmuster im Teppich auf, das ist ebenfalls zauderlos zugegeben und so gut wie selbstverständlich. Aber die Symbole selbst kommen aus einer so weiten Ferne, aus solchen Urzeiten der Menschheit – von Generation zu Generation weitergegeben –, daß man sie zwar (absichtlich oder unabsichtlich) verfälschen, verstümmeln, entarten lassen kann, aber nie vermag man sie auszurotten. Sie gehören zum metaphysischen Besitz der Menschheit.

Man weiß schließlich, und auch das ist wissenschaftlich erwiesen, daß die Eigentümlichkeiten der älteren Welt in uns fortleben, es gibt ein urzeitliches Erbe. Jeder von uns ist letztlich so alt wie das ganze Menschengeschlecht. Thomas Mann sagte es in seiner dichterischen Erkenntnis in seinem Werk »Josef in Ägypten« mit einem sehr treffenden Wort: »Denn wir wandeln in Spuren, und alles Leben ist Ausfüllung mythischer Formen mit Gegenwart.«
Der rumänische Religionshistoriker Mircea Eliade, dessen Bücher in viele Sprachen übersetzt sind, erklärt in »Bilder und Sinnzeichen«: »Symbolik ist gleichbedeutend mit geistigem Adel, man nähert sich heute dem rechten Verständnis für einen Sachverhalt, den das 19. Jahrhundert nicht einmal zu ahnen fähig war, nämlich: daß das Symbol, der Mythos, das Bild, die Substanz des geistigen Lebens mitformen. Die Symbole kommen aus einer allzu weiten Ferne, als daß sie sterben könnten.«
Karl von Spiess sagt über die Sitte mancher Naturvölker, Gefäße in Tierform nachzubilden und aus ihnen zu trinken: »Die Völker, bei denen diese Tiergefäße sich vorfinden, haben eine mythische Überlieferung, nach der der Unsterblichkeitstrank, der auch ewige Jugend, Gabe der Rede und Begeisterung verleiht, Tieren von der Art der dargestellten entquollen sei.« Er erwähnt auch, daß damals wohl Tiere dargestellt wurden, die man jagte, aber höchst selten Pflanzen. Und der gleiche Autor bemerkt: »Die Bildwerke wurden nicht um ihrer selbst willen, sondern zu einem ganz bestimmten Zweck geschaffen. Die Kunst ist da, um die Vorgänge am Himmel zu versinnbildlichen. Vor allem interes-

Löwe mit Pfeil, goldene Schwertscheide, ca. 550 v. Chr. Verschmelzung skythischer und assyrischer Elemente, auch persische Einflüsse.

Filzverzierung, gefunden im Pasyrykgrab. Widderköpfchen und Mir-i-bota-Formen.

sierte das Schicksal des Mondes, der zuerst ein Kind ist, dann ein Mann, schließlich ein Greis, der stirbt, um wieder geboren zu werden. Da das Leben des Menschen parallel dem Geschehen am Himmel verläuft, so werden Geburt, Reife (Hochzeit) und Tod jene Momente sein, mit denen sich die Kunst vor allem zu beschäftigen haben wird.« (Und selbstverständlich auch das Kunsthandwerk.)
Schon aus sumerischer Kultur (3000 vor Christi!) besitzen wir den in Bronze gegossenen Kopf eines Rindes mit mächtigen Hörnern. Der kultische Charakter dieses Kopfes ist unverkennbar. Selbst im germanischen Raum gab es viele kultisch gebrauchte Rinderfiguren mit stark ausgebildetem Gehörn. Wie die Germanen in der Sichel des wachsenden Mondes ein »feuriges Stiergehörn« erblickten, so erkannten die Mittelmeervölker in der Mondsichel das Gehörn eines Rindes bzw. eines Widders oder (wo der Steinbock bekannt war) das des Steinbockes. Hingegen wurde im tieferen Süden, wo die am Himmel ziehende Mondsichel mehr waagrecht steht, diese als Vogel (!!) angesehen. Bei manchen Völkern galt die Mondsichel als Schwanzfederngruppe eines Hahnes oder eines anderen Vogels. Und die Sternbilder wurden von den ersten Astronomen mit Tiernamen bezeichnet!
In gleicher Weise entdeckte man im Mittelmeerraum auch in der Schwanzflosse des Delphins eine Ähnlichkeit mit der Mondsichel. Auf einer antiken griechischen Münze sehen wir einen Delphin neben der Mondsichel eingeprägt. Krebse und Krabben sind Mondtiere; da sie wiederholt ihren Chitinpanzer abwerfen, gelten sie als Symbole fortgesetzter Verjüngung. Als Verkörperung des Schwarzmondes (Neumondes) sehen wir auch die Krabbe des öfteren auf Münzbildern auftreten. Wir Heutigen sagen: »Der Mond nimmt ab! Der Mond nimmt zu!« Die früheren Menschen sagten: »Der Lichte nimmt ab, der Schwarze wächst, der Schwarze hat den Lichten verschlungen, aus dem Schwarzen kommt das Licht in Wiedergeburt wieder heraus!« Der Krake und die Krabbe: sie sind Sinnbilder des Schwarzmondes. Man kennt antike Münzen aus dem Mittelmeerbereich, die eine Krabbe (Dunkelnatur) zeigen, wie sie eben einen Fisch (Mondzeichen) packt. Ebenso kennt man aus dem gleichen Raum Münzen, die einen Oktopus (Krake) zusammen mit zwei Delphinen aufweisen. Desgleichen weiß man um Münzen, auf denen zwei Delphine in gegensätzlicher Stellung einen Wolf flankieren. Wölfe und Delphine haben im realen Leben nie miteinander etwas zu tun. Aber die Münzdarstellung hat doch ihren Sinn: der Wolf ist der Schwarzmond, der zuzeiten die Lichtsicheln (zu- oder abnehmender Mond, durch die Delphine dargestellt) verschlingt bzw. sie wieder von sich gibt.
Nur noch dies: Tiere sind Begleiter der Götter, Helden usw. So kann es kommen, daß anstelle des Gottes, gleichermaßen als Doppelung seiner selbst, das Tier gesetzt wird. Die Beweise hiefür kennt jeder, der sich z. B. nur ein wenig mit ägyptischer Mythologie befaßt hat.
Der bekannte Wissenschaftler Karl Jettmar führt u. a. aus: »Dort, wo Tiere gemeint sind, wird nur als karges Symbol der Schwung des Gehörnes oder die Rundung eines Hufes weitergegeben. Das gilt selbst dann, wenn eine religiöse Bedeutung mitschwingt. Nur die eigene Aussage macht es klar, daß einst die Mittelfelder der berühmten turkmenischen

Hahnenpaare. In Leder geschnittene Silhouetten, gefunden im Pasyrykgrab. Das rechte Hahnenpaar ist schon sehr abstrakt. Der Hahn, Sonnensymbol der Skythen, lebt heute noch in der russischen Volkskunst weiter (in Teppichen, Stickereien usw.). Man beachte die Versuche, alle Zeichnungsteile zu Mir-i-bota-Formen aufzulösen.

Teppiche die Totemtiere jener Sippenverbände wiedergeben, denen die Herstellerinnen angehörten.«
Und der gleiche Wissenschaftler erwähnt: »Die Männer (der Skythen) verbringen ihre Tage im Sattel, wie verwachsen mit ihrem Tier. Die griechische Vorstellung vom Kentauren, dem Pferdemenschen, hat hier ihren Ursprung genommen.« Und wieder dieser Gelehrte an anderer Stelle: »Die Eigentümlichkeiten einer älteren Welt scheinen fortzuleben, selbst bei Umsetzung in wesensfremden Stoff, in Gold oder Bronze. Andere Merkmale versucht man spirituell auf urzeitliches Erbe zurückzuführen. Man nimmt an, jedes Tierelement sei als Symbol aufgefaßt worden, mit Kraft aufgeladen, Segen um sich verströmend. Diese Kraftträger habe man summiert und potenziert, zum Heil und Schutz des Kriegers. Übersteigerung will die magische Wirkung vermehren.«
Auch Jettmar unterstreicht, daß der Widder in Wirtschaften, die sich auf Schafzucht stützten, wesentliche symbolische Bedeutung hatte und daß er bzw. sein Kennzeichen, das Widdergehörn, immer wieder als künstlerisches Motiv diente, und dies schon in der alten Karasukkultur im Minnusinks-Gebiet (also unweit der Fundstelle der Pasyryk-Teppiche).
Es ist nicht anzunehmen, daß man darauf verzichtet hat, z. B. Widderköpfe oder Widdergehörne bildhaft in Teppichen als magische Zeichen zu verwenden. Und man weiß, wie tief die Tradition im Menschen sitzt, wie sehr er Althergebrachtem verhaftet ist, wenngleich es dem Menschen von heute »nichts mehr sagt«. Wir selber üben manchen Brauch, haben manche Redewendung usw., die aus so weit her stammen, daß wir nicht mehr wissen, woher das kommt. Warum üben wir sie, warum »haben wir sie« und lassen nicht von ihnen?

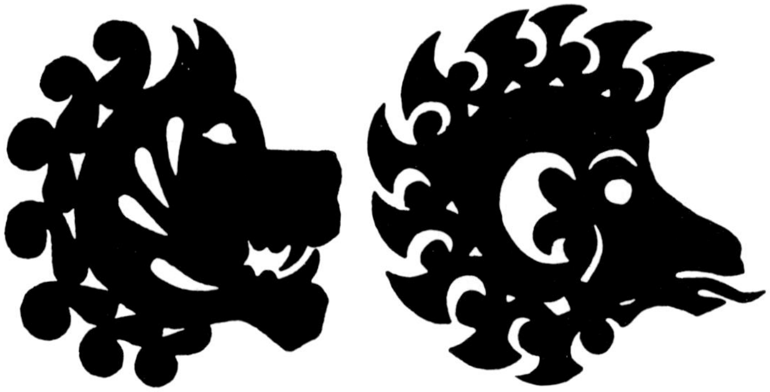

Links: Löwenhaupt, Applike auf einem Filzteppich, gefunden im Pasyrykgrab. Rechts: Steinbock (Widder) aus Filz, ebenfalls aus dem Pasyrykgrab. 5. bis 4. Jh. v. Chr. Auch hier Versuche, möglichst viele Bestandteile der Figuren in Mir-i-bota-Formen aufzulösen. (Siehe hierzu nachfolgende Darlegungen.)

Und weil wir eben vom Pasyryk-Grab sprachen: im gleichen Grab fand man einen Lederriemen, dessen Enden Hirschgeweihe darstellen, deren Enden sich aber in – Vogelköpfe verwandeln! So etwas ist nicht »aus Zufall« geschehen, es war nicht »sinnlos«, sondern es hatte seine guten Gründe! In einem anderen Grab fand man einen geweihtragenden (!!) Tiger (nebenbei: das Hirschgeweih gilt heute noch in Ostasien als Zeichen des immerwährenden Lebens!). Im zweiten Basadar-Grab trug eines der vierzehn mitbestatteten Pferde eine Maske mit mächtigen Widderhörnern! Die mehr oder minder schematische Wiedergabe tierischer Attribute wie Widderhorn und Hirschgeweih, Eberhauer und Raubtierkrallen in Gräbern des 5. bis 3. Jahrhunderts vor Christus: das soll alles nichts sagen und aussagen? Es soll auch bedeutungslos sein, wenn bei Funden aus alten Kulturen, die in vorchristliche Zeit zurückreichen, sonderbare Tierzusammenstellungen vorkommen, etwa ein Wolf mit dem friedlichen Gesicht eines Widders (im Ordos-Fund) oder ein Wolf mit Steinbockgehörn (Tastik-Kultur) oder Bronzekessel mit Füßen, die die Brustpartien von Widdern zeigen? Im Pamir-Gebiet deckte man ein uraltes Nomadengrab auf, dessen Grube durch gewaltige Hörner von Wildschafen wie gegen dämonische Einflüsse abgeschirmt war. Ein anderer Forscher, Maenchen-Hell, ist der Ansicht (und er begründet sie auch), daß die Tiergestalten generell eine magische Abschirmung bedeuteten. Von den Ägyptern (und anderen Völkern) weiß man, daß Tiere als Götter verehrt wurden, besonders der Widder. Wenn man bedenkt, daß die Hilfsgeister der Schamanen (also auch im turkmenischen Teppichgebiet) oft tiergestaltig auftreten, dann ist es naheliegend, daß auch sonst die Tiergestalten nicht aus irgendwelcher Spielerei hergestellt wurden (als Bronzefigur, als Filzapplike, als Muster im Teppich usw.), sondern daß Tradition und (damals noch) Sinn dahintersteckten.
Nun gab es aber, auch das soll nicht vergessen werden, *vor* dem Tierstil (dadurch weitaus älter) eine Ornamentik, die die Kerbe, den Strick, das Seil, den Punkt, die Linie, den Mäander, den Kreisbogen und damit die Spirale und auch die Volute verwendete. Und der vorhin genannte Forscher Karl Jettmar formuliert so: »Um so bedeutsamer wurde die

Rolle des von Frauen wahrgenommenen Haushandwerkes. Man könnte die These aufstellen, die spätere Steppenkunst gehe gerade in ihren eigenwilligsten Schöpfungen, den Teppichen, zwar auf zahllose äußere Anregungen, aber auch auf jene urzeitlichen Motive zurück, die schon *vor* dem Tierstil existierten und während dessen Blütezeit von den Frauen bewahrt wurden.«

Um nochmals auf den Widder zurückzukommen: seiner hohen kultischen Bedeutung wegen wurde der Widder unter die Sternbilder des Tierkreises aufgenommen, sogar als erstes (!!) Sternbild. Die Alten glaubten, in diesem Bild den Chrysomalles, den goldhaarigen Widder, zu sehen, der dem Bacchus, als sich dieser mit seinem Heer in der libyschen Wüste nahe dem Verdursten befand, einen Brunnen wies (und noch gut ein Dutzend anderer Mythen reihen sich um den Widder). Der ägyptische Gott Amun, dem Jupiter gleichgestellt, wurde stets mit starken Widderhörnern dargestellt, eine Auffassung, die sich bis in das Schwarzmeergebiet verbreitete.

Das war nur Weniges, womit man das ungemein reichhaltige Thema angeschnitten hat. Dazu gesellen sich noch viele, viele Dinge und Erscheinungen, so etwa die uralten Totenkulte der verschiedenen Völker vom alten Ägypten bis in die Mongolei: Die Seele des Toten geht bergan, erklettert ein Gebirge, einen Baum, ein rankenreiches Schlinggewächs, einen Spinnfaden – alles führt in die Wolken, in den Himmel zu den Göttern ... Dann noch die Symbolik der Perle, der Muschel, des Seilknotens, der Gestirne samt Sonne und Mond, die Symbolik des Wassers und der Gewässer, des Feuers usw. usf. – alles was dem Urmenschen als ihm anfangs Fremdes, Drohendes, Beglückendes begegnete, benützte er dazu, sich eine geistige Welt aufzubauen.

Und alle diese alten Kulte und Mythen, diese Überlieferungen (die einstmals tief und nachhaltig auf die Menschen wirkten) scheinen zwar fast verschollen und nicht mehr vorhanden zu sein, und doch finden wir sie in Spuren auch heute noch dargebracht in der Kunst und im Kunsthandwerk.

Obwohl wir vom Aussagewert der alten Ornamente im orientalischen Teppich noch sehr, sehr wenig wissen und die Forschung diesbezüglich auf schwankendem Boden steht, die Knüpferinnen keinerlei seelischen Bezug mehr zu dem haben, was da unter ihren geschickten Händen entsteht (und sich diese Einstellung bei den Orientalen kaum ändern wird), geht die Forschung doch weiter. Wir werden uns an ihren Ergebnissen erfreuen (chinesisch: »Wissen, das nicht jeden Tag zunimmt, wird täglich abnehmen!«) und in vermutlich uns sehr seltsam anmutende Kulte, Riten, Sitten und Bräuche der frühen orientalischen Welt Einblick gewinnen.

So reizvoll es wäre, an diesem endlosen Teppichthema weiterzuknüpfen: wir müssen abschließen.

MIR-I-BOTA UND DER »BÖSE BLICK«

Das Mir-i-bota-Muster, das – aus dem Orient kommend – in einer Vielfalt wie kein anderes Motiv über die ganze Welt gegangen ist, das man immer wieder in Orientteppichen, auf Kleiderstoffen, auf Schals, Kopftüchern, Vorhängen, Dekken und natürlich auch auf maschinengewebten Teppichen findet (siehe Bilder auf Seite 111), beschäftigt seit Jahrzehnten die Symbol- und Motivforscher mit der Frage nach der Herkunft, nach dem Ursprung dieses merkwürdigen Musters. Wir gaben auf den Seiten 110–113 einen Überblick, worauf die bisherige Forschung sich hauptsächlich festgefahren hatte. Der »Palmwipfel« stand dabei im Vordergrund der Meinungen, er bot sich als *die* Lösung des Problems an.

Sosehr es nun tatsächlich nahelag, das Palmenblatt (und einen ursprünglich vielleicht damit verbundenen Mythos) als Grundelement dieses Mir-i-bota-Musters anzunehmen: dem Autor dieses Buches genügte diese Annahme nicht, er suchte Verbindung mit Symbol- und Motivforschern, mit graduierten Sinologen, Iranologen und Indologen verschiedener Universitäten (das Befragen seiner vielen orientalischen Freunde und Bekannten war ergebnislos geblieben,

Auf Gefäßen wurden Abwehrzeichen, vor allem Augen oder ganze Gesichter, besonders häufig angebracht. Man findet sie, naturalistisch oder ritualisiert, auf Gefäßen aus ältester Zeit, herein bis in die Gegenwart bei fast allen Völkern.

Skythischer Standartenkopf. Bronze, ca. 7. bis 6. Jh. v. Chr. Hier werden die oberen Figuren durch das naturalistische Auge (links unten) deutlich als Augenstilisierungen erkennbar. Reihung ausgeprägter Mir-i-bota-Figuren.

im Orient weiß man konkret herzlich wenig von den Ursprüngen jedwelcher Tradition). Ein einmütiger Nachweis über die Herkunft des Mir-i-bota-Motivs ließ sich nicht erbringen. Die vergleichende Kulturethologie (Verhaltensforschung) war es schließlich, die einen faszinierenden Zugang zu diesem Problem fand: Professor Otto Koenig, der Leiter des »Institutes für Vergleichende Verhaltensforschung« der Österreichischen Akademie der Wissenschaften, korrespondierte mit dem Autor und interessierte sich im Zusammenhang mit seinen Forschungen (siehe Literaturverzeichnis) ebenso für den Ursprung der Mir-i-bota-Form wie der Autor dieses Werkes.

Otto Koenig kam zu dem sinnfälligen Ergebnis, daß es sich bei den Mir-i-botas ursprünglich um Schutzzeichen gegen den »Bösen Blick« handelte und daß die Mir-i-bota-Form nichts anderes als ein »Abwehrauge« ist.

Nachstehend wird versucht, die ausführlichen und überzeugenden Darlegungen, die Otto Koenig in seinem aufschlußreichen Buche »Kultur und Verhaltensforschung« (Deutscher Taschenbuchverlag, München) bringt, hier kurz zu skizzieren: Das Auge »sieht« nicht nur, es »schaut auch an«, wird aber auch selber »angeschaut« und »beobachtet«, es ist zugleich Sender und Empfänger. Das ist eine Fähigkeit, die kein anderes Organ des Körpers so ausgeprägt besitzt, denn man vermag das Schauen zu schauen, nicht aber kann man z. B. das Hören »hören« oder das Riechen »riechen«. Dem Auge kommt somit eine Intimfunktion zu, wie sie annähernd lediglich im Tastbereich zu finden ist (beim Händegeben, Streicheln, Küssen). Das Auge besitzt durch seine Kreisform, eingebettet in ein Spitzoval, höchste optische Wirksamkeit, um Aufmerksamkeit zu erregen, es hat somit hohe Signalkraft. Längeres Anstarren kommt einem Eindringen in die Intimsphäre gleich (es war früher Anlaß zur Duellforderung), längeres »Dagegenschauen« ist u. U. schon ein Aggressionssignal, ein Angriff. Ein Blick kann fesseln, faszinieren, »erstarren lassen« (Schlangenblick). Ein Blick des Basilisken (orientalisches Fabeltier) war tödlich, der Basilisk verendete sogleich, sah er sich selbst in einem Spiegel, Wasserspiegel, er konnte seinen eigenen Anblick nicht ertragen.

In allen Gegenden des Orients spielte und spielt noch heute der Blick, der eigene wie auch jener eines anderen Menschen, eine für uns fast unvorstellbar große Rolle. Allgemein ist die Auffassung verbreitet, daß von dem Auge ein »Zauber« ausgehe, der auf andere Augen einwirkt. Und jeder Gegenstand, jede Habe, jedes Gut, ist vom »Bösen Blick« gefährdet. Die Moslems beten zu Allah: »Bewahre mich mit Deinem Auge, das niemals schläft!«

Um die Gefahr von sich, von seinen Kindern, von seinem Hab und Gut abzuwenden, muß man andauernd auf der Hut sein, man muß trachten, den »Bösen Blick« abzuwehren,

Pferd mit Mir-i-bota-Flügeln und Schleifen an den Fußgelenken

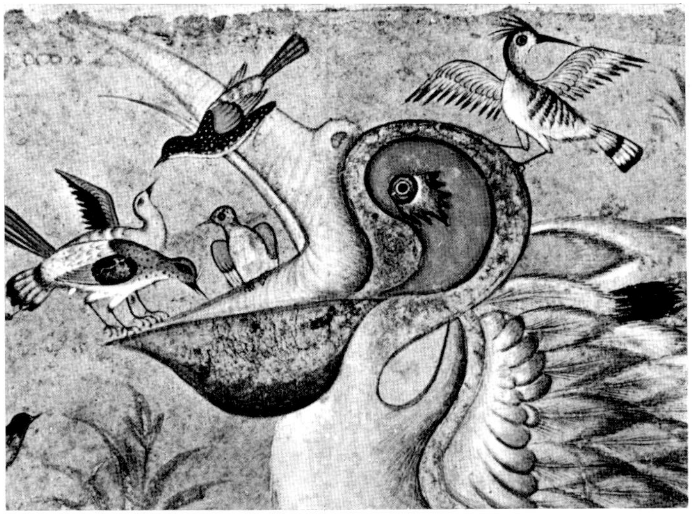

Alte persische Darstellung eines Pelikans mit extrem stilisiertem Mir-i-bota-Auge

was am sichersten dadurch erfolgt, daß man ihm zuvorkommt, indem man ihn, ehe er wirken kann, auf einen »Blickfang« lenkt, der alles Schädliche unschädlich macht. Und mit nichts anderem kann man den »Bösen Blick« besser abwehren, als ihm wieder mit einem Blick zu begegnen, also mit einem oder mit möglichst vielen »Abwehraugen«, in deren Pupillen sich der »Böse Blick« fängt, sich spiegelnd in seiner Wirksamkeit selbst vernichtet und damit machtlos wird. Alexander der Große (356 bis 323 v. Chr.) fand in Chorassan (Ostpersien) ungeheure Mengen giftiger Schlangen vor. Er befahl, der Legende zufolge, seinem Heer, Spiegel aus Metall anzufertigen und diese den Tieren entgegenzuhalten, so daß deren eigener Blick auf sie zurückfalle und sie töte.

Amulette wurden schon in den ältesten Zeiten der Menschheit verwendet, und man glaubte (und glaubt noch heute!) an ihre Zauberkraft. Überwiegend waren es Amulette, die gegen den »Bösen Blick« sicherten. Sie hatten die Aufgabe, ihn zu binden und zu neutralisieren. Und immer wieder besaßen Amulette gegen den »Bösen Blick« überwiegend die Augenform, wenngleich diese – nach solch jahrtausendelanger Tradition – manche Wandlung durchlief und in jüngster Zeit zuweilen als »Auge« nicht sofort erkennbar ist. Es überrascht, in welcher Vielzahl und Vielart diese gewandelten Augenzeichen verwendet werden, wobei sie, meist unter Beibehaltung der asymmetrischen Grundform, auch die ungefähre Gestalt von Blättern, Blumen, Blüten- und Früchtesträußen annehmen. Aber immer wird man, auch bei entarteten Abwehraugen, das ehemals funktionsbedingte Kernelement finden. Und wenn *ein* Abwehrauge für sich allein etwa nicht sogleich als »Auge« erkannt werden kann: man braucht nur ein zweites, gleiches Auge zuordnen, und sofort hat man eine Figur, die ausgesprochen als Augenpaar wirkt (siehe Bildbeispiele). Ein Charakteristikum aller Augenvarianten ist (abgesehen von der meist betonten Umrahmung) das Vorhandensein eines die Pupille oder Iris zumindest entfernt andeutenden Ornamentes.

Pferdedarstellung auf einem Filzteppich, gefunden im Pasyrykgrab. Ca. 5. bis 4. Jh. v. Chr. In fast gleicher Weise tragen heute noch Pferde in orientalischen Ländern Mir-i-botas als Schutz gegen den Bösen Blick.

Der Pfauhahn lockt die Henne in den »Brennpunkt« seines hohlspiegelartigen Rades. Die Augenzeichnung des Federkleides bindet die Aufmerksamkeit.

Der Orientale schützt sich und die Seinen also vor allem mittels »Abwehraugen«: jeder, der sein Haus oder sein Zelt betritt, wird von solchen Abwehraugen »begrüßt« und von ihnen neutralisiert: von Spiegeln, von glänzenden Metallplättchen in Mir-i-bota-Form, von den Mir-i-bota-Mustern in den Teppichen und Behängen usw.

Auch die Farbe der »Abwehraugen« spielt eine gewisse Rolle. In manchen Gegenden gilt vom Blau, daß es die stärkste Schutzkraft habe. Daher sind in vielen Teppichen die Mir-i-bota-Formen stark in Blau gehalten oder mehrfarbig, und das Blau dominiert an seiner Stelle; in der Pupille etwa oder als Randsaum.

Schutzfunktionen gegen den »Bösen Blick« kommen auch verschiedenen Tieren zu, so dem Löwen, der Schildkröte, dem Skorpion, vor allem aber einigen gefiederten Tieren, so dem Hahn, dem Adler, dem Kranich und in besonderem Maße dem Pfau (wiewohl just in manchen Gegenden Pfauenfedern für unglückbringend gehalten werden). Als Persiens Herrscher Nadir Schah 1739 sein Reich bis zum Indus und Oxus, zum Euphrat und zur Kaspischen See hin ausdehnte, war ihm als Sieger daran gelegen, dem indischen Großmogul zu Delhi den sogenannten Pfauenthron abzunehmen und ihn nach Isfahan zu bringen, das damals Residenz war. Der Thron stellt einen auf einem dreistufigen, aus purem Gold bestehenden Gerüst angebrachten Pfau vor, gebildet aus einer Unzahl von Edel- und Halbedelsteinen. An den Seitenlehnen waren zwei unschätzbar wertvolle Diamanten angebracht, von denen der eine »Medusenhaupt«, der andere »Mondberg« hieß. Als Nadir Schah 1747 ermordet und sein Palast geplündert wurde, brach ein Plünderer den »Mondberg« heraus und schenkte ihn einem Mädchen. Dieses wieder gab ihn, in Unkenntnis seines Wertes, für ein paar Goldstücke einem armenischen Kaufmann, der den Stein 1772 um 540 000 Rubel der Zarin Katharina II. verkaufte und dafür zusätzlich ein Adelsdiplom erhielt. Die Kaiserin ließ den Diamanten an der Spitze des russischen Kaiserzepters anbringen und nannte ihn »Orlow«.

Der Pfau galt schon in der Antike in allen Ländern, wo man ihn kannte, als Wächter und Abwehrer alles Bösen. In der griechischen Mythologie (man lese dort nach) gab es den hundertäugigen, allzeit wachsamen Riesen Argus, der dann von Hermes (Merkur) überlistet und schläfrig gemacht wurde, worauf ihm Hermes den Kopf abhieb. Hera (Juno), untröstlich über diese Tat, setzte die hundert Augen des Argus in den Schweif ihres Lieblingsvogels, des Pfaues, und übertrug dem Tiere die Aufgabe steter Wachsamkeit. Imponierend ist das »Radschlagen« des Pfaues, wobei sein mit grünblau bronzierten »Augen« übersätes Federkleid sich prächtig entfaltet.

Die Signalbedeutung des Auges ist gegenüber anderen Signalträgern dadurch wesentlich verstärkt, daß es rund bzw. oval-rund und spitz-oval gelagert ist, eine Gestalt also hat, die zwar funktionsbedingt ist, jedoch durch diese seine Rundheit und »Konzentriertheit« mit geradezu magischer Kraft Blicke auf sich zieht. Während z. B. ein Strich nur in eine der beiden Richtungen dieses Striches (oder in der Verlängerung darüber hinaus) führt, zwingt hingegen ein Kreis den Blick zur Konzentration auf den Mittelpunkt dieses Kreises. Aus dem Mittelpunkt reflektiert der Gegenblick; dieser kann sprechend sein und etwa ein Erschrecken ausdrücken oder aber auch Kraft und Macht verströmen. Das Auge besitzt demnach nicht nur die geeignetste Form, um Aufmerksamkeit zu erregen, zu erzwingen und festzuhalten, sondern es hat als Reizsummenphänomen ein Maximum an Kraft zur Bindung des Betrachters. Für die Weisen der Vorzeit war das Auge ein unlösbares Rätsel, und bei ihnen, wie auch beim gewöhnlichen Volke, herrschte die Auffassung, daß dem Auge zauberische Kraft innewohne, die auf die Umgebung einwirkt. Auch Mohammed sagt im Koran: »Das Auge ist etwas Wirkliches, und wenn es in der Welt etwas gäbe, was schneller ist als das Schicksal, so ist es der Schlag eines Blickes.« Im Orient, aber auch am Balkan und in Süditalien, verweigern viele Menschen, sich fotografieren zu lassen, weil dadurch der »Böse Blick« übertragen und zugleich auch ein Teil der eigenen Seele hingegeben wird, der für immer verlorengeht.

Mohammed reitet auf dem Fabelwesen Burak durch die Sieben Himmel. Das Tier zeigt einen Mir-i-bota-förmigen Pfauenschwanz, der eine Massierung von Abwehraugen enthält. Auch die Flamme über Mohammeds Haupt ist mit Mir-i-botas besetzt. Ebenso zeigen die Blumensträuße und die Wolkendarstellungen Mir-i-botas (Persien, 16. Jh.).

Ghom-Seidenteppich, sogenannter Girlanden-Ghom. 143 × 103 cm. Flor, Kette und Schuß sind aus Seide. Der Teppich ist mit Mir-i-bota-Formen übersät.

Links: Völlige Auflösung des Mir-i-botas und Verwandlung in eine Blütenranke. Mitte und rechts: Kombination von Mir-i-botas. Es zeigt sich deutlich, daß hier noch bewußt die Erinnerung an Augen festgehalten werden soll. (Vergleiche auch Seite 111.)

Diese auch heute noch so weitverbreitete Furcht vor dem »Bösen Blick« ruft das Bestreben hervor, dessen unheilbringende Kraft abzufangen, sie von sich selbst auf andere Objekte abzuleiten und zu neutralisieren, was eben, wie schon erwähnt, am besten durch Augenamulette geschehen kann: das Abwehrauge (oft in Vielzahl angebracht, besonders in Teppichen) »sendet den Blick zum Absender zurück, es bekämpft den Feind mit dessen eigenen Waffen«.
Da auch, wie gleichfalls schon erwähnt, ein Spiegel (Glas- oder Metallspiegel) die Abwehrkraft des Auges besitzt (»Das Auge ist der Spiegel der Seele«), sind im Orient auch Spiegel, glänzend geschliffene Edel- und Halbedelsteine, spiegelnde Metallplättchen, Pailletten, Glasscherben oder sonst irgendwelche blinkende Gegenstände willkommene Helfer gegen den »Bösen Blick«.
Der eingeborene Hang des Menschen zum Formen und zum Umformen alles Geformten hat dazu geführt, daß er auch in der Darstellung der Abwehraugen schöpferisch wurde. Er verlängerte die vorerst einfache Linienführung des Abwehrzeichens spielerisch dahin und dorthin, er verwandelte mit der Zeit die ursprünglich »auf den ersten Blick« erkennbare Funktion des Zeichens in mannigfacher Form, die (z. T. vielleicht gewollt) zur Vergeheimnissung, zur Ritualisierung und letztlich auch zur Degeneration dieses Zeichens führte, so daß die ursprüngliche Funktionsbestimmung immer schwerer erkennbar wurde, ja daß das Wissen darum teilweise oder zur Gänze verlorenging oder in die Irre geleitet wurde. Vor allem dann, wenn das Abwehrauge in einer Fülle von Ranken-, Blatt- und Blütenformen sozusagen »eingeschachtelt« war. Das geschah vor allem im textilen Bereich, in den Mir-i-bota-Formen an den Kleidern, Decken, Vorhängen und Teppichen. Sogar der Wesenskern des Zeichens, die Pupille, wandelte sich in der Ornamentik durch wellige Verlängerung der Umrißlinien oft zu Blüten oder Sternen (»Augensterne«), wie der Kreis (die Pupille oder die Iris) Mandelform, ja sogar die Form eines Quadrates, eines Rechteckes oder gar die eines Dreieckes annahm. Aber fast immer findet man den Schwerpunkt der jeweiligen zeichnerischen Form in der Pupillen-Iris-Darstellung. Oft trägt eine Mir-i-bota-Zeichnung in sich wieder kleine Mir-i-bota-Formen, oder die von der Hauptfigur ausgehenden Ranken verdichten sich zu neuen Mir-i-botas.
Die Mir-i-bota-Form wird in indischen Kopfbedeckungen in Form eines dritten Auges befestigt, die Türken stecken sich Straußenfedern oder Federn des Kranichs in den Turban, die durch ihre natürliche Mir-i-bota-Form Abwehrkraft gegen den »Bösen Blick« haben. Auch die »geflügelten Löwen« oder sonstige phantastisch geflügelte Tiere können solche Flügel aus Mir-i-bota-Abwandlungen bekommen haben.

Vornehme Türken (16./17. Jh.) steckten sich Straußen- oder Kranichfedern als Schutz gegen den Bösen Blick an.

Odysseus bei den Sirenen (Vasenbild). Das Schiff trägt Abwehraugen.

Professor Koenig erwähnt ausführlich, daß schon in ältesten Zeiten seefahrende Völker an den beiden Schiffsvorderseiten (am Bug also) Abwehraugen anbrachten, teils um Dämonen abzuhalten, teils um den Feind, gegen den man fuhr, abzuschrecken. Heute noch tragen die Küstensegler Dalmatiens, die »Trabakel«, solche Wachsamkeits- und Abwehraugen (siehe Bild hier rechts). Und weiter sagt dieser Autor: »... zeigen vielfach gerade Viehzüchter (und zu ihnen gehören letztlich auch die kriegerischen Reitervölker, denen gute Pferdezucht ja Lebensbasis bedeutete) besondere Furcht vor Verhexung und Bösem Blick. Die Massenhaltung von Tieren schuf zu allen Zeiten Seuchengefahr, die es nicht zuletzt durch Zaubermittel zu bannen galt. Es wäre darum kaum zu verstehen, daß nun gerade pferdezüchtende Reitervölker zu Trägern und Verbreitern von Pflanzenornamenten geworden sein sollten. Es will mir scheinen, daß ein wesentlicher Teil aller Pflanzenornamentik sekundär auf dem Wege über spielerische Linienverlängerung aus Augenornamenten entstanden ist.« An anderer Stelle seines Buches (pag. 231) führt Professor Koenig aus: »Betrachtet man die Ornamentik auf Zelt-Außenwänden, so gewahrt man zwar auf den ersten Blick eine Fülle von Blüten, Blättern und Ranken, die aber bei näherer Betrachtung die Gestalt der Mir-i-bota oder die bei Augendarstellungen beliebte Mandelform zeigen. Nicht Pflanzen sind es demnach, die wir bei entwicklungsgeschichtlicher Betrachtung vor uns sehen, sondern verschlungene Systeme und Massenansammlungen von Abwehraugen ... Die Verstärkung des Schutzes, den ein Haus seinen Bewohnern durch allerlei Magie bietet, ist so weit verbreitet, daß man Ähnliches gerade bei Zelten erwarten muß, die immer wieder abgebrochen und an anderen, unbekannten, also gefährlichen Orten aufgestellt werden. Wohl aus demselben Grunde sind ja auch die Teppiche der Nomaden, als Bauteile der Zeltwohnung, besonders reich mit magischen Zeichen versehen. Völkerschaften, die den Bösen Blick fürchten, die Dämonen als real existente Feinde betrachten, hätten auch keinerlei Grund, ihre Kleider und Zelte lediglich mit indifferenten Blumenstickereien zu versehen, wo ihnen durch Anbringung entsprechender Symbole auch Schutz vor jener ›ungreifbaren‹ Welt der Geister und Dämonen zuteil werden könnte. Die Blattornamentik ist hier eine Sekundärerscheinung, entstanden aus einer tatsächlich vorhandenen Ähnlichkeit der Umrißlinien von Augen und glattrandigen Blättern, wie vielleicht auch aus dem Verlust des Wissens um den ursprünglichen Bedeutungsgehalt.«
Professor Koenig gibt aber auch ohne weiteres zu, daß es in neuerer Zeit, vor allem in den Trachten des Balkans und Ungarns (und natürlich auch in Orientteppichen) vielfach klar naturalistische Blumen- und Blütendarstellungen gibt.

Abwehraugen auf jugoslawischen Trabakeln (kleinen Frachtenseglern)

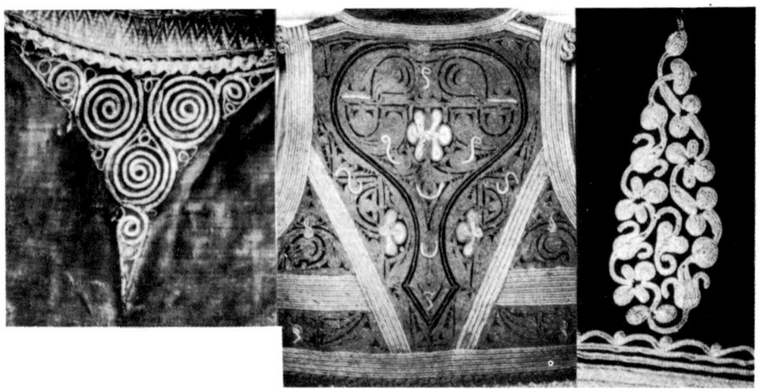

Ornamentik jugoslawischer Trachten (große Teile des Landes waren in vergangener Zeit türkischer Besitz). Links und Mitte: Rückenteile von Jakken. Den Mir-i-bota- und Spiralformen (letztere entstanden aus ersteren) dürften magische Abwehrfunktionen im Sinne einer »Rückendeckung« bei Gefahr zukommen. Rechts: Ärmelbestickung. Die Mir-i-bota-Formen sind hier auch schon als florale Gebilde deutbar (Blütenranken).

Es handle sich aber, so sagt er, um keine geistige Neuorientierung der Menschheit oder um die Auswirkung des Pflanzbauerntumes, sondern um eine logische Entwicklung des Vorhandenen, das sich eben nur allmählich durch die vielen spielerischen Varianten zur Pflanzenornamentik auflöste. Daß man nun auch Pflanzenmotive als Vorbilder nahm, ist verständlich. Er schließe auch nicht aus, so sagt er weiter, daß sich – unabhängig von der Abwehraugen-Funktion – die Pflanzen schon sehr früh ebenfalls zum allegorischen Motiv eigneten, denn der Vergleich des menschlichen Lebens mit den Abläufen des Knospens, Blühens, Reifens und Welkens ist naheliegend. Dominierend aber bleibe die Entwicklung vom Abwehrauge (Mir-i-bota, Fischblase oder wie immer man dieses Motiv nennen möge) zur ritualisierten Form und zur Ausstattung mit Ranken- und Blütenzweigen usw.

Oben: Gürtelschließe aus Bulgarien, aus zwei Mir-i-bota-Formen gebildet.
Links: Silberfiligran-Amulett (Jugoslawien) gegen den Bösen Blick.
Das Amulett liegt auf einem mit eingewebten Mir-i-botas übersäten Kopftuch.

Bei den Augenwirkungen (sagt Prof. Koenig) handelt es sich um angeborene, schon lange vor dem Auftreten des Menschen (in geschichtlicher Zeit) vorhandene Einstellungen, die der Mensch mit allem anderen genetischen Erbgut als Verhaltensbaustein mitbekommen hat. Und schließlich (pag. 248): »Von diesem ältesten Darstellungsmodus [des Auges] leitet sich vielleicht der größte Teil unserer gesamten Ornamentik ab.«

Schließlich seien aus Prof. Koenigs Werk, und zwar aus den Schlußseiten, noch einige Bemerkungen zitiert: »Das biologisch bedingte Wechselspiel des Bemühens, den anderen zuerst zu erblicken und selbst möglichst ungesehen zu bleiben, zieht sich ohne Unterbrechung absolut nahtlos von unseren Tierahnen durchlaufend bis hinauf in die heiligsten Symbole menschlicher Gegenwart. Wenn wir die so überaus weitverbreitete Furcht vor dem Bösen Blick als Aberglaube ablehnen, so dürfen wir dabei nicht vergessen, daß selbst die bedeutendsten Weltreligionen im Grunde genommen hochritualisierte Nachfahren des frühesten Jagdzaubers sind, in dem das schauende Auge den zentralen Platz einnahm.«

Und weiter: »Wohl keine andere Glaubensvorstellung erhält sich ähnlich konsequent wie die Furcht vor dem Bösen Blick. In den klassischen Ländern mediterraner und orientalischer Kultur, wo die Augenritualisation die buntesten Blüten trieb, ist sie heute noch allgegenwärtig. Dort stehen auch noch die ältesten Augensymbole in praktischem Gebrauch, womit aber keinesfalls gesagt sein soll, daß all die alten und neuen Zeichen, die primitiven und die hochritualisierten, auch tatsächlich noch als ›Auge‹ verstanden werden. Sie können längst anderen Zwecken dienen [B. d. V.: z.B. im Teppich, nur um seine Flächen zu füllen oder rein aus Schmuckgründen] und dem vielleicht ursprünglichen Amulettgebrauch entwachsen sein. Gebraucht werden solche dem Inhalt nach unverstandene Symbole zumeist aus Überlieferung oder vielfach überhaupt nur, weil sie, dem menschlichen Ausdrucksorgan so formverwandt, einfach ›gefallen‹.«

Kaiserin Farah Diba im Krönungsmantel. Der Mantel ist mit größeren und kleineren Mir-i-botas reich bestickt. Auch die Seilständer zeigen Mir-i-bota-Form.

Soweit diese interessanten zusätzlichen Ausführungen zu dem Thema »Mir-i-bota und Böser Blick«, die beigegebenen Bilder werden das gedruckte Wort noch mehr verdeutlichen. Noch nähere Ausführungen findet man in Professor Koenigs Werken, siehe Literaturverzeichnis! Vor allem in seinem 1975 im Piper-Verlag erschienenen 550 Seiten starken Großband »Urmotiv Auge« geht er noch tiefer und überzeugender auf dieses symbolträchtige Thema ein.

VON DEN TURKMENENSTÄMMEN

Reizvoll wäre es, die einzelnen Völker des Orientteppichgebietes zu beschreiben, von ihrer Geschichte, ihren Sitten, ihrem Volkscharakter usw. zu berichten. Aber das würde zu weit führen, es muß daher auf die Fachliteratur verwiesen werden. Wenn wir dennoch nachstehend kurz nochmals von den Turkmenen reden (siehe auch Seiten 159, 340, 357), so geschieht dies deshalb, weil diese Völkerschaften nicht nur seit langer Zeit erstklassige Teppiche herstellen (siehe das Verzeichnis auf Seite 128), sondern auch, weil die Vergangenheit dieser Völkerschaften in vielen Belangen rätselhaft ist. Wir reden absichtlich von »Völkerschaften« und nicht von *einem* Volke. Denn obgleich die Geschichte ihrer (vermutlichen) Urheimat, nämlich Zentralasien (mit etwa den überlieferten Nachrichten über die Skythen), im 12. Jahrhundert v. Chr. beginnt und Geschichtsschreiber des fünften vorchristlichen Jahrhunderts bereits schriftliche Nachrichten über diese Völker hinterließen, blieb bis heute ihre eigentliche Herkunft unbekannt, und auch die neueste Forschung kommt kaum voran.

Was aus der Antike an spärlichen Nachrichten über die Turkmenen überliefert ist, stammt aus chinesischen, persischen, indischen und arabischen Quellen. Die Turkvölker selber hatten früher keine Schriftsprache, es gab nur die mündliche Überlieferung, die sich schnell zur Sage, zur Mythe wandelte.

Als Urahn aller Turkmenen wird der Überlieferung zufolge ein »Oghuzz Khan« genannt, der wieder ein Urenkel des Japhet (d. h. »weite Auslegung«) gewesen sein soll. Japhet war (nach 1 Moses 10, 1) der dritte Sohn Noahs. Er wurde von seinem Vater, als dieser nach dem Ausstieg aus der gelandeten Arche die Welt unter seinen Söhnen verteilte, mit dem gesamten Osten (vom Berge Ararat aus gesehen) bedacht. Der arabischen Sage nach ist er der Stammvater aller Turkvölker, auch der Mongolen und der ostischen »Barbaren« (Barbar = »der Fremde«, der nicht die Sprache der Turkvölker spricht). Diese Turkvölker sollen sich dann in 24 Stämme geteilt haben, sie alle nannten sich anfänglich Oghuzz bzw. Ghuzz. Erst ab dem 11. nachchristlichen Jahrhundert trat die Bezeichnung »Turkmen« (= »Türkenschaft«) auf, die sich bei uns zu »Turkmenen« wandelte. Einzelne dieser Stämme drangen im Verlauf der Zeit nach Süden vor und in Indien ein, andere zogen nach Westen (Kaukasus und Anatolien) und Südwesten (Mesopotamien,

Goklanen-Teppich, Turkmenenstamm,
z. T. in Persien (Nordostiran) ansässig geworden
oder auch als Halbnomaden lebend

Babylon usw.). Turk-Khane waren oft in anderen Staaten Herrscher, aber niemals vereinigten sich die Turkstämme zu einem einheitlichen Volk. Im Gegenteil: sie lehnten stets die Gesamtbezeichnung »Turkmen« ab und hielten – Stamm für Stamm – an ihren, aus Ahnenzeiten her überlieferten Stammesnamen fest, bekämpften einander, nicht nur, um Wasserstellen, Weideplätze und Ackerboden zu gewinnen oder zu verteidigen, sondern auch aus purer Kampf- und Raublust, in heftigster, blutigster Weise. Sie machten besiegte Stämme zu ihren Sklaven oder gliederten sie (im sanftesten Falle) ihrem eigenen Stamm als Unterstamm ein. Und sie taten dies durch Jahrhunderte, herein bis ins 19. Jahrhundert. Sie hielten mit unglaublich fanatischer Zähigkeit an ihrem Partikularismus fest. Freilich: Oft vereinigten sich mehrere Stämme zu gemeinsamem Tun, zu gemeinsamen Raubzügen bis nach Persien hinein, nach Chiwa, Buchara usw. Aber dies geschah niemals auf Dauer – plötzlich war wieder die »Feindschaft« da (oft schon beim Teilen der Beute), und es sprachen Feuer und Schwert, es kämpfte Bruder gegen Bruder, hart und grausam. Immerhin genügten diese zeitweiligen Gemeinsamkeiten, daß sich gewissermaßen eine gemeinsame Kultur erhielt, eine gemeinsame Lebensanschauung und -haltung, ein gemeinsamer Sinn auch in Dingen der Hand- und Kunstfertigkeiten.
Noch im 19. Jahrhundert (1858) besiegten die Teke-Turkmenen die Saryken. Im Jahr darauf nahmen sie Merw (Mary) ein und verdrängten die dort ansässigen restlichen Saryken und Saloren – letztere so sehr, daß diese praktisch zu existieren aufhörten und sich die Überlebenden den Teke und auch anderen Stämmen untertan machten (die Saloren waren schon 1831 wegen wiederholt getätigter großer Raubzüge nach Persien von einem persischen Heer sehr stark geschwächt worden). Da sich inzwischen die Russen darangemacht hatten, die Khanate im Turkmenengebiet zu erobern, kämpften die Teke nun gegen die Russen und brachten ihnen schwere Niederlagen bei, eroberten sogar Fahnen und Kanonen. 1873 hatten die russischen Truppen Chiwa eingenommen, aber es dauerte noch acht Jahre, bis sie die Teke endgültig besiegen konnten; die letzten Teke-Stämme bewahrten sich ihre Freiheit in der Oase Merw sogar bis 1884. Es war im Zuge dieser vielen Kampfhandlungen oft der Fall, daß ein Teil eines Turk-Stammes auf seiten der Russen kämpfte – gegen die eigenen Brüder.
Von allen Haupt- und Nebenstämmen der Turkmenen kamen noch die Ersari am glimpflichsten davon. Große Teile

von ihnen wanderten schon ab dem 17. Jahrhundert nach Afghanistan ab, wo sie sich südlich des Amu-Darja niederließen, teils als Nomaden, teils als Halbnomaden und als ständig Seßhafte. Ihnen folgten im Laufe der Zeit auch verschiedene Tire (Zweige, Abteilungen) der Salor- und der Saryk-Turkmenen nach.
Seit Beginn der russischen Herrschaft sind bei allen Turkvölkern die Stammeseinteilungen unglaublich in Unordnung geraten, insbesondere nach 1920, denn die Sowjets setzten alles daran, die Freiheit der Nomaden zu beschränken, sie soviel als möglich seßhaft zu machen, um Arbeitskräfte zu gewinnen für die schnell entstehenden Kolchosen (= genossenschaftliche Kollektivwirtschaften, das heißt gemischtwirtschaftlich: Gartenbau, Seidenraupenzucht, Schaf- und Kamelhaltung) und für die späteren Sowchosen (= staatliche landwirtschaftliche Großbetriebe, jeweils spezialisiert, entweder nur auf Getreidewirtschaft oder auf Baumwolle oder auf Viehzucht). Die Sowchosen dienen nun den Kolchosen als landwirtschaftliche Vorbilder.
Die allgemeine Russifizierung wird zielstrebig fortgeführt, was nicht heißt, daß sie für die dort angestammte Bevölkerung ausschließlich Nachteile bringt. Mit den Russen kamen feste Häuser, kamen Schulen, Spitäler, Ärzte, kamen Straßen (auf denen es keine Überfälle mehr gab), das Land blühte bis weit hinein in die Wüste buchstäblich auf, denn große Bewässerungsanlagen machten wesentliche Landesteile fruchtbar. Nach dem Zweiten Weltkrieg wurden diese Aufschließungsarbeiten vermehrt fortgesetzt, die Städte Samarkand, Taschkent, Chiwa, Buchara, Aschchabad usw. wandelten sich zu richtigen Großstädten, mit Universitäten, Mittel- und Fachschulen aller Art, mit Theatern, Klubs, Büchereien usw. Dabei muß man sagen, daß die Sowjets eine glückliche Hand insoferne hatten, daß sie vieles beließen und vor dem Verfall schützten und auch weiterhin pflegen, was da in den Städten wie Buchara, Chiwa, Samarkand usw., in denen die Khane geherrscht hatten, an historischen Bauten vorhanden ist: die antiken, oft sehr großen Grabdenkmäler, die Paläste, Moscheen und Medressen, Karawansereien, alte Festungswerke und was sonst noch an die vergangenen Zeiten erinnert. Und niemand redet drein, wenn der ältere Turkmene mit seiner Familie abends seine gemauerte Wohnung verläßt und hinter dem Haus in seine dort aufgerichtete geliebte Jurte (Zelt) zieht, um in altgewohnter Weise sein Nachtlager zu genießen. Freilich, die jungen Leute tun da immer seltener mit, sie gehen abends in den

Pakistanische »Buchara«-Nachahmung

 Jomud, mit Kepse-Gül, frühes 19. Jahrhundert

Klub, in die Abendschule oder ins Tanzkaffeehaus und kehren gern in das gemauerte Heim zurück, wo es elektrisches Licht und andere Annehmlichkeiten gibt, die man in der Jurte nicht findet.

Bei dieser mehr als tausendjährigen Zerrissenheit der Turkvölker ist es um so frappierender, daß sich ihre Sitten, Lebensgewohnheiten, ihre Hauskultur, ihre Hand- und Kunstfertigkeiten so ungemein einheitlich erhielten, was sich insbesondere auch in der Teppichanfertigung ausdrückt. Jeder Stamm kannte und kennt die gleichen Anwendungsarten der Teppiche und der teppichähnlichen Textilien, ob gewebt, gewirkt oder geknüpft (großer und kleiner Teppich, Kinderteppich, Gebetteppich, Pferde- und Satteldecken, verschiedene Arten von Schmuckteppichen für das Braut- oder Festzugskamel, große und kleine Taschenarten, Zeltschmuckbänder, Zelteingangsschmuck und Zelteingangsteppiche usw.).

Alle Turkstämme lieben vorzugsweise das Rot, die Grundelemente der Teppichmotive sind (z. B. die Güls), wenngleich je nach Stamm in verschiedenen Formen abgewandelt, auf den gleichen Ursprung zurückzuführen (wobei wohl der Schamanismus vorherrschend als vorislamische Religion nicht geringen Einfluß gehabt haben dürfte).

Der Vorrat an Ornamentgebilden ist bei den Turkmenen ungemein groß und vielfältig, und er kann in seinen Einzelformen nicht unbedingt dem einen oder anderen Stamm zugeordnet werden. Denn immer wieder kam es durch Heiraten, durch Überfall und Raub usw. vor, daß einem Stamm ein neuer Motivschatz zufloß. Heutzutage sind die Motive sehr gemischt, und es ist kaum mehr möglich, bei neueren Teppichen die »Stammeszugehörigkeit« mit Sicherheit festzustellen. Der sogenannte »Buchara« z. B. (siehe auch Seiten 159, 340, 357) wird heute hauptsächlich in den Manufakturen und Großwerkstätten von Aschchabad (zwölf Manufakturen mit rund 4000 Knüpferinnen) hergestellt. Dort arbeiten an den jetzt senkrecht stehenden Knüpfstühlen (früher wurde im Turkmenengebiet nur horizontal geknüpft) zum wenigsten Angehörige des Teke-Stammes oder seiner Unterstämme, sondern außer Tekinzen auch (oft an dem gleichen Knüpfstuhl) Uzbeken, Saloren, Saryken, Kirgisen, Karakalpaken, Sarten Tadschiks usw. – also sozusagen ein Völkergemisch. Und nicht alle dieser Knüpfer und Knüpferinnen sind »Turkmenen« im ethnologischen Sinne, aber alle knüpfen gemeinsam im Achtstundentag das »Buchara-Gül«, das eigentlich nur den Teke zusteht. Dies entzau-

bert den Teke-Teppich sehr, wenngleich beste Wolle und feinste Knüpfung gottlob noch immer vorherrschen. Und so ist es in beinahe ganz Turkmenien, denn wie erwähnt: das Nomadentum geht ständig zurück. Die Teppichherstellung wird weitgehend kaufmännisch geleitet, um nicht zu sagen »industrialisiert«. Die schönen alten Muster werden umgeformt, sie wirken in der neuen Form oft unlebendig, seelenlos, konstruiert. Und außerdem: man knüpft nicht nur Teppiche, sondern auch Autositz-Schonbezüge, und massenhaft knüpft man Überzüge für Fahrrad- und Motorradsättel.
Das Wort »Gül« bedeutet (wie im Buche mehrmals vermerkt ist) »Rose«, auch »Blume«. Man bezeichnet damit die in den Turkmenenteppichen in Reihen angebrachten (manchmal in versetzten Reihen) kleinen Medaillons (siehe z. B. unter »Buchara« die Bilder). Man kennt auch den Ausdruck Gültschi (Blümchen) oder Gülaidi (das Blumige), auch den Begriff »Gülli-Gül« gibt es (Blume der Blumen). Echte Teppichliebhaber gehen aber noch tiefer auf diese Begriffe ein, vor allem, wenn es sich um sehr alte Turkteppiche handelt: da kennen sie die Bezeichnung »Göl«, womit (nach russischer Auffassung) das einem Stamm von allem Anfang an *allein* gehörende Muster des Güls bezeichnet wird, so wie jeder Stamm sein eigenes Thamga (Brandzeichen) zur Kennzeichnung der stammeseigenen Herdentiere besaß und teilweise noch besitzt. Thamgen und Göls waren lange hindurch eifersüchtig gehüteter Stammesbesitz. Siehe hierzu im 5. Hauptabschnitt unter »Brandzeichen« das Bild eines »Thamga«, eingeknüpft in einen Teke-Teppich. Solche Einknüpfungen kommen sehr selten vor. Wurde ein Stamm gründlich von einem anderen Stamm besiegt, so daß er sozusagen sein Selbst verlor, so verlor er damit auch sein Anrecht auf das bisherige eigene Göl – auf das sogenannte Primärornament, das er in seinen großen Teppichen von nun an nicht mehr knüpfen durfte, sondern er mußte jetzt in diesen seinen großen Teppichen das Göl der Sieger aufscheinen lassen, oder er mußte überhaupt darauf verzichten, große Teppiche herzustellen. In den kleineren Knüpfererzeugnissen, so in den verschiedenen Taschen für Kamele, Pferde usw., durfte der Unterlegene sein altgewohntes Göl jedoch weiter verwenden, aber es war zum »toten Göl« geworden. Solange das Göl noch »gelebt« hatte, wurde es niemals auf solch kleinen Knüpfstücken gezeigt, das wäre entwürdigend gewesen, man hatte für diese kleineren Knüpfarbeiten viele andere kleine Motive, die in der Regel nur flächenzierenden Zwecken dienten.

Bidjov, Schirwan-Gebiet, Gegenwartserzeugnis

 Belutsch, starker Turkmenen-(Saloren-)Einfluß, feinste Knüpfung

All diese Umstände sind bisher nur wenig erforscht, in neuester Zeit widmet sich Dipl.-Volkswirt Siawosch Azadi (Hamburg) der Erforschung dieser Einzelheiten, aber das Dunkel will sich nur schwer lichten lassen. Für den normalen Teppichfreund sind diese Details auch nicht so wichtig, nur Museen und teppichsammelnde Ethnologen und Ethnographen werden auf nähere Aufklärung warten.
Der Turkmenenstamm der Goklanen (Göklan) siedelt zum größten Teil in Nordiran, an den Ufern des Atrek und des Görgen (Gurgan). Teile von ihm sind aber auch in Sowjetrußland ansässig, östlich der Kaspi-See bis gegen Chiwa reichend. Manche Forscher bezeichnen sie als eigenen Hauptstamm der Turkmenen, andere wieder sagen, die Goklanen seien ein Unterstamm der Jomuden. Die auf iranischem Boden lebenden Goklanen stellen sowohl als Nomaden wie auch als Seßhaftgewordene schöne Teppiche her, die Seßhaften sind dabei meist in Manufakturen tätig. Die Goklanenteppiche haben gemeinhin höheren Flor als die der anderen Turkmenen (nur die in Afghanistan gearbeiteten Teppiche haben noch höheren Flor), der doppelte Schuß ist meist braun gefärbt. Geknüpft wird von manchen Familien mit dem türkischen Knoten, andere verwenden dagegen den persischen Knoten. In und um den Hauptort Gonbad-Ghabus (Gombadi-Kabus, Gonabad-e-Kabus) werden die sogenannten »Silber-Buchara« hergestellt: sehr heller Grund, in dem bucharaähnliche Güls sitzen, die flachovalspitz (zitronenförmig) aussehen. Man fertigt den Flor sowohl in Wolle als auch in Seide an, die Kettfäden sind meist aus Baumwolle, doch wird für die Kettfäden zuweilen auch Kunstseide verwendet (Bild Seite 500).
Die Seßhaftmachung der Nomaden und die Verstädterung der Landbevölkerung nimmt rasch zu. Freilich sind die Wüstengebiete derart weiträumig, daß noch immer genug Platz bleibt für viele tausend Nomaden und deren Schaf- und Ziegenherden. Man braucht ja diese Herden, braucht die Wolle der Schafe, die Haare der Ziegen. In den weiten, noch nicht landwirtschaftlich nutzbar gemachten großen Wüstenteilen gibt es auch heute noch von Nomaden hergestellte Teppiche.
Die Wüste Kisil-Kum (»Roter Sand«) ist 246 000 km^2 groß, also nicht viel kleiner als die Fläche der Bundesrepublik Deutschland, die (mit Berlin) 248 435 km^2 umfaßt. Die Wüste Kara-Kum (»Schwarzer Sand«) ist noch größer, sie bedeckt eine Fläche von rund 270 000 km^2. Die Golodnaja-Step (Bedpak-Dala, Hungerwüste) hat rund 40 000 km^2

Fläche, das entspricht ungefähr der Fläche der Schweiz (41 258 km^2) oder der halben Fläche von Österreich (83 849 km^2). Dazu kommen noch die Mujun-Kum und die Sary-Ischikotrau-Sandwüste, die bis zum Dsungarischen Alatau reicht.

Von russischer Seite geht man mit Elan an die Bewässerung der Wüstengebiete. Die für solche Arbeiten aufgewendeten Mittel betragen Jahr um Jahr zweieinhalb bis drei Milliarden Rubel. Insgesamt sind zur Urbarmachung solch bislang unfruchtbarer Regionen seit Jahren ständig (im Schnitt) etwa 500 000 Menschen eingesetzt und weit über 100 000 Großgeräte (Planierraupen, Bagger etc.) Allein in der Hungersteppe arbeiten beim Bau von Bewässerungsanlagen 50 000 Menschen, beim Bau technischer Anlagen für die Bewässerung der Reisfelder am Unterlauf des Amu-Darja werden 20 000 Menschen beschäftigt. Die Sowjets hoffen, in absehbarer Zeit so weit zu sein, daß sie die neugewonnenen Anbauflächen im derzeit jährlichen Zuwachs von 1 Million Hektar bald auf 2 Millionen Hektar steigern können. 1 Million Hektar sind 10 000 km^2, aber allein die Wüste Kara-Kum hat 270 000 km^2. Es wird also noch vieler Jahre bedürfen, ehe die großen Wüsten merkbar »angeknabbert« sind, mögen die Anstrengungen des Staates und seiner Menschen noch so großartig sein.

Übrigens haben es schon die alten Turkmenen als scharfe Naturbeobachter verstanden, aus wasserlosen Gebieten dennoch Ernten einzubringen. Sie mußten die Natur überlisten, um ihr den kostbarsten Schatz abzuringen, der das Wasser für diese kargen Landschaften ist. Nur ein Beispiel: In den turkmenischen Wüsten gibt es eine völlig anspruchslose Pflanze, Kameldorn genannt, die ihren geringfügigen Feuchtigkeitsbedarf mittels überlanger Wurzeln aus der Wüstenbodentiefe saugt. Turkmenen kamen nun auf den Einfall, in die Halme des Kameldornes Einschnitte zu machen und in jedem Einschnitt ein Melonensamenkorn zu verbergen. Der Gedanke war vortrefflich: die geringe, von der Wurzel gespendete Feuchtigkeitsmenge genügte, um Melonen wachsen und reifen zu lassen.

In den Oasen Turkmeniens wurden schon in der Zarenzeit je Hektar Ackergrund bis zu 9000 Stück Melonen geerntet und Weintrauben bis zu 5 kg Gewicht. Je nach Erntewetter brachte man 60 bis 250 Doppelzentner Luzerne ein. Bei Weizen gab es schon damals 40fachen Aussaatgewinn, bei Reis bis 200fachen und bei Hirse bis 400fachen. Die sowjetischen Agrarfachleute experimentierten mit neuen Saat-

Teppich der Saloren, 19. Jahrhundert

Ersari, Garten-Feld-Musterung (jomudischer Einfluß), 19. Jahrhundert

zuchten, sie schulten intensiv die Oasenbewohner und vergrößerten enorm die Anbauflächen. Auch verstanden sie es, dort, wo noch keine Bewässerungsanlagen (Flußableitungen) hinführten, durch Tiefbrunnen (in Einzelfällen, wie z. B. im Rayon Kara-Kala, bis 700 m Tiefe) Wasser zu gewinnen.

Nun seien hier rechts die Gül-Grundformen der wichtigsten Stämme (siehe auch Seite 93) im Bilde gezeigt. Früher einmal hatten die Güls kultische Bedeutung, heutzutage sind sie im wesentlichen nur noch Zierformen, wenngleich auch alte Turkmenen und deren Frauen in den Güls noch Abwehraugen gegen den »Bösen Blick« sehen (wie man gebietsunterschiedlich auch heute noch die Kinder ungewaschen läßt, um sie so besser vor dem Bösen Blick zu schützen). Übrigens sind auch in den Zeltschmuckstreifen (Jolami) Motive eingeknüpft, die noch aus der Zeit des Schamanismus stammen und denen ebenfalls die Aufgabe zufiel, vor dem Bösen Blick zu bewahren. Nebenbei: Diese Schmuckstreifen werden meist über drei Kettfäden und in versetzter Reihe geknüpft.

Heute leben in den damaligen Nomadenräumen (Kasachstan, Kirgisistan, Tadschikistan, Turkestan, Uzbekistan) neben Sarten, Tadschiken, Kirgisen, Mongolen, Chinesen und Russen etwa eine Million Turkmenen, im Norden Afghanistans sind es etwa 200 000 bis 300 000 und im Norden wie im Nordosten Irans etwa 100 000.

Aber auch schon früher waren die Turkstämme in ihren Gliederungen sehr unübersichtlich, denn zu jedem Hauptstamm gehörten viele Unterstämme. So hatten die großen Hauptstämme wie Teke, Saloren, Saryken, Jomuden und Ersari zusammen über 30 Unterstämme und eine noch viel größere Zahl von Tiren (Zweigen) sowie verschiedene Gruppen, die sich (obgleich nicht turkmenischer Abstammung) dem einen oder anderen Turkstamm anschlossen.

Ebensowenig wie der Teppichfreund wahllos jeden Turkmenenteppich als »Buchara« bezeichnen soll, möge er sich auch davor hüten, bei einer Sortenbeurteilung in Haarspalterei zu verfallen. Es genügt, wenn er über die Teppiche der vorgenannten Hauptstämme einigermaßen Bescheid weiß und auch mit etwelchen weiteren Begriffen wie Beschir, Tschaudor, Goklane, Kerki, Chiwa, Kisil-Ajak, Pendeh, Belutsch, Ogurdschali, Hatschlu etwas anzufangen weiß, ebenso mit den verschiedenen Taschenformen für Kamele, Pferde, Esel sowie mit solchen für den Zeltgebrauch etwas vertraut ist. Kommt er bei einem Teppich gar nicht mit einer

Teke

Teke-Zwischen-(Sekundär-)Gül

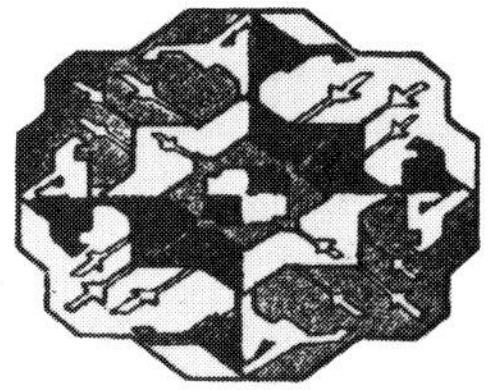

Teke

Jomud, Dyrnak-(Vogelkrallen-)Gül

Jomud, Kepse-Gül

Jomud, Dyrnak-(Vogelkrallen-)Gül

Jomud (seltener vorkommend)

Jomud, Sekundär-Gül

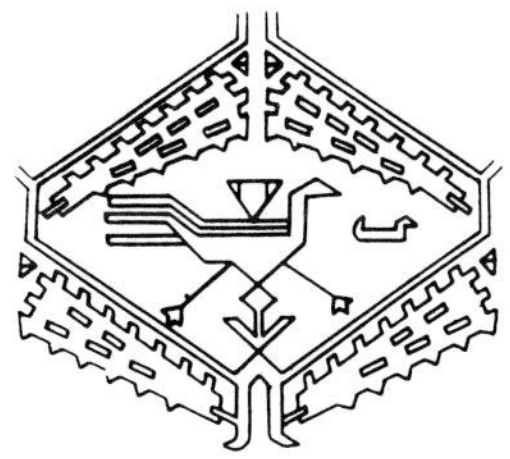

Jomud (seltener vorkommend)

Saloren

Saloren

Ersari (Afghan)

Ersari (Pendeh)

Saryk (Pendeh)

Saryk (Pendeh)

Tauk-Nusko

Ogurdschalen-Gül

(Das Tauk-Nusko-Gül kommt im Kisil-Ajak, bei den Ersari und bei den Tschaudoren vor, fallweise quadratisch.) Weitere Gül-Formen: Seite 93: Beschir und Kirgisen; Seite 104: Buchara-, Afghan-, Pendeh- und ostturkestanische Güls. Siehe auch die Bilder turkmenischer Teppiche auf den Seiten: 130, 131, 132, 153, 159, 161, 162, 166, 220, 221, 222, 245, 286, 287, 304, 341, 342, 358, 359, 360, 392, 393, 500, 501, 502, 505.

Feststellung der genauen Herkunft zu Rande (wenn z. B. das Stück Merkmale diverser Stämme zeigt), so genügt es zu wissen, daß man einen »Turkmenenteppich« vor sich hat. Nur wer richtig »Teppichsammler« werden will, kann sich langsam in das Thema hineinarbeiten und wird dann vielleicht auch einen Arabatschi oder Abdal oder Igdir, Imreli usw. finden und erwerben können.

Übrigens sind die turkmenischen Teppiche überwiegend mit dem Senneh-Knoten (persischer Knoten) gearbeitet, nur bei den Jomuden, Saryken und Beschir findet man häufiger Stücke, die den türkischen Knoten haben. Auch kommt es bei Turkmenenteppichen, besonders beim Teke, oft vor, daß die letzten Kettfadenpaare rechts und links, also die Seitenkanten, mit dem türkischen Knoten geknüpft werden. Es geschieht dies, um dem Teppichgefüge besseren Halt zu geben. Die Teke und auch die Saloren umwickeln die Seitenkanten fast immer mit dunkelblauer Wolle, die Saryken dagegen wechseln die Umwicklung mit Blau und Rot ab.

In den sowjetischen Knüpfergebieten sind die Ausdrücke »persischer« oder »türkischer« Knoten weithin unbekannt. Der türkische (oder Gördes-)Knoten wird »doppelter« Knoten genannt, den persischen (oder Senneh-)Knoten nennt man den »anderthalbfachen« Knoten.

Von den aus Zentralasien in früherer Zeit freiwillig oder unfreiwillig abgewanderten Turkstämmen sind die Ghaschghais (verschieden geschrieben wie Kaschkai, Qaschgai, Kaschehgahis uw.), die heute in Fars (Zentralpunkt ist Schiraz) leben, ein besonders interessanter Turk-Stamm. Sie zählen nicht nur zu den geschicktesten Teppichknüpfern der Provinz Fars, sondern sie sind auch der fortschrittlichste und wohlhabendste Nomadenstamm. Wann sie nach Fars kamen, steht nicht unbedingt sicher fest. Man nimmt jedoch an, sie seien unter Dschingis-Khan dorthin abgedrängt worden. Manche Forscher sehen in ihnen Nachfahren der Seldschuken. Erster über die Grenzen Persiens hinaus bekanntgewordener Hauptkhan der Ghaschghais war Kerim Chan Zand († 1779). Im 19. Jahrhundert spielten die Ghaschghais in Fars eine gewichtige politische Rolle. Im Ersten Weltkrieg waren sie Verbündete der Deutschen, wurden aber von indischen Truppen, die unter dem Befehl von Sir Percy Sykes standen, geschlagen. Die Versuche Reza Schahs (sen.), die Ghaschghais seßhaft zu machen, sind nur teilweise gelungen, sie sind nach wie vor hauptsächlich Ganz- und Halbnomaden. Ihr Wandergebiet reicht von den Weiden an den Küsten des Persischen Golfes bis an die Zagrosberge. Die Wanderzüge eines Jahres gehen oft über 500 km, ja bis zu 800 km Weite. Man wechselt von den Winter- in die Sommerlager nach bestimmten Regeln, es kommt auch vor, daß man auf der Wanderung im Frühjahr irgendwo im herrenlosen Land ein Feld bestellt und Getreide aussät, beim herbstlichen Rückmarsch aber die Ernte einbringt und mit ins Winterlager nimmt.

Viele Ghaschghais sind vermögend, in nicht wenigen Zelten findet man Radios und Fernseher. Autos (und zwar oft neueste Typen) haben zwar die Pferde und Kamele noch nicht verdrängt, aber sie sind in reichlicher Anzahl vorhanden. Außerdem: Europa ist nicht mehr »unerreichbar fern«, Söhne und Töchter der Stammeshäuptlinge und sonstiger wohlhabender Ghaschghais studieren in England, in der Schweiz oder in Deutschland – es gibt Frauen der Stammeshäuptlinge, die in der Schweiz oder in Südfrankreich ein Schlößchen besitzen und dort alljährlich (Flugreise!) ein paar Monate verbringen und westliche Kultur (oder was man so nennt!) genießen. Aber immer wieder kehren sie in das Nomadenleben und in die Heimat zurück. Wie jeder große Turk-Stamm so haben auch die Ghaschghais viele Unterstämme. Von diesen widmen sich in erster Linie die folgenden der Teppichherstellung: Daraschuri, Qaschquil (auch Bulli genannt), Schisch-Buluki, Farsi-Madan, Galleh-zan, Rahimi, Iqdar, Safi-Khani, Bozurg und einige andere. An der gesamten Teppichaufbringung der Provinz Fars sind die Ghaschghais mit etwa 12 bis 15 Prozent beteiligt, das Gros der Teppiche von Fars kommt aus dem Chamseh-Gebiet und aus den iranischen Dörfern der Provinz, also nicht von den Ghaschghais.

ETWAS ÜBER »TÜRKENTEPPICHE«

Der schon auf Seite 447 erwähnte türkische Reisende Evliya Çelebi, der als Begleiter des türkischen Gesandten 1665 nach Wien gekommen war, berichtet in seinen Erinnerungen über einen Besuch im Stephansdom (übersetzt von R. Kreutel): »Teppiche hingegen gibt es in dieser Kirche nicht.« Von der Fülle der zu St. Stephan gesehenen gold- und edelsteinbesetzten Kunstwerke war er so tief beeindruckt, daß er meinte, »man könne bei ihrem Anblick den Verstand verlieren«. (Çelebi lies »Tschelebi«.)

Hingegen berichtet er über die Audienz beim Kaiser, die am 18. Juni 1665 stattfand, daß dieser vom Sultan viele Geschenke bekam, darunter »acht Wagen, auf denen acht mit

Goldfäden und bunter Seide durchwirkte Teppiche für den Thronsaal lagen«. Zu diesen Hauptgeschenken des Sultans gehörten auch zwanzig Gebetteppiche und fünf Perserteppiche. Leider geht aus dem Bericht nichts Näheres über deren Art und Aussehen hervor. Evliya Çelebi berichtet dann, daß die Geschenke beim Kaiser, bei dessen Mutter und beim Gefolge große Bewunderung auslösten, und fährt fort: »Darauf wurden die goldgewirkten und seidengestickten Teppiche dem Kaiser vorgewiesen und unverzüglich an den Wänden des Thronsaales ausgespannt.« Dieser türkische Chronist sagt dann: »In den Räumen der Burg findet man nirgendwo Sitzpölster oder Ruhelager aus Teppichen; jedoch stehen allenthalben viele hundert Arten von prachtvollen, mit Diamanten und Edelsteinen verzierte Stühle.«
Auch einen unliebsamen Zwischenfall gab es damals: Der türkische Botschafter war im Gasthof »Zum Gulden Lämbel« (Zum goldenen Lamm) untergebracht. Sein schon vorher eingetroffenes Personal hatte die Räume mit türkischen Teppichen belegt. Als der Botschafter in Wien einzog, wurde er vom kaiserlichen Obrist-Hofmarschall, dem Grafen Wilhelm von Starhemberg, in das Quartier geleitet. Dort ergab sich ein Gespräch, während dem Starhemberg nach damaliger Sitte immer wieder ausspuckte (das »gehörte« zur Gesprächsführung, man sah es als »gesund« an, und es war allgemein üblich). Dabei spuckte er natürlich auf die Teppiche, was den Ekel und die Abscheu des Paschas und seines Gefolges so sehr wachrief, daß sie dies offen zeigten. Der Dolmetscher machte schließlich Starhemberg auf den Verstoß aufmerksam, worauf dieser seine den Türken (und auch uns Heutigen) unverständliche Tätigkeit kopfschüttelnd einstellte.
Vielleicht haben Evliya Çelebis Berichte über die in Wien vorhandenen Schätze in den Türken das Verlangen verstärkt, 1683 Wien zu belagern, um reiche Beute zu machen. Das Unternehmen endete bekanntlich so, daß die besiegten und regellos flüchtenden Türken (siehe Seite 33) das gesamte, riesige Lager zurücklassen mußten. Den Siegern fiel unermeßliche Beute in die Hände, darunter etwa 15 000 Zelte, in denen sich unzählige Teppiche befanden. Das heißt aber nicht, daß man in Wien erst *nach* der Befreiung der Stadt solche »türkische Teppiche« kennenlernte. Sie waren mit Sicherheit schon vorher in weiten Kreisen bekannt und gebräuchlich, denn in der von der Regierung mit 28. September 1671 erlassenen »definitiven Polizeyordnung« (sie galt für ganz Österreich) wurden Kleidung, Mahlzeitzusammen-

Ghaschgha'i-Schiraz (siehe auch Seiten 195 und 309)

stellung, Schmuck und Hausrat in Klassen eingeteilt, bzw. es wurde (um der eingetretenen Großmannssucht entgegenzuwirken) gesagt, was und wieviel jedermann je nach seinem Stande von vorgenannten Dingen haben, tragen und zeigen durfte.
Und schon für die Leute »zweiter Klasse«, also für den Bürgerstand, hieß es, daß ihnen erlaubt sei: »... ihre Wohnungen auszuschmücken mit gewöhnlichen türkischen Teppichen und dergleichen, mit seidenen Decken, taffetenen Bettvorhängen ...« Das war also noch zu einer Zeit, da man vielfach Stroh, Binsen, Heu, Schilf usw. (siehe Seite 12) als Bodenbelag verwendete. Schlosser (siehe Literaturverzeichnis) berichtet, man habe in adeligen Häusern Englands genug Rechnungen gefunden, die Aufschluß geben, welch bedeutende Beträge für »rushes«, »bents« und »bracken« (Binsen, Heu, Farnkraut) ausgegeben wurden, die als Bodenbelag zu dienen hatten.
Unzweifelhaft ist, daß 1683 vor Wien von den christlichen Armeen auch viele Teppiche erbeutet wurden, obgleich sich just über solche Beute in den zeitgenössischen Berichten nur spärliche Angaben finden. Die kaiserlichen Truppen (man nannte sie damals allgemein »deutsche« Truppen, obgleich auch die slawischen Völker des Kaisers mitkämpften) hatten strengsten Befehl, erst nach gegebener Erlaubnis Beute zu machen. Diese Erlaubnis wurde erst gewährt, als man völlig sicher war, das Türkenheer befinde sich auf regelloser Flucht. Die Truppen des Kaisers hielten sich derart strikte an diesen Befehl, daß es der Polenkönig Johann Sobieski noch am gleichen Tag für wichtig hielt, in einem Brief an seine Frau, worin er ihr vom Sieg berichtet, ausdrücklich anzuführen: »Die Deutschen haben fast nichts an Beute bekommen.«
Sobieski hatte seinen polnischen Truppen nämlich einen ähnlichen Befehl gegeben, aber diese hielten sich bei weitem nicht so streng daran wie die Kaiserlichen, obgleich auch sie bei Zuwiderhandlung mit der Todesstrafe bedroht waren. Im vorerwähnten Brief schrieb Sobieski an seine Frau auch noch: »Im Augenblick, wo man sie sich [die Türken] verlieren sah, ließ ich Todesstrafe verkünden für jeden Reiter, der vom Pferd steigt, für jeden Soldaten, der aus Reih und Glied treten würde. Darüber brach die Nacht herein. Dann aber zündeten die Soldaten die türkischen Fackeln an und fingen bei deren Schein an zu suchen und zu plündern.«
Nun, obgleich die polnischen Soldaten ungemein viel erbeuteten, blieb ihrem König noch der Hauptteil, mit dem er hochzufrieden sein konnte. Im vorerwähnten Brief sagt er noch: »Ich habe mich zu des Großwesirs Erben eingesetzt, denn der größte Teil seiner Reichtümer ist in meine Hände gefallen.«
Der Wert jener Beute, die dem Polenkönig zufiel, wurde damals mit mehr als sechs Millionen Taler angegeben. Spätere Berichte sagen, Sobieski habe viele herrliche Teppiche nach Hause gebracht; einer von ihnen sei der Kirche Sankt Johann in Studziana geschenkt worden, ihrer drei habe der König dem Domkapitel zu Frauenburg verehrt. Und auch von anderen Kirchen des damaligen polnischen Machtbereiches geht die Mär, dieser oder jener Teppich sei ein Geschenk Sobieskis aus der Türkenbeute gewesen. Beweisen ließ sich bisher nichts.
Mit etwas Wahrscheinlichkeit kann man annehmen, daß ein im Landesmuseum Karlsruhe aufbewahrter seidener Wirkteppich aus der Türkenbeute stammt (vielleicht aber aus einer späteren Schlacht gegen die Türken?), und vielleicht ist auch ein Teppich, der sich in königlich-sächsischem Besitz befand, aber 1931 vom Metropolitan-Museum New York erworben wurde, aus dieser Wiener Beute gekommen. (Die Sachsen, kommandiert von Kurfürst Johann Georg von Sachsen, waren mit nicht weniger als 11 000 Mann an der Entsatzschlacht beteiligt.)
Ein im Besitz des Fürsten Sangusko gewesener Tierteppich (heute im Metropolitan-Museum New York), vermutlich um 1600 in Kaschan hergestellt, kann möglicherweise ebenfalls aus der Beute stammen. Auf dem Dachboden des Schlosses in Dessau fand man vor Jahren einen schönen, auch etwa aus dem Jahre 1600 stammenden nordwestpersischen Teppich, der nun ebenfalls in dem vorerwähnten Museum ist. Man sagt, dieser Teppich stamme aus der Türkenbeute. Aber das kann, so es überhaupt stimmt, nicht unmittelbar der Fall gewesen sein, denn Fürst Johann Georg von Anhalt hatte an den Kämpfen niemals teilgenommen, sondern er befand sich damals am Hofe zu Berlin. Durchaus kaiserlich gesinnt, oblag ihm die äußerst schwierige Aufgabe, die kurbrandenburgische Neigung, dem Kaiser in den Rücken zu fallen, nicht zur Tat werden zu lassen. Das gelang ihm auch, wenngleich erst nach unsäglich vieler Mühe, dank seines diplomatischen Geschickes. Er erwies dadurch dem Kaiser unerhört wichtige Dienste. Es mag sein, daß ihn dann der Kaiser aus dem eigenen Anteil an der Türkenbeute beschenkte und daß sich unter den Geschenken auch dieser Teppich befand.

Alle diese Teppiche (und auch jener, von dem gleich die Rede sein wird) sind persischer Herkunft. Schätzten die türkischen Würdenträger, denen man sie abgenommen hatte, die (damals an sich vortrefflichen) Erzeugnisse ihrer türkischen Heimat so wenig, daß sie persische Ware bevorzugten? Galt, wie vielfach heute, auch damals das Fremde mehr als das aus dem eigenen Bereich Kommende?
Ein einziger Teppich ist bekannt, bei dem man mit einiger Wahrscheinlichkeit annehmen, aber nicht mit Sicherheit behaupten kann, er stamme aus der Türkenbeute. Es ist ein sogenannter Polen-Teppich (Schah-Abbas-Teppich), der sich in der Sammlung W. H. Moore befindet. Auf der Rückseite dieses Teppichs liest man die Aufschrift »A. D. Wilkonski XII septembris 1683 z pod Wiednica«.
Wir wissen weder, wer Wilkonski (schon der Schreibweise wegen – mangelndes »y« – ist der Name unsicher) war, noch zu welcher Zeit der Vermerk angebracht wurde. Ich nahm mir die Mühe und überprüfte die Liste der Unterfeldherren und der höheren Offiziere, die an der Entsatzschlacht teilgenommen hatten. Ich fand viele Namen mit der Endung »sky«, keinen aber mit der Endung »ski«, ich fand auch keinen Wilkonski, wohl aber einen General der Artillerie Martinus Konsky. Es kann der Vermerk auf dem Teppich, daß er am 12. September 1683 vor Wiednica = Wien »erworben« wurde, immerhin richtig sein.
Von einem in der Teppichliteratur noch nicht bekannten Teppich steht dagegen mit ziemlicher Sicherheit fest, daß er aus der Türkenbeute von 1683 stammt. Dieser Teppich wurde von König Sobieski dem Kaiser abgetreten, der Kaiser wieder sandte ihn samt anderen wertvollen Beutestükken als Geschenk an den Papst. Der Heilige Vater wieder schenkte den Teppich einer italienischen Kirche, die zu den in Italien seßhaften Österreichern besondere Beziehungen unterhielt. Der Teppich befindet sich auch heute noch im Besitz dieser Kirche. Als er vor einigen Jahren im Rahmen einer Kunstausstellung der Öffentlichkeit gezeigt werden sollte, wurde er von den Ausstellern mit 100 Millionen Lire gegen Schäden aller Art versichert.
Ich habe alles versucht, um von diesem Teppich und von den mit der Schenkung in Zusammenhang stehenden Urkunden Fotos zu erhalten. Aber der verantwortliche Verwalter des Kirchenschatzes, Monsignore X, befürchtet ein Eingreifen des Vatikans mit unliebsamen Folgen. Denn der Heilige Vater hat, wie bekannt ist, die von den Venezianern in der Seeschlacht bei Lepanto (7. Oktober 1571) den Türken abge-

Schirwan, Typ »Perepedil«, Kaukasus, 20. Jahrhundert

nommenen Banner, Roßschweife und sonstigen Beutestücke an die Türkei zurückgegeben. Monsignore X befürchtet, dem Vatikan könne einfallen, auch den vorerwähnten Teppich den Türken zurückzugeben.
Mit meinem Einwand, daß es sich bei diesem Teppich um keine Schlachttrophäe im eigentlichen Sinne handelt, sondern um ein beim schnellen Rückzug freiwillig zurückgelassenes Objekt, bin ich bis jetzt noch nicht durchgedrungen. Man sagte mir nur: »Wir wollen abwarten! Wenn es angeht, dann bekommen Sie bestimmt die Fotos!« Solange das nicht der Fall ist, kann ich auch nichts Genaueres über diesen interessanten Teppich berichten, und es ist mir auch verwehrt zu sagen, in welchem Kirchenschatz er sich befindet.

VON DEN »GRÖSSTEN« TEPPICHEN

Wenn man auf Seite 30 über den Teppich »Frühling des Chosrau« gelesen hat, daß dieser (der Überlieferung nach) eine Fläche von 1150 m² bedeckte, dann fragt man sich, ob auch im Mittelalter oder ob heutzutage solche Teppichgrößen hergestellt wurden bzw. noch hergestellt werden. In einem schließt sich die Frage an, ob es einen ausgesprochen »größten Teppich der Welt« gibt, wer ihn hergestellt hat und wo er sich befindet. Nun, soweit der Autor informiert ist, liegt der derzeit größte Teppich der Welt in der Haupteingangshalle des Los-Angeles-Music-Centers. Er ist 1161 m² groß, wiegt über 5500 Kilogramm und wurde in der Tai-Ping-Teppichfabrik (Hongkong) in 12 Teilen geschaffen. Chinesische Fachleute reisten mit nach Los Angeles, um dort an Ort und Stelle die Teppichteile wieder kunstgerecht miteinander zu verbinden. Mit einem »Orientteppich« im Sinne des Wortes haben wir es hier jedoch nicht zu tun. Aus der vorgenannten Fabrik waren schon mehrmals Teppiche in erheblichen Übermaßen geliefert worden, so einer in 340 m² Größe für den Königspalast in Bangkok und andere, etwas kleiner, für den Kaiser von Äthiopien und für den Sultan von Brunai usw.
Auf Seite 360 erwähnten wir den 252 m² großen handgeknüpften Orientteppich, der im Großen Theater von Moskau hängt. Er wurde in Turkmenien geknüpft und soll jetzt der größte *Orient*teppich der Welt sein.
Vor fast 40 Jahren – 1938 – war Deutschland der Auftraggeber für die damals größten orientalischen Knüpfteppiche. Die Aufträge sind in Persien wohl mit ungemeiner Freude aufgenommen worden, und man begann auch mit der Anfertigung der sehr fein geknüpften Stücke, von denen zwei je 200 m² groß werden sollten. Alle diese übergroßen Teppiche (es handelte sich um ca. 20 Stück) waren für die Ausschmückung von Adolf Hitlers Berliner Reichskanzlei bestimmt, z. T. auch für seinen Berchtesgadener »Berghof«. Um die Kette solch übergroßer und schwergewichtiger Teppiche aufbäumen zu können, mußten aus Deutschland eigens konstruierte Stahlträger nach Täbriz gebracht werden, wie auch eigene Werkshallen zu erbauen waren. Natürlich wurde nur ausgesuchtes Knüpfpersonal mit der ungemein schwierigen Arbeit betraut, und auch die verwendeten Materialien, vor allem die Florwolle, waren von bester Qualität – es sollten qualitativ so hochstehende Teppiche hergestellt werden, daß sie an die besten Hofmanufakturteppiche des 16. Jahrhunderts heranreichen konnten. Deutschland machte große Vorauszahlungen, und in Täbriz knüpfte man alsbald eifrig und ohne Unterlaß an diesen entstehenden Kostbarkeiten. Man setzte die Arbeit auch fort, als der Zweite Weltkrieg ausbrach, und knüpfte noch 1942 an diesen Teppichen, als schon die russischen Truppen in Nordpersien einrückten und sich auch in Täbriz seßhaft machten. Dann war mit dem Knüpfen Schluß – einige der halbfertigen Teppiche wurden von den Soldaten aus den Knüpfstühlen genommen und in Stücke geschnitten, mit denen man russische Offiziersunterkünfte auslegte.
Nach dem Krieg gingen die zwar schon bezahlten, aber »herrenlos« gewordenen Teppiche durch verschiedene Hände, sie kamen schließlich in die Schweiz, wo man sie auf Glanz wusch, sie wurden auch einmal (1962) in Köln öffentlich gezeigt und befinden sich nun vermutlich in Streubesitz. Deutschland hatte es nicht erlebt, die (damals) größten Orientteppiche sein eigen nennen zu können. (Über diese »Hitler-Teppiche« wurde in vielen Zeitschriften berichtet, am klarsten und zuverlässigsten in der »Heimtex«, Herford, und zwar in den Nummern 2 und 9 aus 1972.)
Es ist überhaupt interessant zu sehen, daß europäische Maschinenteppiche im Nahen und Fernen Osten zunehmend gut aufgenommen werden. Erfreuten sich schon die Sultane, Kalifen und Scheichs des Mittelalters an europäischen handgearbeiteten Gobelins (sie ließen sich solche gern von den Fürsten Europas schenken und kauften auch um große Summen Gobelins an), so dringt der europäische maschinengewebte Teppich der Gegenwart immer mehr in den Orient ein. Wir erwähnten schon auf Seite 190, daß Ungarn viele maschinengewebte Gebetteppiche in den Orient aus-

führt, desgleichen gehen etwa 25 Prozent der gesamten tschechoslowakischen Teppichexporte in den Nahen Osten, aber auch die DDR, Belgien, Österreich usw. versorgen den Orient mit maschinengewebten Teppichen.

ORIENTTEPPICHE WERDEN TEURER!

Wenn wir auf Seite 20 sagten: »Löhne und Preise steigen mit zunehmender Erschließung auch im Orient, es wird bald keine Knüpferin mehr ›für eine Handvoll Reis arbeiten‹, der Orientteppich wird teuer, sehr teuer werden« – so ist dies schon jetzt spürbar eingetreten: Sowohl in der Türkei als auch in Iran haben sich die sozialen Verhältnisse und Einrichtungen für alle Schichten der Bevölkerung verbessert, der Ausbeutung der Arbeitskräfte werden immer mehr wirksame Riegel vorgeschoben. Arbeitszeitregelungen zwingender Natur, Kollektivverträge, Mindestlohnsätze usw. wirken sich für die Knüpfer und Knüpferinnen vorteilhaft aus, aber sie steigern natürlich den Preis des Erzeugnisses. In der Türkei wurde in jüngster Zeit für die Bazare und Geschäfte gesetzlich die sichtbar angebrachte Preisauszeichnung vorgeschrieben. Unter dem angeschriebenen Preis darf nicht verkauft werden, wenn es dennoch geschehen sollte, drohen dem Verkäufer empfindliche Strafen (aber: Allah ist groß, und der Preispolizist ist nicht immer nahe – und sollte er zufällig nahe sein, dann wird er ein Auge zudrücken und manchen Verstoß übersehen!).

In Iran (Persien) vollzieht sich eine Modernisierung sondergleichen, ein Fortschritt ist sichtbar, der geradezu überrascht – das iranische Volk beginnt an sich und an seine Fähigkeiten zu glauben, es findet zu einer verblüffenden Selbständigkeit der geistigen Haltung, der Westen und die USA werden nicht mehr unbedingt und kritiklos nachgeahmt –, der Horizont weitet sich, die Eigeninitiative wird wach. Die zunehmende Industrialisierung (vornehmlich in Rohölgebieten) zieht die Knüpfer und Knüpferinnen in ihren Bann, dort ist bei kürzerer Arbeitszeit mehr zu verdienen, und »man kann sich mehr leisten«, als man jemals zuvor geahnt hat.

Um der Abwanderung in die Industrie entgegenzuwirken, mußten die Manufakturen die Löhne wesentlich erhöhen, sie mußten die Arbeitsräume (die oft jeder Beschreibung spotteten, siehe z. B. die Bilder auf den Seiten 53, 55, 56, 58, 59, 61 und 63) freundlicher und vor allem lichter gestalten, und sie mußten auch sonstige Zugeständnisse machen.

Der zunehmende Wohlstand Persiens führte auch dazu, daß sich der städtische Perser selber mehr und bessere Teppiche zulegt. Auch gesellen sich zu den europäischen Einkäufern und zu jenen aus den USA (die Vereinigten Staaten von Nordamerika gehen jetzt daran, den Orientteppich richtig »zu entdecken«) Einkäufer aus Australien, aus Südafrika und sogar aus Japan. Selbst Italien tritt mehr als bisher als Käufer persischer Teppiche auf – es ist ein Fortschritt und ein Auftrieb ohnegleichen, freilich auch ein Preisauftrieb, die »goldenen Einkaufsmöglichkeiten« schwinden dahin, zumal ein Gesetz erlassen wurde, daß Kinder unter zwölf Jahren nicht mehr als Knüpfkräfte verwendet werden dürfen, sondern die Schulen zu besuchen haben. Wohl wird man, vor allem in entlegenen Dörfern, versuchen, dieses Gesetz zu umgehen, man wird Ausreden noch und noch haben, um die geübten und flinken Kinderhände doch einige Zeit hindurch an den Knüpfstühlen arbeiten zu lassen – aber der Anfang zu Neuem ist gemacht, ein Volk wacht auf, und es wird in seiner wirtschaftlichen und sozialen Entwicklung vielleicht schneller sein, als man gemeinhin glaubt. Und damit werden auch die Preise für Orientteppiche steigen und steigen!

ZUSAMMENFASSUNG

Nun müssen wir daran denken, das Buch abzuschließen, wobei ohne zu zögern festgestellt sei, daß ungeachtet der Fülle des Dargebotenen das Orientteppich-Thema nicht ausgeschöpft wurde. Ein solches »Ausschöpfen« des Themas könnte selbst durch etliche Bände vom Umfang dieses Buches nicht »restlos« erfolgen, denn das Thema ist an und für sich schon unerschöpflich, wozu sich noch gesellt, daß Jahr um Jahr viel an Neuem zuwächst. Zu groß ist auch der Raum (es sind Millionen Quadratkilometer), zu vielfältig sind die Gegebenheiten und Möglichkeiten, ungemein vielfältig sind auch die Völkerschaften, Stämme, Boden- und Lebensverhältnisse, Gewohnheiten, Besonderheiten und Unterschiede – und alles, was da noch mitbestimmend wirkt. Aber es wurde gewissenhaft versucht, aus der Überfülle des vorhandenen Materials so viel und in solch zusammenfassender und ineinanderfließender Darlegung dem Leser vorzulegen, daß sich dieser nach dem Studium des Buches in der Lage sieht, Orientteppiche in bezug auf Herkunftsgebiet, Güte, Alter und Preiswürdigkeit mit zunehmender Sicherheit zu beurteilen.

Teke (»Buchara«), vor 1880, vermutlich (als Unikat) für ein Stammesoberhaupt geknüpft. Großes Besitzzeichen links unten in der Bordüre. Rarität. (Detailbild Seite 97.)

EIN WORT ZUM SCHLUSS

»Das große Orientteppichbuch« möchte den Freunden von Orientteppichen diese liebenswerten kunsthandwerklichen Erzeugnisse aus dem Morgenlande möglichst vertraut machen. Wir – meine Mitarbeiter und ich – haben uns sehr bemüht, an unsere Leser vielfältiges Material heranzubringen. Meine eigenen, in Jahrzehnten erworbenen Kenntnisse auf dem Gebiete des Teppichs und den damit in Zusammenhang stehenden geschichtlichen, wirtschaftlichen, kulturellen, sozialen und nebenfachlichen Beziehungen konnte ich durch das Studium der Werke berufener Forscher, durch Abwägen von Behauptung gegen Behauptung sowie durch Beratung und Besprechung mit anerkannten Experten noch erweitern. Ich glaube, im Verein mit meinen Mitarbeitern, auch manche bisher ungeklärte Umstände aufgehellt und neue Elemente zur weiteren Diskussion beigetragen zu haben.

Der Zauber des Orientteppichs hat sich durch Kommerzialisierung, die – wie überall – auch auf dem Gebiete des handgearbeiteten Teppichs zwangsläufig eintrat und sich gigantisch verstärkte, zwar in weiten Bereichen und Belangen entzaubert: dominierten vordem der naive Ausdruckswille, das Individuelle und das Künstlerische, so steht jetzt das Wirtschaftliche an diesem Kunsthandwerk weitaus im Vordergrunde. Aber ich konnte auch darlegen, daß noch immer viele freundliche Wirkungen vom schönen und gut gewählten Orientteppich auf uns ausstrahlen, daß dieser Teppich – trotz aller Einbußen – doch noch »ein Stück wohlgeratenes Märchen« ist und daß er, neben seinem realen Wert, auch um seiner inneren Eigenschaften willen nach wie vor geschätzt bleiben wird. Wir mögen ihn nicht missen, er gehört zu uns und zu unserem Heim.

Das Buch zeigt vor allem Bilder guter, charakteristischer, interessanter wie auch hochwertiger Orientteppiche aus älterer und aus neuerer Zeit. Diese Bilder wurden aus einem großen Vorrat mit Bedacht so gewählt, denn der bessere Teppich seiner Art gibt Überblick, Maß und Vergleichsmöglichkeit, inwieweit ein weniger kostbares Exemplar der gleichen Herkunft nun eingestuft werden kann. Es erübrigte sich also im wesentlichen, Durchschnittsexemplare abzubilden.

Die vorliegende sechste Auflage bringt außer verschiedenen Erweiterungen auch wesentliche Angaben über Teppiche aus China, Tibet, Indien, Pakistan und aus den Nordafrika-Staaten.

Der weitaus überwiegende Teil der Bilder dieses Buches wurde bisher noch nirgends veröffentlicht – ein Umstand, den besonders jene Orientteppichfreunde schätzen werden, die schon Teppichliteratur besitzen.

Als Autor dieses Buches möchte ich hier noch einer lieben Pflicht nachkommen: allen Persönlichkeiten zu danken, die mir mit Rat, Auskunft und Hilfe zur Seite standen. So gilt dieser Dank Herrn kaiserlichen Legationsrat M. Poursartip (Iran), dann der Iranian Carpet Co. Ltd. in Teheran, insbesondere aber dem Pressereferenten der Kaiserlich Iranischen Botschaft in Wien, Herrn Kurosch Balutsch-Khosravi, der die Liebenswürdigkeit hat, mich ständig über Wissenswertes zu informieren; Herrn Handelsrat Abdulhalik Indere (Türkei); Herrn Kamil Su, Ankara; Herrn M. Bilen, Ankara; Frau H. Korolewa, wissenschaftliche Sekretärin des Forschungsinstitutes für die Kunstindustrie, Moskau; Herrn Professor Dr. h. c. Ljativ Kerimov, Baku; Herrn M. Ladur, Chefredakteur der Zeitschrift »Die dekorative Kunst in der UdSSR«, Moskau; ebenso der Direktion des Museums Eremitage in Leningrad.

Für in bereitwilliger Art gegebene Hinweise danke ich dem im Orientteppichgebiet vielbereisten Herrn Direktor Emil

Kauders, Wien, und Herrn Zabihollah Aschari, Teheran–Linz. Herrn Direktor Julius Pfeifer, Wien, danke ich für die Angaben und Bilder über die Banyai-Knüpfmaschine, der Firma Emil Rösner, Stuttgart–Wien, für die Ausführungen und Bilder im Artikel *Berberteppiche,* und Herrn Waldemar von Elsner, 1. Vorsitzender des Verbandes der Orientteppich-Importeure, Hamburg, für die Informationen über die der Qualitätserhaltung des Perserteppichs gewidmete Arbeit des von ihm geführten Verbandes.

Allen Persönlichkeiten, die in freundlicher Aufgeschlossenheit meine Arbeit durch Bildbeistellung unterstützt haben (siehe *Bildquellenverzeichnis*), danke ich ebenfalls gerne. Hier sind es insbesondere die Herren Heinrich und Horst Engelhardt, Inhaber der Firma Teppich Engelhardt in Mannheim, und Herr Karl Fohringer, Inhaber des Teppichhauses C. Fohringer in Innsbruck, die meiner Arbeit besondere Aufmerksamkeit zuwandten, wie dies auch Herr Gebhard Künz, Inhaber des Teppichhauses Künz in Linz/Donau, und im besonderen die Inhaber des Teppichhauses Adil Besim in Wien taten.

Die mir freundschaftlich verbunden gewesenen Herren Heinrich Engelhardt sen., Mannheim, Karl Fohringer sen., Innsbruck, Dir. Emil Kauders, Wien, und Emil Rösner sind mir im Laufe der Jahre durch den Tod fortgenommen worden, sie bleiben mir unvergeßlich.

Da ich selbst in der zweiten Hälfte des achten Lebensjahrzehntes stehe und nicht mehr große Reisen machen kann, bin ich glücklich, in Herrn Kurt Zipper einen – wie ich hoffe – ständigen Mitarbeiter gefunden zu haben. Der Name Kurt Zipper hat in Kreisen der Teppichkenner und auch in solchen der Teppichwirtschaft guten Klang. Als ernster, bedachtsamer Forscher kennt er weite Teile des Orients aus vielen Reisen, die ihn in Begleitung seiner ebenso teppichkundigen Gattin Lilo auch immer wieder in Gebiete geführt hatten, die abseits vom Touristenstrom lagen. Hilfsbereit stand und steht mir das Ehepaar Zipper freundschaftlich zur Seite, wie dies desgleichen auch der auf einigen Spezialgebieten vielerfahrene kenntnisreiche Herr Fritz Adler, Heidelberg, in selbstloser Weise schon seit Jahren mir angedeihen läßt.

Allen Vorgenannten bin ich zu herzlichem Dank verpflichtet, ebenso aber schulde ich Dank meiner Mitarbeiterin Gishk Bargasla, die aus mehreren Reisen die Verhältnisse in Nepal, Indien, Kaschmir, Pakistan, Kasachstan, Kirgisistan, Tadschikistan, Uzbekistan, Karakalpakien, Turkmenistan, dann Südsibirien (Gebiet Baikalsee) sowie auch die der kaukasischen Sowjetrepubliken kennt. Sie war und ist mir eine echte Hilfe, zumal sie flüssig und gescheit zu formulieren versteht und – so wie die vorgenannten Persönlichkeiten und auch ich es tun – es immer versucht, den oft schwierigen Stoff in leicht lesbare und verständliche Form zu bringen. Wenn wir nun die in gemeinsamen Anstrengungen geschaffene sechste Auflage vorlegen können, so haben wir dies zu nicht geringem Teil auch dem Umstand zu danken, daß wir weniger belehren, sondern unsere Leserschaft weitgehend sachkundig unterhalten wollen. Dies hat sich in teppichinteressierten Kreisen herumgesprochen, und es gewinnt unserem Buche zunehmend Freunde.

Dem Verlag Welsermühl, der sich die Aufgabe gestellt hat, das Buch zu betreuen, und es – ungeachtet der enormen Kosten – in einer Ausstattung herausgibt, die jedermann Freude machen möchte, fühle ich mich besonders verbunden, desgleichen auch dem Repräsentanten dieses Verlagshauses, Herrn Verlagsdirektor Karl Pramendorfer, und dem drucktechnischen Betreuer bzw. Gestalter des Werkes, Herrn Dago Mayr.

Daß durch mein Buch der Orientteppich in seinem vielartigen Wesensgehalt dem Liebhaber dieser kunsthandwerklichen Erzeugnisse noch nähergebracht werde und außerdem: daß dem Teppichfreunde mit Hilfe des Buches manch guter Erwerb gelingen möge, an dem er dann Jahrzehnte hindurch täglich neue Freude hat, ist der aufrichtige Wunsch des Autors.

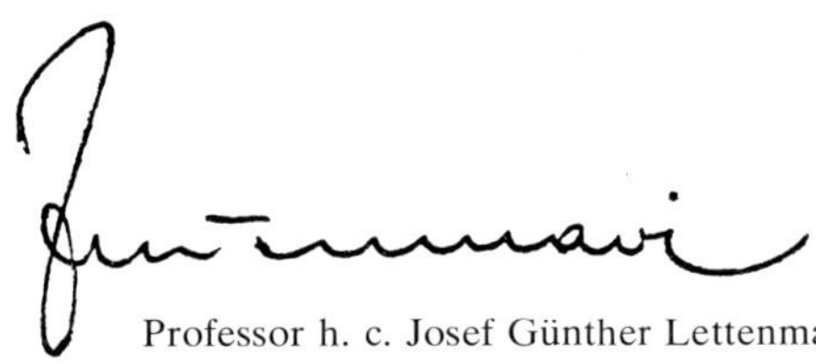

Professor h. c. Josef Günther Lettenmair

LITERATURVERZEICHNIS

Arthur, Leo: Chinesische Teppichvorlagen, 1926, Wien - Leipzig.
–: Der echte Teppich, 1926, Wien - Leipzig.
–: Orientalische Teppichvorlagen, 1925, Wien - Leipzig.
Azadi, Siawosch: Turkmenische Teppiche, 1970, Hamburg.
Baldass, Dr. Ludwig: Die Wiener Gobelinsammlung, o. J., Wien.
Bidder, Dr. Hans: Teppiche aus Ost-Turkestan, 1964, Tübingen.
Bode/Kühnel: Vorderasiatische Knüpfteppiche aus alter Zeit, 1955, Braunschweig.
Brentjes Burchard: Chane – Sultane – Emire, 1974, Koehler und Amelang, Leipzig.
Byzantinische Geschichtsschreiber: Herausgeber Endre v. Ivanka, Bände I–X, Verlag Styria, 1963, Graz.
Campana, Michele: Tappeti d'oriente, 1966, Milano.
Delaporte: Die Völker des antiken Orients, 1933, Freiburg.
Diez, Ernst: Iranische Kunst, 1944, Wien.
Dreczko, Werner: Teppiche des Orients, 1957, Recklinghausen.
Eberl, Ing. Bruno: Im Märchenland der Orientteppiche, 1947, Wien.
–: Mustersammlungen orientalischer Teppiche, 1947, Wien.
Enzyklopädie des Islams, 1913 bis 1926, Leyden - Leipzig.
Erdberg-Consten, Eleanor: Das alte China, 1958, Stuttgart.
Erdmann, Dr. Kurt: Orientalische Teppiche, 1935, Berlin.
–: Der orientalische Knüpfteppich, 1960, Tübingen.
–: Europa und der Orientteppich, 1962, Mainz.
Feddersen, Martin: Chinesisches Kunstgewerbe, 1955, Braunschweig.
Grote/Hasenbalg: Der Orientteppich, seine Geschichte und seine Kultur, 1922, Berlin.
Haack, Hermann: Echte Teppiche, 1958, München.
Häberle, A.: Die deutsche Teppichfabrikation, 1919, Stuttgart - Cöln.
Hackmack, Adolf: Der chinesische Teppich, 1926, Hamburg.
Heigl, Ferdinand: Die Religion und Kultur Chinas, 1900, Berlin.
»Heimtex«, Fachzeitschrift, Herford.
Heinz, Dr. Dora: Der Linzer Teppich, 1955, Wien.
–: Alte Orientteppiche, 1956, Darmstadt.
Henning, Hans (v. d. Osten): Die Welt der Perser, 1956, Stuttgart.
Heren/Fitzgerald und andere: China bis heute, 1973, DuMont, Köln.
Hofrichter, Zdenko: Armenische Teppiche, 1937, Wien.
Hosain, Ali: Orientteppich-Brevier, 1956, Braunschweig.
Iwanow, H. C.: Kunstgewerbe in Dagestan, 1959, Moskau.
Jacoby, Heinrich: ABC des echten Teppichs, 1950, Tübingen.
–: Eine Sammlung orientalischer Teppiche, 1923, Berlin.
Jean, Herbert: Asien, Denken und Lebensform der östlichen Welt, 1959, München.
Jeremias, Alfred: Das Alte Testament im Lichte des Alten Orients, 1906, Leipzig.
–: Handbuch der altorientalischen Geisteskültur, 1913, Leipzig.
Kanitz, F.: Leitfaden der Ornamentik, 1913, Leipzig.
Karabacek, Josef: Die persische Nadelmalerei Susandschird, 1881, Leipzig.
Kirfel, Willibald: Symbolik des Buddhismus, 1959, Stuttgart.
Klengel, Horst: Zwischen Zelt und Palast, 1974, Koehler und Amelang, Leipzig.
Koenig, Otto: Kultur und Verhaltensforschung, 1970, dtv, München.
–: Das Paradies vor unserer Tür, 1971, Wien.
–: Urmotiv Auge, 1975, Piper, München.
Köster, Hermann: Symbolik des Chinesischen Universums, 1958, Stuttgart.
Kramer, S. N.: Mesopotamien, 1971, Rowohlt, Reinbek b. Hamburg.
Lessing, J.: Orientalische Teppiche, 1891, Berlin.
Mensching, Gustav: Leben und Legenden der Religionsstifter, 1962, Goldmann-Verlag, München.
Merkel, Rudolf Franz: Die Mystik im Kulturleben der Völker, 1940, Hamburg.
Messerschmidt, Dr. Ernst: Iran, 1953, Bielefeld.
Meyer-Pünter, Carl: Der Orientteppich, 1917, Zürich.
–: Meisterwerke altpersischer Teppichknüpferei, 1921, Zürich.
Milhofer, S. A.: Das goldene Buch des Orientteppichs, 1962, Hannover.
–: Die Teppiche Zentralasiens, 1968, Hannover.
Moschkowa, V. G., und A. S. Morosowa: Die Teppiche der Völker Mittelasiens, 1970, Verlag FAN, Taschkent (Originalband); deutsche Übersetzung: Bernt Rullkötter, Hamburg.
Neugebauer/Orendi: Handbuch der orientalischen Teppichkunde, 1923, Leipzig.
Neugebauer/Troll: Handbuch der orientalischen Teppichkunde, 1930, Leipzig.
Oettinger, R. v.: Meisterstücke orientalischer Knüpfkunst, 1914, Berlin.
Orendi, Julius: Das Gesamtwissen über antike und neue Teppiche des Orients, 1930, Wien.
Oriens extremus, 1954, Hamburg.
Osmanische Geschichtsschreiber: Herausgeber Richard F. Kreutel, Bände I–IV, Verlag Styria, 1963, Graz.
Paret, Rudi: Symbolik des Islam, 1958, Stuttgart.
Riegl, Alois: Altorientalische Teppiche, 1891, Leipzig.
–: Stilfragen, 1893, Berlin.
Rizzitano, Umberto: Mohammed, 1974, Somogy, Paris.
Ropers, H.: Morgenländische Teppiche, 1958, Braunschweig.
Sarre/Martin: Meisterwerke muhammedanischer Kunst, 1912, München.
Sarre/Trenkwald: Altorientalische Teppiche, 1926/29, Leipzig - Wien.
Schaeder, Hans Heinrich: Der Orient in deutscher Forschung, 1944, Leipzig.
Schaefer, Heinrich: Die Kunst des alten Orients, 1942, Berlin.
Schafer, F. H.: China, das Reich der Mitte, 1973, Rowohlt, Reinbek b. Hamburg.
Schlosser, Ignaz: Der schöne Teppich in Orient und Okzident, 1960, Heidelberg.
Schmutzler, E.: Altorientalische Teppiche in Siebenbürgen, 1933, Leipzig.
Schuette, Marie: Perserteppiche, 1935, Leipzig.
Schulze, Paul: Alte Stoffe, 1920, Berlin.
Schürmann, Ulrich: Kaukasische Teppiche, 1964, Braunschweig.
Seckel, Dietrich: Einführung in die Kunst Ostasiens, 1960, München.
Seligmann, Siegfried: Der Böse Blick und Verwandtes, 1910, Berlin.
Slawische Geschichtsschreiber: Herausgeber Günther Stöckl, Bände I–III, Verlag Styria, 1963, Graz.
Spuler, Bertold: Der Vordere Orient in islamischer Zeit, 1954, Bern.
Stöhr, Dr. Waldemar: Lexikon der Völker und Kulturen, 1972, Westermann, Braunschweig.
Teppiche der Armenischen SSR, 1952, Moskau.
Teppiche der Azerbeidschanischen SSR, 1952, Moskau.
Teppiche der Turkmenischen SSR, 1952, Moskau.
Teppiche der UdSSR, 1952, Moskau.
Troll, S.: Altorientalische Teppiche, 1951, Wien.
Türkiyede Halicilik, 1959, Ankara.
Uhlemann, Heinz: Geographie des Orientteppichs, 1930, Leipzig.
Uhrenbacher, Werner: Türkei, 1957, Berlin.
Zipper, Kurt: Orientteppiche . . . Das Lexikon, 1970, Braunschweig.
–: Türkische Teppiche. Ein Brevier, 1972, Braunschweig.

BILD-HERKUNFTSNACHWEIS

Nachstehend bringen wir das Verzeichnis aller Persönlichkeiten und Institutionen, die bereitwillig Bilder für das Werk zur Verfügung stellten. Die angegebenen Zahlen verweisen auf die Buchseiten; die fallweise auftretenden Abkürzungen bedeuten: a = alle, al = alle links, bd = beide, l = links, m = Mitte, o = oben, ol = oben links, or = oben rechts, r = rechts, u = unten, ul = unten links, ur = unten rechts.

Aghabekzadeh, Ahmed, Orientteppichhaus, Düsseldorf: 295
APN, Moskau: 303
Archiv des Autors: 44, 87, 126, 349, 363 o, 384, 406, 444, 445bd, 446, 448, 482, 484 bd, 487 a, 488 a, 489 a, 490, 491, 502, 507
Artex, Ungarisches Außenhandelsunternehmen, Budapest: 428 l
Aschari, Zabihollah, Orientteppich-Import, Linz/Donau: 471
Atico (F. Atighetchi), Orientteppichhaus, Hamburg: 163, 164, 300
Begsteiger, Heinz, Linz/Donau: 451 l
Besim, Adil, Orientteppichhaus, Wien I: 20, 39, 48, 49, 158, 168, 182 r, 185, 189 r, 194 o, 195, 196, 197 a, 200, 215, 224 u, 235 ol, 240 l, 258 r, 259, 279, 324, 329, 330, 335, 338, 339 a, 394 u, 423, 431, 436, 504
Bildarchiv, Foto Marburg, Marburg/Lahn: 75
Brandner, Dipl.-Ing. Ferdinand, Salzburg: 400 r
China National Animal By-Products, Import & Export Corporation, Tientsin: 398, 399 a, 400 al, 401 a
Chinatuhsu, Peking: 397
Collignon, Ilse, Black Star, München: 56, 60, 83, 459
Cradles of civilization, Alan Bullock, Humboldt-Verlag, München: 126 o
Dorotheum, Kunstabteilung, Wien: 208, 213 l, 258, 312, 316, 383, 432, 437
Drissens, Frans, Aachen: 236 l, 314 l, 318 l
Eineder, Ing. Dr. Rudolf, OKA-Direktor, Linz/Donau: 149 l, 227 u
Elsner, Waldemar v., Orientteppichhaus, Präsident des Verbandes der Orientteppich-Importeure, Hamburg: 157, 211, 470
Engelhardt, Horst (Teppich-Engelhardt), Mannheim: 11, 13, 15, 17, 19, 52, 137, 144 r, 145, 146, 148, 149 r, 152 l, 156, 159, 165, 176, 180, 182 l, 195 u, 199, 205 a, 206, 216 l, 220 u, 226, 229 u, 233, 237 ul, 238, 239, 242, 246, 248, 266, 267, 268, 270, 271, 273 r, 274 r, 280, 281, 287 or, 306 r, 307, 326 r, 336 r, 337, 351, 353 a, 355 l, 356, 364, 365, 367, 370 l, 371, 384, 385, 386 a, 387 a, 389 a, 391, 393, 394 o, 395, 396 a, 403, 404 a, 405, 408, 409, 410, 434 u, 463, 503
Eremitage, Museum, Leningrad: 21, 22, 483, 493 r
Fasaka Industries Limited, Karachi 2, Pakistan: 414
Fohringer, Carl, Orientteppichhaus, Innsbruck: 45, 47, 130, 131, 133, 138, 139, 141 a, 144 l, 151 a, 153 o, 154 a, 165, 171, 179, 181, 188 a, 190, 191, 193 a, 201, 202, 203, 207 a, 220 ol, 220 or, 221 a, 224 o, 225, 231, 234, 235 alle farbigen, 237 r, 247, 255, 256 r, 262, 269, 272 a, 273 l, 274 l, 277 r, 304, 308, 311 ol, 311 ur, 314 r, 315 a, 321 a, 323, 340, 342, 346, 361, 366 l, 368 l, 369 a, 370 r, 428 r, 430 al, 439, 441, 465, 466, 477, 507
Gundlach, F. C., Bildjournalist, Hamburg: 53, 55, 57, 58, 59, 61, 63, 65, 67, 69, 81
Hailwax, Luigi, Kommerzialrat, Wien: 501
Heiter, Dipl.-Ing. Ernst, Gmunden: 285
Helm, F. A., & Co., Hamburg: 413 a
Industriekombinat Assenovgrad, Bulgarien: 163, 164
Iranian Carpet Co. Ltd., Teheran: 288, 290 a, 291 a, 292 a
Irmer, Horst von, Internationales Bildarchiv, München: 457
Kerimov, Professor Dr. h. c. Ljativ, Baku, SSR Azerbeidschan: 302, 318 r, 341 o, 358, 359, 374, 375 a, 376, 377, 450
Koenig, Professor h. c. Otto, Institut für Verhaltensforschung, Wien: 492 a, 493 l, 494, 495, 496 a, 497 a, 498 a, 499
Kühnel, Hermi, Kirchdorf/Krems: 277 l
Künz, Gebhard, Orientteppichhaus, Linz/Donau: 129, 135, 155, 169, 187, 198, 204, 213 o, 217, 227 m, 230, 340 r, 241, 249, 260, 264, 265, 278, 296, 306 l, 325, 366 r, 495
Ladur, M., Chefredakteur »Dekorative Volkskunst der UdSSR«, Moskau: 140r, 162, 170, 172, 183, 184, 250, 251, 294, 332 l, 343, 344, 422, 433, 434 o
Lettenmair, Professor h. c. Josef Günther, Linz/Donau: 131 u, 150, 276, 287 ur, 311 or, 313 r, 320, 326, 355 r, 363 or, 427 l, 505
Miranda & Filhos, Beiriz, Portugal: 297
Mirzai Akbar, Orientteppich-Importeur, Hamburg: 461
Müller, Hans Gilbert, Redakteur, Linz/Donau: 289 r
Österreichisches Museum für Angewandte Kunst, Wien: 25, 26, 27, 28, 29, 33, 34, 35, 36, 140 l, 263, 449
Österreichische Nationalbibliothek, Wien: 38, 43, 209, 424
Österreichisch-Sowjetische Gesellschaft, Wien - Moskau: 360 a
Pichler Wilhelms Erben, Gmunden: 216 r
Prausa, Dipl.-Ing. Rudolf, Gmunden: 236 a, 438 a, 511
Privat: 41, 132, 141 u, 153 u, 213, 229 o, 232, 236 l, 237 ol, 327, 331, 392, 411 a, 427 r, 438 a, 511, 514
Prunner, Elfriede, Villach: 500
Roesner, Emil, Marokko-Import, Stuttgart-Korntal/Wien: 416, 417, 418, 432 l
Springer, Magda, Triest: 152 r
Stoedtner, Dr. Franz (Klemm), Düsseldorf: 54, 456
Tappeti d'oriente, Campana Michele, Milano: 407
Tetex, Teppich- und Textilmanufaktur GmbH, München: 451
Türkische Staatsmuseen, Generaldirektion, Ankara: 24, 30, 31, 32, 37, 40, 42, 186, 189 l, 210, 212, 252, 254 a, 261, 284, 368
Victoria and Albert-Museum, London: 23, 381, 485
Walicord, Dipl.-Ing. Ali, Orientteppich-Import, Linz - Salzburg - Teheran: 198 r
Wiener Teppichfabrik Bacher, Frankl & Co., Wien: 452 a
Wissenschaftliches Forschungsinstitut für die Kunstindustrie, Moskau: 141 o, 147, 160, 161, 174, 178 a, 192, 222 a, 227 ol, 227 or, 228, 245, 253, 256 l, 257, 286, 287 l, 317 a, 319, 332, 341 u, 373 a, 430 r
Zipper, Kurt, Hannover-Isernhagen: 282, 420 a, 421 a, 435

WORT-SUCHREGISTER

Nachstehend bringen wir die wichtigsten im Buch enthaltenen Begriffe, alphabetisch geordnet, mit Angabe der Seitenzahl, auf der sie in irgendeinem Zusammenhang erwähnt werden. *Kursiv* gesetzte Zahlen weisen darauf hin, daß sich auf solchen Seiten Abbildungen zum betreffenden Stichwort befinden. **Fett** gesetzte Seitenzahlen bedeuten, daß auf dieser Seite sowohl Text als auch Bild zu finden sind.

L

M

S

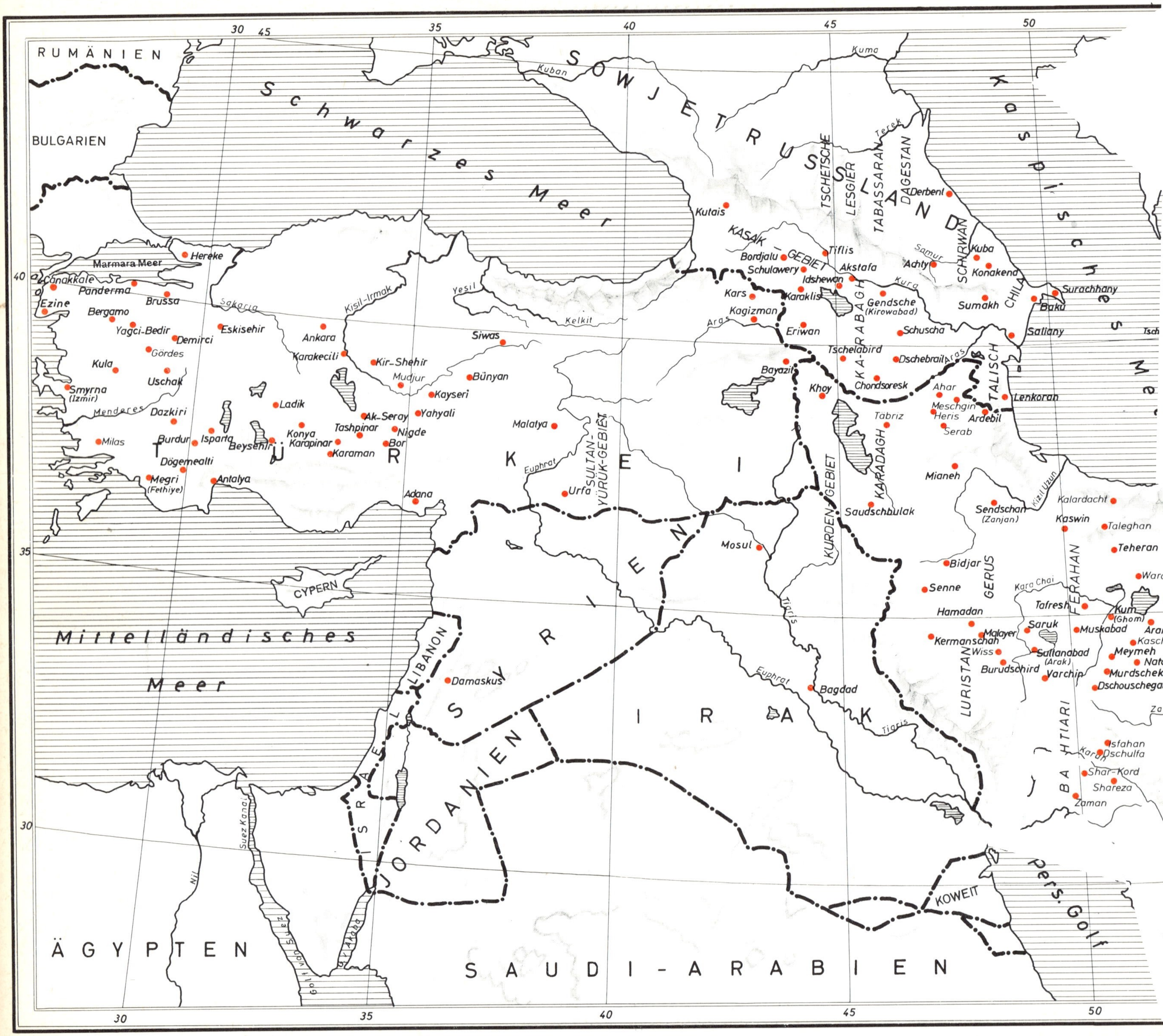
RUMÄNIEN
BULGARIEN
Schwarzes Meer
SOWJETRUSSLAND
Kuban
Kuma
Terek
Kaspisches Meer
Marmara Meer
Hereke
Çanakkale
Panderma
Brussa
Ezine
Bergamo
Yagci-Bedir
Demirci
Eskisehir
Gördes
Kula
Uschak
Smyrna
(Izmir)
Menderes
Dazkiri
Milas
Burdur
Isparta
Beysehir
Dögemealti
Megri
(Fethiye)
Antalya
Sakaria
Ankara
Karakecili
Kisil-Irmak
Kir-Shehir
Mudjur
Ladik
Konya
Karapinar
Tashpinar
Karaman
Ak-Seray
Nigde
Bor
Yesil
Kelkit
Siwas
Bünyan
Kayseri
Yahyali
Malatya
Adana
Euphrat
SULTAN-YÜRÜK-GEBIET
Urfa
TÜRKEI
Kutais
KASAK-GEBIET
Bordjalu
Tiflis
Schulawery
Akstafa
Idshewan
Kars
Karaklis
Kagizman
Aras
Eriwan
KARABAGH
Gendsche
(Kirowabad)
Kura
Schuscha
TSCHETSCHE
LESGIER
TABASSARAN
DAGESTAN
Derbent
Samur
Achty
SCHIRWAN
Kuba
Konakend
Sumakh
CHILA
Surachhany
Baku
Saliany
Tschelabird
Dschebrail
Bayazit
Chondsoresk
Khoy
TALISCH
Lenkoran
Ahar
Meschgin
Heris
Ardebil
Serab
Täbriz
KARADAGH
KURDEN-GEBIET
Mianeh
Saudschbulak
Sendschan
(Zanjan)
Kizil Uzun
Kalardacht
Kaswin
Taleghan
Teheran
Mosul
Bidjar
Senne
GERUS
FERAHAN
Kara Chai
Tafresh
Kum
(Ghom)
Hamadan
Saruk
Muskabad
Malayer
Kermanschah
Wiss
Sultanabad
(Arak)
Meymeh
Burudschird
Varchip
Murdschekar
Dschouschegan
LURISTAN
BAHTIARI
Karun
Isfahan
Dschulfa
Shar-Kord
Shareza
Zaman
Tigris
Bagdad
IRAK
SYRIEN
Damaskus
LIBANON
CYPERN
Mittelländisches Meer
ISRAEL
JORDANIEN
Suez Kanal
Nil
Golf von Suez
G. v. Akaba
ÄGYPTEN
SAUDI-ARABIEN
KOWEIT
Pers. Golf
30
35
40
45
50